KB060410

제7판

상법입문

Law and Business

김화진 지음

박영사

제7판 머리말

이 책은 상법학에 '입문'하게 하는 교재이다. 이 책은 출발점이 장차 로스쿨 진학을 염두에 둔 독자나 법률을 전공하지 않은 독자가 상법에 쉽게 접근할 수 있는 통로를 마련하자는 생각이었다. 그러나 이 책은 통상적인 상법 교재들과는 다른 시각과 체제로 구성되어 있기 때문에 상법학에 이미 익숙한 독자도 지식의 폭을 넓히는 데 도움을 받을 수 있을 것이다. 이 책은 특히 상법의 경제적 배경에 초점을 맞추고 첫째, 상법과 기업경영의 상호작용, 둘째, 국제적인 상거래와 기업활동의 시대에 상법이 수행하는 역할, 셋째, 상법의 이론과 실무의 접합 등 세 각도의 시각을 책의 전체에 걸쳐 유지하고 강조한다.

이 책은 상법전의 조문 순서대로 총칙, 상행위, 회사, 보험, 해상법을 설명한다. 항공운송은 육상운송과 함께 다루었다. 회사법을 이해하는 데 필요한 자본시장법과 통상적인 상법개론이나 입문서가 다루지 않는 기업인수합병(M&A)도 같이 다룬다. M&A는 회사라는 대표적인 상인이 상법총론이 다루는 제반 사업의 목적을 최대한 효율적으로 달성하기 위해 회사법이 다루는 모든 메커니즘을 적용, 스스로를 변화시키는 과정이다.

이 책은 2010년에 처음 출간되었다가 4판부터는 제목을 상법강의로 바꾸어 3판을 출간했던 것이다. 이번 판부터 다시 명실상부하게 상법입문으로 자리 매김하기로 하고 분량을 많이 줄이면서 상법입문 제7판이라고 칭하였다. 박영사 안종만 회장님, 조성호 이사님께 감사드리고 이 책을 정성껏 편집해 주신 배근하 님께 감사드린다.

2017년 1월

저　자

차 례

제 2 부　상법총칙

商法入門

제 1 장　상인과 상업사용인

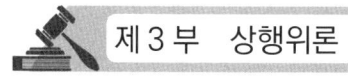

제3부 상행위론

제1장 상 행 위

제2장 민법에 대한 상행위 특칙

제3장 상사매매의 특칙

제 4 장 상행위 각론

제4부   회 사 법

商法入門

제1장   회사법 서론

제2장   주식회사와 회사법

제 3 장　주주와 주식

제 4 장　주식회사의 지배구조

제 5 장　주식회사의 금융

제 5 부 자본시장법 商法入門

제 1 장 증권법과 증권이론

제 2 장 기업공시

제 3 장　불공정거래 규제

제 6 부　기업인수합병

商法入門

제 1 장　시 너 지

제 2 장 합병과 분할

제 3 장 주식의 양수도

제 4 장　적대적 M&A와 경영권 방어

제 5 장 M&A와 로펌 변호사

 제 7 부 보 험 법　　　　　　　　商法入門

제 1 장 위험과 보험

제 2 장 보험법 통칙

제 3 장   손해보험과 인보험

 제 8 부   해 상 법   商法入門

제 1 장   해양과 해상법

제 2 장   해상기업조직

제 3 장   해상운송

제 4 장   해상위험

제 5 장 해상법과 해양법

商法入門

商法 入門

제1장   베니스의 상인

상법은 상인(商人)에게 적용되는 특별사법이다. '특별법', '사법' 등의 개념은 이 책을 읽는 독자들이 이미 잘 아는 개념일 것이다. 상법은 제 4 조 내지 제 9 조에서 상인에 관한 규정을 두고 있다. 제 2 부에서 본격적으로 보겠지만 일단은 이렇게 알고 시작하기로 한다. 상법은 상인과 제 3 자(이는 상인과 비(非)상인을 통칭하는 개념이다) 사이의 거래에 적용되는 규범이다. 비상인 간의 거래에는 민법이 적용되지만 거래 당사자들 중 1인이 상인이면 민법이 아닌 상법이 적용된다(제 3 조). 즉, 대학생인 독자가 서점에서 이 책을 구매하는 거래에는 상법이 적용된다. 물론, 상인이 비상인으로서 거래할 때는(예컨대, 자신이 거주할 아파트를 구입하는 경우) 상대방이 비상인이면 민법의 적용을 받는다. 이를 상인이 '영업으로' 거래할 때에 한하여 그 거래에 상법이 적용된다고 말한다. '영업으로 한다'라는 개념은 상법 제46조 본문에 규정되어 있는 것이다. 상인이 영업으로 하는 다양한 행위를 상행위(商行爲)라고 하며 제46조가 그를 열거하고 있다. 이에 대하여는 이 책 제 3 부에서 다루게 된다.

이 장에서는 시간을 조금 거슬러 올라가서 인류 역사에서 가장 유명한 한 상인의 이야기를 빌어 독자들이 상법을 이해하는 데 기초가 될 여러 가지 개념들과 그 경제적 배경을 설명한다. 상법과 그 규율대상인 지구상의 경제주체들이 전개하는 무수히 많은 종류의 상거래(商去來)를 현대인의 입장에서 바로 이해하기 위해서는, 상거래는 '재화와 용역의 거래'와 '금융거래' 두 카테고리로 분류할 수 있음을 항상 염두에 두어야 한다. 산업을 분류할 때는 금융과 비금융으로 분류하기도 한다. 인류의 후생과 복지는 '물품과 서비스', '화폐와 신용' 양자의 조합에 의해 창출되고 유지되며 상법은 이들이 대규모로 거래되는 데 필요한 규범과 이들의 거래과정에서 발생하는 분쟁을 해결하는 분쟁해결규범

3

을 제공한다. 이 모든 것은 오늘날의 티그리스강과 유프라테스강 사이의 지역
인 고대 메소포타미아의 수메르(Sumer: 대체로 기원전 5300년부터 기원전 1940년까
지 존립)에서부터 존재했으나 우리가 큰 의미를 부여할 만한 규모와 형태로 전
개되기 시작한 것은 중세의 이탈리아에서이다.

Ⅰ. 물품의 거래와 금융

　　상인이라 하면 많은 독자들에게 16세기 이탈리아의 베네치아를 배경으로
한 셰익스피어의 희곡 「베니스의 상인」(The Merchant of Venice, 1600)이 떠오를
것이다. 알 파치노(샤일록)와 제레미 아이언스(안토니오)가 출연한 영화(2004년 작
품)를 본 독자라면 더 생생하게 베니스의 상인을 연상할 수 있을 것이다. 인류
의 역사에서 가장 유명한 상인(안토니오)이 베네치아를 배경으로 한 희곡에서
탄생한 것은 우연이 아니다. 이는 당시 이탈리아와 베네치아의 국제적인 상거
래 중심지로서의 위상을 엿볼 수 있게 한다. 조금 더 이른 시기이기는 하지만
마르코 폴로(1254−1324)도 베네치아의 상인이었다.

　　재화는 재화가 각각 생산된 지역 간의 거리가 멀수록 그 교환가치가 높으
므로 국제적인 거래가 가장 각광받는 거래일 수밖에 없고 중세와 근대에는 원
거리 교역이 통상 바다를 통해 이루어졌으므로 베네치아와 같은 위치가 교역의
중심지가 되기에 적합했던 것이다(이 대목에서 독자들은 Google Earth를 켜서 베네
치아의 지구상 위치를 확인하기 바란다). 또, 원거리 교역에는 시간이 많이 소요되
고 위험이 증가하므로 이를 보완할 금융의 필요성이 반드시 수반된다. 따라서
금융이 발달한 곳일수록 교역이 활성화된다. 하버드의 역사학자 퍼거슨(Niall
Ferguson) 교수가 *The Ascent of Money* (The Penguin Press, 2008)에서 상세히 그
리고 있듯이, 당시 교회는 이자의 징수를 금지하였으므로 유대인들만이 금융업
에 종사하고 있었고 베네치아에는 샤일록이 상징하는 악덕 대금업자가 아니더
라도(1주일에 25%의 이자를 붙이면 복리로 계산할 때 1년 이자율이 약 11,000,000%가
된다) 다수의 유대인들이 집단격리거주지인 게토(ghetto)에 살면서 대금업을 영
위하였다. 이들은 상거래와 국제교역에 필요한 금융수요를 충족시켜 주었다.

1. 교역과 금융

물품의 교환이나 상인을 통한 물품의 유통은, 물품과 그에 대한 대가인 다른 물품이나 화폐가 동시에 교환되지 않는 한 반드시 금융 문제를 발생시킨다. 즉, 오늘 물건을 받고 내일 대금을 지급한다면 하루 동안 그 물건의 판매자가 구매자에게 물건의 가격에 해당하는 액수의 금전을 빌려 주는 셈이다. 물건의 판매자는 오늘 받았더라면 그 돈에 대해 하루 동안의 이자를 얻을 수 있지만 하루 늦게 받음으로써 구매자가 그에 해당하는 이익을 얻기 때문이다. 물론, 이런 사정은 물건의 가격에 반영되는 경우가 많다. 그러나 하루가 아닌 한 달이 되고 그 금액이 크다면(국제교역에서 필연적으로 발생한다) 판매자는 대금을 받을 때까지 돈을 융통해야 한다. 원료 값을 지불해야 하고 생계를 유지해야 하며 후속 물품을 생산해야 하기 때문이다. 따라서 판매한 물품에 대한 대금이 손에 들어올 때까지 다른 사람으로부터 돈을 빌려야 하는데 이것도 또한 금융이다. 즉, 금융이 이루어지지 않으면 물품의 교역 자체가 불가능해진다. 교역은 차치하고 물품의 생산도 불가능할 것이다.

금융은 금융만을 전문으로 하는 상인에 의해 영위될 수도 있으나 물품의 교역을 대규모로 하는 비금융업 상인에 의해 영위되는 경우도 있다. 이 상인은 물품의 교역 메커니즘과 그에 따르는 위험 등을 잘 이해하고 있으며 무엇보다도 자신이 무수히 많은 거래상대방(금융수요자)을 보유하고 있다. 물품의 거래에서 쌓인 경험으로 상대방의 신용을 잘 파악할 수 있으면 어음할인 비즈니스가 용이하다. 즉, 신용이 부족해서 은행으로부터 돈을 빌릴 수 없는 상인을 대상으로 은행에서 돈을 빌려 어음을 할인해 주는 사업을 할 수 있다. 복잡하고 고된 무역업보다는 상대적으로 단순한 금융업이 매력적으로 느껴질 수도 있을 것이다. 영화에서도 볼 수 있듯이 금융업(은행업)이란 당시에는 길가에 나와 테이블(banca) 하나를 놓고 앉아서 하면 그만인 사업이었다. 몸을 많이 움직일 일이 없고 물건을 다룰 필요도 없다. 그러니 값비싼 의복을 입고 품위와 모양을 갖추는 것이 가능했다. 가지고 있는 돈도 반드시 현금의 형태로 유지할 필요가 없으니 남의 돈으로 근사한 집을 사서 남의 돈으로 고가의 미술품으로 장식할 수 있는데 부동산이나 미술품은 그 자체가 투자대상이지만 어쨌든 은행가는 그 혜택을 누리는 고상한 직업으로 발전해 나가게 되고 이것이 서구에서의 '신사'

(Banker)의 이미지로 고착된다(영화 「메리포핀스」에 나오는 Mr. Banks를 기억하라).
채무자에 대한 신용조사는 예나 지금이나 마찬가지로 중요하지만 그 작업은 사
람을 써서 여기저기 뛰어다니게 함으로써 정보를 얻는 것으로 족하였다.

　　물품의 교역과 연계되어서 발생한 금융을 머천트-뱅킹(merchant-banking)
이라고 부른다. 상인이 거래상대방에게 현금이 아닌 어음을 받는 순간 그 상인
은 머천트-뱅커가 된다. 이는 물품의 거래와 관련된 신용을 창출했기 때문이
다. 이렇게 금융을 필요로 하는 상인들이 많을수록 금융 그 자체를 사업으로
하는 상인이 생겨난다. 그러나 금융은 금융에 대한 인센티브가 있는 경제주체
만이 할 수 있으므로 금융에 대한 인센티브인 이자의 징수가 허용되지 않는다
면 이루어지기 어렵다. 그리고 이자의 징수는 이자를 계산하는 수학적인 방법
이 없으면 실현할 수 없다. 퍼거슨 교수는 이탈리아 피사 출신의 수학자 피보나치
(Fibonacci: 1170-1250년경)가 발견한 이자의 계산방법이 중세 이탈리아의 피렌체
와 베네치아를 상업의 중심지로 만들었다고 설명한다. 댄 브라운의 소설 『다빈치
코드』에 등장하는 바로 그 피보나치이다.

2. 이자와 신용

　　그런데 이자를 징수하는 것을 기독교가 금지하고 있었음에도 불구하고 중
세의 유럽에서 금융이 발생할 수 있었던 배경은 무엇일까? 머천트-뱅킹의 발생
은 유대인들에 의해서만 설명되지는 않는다. 여기서 유가증권이 중요한 역할을
한다. 원거리 물품교역에서는 환어음을 송금방법으로 사용할 수 있는데 어음의
소지인은 어음의 만기가 도래할 때까지 기다릴 수 없어서 만기시 회수할 수 있
는 금액보다 싼 금액에 오늘 당장 현금을 지불해 줄 용의가 있는 사람을 찾게
된다. 이를 할인(discount)이라고 한다. 미래의 금전가치를 현재의 가치로 환산
하는 기법이다. 이는 사실상 이자를 징수하는 것과 같지만 엄연하게는 이자의
징수는 아니므로 널리 활용되게 되었다. 즉, 100원을 빌려 주면서 1년 후에
110원을 받는 행동은 사악한 행동이지만, 1년 후에 110원을 받기로 하는 문서
를 오늘 100원에 판매하는 행동은 허용되는 것이다(환어음의 경제적 기능에 대하
여는 제 2 부 제 3 장에서 설명한다). 다시 말해, 한 달 후에 101원에 되사기로 약속
하면서 오늘 어떤 물건을 100원에 판다면 그 결과는 한 달에 1%의 이자를 주

기로 하고 돈을 빌리는 것과 같지만 엄연히 이자는 아닌 것이다. 또, 같은 가격에 물건을 되사기로 약속할 수도 있다. 소 10마리를 팔고 1년 후에 같은 가격에 되사기로 하되 그 사이에 출생한 송아지는 매수인의 소유로 한다. 이 방법은 오늘날에도 투자은행들이 사용하는 리포(Repo)거래의 기원이다.

  왜 샤일록은 바사니오에게 돈을 빌려주면서 가혹한 보증조건을 안토니오에게 제시했을까? 유대인이라서? 원래 인품이 형편없어서? 자신이 유대인임을 경멸한 안토니오에 대한 증오 때문에? 안토니오가 무이자로 다른 상인들에게 돈을 빌려줌으로써 자신의 사업을 방해하기 때문에? 그런 이유들은 다 부분적으로는 타당할 수도 있겠으나 문화적인 편견이 내포된 이유들이다. 그런 이유들을 제외하고 본다면, 돈을 빌려 주는 채권자의 입장이 얼마나 불안하고 위험한 것인지를 샤일록이 대변해 준다. 채권자는 거의 전적으로 채무자에게 운명을 맡기게 된다. 채권자가 할 수 있는 일은 진심으로 채무자의 사업이 잘되고 채무자가 건강해서 무사히 원금과 이자를 받게 되기를 기도하는 것이다. 아니면, 가혹하리만큼 엄격한 조건을 내세워 채무자가 최선을 다해 채무를 변제하게 하는 것이다. 그러나, 채권자는 채무자가 스스로 어쩔 수 없는 사유(배의 난파)로 채권을 회수하지 못하게 될 가능성이 있고 그런 일이 일어나면 파산할 수도 있다. 역사에서 거대 은행들은 거의 반드시 왕실의 자금조달 창구 역할을 하였으며 왕실의 몰락은 바로 은행의 도산을 의미하였다. 그리고 동서고금을 막론하고 채무를 변제할 능력이 있으면서도 그리하지 않는 채무자들이 무수히 많다. 예컨대 현재의 금리가 7%라면 5%짜리 금리의 채무를 부담하는 채무자는 차일피일 채무의 변제를 지연하고자 할 동기가 있는 것이다.

  이처럼 금융이 거래당사자들 간의 신용에 크게 의존하는 사업임을 잘 알 수 있다. 신용을 의미하는 영어 단어 'credit'은 라틴어의 'credo'에서 기원하며 그 의미는 'I believe'이다. 금융의 이러한 속성이 금융거래를 물품의 거래와 전적으로 다른 기초 위에 서게 한다. 그로부터 법규범도 다른 내용을 포함하게 된다.

II. 주요 상거래 형태의 발생 배경

이 책의 제3부에서 하나씩 보겠지만 상법전은 중요한 상거래(상인을 기준으로 보면 상행위) 형태를 들면서 그에 적용될 규범을 제공한다. 여기서는 상법전이 특히 제87조 내지 제168조에서 다루는 주요한 상거래 형태들이 어떤 경제적인 이유에서 발생하는지를 본다. 제87조 내지 제168조의 해석은 제3부에서 논한다.

1. 중 개 업

안토니오가 베네치아에서 활동하고 있을 무렵 스페인의 세고비아에서 보석을 세공하는 것을 가업으로 삼고 있던 마리오(Mario)의 사례를 들어 보자. 마리오가 만드는 공예품들은 스페인 최고 장인의 물건으로 취급되어서 그 명성이 높다. 국왕 필립 2세는 물론이고 프랑스와 이탈리아 지역의 귀족들도 마리오의 물건을 구입하기 위해 애쓰는 실정이다. 마리오의 물건이 알 수 없는 경로를 통해 중동지역에 흘러 들어갔고 그 지역 왕실의 주목을 받게 되었다. 중동지역에서의 가격은 스페인에서의 가격에 비해 상상을 초월할 정도로 높았음은 물론이다(수요와 공급의 법칙). 이 소식을 듣게 된 마리오는 당연히 자신의 물건을 중동에 팔고 싶어 하게 된다. 그래서 물건을 제작해서 다마스커스(오늘날 시리아의 수도)로 가는 비즈니스 여행을 계획하고 실행에 옮긴다. 이 여행은 물론 고되고 몇 달 동안 집을 떠나 있어야 하며 그 기간 동안 물건을 만들지 못하게 되는 여행이다. 이탈리아의 메시나까지 가는 동안 도적을 만나 물건을 잃을 뻔하기도 하고 시돈까지 가는 배가 풍랑에 난파될 뻔하기도 했다. 무엇보다도 장거리 여행에서 물건에 흠집이 생길 염려도 컸다. 마리오는 그 모든 어려움을 극복하고 다마스커스에 도착했는데, 문제는 자신이 가지고 온 물건을 사 줄 것으로 예상되었던 오토만제국 왕실 사람들을 만날 방법을 모른다는 것이다. 다마스커스에서는 스페인어가 통하지도 않는다. 우여곡절 끝에 왕궁을 찾아 경비병들을 납득시키고 왕실의 고관을 만난 마리오는 높은 가격에 물건을 팔았고 다시 오랜 시간을 거쳐 세고비아의 집으로 돌아왔다. 이 여행은 힘들었으나 여비와 기회비용을 커버하고도 남을 만큼의 이익을 얻었으므로 성공적인 여행이 되었다.

그런데, 마리오는 같은 여행을 다시 하게 될까?

　마리오가 다음 여행을 생각하고 있을 때 베네치아에 안토니오라는 사람이 있다는 이야기를 듣게 된다. 이 사람은 마리오처럼 스페인과 프랑스에서 물건을 만들어서 중동지역에 팔기를 원하는 사람들을 모아서 그 물건을 다마스커스에 있는 어떤 사람에게 전달하는 일을 하는데 다마스커스에 있는 그 어떤 사람은 현지인이며 오토만제국 왕실과 친분이 두터워 왕실에서 사용하는 물건을 조달하는 명을 받은 사람이다. 마리오는 이 소식을 듣자 안토니오가 자신이 지난 여행에서 겪었던 모든 난관을 가볍게 해결해 줄 것이라는 것을 알게 되었고 다마스커스까지의 여행 대신 베네치아까지의 여행만으로 목적을 달성할 수 있게 되었다. 마리오가 베네치아에서 안토니오를 만나자, 안토니오는 자신이 물건을 대신 팔아 주겠지만 시간이 많이 걸릴 것이고, 따라서 대금을 받는 데는 오래 기다려야 할 것임을 알려 준다. 그리고, 이 모든 것에 대한 대가로 자신이 일정한 보수를 받을 것임도 알려 준다. 물론, 물건을 운반하던 배가 난파해서 물건이 소실되면 마리오는 대금을 받을 수 없고 안토니오에 대한 보수와 뱃삯만 쓰게 된다.

　여기서 마리오는 안토니오에게 이것저것을 묻는다. "금세공한 술잔 1개의 판매가격이 현지에서 1,000달러(라고 하자)이므로 뱃삯 20달러, 보수 100달러, 현지인 보수 50달러를 더한 170달러를 제한 금액은 830달러이므로 830달러를 지금 지불하고 물건을 안토니오가 마리오로부터 구입해서 팔면 어떤가?"하고 묻는다. 이 질문에 대해 안토니오는 두 가지를 알려 준다. 우선 830달러를 내고 물건을 구입한 후에 배가 난파해서 물건이 소실되면 자신은 830달러를 고스란히 손해보게 된다. 거래가 무사히 이루어질 수도 있지만 알 수 없는 일이다. 따라서, 그 위험을 부담하기 위해서는 830달러가 아닌 730달러로 가격을 조정해야 한다(여기서 물건을 되파는 안토니오가 가장 싼 가격에 물건을 구입하기 위해 노력할 것임은 논외로 한다). 두 번째로, 지금 마리오에게 730달러를 지불하면 대금을 받을 때까지 약 3개월이 걸리는데 누군가로부터 730달러를 빌려서 지불해야 하고 돈을 빌려 주는 것을 업으로 하는 샤일록에게 가면 한 달에 30달러씩 모두 90달러를 이자로 지불해야 한다. 따라서 물건값은 640달러가 되어야 한다. 샤일록은 안토니오가 배가 난파해서 물건을 잃는 경우 돈을 갚을 수 없게 될 것에 대비해서 안토니오의 친구에게 보증을 서라고 할 것이다. 그에 대한 사례로 친구에게 10달러를 주어야 한다. 결국 물건 값은 630달러가 된다. 그렇게 하겠는가? 마리오는 630달러라는 금액과 자신이 술잔을 만드는 데 든 비용, 베네치아까지의 여비, 직접 다마스커스까지 여행할 때의 비용, 여행기간 동안 만들지 못할 물건의 개수 등을 신속히 비교해 보고 안토니오에게 630달러에 물건을 팔고 홀가분하게 귀향길에 오른다.

2. 대 리 상

이런 식으로 마리오와 안토니오의 거래관계는 지속된다. 그러나, 세월이 흐르면서 마리오는 안토니오의 배가 난파하는 일도 거의 없고 안토니오가 마리오 외에도 많은 상인들과 거래해서 엄청난 돈을 벌고 있음을 알게 되었다. 자신이 힘들여 집안 대대로 내려오는 기술로 물건을 만드는 것을 생각해 보면 안토니오는 별로 하는 일 없이 돈을 벌고 있는 것으로 생각되었다. 안토니오가 하는 일이란 그저 인맥을 활용하고 마리오는 할 수 없는 외국어 능력을 사용해서 거래를 연결시켜 주는 것에 불과하지 않는가? 그래서, 마리오는 다마스커스의 그 사람과 직접 거래를 튼다. 바르셀로나에 있는 배를 수배하니 베네치아까지 갈 필요도 없다.

그리고, 시간이 지나자 마리오는 다마스커스의 현지인에게 주는 보수도 아깝다는 생각을 하게 된다. 그래서 마리오는 자신의 직원 한 명에게 아라비아어 교육을 시켜 아예 다마스커스에 보내 상주시킨다. 이러면 현지인이 필요 없다. 아니면 현지에서 사람을 구해 자기 사람으로 쓴다. 물론, 마리오의 사람은 원래 거래처와는 달리 왕실과의 연줄은 없다. 그러나, 꼭 물건을 왕실에만 팔아야 한다는 법이 있는가? 마리오의 물건은 이미 인기가 높을 대로 높아져 있다. 오히려 왕실에서 마리오의 사람에게 연락을 해 오고 주문을 하기 시작해서 왕실과의 직접적인 거래관계를 스스로 만들어 버렸다.

마리오의 물건이 히트상품이 되자 이집트에서도 물건을 구하려고 아우성을 치게 되었다. 마리오는 이집트의 카이로에도 사람을 보내 시장에서의 수요에 부응하려 하게 된다. 그런데, 사람을 보내려다 보니 그 비용이 너무 크다. '객지 근무수당'도 달라고 하고 사무실과 아파트도 마련해 주어야 하고 자녀 교육에 필요한 학비도 지원해 달라고 한다. 가끔씩 명절에는 고향에 다녀와야 한다며 여비도 요구한다. 다른 방법이 없을까? 마리오가 주위의 상인들에게 수소문해 보니 좋은 방법이 있었다. 카이로에 마리오와 같은 입장에 있는 스페인 상인들을 위해 대리인 역할을 해 주는 것을 업으로 하는 사람이 있다는 것이다. 이 사람은 마리오의 직원과 같은 역할을 할 것이다. 그러나, 직원은 아니므로 고용보장을 해 줄 필요도 없고 기타 비용도 들지 않는다. 단지 물건 하나를 팔 때 얼마씩 커미션을 주기만 하면 되는 것이다. 물론, 마리오 외의 다른 상인들을 위해서도 일하는 것을 허용해야 한다.

3. 위탁매매업

대리상은 어디까지나 '대리'상이므로 시장에서 독자적인 신용과 지위를 누리지 못한다. 남의 일을 대신하는 것이므로 매사에 마리오에게 물어보고 지시를 받아야 한다. 그래서 마리오는 다른 유능한 상인을 물색해서 표면적으로는 독자적으로 영업을 하는 것처럼 보이도록 하자고 제안한다. 즉, 이 사람과 거래하는 현지의 거래처들은 이 사람이 법률적으로 거래의 주체인 것으로 여기고 실제로도 그렇도록 한다. 그러나, 경제적으로는 이 사람은 마리오의 대리인과 같다. 즉, 마리오와 이 사람과의 관계와 이 사람과 거래처들과의 관계는 전혀 다르다.

왜 이렇게 이중적인 형식을 취할까? 무릇 상인이 다른 상인과 거래를 하면서 상대방이 상인 그 자체인지 아니면 어떤 상인의 대리인에 불과한지를 아는 것은 거래를 할지의 여부, 거래조건의 결정에 영향을 미친다. 특히 마리오와 같이 멀리 떨어져 있는 상인의 대리인과 거래를 할 때는 뭔가 석연치 않을 수가 있다. 의사결정의 속도도 느리고, 결국 내 거래의 상대방인 마리오를 한 번도 만나보지 못한 상태에서 계속 거래해야 한다. 그보다는 바로 옆의, 자신이 직접 거래하는 상인과 거래하는 것을 선호하게 된다. 이 이유에서 직접 자신의 명의로 거래하는 위탁매매인을 둘 필요가 있는 것이다. 이것은 물론 상대방을 속이기 위한 것이 아니다. 상대방은 마리오와는 아무 상관이 없이 위탁매매인인 상인과 직접 거래하는 것이다. 마리오와 위탁매매인 사이에서만 경제적으로 여러 가지가 정리되면 되는 것이다.

4. 공중접객업

마리오와 같은 상인이 많아지면서 먼 거리를 여행하는 사람들(반드시 상인에 국한하지 않고, 예컨대 성지순례를 가는 사람을 포함시킬 수 있을 것이다)이 많아지자 이들이 여행 중 휴식을 취하고 숙식을 할 수 있게 도와주는 것을 사업으로 하는 사람들이 생겨나게 되었다. 그 전에는 마리오는 여행을 하다가 날이 저물면 적당한 장소를 찾아 모닥불을 피우고 밤을 새우거나, 아니면 민가를 찾아 잠자리를 부탁하곤 하였을 것이다. 이는 불편하고 위험한 일이다. 따라서, 여행자들에게 편의를 제공하는 것을 전문적으로 하는 사람이 생기고 시설이 생기면 마리오는 당연히 그 시설을 이용하면서 여행을 하게 될 것이다. 그런데 이 시설에서 쉬었는데 바깥에서 쉬는 것과 마찬가지로 불편하고 위험하다면 아무도 그 시설을 이용하지 않을 것이므로 시설 운영자는 안락하고 안전한 쉼터가 되도록 노력한다(이것이 업으로 하는 경우와 가끔 호의로 여행자를 도와주는 경우의 큰 차이다). 예컨대, 마리오가 베네치아까지 운반하는 물품을 방에 두었는데 도난을 당한다든지, 여관 앞에 매어 둔 말을 누가 훔쳐간다든지 하게 되면(1999년 사법시험 문제다. 제 3 부에 나온다) 아무도 해당 시설을 이용하려 하지 않을 것이므로 주인은 방의 자물쇠를 잘 정비하고 여관 주위를 경비하는 등의 조치를 취하게 될 것이다.

5. 창 고 업

안토니오가 유럽 각지에서 도착한 물건들을 배에 싣고 중동으로 보내려면 물건이 모여야 한다. 물건 하나가 도착할 때마다 배에 실어 보낼 수도 있지만 자신의 물건이 어느 정도 모였을 때 실어 보내는 것이 효율적이다. 매일 출항하는 배가 있는 것도 아니다. 이러다 보면 미리 도착한 물건들은 어딘가에 보관해야 한다. 물론, 자신의 가게에 둘 수 있다. 그런데 보관해야 하는 물건의 수량이 많아지면 슬슬 영업에 방해가 되기 시작한다. 또, 어떤 물품은 보관에 특별한 주의를 기울여야 한다. 예컨대 고가 미술품을 말린 어물들과 함께 아무렇게나 쌓아 둘 수는 없다. 이렇게 되면 물건을 보관하는 것 자체가 큰일이 된다. 이런 사정은 물건이 도착하는 시돈의 항구에서도 마찬가지이며 물건을 최종 구매자에게 판매하는 다마스커스에서도 마찬가지다. 육지로 물건을 보낼 때 마차를 운행하는 업자가 밤에 쉬기 위해 머무는 숙박업소에서도 비슷한 일이 일어날 수 있다. 이 때문에 각 장소에서 물건의 보관에 전문적인 지식과 기술, 설비(창고)를 가진 상인이 등장한다.

창고를 운영하는 상인은 특수한 위치에 서게 된다. 즉, 자신이 접수하고, 보관하고, 내주는 물건과 그 매도인, 매수인에 대한 정보로부터 거래계의 동향을 소상히 파악할 수 있다. 많은 상인들이 창고에 보관되어 있는 상태로 물건을 매매하기도 한다. 어차피 다시 넣었다가 멀리 보낼 물건이면 번거롭게 꺼내서 거래할 필요가 없는 것이다. 창고 주인이 안토니오가 다마스커스로 보낼 물건을 자신의 창고에 보관하고 있다는 것을 친한 운송업자에게 알려 주면 운송업자는 안토니오에게 연락해서 자기에게 운송을 맡겨 달라고 부탁한다. 안토니오가 승낙하면 운송업자는 창고 주인에게 사례를 할 수도 있고 다음 기회에 중동에서 운송해 들여 올 물건의 보관을 맡기기도 한다.

6. 운 송 업

마리오로부터 물품을 사서 중동까지 보내는 안토니오의 경우, 그가 직접 소유하고 있는 선박에 물품을 실어 보낼 수도 있겠으나 배가 없거나, 있더라도 다른 곳에 가 있는 경우 다른 상인의 선박을 이용하게 된다. 이러다 보면 배 몇 척을 소유하고 순전히 남의 물품을 운반하는 것을 영업으로 하는 사람들이 생기게 된다. 이 상인들도 위 여관 주인과 비슷한 전문성을 가져야 한다. 물품은 주인의 손을 떠나면 소홀히 다루어지는 것이 통례이다. 더구나 많은 물건을 한꺼번에 취급하다 보면 누구도 자기 소유물과 같은 주의를 기울이지 못한다. 특히 물건을 맡기는 사람의 입장에서는 물건이 보낸 상태 그대로 안전하게 목적지까지 도착하는 것이 중요하다. 중간에 배가 부실해서 난파되거나 해적의 공격으로 물건이 약탈당하게 되면 곤란해진다. 물건의 운반을 업으로 하는 사람은 보내는 사람의 이런 걱정들을 만족스럽게 다 해결해 주어야 사업을 할 수 있다. 그렇지 못하다면 아무도 그에게 돈을 내고 물건의 운반을 부탁하지 않을 것이다.

물품의 운송, 특히 바다를 통한 운송은 중세나 근대, 나아가 현대에도 가장 비중이 큰 운송이다. 따라서, 국가적인 이해관계가 걸려 있다. 개별적인 상인은 이를 안전하게 보호할 만한 물리력을 보유할 수 없고 국가권력이 이를 허용하지도 않는다. 영화 「벤허」에 나오는 대규모 해전은 로마의 무역상들을 해치는 세력과 로마군의 전투다. 요즘도 서방에서 쓰는 석유의 40%가 호르무즈해협을 통해 운송된다. 미국과 이란이 왜 원수지간인지 알 수 있다. 이 석유의 상당 부분은 유럽으로 가기 위해 수에즈 운하를 통과한다. 1956년에 수에즈 운하를 둘러싸고 전쟁이 일어난 이유가 여기에 있다.

중국은 소비하는 원유의 85%를 말라카해협과 남중국해를 지나는 항로로 수입한다. 중국이 베트남, 필리핀과의 남중국해 영유권분쟁에 사활을 걸고 있고 해군력 증강에 혈안이 되어 있는 이유다. 중국의 경제는 미국이 남중국해를 해상봉쇄하면 몇 달 못 버티고 붕괴될 것이다. 일본은 후쿠시마 원전사고 이래 전력생산에 원유의 비중이 높아져 6시간마다 한 척의 유조선이 일본에 도착해야 한다. 남중국해에 긴장이 높아지면 일본경제는 큰 타격을 받을 것이고 그를 막기 위해 해상자위대를 보내지 않을 수 없을 것이다.

7. 마리오 시즌 2

중세가 아니라 현대라면 마리오의 사업은 다음과 같이 더 전개되었을 것이다. 마리오의 물건이 미국의 뉴욕 지역에서 유명해지자 LA 지역에서 사람이 (이름을 반데라스라 하자) 찾아왔다. 반데라스는 마리오에게 LA 지역에 공장을 지으라고 권한다. 스페인에서 물건을 만들어서 뉴욕에 보내고 그 물건이 다시 대륙을 횡단해서 LA까지 오기가 어렵다. 운송비용이 과해지기 때문에 물건 가격이 너무 높아진다. LA에서 물건을 제조해서 바로 서부 지역에 판매하면 그 문제를 해결할 수 있다. 그런데, 좋은 생각이기는 하지만 마리오는 공장을 지을 돈이 없고 외국인인 마리오에게 현지 은행에서도 돈을 잘 빌려 주려 하지 않는다. 그러자 반데라스는 공장은 자기가 짓겠으니 물건 만드는 방법만 가르쳐 달라고 한다. 물론 대가는 지불한다. 마리오는 반데라스가 지은 공장에 스페인의 기술자들을 두 달 동안 보내서 물건 만드는 방법을 전수해 준다. 반데라스는 마리오의 물건과 같은 품질의 물건을 만들어 잘 팔고 매달 꼬박꼬박 마리오에게 기술사용료(royalty)를 송금한다. 마리오는 기술이 개량될 때마다 그 내용을 반데라스에게 알려준다. 마리오와 반데라스의 계약관계는 라이센싱(Licensing)

계약관계라고 부른다. 계약서에는 반데라스가 LA 사람들의 취향에 맞게 물건의 디자인을 약간 바꿀 수도 있다는 규정도 들어간다.

그러자, 먼 남쪽 칠레에서도 비슷한 수요가 생겼다. 이때 마리오는 이미 부자가 되어 있다. 그래서 직접 칠레에 공장을 지을 생각을 하게 된다. 칠레에서 직접 사업을 하려면 회사를 세워서 그 회사 이름으로 공장을 짓는 것이 좋다는 말을 듣고 회사를 세우게 된다. 그래야 '현지인' 대우를 받고 은행거래도 쉽게 할 수 있다. 그러나, 마리오는 잘 모르는 칠레에서 거금을 들여 사업을 시작하는 것이 약간 불안하다. 그래서 믿을 만한 사업파트너를 소개 받는다. 이름이 에스페란자이다. 회사를 세워서 50 : 50으로 하기로 하고 마리오는 기술과 자금을 내고 토박이인 에스페란자는 일부 자금과 인적 네트워크 등 무형의 자산을 내서 같이 회사를 만들고 공장을 지어서 사업을 시작하였다. 에스페란자는 20년 넘게 자기 사업을 했던 사람이라 현지 거래선이 많고 공무원, 경찰, 신문기자들과도 잘 알고 지낸다. 이를 합작투자(Joint Venture)라고 한다. 여기서는 마리오와 에스페란자가 회사를 어떻게 경영할 것인지에 대해 합의해야 한다. 사업이 잘되어서 또 10년이 지났다. 마리오는 스페인 굴지의 재벌이 되었으나 2세가 없고 노약해져서 사업을 더 열심히 하기 어렵게 되었고 그럴 필요도 별로 없다. 그러자, 에스페란자가 자신이 회사를 100% 가지겠으니 주식을 다 넘기라고 한다. 물론, 지금보다 훨씬 좋은 가격이다. 마리오는 지금도 좋지만 미래란 언제나 보장되는 것이 아니므로 지금 좋은 조건에 회사를 팔고 떠나는 것도 좋겠다고 생각해서 주식을 에스페란자에게 넘기고 은퇴해서 여생을 편히 보내기로 결정한다. 여기서 발생하는 것이 기업인수합병(M&A)이다.

III. 국제금융의 발생

1. 송금과 외환

안토니오에게서 돈을 받을 때와는 달리 마리오의 다마스커스 직원이 현지의 구매자로부터 돈을 받아 세고비아로 보내려면 무거운 금화를 멀리 배에 태워서 보내야 하는 문제가 있다. 이 문제를 해결하기 위해 마리오의 직원은

1307년에 해체된 템플 기사단의 사업을 물려받은 ABC 기사단의 다마스커스 지부에 금화를 가지고 간다. 그러면 기사단의 창구 직원은 기사단의 스페인 마드리드 지부에 가지고 가서 제시하라고 하면서 종이 증서를 하나 써 준다. 물론 수수료를 징수한다. 직원은 금화 보따리 대신 종이 한 장을 마드리드로 보내면 되고 만일 종이가 바닷속에 가라앉으면 그 사실을 증명해서 다시 발급받을 수도 있다. 이 종이를 여행자가 가지고 있다는 것을 아는 도둑도 없을 뿐 아니라 훔쳐 보았자 그 도둑에게는 그냥 '종이쪽지'에 불과하다. 여행이 간편해질 뿐 아니라 대단히 안전해진다.

마리오는 종이가 도착하면 마드리드로 가서 금화를 찾는다. 물론, 그 금화는 다마스커스에서 온 것이 아니라 원래 기사단이 마드리드에서 가지고 있던 것이다. 기사단은 다마스커스에 지나치게 많은 금화가 쌓이고 마드리드에서는 금화가 부족하게 되면 중무장하고 잘 훈련된 기사들이 호위하는 여러 대의 마차에 금화를 싣고 육로를 거쳐 마드리드까지 금화를 운송해서 균형을 맞추게 된다(반대의 경우도 같다). 그리고, 기사들은 다마스커스에서 마드리드까지 꼭 여행하지 않아도 되는데, 다마스커스에서 이스탄불까지, 거기서부터는 다른 기사들이 베네치아까지, 그리고, 다른 기사들이 마드리드까지 운반한다면 각 기사들은 해외출장 기간을 최단기간으로 줄일 수 있다. 기사단은 유럽과 중동 전역에 네트워크를 보유하기 때문이다.

여기까지는 유럽과 중동 전역이 단일한 화폐를 사용한다는 전제하에서의 이야기였으나 실제로는 당시 여러 가지 종류의 금화, 은화 등이 지역에 따라 달리 사용되었다. 즉, 마리오는 물건을 팔면서 고향인 세고비아(이곳은 마리오가 물건을 만드는 재료를 구입하기 위해 돈을 쓰는 곳이다)에서는 통용되지 않는 이국의 주화를 받게 된다. 마리오로서는 이를 스페인에서 통용되는 주화로 교환해야 하며 그 대상은 다마스커스로 여행을 하거나 다마스커스에서 물품을 구입할 계획이 있는 상인이 될 것이다. 그러나, 그런 상인을 제때 만나기는 쉽지 않다. 여기서 돈을 바꾸어 주는 것을 업으로 하는 상인이 생겨난다. 다시, 위 기사단이 그런 일을 하기에 적합한 주체다. 국제금융과 국제금융기관이라고 불리는 상인이 탄생하게 된 배경을 여기서 볼 수 있다. 외환은 또 교회가 이자를 징수하지 못하게 하는 점에 대처할 수 있게 해 주는 수단도 되었다. 예를 들어, 중동에서 통용되는 돈 100원을 빌려 주고 나중에 스페인에서 통용되는 돈 200원을 받는 것이다. 이 과정이 단순한 환전인지 아니면 이자의 징수가 포함되어 있는지는 교회를 포함한 외부에서는 알기가 거의 불가능하다.

2. 최초의 국제금융기관

한 회사가 있다. 이 회사의 사원이 되려는 사람들은 금전과 현물을 막론하고 자기가 가진 전 재산을 회사에 출자한다. 그러나, 회사의 사업에서 발생하는 이익에 대한 배당을 전혀 요구하지 않고 요구할 수도 없다. 이 회사의 사원은 동시에 회사의 임직원이 된다. 대단히 유능하며 최고의 교육을 지속적으로 받고 전심전력으로 회사의 일을 하기 때문에 그 능력이 국제적으로 공인되어 있다. 그러나, 회사에서 숙식을 제공받는 것을 제외하면 전혀 보수를 받지 않는다. 이 회사는 사업의 모든 분야에 있어서 최첨단 지식과 기술을 보유한다. 특히 이 회사가 보유한 건축기술과 선박건조, 해양 항해술은 외부에서는 거의 마술과 같다고 할 정도로 앞서간다. 의학에 관한 기술과 약품제조 능력도 최고 수준이다. 이 회사는 세계 전역에 지부와 지사를 두고 있으며 물품의 거래와 관련된 것은 물론이고 금융시장을 완벽하게 장악하고 있다. 즉, 다국적 금융기관이다. 세계 각국의 정부가 이 회사로부터 자금을 융통한다.

그런데, 이 회사의 설립목적은 영리의 추구가 아니라 기업의 사회적 책임을 다하는 것이고 실제로 사업에서 발생하는 수익의 거의 대부분이 사회사업에 사용된다. 나아가, 이 회사는 자체 군대를 보유하고 있다. 이 회사의 군인들은 가장 뛰어난 전사들이며 무서움을 모른다. 해적을 포함한 회사의 사업에 해가 되는 모든 세력들은 이들의 제재를 받는다. 이 정도가 되면 이 회사는 크고 작은 주권국가들보다 강력해서 주권국가의 통치자들도 이 회사를 '터치'할 수 없고 오히려 좋은 협력관계를 만들어 공존을 도모해야 한다. 이 회사의 존립 근거는 어떤 주권국가의 법률도 아니고 '하늘'로부터의 '특허'이다. 물론, 이 회사는 자신의 파워를 남용하지도 않는다. 오히려 폭군이나 독재자가 통치하는 국가에게는 협조하지 않음으로써 정치적 민주주의의 확대를 지원한다(1215년 영국 존 왕의 마그나 카르타). 이런 회사가 있을까?

역사는 이런 회사가 지구상에 한 때(1119-1307) 존재했다는 것을 보여 준다. 이 회사의 이름은 템플 기사단(Knights Templar)이다. 가끔 템플 주식회사

(Templar Inc.)라고 비유적으로 불리기도 한다. 무장 수도사들로 구성된 이 단체는 최초의 국제상인, 최초의 국제금융기관이었으며 1307년에 해체된 이후에도 여러 경로로 그 맥을 이어온 것으로 여겨진다. 그 맥은 일부 주권국가와 주요 다국적 금융기관들의 보이지 않는 배경을 형성하고 있다고 주장되기도 한다. 템플 기사단은 유럽과 중동에 걸쳐 있는 막대한 재산과 조직망, 그를 통해 축적된 지식과 정보를 통해 최초의 글로벌 금융기관의 역할을 했고 십자군 원정 중 자금이 떨어진 유럽의 왕들에게 금융도 제공했다. 2차 십자군 원정 당시의 프랑스 왕 루이 7세가 그 한 예다. 우리가 사용하는 수표와 환어음의 원형도 이들이 고안해냈다는 주장이 있다. 여기에는 학술적인 다툼이 있지만 내셔널지오그래픽 채널과 히스토리 채널에서는 템플 기사단원들이 (최초로) 환어음을 발행해 주는 연기 장면을 버젓이 내보내고 있다.

Ⅳ. 시   장

1. 시장의 생성과 기능

물품을 구매하거나 판매하기 위해서는 해당 물품을 판매하고자 하거나 구매하고자 하는 사람, 즉 거래의 상대방을 만나야 한다. 어떻게 만날까? 물품을 가지고 거리를 다니면서 혹시 구매할 의사가 있는지 만나는 사람마다 물어보면 된다. 그러다 보면 구매자를 만날 수도 있을 것이다. 세일즈맨들의 호별방문이나 텔레마케팅도 여기에 속한다. 그런데, 이 방법은 대단히 비효율적이다. 조금 더 효율적으로 구매자를 찾는 방법은 내가 어떤 물품을 판매하고자 하루 종일 어떤 장소에 서 있을 터이니 사고 싶은 사람은 그리로 오시라고 곳곳에 광고를 붙여 놓는 것이다. 구매자를 찾아오라고 다른 사람에게 보수를 주고 일을 시킬 수도 있다. 광고 전단지가 여기에 해당한다. 물품을 직접 제작하는 사람은 제작하는 곳의 위치를 널리 알림으로써 구매자로 하여금 그곳으로 오게 할 수 있다.

이렇게 하면 상거래가 이루어질 수 있으나 그래도 비효율적이다. 모두들 이런 불편을 느낀다. 내가 원하는 물건을 판매하고자 하는 사람이 바로 이웃에 있는데 그것도 모르고 옆 마을까지 가서 같은 물건을 사왔다 등등. 그래서, 모두 합의를 한다. 모든 물건은 5일에 한 번씩 정해진 장소에 가지고 나오기로 한다. 그곳에 가면 모든 물건의 판매자를 만날 수 있다. 이것이 바로 시장이다. 시장은 거래상대방을 효율적으로 만날 수 있게 해 주는 장소이다. 이 시장은 요즘에는 물리적인 장소일 필요도 없어졌다. 인터넷 사이트에 들어가면 모든 물건이 판매를 위해 나와 있고, 그 사이트에 들어가서 필요한 물건을 찾아보고 구매하면 된다. 주식을 사고 싶으면 주식시장에 가면 된다. 시장은 물품의 거래뿐 아니라 화폐와 신용의 거래를 위해서도 필요하다. 즉, 돈을 필요로 하는 사람과 돈이 남아서 빌려 주고자 하는 사람들 간의 만남과 정보(액수, 이자율, 만기)가 교환되는 곳이 시장이다. 이를 금융시장이라고 따로 부른다.

시장의 또 다른 중요한 기능은 이른바 가격발견(price discovery) 기능이다. 시장에 가서 거래상대방을 쉽게 찾을 수 있다는 이점 외에도 시장은 추가적인 혜택을 제공한다. 즉, 시세를 알 수 있게 해 준다. 시장이 없이 개별적으로 거래가 이루어지면 물품의 가격은 천차만별이 되기가 쉽다. 다른 사람들이 얼마에 거래했는지 알 수 없기 때문에 그야말로 당사자들 간의 협상 지위에 따라 가격이 결정된다. 그러나, 시장이 있으면 같은 물품에 대한 가격이 알려지기 때문에 비교가 신속히 이루어지고 비정상적인 가격에 의한 거래는 이루어지기 어렵거나 취소되게 된다. 시장에서는 판매자와 구매자 간에 가격에 대한 정보가 취합되어 거래가격이 고도로 수렴되게 되고 시세라는 것이 형성된다. 새로 시장에 도착한 거래당사자들은 이미 시세가 어떻게 형성되어 있는지에 대한 정보부터 입수하고자 할 것이다. 가격에 대한 이러한 정보는 시장 간에도 교환되어 시장과 시장 간의 거래가격도 고도로 수렴하게 된다.

시장이 커지게 되면 개개의 거래당사자들에게는 시장이 없는 것과 마찬가지의 상황이 발생한다. 시장이 너무나 커서 원하는 조건에 거래할 수 있는 상대방을 만나기도 어렵고 정보도 얻기 어렵다. 이 때문에 시장이 커지면 특정한 분야의 사람들과 정보를 확보하고 있는 중개자들이 생긴다. 이들은 시장 속의 시장이라고 할 수 있다. 물론 공짜는 없다.

어떤 사람이 아무도 가지고 있지 않은 자전거를 가지고 있다고 하자. 이 사람은 우리 마을 시장에서 『상법입문』 책이 1권에 3만 원에 거래되고 있지만 이웃 마을 시장에서는 3만 1,000원에 거래되고 있다는 것을 알게 되었다. 그러면 우리 마을에서 3만 원에 구입한 후 쏜살같이 이웃 마을로 자전거를 타고 달려가서 3만 1,000원에 팔면 바로 1,000원을 벌게 된다. 이 사람이 이렇게 할 수 있는 이유는 양쪽 시장에서 거래되는 가격에 대한 정보를 가지고 있을 뿐 아니라 남들이 가지고 있지 않은 자전거라는 운송수단을 가지고 있기 때문이다. 물론, 그렇게 되는 데는 투자가 필요했을 것이다. 즉, 이웃 마을 시장 정보를 전화로 누군가가 알려 주는 데 대해 건당 100원을 지불해야 할 것이고 전화비 50원도 부담해야 한다. 자전거를 구입하기 위해 돈을 빌렸는데 그 돈에 대한 이자도 지불해야 한다. 정보비, 통신비, 이자비용이 『상법입문』 1권에서 남는 이익 1,000원보다 작다면 그 차익이 이윤이 된다. 즉, 이런 행동을 직업으로 할 인센티브가 있는 것이다. 이런 직업을 가진 사람을 아비트라저(arbitrageur)라고 한다. 현대의 아비트라저들은 책 몇 권이 아니라 수억 달러어치의 주식을 거래해서 거부가 된다.

2. 시장의 규제

시장이 운영되어서 거래가 원활하고 효율적으로 이루어지는 것은 좋은데, 시장이 있다 보니 사기적인 행각으로 부당한 이익을 얻으려는 사람들에게도 좋은 장소가 생긴 셈이다. 시장이 없다면 사기행각도 쉽지 않은데 물에 고기가 모여 있으니 반가운 일이다. 시장에서 사기행위가 판을 치게 된다. 한 사람 두 사람 사기를 당하다 보니 모두들 그 이야기를 전해 듣고는 시장에서의 거래를 주저하게 된다. 차라리 믿을 만한 거래상대방을 찾아서 시장 밖에서 거래하는 것이 안전하지 않을까? 모두들 이렇게 생각하기 시작하면 시장에는 아무도 오지 않게 되고 결국에는 문을 닫아야 하는 지경이 된다. 시장을 통해 효율적으로 거래하던 상인들은 물론이고 일반 소비자들도 불편을 겪게 된다. 시장에서 잘 되던 식당도 문을 닫고 주위의 여관도 손님이 없어 폐업을 할 수밖에 없다. 즉, 시장이 신뢰를 상실하면 몰락하게 되는데 이는 사회 전반의 후생 감소로 이어진다.

이런 사정을 듣게 된 정부가 나선다. 정부는 사기행위를 강력하게 단속한다. 그러니 시장이 다시 신뢰를 회복하게 되어 예전같이 성황을 이룬다. 그런데 문제는 정부가 이렇게 간섭을 하게 되니 정부가 그에 필요한 비용을 충당해야 한다는 점이다. 정부야 세금을 징수해서 그 비용을 쓸 수밖에 없을 것이다. 사람들은 세금을 더 내게 되는 데 대해 불만이 있으나 기꺼이 감수한다.

시장이 다시 성황을 이루니 떠났던 사기꾼들도 다시 돌아왔다. 그런데 상황이 예전과 같지 않다. 서슬이 퍼런 정부가 공권력을 동원해서 시장을 감시하고 있다. 사기행위가 발각되면 엄한 벌을 받는다. 그러면 사기꾼들이 포기하고 철수하는가? 절대로 그러지 않는다. 시장이 있는 한 사기꾼들은 물러나지 않는다. 어떻게 하는가? 첨단장비를 동원하고 첨단지식을 사용한다. 여럿이 모여 조직화된다. 바야흐로 정부와 범죄자들 간의 힘겨루기가 전개된다. 그러다 보니 정부는 더 많은 사람을 동원해야 하고 더 비싼 장비를 구입해서 투입해야 한다. 세금을 무한히 올릴 수는 없다. 올릴 수야 있겠으나 그렇게 하면 무능한 정부가 되어 다음 선거에서 지게 된다. 그리고, 언제나 열 사람이 한 도둑 잡기 힘든 법이다.

점점 시장이 혼탁해진다. 다시 예전처럼 사람들이 떠나기 시작한다. 상인들은 비상이 걸렸다. 모여서 회의를 한다. 정부가 힘이 부치는 데는 비용문제도 있고, 아무래도 정부는 시장에 상주하지도 않고 우리 시장 일만 들여다보고 있는 것이 아니라서 전문성에 한계가 있다. 사기꾼들은 누구도 아닌 바로 시장 참가자인 상인, 또는 전직 상인들 중에 있는 것이고(회사의 경우 임직원) 진정한 사업가가 아니라 해도 상인의 탈을 쓰고 있다. 우리가 모두 돈을 모아서 협회를 만들고 협회에서 시장을 감시감독하게 하자. 심지어는 협회에서 내리는 처분을 달게 받기로 약속하자. 이것이 자율규제(self-regulation)다. 정부로서는 비용과 힘을 덜어 주는 데 마다할 이유가 없다. 단, 국민들이 선거로 뽑은 정부가 아닌 민간인들이 정부의 기능을 수행하겠다는 것이므로 그에 대해 감독권을 엄격하게 행사하기로 한다. 시장은 다시 활기를 되찾는다. 증권시장의 경우 역사적으로 자율규제가 법률에 의한 규제보다 앞서며 지금도 한국거래소와 한국금융투자협회에 의한 자율규제는 큰 비중을 차지한다.

V. 상사분쟁의 해결

상거래와 관련된 분쟁도 당사자들 사이의 협의에 의해 해결되지 않으면 원칙적으로 법원에서의 소송에 의해 해결된다. 나라에 따라서는 상거래와 상사

분쟁의 특성을 감안하여 전문적인 특별법원을 설치해서 운영하기도 한다. 여기서 그에 대해 상세히 논할 필요는 없을 것이다. 여기서는 상사분쟁의 해결 방법으로 법원에서의 소송 외에 특히 최근에 인기를 끌고 있는 '상사중재'라는 것이 있음만 언급해 둔다. 우리나라에서도 중재법이 1999년 12월 31일자로 전부 개정되었고 대한상사중재원이 사단법인으로 정부에 의해 상사중재기관으로 지정받았다. 대한상사중재원은 중재의 절차법규로 중재규칙을 보유하고 있는데 이는 대법원장의 승인을 얻은 것이며 2007년부터는 국제중재규칙도 제정하여 운영하고 있다.

특히, 상사분쟁은 국제적인 성격을 띠는 경우가 많아 국제상사중재가 분쟁해결의 효과적인 수단으로 인정되고 있다. 국제중재는 일방 당사자 소속 국가의 법원에서 소송을 하는 경우에 발생하는 편파성의 문제를 해결해 주며, 중재지가 제3국인 경우가 많기 때문에 당사자인 상인의 귀중한 영업비밀 등이 유출되는 것을 막을 수 있고 언론의 관심에서도 벗어날 수 있다. 독자들이 나중에 국제거래 분야에서 활약하게 되면 국제상업회의소(International Chamber of Commerce: ICC)가 있는 파리나, 국제적인 중재지로 각광받는 영국 런던, 싱가폴에서 열리는 중재재판에 종종 참석하게 될 것이다.

상사중재분야는 법률시장 개방에 즈음하여 우리나라 법률전문가들이 가장 강력한 경쟁력을 인정받는 분야이기도 하다. 로스쿨 출범 이후에 학생들이 크게 관심을 갖고 공부하는 분야가 되었다.

제2장   회사란 무엇인가?

회사는 상법상의 대표적인 상인이다. 회사는 심지어 상행위를 하지 않아도 상인으로 본다(제5조 제2항). 회사는 그 규모면에서 지구상 상거래의 거의 대부분을 차지하는 경제주체이다. 상법은 이 회사에 대한 규범이기도 하다. 그런데, 회사법은 회사라는 기업의 조직과 내부적인 운영을 규율하는 규범 위주로 구성되어 있다. 그래서, 상법이 상인과 제3자간의 거래에 적용되는 규범이라는 설명에 회사법은 잘 맞지 않는 것이다. 어쨌든, 회사법에 대한 설명은 제4부에서 하기로 하고 여기서는 왜 상거래가 회사를 통해서 일어나게 되었으며 왜 회사를 통한 상거래가 가장 큰 비중을 차지하게 되었는지를 본다.

Ⅰ. 회사의 마법

저자가 회사법 수업 첫 시간에 항상 하는 이야기가 있다. 학생들 중 한 사람을 지적한다.

"자, 한 달의 시간을 줄 테니 혼자 힘으로 자동차를 만들어 오라. 할 수 있는가? 두 날의 시산을 술 테니 조그만 쇠붙이 하나만 있으면 지구상 어디에 있는 사람과도 언제든지 대화를 할 수 있도록 해 오라. 할 수 있겠는가? 자, 세 달을 줄 테니 콩알 크기만한 먹을 것을 만들어 오라. 그것을 먹으면 몸 일부에 있던 통증이 사라져야 한다."

　　이런 주문은 한 200년 전에 살았던 사람에게는 마치 무슨 요술을 부리라고 하는 것과 마찬가지다. 그리고, 사실 지금도 우리 한 사람 한 사람에게는 마술을 부리라고 하는 것과 전혀 다르지 않다. 우리는 TV를 보고 인터넷을 하며 비행기를 타고 다니지만 그것은 우리 앞에 현실로 주어진 것이어서 자연스럽게 받아들일 뿐이지 사실 이것은 기적이다. 이런 기적을 가능하게 한 것이 바로 회사다. 한 사람 한 사람이 할 수 없는 그런 기적 같은 일을 회사가 하는 것이다. 그런데 회사라는 것은 만져지지도 않고 보이지도 않는다. 결국 사람들이 모여 있는 어떤 장소를 의미한다. 그렇지만 무력한 개인들이 모이기만 했다고 해서 그런 기적이 가능해지는가? 회사란 사람을 모을 뿐 아니라 지식과 경험을 모으고 그런 자산들을 실제로 활용하도록 하는 조직이다. 단순히 열 사람이 모인다고 해서 자동차를 만들 수는 없다. 필요한 지식과 정보가 모이고 재료를 구해서 지식과 정보가 현실화되는 이른바 '기술'이 적용되어서 필요한 물건이 탄생한다. 이 모든 것은 물론 대부분 사람이 한다. 유령에 불과한 회사란 바로 조직의 기적이다.

　　제아무리 현대사회의 첨단 물건이라도 단순한 연필 한 자루를 만드는 것과 공정은 본질적으로 동일하다. 재료를 구해야 하고, 나뭇조각을 연필로 변화시키는 기술이 적용된다. 그리고, 그렇게 만들어진 연필은 내가 쓰기 위해 만든 것이 아닌 한 필요한 사람에게 전달되어야 한다. 회사가 하는 역할이 바로 이것이다. 복잡한 물건을 만들려면, 수백, 수천의 재료를 구해야 한다. 그것도 질이 좋고 값이 싸야 하며, 제때 구해져야 한다. 지금의 필요보다 너무 많이 구해 놓으면 보관에 비용이 들고, 사용을 기다리다 질이 떨어진다. 요리사가 요리 재료를 구하는 것과 같다. 이렇게 구한 재료를 원하는 물건으로 변환시키는 기술은 스스로 개발할 수도 있고 남의 기술을 차용할 수도 있다. 남의 기술에 대해서는 물론 대가를 지불한다. 종종 내 기술, 네 기술 다툼이 일어나고 해결되지 않으면 법정소송이 벌어진다. 아예 특허를 받아 두기도 한다. 대량으로 물건을 만드는 경우에는 불량품이 나오지 않도록 해야 한다. 물건을 만들면 팔아야 한다. 소비자는 가급적 싼 가격에 모든 것을 원하지만 파는 사람은 최고의 이윤을 원하므로 이것도 보통 일이 아니다. 홍보, 광고가 필요하다. 마케팅이 여기서 등장한다. 이 모든 것은 '경쟁회사'와의 경쟁하에 이루어진다. 독점은 영원한 유혹이다. 남의 회사가 망하면 얼마나 좋겠는가? 나만 만들면 부르는 게 값인데. 오라클의 엘리슨 회장은 "우리 회사가 잘되는 것만으로는 부족하다. 모든 경쟁회사가 망해야 한다"고 경영철학(?)을 설파했다.

재료를 구하고, 기술을 부리고, 만들어 파는 것은 사람들이 한다. 그 사람들과 그 가족들은 먹고 살아야 하므로 보수가 지불되어야 한다. 각자 역할과 기여도에 맞게 이루어지면 좋다. 능력 있는 사람을 낮은 보수로 쓸 수 있는 회사는 우선은 성공한다. 이른바 원가(原價)가 싸지기 때문이다. 그런데 문제는 그런 사람을 경쟁자가 가만두지 않는다는 것이다. 회사에서 일하는 사람들을 채용하고 관리하고 보수를 지급하는 일도 회사가 커질수록 보통 일이 아니다. 사람이 필요할 때마다 구하는 것도 큰일이 된다.

이 모든 일에는 돈이 든다. 돈은 물건을 팔면 들어오기는 한다. 그 전에는 투자자가 필요한 것이다. 내 사업을 하면 내가 먼저 돈을 댄다. 그러나, 부족하다. 은행에서 돈을 끌어와야 한다. 이자가 싸면 좋겠다. 그리고, 제때 끌어와야 한다. 필요 없는 돈을 빌려 놓으면 쓸데없이 이자만 내야 한다. 이런 일들도 전담해서 처리할 사람이 필요하다. 은행이 돈을 댈 수 없을 정도로 돈이 많이 필요해지면? 간단하다. 사업을 확장하지 않으면 된다. 그런데, 사업을 확장하지 않으면 경쟁자가 확장한다. 경쟁자가 커지면? 나는 시장에서 영향력을 잃게 된다. 그러면 죽음이다. 그래서 사업은 항상 확장되어야 한다. 필요한 돈을 은행에서 댈 수 없으면 새 투자자를 끌어들여야 한다. 이자를 꼬박꼬박 달라고 하지 않는 전주(錢主)가 있다. 바로 주주다. 증권시장이 그래서 필요하다. 증권시장에서 자금을 조달해야 하는 것이다. 주주들은 이자를 달라고는 하지 않지만 회사가 잘되어서 주식 값이 오르면 한몫 보려고 투자한다. 배당도 받고 싶어 한다. 회사가 잘못되기라도 하면 다 날린다. 그러니, 회사 사업에 관심이 크다. 은행처럼 담보를 잡은 것도 없다. 그래서 감 놔라 대추 놔라, 이 자료 내라 저 정보 내라. 귀찮은 존재다. 그래도 어쩌겠는가? 돈이 필요한데…. 수수들과의 관계를 관리하는 것도 엄청난 일이다. 또, 요즘은 많은 주주들이 외국인이다.

이렇게 단순한 공정에서 출발한 회사라는 실체는 커질수록 즉, 기적을 만들어 내는 경지에 이르게 될수록 복잡하다. 사람이 많아진다. 관계되는 외부 실체들도 많아진다. 결국 전문적인 조직과 운영원리의 도움을 필요로 한다. 이것이 '회사법'이다. 자금을 조달하는 과정에서는 투자하는 사람들을 보호해야 할 법률과 정부의 지원이 있어야 한다. 자기가 투자한 돈을 필요할 때 쉽게 찾을 수 없으면, 즉, 주식을 쉽게 팔 수 없으면 투자가 어렵기 때문에 주식의 거래가 원활하게 이루어지는 증권시장이 필요하고 돈이 오가는 곳에서는 항상 사기가 판을 칠 가능성이 있어서 엄격한 규칙과 그 집행이 수반되어야 한다. 유령회사의 주식이 시장에 나올 수 없게 하는 장치도 있어야 한다. 이것이 '증권법'이다.

II. 왜 회사인가?

그런데, 이런 것들을 꼭 회사라는 조직을 만들어서 해야 한다는 법이 있는가? 즉, 예를 들어, 열 사람이 같이 모여 회사 안에서 물건을 만들 수도 있지만 똑같은 열 사람이 서로 계약을 체결해서 같은 일을 할 수 있지 않을까? 물론할 수 있다. 나는 나무를 연필로 만드는 기술을 가지고 있다. 재료는 누군가 다른 사람이 구해 줄 수 있고 나는 그 사람에게 대가를 지불하면 된다. 만들어진 연필은 내가 아니라 파는 데 전문가인 다른 사람이 팔아 주고 나는 역시 대가를 지불하면 된다. 그러면, 왜 굳이 회사라는 조직 형태가 생겨서 오늘날 지구상의 경제 활동의 지배적인 도구가 되었을까? 그것은 바로 하고자 하는 일의 규모가 클수록 계약으로 일을 처리하면 거래비용(transactions cost)이 커지기 때문이다. 예를 들어 보자.

나는 의류를 만든다. 옷에 필요한 단추는 옆에 있는 단추가게 사람에게서 공급 받는다. 그런데 내 고객들의 취향이 다양하고 유행이 쉽게 바뀌어서 내가 공급 받는 단추의 모양과 재질, 가격, 수량은 항상 변한다. 변할 때마다 다시 얘기해서 계약을 바꾸어야 한다. 보통 성가신 일이 아니다. 그 시간에 다른 일을 하면 좋겠다. 그리고, 단추가게 사람은 나 말고도 많은 의류제조자와 거래하므로 내가 필요한 물건을 적시에 원하는 수량으로 항상 줄 수는 없다. 그리고, 내가 디자인 한 옷이 탄생하는 과정을 모르기 때문에 미리미리 알아서 준비해 줄 수도 없다. 단추가게 사람은 종종 가게에 출근하지 않아서 나는 기다려야 한다. 작업은 지연되고 기다릴 수 없는 내 고객은 다른 곳으로 가 버린다.

　나는 이런 사정에서 발생하는 불편을 도저히 참을 수 없게 된다. 왜냐하면 한 달에도 수백 종류의 의류를 새로 디자인하고 수십만 벌의 옷을 만들어 출고해야 하기 때문이다. 단추 문제가 제대로 처리가 안 되어서 보는 손해가 막심하다. 그래서 나는 단추가게에서 쓸 만한 직원 한 사람을 물색해서 '스카우트'한다. 이제부터 내 회사의 단추 문제는 네가 다 알아서 해라. 회사 사람이므로 내 말에 잘 복종한다. 가격 협상이 불필요하다. 언제 휴가 가는지 잘 알 수 있고 필요하면 못 가게 할 수도 있다. 무엇보다도 내가 만드는 옷에 대한 전문가가 된다. 미리미리 단추를 준비한다. 월급을 주어야 하지만 옛날에 비하면 엄청나게 비용이 절약되고 효율적이다. 이것이 바로 거래비용의 내부화이고 계약관계가 상하의 위계질서에 의해 구성원이 움직이는 회사의 형태로 변화하는 이유다.

　물론, 여기서 새로운 문제도 발생한다. 타인인 단추가게는 나와 거래해서 돈을 벌기 위해 항상 열심히 한다. 비효율성은 계약관계에서 발생하는 것이지 단추가게가 게으름을 부려서 발생한 것은 아니었다. 그런데 직원은 일정한 월급이 보장되고 노동법이라는 것의 보호도 받기 때문에 종종 게으름을 부린다. 내 옷에 대해서는 가장 잘 알지만 시장 패션 감각은 떨어진다. 그러나, 가장 심각한 문제는 다음에 있다. 거래비용을 내부화해서 효율을 올린 것은 좋은데, 갑자기 단추 달린 옷은 유행이 가고 지퍼 달린 옷을 생산하기로 내가 결정하는 경우를 생각해 보자. 이 직원은 바로 순비용으로 변한다. 지퍼 전문가로 만들기 위해 교육훈련비를 지출하는 것보다는 옆 지퍼가게에서 한 사람을 스카우트하는 것이 저렴하고, 무엇보다 빠르다. 단추 전문 직원도 답답하기는 마찬가지다. 매일 회사에 나와서 별로 하는 일이 없고 그러니 발전할 일도 없다. 승진, 보수인상의 희망이 없어진 것이다. 이렇게 되면 누이 나쁘고 매부 나쁘다. 단추 전문가가 필요한 다른 회사를 알아보든지, 원래 있던 가게로 돌아간다. 똑같은 일이 지퍼 전문 직원에게도 일어날 수 있다. 유행이 다시 단추로 바뀌면? 똑같은 일이 반복된다. 물론, 세월이 흘러 사람은 다른 사람일 것이다 (독자들은 이 이야기를 전자회사와 외부 로펌 소속 특허소송 변호사의 관계로 바꾸어서 한번 따져보기 바란다).

　회사란 이렇게 거래비용을 최소화하는 과정에서 만들어진 것이다. 최적의 비용구조를 달성하기 위해 끊임없이 사람들이 들락거리고 회사의 일부를 떼 냈다 붙였다 하게 된다. 시장이 변하기 때문이고 시장이 변하는 것은 사람들의 생활이 변하기 때문이다. 제4부에서 공부하게 될 회사법은 이러한 변화에 적응하기도 하고 변화를 촉발시키기도 하면서 회사와 시장을 규율하는 법이다.

Ⅲ. 경제학자들의 설명

회사의 존재 이유에 대한 최초의 연구는 1991년 노벨 경제학상 수상자인 시카고대학의 로널드 코즈(Ronald H. Coase)에 의해 탄생하였다. 코즈는 1937년에 발표한 논문(Ronald H. Coase, The Nature of the Firm, *4 Economica* 386 [1937])을 통해 경제주체들간의 시장에서의 거래는 상당한 거래비용을 발생시키기 때문에 위계조직과 보상체계를 갖춘 회사라는 조직이 시장보다 효율적인 거래 장소인 경우가 있고 그 때문에 회사가 발생하게 되었음을 지적하였다. 즉, 회사는 시장과 유사한 기능을 수행한다는 것이다. 단, 회사 내에서는 계약이 조사와 협상을 거쳐서가 아니라 지시와 징계에 의해 체결되는 셈이다.

코즈에 의하면 복잡하고 반복적인 내용의 거래일수록 시장에서는 많은 협상이 필요하며 매수와 매도 간의 가장 적정한 가격을 발견하는 데 노력이 들어가고, 그러한 노력은 종종 낭비로 끝나게 된다. 즉, 높은 거래비용을 수반한다. 이에 비해 회사는 복잡한 거래를 상대적으로 적은 비용에 이루어질 수 있게 하는 혁신적인 장치이다. 효율성의 측면에서, 어떤 유형의 거래는 시장에서의 거래에 적합하고 어떤 유형의 거래는 회사 내부에서의 거래로 하는 것이 적합한가의 의문과, 회사 내부에서의 거래로 구성할 경우 회사 내부의 거래주체들을 어떤 방식으로 조직할 것인가의 문제가 발생하게 된다. 이러한 코즈의 통찰은 버클리대학의 올리버 윌리암슨(Oliver Williamson: 2009년 노벨 경제학상 수상)에 의해 보다 구체화되었다. 윌리암슨에 의하면 재원의 소유자인 경제주체들은 거래비용을 절감하고 그로부터 발생하는 효율성을 나누어 갖기 위해 회사와 같은 일종의 계약적인 관계(구조)에 참여하게 된다.

IV. 회사의 폐해

회사는 전혀 새로운 사회문제도 만들어 낸다. 「악마는 프라다를 입는다」 (2006)라는 영화를 보라. 패션잡지사 사장 미란다(메릴 스트립)가 비서 앤디(앤 해 서웨이)에게 아직 출판되지 않은 해리포터 원고를 구해 오라고 한다. 회사가 필 요해서가 아니라 자기 아이들을 위해서. 회사는 위계질서가 있는 조직이어서 상사가 부하직원을 계약관계에 있는 사람과는 전혀 다르게 대한다. 심하면 24 시간 부려 먹는다. 다른 회사 사람에게는 그럴 수 없다. 물론, 직원은 그것이 심하면 사직한다. 그러나, 그게 쉽지 않다는 것은 누구나 다 안다. 그리고, 독자 가 직접 사업을 한다고 생각해 보라. 사업을 하면서 보수를 주고 사람을 쓸 때 는 꼭 필요해서다. 즉, 꼭 필요한 만큼만 쓴다는 생각이 바닥에 깔려 있다. 그 래서, 도망가지 않을 만큼만 보수를 주게 된다. 남들이 가지고 있지 않은 기술 을 가지고 있지 못하고, 누구라도 대신 할 수 있는 일을 하는 직원들의 경우, 도망갈까봐 걱정할 필요가 없다. 도망갈 가능성이 별로 없고 도망가더라도 누 군가 쉽게 자리를 채운다. 그런 직원은 '쉽게 대하게' 된다. 노동착취, 불리한 근로계약과 같은 문제들이 여기서 나온다. 쉽게 대해지는 사람들은 그러면 가 만히 당하고 있는가? 대개 그렇다. 그러나, 만일 그 쉬운 사람들이 일시에 모두 회사를 그만둔다면? 이건 문제가 다르다. 상당한 손해를 감수해야 한다. 노동조 합이나 단체행동은 여기서 발생하는 것이다.

회사는 사람이 모인 곳이다. 같은 회사 사람들은 경제적인 이해관계가 대 개 같다. 그래서 단체의 행동 양식이 표출된다. 회사가 커질수록, 이른바 '규모 의 경제'와 '가격 결정력'이 발생하고 자금 조달 능력이 커진다. 그런 단체에 소 속되어 있는 사람들의 생각과 행동 양식은 개인일 때와 많이 다르게 된다. 재 료를 공급하는 사람에게 가격을 낮출 것을 요구한다고 생각해 보자. 만일 그 주문에 응하지 않으면, 즉시 그 주문을 받아 주는 다른 거래처로 바꿀 수 있다. 물론, 새로운 거래처는 우리 회사를 잘 모르기 때문에 처음에는 불편하다. 그러 나 장기적으로는 바꾸는 것이 유리하다고 생각되면 바꾼다. 이런 행동은 끝이 없다. 내 기술을 향상시켜서 판매가격을 높이는 것이 아니라 재료 가격을 낮춰 서 즉, 재료 공급자를 쥐어짜서 이익을 높이는 것이다. 여기서 부수적으로, 약자에게 권력을 휘두르는 인간의 부정적인 속성도 발휘된다. 정상적이고 도덕적인 사람도 회사를 위해서, 회사의 지시에 의해서라면 부당한 행동을 잘 한다. 뇌물도 오갈 수 있을 것이다. 이렇게 되면 당장 이익을 낼 수는 있지만 재료 공급자도 버티지 못하고 망하게 되고 기술경쟁에 뒤떨어지는 내 회사도 경쟁자들로 인해 머지않아 망하게 된다. 회사가 망하면 실직자들이 생기고, 돈 잃는 투자자들이 생기고, 돈 떼이는 은행이 생기고, 공장이 문을 닫아 주위의 여러 가게들도 문을 닫아야 한다. 정부는 불공정한 거래행위를 규제하기 위해 공정거래법을 만들어 집행한다. 이쯤 되면 회사는 사람들이 돈 벌기 위한 수단에 그치지 않고 사회적인 의미를 가지는 실체가 된다. 기업의 사회적 책임 운운은 여기서 나오는 것이다.

商法入門

제3장   상법의 역사

고대의 상거래 규범을 제외하고 본다면, 상법은 국내법보다는 국제법에서 출발하였다. 중세의 이탈리아를 중심으로 형성된 상법은 본질적으로 국제적인 성격을 띠었다. 특히 상법에서 해상법이 차지하는 비중이 압도적이었던 것이 그에 이유를 더하였다. 그러나, 국제적인 성격을 띠던 상법은 영국을 중심으로 주권국가의 권력이 강화됨에 따라 각국에서 국내법화되었고 그로부터 법률 간의 충돌문제를 다루는 국제사법이 발달하게 된다. 상법은 현대에 들어 국제거래의 증가로 초기의 국제적 성격을 회복하고 있는 중이다.

Ⅰ. 렉스 메르카토리아

상법의 역사는 상거래의 역사만큼 오래된 것이다. 그 내용이 비교적 잘 알려져 있는 기원전 1900년의 함무라비 법전은 상거래에 관한 규범도 포함하고 있는데 이는 그보다 몇 세기 더 앞선 수메르인들의 법률에서 유래한다고 한다. 그러나 고대의 상거래 규범들은 성문화되지도 않은 것으로 추측되며 그 내용에 대한 기록물들이 소실되어서 우리는 상세한 것을 알지 못한다. 상법이 알고 있는 가장 오래된 규범은 해상법 분야에서 발견되며 기원전 200-300년경에 성문화된 것으로 추정되는 로드해상법(Rhodian Maritime Code)이 바로 그것이다. 이 해상법은 그리스와 로마에서도 활용되었다. 이 법은 놀랍게도 약 1,000년의 기간 동안 살아남는다.

중세에 들어서는 11세기에서 15세기에 주로 해상법 분야에서 상관습이 법규범으로 집성되는 일이 일어난다. 이러한 움직임들이 오늘날 렉스 메르카토리아(lex mercatoria)라고 불리는 중세의 상법을 탄생시켰다. 특히 중세 후기에는 영국법이 주도적인 역할을 하였기 때문에 이는 당시의 영국 상법을 가리키는 말이기도 하다. 중세의 영주와 왕들은 자신의 영향권 내에서 상거래와 국제교역이 활발하게 이루어지고 그로부터 세금을 징수할 수 있기 위해서는 그를 적절히 규율하고 상인들의 권익을 보호하는 법규범과 상거래에서 발생하는 분쟁을 해결하는 법원이 필요함을 깨달았다. 통치자들은 그를 위해 일련의 법률을 제정하거나 관습법의 효력을 승인하였다. 그리고, 그러한 법률과 관습법은 다른 지역에서도 승인받아야만 비로소 진정한 규범으로 자리잡을 수 있었기 때문에 그 내용이 국제화되었다. 이는 현대를 사는 우리가 법률과 제도를 만들 때 국제적 정합성을 추구하는 것과 같은 이치다. 특히 13세기의 영국은 이방인과 영국인을 평등하게 대우한다는 기초에서 채권추심에 관한 규칙과 이방인도 참여하는 배심원제도를 발달시켰다. 영국법은 종교적 색채도 배제하였다. 영국의 상인들은 이러한 선진적인 법 덕분에 점차 전 유럽으로 그 세력을 확장시킬 수 있었다.

II. 상   법

중세의 렉스 메르카토리아는 봉건영주들의 권력이 쇠퇴하고 국왕을 중심으로 하는 주권국가의 권력이 강화됨에 따라 각국의 국내법으로 변천해 갔다. 법률의 다른 분야에서와 마찬가지로 프랑스, 독일, 영국, 그리고 후일 미국 등이 상법의 발달에 견인차 역할을 하게 된다.

우리나라는 일제 강점기 동안 일본의 상법 등 제반 법령을 의용하였는데 독립 후 미군정법령과 제헌헌법이 일본 상법의 의용을 계속시키는 결정을 하였다. 우리 상법이 제정되어 시행된 것은 1963년 1월 1일이다. 상법은 경제적 활동에 관한 법이어서 경제현실의 영향을 바로 받을 뿐 아니라 경제계의 수요에 바로바로 부응해야 한다. 1963년 우리나라의 경제수준은 아마도 지금 아프리카의 가나와 같은 정도의 수준이었을 것이다. 이 나라가 불과 30년 만에 지금의 스페인 수준의 경제를 보유하게 되었다. 역사책을 조금이라도 본 사람이면 스페인이 어떤 나라인지 알 것이다. 이 과정은 사람에 따라서는 서구 자본주의 경제의 요약판, 속성과정이라고도 부른다. 그렇다면 경제현실이 광속으로 변한 셈인데 법률과 제도의 변화가 그에 보조를 맞추어야 했다. 실제로 상법은 1963년 이후 1997년까지 수차례 개정되었다. 그러나, 역부족이었던 모양이다. 우리나라는 1997년 외환위기라는 전대미문의 상황을 맞았고 그 이후 전혀 새로운 역사가 전개된다. 경제를 규율하는 거의 모든 제도가 1998년 이후 파격적으로 변화하였다. 상법도 수차례 거의 혁명적인 개정을 거쳤다.

상법전 내 조문 수의 비중이나 그 콘텐츠에 있어서도 그러하지만 회사법은 상법의 중심적인 위치를 차지한다. 회사는 자본주의 시장경제의 대표적인 상인이며 그 상인의 내부적인 조직규범인 회사법의 중요성은 아무리 강조해도 지나치지 않다. 미국의 로스쿨에서는 상법이라는 강의는 거의 없고 회사법이 대개 4학점의 비중으로 강의되고 있다. 일본도 회사법을 단행법으로 상법전에서 분리해 냈다. 이 책도 회사법이 중심적인 위치를 차지하도록 구성되었다. 문제는 우리 상법전이 회사법과 화학적으로 잘 맞지 않는 총칙규정, 보험법, 해상법을 포함하고 있다는 점이다. 상법을 민사계약에서와는 다른 상사계약에 적용되는 특별한 규칙의 총체라고 본다면 오히려 단체법인 회사법이 상법에서 분가해 나와야 할 것이고 회사법은 상법이라는 이름을 붙인 책에서는 다루어지지 않아야 할 것이다. 상법은 회사라는 상인의 대외적인 활동에 적용되는 거래규범의 집적체이어야 한다. 그러나, 이 책은 현행 상법전을 소재로 해야 하기 때문에 상법전에 규정되어 있는 순서를 존중하여 그에 맞추어 내용을 서술한다. 독자들은 이를 염두에 두고 이 책을 활용해야 할 것이다.

상법전에 포함되어 있지 않으나 전통적으로 상법학에서 담당해 온 어음수표법의 내용은 간단히 다루는 데 그친다. 현대의 금융시장과 상품시장에서는 어음과 수표 외에 지급과 결제를 위한 다양한 수단이 사용된다. 새로운 상법학은 이 문제를 다루어야 할 것이다. 또, 시각을 더 넓히면, 상법전에서 말하는 상행위 중 가장 큰 경제적 중요성을 인정받는 금융거래에 관한 법리도 상법학이 다루어야 할 것이다. 그리고, 이 모든 것들이 국제거래와 국제금융의 시대에는 외국법, 국제법과의 연관하에서 연구되고 공부되어야 하므로 국제규범에 대한 학습을 빼놓을 수 없다. 또, 상거래에서 발생하는 분쟁을 해결하는 데 전통적인 방식인 법원에서의 소송절차 외에도 상사중재가 널리 활용되고 있음에 비추어 상거래 분쟁해결기구에 관한 취급이 필요하다. 상사중재는 국내에서의 분쟁보다 국제분쟁에서 그 진가를 발휘한다.

Ⅲ. 국제거래법

현대의 상거래와 금융은 국제적인 평면에서 전개된다. 그리고, 국제적인 거래는 동서고금을 막론하고 큰 중요성을 갖는다. 그러나, 어떤 국제거래든 한 국가 내부에서의 거래에 익숙한 상인들에 의해 이루어지는 것이다. 국내에서는 전혀 거래를 하지 않고 국제거래만을 행하는 상인도 없지 않으나 그러한 상인들이라 해도 국내에서의 거래를 모든 거래의 기초로 인식하면서 국제거래를 행하는 것이다. 따라서, 국제거래를 규율하는 규범도 국내거래를 규율하는 규범으로부터 발달해 나가게 된다. 각국의 상법은 다른 국가의 상법을 의식하지 않고 독자적으로 발달되어 나온 것이다. 국제적인 상거래의 증가로 각국의 상법은 서로 영향을 미치기도 하고 국제무대에서 영향력이 큰 상인의 출신국 법이 다른 법들을 서서히 변모시키기도 한다. 그러나, 그 공통점의 비중에 무관하게 이론상 여러 국가의 상법이 서로 충돌을 일으키는 일이 발생하게 된다.

각자 익숙한 법에 의해 사업을 해 오던 두 상인이 만나 거래를 하려고 할 때 서로 그 거래에 적용될 규칙에 대해 다른 생각을 가지고 있는 것이 드러난다고 하자. 한 거래에 두 가지의 규칙이 적용될 수는 없기 때문에 쌍방은 각자 자기가 아는 규칙을 선호하게 된다. 어떤 규칙을 적용하는가에 따라 경제적인 이해관계가 많이 좌우되면 서로 양보는 어렵다. 이 경우 결국 협상 지위가 우월한 쪽의 의사가 관철되기 마련이다. 그러나, 지위가 대등한 당사자들 사이에서는 협상과 조정에 의해 적용될 규범이 정해진다. 절충적인 내용의 규칙을 새로 만들어 낼 수도 있을 것이다. 이러다 보니 나라에 관계없이 보편적으로 적용될 수 있는 규범에 대한 수요가 커지고 그러한 규범의 내용은 무수한 당사자들이 합의와 양보를 통해 만들어 낸 '국적불명의' 규범이 될 것이다. 이 규범은 규범을 만드는 권한을 보유한 세계정부가 없기 때문에 자연스럽게 관습을 중심으로 발달한다. 아니면 국가들이 합의한 조약에 의해 생성된다. 국제적인 상거래에 적용되는 국제규범은 이렇게 탄생하게 된다. 이를 통상 '국제거래법'이라고 부른다.

국제적인 금융거래에 관한 법규범도 국제거래법에 속한다. 그런데, 금융은 그것이 이루어지는 시장에 대한 규제를 별도로 필요로 한다. 이를 금융규제법이라고 부르기도 한다. 국제금융규제법은 간단히 '국제금융법'이라고 부르는 것이 보통이다. 이는 국제금융거래에 대한 공적인 규제규범의 총체이다. 공적인 규범을 상법에서 같이 다루는 이유는 국제금융의 경우 규제규범이 거래규범화하는 경향이 유독 심하기 때문이다. 특히, 국제금융법은 2008년에 발생한 글로벌 금융위기를 계기로 2차 대전 직후에 만들어진 틀을 전면적으로 재정비하는 과정에 있다. 그 결과에 따라 미래의 국제금융시장은 크게 모습을 바꿀 수도 있으며 이는 국제금융거래의 환경을 새롭게 조성하게 될 것이다.

국제거래법에서는 국제기구의 주도적 역할에 의해 생성된 협약이나 통일 법전이 중요한 법원이 된다. 국제적인 상사매매나 금융거래, 도산, 민사소송 등에 관한 다수의 규범이 만들어져 있다. 국제기구들은 세계 각국의 법률전문가들과 같이 작업하여 그 규범의 제정, 개정을 진행한다. 이탈리아의 로마에 있는 UNIDROIT(International Institute for the Unification of Private Law)는 1926년에 국제연맹의 산하기관으로 출범하였다가 1940년에 독자적인 다자조약으로 재탄생한 기관이다. 각국의 사법을 조화시키고 통일시키기 위한 다수의 협약, 모델법, 원칙, 가이드라인 등을 제정하였다. 뉴욕과 비엔나에 있는 UNCITRAL(United Nations Commission on International Trade Law)은 UN의 산하기관이다. 1966년에 국제거래법을 점진적으로 조화시키고 통일하기 위해 UN총회결의에 의해 출범하였다. UNIDROIT와 마찬가지로 협약, 모델법, 가이드라인을 다수 제정하였다. 우리나라는 양 기구 모두에 회원국이다.

Ⅳ. 대륙법과 영미법

상법과 국제거래법은 영미법계의 지배적인 영향 아래 있다. 상거래와 국제 거래가 융성하기 시작한 이래 영국과 미국의 국제시장에서의 입지가 컸기 때문이기도 하고, 영국의 식민지 지배를 통해 세계적으로 영미법계에 속하는 국가의 수와 인구가 압도적으로 많아진 것도 한 이유다. 1995년의 한 자료에 의하면 영미법계로 분류될 수 있는 국가의 수는 미국의 50개 주를 포함하여 146개이며 인구는 18억, 약 33.4%를 차지하였다. 반면, 프랑스계 대륙법 국가는 76개국, 인구는 9억 8천만, 약 18.3%를 차지하였다. 이 수치는 좀 오래된 것이기는 하지만 전체적인 현황 이해에는 아직도 도움이 된다.

법학 공부를 시작하면 초입에서 항상 세계의 법체계는 대륙법계와 영미법계로 나누어지며, 우리나라는 대륙법계 국가라는 말을 듣게 된다. 통상 영미법은 판례법이며 대륙법은 법전법이라고 한다. 이는 요즘에 와서는 그다지 정확하지 않은 말이 되었지만 어쨌든 두 법계의 가장 중요한 특성이다. 영미법계에서는 추상적인 법의 일반원칙들이 법관에 의해 구체적인 사건에서 규범력을 발휘한다. 정부가 시장에 간섭하는 것을 최대한 자제하며 자율규제가 발달하였다. 대륙법계에서는 법관이 법조문의 범위를 잘 벗어나려 하지 않는다. 따라서, 추상적인 일반원칙들의 비중이 상대적으로 작다. 국가가 시장에 개입하는 빈도와 범위가 높고 넓다. 영국에서는 국왕이 사법부에 대한 통제력을 17세기부터 상실하였고 사법부가 의회와 지주들의 영향하에 놓이게 되었다. 이것이 영국에서 국왕의 권력으로부터 사유재산권을 보호하기 위해 보통법이 발달하게 된 원인이다. 반면, 프랑스나 독일에서는 의회의 권력이 상대적으로 약하였고 절대적인 권력을 가진 통치자들이었던 나폴레옹과 비스마르크에 의해 각각 상법전이 제정되었다. 그 목적은 국가에 의한 경제활동의 효과적인 규제였다. 프랑스와 독일에서는 국가(행정부)가 기업에 대한 영향력을 지속적으로 유지하였고 은행과 일종의 권력투쟁을 벌이기도 하였다. 사법부는 법창설 기능의 측면에서 행정부에 그 주도권을 양보하였다.

V. 외환위기

우리 상법은 1997년에 우리나라가 겪은 외환위기를 계기로 전면 쇄신되었다. 독자들의 대다수는 1997년 외환위기에 대해 직접적인 감각이 없을 것이다. 간단히 설명하면 이렇다. 누구든지 재산과 수입보다 채무가 많으면 파산하게 된다. 국가도 마찬가지다. 한국은 경제의 대외의존도가 대단히 높은 나라다. 수출대국이다. 물건을 만들어 외국에 수출하려면 원자재를 수입해야 한다. 원자재를 수입하려면 해외에서 구입해야 하는데 우리나라 돈은 국제통화가 아니므로 달러를 포함한 국제화폐가 필요하다. 어디서 구할까? 은행이다. 이 때문에 은행은 해외에서 달러를 차입해서 필요한 개인이나 기업에게 판다. 은행이 빌린 달러를 만기에 되갚지 못하면? 도산한다. 이 문제를 나라 전체를 놓고 보자. 한 나라가 지고 있는 외화채무가 지나치게 많아서 만기에 상환하지 못하게 되면 어떻게 될까? 미국과 달리 한국은행은 달러를 찍어내지 못한다. 그 다음 순서는? 모든 물건을 현금으로만 구입할 수 있다. 문제는 그 현금이 없다는 것이다. 물물교환? 외국에서 원자재를 수입하지 못하는 수출의존형 경제는 일시에 정지된다. 더 곤란한 것은 석유, 곡물 같은 것도 사 올 수가 없다는 것이다. 그러면 전시처럼 배급제가 실시될 가능성이 있다. 사회는 사재기로 혼란에 빠질 수 있고 치안도 불안해진다.

대한민국 정도의 규모를 가진 경제가 이 지경이 되는 것은 국제사회에도 큰 골칫거리다. 그래서 이른바 '구제금융'을 하게 된다. 아무도 돈을 빌려 주려 하지 않는 채무자에게 돈이 가게 하려면? 미국같이 든든한 경제가 뒷받침을 해 주면 된다. 그러나 미국 정부가 돈을 빌려 주는 것은 아니므로 미국 정부는 미국의 금융기관들에게 보증을 서 주는 방법으로 돈을 빌려 주게 한다. IMF와 같이 구제금융을 전문으로 하는 국제기구도 나선다. 우리나라는 1997년에 국가부도의 목전에 있었는데 1997년 12월 25일 아침에 극적으로 구제금융을 받게 되어 위기에서 벗어난 것이다.

독자들이라면 담보도 없고 부도가 난 채무자에게 또 돈을 빌려 줄 때 어떻게 하겠는가? 온갖 조건을 다 걸 것이다. 국제사회에서는 그 조건들을 'Conditionality'라고 부른다. 경제정책을 좌지우지하고 법과 제도를 뜯어고치라는 것이다. 남의 나라의 법과 제도를 뜯어고칠 방법은 원래 어디에도 없다. 그러나, 구제금융을 주면서 그 조건으로 할 수는 있는 것이다. 당시 IMF에서 파견된 사람들이 우리나라 경제담당부처에 상주하고 있었다. 이른바 채무에 부착된 조건을 이행하는지를 현장감독한 것이다. 이는 1910년 일본에 강제병합된 이래 가장 수치스러운 사건이다. 경제주권을 상실하였다. 채권자는 채무자의 체질을 바꾸어서 원금과 이자를 고스란히 받을 수 있는 상태로 만든다. 그리고 이왕 내친김에 향후 아주 좋은 건강한 채무자로 마르고 닳도록 살게 하면 더 좋다. 국제자본이 안심하고 투자할 수 있는 투자환경을 조성하였다. 우리 상법과 자본시장법의 개혁은 이런 배경하에서 이루어진 것이다. 전대미문의 금 모으기 운동이 일어났고 한국은 2년 만에 빚을 다 갚아 버렸다. 그러나 바뀐 제도는 그대로 남아서 유기체처럼 세포분열을 계속한다.

외환위기 이후 우리나라에서 진행되어 온 법률과 제도의 개선작업이 우리나라 경제의 회복에 도움이 되었는가 하는 문제에 대한 답은 쉽지 않다. 법률과 제도가 경제주체들의 경제활동에 변화를 일으켜 그것이 경제적 성과와 연결되는 데는 필연적으로 어느 정도의 시간이 필요하며, 그러한 시간적 요소를 감안한다면 우리나라의 경제 회복 속도는 지나치게 빠른 것이었기 때문이다. 그러나 최소한 제도 변화가 초래하는 이른바 신호작용은 인정되어야 할 것이다. 즉, 법률과 제도의 변화는 관계 경제주체들에게 그 변화된 내용에 맞는 행동을 하도록 하는 행동지침으로서의 효과를 가진다.

VI. 자본주의 발전단계와 법제도

1981년에 하버드대학 로스쿨의 클락(Robert Clark) 전(前) 학장은 자본주의 발전단계와 그에 상응하는 법률과 제도에 관한 유명한 통찰을 제시한 바 있다. 상법 공부의 여정을 떠나기에 앞서 그 내용을 들어 보는 것이 도움이 될 것이다. 클락 학장의 설명은 나온 지 시간이 상당히 경과하였지만 아직도 여전히 유효하며 상법을 공부하는 사람들의 시각을 넓혀 준다.

1. 4단계 발전론

자본주의는 첫째, 기업가의 시대, 둘째, 전문경영인의 시대, 셋째, 투자전문가의 시대, 넷째, 저축설계사의 시대 등 4단계의 발전과정을 거쳐 왔다. 자본주의 발달의 첫 단계는 회사 형태의 대규모 사업조직을 통해 자신의 사업을 구상하고, 그에 투자하고, 또 그를 직접 경영하는 이른바 기업가(entrepreneur)의 시대다. 이러한 기업가의 등장은 주로 19세기 후반에 이루어졌는데 사업조직 형태로서의 회사와 그 출현 시기를 같이하였다. 이 시기에는 일반 입법에 의한 회사의 설립이 점진적으로 확대되어 가는 과정에 있었으며 새로 제정된 회사법들은 회사의 규모나 활동에 대해 가능한 한 최소로 규제하고자 하였다.

두 번째 단계는 20세기 초에 완숙기에 접어든 바 있는 전문경영인의 시대다. 전문경영인들은 대기업의 소유와 경영이 분리되는 추세에 따라 등장했다. 이 시기의 특징은 현대적 형태의 공개기업들이 산업생산의 주도적 역할을 담당하게 된 것이다. 회사법은 이에 따라 회사의 주인인 주주들을 대신하여 전문경영인들을 효과적으로 통제하는 기능적 장치의 정비와, 동시에 전문경영인들에게 사업상의 결정에 관한 강력한 권한을 보장해 줄 수 있는 장치의 마련에 그 초점을 맞추었다. 이 시기에는 또한 새로 등장한 다수의 일반 투자자들을 보호하기 위해 대공황을 거치면서 증권법이 제정되었다.

세 번째 단계는 1960년대에 들어서 그 완숙기에 접어든 투자전문가(포트폴리오 매니저)의 시대다. 이 시기의 주역은 기관투자자 또는 금융중개인이라고 불리는 사람들이다. 두 번째 단계가 기업가의 기능을 소유와 경영으로 분리하여 후자를 전문화시킨 것처럼 이 세 번째 단계는 소유기능을 자본의 공급기능과 투자기능으로 분리하여 후자를 전문화하였다. 이에 따라 남의 자본을 전문적으로 관리하고 그를 이용하여 투자활동을 하는 투자전문가들이 대거 등장하였다. 투자를 위해 자본을 사용할 것인지의 여부에 대한 결정과 어떻게 투자할 것인지에 대한 결정이 점차 분리되어 내려지게 된 것은 지난 세기 서구 경제가 경험한 가장 중요한 변화들 중 하나다. 1900년 이후 금융중개기관으로 유입되는 자본의 규모는 꾸준히 증가해서 이제는 저축의 80% 이상이 어떤 형태로든 금융중개기관으로 유입되고 있다. 2차 대전 이후 가계가 직접 보유하는 주식, 채권 등의 규모는 지속적으로 감소된 반면 금융중개기관이 보유하는 주식, 채권의 규모는 증가되어 왔다. 증권거래소는 기관화되었고 기관투자자들이 자본시장에서 주도적인 역할을 하게 되었다.

네 번째 단계는 이른바 저축설계사(savings planner)의 시대다. 세 번째 단계가 자본의 소유기능을 자본의 공급기능과 투자기능으로 분리해서 후자를 전문화시킨 것처럼 이 네 번째 단계는 자본공급기능을 금융자산에 대한 청구권 보유와 저축결정기능으로 분리하여 후자를 전문화하였다. 오늘날 저축을 할 것인지의 여부와 또 얼마나 저축을 할 것인지의 여부에 대한 결정은 많은 경우 개인이 아니라 개인이 속해 있는 단체를 대표하는 사람들이 내린다. 단체건강보험, 단체생명보험이 개인 차원 보험의 규모를 능가하고 있다. 2차 대전 이후 연금제도도 급속히 확대, 성장하였다. 예컨대, 직장 단위의 연금에 가입한 근로자는 저축에 대한 결정권을 사실상 상실한 것이며 이것은 자본의 공급자들이 자본을 금융중개기관에 공급함으로써 구체적인 투자에 대한 결정권을 상실한 것과 마찬가지의 현상이다. 연금관리자들을 포함한 저축설계사들은 적극적인 투자기능을 가지지 않는다. 이들은 대개 외부의 은행 신탁부, 보험회사, 투자회사 등이 제공하는 전문적인 서비스를 통해서 보유자산을 투자한다. 이 네 번째 단계에서는 상호 협상을 통해 종업원 복지계획을 만들어 내야 하는 회사의 경영자들과 노동조합의 대표들이 중요한 역할을 맡는다. 또, 사회보장정책을 입안하고 민간 차원의 복지 프로그램을 지원하는 정부의 관료들도 중요한 역할을 수행한다.

2. 발전단계별 제도의 특성

첫 번째 단계에서는 대규모의 회사가 위험한 존재로 인식되었다. 대기업이 과도하게 성장하여 지나치게 큰 사회적 영향력을 가지고 시장질서와 정부의 기능을 교란시킬 수 있다는 점이 우려되었다. 이 때문에 개별 입법에 의한 회사의 설립이라는 전통적 방식이 지속되었고 회사의 능력이나 법인격에 제한이 가해졌으며 강력한 독점금지법이 제정되었다.

두 번째 단계에서의 가장 중요한 과제는 전문경영인들이 사업상의 결정권을 독점적으로 보유하는 현상의 정당화와, 동시에 그에 대한 통제장치의 마련이었다. 투자자들은 회사에 대한 정보를 가지고 있지 않으며 투자자들이 경영자들을 직접 통제하는 것은 고비용, 저효율의 문제를 발생시키기 때문에 법률은 회사의 능력을 제한하기보다는 효율적인 자본시장을 발달시켰다. 경영자들의 충실의무 위반은 자본시장에서 제재 받게 되어야 한다는 것이었다. 비효율적이고 정직하지 못한 경영진이 경영하는 회사는 자본시장에서 높은 평가를 받지 못한다. 이는 자금조달의 어려움을 발생시킨다. 그렇게 되면 회사를 더 잘 경영할 수 있는 세력이 현 경영진을 축출하고자 하는 동기가 생성된다. 의회는 강력한 기업공시제도, 자본시장에서의 불공정거래 금지, 증권업계에 대한 규제 등을 통해 자본시장의 규모와 기능을 확대하였다. 미국에서는 연방 차원의 증권법이 제정되었다. 한편, 회사법은 이사의 충실의무라는 일반적인 법원칙을 계속 발달시켰고 주주대표소송제도가 이를 실질적으로 집행하였다.

세 번째 단계에서는 경영자 통제장치의 중요성이 감소하였다. 두 번째 단계의 자본소유자는 투자에 관한 결정을 직접 내렸으므로 그 결정에 필요한 정확하고 충분한 정보의 보장과 투자된 자본을 운용하여 사업을 수행하는 전문경영자에 대한 효과적인 통제장치의 보호를 받을 수 있었으나 세 번째 단계의 자본소유자는 직접 투자결정을 하지 않기 때문에 그러한 장치의 중요성을 잘 느끼지 못한다. 실제로 세 번째 단계의 이점은 자본소유자들이 투자결정에서 해방된다는 것이다. 세 번째 단계의 자본소유자들은 자신들이 자본을 공급하는 금융중개기관의 건전성에 더 큰 이해관계를 가진다. 따라서 법률은 금융중개기관의 건전성을 규제하는 데 초점을 맞추게 되고 이 시기에는 금융기관규제법이 발달하게 되었다.

　　네 번째 단계의 제도적 중점은 소비자 보호다. 연금 가입자들도 연금제도의 건전성이나 자본시장의 질서로부터 보호를 받는다. 그러나, 그보다 더 중요한 것은 각자에게 해당되는 연금계약의 세부적인 조건이나 혜택의 내용이다. 따라서 연금보호법 등이 제정되어 계약 내용을 규제하게 된다. 또, 계약 내용의 공개를 강제하는 것도 법률의 중요한 관심사항이다. 수혜자는 계약 내용의 공개를 통해서만 추후 받게 될 혜택을 알 수 있고 그에 따라 노동의 강도나 소비 수준을 결정할 수 있다.

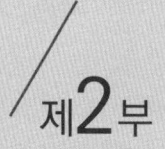
제2부

상법총칙

제1장　상인과 상업사용인

Ⅰ. 상　인

"자기명의로 상행위를 하는 자를 상인이라 한다"(제 4 조). 그리고, "점포 기타 유사한 설비에 의하여 상인적 방법으로 영업을 하는 자는 상행위를 하지 아니하더라도 상인으로 본다"(제 5 조 제 1 항). 상법은 전자를 당연상인이라고 부르고 후자를 의제상인이라고 부른다. 여기서 보듯이 상인 여부는 원칙적으로 상행위를 하는지의 여부와 결부되어 있는데 예외적으로 회사는 상행위를 하지 않아도 상인으로 의제된다(제 2 항).

"자기가 재배한 농산물을 점포를 갖추어 판매하는 자는 상인인가?" 이 질문은 1993년 사법시험에서 20%의 비중으로 등장한 것이다. 이는 제 4 조에 해당하는지를 보면 된다. 사업은 자기명의로 하는 것이 원칙이기 때문에 이 사례의 주인공(A라 하자)이 타인명의로 자기가 재배한 농산물을 판매한다고 볼 특별한 이유는 없다. A의 행동이 상행위인가를 알아야 하므로 제46조로 건너간다. 제46조는 가장 먼저 동산의 매매를 열거하고 있다(제 1 호). 자기가 재배했다는 부분은 일단 본질적인 부분이 아니고 농산물을 판매했다는 점이 중요하다. 농산물은 동산이고 판매했다는 것을 보니 매매다. 다음, 이 판매를 영업으로 했어야 한다. 자본적 계산방법을 사용해서 이윤획득의 목적으로 계속, 반복하여 매매를 했는가? 점포를 갖추었다는 것을 보니 가계의 일부로 운영된 것은 아닌 것으로 볼 것이다. 이윤획득 목적도 있는 것으로 보는 것이 합리적이다. 역시, 점포를 갖춘 것을 보니 일회성은 아닌 것 같다. 영업으로 한 행위이다. 그러므로 A는 상인이다. 여기서 제46조 단서에 혹시 해당하는지를 봐줘야 한다. 제46조 단서는 기업성 없이 사업하는 경우 상행위로 인정하지 않으므로, 그에 해당

되면 A는 상인이 아니다. 문제만 보아서는 답을 알기 어렵다. 자기가 재배한다고 되어 있으니 조그만 밭 하나 가지고 있는 것으로 보아서 기업성을 인정할까? 그렇다면 점포는? 조그만 밭 근처 길가에 오두막 하나 만들어 두어도 점포이다. 어쨌든, 제46조 단서를 언급하는 것이 중요하고 결론은 양쪽 다 가능하다. 여기서 제 9 조의 소상인 규정 함정에 빠지면 안 된다. 소상인은 엄연한 상인이다. 너무 소규모로 사업을 하기 때문에 상법이 요구하는 몇몇 의무를 면제받을 뿐이다.

　　변호사는 어떨까? 독자들이 나중에 변호사로서 활동하게 되면 상인이 되는 것인가? 판례는 변호사는 상인이 아니라고 본다. 소송을 하기 위해 변호사와 소송대리위임계약을 체결하고 성공보수금 약정을 해서 그 지급채무가 발생한 경우 그 채무는 민법 제467조 제 2 항 단서에서 말하는 "영업에 관한 채무"가 아니며, 변호사의 사무소도 채권자의 '영업소'에 해당하지 않고, 변호사는 상법 제 5조 제 1 항상의 "상인적 방법으로 영업을 하는 자"에 해당되지 않는다(대법원 2011. 4. 22.자 2011마110 결정).

II. 상업사용인

　　상법은 3종류의 상업사용인을 알고 있다. 지배인(제10조 내지 제14조), 부분적 포괄대리권을 가진 사용인(제15조), 물건판매점포의 사용인(제16조) 등이다. 독자들의 피부에 와 닿는 내용부터 보기 위해 물건판매점포의 사용인부터 본다.

1. 물건판매점포의 사용인

　　흔히 우리가 무슨 물건을 구매하기 위해 점포, 즉, 가게에 들어서면 그 가게에서 판매하는 물건을 소개하고 구매를 권유하며 구매가 결심되면 그에 필요한 모든 일을 처리하는 사람 또는 사람들을 만나게 된다(물론, 아무 말 없이 여러분을 쳐다보고만 있거나 아무 관심도 없이 딴전을 피우는 사람도 있다). 가전제품 판매점, 편의점, 제과점 등의 장소에서 물건을 구매할 때 우리는 이들의 도움을 받고 대금을 지불한 후 구매한 물건을 가지고 나오게 된다. 이때 우리는 통상 그 사람들에게 '당신은 여기에 있는 물건을 판매하는 데 필요한 대리권을 보유하고 있습니까?' 하고 묻지 않는다. 또, '당신은 여기에 표시된 물건의 가격을 할인해 줄 권한을 가지고 있습니까?' 하고 묻지 않고 가격을 흥정하기도 한다. 물건을 구매하고 나서 나중에 알고 보니, 가게에서 일하던 그 사람은 실은 가게의 판매직원이 아니라 재고품을 보관하는 창고에서 일하는 직원이었다면, 그 매매는 무효인가? 제16조 제 1 항은 "물건을 판매하는 점포의 사용인은 그 판매에 관한 모든 권한이 있는 것으로 본다"고 함으로써 매일매일 크고 작은 물건을 구매해야 하는 일반 소비자들의 염려를 덜어 주고 있다. 이 조항은 점포를 중심으로 이루어지는 상거래를 강력한 외관주의(外觀主義)로 보호하는 것이다. 이 규정 때문에 소비자는 편리하게 되고, 가게의 주인인 영업주는 조심해야 한다 — 홍대 앞 한 점포에는 '사장님 안 계세요, 싸게 드려요'라는 광고문이 크게 붙어 있다.

제17조는 이들 상업사용인의 의무를 규정한다. 상업사용인은 영업주의 허락 없이 자기 또는 제 3 자의 계산으로 영업주의 영업부류에 속한 거래를 하거나 회사의 무한책임사원, 이사 또는 다른 상인의 사용인이 되지 못하며(제 1 항), 상업사용인이 이 규정에 위반하여 거래를 한 경우에 그 거래가 자기의 계산으로 한 것인 때에는 영업주는 이를 영업주의 계산으로 한 것으로 볼 수 있고 제 3 자의 계산으로 한 것인 때에는 영업주는 사용인에 대하여 이로 인한 이득의 양도를 청구할 수 있다(제 2 항). 이 권리를 영업주의 개입권(탈취권)이라고 부른다.

예컨대, 나는 노트북 파는 가게에서 일한다. 물건판매점포의 사용인으로서 애플컴퓨터 직원으로서 팔고 있다고 하자. 그런데 삼촌이 어느 날 와서, 누구한테서 선물로 받은 애플노트북 하나를 좀 팔아야겠다고, 다른 방법을 쓰는 것보다는 애플컴퓨터 가게에서 팔면 쉽게 팔겠다고 한다. 내 노트북을 네 가게에서 팔아 주면 용돈 10만 원을 주겠다고 한다. 동의하고, 삼촌의 노트북을 가게에서 손님이 왔을 때 150만 원에 팔아 주었다. 이 행동은 영업주의 허락 없이, 제 3 자의 계산으로 영업주의 영업부류에 속한 거래를 한 것이다. 손님이 가게에 왔을 때는, 영업주의 물건을 팔아야지 삼촌이 맡긴 것을 팔면 안 되는 것이다. 삼촌의 노트북을 팔게 됨으로써 영업주의 노트북 하나를 못 판 것이다. 삼촌은 150만 원의 이익을 보고, 나는 10만 원 용돈을 받았다. 우리 회사는 그 사건 때문에 최소한 150만 원의 매출을 올릴 수 있는 걸 못 올린 것이다. 이것이 다

발각되었을 때의 처리방법을 위 제17조 제 2 항은 이야기하고 있다. 제 3 자의 계산으로 했을 때 영업주는 사용인에 대하여 이로 인한 이득의 양도를 청구할 수 있는데 여기서 이득은 사용인이 받은 10만 원이다. 삼촌이 받은 이득은 제 3 자의 문제다. 영업주가 개입할 수 없다. 그러면 삼촌이 이득을 본 150만 원은 어떻게 되는가? 원칙적으로 제 3 자의 문제지만, 만약에 영업주가 그로 인해서 본 손해액을 확정할 수 있다면 사용인에 대해 손해배상을 청구할 수 있다. 즉, 개입권으로 보상받을 수 없는 손해는 손해배상청구로 해결하게 된다.

2. 지 배 인

상법이 아는 대표적인 상업사용인은 지배인이다. 제10조는 "상인은 지배인을 선임하여 본점 또는 지점에서 영업을 하게 할 수 있다"고 규정한다. 제11조에 의하면 지배인은 영업주에 갈음하여 그 영업에 관한 재판상 또는 재판 외의 모든 행위를 할 수 있으며(제 1 항) 지배인은 지배인이 아닌 점원 기타 사용인을 선임 또는 해임할 수 있고(제 2 항), 지배인의 이러한 대리권에 대한 제한은 선의의 제 3 자에게 대항하지 못한다(제 3 항). 상인은 지배인의 선임과 그 대리권의 소멸에 관하여 그 지배인을 둔 본점 또는 지점소재지에서 등기하여야 하는데(제 13조) 재판상의 행위를 제외하면 본점 또는 지점의 영업주임 기타 유사한 명칭을 가진 사용인은 본점 또는 지점의 지배인과 동일한 권한이 있는 것으로 본다(제14조 제 1 항). 이를 표현지배인이라고 한다. 물론, 이는 상대방이 악의인 경우에는 적용하지 않는다(제14조 제 2 항). 지배인은 소송이 진행되는 법원에 가면 많이 볼 수 있다. 예컨대, 은행이 자신이 소송당사자인 사건에서 변호사를 선임할 필요가 없다고 생각하면 지배인을 내보내서 소송에 참여하게 한다. 해상기업에는 지배인과 유사한 지위를 가지는 선장이 있다.

제13조에 따른 지배인의 등기는 지배인인지의 여부와는 무관하다. 지배인 여부는 등기가 아니라 상인과 지배인 간의 실체적인 법률관계에 따라 정해진다. 그렇다면 제13조는 왜 있는 것인가? 제13조의 의의는 제37조 제1항으로 이해된다. 상사등기에 관한 대원칙인 이 조문은 등기할 사항은 이를 등기하지 않으면 선의의 제3자에게 대항하지 못하게 한다. 즉, 지배인 종임 후 미등기 상태에서 지배인임을 믿고 지배인과 거래한 선의의 제3자에 대해 지배인의 행위는

유효하며, 선임 후 미등기 상태에서 지배인임을 알고 거래한 제3자에 대해서도 지배인의 행위는 유효한 것이다. 전자의 경우, 제3자가 악의라면 영업주인 상인은 제37조 제1항을 원용하여 책임을 부인하면 된다.

지배인의 대리권에 대한 제한은 선의의 제3자에게 대항하지 못한다고 규정하는 제11조 제3항에 의하면, 제3자가 악의인 경우에 영업주인 본인은 법률효과를 부인하면 되지만 지배인의 행위는 무권대리행위가 된다. 이 경우 민법 제126조의 권한을 넘은 표현대리의 규정에 의해 본인이 책임을 지게 되는 수가 있고, 민법 제130조의 무권대리 규정에 의해 본인이 추인함으로써 책임을 지는 수가 있다. 통상 본인인 영업주는 민법 제130조에 의해 지배인이 악의의 제3자와 체결한 계약을 추인하게 되는데 그 이유는 장사를 계속해야 되기 때문이다. 거래계에서 '저 집하고 거래하는 것은 조심해야 한다'는 말이 나돌기 시작하면 곤란한 것이다. 경쟁업체에서 퍼트릴 수도 있다. 대신 지배인은 혼이 나거나 쫓겨나게 될 것이다.

준용규정

상법 제15조는 상업사용인 중 부분적 포괄대리권을 가진 사용인에 관한 규정이다. 동조 제1항은 영업의 특정한 종류 또는 특정한 사항에 대한 위임을 받은 사용인은 이에 관한 재판 외의 모든 행위를 할 수 있다고 규정하고, 제2항은 제11조 제3항의 규정은 전항의 경우에 준용한다고 규정한다. 위에서 본 물건판매점포의 사용인에 관한 제16조는 제1항에서 물건을 판매하는 점포의 사용인은 그 판매에 관한 모든 권한이 있는 것으로 본다고 하고, 제2항에서 제14조 제2항의 규정은 전항의 경우에 준용한다고 한다. 이 제15조, 제16조의 각 2항을 준용규정이라고 부른다. 제15조 제2항의 경우를 보자. 제15조 제2항은 제11조 제3항의 규정을 제15조 제1항의 경우에 준용한다고 하므로 제11조 제3항의 규정이 무엇인지를 우선 찾아보아야 한다. 제11조 제3항은 지배인의 대리권에 관한 규정으로서 지배인의 대리권에 대한 제한은 선의의 제3자에게 대항하지 못한다고 규정하고 있다. 즉, 제15조 제2항은 부분적 포괄대리권을 가진 사용인의 부분적 포괄대리권에 대한 제한은 제3자에게 대항하지 못한다는 규정이다.

그러면, 왜 이렇게 직접적인 의미를 가진 규정을 두지 않고 복잡하게 찾아보고 해당 조항에 맞게 다시 풀어보아야 하도록 법률을 만들었을까? 이 제15조의 규정은 그런 의문을 들게 할만도 하지만 독자들이 예컨대, 제415조를 보면 생각이 달라질 것이다. 제415조는 "제382조 제 2 항, 제382조의4, 제385조, 제386조, 제388조, 제400조, 제401조와 제403조 내지 제407조의 규정은 감사에 준용한다"고 규정한다. 법조문에 내용이 없고 숫자만 나열되어 있는 것으로 보인다. 준용규정은 같은 내용을 다른 곳에서 적용대상이나 형식만 바꾸어 다시 반복하는 것을 생략해 주는 법률 제정 기술이다. 준용형식이 없다면 이 제415조는 엄청나게 긴 조문이 되었을 것이다. 그런데 문제는 이와 같이 편리한 기술이 법률의 소비자들에게는 불편을 초래한다는 것이다. 우선 해당 규정들을 모두 찾아보아야 하고 당해 규정에 맞게 '변환'해 보아야 하는 것이다. 법률전문가가 되기 위해 법률을 공부하는 사람들마저도 이를 귀찮게 여겨 실제로 그 작업을 하지 않는 경우가 많다. 하물며 일반 시민들이 그 작업을 할 것을 기대하기는 어렵다. 이 때문에 법률이 길어지더라도 준용규정을 다 없애고 풀어서 규정하자는 의견이 있다. 어쨌든, 법률전문가가 되기 위해 이 책을 공부하고 향후 더 상세한 내용의 책들을 공부하게 될 독자들은 준용규정도 다른 규정들과 전적으로 같은 중요성을 가지는 규정들임을 잊지 말 것을 당부한다.

제2장 상호와 영업소

Ⅰ. 상 호

1. 상호의 의의

자연인이 이름을 가지고 있듯이 상인은 자기의 상행위를 위해서 별도의 표지(標識)를 정해서 사용할 수 있다. 이것이 상호(商號)이며 쉽게 말하면 '가게 이름'이다. 고객들이 일반 경제계에서 내 상행위를 명확하게 인식할 수 있는 근거다. 상호 없이 장사한다면? 즉, 가게에 간판이 없다면? "이 물건 좀 배달해 주세요." "어디로요?" "저기 골목 들어가서 파란 지붕 집이요." 계약서를 쓸 때에도, "어디 동네 몇 번지 어디어디서 무슨 업을 하는 장소"라고 써야 하고 마치 자연인이 이름이 없는 것과 같은 불편한 상황이 발생한다. 무엇보다도 상인은, 사업의 목적을 달성할 수가 없다. 그래서 아주 간단하게라도 '우리상회' 이런 식으로 정하게 되는 것이다. 특히 사업이 잘 될 때는 상호 자체가 신용을 축적하는 기능을 한다. "어디서 파는 물건이 좋더라." 어쨌든 가게의 이름, 회사의 이름은 그만큼 중요한 것이다. '오사마빈라면'이라는 라면집이나 '맞담배 피자'라는 피자집은 쉽게 잊혀지지 않는다. 이 이름 때문에 손님이 찾아오고 시장에서 제품이 기억되므로 상인에게 가게, 회사의 이름인 상호는 큰 재산적 가치를 가지게 되고, 따라서 분쟁의 발생을 방지하기 위해 상법이 개입할 수 밖에 없는 것이다.

몇 해 전에 애경백화점이 AK플라자로 이름을 바꾸었는데 이름을 바꾼 첫 해에 전년 대비 매출이 13.7% 증가했다고 한다. 다른 백화점들의 매출 증가율이 4–5%였으므로 이는 이름을 바꾼 효과로 보아야 할 것이다. 어묵을 생산하는 삼호F&G라는 회사도 CJ제일제당그룹에 인수된 후 CJ씨푸드로 이름을 바꾸었는데 주가가 50% 폭등하는 일이 일어났다. 위 사례들은 구매력이 강한 젊은 층에게 어필하는 이름을 사용하거나 대그룹의 브랜드를 공유하는 경우 영업실적이 올라갈 수 있음을 보여 준다. 이처럼 상호는 돈과 직결된다. 2015년에 98개 상장회사가 상호를 변경했으며 2016년 상반기에는 61개 상장회사가 상호를 변경했는데 이미지 개선 목적이 가장 큰 이유였다. 한편, 독일에서는 다이믈러(Daimler)의 주주들이 회사의 옛 상호를 복원하자는 운동을 벌인 일이 있다. 19세기 말에 칼 프리드리히 벤츠와 고틀리프 다이믈러 두 사람의 엔지니어가 각각 이름의 일부를 따서 다이믈러-벤츠(Daimler-Benz)를 설립하였다. 벤츠는 친구 딸의 이름인 메르세데스(Mercedes)를 차 브랜드로 사용했다. 우리가 벤츠라고 부르는 자동차는 사실은 회사 상호의 일부였던 것이다. 그러다가 1998년에 미국의 크라이슬러와 합병하면서 벤츠가 떨어져 나가서 다이믈러-크라이슬러가 되었다가 크라이슬러를 매각한 후에는 그냥 다이믈러가 되었는데, 벤츠라는 이름이 워낙 강력하고 향수를 불러일으키므로 이를 다시 붙이자는 것이다. 소송까지 벌어졌는데 일부 주주는 아예 상호를 메르세데스벤츠로 하자고 주장했다.

"상인은 그 성명 기타의 명칭으로 상호를 정할 수 있다"(제18조). 상호 선정의 자유이다. 예식장에 늘봄공원이라는 이름을 붙여도 좋고 유흥업소에 아이칸컨설팅 또는 NASA라고 이름을 붙여도 무방하다. 대한바른자세협회는 한 스포츠마사지 업소의 상호다. 물론, 사업의 실체와 상호가 주는 느낌 사이에 차이가 클수록 통상 사업에 불리할 것이다. 예를 들어, '아이모에나디아'라는 상호는 무슨 사업에 사용되는 상호인지 알기가 어렵다(레스토랑이다). 그러나, 이는 상인 스스로의 선택이다. 상법은 그에 개입하지 않는다. 다만 "회사의 상호에는 그 종류에 따라 합명회사, 합자회사, 유한책임회사, 주식회사 또는 유한회사의 문자를 사용하여야 한다"(제19조). 그리고, 회사가 아니면 상호에 회사임을 표시하는 문자를 사용하지 못한다(제20조). 동네에서 회사가 아닌 슈퍼마켓을 열어서 '우리주식회사'라고 간판을 걸 수 없다.

동일한 영업에는 단일상호를 사용하여야 한다(제21조 제 1 항). 이를 상호단일성의 원칙이라고 부른다. 이탈리아 레스토랑 1개를 운영하면서 '시에나'라는 상호와 '토스카나'라는 상호를 동시에 사용할 수 없다는 뜻이다. 사업이 2개 이상이면 물론 2개 이상의 상호를 사용할 수 있다. 레스토랑에는 시에나, 와인 소매점에는 토스카나라는 이름을 쓸 수 있다. 다만, 회사에게는 상호가 회사의 전체 인격을 나타내는 수단이므로 여러 개의 사업을 하더라도 1개의 상호만 사용하는 것이 허용된다. 삼성물산은 무수히 많은 종류의 사업을 하고 있지만 삼성물산이라는 하나의 상호를 사용한다.

2. 상호의 보호

지금도 그대로 있는지 모르겠으나 경기도의 어디에 가면 '○○네 스파게티'라는 이탈리아 레스토랑이 있는데 바로 옆(문자 그대로 바로 옆이다)에 정확히 같은 이름의 레스토랑이 있다. 즉, '○○네 스파게티'라는 레스토랑 두 개가 나란히 있는 것이다. 이렇게 되면 그 레스토랑을 찾아온 손님은 자기가 왼쪽의 레스토랑을 찾아온 것인지, 오른쪽의 레스토랑을 찾아온 것인지 알 수 없게 된다. 왜 이런 일이 일어났는지는 독자들이 쉽게 짐작할 수 있을 것이다.

남이 내가 어렵게 쌓은 평판이 반영되어 있는 상호를 무단으로 사용하려는 것을 막으려면 어떻게 해야 할까? 반대로, 사업을 시작하면서 혹시라도 내가 남의 귀중한 상호를 무단 사용하는 결과가 발생하는 것을 막으려면 어떻게 해야 할까? 상법은 상호등기제도를 통해 이 문제를 어느 정도 정리한다. 우선, "타인이 등기한 상호는 동일한 특별시·광역시·시·군에서 동종영업의 상호로 등기하지 못한다"(제22조). 남의 상호를 사용하는 것 그 자체만으로는 법률적 문제가 생기지 않지만 상법 제23조 제 1 항은 "누구든지 부정한 목적으로 타인의 영업으로 오인할 수 있는 상호를 사용하지 못한다"고 규정하고 있고 동조 제 4 항은 "동일한 특별시·광역시·시·군에서 동종영업으로 타인이 등기한 상호를 사용하는 자는 부정한 목적으로 사용하는 것으로 추정한다"고 하므로 상호를 등기해 두면 실질적인 보호를 받을 수 있게 된다. 동조 제 2 항이 부정한 목적으로 타인의 영업으로 오인할 수 있는 상호를 사용하는 자가 있는 경우에 그로 인해 손해를 받을 염려가 있는 자 또는 상호를 등기한 자는 그 폐지를 청구할 수 있다고 하기 때문이다. '스위스제과'라는 상호로 서울에서 제과점을 시작하면서 상호를 등기했는데 유명해지자 누군가가 같은 '스위스제과'라는 이름으로 가게를 내는 바람에 일부 고객들이 헷갈리게 되고 매상도 줄고, 신용조차 훼손당할 염려가 생겼다. 이 경우 '스위스제과'라는 내 상호를 뒤늦게 사용한 상인은 부정한 목적을 가지고 있는 것으로 추정되므로 나는 그 폐지를 청구할 수 있는 것이다.

타인의 영업으로 오인할 수 있는 상호를 사용하는 것이 위법한 것이므로 오인의 가능성이 없는 경우는 위법하지 않다. 완전히 동일한 상호는 물론 오인의 가능성이 대단히 높다. 문제는 유사한 상호 사용에서 발생한다. 삼성전자와 삼성컴퓨터는 오인가능성이 높을 것이고 삼성물산과 삼성슈퍼는 덜할 것이다. 자동차 Lexus와 법률정보서비스 LEXIS는 오인가능성이 별로 없을 것 같은데 소송이 있었다. 법원은 수원보령약국과 보령제약은 오인가능성이 없다고 보았고, 파워컴주식회사와 파워컴도 오인가능성이 없다고 보았다. 오인가능성은 업종, 규모, 지역 등을 종합적으로 고려해서 판단될 것이다. 파워컴 사례는 이른바 역혼동이라고 부른다. 내가 서울슈퍼를 그럭저럭 몇 년 했는데, 누가 서울백화점으로 대성공을 했다. 사람들이 내가 서울백화점의 상호를 부정한 목적으로 사용한 것으로 볼 것이다. 이때, 나는 서울백화점을 상대로 상호사용폐지청구를 하게 된다. 여기서는 오인가능성도 오인가능성이지만 서울백화점의 부정한 목적 보유 여부가 쟁점이 될 것이다. 대개 잘되는 사업의 상호를 후발주자가 사용하면 부정한 목적이 있는 것으로 볼 여지가 크지만, 반대의 경우 부정한 목적을 인정하기 어렵다. 잘 안 되는 가게 이름을 슬쩍 사용해서 한몫 보려고 한다? 가능성이 낮다.

1995년 사법시험에는 25%의 비중으로 상법 문제에 상호의 보호가 다루어진 바 있다:

> 甲은 서울특별시에서 대일제화라는 상호로 구두제조업을 경영하고 있었다. 역시 서울특별시에서 구두제조업을 경영하고 있던 乙은 甲이 위의 상호를 등기하지 않고 있는 것을 기화로 이를 먼저 등기한 후 甲에 대하여 상호사용폐지를 청구하였다. 乙의 청구는 정당한가?

제23조 제 4 항은 甲이 부정한 목적을 가지고 있는 것으로 추정한다. 甲의 입장에서는 억울하기 짝이 없는 노릇이지만 그것은 시험문제에 甲이 먼저 대일제화라는 상호를 사용하기 시작했다고 나오기 때문이지 실제로는 그것이 사실인지 알 수 없는 경우가 대부분이다. 그런데, 실제로 甲이 먼저 상호를 사용하

기 시작한 것이라면? 등기에 중요성을 부여하는 견해에 의하면 乙은 甲에게 상호사용폐지를 청구할 수 있다. 이렇게 하지 않으면 등기제도가 무슨 소용이 있을 것인가? 그러나, 여기에는 문제가 있다. 제23조 제 4 항의 문언이다. 조문은 '추정'한다고 규정되어 있다. 추정은 반증으로 뒤집어질 수 있다. 즉, 甲이 부정한 목적이 없었다는 것, 내가 먼저 사용하고 있었다는 것을 입증하면 부정한 목적이 없는 것이 된다. 등기가 전적으로 모든 것을 좌우한다고 새긴다면 이 조문은 모순된 것이다. 따라서, 등기가 모든 것을 좌우할 수는 없으며 실제로 누가 먼저 사용했는지를 기준으로 해야 하고 이 경우 乙은 청구할 수 없다고 새겨야 한다. 그렇다면, 등기는 무슨 소용인가? '등기를 먼저 한 사람이 대단히 유리하다'. 그 정도까지만 인정해 주자는 것이다. 어쨌든 甲은 옛날 신문에 나온 사진이든 영수증이든 찾아내서 자신이 먼저 사용했음을 입증해야 한다.

　한편, 실제로 사업도 시작하지 않았으면서 일단 남이 사용하는 것을 막기 위해 '스위스제과'라는 상호를 등기해 두었는데 사업이 여의치 않아 가게를 열지 못하고 있는 상황을 생각할 수 있다. 상법은 2년의 기간을 준다. "상호를 등기한 자가 정당한 사유 없이 2년간 상호를 사용하지 아니하는 때에는 이를 폐지한 것으로 본다"(제26조). 상호는 상호만 떼 내서 타인에게 양도할 수 없다. 사업을 접거나(영업의 폐지) 사업(영업)과 함께 양도할 수 있을 뿐이다(제25조 제 1 항).

　상호는 가등기할 수 있다(제22조의2). 민법상 가등기에는 순위보전의 효력이 인정되므로 그 목적을 위해 행해지는데 상법 제22조의2 제 4 항은 가등기를 상호등기의 효력에 관한 제22조의 적용에 있어서는 본등기로 본다고 하고 있으므로 상호의 가등기는 순위보전의 효력을 위한 것이 아님을 알 수 있다. 그러면 왜 가등기를 하는가? 상호의 등기는 자연인인 상인이 하는 경우에는 시간이 걸릴 일이 없지만 회사가 하는 경우 설립절차의 완료나 정관의 변경 등 시간이 걸리는 수가 있다. 상호의 가등기는 이 때 활용되는 것이고 가등기함으로써 등기한 것과 같은 효력을 얻게 된다.

II. 영 업 소

1. 의   의

상호가 상인이 영위하는 사업을 표시하는 소프트웨어라면 영업소는 사업을 표시하는 하드웨어이다. 영업소는 영업활동의 조직상 중심지이며 영업에 필요한 리소스(resources)가 집적되어 있는 곳이다. 회사의 경우 본점이 이에 해당하며 하나 또는 둘 이상의 지점을 가지고 있는 회사도 있다. 영업소는 단순한 장소적, 시설적 개념이 아니며 영업활동에 관한 중요한 의사결정이 내려지는 곳이다. 지점이 독립적인 영업단위로서 그 영업에 관한 한 독립적인 관리가 이루어지고 필요한 의사결정이 내려진다면 그 또한 영업소라고 볼 수 있다(2004년 사법시험 문제: 영업소의 개념과 법률상 효과를 설명하시오).

영업소를 논하는 이유는 영업소가 상인에게는 자연인의 주소와 같은 효력을 가지기 때문이다. 회사는 본점과 지점 소재지를 등기하여 공시하여야 한다. 회사 본점의 소재지는 정관 기재사항이기도 하다. 즉, 회사 본점 소재지의 변경은 후술하는 바와 같이 주주총회에서 특별결의를 거쳐야 하는 중요한 사안인 것이다. 제 4 부에서는 영업소가 국제회사법에서 가지는 의미가 소개될 것이다.

2. 법률적 효과

영업소의 법률적 효과는 지참채무의 경우 채권자의 영업소, 추심채무의 경우 채무자의 영업소가 각각 이행장소가 되는 데서 나타난다. 상법은 이에 대해 특별한 규정을 두고 있지 않다. 다만, 개정되기 전의 제56조에 이상한 규정이 하나 있었다. 이 규정은 이제 개정되었지만 이 규정 자체의 중요성보다 법조문을 어떻게 해석해야 하는가에 대한 좋은 훈련의 재료가 되기 때문에 자세히 살펴볼 가치가 있다.

민법 제467조 제 2 항은 특정물 인도 이외의 채무변제는 채권자의 현주소에서 하여야 한다고 하면서 지참채무의 원칙, 즉, 원칙적으로 채무자가 채권자를 찾아가서 채무를 이행하도록 한다. 빚진 사람이 채권자를 찾아가서 빚을 갚아야 한다. 그런데 이 규정 단서는 그러나 영업에 관한 채무의 변제는 채권자의 현영업소에서 하여야 한다고 해서 영업에 관해서는 현주소(자택주소)보다는 영업소를 기준으로 하고 있다. 지참해서 변제를 하되, 주소가 아니라 영업소로 가라는 지시이다. 한편, 지시채권에 관한 민법 제516조는 증서에 변제장소를 정하지 아니한 때에는 채무자의 현영업소를 변제장소로 한다. 영업소가 없는 때에는 현주소를 변제장소로 한다고 규정한다. 채권자가 채권을 양도 받을 자를 지시할 수 있는 지시채권이나 무기명채권은 원래 추심채무다. 채권자가 채무자를 찾아가야 한다. 채무자의 현 영업소를 변제장소로 해 놓고, 영업소가 없는 때에만 현주소를 변제장소로 한 것이다. 즉, 영업과 관련된 경우가 많으니, 영업소를 원칙으로 규정해 놓은 것이다.

이제 상법 제56조를 보자. 제목이 "지점거래의 채무이행장소"로 되어 있다. 채권자의 지점에서의 거래로 인한 채무이행의 장소가 그 행위의 성질 또는 당사자의 의사표시에 의하여 특정되지 아니한 경우에는 특정물의 인도 이외의 채무의 이행은 그 지점을 이행장소로 본다. 여기서 맨 앞에 붙어 있는 "채권자의"라는 네 글자는 새로 추가된 것이다. 이 네 글자가 없다고 생각해 보자. 그러면 이 조문은 지점에서 거래가 일어나면 지점이 이행장소라는 뜻으로 읽힌다. 영업에 관한 채무의 변제는 채권자의 현 영업소에서 변제하게 되어 있었다. 채권자의 현 영업소는 대개 본점이다(지점이 없는 사람들도 많다). 그런데 지점에서 거래를 하는 경우에는? 채권자의 지점에서 거래한 경우에는 채권자의 지점이 변제장소이고 채무자의 지점에서 거래한 경우에는 제56조에 따라서 채무자의 지점에서 변제를 해야 된다는 것으로 읽힌다. 지참채무가 아니라는 뜻이 된다. 그런데, 지점/본점에서 했느냐에 따라서 지참채무가 되느냐 아니냐가 결정된다면 부당한 것이 아닌가? 제56조는 입법의 착오로, "채권자의~"라는 말이 빠진 규정이 아닐까? 이렇게 새기는 사람들도 있었다. 이렇게 새기는 경우의 문제는 무엇일까? 법조문이 서슬이 퍼렇게 그렇지 않다고 쓰여져 있다는 것이다. 법조문이 착오로 만들어졌고, 제대로 만들었다면 '채권자의'라는 말이 들어갔을 것이다! 해석을 할 때에 이 말을 넣어야 한다고 주장할 수 있을까?

3. 법문의 해석

'법문(法文)이 A는 B다'라고 규정하는데 'A는 C다'라고 해석하는 것이 맞다고 주장하는 것은 대단히 위험한 태도다. 법조문이라는 것은, 아무리 허술하게 만들어져 있다고 하더라도 일단 그 자체로 우리가 받아들여야 한다. 그렇게 하지 않으면 헌법상의 삼권분립 원칙이 아무런 의미가 없다. 판사가 '이상하다. 법을 만들 때 국회의원들이 딴 생각을 하고 있었다면?' 그렇다면, '안 그랬으면 당연히 이렇게 했겠지'하고 해석하는 것은 삼가야 한다. 만에 하나 그런 일이 일어났다면 그런 국회의원을 선거로 뽑은 국민들이 책임져야 하는 것이다. 이상한 법조문 아래서 살면서 불편과 부당함을 겪어야 한다. 자초한 셈이다.

법조문은 엄격한 문리해석을 원칙으로 해야 한다. 국회의원들이 만들었지만, 일단 만들어진 후에는 하늘에서 떨어진 것처럼 모셔야 한다. 누가 만들었느냐, 왜 만들었느냐에 관계없이 스스로 살아서 움직이는 것이 법조문이다. 물론, 합목적적 해석이라는 것이 있기는 하다. 법을 만든 취지, 입법과정을 따져볼 때 이러이러하게 해석하는 것이 맞겠다는 것이다. 그러나 그렇게 하더라도, 없는 단어를 집어넣으면서까지 해석하는 것은 문제. 정 이상하면 국회의원 사무실에 전화를 해서 법을 고쳐 달라고 해야 한다. 법관 선에서 해결할 수 없다. 결국 이 조문은 2010년 5월 상법 개정 시에 "채권자의"를 추가해서 개정됨으로써 문제가 해결되었다.

학설과 외국법

독자들이 법률을 공부하는 데 사용하는 교과서를 보면 이런 경우 '입법의 착오'라고 설명하는 것을 쉽게 볼 수 있다. 교과서에서 그렇게 말하니 간단히 입법의 착오라고 하고 달리 해석해도 좋은 것일까? 권위 있는 법학자인 모 교수님의 설명인데?

법조문의 해석은 법관이 하는 것이다. 법관의 법조문 해석은 판결문에 포함되고 판례라는 카테고리로 다루어진다. 재판은 법관들이 하는 것이므로 법관들은 다른 법관이 법조문을 해석한 것을 중요한 참고자료로 사용한다. 법관은 그런 방식으로 법조문을 해석할 법률상의 권한을 가진 사람들이다. 교과서를 저술한 법학 교수는? 아무런 권한이 없다. 그냥 한 시민의 의견과 같은 것이다. 법관이 그 의견을 참고로 할 수도 있고 무시할 수도 있는 것이다. 학자가 입법의 착오라고 아무리 주장해도 그 주장은 하나의 의견에 불과한 것이다. 물론 이 교과서로 공부한 학생이 후일 권위 있는 법관이 되어서 그 책을 존중하는 것은 별개의 문제다. 또, 미국에서는 저명한 법학자가 연방법원의 판사로 전직하는 일이 잦고 독일에서는 학자가 법관을 겸직하기도 한다. 어쨌든 교과서나 논문은 학자적인 양심에 따라 주관적인 의견을 개진하는 도구일 뿐임을 명심해야 한다. 그러면, 완전히 무시해야 할까? 반대의 경우를 생각해야 한다. 교과서이든 논문이든, 일단 문자로 인쇄되어 보급되기 시작하면 쓴 사람과 상당히 독립된 의미를 가지기 시작한다. 모든 사람이 모든 문제에 대해 깊이 생각하고 결론을 나름대로 내리는 것은 아니기 때문에 한 사람이 생각한 결과가 널리 퍼지면 여러 사람들에게 영향을 미치게 되고 이유에 관계없이 여러 사람이 한 방향으로 생각하기 시작하면 그 의견은 실질적인 영향력을 갖게 된다. 이것이 학문적 의견의 의미다. 요약하면, 학문적 의견은 사회현상의 영향을 받아 형성되지만 일단 형성되면 다시 사회적 현상에 영향을 미친다. 이 과정은 반복된다. 법학에서도 마찬가지다.

한편, 이 책에서뿐 아니라 우리나라에서의 법학연구, 법률실무는 외국의 이론과 외국법, 외국의 사례 등이 상당한 중요성을 가지고 활용되면서 전개된다. 물론 외국법이나 판례는 우리나라에서는 법률적 의미를 가지지 못하며 마치 학자가 쓴 책에 나오는 의견 정도의 비중을 가질 뿐이다. 그리고, 법률실무를 경험한 사람이면 누구나 알듯이 외국의 법률과 그 해석에 대한 이해는 현지에 거주하면서 실무를 하는 경우가 아니면 지극히 제한적일 수밖에 없다. 따라서, 책이나 인쇄된 자료만에 의한 외국법 학습은 어느 정도는 위험한 일이다. 반면, 사회과학은 그 보편성과 방법론상의 진보로 인해 다른 국가나 사회에 대해 외부인이 현지인보다 더 짧은 시간에 더 정확하게 실상과 문제를 이해할 수 있게 한다는 특성도 가진다. 외국의 법과 제도에 대한 공부는 이러한 양면성을 염두에 두고 이루어져야 한다.

법학도답게 글쓰기

시험이 끝나고 성적이 발표되면 거의 반드시 몇몇 학생이 성적에 이의를 제기해 온다. 이유는 여러 가지다. 공통점은, 자신이 쓴 것을 잘 기억하지 못한다는 것이다. 급히 답안을 작성하다 보니 그런 일이 일어난다. 그리고, 종종 '같이 공부한 친구는 A를 받았는데 나는 왜 B를 받았는가?'라는 얘기도 있다. 같이 공부했다고 같이 답안을 작성한 것은 아닐 터인데 본인은 납득이 안가는 모양이다. 물론, 대개

답안이 다르다. 드물게, 같은 내용의 답안이지만 평가를 낮게 받는 경우가 있다. 그 이유는 이렇다. 법률가로서의 삶은 문서와 같이 하는 삶이다. 문서의 작성과 그 문서의 내용인 글쓰기가 법률가의 인생인 것이다. 판결문, 공소장, 계약서, 준비서면, 의견서 등등. 그래서 법률가답게 문서를 작성하는 것이 중요해 진다. 전문적인 용어를 그 어법에 맞게 능숙하게 써야 한다. 전문용어는 멋을 부리기 위해 탄생한 것이 아니다. 효율적이고 오해가 없는 의사전달을 가능하게 해 준다. 어느 분야에서나 마찬가지다. 이 훈련은 학교에서 행해지는 시험답안지 작성, 보고서의 작성에서 시작되는 것이다. 예컨대, 민법 제450조에 관한 논의에서 "채권을 남에게 넘기려면 뭘 갖추어야 하는가?"라고 쓰는 것과 "지명채권 양도의 대항요건은 무엇인가?"라고 쓰는 것에는 내용은 같을지 몰라도 다른 평가를 받게 하는 차이가 있다. 또, 시험 답안지에 '왕창'이라든가 '무지막지하게'라는 표현을 쓰는 것은(다 실제사례다) 감점까지는 가지 않을지 몰라도 좋지 못한 인상을 준다. 학생이 급하게 썼다는 것을 알 수 있게 해 주기 때문이다. 급하게 뭔가를 했다는 것은 준비가 덜 되었다는 증거다. 예를 들어 설명하는 것도 시간낭비다. "예를 들어 A와 B가…" 운운 하는 것은 교수가 학생에게 이해를 시키기 위해 사용하는 방법이다. 수험생은 시험관을 가르치는 입장에 있지 않다. 특히, 독자들에게 강조하고 싶은 것은 독자가 읽고 있는 바로 이 책의 스타일은 시험답안지나 법률문건에서 사용하면 안 된다는 것이다. 이 책은 강의록이다. 주위의 비법학도 친구들이나 가족들에게 놀림을 당할 정도로 전문용어를 쓰는 습관을 길러보기 바란다. 장난으로라도, "그거 이리 줘"라고 하지 말고, "그 물건에 대한 현실의 점유를 이전해"라고 말해보라는 것이다. 다시 말하지만, 법률가의 인생은 품위있고 전문적인 용어를 사용한 문서를 작성하는 인생이다.

시험답안지, 나아가 다른 모든 문서에도 서술의 근거가 되는 법조문의 번호를 기재해야 한다. 준용규정의 경우 준용대상 규정의 조문번호를 기재해야 함은 물론이다. 따라서, 중요한 조문은 내용까지는 몰라도 그 번호를 암기하고 있으면 좋다. 흔히 법학공부를 암기 위주로 하는 것에 대해 비판한다. 그러나, 정확히 말하면 암기만 하는 것은 비판받는다. 사실 모든 공부는 암기로부터 출발한다. 법학도가 법조문이나 판례를 암기하는 것과 수학도가 정리나 따름정리를 암기하는 것은 초등학생이 구구단을 암기하는 것과 같다. 효율적이고, 암기하지 못하는 경쟁자를 앞지르게 해 준다. 인간이 문자를 발명한 이후로 기억력이 현저히 퇴화되었다고 한다. 저자가 대학생일 때만 해도 친구들 전화번호는 다 외워야 했다. 지금은 이동전화기에 입력된 친구의 이름을 누르기만 하면 된다. 법조문도 스마트폰으로 바로바로 찾아낼 수 있다. 학교에서의 시험도 '오픈−북'이 많다. 기억력이 더 퇴화될 것 같다. 독자들은 많이 외우기 바란다.

제3장　지급결제와 유가증권

I. 지급결제와 화폐

　　물품에 대한 대금의 지불은 통상 화폐를 사용하여 이루어진다. 화폐는 보유자가 필요로 하는 어떤 물품과도 교환될 수 있는 가치를 가진 금, 은 등의 귀금속으로 제작된 주화가 가장 보편적이었다. 그러나, 주화는 제작에 비용이 많이 소요되고 액수가 커질수록 늘어나는 중량으로 인해 지불수단으로서의 한계를 가진다. 이로부터 지폐와 그 밖의 다양한 종류, 형태의 지급결제수단들이 등장하게 되었다. 앞에서 언급된 환어음에서 출발하여 지폐, 수표 등을 거쳐 현대의 상거래에서는 신용카드와 전자결제수단까지 널리 활용되게 되었다.

　　화폐는 추상적인 개념이다. 밀턴 프리드먼의 마지막 저서 『화폐경제학』(*Money Mischief* [한국경제신문, 2009])에 나오는 설명을 빌려 보겠다. 인구가 약 5-6천 명이었고 독일 식민지였던 캐롤라인 군도의 한 섬인 얍(Yap)섬의 주민들은 가운데 구멍이 난 돌을 화폐로 사용했다. 큰 것도 있고 작은 것도 있지만 이 돌화폐는 주민들 간의 거래에 사용되는데 주민들은 화폐를 옮기지 않을 뿐 아니라 자기 것이라는 표시도 하지 않는다. 누구 것인지 다들 알기 때문이다. 섬에서 가장 부자인 사람은 몇 세대 전 섬 앞바다에 가라앉은 가장 큰 돌화폐의 소유자다. 아무도 본 적도 없고 건질 수도 없지만 그 돌의 구매력은 섬에서 여전히 인정된다. 독일이 1898년에 섬에 길을 내라고 주민들에게 명령했는데 길 없이도 잘 살아오던 주민들은 말을 듣지 않는다. 독일 정부는 집집마다 돌아다니면서 보이는 대로 돌화폐에 벌금 표시를 했다. 그러자, 주민들은 대경실색해서 길을 닦았다. 벌금 표시는 지워지고 다시 부자가 된 주민들은 기분이 좋아졌다. 남태평양의 한 섬에서 있었던 이 일은 오늘날 발달된 자본주의 경제 시스템하에 있는 우리에게도 그대로 적용된다. 한국은행에서 발행하는 지폐는 정부가 국민이 정부에게 진 빚을 그 지폐로 갚는 것을 인정해 주겠다고 하는 종이다. 법화(法貨)의 의미다. 정부에게 지는 빚 중에 가장 큰 것이 세금이므로 우리는 한국은행에서 발행한 지폐를 세금을 내는 데 사용할 수 있다. 그런데, 정부와 아무 관련 없는 모든 거래에 이 지폐가 사용되는 까닭은? 그것은 다른 사람들이 그것을 사용하기 때문이다.

　모든 금융상품은 채권과 채무의 조합이다. 채권과 채무는 사람이 있기 때문에 존재한다. 즉, 금융은 사람들 사이의 문제다. 그러나, 종이 한 장, 스테이플러로 묶은 종이 수십 장에 서명을 하고 도장을 찍고, 컴퓨터 스크린에 나타나는 전자신호를 서로 주고받아도 실제로 내 손에 화폐가 들어오고 나가지 않는다. 설령 화폐가 들어오고 나가더라도 그것은 관념이다. 금융거래처럼 관념적이고 사람과 사람 사이의 신용에 의거하는 것은 찾아보기 어려울 것이다. 금융산업 전체가 일종의 사상누각이다. 실체가 없고 약속으로만 이루어져 있기 때문이다. 은행에 거액의 예금을 두고 노후 걱정 없이 안심하고 있는 사람은 사실은 그 은행에 보관되어 있는 서류상의 숫자 때문에 그러고 있는 것이다. 얍 섬의 주민과 전혀 다를 바가 없다. 이렇기 때문에 금융산업만큼 사회의 신용상태에 좌우되는 산업이 없고 법과 제도에 기초하는 것이 없다. 은행에 있는 내 명의의 숫자에 대해 판사와 경찰이 모르겠다고 하는 순간 그 숫자는 아무런 의미가 없어진다. 법치주의가 잘 확립되어 있고 법률의 집행이 잘 이루어지는 나라가 금융, 경제 선진국인 이유가 여기에 있다. 특히, 외국에 나가서 그 나라 금융기관의 외국어로 된 장부 기재를 믿고 안심할 수 있으려면 우선 그 나라의 사법 시스템에 대한 신뢰가 앞서야 한다. 더하여, 그 나라의 사법 시스템이 외국인의 재산에 대해서도 공정하게 작동한다는 확신이 있어야 한다.

II. 현대의 지급결제 수단

　우리가 우리 주변의 생활에서 상거래를 할 때 주로 지폐나 동전을 지급수단으로 사용하지만 경제 전체에서 매일매일 이루어지는 지급의 규모에 비추어 볼 때 화폐가 사용되는 비중은 1%에도 미치지 못할 것이다. 이는 국제적인 거래에서는 더 말할 나위도 없다. 오늘날 대부분의 지급결제(payment and settlement)는 이른바 은행화폐(bank money)를 사용하여 이루어진다. 즉, 지급의무를 지는 거래의 당사자가 상대방의 은행에 상대방이 그 은행에 대해 보유하는 채권의 액수를 지급의무에 상응하는 액수만큼 증가시킬 것을 요청함으로써 지급이 이루어진다. 이 과정은 지급의무를 지는 거래의 당사자가 채권을 보유하는 은행이 상대방의 은행에 해당 액수의 채무를 부담하고, 지급의무를 지는 거래의 당사자는 자신의 은행에 해당 액수의 채무를 부담함으로써 가능해지는 것이다. 이 과정을 순서대로 보면 다음과 같다: ① 물품을 구입한 매수인은 자신의 은행에 물품의 가격만큼 채무를 부담하는 동시에 은행도 매도인에 대해 같은 금액의 채무를 부담할 것을 요청한다. ② 매수인의 은행은 매도인의 은행에 해당 금액만큼의 채무를 부담한다. ③ 매도인의 은행은 매도인에 대해 해당 금액만큼의 채무를 부담하고 매수인의 은행에 대해서는 해당 금액만큼의 채권을 보유한다. 이 모든 과정에서는 아무런 화폐도 이동하지 않는다. 즉, 지급결제는 돈이 개입함이 없이 완결될 수 있는 것이다.

　은행을 통한 지급결제는 동일한 당사자들 사이에서 하루에 2회 이상 발생할 수 있다. 또, 현대의 상인들은 여러 개의 사업을 영위하는 복잡한 조직의 회사들인 경우가 많으므로 동일한 당사자들 사이에서 하루 이내에 쌍방향으로 채권채무가 무수히 발생하기도 한다. 이는 은행들이 자체 필요에 의해 거래하는 경우에도 발생하는 일이지만, 물품이나 서비스를 거래한 고객들의 요청에 의해 위와 같이 지급결제를 하려면 은행들 사이에서는 하루에도 무수히 많은 횟수의 지급결제가 쌍방향으로 이루어져야 함을 의미한다. 이를 하루에 한 번씩 모아서 하면 불필요하게 지급결제가 발생하는 일이 없어지게 된다. 즉, A은행이 50원과 100원을 B은행에 지급하고 B은행이 40원과 120원을 A은행에 지급해야 하는 경우, 하루가 종료될 때 B은행이 A은행에 10원을 지급함으로써 모든 거래가 간단히 정리된다. 이를 '네팅'(netting)이라고 부른다.

　한편, 이렇게 하루에 1회씩 정산을 하면 그 하루 중에 바로 돈을 필요로 하는 거래당사자가 곤란에 처하게 된다. 즉, 매도인이 오늘 오전 10시에 물품을 매도하고 그 대금을 몇 분 이내에 자신의 은행에서 인출하고자 하는 일이 발생한다. 이 경우 은행은 은행들 사이에서 최종적인 정산이 이루어지지 않았음에도 불구하고 매도인에게 해당 금액을 지급한다. 이를 'daylight overdraft'라고 부른다. 이 금액은 금융시스템 전체에는 큰 액수가 될 수 있다. 이렇게 매도인의 은행이 매수인의 은행으로부터 지급을 받지 못하였음에도 불구하고 매도인에게 지급을 하게 되면 매수인이나 매수인의 은행이 바로 그날 도산하여 해당 금액만큼의 손실을 입을 가능성이 생긴다. 이 위험을 피하려면 하루의 종료를 기다리지 않고 실시간으로 모든 개별적인 지급을 완료해야 한다. 이는 컴퓨터 시스템의 발달로 가능해졌다.

Ⅲ. 어음·수표

국내에서는 지급결제 수단으로서 화폐 외에 어음과 수표가 과거에 많이 사용되었다. 그 때문에 관련 법리도 발달하였고 분쟁에서 판례도 다수 생성되었다. 법과대학에서는 3학점의 어음·수표법 또는 유가증권법 강좌를 개설해 왔으며 이는 사법시험에서도 25% 내외의 비중으로 중요한 과목으로 다루어져 왔다. 어음과 수표의 법률관계는 각각 어음법과 수표법의 규율을 받는다. 그러나, 지급결제 수단으로서의 어음과 수표의 비중은 점차 축소되는 추세이다. 대신 인터넷뱅킹 등 전자금융의 네트워크를 통한 결제가 급증하고 있다. 2006년 3분기에 인터넷뱅킹을 포함한 전자결제의 규모가 하루 평균 13조 2,090억 원으로 처음 어음·수표의 규모를 추월하였다. 어음·수표 결제 규모는 2000년에만 해도 하루 평균 25조 원에 달했었다. 어음의 경우 후술하는 바와 같이 경제적 강자가 남용하는 폐단이 항상 지적되고 있어서 결국에는 사용이 줄어들게 될 것이다. 따라서, 이 책에서는 그 경제적 기능을 중심으로 어음과 수표에 대한 기초적인 설명만 간단히 시도하기로 한다.

1. 수   표

어음보다는 수표가 독자들에게 더 익숙할 것이므로 수표부터 이야기한다. 나(발행인)는 수표를 발행한다. 즉, 종이쪽지 한 장에 이것저것 기재해서 수표를 만들어 낸다. 그 이유는, 누군가 다른 사람에게(지급인) 이 수표를 가지고 가는 사람에게 수표에 적혀 있는 금액을 지급하라고 지시(위탁)하기 위해서다. 'A은행은 B에게 500만 원을 지급하시오' 또는 누구에게를 적지 않고 'A은행은 500

만 원을 지급하시오'라고 하는 것이다. 이렇게 되어 있는 수표를 은행에 가지고 가면 은행은 B 또는 소지인에게 500만 원을 지급해 준다. 왜? 나와 A은행 사이에 그렇게 하기로 약속이 되어 있기 때문이다. 즉, 내가 A은행에 돈을 맡길 때 이런 약속을 하는 것이다. 수표를 지급할 만큼 충분한 돈이 있는 경우에만 지급해 준다고 약속할 수도 있고, 부족하면 은행이 나에게 빌려 주는 것으로 해서 지급해 준다고 약속할 수도 있다. 한편, 수표는 발행인 자신을 지급받을 자로 하여 발행할 수 있고, 발행인 자신을 지급인으로 하여 발행할 수 있다(수표법 제6조 제1항, 제3항). 전자를 자기지시수표, 후자를 자기앞수표라고 한다. 독자들이 가장 많이 접하는 수표가 10만원짜리 자기앞수표다. 수표의 지급인은 은행이므로 자기앞수표는 발행인과 지급인이 공히 은행인 수표다. 즉, 이 수표는 지급이 거절될 가능성이 거의 없다. 그래서 마치 현금처럼 유통된다.

수표를 이용하는 이유는 수표를 이용하면 현금을 가지고 다니는 번거로움과 위험을 피할 수 있어서이다. 2008년 10월 13일에 일본의 Bank of Tokyo-Mitsubishi UFJ 경영진이 경영난을 겪고 있던 모건 스탠리(Morgan Stanley)에 투자하면서 모건 스탠리 임원에게 90억 달러짜리 수표를 직접 전해 준 일이 있다. 90억 달러는 우리 돈으로 10조 원 정도인데 수표가 없다면 그 돈을 어떻게 전달할지 난감할 것이다.

수표의 일람출급성

수표법 제28조 제1항은 '수표는 일람출급(一覽出給)으로 한다. 이에 위반하는 모든 문구는 적지 아니한 것으로 본다.'고 규정한다. 이를 수표의 일람출급성이라고 하는데 수표의 지급증권성을 담보하기 위한 것이다. 즉, 돈(수표자금)이 준비되어 있지 않거나 은행과 자금의 준비에 관한 약정(수표계약)이 되어 있지 않으면 수표를 발행할 수 없다. 이 때문에 은행만이 수표의 지급인이 될 수 있다(수표법 제3조). 수표의 일람출급성과 신용을 확보하기 위해 부정수표단속법이 제정되어 있고 이 법은 수표계약 없이 수표를 발행하는 등의 위법한 행위를 형사처벌한다. 2013년 7월 19일에 수표를 발행하면서 발행일을 2013년 8월 19일로 기재한다면 이를 선일자수표라고 한다. 수표의 일람출급성을 회피하는 방법이다. 선일자수표는 무효는 아니지만 수표법 제28조 제2항은 '기재된 발행일이 도래하기 전에 지급을 받기 위하여 제시된 수표는 그 제시된 날에 이를 지급하여야 한다'고 함으로써 그러한 발행 의도를 무산시킨다. 수표자금이 없어 지급이 거절되면 부정수표단속법이 기다리고 있다.

2. 환 어 음

어음은 환어음과 약속어음으로 나누어진다. 이 중 환어음이 수표와 유사하다. 즉, 나는 환어음을 만들면서 A에게 B가 이 환어음을 가지고 가면 500만 원을 지급하라고 위탁한다. 그런데 수표와의 차이점은 '언제 이후에' 그렇게 해 달라고 위탁할 수 있다는 점이다. 2010년 5월 1일에 환어음을 만들면서 2010년 8월 1일 이후에 지급해 달라고 한다. 이렇게 되면 B는 8월 1일까지는 A에게 어음을 가지고 가서 돈을 받을 수 없다. 이 8월 1일을 만기라고 하는데 상술한 바와 같이 수표에는 만기라는 것이 없어서 언제든지 돈을 지급받을 수 있다. 그러나, 어음에는 만기가 있어서 나는 실제로 3개월 동안 금융을 얻는 것과 같은 효과를 누리게 된다. 이를 두고 환어음에는 수표에서와 같은 지급기능 외에 신용창출 기능이 있다고 말한다(물론, 어음도 만기 없이 발행할 수 있다). 그리고 양자 모두 서울에서 발행하면서 부산에서 지급받도록 하면 송금기능을 발휘하게 된다. 종이 한 장이 서울에서 부산으로 이동함으로써 500만 원이라는 현금이 이동하게 되는 것이다. 위 모건 스탠리 사례에서는 종이 한 장이 동경에서 뉴욕으로 이동해서 현금 10조 원이 이동한 것이다. 이는 앞서 중세 중동의 기사단과 관련하여 설명한 바와 같다.

3. 약속어음

약속어음은 발행하면서 발행 받는 사람에게 언제(만기) 이후 일정한 금액을 지급하겠다고 약속하는 것이다. 자동차를 사면서 당장 돈이 없으므로 3개월 후에 지급하겠다고 약속하면서 약속어음을 발행해 줄 수 있다. 이렇게 하면 자동차 구매대금만큼을 자동차를 파는 사람에게 3개월 동안 빌리는 것과 같아지므로 약속어음에도 신용창출 기능이 있는 것이다. 그런데 왜 자동차를 파는 사람은 현금이나 수표 아니면 안 판다고 하지 않고 3개월 후에야 현금화할 수 있는 약속어음을 받고 자동차를 넘겨주는가? 그렇게 해서라도 물건을 팔아야 하기 때문이다. 현금을 주고 자동차를 사겠다는 사람이 넘쳐나면 그럴 필요가 없으나 반드시 그런 것은 아니기 때문이다. 거래당사자들 사이의 지위에 따라서는, 그러면 3개월 후에 받기로 하되 자동차 가격에 3개월간의 은행이자를 더한 금액을 어음에 적자고 할 수도 있다.

그러면, 단순히 3개월 후에 대금을 지급하겠다고 약속하는 문서를 작성해서 주는 것과 약속어음의 형식에 작성해서 주는 것의 차이는 무엇인가? 단순한 문서는 이른바 채무증서이다. 즉, 내가 자동차 대금에 상응하는 액수의 채권을 보유한다는 증거가 되는 문서이다. 나는 3개월을 기다릴 수 없으면 그 채권을 민법에 따라 제 3 자에게 양도하면서 현금을 확보할 수 있다. 물론, 약간의 금액을 덜 받게 될 것이다. 여기서 나로부터 채권을 양도받은 제 3 자는 변제기가 도래하면 채권을 추심할 수 있겠으나 채무자가 만일 돈이 없거나 무슨 이유에서이든 지급을 거절한다면 법적인 절차를 밟아야 한다. 반면, 어음의 형식을 빌면 자동차 매도인은 훨씬 강력한 권리를 가지게 된다. 어음은 통상적인 채권보다 훨씬 자유롭게 양도될 수 있고 그 때문에 유통성이 높아 자동차 매도인은 언제든지 용이하게 현금을 확보할 수 있다. 이를 반대 방향으로 생각해 보자. 외상으로 물건을 팔아도 필요하면 기다리지 않고 현금을 받을 수 있는 쉽고 안전한 방법이 있다면 외상으로 물건을 파는 일이 많아질 것이다. 즉, 상거래가 활성화되는 것이다.

4. 어음·수표의 파워

도대체 어떤 제도를 만들어 놓았기에 어음과 수표를 활용하면 상거래가 촉진되는가? 사실 이 질문에 대한 대답은 어음·수표법 책을 가지고 한 학기 정도 수업을 들으면서 공부를 해야 나올 수 있는 것이다. 따라서, 여기서는 어음과 수표가 그런 역할을 할 수 있도록 하는 기본적인 법리 몇 가지를 설명함으로써 독자들이 초보적인 이해를 할 수 있게 돕는 데 그치기로 한다.

브루스 윌리스가 나오는 영화 「서로게이트」(Surrogates, 2009)나 제임스 캐머론 감독의 「아바타」(Avatar, 2009)를 본 독자들을 위해 설명한다. 어음과 수표는 (이제부터는 어음만 언급한다) 원래 무슨 이유가 있어서 만들어지는 것이다. 즉, 내가 자동차를 구입해서 대금지급의무를 부담하게 되었고 그 이행을 위해서 내가 약속어음을 발행하는 것이다. 서로게이트나 아바타가 집 밖에 나돌아다니지만 그것은 실제 인간인 내가 있어서이다. 주인이 없는 서로게이트는 있을 수 없다. 어음은 원인관계라고 부르는 법률관계가 존재하고 그에 기인하여 탄생한다. 그 런데 어음이라는 제도는 어음이 발행되면 그 자체를 둘러싸고 법률관계가 새로 창설되는 것으로 정한 제도다. 이것은 사실 이해하기 어렵다. 기존의 채무를 변 제하는 방법으로 어음이 발행되었는데 어음이 발행되면 새로운 법률관계가 만 들어진다는 것은 도대체 무슨 뜻인가? 어쨌든 어음의 이런 특성 때문에 어음을 설권증권(設權證券)이라고 부른다고 알고 넘어가기로 한다. 이해가 안 되는데 넘 어가다니? 이해가 안 되는 개념이 그 다음 개념에 대해 듣고 나면 이해가 되는 경우가 있다. 여기서는 무인증권(無因證券)이라는 개념이 그 역할을 해 준다.

주주의 권리는 주식에 화체(化體)되는데 주식에 기초하여 주권이 발행된다. 그런데, 주식이 무효라고 하면 무효인 주식에 기초해서 발행된 주권도 당연히 무효가 된다. 그러나, A가 B의 건물을 매수하고 그 대금을 지급하기 위해 어음 을 발행한 경우는 좀 달라진다. A와 B의 건물매매계약이 무효가 되면 A가 B에 게 발행한 어음도 무효가 되어야 마땅할 것 같은데 그렇게 되지를 않는다. 어음 의 법리는 A와 B의 계약이 무효가 되더라도 어음은 유효인 것으로 하자고 하는 법리이다. 그래서 어음을 무인증권이라고 한다. 일단 세상에 나오면 원인관계의 영향을 받지 않는 것이 어음이다. 주인이 죽어도 아바타가 계속 돌아다니는 해 괴한 상황인 것이다. 왜 이렇게 하기로 할까? 그렇게 해야 상거래가 촉진되고 안전해진다는 이유다.

어음을 취득하는 사람은 어음이 원인관계에서 발생한 이유로 가치의 변동 을 겪었는지 조사할 필요가 없다. 어음은 거래계에서 마치 화폐와 같이 취급된 다. 위 어음을 양도 받은 C는 만기가 되면 A에게 가서 어음금을 지급해 달라고 청구할 수 있다. 여기서 A는 그 어음이 무효라고 주장할 수는 없고 원인관계가 소멸되었으므로 대금을 지급할 필요가 없다고 항변할 수 있을 뿐이다. C가 그 러한 사정을 몰랐다면 A는 C에게 어음금을 지급해야 한다. 그 후 A는 B와 문 제를 해결해야 한다. 어음법 제17조(인적 항변의 절단)는 "환어음에 의하여 청구 를 받은 자는 발행인 또는 종전의 소지인에 대한 인적 관계로 인한 항변으로써 소지인에게 대항하지 못한다. 그러나 소지인이 그 채무자를 해할 것을 알고 어 음을 취득한 경우에는 그러하지 아니하다"고 규정하고 있다. 여기서 채무자를 해할 것을 알고 어음을 취득하였을 때라 함은, 단지 항변사유의 존재를 아는 것만으로는 부족하고 자기가 어음을 취득함으로써 항변이 절단되고 채무자가 손해를 입게 될 사정이 객관적으로 존재한다는 사실까지도 충분히 알아야 한다는 의미다(대법원 1996. 5. 28. 선고 96다7120 판결).

여기서 만일 C가 개입되지 않고 B가 (A가 보기에) 뻔뻔하게 A에게 어음금을 지급해 달라고 청구하면 어떤 일이 일어날까? 원래 B가 부농산매매대금을 청구하려면, 그리고 A가 계약이 무효임을 들어 그를 거부한다면, B가 매매계약이 유효함을 입증해야 한다. 그러나, 어음이 발행되었으므로 이제는 A가 원인관계인 매매계약이 무효임과 어음이 부동산매매대금의 지급을 위해 발행되었다는 사실을 각각 입증해서 어음금지급의무에서 벗어나야 한다. 바로 이것이 어음의 파워다. A가 고초를 겪는다면 그 모든 것은 어음을 발행해 준 자신의 행동에서 기인한 것이며 어음을 발행해 줄 수밖에 없었던 자신의 협상지위 때문인 것이다.

5. 어음·수표의 양도

어음이 법률이 의도한 대로 널리 사용되려면 자유롭게 유통되어야 한다. 즉, 만기까지 가만히 가지고 있다가 지급을 위해 제시만 하는 용도라면 효용이 훨씬 덜 할 것이다. 어음은 만기가 되기 전에 온갖 이유로 양도가 가능해야 한다. 따라서, 어음제도의 핵심 중 하나는 양도에 관한 규칙이다.

어음을 양도하기 위해서는 배서(背書)라는 것을 해야 한다. 배서는 문자 그대로 어음의 뒷면에 쓰는 것이다. 배서는 환어음이나 이에 결합한 보전(補箋)에 기재하고 배서인이 기명날인 또는 서명하여야 한다(어음법 제13조 제 1 항). 환어음은 지시식으로 발행하지 아니한 경우에도 배서에 의하여 양도할 수 있는데(어음법 제11조 제 1 항) 발행인이 환어음에 '지시금지'의 문자 또는 이와 동일한 의의가 있는 문언을 기재한 때에는 그 어음은 지명채권의 양도에 관한 방식에 따라서만 그리고 그 효력으로써만 양도할 수 있다(제 2 항). 물론, 이런 식으로 하면 해당 어음의 유통성은 급격히 떨어질 것이다.

배서는 무조건으로 하여야 한다. 배서에 붙인 조건은 기재하지 아니한 것으로 보며(어음법 제12조 제 1 항) 일부의 배서는 무효로 한다(제 2 항).

어음법 제14조 제 1 항은 배서의 권리이전적 효력을 규정한다. 배서는 환어음으로부터 생기는 모든 권리를 이전한다. 어음법 제15조는 배서의 담보적 효력을 규정한다. 배서인은 반대의 문언이 없으면 인수와 지급을 담보한다(어음법 제15조 제 1 항). 여기서 어음의 인수란 어음에 지급인으로 기재된 자가 지급채무를 부담하겠다고 하는 의사표시다. 어음소지인이 어음의 만기 이전에 지급인의 지급의사를 미리 확인하는 것이 인수제시인데 이에 대해 지급인이 지급의 의사표시를 하는 것이 어음의 인수다. 배서인은 다시 하는 배서를 금지할 수 있다. 이 경우에 그 배서인은 어음의 그 후의 피배서인에 대하여 담보의 책임을 지지 아니한다(제 2 항). 이 경우도 마찬가지로 해당 어음의 유통성은 저하될 것이다. 어음법 제16조 제 1 항은 배서의 자격수여적 효력을 규정한다. 이에 의하면 환어음의 점유자가 배서의 연속에 의하여 그 권리를 증명하는 때에는 그를 적법한 소지인으로 추정한다. 최후의 배서가 백지식인 경우에도 같고, 말소한 배서는 배서의 연속에 관하여는 배서의 기재가 없는 것으로 본다. 백지식 배서의 다음에 다른 배서가 있는 때에는 그 배서를 한 자는 백지식 배서에 의하여 어음을 취득한 것으로 본다.

6. 융통어음

원인관계에 의한 현실적 거래 없이 순수하게 타인의 자금사용을 도와주기 위해 대가 없이 발행·배서·인수 등이 행해진 어음이 융통어음이다. 빈어음이라고도 불린다. 통상 약속어음이 이용된다. 어떤 어음이 융통어음인지의 여부는 구체적인 사실관계에 따라 판단되며 입증책임은 어음 발행인에게 있다. 예컨대, A는 B의 사업자금 운용상의 어려움을 해소해 주기 위해 약속어음을 발행하여 교부하고 B는 이 어음을 C에 대한 채무의 변제에 사용한다. A가 B에게 이런 호의를 베푸는 이유는 여러 가지가 있겠지만 B가 A에게 마찬가지로 약속어음을 발행해 주기 때문인 경우가 많다. 서로 돕는 것이다. 융통어음이 중요한 이유는 신용상태가 양호한 기업이 상거래와 관계없이 인건비 등 단기자금을 조달하기 위해 만기 1년 이내로 담보 없이 발행하는 기업어음(commercial paper: CP)이 융통어음의 일종이기 때문이다. CP는 보통 1억 원 이상으로 거래된다. 신용이 쌓인 기업들은 은행과의 당좌거래보다 싼 금리로 이를 이용할 수 있다. 금융기관들이 참여하는 CP시장이 있어서 CP는 발행 후 금융기관이 매입한 뒤 다른 금융기관에 전매하는 방식으로 유통된다. 골드만 삭스는 이 비즈니스로 성장했던 회사다.

그런데 여기서 B는 어음의 만기 전에 A에게 어음 금액에 해당하는 금액을 지불하지 못하였고, 그러한 사정을 아는 C가 만기가 되어 A에게 어음금의 지급을 청구하였다고 하자. A는 C에 대해 어음금의 지급을 거절할 수 있을까? 이를 융통어음의 항변 문제라고 한다. 즉, A가 C에게 해당 어음이 융통어음임을 들어 항변할 수 있는가? 어음법 제17조 본문과 단서를 이해하고 있으면 답이 나온다. B가 A에게 어음금의 지급을 청구하는 경우, A는 융통어음의 항변을 제시할 수 있다. 이는 인적항변이다. 그러나, C가 A에게 어음금의 지급을 청구하는 경우에는 어음법 제17조에 의해 인적항변이 절단된다. A는 C에게 항변할 수 없다. A가 C에게 항변할 수 없는 이유는 융통어음은 그 속성상 인적항변의 절단이 문제될 수 없기 때문이다. 융통어음의 발행은 무조건의 채무부담 의사를 내포하고 있으며 성질상 처음부터 제3자에게 대항할 수 없는 것이다. 그런데 예외가 있다. 소지인이 그 채무자를 해할 것을 알고('해의'라고 한다) 어음을 취득한 때다.

한편, 위에서 어음의 발행인들인 A와 B가 각자 자력이 부족한 상태에서 자금을 편법으로 확보하기 위하여 서로 동액의 융통어음을 발행하여 교환한 경우, 사기죄가 성립하는 것이 아닐까? 판례는 "어음의 발행인이 그 지급기일에 결제되지 않으리라는 점을 예견하였거나 지급기일에 지급될 수 있다는 확신이 없으면서도 그러한 내용을 상대방에게 고지하지 아니한 채 이를 속여 어음을 발행·교부하고 상대방으로부터 그 대가를 교부받았다면 사기죄가 성립하는 것이지만, 이와 달리 어음의 발행인들이 각자 자력이 부족한 상태에서 자금을 편법으로 확보하기 위하여 서로 동액의 융통어음을 발행하여 교환한 경우에는, 특별한 사정이 없는 한 쌍방은 그 상대방의 부실한 자력상태를 용인함과 동시에, 상대방이 발행한 어음이 지급기일에 결제되지 아니할 때에는 자기가 발행한 어음도 결제하지 않겠다는 약정 하에 서로 어음을 교환하는 것이므로, 자기가 발행한 어음이 그 지급기일에 결제되지 않으리라는 점을 예견하였거나 지급기일에 지급될 수 있다는 확신 없이 상대방으로부터 어음을 교부받았다고 하더라도 사기죄가 성립하는 것은 아니다"고 한다(대법원 2002. 4. 23. 선고 2001도6570 판결).

7. 신 용 장

상인이 물건을 판매할 때 가장 중요한 것은 매수인이 약속대로 대금을 지급하는 것이다. 그래서 물건을 매수하겠다는 상대방의 신용을 우선 조사한다. 자력이 충분한지, 과거 거래에서 대금을 성실히 지급했는지 등의 사실을 주위의 상인이나 금융기관에 알아보고 매매를 결정하게 되는 것이다. 그런데, 국내에서와는 달리 국제적인 거래가 되면 상대방의 신용을 조사하기 어렵다. 독자들은 한번쯤 자신이 나이지리아의 변호사인데 누가 당신에게 거액의 유산을 남겼으니 연락하라는 스팸 이메일을 받은 적이 있을 것이다. 그 진위는 확인하기 어렵다. 또, 국내에서는 물건 값을 받지 못하게 되더라도 찾아가서 받아 낼 수도 있고 소송을 통해 구제를 받을 수도 있겠지만 외국에 소재하는 매수인에 대해서는 그것도 여의치 않다. 자, 누가 물건을 사겠다고 보내 달라고 하는데 어떻게 할까? 가장 좋은 것은 선금을 요구하는 것이다. 그러나, 그러다가는 매수인이 다른 상대를 찾아가 버린다. 이때 사용할 수 있는 것이 신용장(Letter of Credit: LC)이다. 국제거래에서 직접 송금으로 결제하는 거래의 비중이 늘어나고는 있지만 신용장은 아직 중요한 결제, 금융수단이다.

칠레에 있는 상인에게서 내 물건을 사고 싶으니 보내 달라고 연락이 왔다. 그러면, 나는 그 상인에게 당신의 은행에 가서 신용장을 발행 받아서 보내 달라고 한다. 신용장은 수입자의 거래은행이 수출자에게 자기를 지급인으로 하여 어음을 발행할 권한을 부여하는 문서다. 즉, 물건 값을 은행 자신이 지급하겠다는 확실한 약속인 셈이다. 세계 어느 나라든 은행은 신용을 공인 받은 상인이며 믿고 거래할 수 있는 상대방이다. 따라서, 수출자가 신용을 알 수 없는 수입자를 위해 수입자의 은행이 대금의 지급을 보증함으로써 수출자는 안심하고 물건을 보내 줄 수가 있다. 수입자가 신용이 없거나 자력에 문제가 있다면 수입자의 은행이 신용장을 발행해 줄 리 없다. 그리고 일단 신용장을 손에 넣으면 그 다음부터는 수출자는 수입자의 자력과 신용에 아무런 신경을 쓰지 않아도 된다. 수입자의 은행만 상대하면 된다. 수출자는 신용장을 받으면 물건을 발송하고 선하증권을 포함한 선적서류를 담보로 수입자의 은행을 지급인으로 하는 환어음을 발행할 수 있고 그 어음은 바로 유통되어 수출자는 물건이 수입자에게 도착하기도 전에 대금을 받을 수 있는 것이다. 수출자는 이러한 신용장거래를 직접할 수도 있으나 대개 자신의 은행을 통해서 하게 된다.

8. 어음의 폐해

앞에서 회사란 무엇인가를 설명할 때 대기업의 불공정거래 문제에 대해 잠시 언급하였다. 대기업이 중소기업인 거래처를 힘들게 하는 방법 중 하나가 대금지급을 제때 하지 않는 것이다. 물건을 팔거나 공사를 하고도 대금을 받지 못하면 받을 때까지 금융비용이 발생한다고 이 책의 서두에서 설명하였다. 그런데, 단순히 외상으로 거래를 하는 것이 아니고 대금을 약속어음으로 지불한다. 그것도 한 달도 아니고 6개월, 1년 만기로. 어음을 받은 중소기업은 자금사정이 어려워지면 별 수 없이 사채시장 같은 곳에서 어음을 할인해서 현금을 마련하게 되는데 사채시장에서의 어음할인에는 시중 금리를 감안한 정상적인 할인이 이루어지지 않는다. 액면가의 20%, 30%가 보통이다. 1년 후에 100원을 받을 것을 기다리지 못해 오늘 70원을 받는다면 30원의 손실이 발생하는데, 1년을 기다리기 위해 금융기관에서 차입을 하는 경우 10원을 지불해야 한다면 결국 20원의 순손실이 발생하는 셈이다. 물건 값을 20원 할인하는 결과와 같다. 그러면 남는 것이 거의 없게 되거나 적자가 된다. 그러나, 신용이 취약하고 자금사정이 어려운 중소기업은 이를 감수하는 수밖에 없다.

한 국회의원이 공개한 자료에 따르면 2011년에 상업어음의 발행실적은 92조 9,064억 원(일평균 3,731억원), 총 146만 건(일평균 5,853건)이었다. 액수로는 2010년에 비해 23%가 늘어난 것이라 한다. 어음거래가 늘고 있는 셈인데 이는 경제상황의 악화와도 관련이 있다. 거래처를 쥐어짜기 위해 어음을 악용하는 경우도 있겠지만 스스로도 대금을 제때 지급하지 못할 어려운 사정이 있을 수 있는 것이다. 그러나, 전반적으로는 어음제도 자체를 폐지해야 한다는 여론이 우세한 것 같다.

제4장 　영업양도

I. 영　업

　　상인이 영위하는 사업이 영업이다. 영업은 재산을 기초로 사업 목적을 달
성하기 위해 만들어진 조직체이다. 예컨대 한 회사가 1개의 사업을 한다고 했
을 때 그 사업을 위한 물적인 기초가 있을 것이다. 사무실, 책상, 컴퓨터, 공장
설비, 트럭 등등. 이에 더하여, 회사가 생산하는 제품에 필요한 기술, 특허, 상
표권 등과 같은 지적재산권도 필요하다. 이 재산을 가장 효율적인 방법으로 조
직하여 움직이는 사람들이 있다. 이 사람들은 그냥 모이기만 해서는 안 되며
사업의 목적을 달성하는 데 필요한 형태로 조직되어 있다. 또, 재산과 사람의
조직만 있어서는 부족하다. 제품을 구입할 고객들로 구성된 고객관계가 있고
가장 추상적으로 회사의 시장에서의 평판, 명성, 신용 같은 것들이 있어야 한
다. 이를 재산적 가치 있는 사실관계라고 부른다. 영업은 영업에 사용되는 재산
과 재산적 가치가 있는 사실관계의 합이다.

　　이 책의 독자들 중 한 사람이 빌 게이츠나 스티브 잡스의 전기를 읽고 감
동하여 법률 공부보다는 바로 사업에 뛰어들기로 작정했다고 생각해 보자(물론,
그렇게 하는 경우에는 더욱 이 책을 끝까지 읽어야 한다). 신촌의 연세대학 앞의 옷
가게를 하나 인수해서 시작해 보기로 한다. 마침 사업을 접고 학교로 돌아와
공부를 계속하기로 한 가게 주인이 있다. 이 사람으로부터 그 가게를 사기로
한다. 얼마를 주어야 하는가? 간단히 생각해 보아서 그 가게에 있는 물건 값을
전부 합한 금액을 주면 되지 않을까? 책상이나 컴퓨터도 필요치 않아 그냥 넘
겨주겠다고 하니 그 중고품 가격을 더해 주면 될 것이다. 간단히 계산이 끝난
다. 그런데, 여기에 더하여 주인이 '권리금'을 달라고 한다. 그런데 배보다 배꼽

이 크다. 물건 값의 10배도 넘는다. 도대체 이 권리금이 무엇인가? 이 권리금이 바로 상인이 영위하는 사업의 영업으로서의 가치를 반영하는 금액인 것이다. 독자가 사업을 시작할 때 남의 사업을 넘겨받으면 처음부터 손님을 찾고, 물건을 공급해 주는 도매상과의 관계를 만들어 가야 하고, 가게의 이름을 널리 알려야 하는 등의 일이 꼭 필요가 없는데 그것은 기존 사업이 가지고 있는 것들을 그대로 활용하기 때문이다. 그런데 이런 것들은 돈으로 계산하기가 어렵다. 다분히 주관적인 가치다. 그러나, 객관적으로 수긍할 수 있어야 한다. 예를 들어, 흔히 '목이 좋다'는 말을 하는데 사람들의 왕래가 잦은 사거리의 커피가게는 골목 깊숙이 들어간 곳에 있는 커피가게에 비해 장사하기가 수월하다. 당연히 사업의 무형적 요소가 비쌀 것이다. 권리금이 높다. 권리금을 만들어 내는 사실관계를 영업권이라고 부른다. 영업권은 회사에게는 자산으로 인정된다.

II. 영업양도

영업은 단일영업일 수도 있고 복수로 영위될 수도 있다. 회사는 커질수록 많은 종류의 영업을 보유하고 영위한다. 삼성물산이라는 회사는 건물도 짓고 무역도 하며 해외에서 광산도 개발하는데 이 사업들은 각각 고유의 특성을 가지고 있고 활동 영역도 다르기 때문에 회사 내에서도 고도로 독립적으로 다루어질 수 있다. 이는 재무, 회계 등을 공통으로 하는 경우에도 마찬가지다. 그러나, 영업은 한 회사가 영위하는 경우 경영상의 의미를 주로 가질 뿐 법률적으로는 특별한 의미를 가지지 못한다. 법률은 법인격을 단위로 규율 대상을 취급하기 때문이다. 영업은 누군가에게 팔 때, 즉, 양도될 때 새삼스럽게 그 의미가 부각된다.

영업양도는 일정한 영업목적에 의하여 조직화된 유기적 일체로서의 기능적 재산인 영업재산을 그 동일성을 유지시키면서 일체로서 이전하는 채권계약이다(아래 대법원 2008. 4. 11. 선고 2007다89722 판결). 여기서 특히 인적 조직의 이전이 중요하다. 예컨대, 건설사업을 하는 데 필요한 일체의 재산을 양도하면서 일하던 사람들을 전부 해고하고 양수인이 새로 사람을 구해서 조직한다면 영업양도에 해당하지 않는다. 물론, 몇몇 종업원이 옮겨가지 않더라도 영업의 동일성이 부정되지 않는다면 상관이 없다. 영업양도에 해당되지 않으면 상법의 관련규정인 제41조 내지 제45조가 적용되지 않는다.

> 제41조(영업양도인의 경업금지)
> ① 영업을 양도한 경우에 다른 약정이 없으면 양도인은 10년간 동일한 특별시·광역시·시·군과 인접 특별시·광역시·시·군에서 동종영업을 하지 못한다.
> ② 양도인이 동종영업을 하지 아니할 것을 약정한 때에는 동일한 특별시·광역시·시·군과 인접 특별시·광역시·시·군에 한하여 20년을 초과하지 아니한 범위 내에서 그 효력이 있다.

영업의 양도가 발생하는 경우 위 경업제한 규정이 적용된다. 상법이 경업금지의무를 규정하고 있는 취지는 영업양수인을 보호하기 위한 것이다. 따라서 경업금지지역으로서의 동일 지역 또는 인접 지역은 양도된 물적 설비가 있던 지역을 기준으로 정할 것이 아니라 영업양도인의 통상적인 영업활동이 이루어지던 지역을 기준으로 정하여야 한다(대법원 2015. 9. 10. 선고 2014다80440 판결). 영업의 양도가 아니라 주식의 양수도를 통해 회사의 경영권이 이동한 경우에는 위 규정이 적용되지 않기 때문에 그러한 경우에는 주식양수도계약에 매도인이 경업을 하지 않겠다는 내용의 약정을 포함시켜야 한다.

영업을 양도하고 양수하기 위해서는 영업양수도계약을 체결한다. 즉, 채권계약이 성립된다. 이 채권계약은 민법의 채권각론에 나오는 어느 유형에도 속하지 않는 상법이 인정하는 특수한 유형의 채권계약이다. 계약서의 제목을 재산인수계약, 경영권이전계약 등 무엇으로 쓰더라도 실질에 의해 영업양수도인지가 평가된다. 채권계약이므로 이행이 필요하다. 부동산의 경우 등기이전, 동산의 경우 인도, 채권의 경우 채권양도 등 각각의 재산에 관해 실제로 그를 이전하는 조치가 수반되어야 한다. 단, 채권은 당사자 간의 합의가 있어야 이전되게 된다. 종업원의 의사에 반하지 않으면 고용관계는 당연히 승계되는 것으로 본다. 근무조건 등도 원칙적으로 그대로 유지된다. 판례는 영업의 양도라 함은 일정한 영업목적에 의하여 조직화된 업체, 즉 인적·물적 조직을 그 동일성은 유지하면서 일체로서 이전하는 것으로서, 이러한 영업양도가 이루어진 경우에는 원칙적으로 해당 근로자들의 근로관계가 양수하는 기업에 포괄적으로 승계된다고 한다(대법원 2003. 5. 30. 선고 2002다23826).

Ⅲ. 채권자와 채무자의 보호

　　채권과 채무는 영업양도에 의해 당연히 이전되지는 않는다. 별도의 합의가 필요하다. 따라서, 영업이 양도되는 경우 양도인의 채권자의 이익이 침해될 가능성이 있다. 건설사업을 하는 것을 보고 돈을 빌려 주었는데 팔아 버렸다. 물론, 영업양도는 유상으로 하므로 재산적 가치가 있는 돈을 받았을 것이다. 그러나, 채권자의 입장에서는 채무자가 계속적으로 현금을 만들어 낼 수 있는 사업을 가지고 있는 것과 은행에 현금을 가지고 있는 것의 차이가 크다. 채무자가 영업을 양도했다면 즉시 알고 대처해야 할 필요가 있다. 그런데, 채무자가 영업을 양도했는지는 외관만으로는 알기 어렵다. 삼성물산은 무역업을 누구에게 양도한 후에도 삼성물산이다. 옷가게의 채권자는 가게 주인이 바뀐 것을 잘 모를 수가 있다. 새로 사업을 하는 사람이 모든 것을 넘겨받기 때문이다.

　　그래서 영업양수인이 양도인의 상호를 계속 사용하는 경우에는 양도인의 영업으로 인한 제 3 자의 채권에 대하여 양수인도 변제할 책임이 있다(제42조 제 1 항). 그러나, 양수인이 영업양도를 받은 후 지체 없이 양도인의 채무에 대한 책임이 없음을 등기한 때에는 적용하지 아니한다. 양도인과 양수인이 지체 없이 제 3 자에 대하여 그 뜻을 통지한 경우에 그 통지를 받은 제 3 자에 대하여도 같다(제 2 항). 영업을 양수 받는 사람에게 중요한 규정이다. 양수인이 양도인의 상호를 계속해서 사용하지 않는 경우에는 어떤가? 상법 제44조는 영업양수인이 양도인의 상호를 계속 사용하지 아니하는 경우에 양도인의 영업으로 인한 채무를 인수할 것을 광고한 때에는 양수인도 변제할 책임이 있다고 규정한다. 물론 이런 책임은 무한히 질 수 있는 것은 아니다. 상법 제45조는 영업양수인이 변제의 책임이 있는 경우에는 양도인의 제 3 자에 대한 채무는 영업양도 또는 광고 후 2년이 경과하면 소멸한다고 규정한다.

　　주인이 바뀐 줄 모르고 원래 주인에게 졌던 빚을 새 주인에게 갚으면 어떻게 될까? 채무도 당연히 이전되는 것은 아니므로 채무자를 보호해야 할 필요가 생긴다. 상호를 양수인이 계속 사용하는 경우 양도인의 영업으로 인한 채권에 대하여 채무자가 선의이며 중대한 과실 없이 양수인에게 변제한 때에는 그 효력이 있다(제43조). 그러나, 상호를 양수인이 계속 사용하지 않는 경우 즉, 스위스제과의 영업을 양수하고 프랑스제과로 바꾸었는데 스위스제과의 채무자가 프랑스제과에 와서 외상값을 갚는 경우는 물론 보호할 필요가 없다.

대법원 2008. 4. 11. 선고 2007다89722 판결　상법 제42조 제1항의 영업이란 일정한 영업 목적에 의하여 조직화된 유기적 일체로서의 기능적 재산을 말하고, 여기서 말하는 유기적 일체로서의 기능적 재산이란 영업을 구성하는 유형·무형의 재산과 경제적 가치를 갖는 사실관계가 서로 유기적으로 결합하여 수익의 원천으로 기능한다는 것과 이와 같이 유기적으로 결합한 수익의 원천으로서의 기능적 재산이 마치 하나의 재화와 같이 거래의 객체가 된다는 것을 뜻하는 것이므로, 영업양도가 있다고 볼 수 있는지의 여부는 양수인이 유기적으로 조직화된 수익의 원천으로서의 기능적 재산을 이전받아 양도인이 하던 것과 같은 영업적 활동을 계속하고 있다고 볼 수 있는지의 여부에 따라 판단되어야 한다…

위 법리와 기록에 비추어 살펴보면, 원심이 그 채용증거에 의하여 인정되는 판시 각 사실관계를 바탕으로, 피고는 2004. 10. 15.경 OO 주식회사의 안테나 제조·판매에 관한 물적 설비 및 인적 조직으로 구성된 영업조직을 그대로 양수함으로써 이 부분에 관한 영업을 양수하였다고 본 것은 정당한 사실인정과 판단으로 수긍할 수 있고, 상고이유에서 들고 있는 주장사실 및 이 사건 영업양도와 관련한 과세관청의 처분결과만으로는 그와 달리 볼 수 없다…

양도인의 상호를 계속 사용하지 아니하는 영업양수인에 대해서도 양도인의 영업으로 인한 채무를 인수할 것을 광고한 때에는 그 변제책임을 인정하는 상법 제44조의 법리는 영업양수인이 양도인의 채무를 받아들이는 취지를 광고에 의하여 표시한 경우에 한하지 않고, 양도인의 채권자에 대하여 개별적으로 통지를 하는 방식으로 그 취지를 표시한 경우에도 적용이 되어, 그 채권자와의 관계에서는 위 채무변제의 책임이 발생한다고 보아야 할 것이다.

위 법리와 기록에 비추어 살펴보면, 원심이 그 채용증거를 종합하여 인정되는 다음과 같은 사정, 즉 피고가 위 OO로부터 그 판시 영업을 양수한 직후 원고에게 위 OO의 상호가 'OO(주)'에서 피고의 상호인 '(주)ㅁㅁ'으로 변경되었고, 연락처 및 주소도 변경되었다는 취지의 문서를 팩스로 보낸 데 이어 재차 발신자를 '(주)

ㅁㅁ(구 OO)'이라고 표시한 문서에 피고의 사업자등록증을 첨부하여 팩스로 보낸 사실, 그 이후 피고가 원고와 거래를 하면서 자신이 납품받은 물품에 대한 물품대금은 물론 원고에 대한 132,699,189원의 물품대금채무 중 68,840,000원을 변제하기까지 한 사실 등에 기초하여 피고는 영업양도인인 위 OO의 원고에 대한 판시 물품대금채무를 변제할 책임이 있다고 인정한 것은 정당한 사실인정과 판단으로 수긍할 수 있다.

상고이유에서 들고 있는 것처럼 피고와 위 OO의 상호 사이에 객관적 유사성이 없다든지, 피고와 위 OO 사이의 이 사건 영업양도계약 당시 판시 물품대금채무는 승계대상에서 제외하기로 하였다든지 하는 사정이 있다 하여도 그러한 사정만으로는 위와 같이 상법 제44조에 근거한 피고의 변제책임을 부정할 사유에 해당하지 아니하고, 한편 그 주장사유만으로는 위 영업양도계약에서 판시 물품대금채무가 승계대상에서 제외된 사정을 원고가 알았다고 인정하기에 부족하다 할 것이며, 상고이유에서 들고 있는 그 밖의 주장들은 모두 사실심인 원심의 전권사항에 속하는 사실의 인정을 다투는 취지에 불과하므로 모두 이유 없다.

Ⅳ. 영업비밀

상인의 영업에는 영업비밀이 포함된다. 영업비밀은 대표적인 무형자산이다. 영업비밀은 대개 상인이 보유한 기술이기 때문에 사업에 가장 중요한 성패요소다. 「부정경쟁방지 및 영업비밀보호에 관한 법률」은 영업비밀을 "공공연히 알려져 있지 아니하고 독립된 경제적 가치를 가지는 것으로서, 상당한 노력에 의하여 비밀로 유지된 생산방법, 판매방법, 그 밖에 영업활동에 유용한 기술상 또는 경영상의 정보"로 정의한다(동법 제 2 조 제 2 호). 상법에서도 같은 의미로 이해하면 된다.

수십 년간 연구개발비를 투자해서 다른 회사보다 싼 가격에 성능은 몇 배 좋은 자동차변속장치를 개발했다고 하자. 아니면, 시중에 나와 있는 것들보다 약효가 2배 더 길게 지속되는 진통제를 개발했다고 하자. 어떻게 하면 그런 물건을 만들 수 있는지가 기술이다. 경쟁자가 알면 안 되기 때문에 비밀로 간수한다. 산업스파이라는 사람들은 남의 비밀을 훔쳐 내는 사람들이다. 남이 100억

원 들여서 개발한 기술을 거저 얻는다면 앉아서 100억 원을 버는 셈이 된다. 큰 유혹이다. 독자들이 대기업의 공장은 물론이고 사무실을 방문해 본 일이 있다면 철저하게 출입을 통제하는 것을 보았을 것이다. 그리고, 더 무서운 위험은 회사 내부 사람이 이를 외부로 빼돌리거나, 아니면 기술을 가지고 회사를 그만두고 다른 회사로 가는 것이다. 법률이 영업비밀을 보호해 주기는 하지만 일단 새어 나간 다음 누구를 처벌하거나 손해배상을 받는 것은 별 도움이 안 된다. 유출을 막는 것이 가장 중요하다. 요즘은 우리나라 국정원이 이 방면에서 기업들을 도 와준다. 기술의 해외유출은 국가적인 이익을 해치기 때문이다.

내 영업비밀이 새어 나갈까봐 전전긍긍하면서 막대한 비용을 들여 보안조 치를 하느니 아예 세상에 공개해 버리고 나만 독점적으로 사용할 권리를 얻는 것은 어떨까? 남은 사용하려면 내 허락을 받아야 하고, 허락을 해 주는 경우에 는 당연히 대가를 받을 것이다. 이것이 '특허'다. 특허를 내면 국가가 이 기술은 누구누구의 것이니 아무도 사용하지 못한다고 공표하고 내 기술을 지켜준다. 그러면, 세계 최고의 영업비밀이라는 코카콜라의 제조법은 왜 특허를 내지 않 는가? 코카콜라의 제조법은 아마도 문자로 쓰면 몇 줄에 불과할 것이다. 누구든 한번 보면 욀 수 있는 정도일 것이다. 회사 안에서 두 사람만 알고 있고 그 두 사람은 같은 비행기를 타지 못한다고 한다. 이 비법을 특허를 내면? 아마도 너 도나도 손쉽게 그 비법을 사용할 것이다. 그러면, 코카콜라는 전 세계를 다니면 서 1년 365일 특허침해소송만 해야 할 것이다. 특허를 낼지, 불안하지만 영업 비밀로 간수할지는 이런 사업적 판단에 의해 정해진다.

商法入門

제1장 상 행 위

Ⅰ. 상행위의 종류

상법은 제46조에서 22가지 상행위의 종류를 열거하고 있다. 이들 중 하나 이상을 자기명의의 영업으로 행하면 상인이 된다. 그러나 "오로지 임금을 받을 목적으로 물건을 제조하거나 노무에 종사하는 자의 행위"는 상행위가 아니다. 이에 관하여는 앞에서 상인을 설명하면서 본 바와 같다.

1. 동산, 부동산, 유가증권 기타의 재산의 매매
2. 동산, 부동산, 유가증권 기타의 재산의 임대차
3. 제조, 가공 또는 수선에 관한 행위
4. 전기, 전파, 가스 또는 물의 공급에 관한 행위
5. 작업 또는 노무의 도급의 인수
6. 출판, 인쇄 또는 촬영에 관한 행위
7. 광고, 통신 또는 정보에 관한 행위
8. 수신·여신·환 기타의 금융거래
9. 공중(公衆)이 이용하는 시설에 의한 거래
10. 상행위의 대리의 인수
11. 중개에 관한 행위
12. 위탁매매 기타의 주선에 관한 행위
13. 운송의 인수
14. 임치의 인수
15. 신탁의 인수

16. 상호부금 기타 이와 유사한 행위

17. 보험

18. 광물 또는 토석의 채취에 관한 행위

19. 기계, 시설, 그 밖의 재산의 금융리스에 관한 행위

20. 상호·상표등의 사용허락에 의한 영업에 관한 행위

21. 영업상 채권의 매입·회수등에 관한 행위

22. 신용카드, 전자화폐 등을 이용한 지급결제 업무의 인수

위와 같은 다양한 종류의 상행위는 현대 자본주의경제에서 기업이 영위하는 사업의 분류와 대체로 일치한다. 유사한 종류의 사업을 영위하는 기업들의 모임을 산업이라고 부른다. 따라서, 위와 같은 상행위의 구체적인 내용을 공부하는 것이 경영대학과 경제학부에서 하는 일이다. 여기서는 제 8 호의 "수신·여신·환 기타의 금융거래"를 영위하는 금융업과 제 6 호의 "출판, 인쇄 … 에 관한 행위"를 영업으로 하는 출판업, 제18호의 "광물 또는 토석의 채취에 관한 행위"를 영업으로 하는 광업 등에 대해서만 정리한다. 제17호의 보험업은 제 7 부에서 다루고 그 밖의 상행위에 대해서는 이 책의 곳곳에서 언급될 것이다.

II. 금 융 업

1. 은   행

통상 '은행'(bank)이라고 할 때 이는 상업은행(commercial bank)을 말한다. 베네치아에서 샤일록이 영위했던 사업은 대금업이지만 본질은 유사하다. 은행법 제 2 조 제 1 항 제 1 호는 '은행업'이라 함은 예금의 수입, 유가증권 기타 채무증서의 발행에 의하여 불특정다수인으로부터 채무를 부담함으로써 조달한 자금을 대출하는 것을 업으로 행하는 것을 말한다고 하고, 제 3 호는 '상업금융업무'라 함은 대부분 요구불예금의 수입에 의하여 조달한 자금을 1년 이내의 기한으로 대출하거나 금융위원회가 예금총액을 고려하여 정하는 최고대출한도를 초과하지 아니하는 범위 안에서 1년 이상 3년 이내의 기한으로 대출하는 업무를 말한다고 한다.

상업은행업의 핵심적 구성요소는 ① 불특정다수인으로부터 예금(deposit)의 형식으로 금전을 수취, ② 금전의 이체(transfer)를 집행, ③ 대출의 집행 등 3가지이다. 즉, 돈을 빌려 주기 위해 돈을 빌리는 사업이 상업은행업이다. 상업은행은 아니지만 예금을 수취하고 대출을 행하는 금융기관으로서 저축은행, 공제조합 등이 있는데 이들 금융기관은 법인이 아닌 개인을 대상으로 영업을 하는 것이 보통이다. 후술하는 리스회사, 팩터링회사 등과 같이 신용을 제공하지만 예금을 수취하지 않는 금융기관도 넓은 의미에서의 은행에 포함된다. 이들은 통상 상업은행의 자회사 형태로 운영되고 있다.

14세기 메디치은행을 포함한 이탈리아의 은행들이 현대적 의미에서의 최초의 은행들이었다. 현존하는 가장 오래된 은행은 이탈리아 시에나에 있는 Monte dei Paschi di Siena이다. 이 은행은 1472년 이래 계속해서 영업을 하고 있으며 이탈리아 전역에 지점을 두고 있다. 그 후 머천트−뱅크가 생기고 상업은행업에서 오늘날 투자은행들이 하는 업무가 분리돼 나오면서 상업은행과 투자은행의 구별이 생겼다. 은행은 위와 같은 상업은행업무를 포함하여 금융과 관련된 모든 업무를 시장에서의 필요에 따라 추가하면서 발달해 왔다. 한 금융기관이 상업은행업무와 투자은행업무를 동시에 할 수 있는 것을 유니버설뱅크(universal bank)라고 특별한 것처럼 부르지만, 사실은 은행의 원래 모습이 유니버설뱅크라고 해야 할 것이다. 도이치은행, 스위스의 UBS 등 유럽의 대형 은행들이 이런 모델을 채택하고 있다 — 채택한 것이 아니라, 원래의 은행 모습을 유지하고 있다고 하는 것이 보다 정확한 표현일 것이다.

상업은행업은 이자가 없이는 성립할 수 없다. 지구상의 모든 경제활동뿐 아니라 인류 생활의 모든 면을 지배한다고 볼 수 있는 것이 금리다. 금리가 0%라면 아마도 다른 인센티브가 있지 않는 한 누구도 남에게 돈을 빌려 주려 하지 않을 것이다. 즉, 자신이 필요한 것 이상으로 경제력을 보유한 주체에서 경제력이 부족한 주체에게로 돈의 흐름이 발생하지 않을 것이다. 또, 지금보다 인간이 덜 욕심을 부릴 것이다. 이자가 없으면 자기가 필요한 만큼의 돈이 있으면 일단 그만이다. 전술한 바와 같이 중세 유럽에서는 교회가 원칙적으로 이자를 금지했다. 15세기 무렵까지만 해도 이자의 징수는 교회법에 의하면 신의 뜻에 어긋나는 행동이었다. 성 아우구스티누스는 이자를 받는 행동을 범죄로 규정했고 마르틴 루터도 동의했다. 이자를 받고 돈을 빌려 주는 자는 교회

에서 파문되어야 한다. 중세 사람들에게 있어서 교회에서 파문을 당한다는 것
은 천국에 갈 수 없다는 의미였으므로 현대인이 느끼는 것과는 천양지차가 있
었을 것이다. 공포의 대상이었고 가장 엄한 형벌이었다. 그러나, 상거래와 금
융의 필요성은 그때라고 해서 없지 않았으므로, 사람들은 교회가 금지하는 이
자를 사용하지는 않되 같은 효과를 거둘 수 있는 방법을 만들어 내는 데 골몰
했다. 투자은행을 포함한 현대의 금융기관들이 구사하는 다양한 금융상품인
국채, 리포, 주택담보부증권 등은 사실 그 기원을 교회의 이자징수금지 회피수
단에서 찾을 수 있다. 상업은행의 존재 근거가 되는 이자를 대체할 방법을 찾
아 현대의 투자은행이 구사하는 첨단 금융기법들의 기원이 생성된 것은 역설
적이다.

2. 투자은행

투자은행(investment bank)은 은행이라는 표현을 포함하고 있지만 은행이
아니다. 투자은행은 통속적인 명칭이며 법률상의 용어가 아니다. 마치 혈액은
행, 문제은행 등과 같이 은행이라는 표현을 사용하는 것과 같다. 투자은행의 핵
심적인 업무는 기업의 주식과 채권의 발행을 돕는 것이다. 기업이 자금의 조달
을 위해 증권을 발행하려고 할 때 그 준비를 돕고 증권을 사 줄 사람을 구해
주는 업무이다. 일단 자기들이 사서 널리 되팔기도 한다. 또, 투자은행은 기업
인수합병을 중개하기도 하고 증권거래를 위탁한 고객들을 위해 증권을 거래해
주기도 한다. 스스로 증권과 부동산에 투자하고 기업에 돈을 빌려 주기도 한다.
자본시장법은 투자은행을 금융투자회사라고 부르고 있다. 종래 증권회사, 선물
회사, 자산운용회사, 투자자문회사 등이 하던 사업을 한 회사가 같이할 수 있게
해 준다. 장기적으로는 상업은행업, 투자은행업, 보험업을 한 회사가 같이할 수
있도록 제도가 변화해 갈 예정이다.

앞에서 설명한 바와 같이 근대적 의미에서의 머천트-뱅크는 무역금융에서
출발했으며 로스차일드와 베어링을 가장 오래된 머천트-뱅크라고 부른다. 영
국의 베어링(Barings Bank)은 1762년에 설립되었다. 19세기 초엽에 베어링은
이미 유럽에서 가장 강력한 은행으로서의 지위를 보유했다. 다른 금융자본들과
마찬가지로 베어링도 혁명과 전쟁이라는 역사의 격동기에 급성장했으며, 특히

영국 정부에 금융을 제공하면서 일약 최고 은행의 자리에 올랐다. 베어링의 유일한 경쟁자는 프랑크푸르트에 뿌리를 둔 로스차일드뿐이었다. 베어링은 프랑스가 루이지애나주를 미국에 매각하는 거래도 중개하였다. 루이지애나주는 당시 미국 영토 전체의 약 3분의 1을 차지하는 어마어마한 땅이었다. 1820년 이후에 유럽 금융의 주도권이 로스차일드로 넘어가면서 베어링은 다소 조용해졌으나 최고 금융가문의 지위를 상실한 것은 아니었다. 2차 대전 중에도 영국 정부는 전비를 조달하기 위해 베어링의 도움을 받았다. 전쟁 후 글로벌 금융시장의 성장으로 베어링의 중요성은 감소했으나 명성 있는 은행 종갓집의 위치는 변하지 않았다. 그러나, 베어링은 1995년에 싱가폴 지점 직원이 선물거래에서 투기로 14억 달러를 잃으면서 단 1파운드에 네덜란드의 ING에 인수되어 ING Barings가 되었다가 2001년에 250년의 역사를 남기고 사라지게 된다.

　　로스차일드(Rothschild)는 베어링의 경쟁자로 출발했다가 19세기 초에 유럽 금융시장을 장악한 머천트-뱅크다. 로스차일드도 베어링과 마찬가지로 역사의 격동기에 왕실과 정부에 금융을 제공하면서 성장하였다. 20세기에 들어와서는 로스차일드가 이렇다 할 뉴스거리를 만들어 내거나 거대 금융기관으로서의 활동을 보인 바는 없다. 로스차일드가 현대 글로벌 금융시장의 큰손이라고 느낄 만한 활동은 없으나 이 가문은 19세기 유럽의 금융시장에서 지존이었고 그 파워로 미국의 산업을 건설하였다. 그 과정에서 현대적 의미의 투자은행이 탄생하였다. 즉, 투자은행들은 로스차일드의 자금을 신흥 미국의 산업 발전으로 연결해 준 중개인들이었던 것이다. 로스차일드의 이름은 아직도 유럽의 중형 투자은행의 브랜드에 남아 있다.

골드만 삭스와 리먼 브라더스

　　투자은행 역사 초기의 과점체제에서 오늘날 우리가 투자은행이라고 부르는 전형적인 두 금융기관이 탄생한다. 골드만 삭스(Goldman Sachs)와 리먼 브라더스(Lehman Brothers)이다. 두 회사 모두 전형적인 가족기업의 개성을 가지고 있으며 골드만가와 리먼가는 모두 독일 바이에른 지방으로부터 온 유대계 이민가족들이었다. Henry Goldman은 철도회사 자금조달이 성황을 이루던 시기에 철도회사 증권 인수업무에 진출하기 위해 노력했으나 업계 선발 회사들의 견제와 파트너들의 반대로 이를 포기하였다. 새로운 사업기회를 물색하던 Henry Goldman은 거의 매일 같이 점심을 하던 친구 Philip Lehman과 함께 유가증권 인수업무를 하는 회사인 Goldman and Lehman을 설립하려 했는데 공동으로 회사를 설립하지는 않고 각각 회사를 만들어 공동으로 유가증권 인수사업을 하기로 결정하였다. 이렇게 20세기 최고의 두 투자은행은 원래 한 회사가 될 운명을 살짝 비켜갔다.

이들의 첫 번째 고객은 시어즈(Sears Roebuck)였다. 시어즈는 골드만 삭스와 리먼 브라더스의 공동주간으로 1906년에 기업을 공개하였다. 골드만 삭스는 당시로서는 전혀 생소한 기업가치 평가 방법을 고안하여 성공적인 기반을 구축하였는데 기업의 가치를 자산이 아닌 현금흐름과 수익력을 기초로 평가하는 현대적인 기업 가치 평가 기법을 사용하였다. 이를 통해 유형자산은 많지 않으나 무형자산을 보유한 잠재력 있는 기업들이 다수 공개될 수 있었다. 그 후 약 30년 동안 골드만 삭스와 리먼 브라더스는 파트너의 관계를 유지하면서 업계에서 탁월한 명성을 쌓아 나갔다. 그리고, 2차 대전 이전의 시기에 이들은 JP모건이 구축하고 있었던 주류 투자은행 그룹의 반열에 오르게 된다.

리먼 브라더스는 2008년 9월 16일 파산하였다. 『리먼 브라더스 살해사건』이라는 제목의 책도 나왔다. 파산하기 전에 리먼 브라더스는 우리나라의 산업은행에 SOS를 치기도 했다. 파산 당시 리먼 브라더스의 자산규모는 6,390억 달러, 은행 부채는 6,130억 달러, 회사채 부채는 1,550억 달러였다. 환율을 1,200원으로 할 때 이는 우리 돈으로 767조 원, 736조 원, 186조 원이다. 삼성'그룹'의 자산규모가 2009년에 193조 원이었으므로 리먼 브라더스의 재무제표가 얼마나 큰 것이었는지 잘 알 수 있다. 리먼 브라더스의 파산은 2007년 시작된 글로벌 금융위기의 상징과도 같은 사건이다. 이 사건은 전 세계에 강력한 충격파를 전파하였다. 다우존스가 4.4% 하락했는데 이는 911 사건 이후 최대 낙폭이었다. 미국 정부는 의외의 파장에 부랴부랴 사태를 수습하기 위해 동분서주하였다.

반면, 골드만 삭스는 금융위기에서 살아남았다. 골드만 삭스는 투자은행의 대명사다. 가장 크고 강력한 투자은행이기 때문이다. 어떤 조직이나 단체, 회사, 금융기관이 '강력하다'고 말할 때는 실력과 종합적인 영향력이 반영된다. 단지 수익이나 주가만으로 그렇게 말하지는 않는다. 골드만 삭스의 특징 중 하나는 이른바 '월스트리트의 인재 사관학교'라는 별명이다. 재무장관만 세 사람을 배출했다. 월스트리트 최초로 경영대학 MBA들을 대거 채용했는데 이 전통은 지금까지 이어진다. 학교가 아닌 회사가 '사관학교'라 함은 최고의 인재들이 회사에서 일하지만 회사를 떠나서도 회사 외곽에서 어떤 식으로든 회사에 도움이 되는 방식으로 산다는 의미다. 이것은 쉬운 일이 아니다. 좋게 회사를 떠났건 싸우고 떠났건, 그 회사 출신이라는 것을 자랑으로 생각해야 한다. 이렇게 되려면 회사 출신들이 모두 잘되고 정치적, 경제적, 사회적으로 영향력이 강해야 한다. 회사를 떠난 이른바 OB들은 정부로 가거나, 경쟁 회사에 가는 경우 회사에 직접 도움이 될 수 없다. 그러나, 한때 같이 일했던 사람들끼리, 아니면 같은 기관출신이라는 동지의식을 가진 사람들끼리 인간관계를 유지하고 정보를 교환하는 것을 막을 수는 없다. 그리고, 사람들은 누구나 별달리 바라는 바가 있는 것은 아니더라도 유력한 인사와 가까운 관계에 있는 사람에게는 호의적으로 대하게 된다. 그 자체가 자산이다.

3. 상업은행과 투자은행

상업은행과 투자은행의 핵심적인 차이는 각 금융기관의 사업이 경제 시스템 전체에 미치는 파급효과의 차이에 있다. 상업은행은 다수의 예금자들로부터 돈을 받아 다수의 가계와 기업에 그를 공급하며 지급결제 시스템을 통해 서로 필요에 따라 활발하게 대출거래를 행한다. 만일 은행이 도산하게 되면 그 경제적 파급효과는 도미노 현상을 일으키게 되는데 이 때문에 상업은행을 리스크 센터라고 부르기도 한다. 반면, 투자은행은 예금도 받지 않고 지급결제 시스템에 속해 있지도 않다. 한 투자은행이 도산해도 상업은행이 도산하는 것에 비하면 파급효과는 제한적이다. 물론, 2009년 투자은행인 리먼 브라더스의 도산은 전 세계적인 파급효과를 발생시켰다. 그러나, 이는 리먼의 규모 때문이었지 그 속성 때문은 아니었다. 상업은행은 예금자들이 모두 돈을 찾아가더라도 충분한 돈을 보유한다. 그러나, 대부분의 돈이 대출의 형태로 밖에 나가 있으며 만기가 다 다르기 때문에 어느 날 갑자기 예금자들이 일시에 몰려들어 예금을 인출하려고 하면 돈이 부족하게 된다. 이를 뱅크런(bank run)이라고 한다. 뱅크런이 발생하는 이유는 예금자들이 은행을 믿지 못하게 되어 먼저 자기 돈을 확보하려고 움직이기 때문이다. 이는 은행과 정부에게 악몽의 시나리오다. 투자은행은 예금자가 없어서 뱅크런이 발생하지 않는다. 물론, 투자은행은 대규모로 차입을 해서 운영되므로 돈을 빌려 준 채권자들이 일시에 그를 회수하려고 하면 바로 도산하게 된다. 그러나, 투자은행의 채권자들은 법인이나 다른 금융기관들이다. 따라서 정치적, 사회적 파장이 작다.

상업은행은 예금자들의 돈이나 자기자본을 부동산이나 기타 처분하는 데 시간이 걸리는 자산의 형태로 보유하는 것이 보통이다. 상업은행의 가장 큰 자산인 대출채권도 양도가 여의치 않은 자산이다. 반면, 투자은행은 신속히 처분해서 현금을 만들어 낼 수 있는 주식, 채권 등의 형태로 대부분의 자산을 보유한다. 상업은행의 거래관계는 대체로 중장기 거래관계인 반면 투자은행의 거래관계는 단기 거래관계이다. 상업은행이 예금자로부터 돈을 받으면 상업은행은 채무자가 된다. 투자은행은 고객의 재산을 수탁인으로서 보유하는 경우가 많기 때문에 상대적으로 채무가 적다. 이 모든 요인들을 감안해 보면 왜 상업은행에 대해 법률의 규제가 더 엄격해야 하는지가 이해된다. 상업은행은 투자은행에 비해 공익에 훨씬 더 큰 영향을 미치는 것이다.

원래 어떤 금융기관이든 간에 상업은행 업무와 투자은행 업무를 같이할 수 있었다. 19세기 후반부터 JP모건을 선두로 한 투자은행은 금융업에서뿐 아니라 철도산업과 철강산업의 구조조정을 주도하면서 축적한 파워로 무소불위의 존재가 된다. 이 때문에 1912년에 푸조(Pujo)위원회가 구성되었고, 1933년에 글래스-스티걸법(Glass-Steagall Act)이 제정되면서 오늘날 상업은행의 업무에 해당되는 사업은 투자은행에서 분리되었다. 푸조위원회의 배경은 역설적이다. 1907년 10월에 뉴욕시가 재정위기를 맞았다. 48시간 안에 도산할 것으로 예상되었다. 여기서 JP모건과 로스차일드가 주도한 신디케이트가 뉴욕시가 발행한 회사채를 인수하였다. 자금은 유럽에서 조달하였다. 우여곡절 끝에 뉴욕시는 재정위기를 가까스로 극복하였다. 그런데 이 과정을 통해 여론은 JP모건과 로스차일드 같은 금융자본들이 얼마나 무서운 존재인가를 깨닫게 되었다. JP모건은 유대계가 아니었으나 로스차일드가 유대계임이 부각되었고 「베니스의 상인」에 등장하는 샤일록이 들먹여졌다. 은행의 파워는 아무도 통제할 수 없는 것이고 무책임한 것이라는 경계심이 팽배했다. JP모건은 좋은 일을 하고도 푸조위원회라는 단두대에 서게 된 것이다. 상업은행이 증권인수업무를 할 수 있으면 자신의 대출 대상인 기업에 대한 정보를 기초로 해당 기업의 증권을 정보가 없는 투자자들에게 매각하고 부당한 이익을 취하는 일이 발생한다. 대출을 받은 기업이 부실해지면 해당 기업의 증권을 투자자들에게 매각하고, 그로부터 조달된 자금으로 대출을 상환하게 한 후 기업이 도산하면 기업부실의 위험은 전적으로 일반투자자들이 부담하였다.

　　그러나, 상업은행과 투자은행을 분리한 결과 금융기관의 규모가 작아졌다. 유럽의 금융기관들은 유니버설뱅크로서 이런 제약 없이 마구 성장하였다. 그러면서 미국 금융기관들의 국제경쟁력이 문제되기 시작했다. 1999년에 씨티와 트래블러스가 합병하려고 하자 법률을 고치지 않을 수 없게 되었다. 정부의 시장에 대한 개입과 규제를 최소화해야 한다는 시대적 조류도 가세하였다. 결국 1999년, 빌 클린턴 대통령이 서명한 새 법이 글래스–스티걸법을 폐기하였다.

　　그런데, 글로벌 금융위기 발생 이후 미국에서는 글래스–스티걸법을 부활시키자는 논란이 일어났다. 리먼 브라더스의 도산이 촉발시킨 충격이 지나치게 큰 것을 경험하였기 때문에 투자은행 부문에서 발생한 위험이 상업은행 부문으로 전이되는 것을 우려하게 되었다. 또, 투자은행, 상업은행 할 것 없이 지나치게 금융기관의 규모가 커지면 부실해지더라도 도산하게 내버려 둘 수가 없고 정부가 개입하여 구제금융을 제공해야 하므로 투자은행과 상업은행을 다시 분리함으로써 금융기관의 규모가 무한히 커지는 것을 제어할 수 있다는 생각이 등장하였다('Too Big To Fail'). 미국 경제회복자문위원회 의장 볼커(Paul Volcker)도 상업은행의 투기적 거래가 금융위기의 한 원인이라고 보고 글래스–스티걸법의 정신을 되찾자고 주장하였다. 오바마 대통령은 볼커의 생각에 동의하고 개혁 제안을 '볼커–룰'로 직접 명명하였다. 2010년 7월 21일에 제정된 미국의 금융규제개혁법에 포함되어 있는 볼커–룰은 투자은행과 상업은행을 글래스–스티걸법처럼 완전히 분리하지는 않았으나 상업은행을 일부 투자은행 업무에서 분리하고 있다.

4. 시스템 리스크

　　상업은행과 대형 투자은행은 시스템 리스크(system risk)를 발생시킨다고 말한다. 한 회사에서 발생한 부실이 경제 전체로 전이될 위험이다. 이 때문에 은행과 다른 금융기관들은 정부의 엄격한 규제와 감독을 받는다. 상업은행의 도산은 금융산업과 시장 전체에 쇼크를 줄 수 있으며 금융기관들은 결제 시스템을 통해 고도로 연계되어 있기 때문에 한 은행의 도산이 연쇄작용을 발생시켜 다른 은행의 도산으로 연결될 수 있다. 시스템 리스크는 이 두 요소를 모두 포괄한다. 금융지주회사법 제 1 조는 "금융회사의 대형화·겸업화에 따라 발생할 수 있는 위험의 전이(轉移)"라는 표현을 쓰고 있다.

시스템 리스크는 국제적인 속성을 띤다. 시스템 리스크를 제어하기 위한 국제적 규제, 공조체제의 필요성은 2008년 아이슬란드 금융위기에서 잘 드러났다. 아이슬란드는 EU의 회원국은 아니지만 EEA(European Economic Area)에 속해 있는 나라이다. 아이슬란드 은행들은 추가적인 규제를 받지 않고 지점을 통해 높은 금리를 제시하면서 영국에서 예금을 유치하였다. 이 은행들의 자산은 아이슬란드 GDP의 7-8배에 육박하였고 이들이 도산하자 아이슬란드 정부는 구제금융을 제공할 능력이 없다는 것이 드러났다. 그러자 할 수 없이 영국 정부가 영국 예금자들을 보호하기 위해 개입하였다. 한편, 이탈리아와 오스트리아 은행들은 다수의 동유럽 은행들을 인수하였는데 본국에서 문제가 발생하자 현지 은행들을 지원하지 못하고 유동성을 회수하였고 이는 동유럽 은행들을 위기에 처하게 하였다. 글로벌 금융위기로 우리나라 은행들도 외화자금 조달이 봉쇄되자 유동성 문제에 부딪혔는데 1997년 외환위기와 2003년 카드사태에 이어 세 번째로 은행에 대한 공적자금 지원이 이루어졌다. 2009년 3월에 투입된 공적자금의 규모는 총 65조 원이었다.

5. 은행업 규제

상인이 성공적으로 사업을 하면 여러 사람이 행복해진다. 그러나, 불행하게도 반대가 되면 그 고통은 말할 수 없는 것이다. 긴말이 필요 없다. 더구나, 은행이 잘못되면? 시스템 리스크를 발생시키는 은행의 사업이 잘못되면 수많은 사람들이 불행해진다. 독자들을 포함해서 은행에 예금을 한 무수한 예금자들은 모두 무담보채권자들이다. 예금자보호법에 따라 한 은행에 대해 5천만 원을 보호받을 뿐이다. 우리나라는 1997년 외환위기 때 은행들이 문을 닫는 역사 상 초유의 일을 겪어 보아서 이 위험의 사회경제적 파장을 잘 안다. 동화은행이 신한은행에 넘어갔고 상업은행, 평화은행, 한빛은행이 우리은행이 되었다. 서울은행과 보람은행은 하나은행에 인수되었다. 저자는 미국에서 공부할 때 일본 학생 하나가 은행의 도산에 대해 논문을 쓰는 것을 보고 '무슨 저런 엉뚱한 주제로 논문을 쓸까?' 하는 생각을 한 기억이 난다. 저자 세대에서만 해도 은행이 문을 닫는다는 것은 상상할 수 없는 일이었다. 이런 위험 때문에 은행업은 국가의 강력한 규제를 받는다. 은행법 제1조는 은행법의 목적을 "은행의 건전한 운영을 도모하고 자금중개기능의 효율성을 높이며 예금자를 보호하고 신용질서를 유지함으로써 금융시장의 안정과 국민경제의 발전에 이바지함"으로 규정하고 있다.

은행에 대한 규제는 아무나 은행업을 할 수 없게 하는 진입규제, 은행에 대한 특정인이나 그룹의 영향력을 제한하기 위한 소유규제, 은행이 아무 사업이나 할 수 없게 하는 업무규제, 그 외 이해상충규제, 경영진규제 등이 있으나 가장 중요한 종류의 규제는 건전성규제다. 독자들도 'BIS비율'이라는 용어가 수시로 신문지상에 오르내리는 것을 기억할 것이다. 건전성규제는 은행규제의 본질이라고 볼 수 있으며 자본에 대한 규제와 자산에 대한 규제로 나누어진다.

은행법 제34조의 제목은 "건전경영의 지도"인데 이 조문이 건전성규제의 총칙규정과 같은 것이다. 은행은 은행업을 경영할 때 자기자본을 충실하게 하고 적정한 유동성을 유지하는 등 경영의 건전성을 확보하여야 한다(제1항). 은행은 경영의 건전성을 유지하기 위하여 ① 자본의 적정성에 관한 사항, ② 자산의 건전성에 관한 사항, ③ 유동성에 관한 사항, ④ 그 밖에 경영의 건전성 확보를 위하여 필요한 사항 등에 관하여 대통령령으로 정하는 바에 따라 금융위원회가 정하는 경영지도기준을 지켜야 한다(제2항). 금융위원회가 경영지도기준을 정할 때에는 국제결제은행이 권고하는 은행의 건전성 감독에 관한 원칙을 충분히 반영하여야 한다(제3항). 금융위원회는 은행이 경영지도기준을 충족시키지 못하는 등 경영의 건전성을 크게 해칠 우려가 있다고 인정될 때에는 자본금의 증액, 이익배당의 제한 등 경영개선을 위하여 필요한 조치를 요구할 수 있다(제4항).

여기서 특히 주목할 규정이 제3항이다. 은행법은 국내 은행들의 건전성규제에 국제규범인 국제결제은행(Bank for International Settlements: BIS)이 제정하는 원칙을 적용함으로써 국제규범을 직접 국내법에 도입하고 있다. 은행은 국제적으로 영업을 할 뿐 아니라 우리나라의 경우 은행의 외화차입이 없이는 수출경제가 유지될 수가 없기 때문에 반드시 국제규범을 준수해야 한다. BIS규칙이 은행을 포함한 금융기관을 죽이고 살리는 저승사자와 같이 된 이유다. 실제로 이 BIS규칙은 공식적인 국제조약도 아니기 때문에 이른바 연성법(Soft Law)이라고 불리는 것이다. 법이 아니므로 안 지켜도 그만이다. 그러나, 안 지키면 아무도 상대해 주지 않는다. 연성법의 파워다. BIS규칙은 구체적으로는 바젤 I, 바젤 II, 바젤 III라고 불리는 규칙들이 핵심이다. 이는 독자들이 금융기관규제법을 공부하면서 접하게 될 것이다.

6. 왜 금융이 발달해야 하는가?

인간이 체감하는 효용과 복지는 주로 실물의 소비에서 온다. 음식을 먹고 자동차를 사용하는 등의 행동에서 오는 것이다. 그래서 실물을 만들어 내고 유통시키는 일이 가치 있는 일로 여겨진다. 이를 농업을 포함한 1차 산업과 제조업 중시 사상이라고 부를 수 있다. 그 다음은 서비스다. 누군가가 내 대신 또는 내가 못하는 노동을 해 준다. 길어진 머리를 잘라 주고, 먼 곳까지 차를 태워다 준다. 여기에 해당하는 활동도 가치를 바로 인정받는다. 금융도 후자의 범주에 속한다. 그리고, 앞에서 반복해서 말한 것처럼 금융이 없으면 실물의 생산과 유통이 어려워진다.

그런데, 독자들이 쉽게 접할 수 있는 은행과 보험회사의 서비스가 아닌, 고도로 발달하고 복잡하기만 한 파생금융상품과 그 거래의 세계를 들여다보면 이런 것들이 인간 생활의 효용과 복지와 무슨 상관이 있을까 의아해질 것이다. 수학과 물리학을 전공한 두뇌들이 금융공학을 활용해서 만들어 낸 많은 금융상품들이 거래된다. '선수들끼리' 즉, 금융기관들끼리 열심히 주고받는다. 어지간히 교육 수준이 높은 사람이라 해도 전혀 이해할 수 없는 물건들이 활발하게 매매된다. 이 매매과정에서 그에 관련된 사람들은 돈을 벌기 때문에 효용을 얻는다고 볼 수 있으나, 사회 전체에는 과연 무슨 기여를 하는가?

그러나, 증권을 예로 들면 쉽게 이해할 수 있다. 기업이 사업자금을 조달하기 위해 발행한 증권이 시장에서 쉽게 매매되지 않으면 아무도 애당초 기업이 발행하는 증권을 사려고 하지 않을 것이다. 필요할 때 쉽게 처분해서 환가할 수 없는 물건은 사기가 꺼려진다. 증권시장이 발달하고 규모가 커서 어떤 증권이든 쉽게 거래가 되어야만 기업이 증권을 용이하게 발행하고 자금을 조달해서 사업을 영위할 수 있는 것이다. 그래서 증권시장에서는 기업의 증권발행 측면에는 아무런 관심도 없는 시장참가자들이 자신들만의 고유 목적에서 증권을 매매거래한다. 이들이 기업의 증권발행을 통한 자금조달에 관심이 있든 없든 문제되지 않는다. 무슨 목적으로 증권을 사고파는지도 문제가 되지 않는다.

그냥 활발하게 거래해서 증권시장을 발달시켜 주기만 하면 되는 것이다. 그러려면 사고팔 증권의 종류가 다양할수록 좋고, 다양해지려면 복잡해지는 것이다.

다양해지고 복잡해지는 것은 좋은데, 그 과정이 과도해지면 2008년 글로벌 금융위기에서 경험한 것과 같은 불균형이 발생한다. 나아가, 불법과 사기가 생겨난다. 기능이 엄청나게 복잡한 기계는 소비자가 그 가치를 제대로 파악하기 힘들고 그 복잡한 구조 속에 거짓이 숨겨져 있어도 발견되기 어렵다. 금융의 발달에 반드시 엄중한 법률적 규제가 수반되어야 하는 이유가 여기에 있다. 금융규제는 물건에 대한 규제도 있고 물건을 파는 사람의 행동에 대한 규제도 있다. 금융기관에 대한 규제는 양자를 모두 포괄한다. 그런데 독자들이 나중에 법관이나 검사가 되고 금융감독기관에서 일하면서 불법과 사기를 제대로 규제하려면? 우선 이 복잡한 기계들을 이해할 능력을 갖추어야 한다. 즉, 기계를 만들고 파는 사람들 못지않은 전문적인 지식을 갖추어야 하는 것이다.

인류 역사상 가장 중요한 금융상품의 하나로 할부판매를 들 수 있을 것이다. 이 할부판매가 금융상품이 발달해야 하는 이유를 잘 설명해 준다. 할부판매는 1853년에 설립된 재봉틀회사 싱어(Singer)가 처음 개발한 것이다. 당시 재봉틀은 고가의 물건이었기 때문에 수요자가 쉽게 구입할 수 없는 물건이었으며 주로 현금거래를 하던 당시의 상관행 때문에 널리 판매되지 못하였다. 이를 할부판매 기법이 해결해 줌으로써 미국 여성들을 큰 가사부담에서 해방시켜 주었다. 중요한 것은 할부판매라는 금융상품이 소비재의 구매에 사용되는 경우라도 젊었을 때는 돈이 부족하고 늙어서는 소비 대상이 부족한 인간의 복지수준을 전반적으로 높여주지만 재봉틀을 포함한 산업생산용 물건의 구매에 활용되는 경우 할부판매가 없었더라면 발생하지 못했을 생산을 촉발한다는 점이다. 재봉틀 자체의 생산 증가와 재봉틀을 사용한 제품의 생산 증가다. 즉 금융혁신은 소비와 생산의 증가로 이어져 사회경제에 새로운 부가가치를 창출한다. 사회경제의 부가가치는 분배가 잘 되기만 하면 인권의 신장과 분쟁의 감소, 문화수준의 향상으로 연결된다. 할부판매로 인해 판매자에게 발생한 부담은 채권의 양도를 통해 경감될 수 있고 1970년대 이후에는 채권의 증권화(Securitization)라는 또 다른 금융혁신을 통해 더 경감될 수 있게 되었다.

7. 스 위 스

스위스는 '은행의 나라'라고도 불린다. 왜 스위스가 은행의 나라가 되었는
지에 대해서는 여러 가지 설명이 있지만 법률을 공부하는 사람의 입장에서 가
장 흥미 있는 스위스의 특징은 스위스가 대표적인 채권자 우대국이라는 사실이
다. 우리 민법은 채권의 양도에 채무자의 동의나 채무자에 대한 통지를 그 대
항요건으로 하고 있다(제450조 제 1 항: 지명채권양도의 대항요건). 그러나, 스위스를
포함하여 많은 나라에서는 채권의 양도에 채무자에 대한 통지를 요하지 않는
다. 또, 우리나라나 프랑스와는 달리 스위스에서는 채무자가 도산하였을 때, 채
권자가 채무자에 대해 지고 있는 채무를 상계처리할 수 있다. 즉, 채무는 채무
대로 변제하고 다시 채권자로서 잔여재산의 분배를 받지 않아도 된다. 채권에
대한 담보물도 채권자가 채무자의 채무불이행 시 임의로 처분하여 변제에 충당
할 수 있다. 이런 제도들은 채권자에게 대단히 유리한 것들인데 가장 전형적인
채권자인 상업은행들의 파워가 작용한 것이다. 스위스를 은행의 나라라고 부르
는 이유다.

스위스의 은행을 성장시킨 또 다른 요인은 철저한 고객의 기밀보호다. 은행
과 거래하는 사람은 누구나 신원, 자금의 출처, 거래현황 등이 타인에게는 물론
이고 정부에게조차 알려지지 않기를 바란다. 스위스 형법은 은행이 고객의 기밀
을 누설하는 경우 그에 대해 고강도의 처벌을 규정하고 있다. 이 때문에 세계 도
처에서 문제가 있는 거액의 자금들이 스위스 은행으로 몰려온다. 세계 각국의 정
보기관들도 비밀업무에 스위스 은행을 활용한다. 일반적으로 스위스 은행들은 예
금에 대해 이자를 지불하기는커녕 수수료를 징수한다. 그래도 돈이 넘쳐난다. 이
로부터 골치를 썩는 나라가 미국이다. 미국의 거대한 자본시장에서 일어나는 온
갖 불공정거래행위에 스위스 은행들이 이용되는 것이다. 미국 정부가 범죄의 수
사를 위해 스위스 은행이나 정부에 공조를 요청해도 스위스 은행은 그에 응할
수가 없다. 형사처벌을 받기 때문이다. 이는 법충돌의 극단적인 사례이다. 스위
스의 대법원은 스위스 은행이 미국 정부의 요청에 응할 의무가 없다는 판결까지
내린다. 결국 이 문제는 양국 간의 외교적 마찰로 비화되었고 오랜 승강이 끝에
스위스는 제한된 범위 내에서 은행의 고객기밀 보호의무를 완화하였다.

스위스의 은행산업은 14세기에 제네바 지역을 중심으로 형성되었다. 18세

기 후반에 스위스는 이미 국제금융의 큰손으로 인정받았는데 스위스의 전통적인 중립정책은 스위스가 전쟁에 휘말리는 것을 막아 주었고 그에 따라 스위스는 재정적자가 없어 자본수출국이 되었기 때문이다. 또, 스위스는 유럽의 용병수출국으로도 유명하였으므로 여기서 벌어들인 외화가 스위스 귀족들에게로 집중되었고 스위스 귀족들은 각자의 은행을 통해 이 자금을 국제적으로 운용하였다. 특히, 프랑스 왕실이 막대한 전비조달을 위해 스위스 은행에 의존하였는데 이것이 제네바 지역이 발달한 이유가 되었고, 독일어 사용권은 이에 대응하기 위해서 취리히, 바젤, 베른을 발전시키기 시작하였다.

한 국가가 경제규모나 인구에 비해 큰 금융산업을 보유하려면 지정학적인 여건이 뒷받침되어야 함을 스위스의 사례가 보여 준다. 1307년에 1천500명 남짓한 별로 잘 훈련되지 않은 스위스 농부들이 3천 내지 5천 명의 강력한 합스부르크 군대를(이들의 3분의 1이 기마기사들이었다고 한다) 모르가르텐(Morgarten)이라는 곳에서 전멸시키는 이해하기 어려운 일이 일어난다. 그 후로 스위스 군대가 어디서 졌다는 이야기를 찾을 수 없다. 유럽에서 스위스 용병들은 가장 인기가 있었고 바티칸의 교황청도 1506년 이래 스위스 군인(Pontifical Swiss Guard of Vatican City)들이 지키고 있다. 1815년 비엔나회의 이후 스위스는 영구중립국이며 2002년에 UN에는 가입했으나 EU에는 가입하지 않고 있다. 스위스의 중립성은 2차 대전 때도 잘 지켜졌는데 히틀러도 이를 존중했다. 스위스는 세계에서 역사적으로 가장 정치적, 지정학적으로 안정된 나라이고 2차 대전 때도 나치를 피해 많은 유대인들이 스위스로 돈과 귀금속을 옮긴 바 있다. 스위스가 이러한 입지를 보유하고 유지할 수 있었던 것은 역설적으로 스위스가 역사적으로 군사 강국이기 때문이다. 우리나라는 정치적으로 비교적 안정된 나라지만 지정학적 리스크가 대단히 크다. 이는 주로 남북문제에 기인한다. 우리나라는 남북문제를 잘 다루고 해결하지 못하는 한 정치적, 외교적으로는 물론이고 경제적으로도 영원히 잠재력을 발휘하지 못하는 나라로 남을 것이다. 상하이, 동경, 홍콩, 싱가포르 등 입지적으로 우수한 경쟁지역들을 지척에 두고 아시아 지역의 금융중심지가 될 수 없음도 물론이다.

Ⅲ. 출 판 업

　　신문, 정기간행물, 단행도서, 편람, CD, DVD 등을 통상적인 인쇄물이나 디지털 신호를 재생하는 방식으로 제작해서 공중에게 유통, 판매하는 사업이 출판업이다. 출판업은 정보와 지식산업의 중심적 위치를 차지하며 인류 문명의 발달에 필수불가결한 역할을 수행해 왔다. 책과 신문, 악보가 없는 문명은 생각하기 어렵다. 교육도 어려울 것이고 학술연구의 공유도 쉽지 않을 것이다. 출판업과 밀접한 관계에 있는 다른 영업은 인쇄업과 도서유통판매업인 서점, 광고업 등일 것이고 상법 외에 출판업과 가장 가까운 관계에 있는 법률은 저작권 등 지적재산권법과 명예훼손을 규제하는 형법일 것이다.

　　세계적으로 영어로 된 출판물이 가장 큰 비중을 차지하기 때문에 대형 출판업자들은 영국과 미국 회사들이다. 현재 Financial Times, 펭귄그룹 등을 거느린 영국의 피어슨(Pearson)이 세계 최대의 출판사이며 미국, 영국, 네덜란드에 걸친 다국적 기업인 Reed Elsevier, 캐나다의 ThomsonReuters 등이 그 뒤를 따른다. 이 회사들은 방송사들을 포함하는 복합미디어 그룹의 일부이기도 하다. 대표적인 복합미디어 그룹으로 뉴스 코퍼레이션(News Corporation)이 있다. 루퍼트 머독이 1980년에 호주에서 설립한 회사다. 20세기폭스사, 월스트리트 저널을 발간하는 다우존스, 세계 20위권의 하퍼-콜린스(Harper-Collins) 출판사 등을 보유한다.

　　출판업의 경제적 구조는 출판물의 판매로 발생하는 수익을 출판물 콘텐츠 제작자(저자), 출판사, 유통업자가 어떻게 배분하는가로 설명된다. 전 세계적으로 콘텐츠제작자가 10%, 나머지 90%를 출판사와 유통업자가 나누는 관행이 형성되어 있는데 이 구조는 전자출판과 온라인 출판의 확대로 서서히 변동되고 있다. 전자출판의 경우 편집, 인쇄, 배송, 보관이 필요치 않고 출판사의 역할은 교정작업 정도에 그친다. 대형 서점인 아마존, 구글, 소니 등이 출판사, 도서관과 제휴하여 인쇄물의 디지털화 작업을 진행하고 있다. 출판물의 전자화는 나무를 덜 죽이기 때문에 환경친화적인 사업방법이다.

제2장   민법에 대한 상행위 특칙

상법 제 1 조는 "상사에 관하여 본법에 규정이 없으면 상관습법에 의하고 상관습법이 없으면 민법의 규정에 의한다"고 규정한다. 상법이 민법의 특별법임을 말하고 있다. 상법이 민법의 특별법이라 함은 원래는 민법이 적용되어야 할 사안에 상법이 적용되는 경우가 있다는 것인데 제 1 편 상법총칙과 제 2 편 상행위에 그러한 규정들이 다수 등장한다. 이렇게 보면 상법의 공부는 민법의 공부가 다 끝나야 의미 있게 시작할 수 있다는 말이 된다. 상법에 등장하는 민법에 대한 특칙이란 민법이 어떤 것인지 알지 못하는 상태에서는 이해할 수 없는 것이다. 상관습법은 그 존재 의의가 미약하다. 무시할 수는 없지만(예컨대, 제29조 제 2 항의 '일반적으로 공정·타당한 회계관행') 큰 의미를 갖지 못한다. 일반적으로 관습법은 국제법의 영역을 제외하면 분쟁의 방지와 해결에 별 도움을 주지 못한다. 결국, 상법에 규정이 없으면 민법의 규정에 의하게 된다.

Ⅰ. 대   리

우선, 대리의 방식에 관한 제48조에 의하면, 상행위의 대리인이 본인을 위한 것임을 표시하지 아니하여도 그 행위는 본인에 대하여 효력이 있다. 그러나, 상대방이 본인을 위한 것임을 알지 못한 때에는 대리인에 대하여도 이 이행의 청구를 할 수 있다. 민법은 제115조에서 대리인의 행위에 관해 현명주의를 택하고 있다. 즉, 누구의 대리인인지 밝히고 대리행위를 하라는 것이다. 반면, 상법은 그러지 않아도 좋다는 것이다. 가게에서 판매원이 물건을 판매하는 행동은 그 외관이 자신을 위해 하는 것이 아님을 쉽게 알 수 있게 해 준다. 주의해야 할 것은 이 규정은 대리권이 있는 경우를 커버하는 것이라는 점이다. 대리권이 없는 경우라면 이야기는 전혀 달라진다. 그리고, 제48조는 단서가 더 중요하다. 현명하지 않은 관계로 대리인으로서의 행위라는 것을 상대방이 몰랐다면, 본인에 대해서는 어차피 법률적 효력이 발생하지만 상대방은 대리인에 대해서도 이행을 청구할 수 있는 추가적인 옵션을 가지게 된다. 다만, 이행을 청구할 수 있다는 것이지 대리인과 상대방 사이에 법률관계가 발생한다는 의미는 아니다.

위임에 관한 제49조는 상행위의 위임을 받은 자는 위임의 본지에 반하지 아니한 범위 내에서 위임을 받지 아니한 행위를 할 수 있다고 한다. 물건이나 증권을 적절한 가격에 처분할 것을 위임하였는데 갑자기 경제위기가 발생해서 물건이나 증권 가격이 폭락할 것으로 예상되면 급히 다소 낮은 가격으로 다 처분해 버릴 수 있는 것이다. 또, 제50조는 상행위의 위임에 의한 대리권은 본인의 사망으로 인하여 소멸하지 아니한다고 규정한다. 민법에서 본인의 사망이 바로 대리권의 소멸사유인 것과 다르다. 상인이 사망하면 대리인은 상속인의 대리인이 되어 법률관계를 정리하게 되는 것이고 자동적으로 대리인의 지위가 상실되지 않는다. 단, 회사의 경우에는 회사가 소멸하면 영업 자체가 소멸하므로 제50조를 적용할 수 없다.

II. 청약과 승낙

계약의 체결을 위한 청약에 관하여도 상법은 2개의 조문을 두어 민법의 규정들을 배제한다. 대화자 간의 계약의 청약은 상대방이 즉시 승낙하지 아니한 때에는 그 효력을 잃는다(제51조). 민법에서도 대화자 간에서는 대화가 종결되면 청약은 효력을 상실하는 것으로 해석하므로 이 규정은 명문의 규정이지만 주의적 규정이다. 제53조는 청약에 대한 낙부통지의무를 규정하는데 상인이 상시 거래관계에 있는 자로부터 그 영업부류에 속한 계약의 청약을 받은 때에는 지체 없이 낙부의 통지를 발송하여야 하고 이를 해태한 때에는 승낙한 것으로 본다. 상시 거래관계에 있는 상인 간이라면 영업부류에 속하는 계약은 늘상 하는 것이다. 이때는 지체 없이 응답해서 상대방에게 비효율을 발생시키지 말라는 뜻이다. 민법에서는 낙부통지의무가 없지만 상인 간에는 그렇게 하지 않으면 승낙한 것으로 보아 버린다. 그런데, 이 조문의 묘미는 반대로 읽는 데 있다. 즉, 일일이 승낙을 하지 않아도 된다는 의미다. 다만, 이 규정은 제51조 때문에 대화자 간에는 적용되지 않고 격지자 간에만 적용된다.

Ⅲ. 상사유치권

당사자 간에 다른 약정이 없으면 상인 간의 상행위로 인한 채권이 변제기에 있는 때에는 채권자는 변제를 받을 때까지 그 채무자에 대한 상행위로 인하여 자기가 점유하고 있는 채무자소유의 물건 또는 유가증권을 유치할 수 있다(제58조). 자동차 수리를 하는 상인은 고객이 수리비를 지불할 때까지 자동차를 내주지 않고 점유할 수 있다. 이것이 강력한 유치권의 효과다. 상사유치권의 대상이 되는 물건에는 부동산도 포함된다(대법원 2013. 5. 24. 선고 2012다39769, 39776 판결).

그런데 이 상법 제58조는 민법상의 유치권과 다른 점들이 있다. 우선, 채권과 물권 간의 견련성이 요구되지 않는다. 어제 어떤 운송회사에서 트럭의 수리를 맡기고 수리비를 지불하지 않은 상태에서 다시 택시의 수리를 맡겼다. 자동차 수리를 하는 상인은 운송회사가 트럭 수리비를 지불하지 않은 상태에서 급하다고 트럭을 가지고 가도록 해도 된다는 의미다. 왜냐하면 택시에 대해 트럭 수리비에 관한 유치권을 행사하면 되기 때문이다. 상인 간에는 다양한 채권 채무가 발생하므로 상법은 채권과 물권 간의 견련성을 요구하지 않음으로써 각 상인의 영업에 도움을 준다. 또 다른 차이는 상법은 유치권을 채무자 소유의 물건 또는 유가증권에 대해서만 행사하게 한다는 것이다. 민법에 의하면 삼촌한테 빌려 차고 다니던 시계의 수리를 맡기더라도 시계수리공은 그 시계에 대해 유치권을 행사할 수 있으나 상법은 그렇게 못하도록 한다. 운송회사가 리스해서 사용하고 있는 트럭의 수리비를 지급받기 위해 자동차 수리 상인은 그 트럭에 대해 유치권을 행사할 수 없다.

대법원 2013. 2. 28. 선고 2010다57350 판결 재판요지   상사유치권은 민사유치권과 달리 피담보채권이 '목적물에 관하여' 생긴 것일 필요는 없지만 유치권의 대상이 되는 물건은 '채무자 소유'일 것으로 제한되어 있다(상법 제58조, 민법 제320조 제 1 항 참조). 이와 같이 상사유치권의 대상이 되는 목적물을 '채무자소유의 물건'에 한정하는 취지는, 상사유치권의 경우에는 목적물과 피담보채권 사이의 견련관계가 완화됨으로써 피담보채권이 목적물에 대한 공익비용적 성질을 가지지 않아도 되므로 피담보채권이 유지권자와 채무사 사이에 발생하는 모든 상사채권으로 무한정 확장될 수 있고, 그로 인하여 이미 제3자가 목적물에 관하여 확보한 권리를 침해할 우려가 있어 상사유치권의 성립범위 또는 상사유치권으로 대항할 수 있는 범위를 제한한 것으로 볼 수 있다. 즉 상사유치권이 채무자 소유의 물건에 대해서만 성립한다는 것은, 상사유치권은 성립 당시 채무자가 목적물에 대하여 보유하고 있는 담보가치만을 대상으로 하는 제한물권이라는 의미를 담고 있다 할 것이고, 따라서 유치권 성립당시에 이미 목적물에 대하여 제 3 자가 권리자인 제한물권이 설정되어 있다면, 상사유치권은 그와 같이 제한된 채무자의 소유권에 기초하여 성립할 뿐이고, 기존의 제한물권이 확보하고 있는 담보가치를 사후적으로 침탈하지는 못한다고 보아야 한다. 그러므로 채무자 소유의 부동산에 관하여 이미 선행(先行)저당권이 설정되어 있는 상태에서 채권자의 상사유치권이 성립한 경우, 상사유치권자는 채무자 및 그 이후 채무자로부터 부동산을 양수하거나 제한물권을 설정받는 자에 대해서는 대항할 수 있지만, 선행저당권자 또는 선행저당권에 기한 임의경매절차에서 부동산을 취득한 매수인에 대한 관계에서는 상사유치권으로 대항할 수 없다.

Ⅳ. 유질계약

상법 제59조에 의하면 민법 제339조의 규정은 상행위로 인하여 생긴 채권을 담보하기 위하여 설정한 질권에는 적용하지 아니한다. 민법 제339조는 유질계약을 금지하는 규정인데 "질권설정자는 채무변제기전의 계약으로 질권자에게 변제에 갈음하여 질물의 소유권을 취득하게 하거나 법률에 정한 방법에 의하지 아니하고 질물을 처분할 것을 약정하지 못한다"고 하므로 상법 제59조는 유질계약을 허용하는 규정이다. 상법이 민법이 허용하지 않는 유질계약을 허용하는 이유를 학설은 금융거래를 촉진하고 상인인 질권설정자 보호의 필요가 덜하기 때문이라고 흔히 설명한다.

친구에게 돈을 빌리면서 노트북을 담보로 제공했다고 하자. 내가 돈을 못 갚게 될 것으로 예상될 때에는, 노트북을 처분해서 돈을 가지라고 약정할 수 없다는 것이다. 그렇게 약정하는 것이 유질계약이다. 담보권이라면서 왜 못하게 하는가? 돈을 빌리면서 담보물을 제공한 사람은 취약한 지위에 있다고 보는 것이다. 100만 원짜리 노트북에 질권을 설정해서 10만 원을 빌리면서 이런 약정을 허용하면, 채권자(질권자)가 질권설정자의 궁박을 이용해서 폭리를 취할 수 있다. 또 100만 원 처분해서 90만 원을 돌려준다는 보장도 없다. 경매를 해서 순서대로 나눠야 한다는 것이다. 한 채권자가 우선적으로 처분해서 임의의 금액을 가져가면 안 된다는 것이 유질계약 금지의 입법 취지이다. 10만 원만 받으면 그만인 채권자가 100만 원짜리 담보물이라고 해서 100만 원을 받기 위해 노력할 이유가 없다. 누가 20만 원만 준다면 덜컥 처분해 버리려 할 것이다. 어차피 나도 받을 돈을 제때 못 받아서 화가 잔뜩 나 있는 실정이다. 이것을 상사거래에서는 허용하는 것이다. 담보를 제공하는 사람(채무자)이 상인인 경우에, 궁박한 사정을 이용당할 염려가 별로 없고, 경매하고, 분배하고, 이래가지고는 상거래의 신속이 도모되지 않는다. 상거래가 불편하면, 돈 빌려 주기를 꺼리게 된다. 금전소비대차계약 자체가 어렵게 된다. 그래서 상법이 상인 간에는 유질계약이 괜찮다고 하는 것이다. 민사관계에서도 유질계약을 허용할 수 있다. 이는 입법정책의 문제다. 은행의 나라 스위스의 법률은 유질계약을 허용한다.

V. 기타 규정

그 외 제60조(물건보관의무)에 의하면 상인이 그 영업부류에 속한 계약의 청약을 받은 경우에 견품 기타의 물건을 받은 때에는 그 청약을 거절한 때에도 청약자의 비용으로 그 물건을 보관하여야 한다. 그러나, 그 물건의 가액이 보관의 비용을 상환하기에 부족하거나 보관으로 인하여 손해를 받을 염려가 있는 때에는 그러하지 아니하다. 상인들은 거래를 제안하면서 샘플을 보내는 일이 많다. 상대방이 요구하는 경우가 많음도 물론이다. 거래가 성사되지 않으면 샘플을 반환해 주어야 하는데 혹시 다른 상대방에게 보내게 될 일이 있을 수 있으므로 보관하게 하는 것이다. 불필요하게 견품을 보내고 받는 것을 생략하게 해 줄 필요에 의한다. 일종의 상도의가 반영되어 있다. 거래를 거절은 했으나 비용만 당신이 부담한다면 편의를 봐주겠다는 것이다. 이것이 상호적으로 작동할 것임은 쉽게 짐작할 수 있다. 그런데, 보관비용이 너무 고액이어서 소유자가 도산하는 경우 비용을 상환 받을 수 없을 것으로 걱정되면 보관하지 않아도 된다.

　　제61조(상인의 보수청구권)에 의하면 상인이 그 영업범위 내에서 타인을 위하여 행위를 한 때에는 이에 대하여 상당한 보수를 청구할 수 있고 제62조(임치를 받은 상인의 책임)에 의하면 상인이 그 영업범위 내에서 물건의 임치를 받은 경우에는 보수를 받지 아니하는 때에도 선량한 관리자의 주의를 하여야 하며 제63조(거래시간과 이행 또는 그 청구)에 의하면 법령 또는 관습에 의하여 영업시간이 정하여져 있는 때에는 채무의 이행 또는 이행의 청구는 그 시간 내에 하여야 한다.

민법과 주석서

　　독일의 법학 교육은 다분히 민법 위주이다. 독일에서는 법학도로서의 소양과 실력이 민법 실력을 통해 평가 받는다고 생각하는 경향이 있다. 저자가 공부할 때 국가시험에서도 1/3 이상이 민법이었다. 따라서 학교에서의 수업도 민법이 그만한 비중으로 다루어진다. 1차 국가시험까지 민법만 약 40학점을 듣게 되고 그 밖에 의무적인 스터디그룹(AG) 시간까지 더하면 민법 공부시간은 더 늘어난다.

　　저자가 독일에서 공부할 때 독일 법대생들의 민법 공부는 메디쿠스(Medicus) 교수의 베스트셀러인 민법강의 교재(*Bürgerliches Recht*)를 중심으로 행해졌다. 이 책은 전통적인 스타일의 교과서가 아니고 민법 입문서를 민법 문제의 해결 방법론과 합해서 구성해 놓은 듯한 특이한 책이다. 중요 판례와 문헌은 물론 다 포함되어 있다. 형법 분야의 베스트셀러인 베셀스(Wessels) 교수의 교재와 쌍벽을 이루는 인기서였다. 학생들은 이 책을 마스터함으로써 민법에 대한 감을 얻게 되고 그 다음 단계로 보다 내용이 많은 책을 공부하든지 논문을 읽든지 한다. 그러나 대다수의 독일 법대생들은 수업이나 AG시간에 나누어 주는 복사물들을 모아서 공부하는 것이 보통이고 우리처럼 방대한 교과서를 들고 샅샅이 공부하지는 않는다. 법전과 필요한 참고자료를 사용해서 문제를 해결하는 능력을 습득하는 것이 독일에서의 법학 공부이다.

　　한편, 대표적인 법전법 국가인 독일에서의 법학 공부는 그야말로 '법전 위주'이다. 따라서 민법의 시험준비나 과제의 작성, 세미나 페이퍼 작성 등에는 주석서

(Kommentar)의 이용이 필수적이다. 주석서는 법조문을 순서대로 해설하고 해당 판
례와 학설을 종합한 책이다. 독일의 주석서 전통은 대단한 것이며 학자들도 가장
많은 시간과 노력을 주석서 집필에 사용한다. 법학부에서 공부를 시작하게 되면
누구나 단권의 민법 주석서인 팔란트(Palandt)를 구입하게 되는데 이 주석서는 약
자와 약호를 쓸 수 있는 데까지 쓰고 깨알 같은 작은 글씨로 되어 있음에도 불구
하고 3,000페이지가 넘는다. 학생들은 법전과 마찬가지로 이 주석서를 거의 외다
시피 해야 한다. 자주 판이 바뀌기 때문에 2–3년이 지나면 다시 구입해야 하고 1
차 시험 후에 다시 새것으로 장만하곤 한다. 2017년 현재 제76판이 나와 있다. 특
히 과제의 작성에서는 주석서와 교과서의 가장 최근 판을 사용해야 하는데 저자는
한 판 전의 주석서를 인용했다가 감점을 당한 일이 있다. 어려운 과제나 논문의 작
성에는 대규모의 주석서가 참고되기도 한다. 민법의 경우 벡(C. H. Beck) 출판사에
서 펴내는 『뮌헨 대 주석서』(Münchener Kommentar zum Bürgerlichen Gesetzbuch)
가 있다. 모두 11권으로 되어 있고 총 19,000페이지에 달하는 이 주석서는 아마도
현대 독일 법학의 정수를 보여 주는 기념비적인 저작물일 것으로 생각된다. 후세
의 법학도들이 이 주석서를 어떻게 부를지 궁금하다.

제3장　상사매매의 특칙

상법은 상사매매라는 말을 쓰지 않는다. 그러나, 상법의 적용대상이 되는 매매라는 의미로 상사매매라는 용어가 사용되고 있다. 민법에서 매매에 관한 상세한 규정을 두고 있으므로(제563조 내지 제595조) 상거래에서도 원칙적으로는 민법의 매매에 관한 규정이 적용되며 상인 간의 매매에만 상법 제67조 내지 제71조의 5개 조문이 적용된다. 우리 상법의 해석상 이 규정들은 거래당사자 쌍방이 상인인 경우에만 적용된다. 왜냐하면 이 규정들은 전체적으로 매도인에게 이익이 되는 규정들이기 때문이다. 매매의 일방이 상인이 아닌 경우에는 민법이 적용된다.

I. 매도인의 공탁권과 경매권

상법 제67조는 상사매매 매도인의 목적물의 공탁, 경매권을 규정하고 있는데 이 규정은 상법의 규정을 민법의 규정과 세심하게 비교해 보는 훈련을 하기에 좋은 재료이다.

민법 제487조에 의하면 채권자가 변제를 받지 않거나 받을 수 없는 때에는 변제자는 채권자를 위해 변제목적물을 공탁함으로써 채무를 면할 수 있다. 또, 민법 제490조에 의하면 변제목적물이 공탁에 적당하지 않거나 멸실 또는 훼손될 염려가 있거나 공탁에 과다한 비용이 발생하는 경우 변제자는 법원의 허가를 얻어서 그 물건을 경매한 후 그 대금을 공탁할 수 있다. 이에 대해 상사매매에 관한 상법 제67조는 "상인간의 매매에 있어서 매수인이 목적물의 수령을 거부하거나 이를 수령할 수 없는 때에는 매도인은 그 물건을 공탁하거나 상당한 기간을 정하여 최고한 후 경매할 수 있다. 이 경우에는 지체 없이 매수인에 대하여 그 통지를 발송하여야 한다"고 규정한다(제1항). 또, 그 경우에 매수인에 대하여 최고를 할 수 없거나 목적물이 멸실 또는 훼손될 염려가 있는 때에는 최고 없이 경매할 수 있다(제2항). 나아가, 이 규정들에 의해 "매도인이 그 목적물을 경매한 때에는 그 대금에서 경매비용을 공제한 잔액을 공탁하여야 한다. 그러나, 그 전부나 일부를 매매대금에 충당할 수 있다"(제3항)고 규정한다.

민법과 상법의 규정들을 비교해 보면, 공탁에 관한 부분에는 차이가 없다. 그러나, 민법이 경매를 마지막 수단으로써 법원의 허가를 얻어 하도록 함에 반하여 상법은 그러한 요건을 부과하지 않고 있음을 알 수 있다. 즉, 상법의 규정은 매도인의 공탁권과 경매권을 선후관계가 아닌 선택사항으로 하고 있는 것이다. 상사매매는 매매 목적물의 수량이나 가액이 큰 것이 보통이므로 시세의 변동이나 보다 나은 조건을 제시하는 매도인이 출현하면 매수인이 약속을 지키지 않는 경우가 발생한다. 이때 보통은 매도인이 해당 거래를 포기하고 다른 매수인을 찾아 거래하게 되지만(물론 매수인은 다시는 이 매도인과 거래할 생각을 할 수 없을 것이다. 그리고, 시장에서 평판도 나빠질 것이다) 매도인이 그리 할 수 없는 경우 법적인 조치를 취하게 되는데 상법의 규정들은 매도인을 두텁게 보호한다.

II. 확정기매매의 해제

민법에서는 계약을 체결한 후 채무불이행을 이유로 그를 해제하려면 먼저 채무자에게 이행을 최고해야 한다. 그래도 채무자가 이행하지 않으면 계약을 해제할 수 있다(민법 제544조). 다만, 정기행위를 채무자가 이행하지 않을 때에는 최고 없이 바로 해제할 수 있다(민법 제545조). 정기행위는 매매의 성질 또는 당사자의 의사표시에 의하여 일정한 일시 또는 일정한 기간 내에 이행하지 아니하면 계약의 목적을 달성할 수 없는 경우의 행위다. 그런데 상법은 이와 관련하여 다른 규칙을 정하고 있다. 상인 간의 매매에 있어서 당사자 일방이 정기행위의 이행시기를 경과한 때에는 상대방은 즉시 그 이행을 청구하지 아니하면 계약을 해제한 것으로 본다(제68조). 민법은 정기행위라 할지라도 계약을 해제하려면 해제의 의사표시를 하도록 하고 있다. 그러나, 상법은 해제의 의사표시조차 필요치 않다고 하는 것이다.

상인 A가 상인 B에게 물건을 판매하는 계약이 체결되었는데 계약의 목적물이 2010년 3월 1일 회사의 창립기념일에 사용될 기념 케이크라고 하자. A가 2010년 3월 1일에 B에게 케이크를 인도하지 못하면 계약은 해제된 것이다. 상법은 B로 하여금 해제의 의사표시를 하는 번거로움을 덜어 준다. B는 바로 A에 대해 구제수단을 동원한 대책을 강구할 수 있게 된다. 법률관계가 명확히 정리되었기 때문이다. A 또한 이 규칙의 수혜자이다. 민법규정에 의하면 이 경우 A는 일단 B의 처분을 기다려야 한다. B가 계약을 해제하지 않을 수도 있다. 왜냐하면 케이크는 원래의 목적과 다른 용도에 사용할 수도 있는 것이기 때문이다. 그리고, 이럭저럭 시간이 흐르는 동안 케이크의 가격이 변동하기도 한다. 예컨대 10만 원에 주문한 케이크였는데 시중에서 같은 케이크의 가격이 12만 원으로 올랐다면 B는 짐짓 화를 내며 A로부터 케이크를 10만 원에 받아서 다른 용도에 사용함으로써 실제로는 2만 원의 이익을 볼 수도 있다. 상법은 이 시나리오도 차단한다. A나 B나 신속히 관계를 정리하게 하고 추가적인 손실이 발생하는 것을 막아 준다.

상인 간의 매매가 확정기매매인지 여부는 매매목적물의 가격 변동성, 매매계약을 체결한 목적 및 그러한 사정을 상대방이 알고 있었는지 여부, 매매대금의 결제 방법 등과 더불어 이른바 시.아이.에프(C. I. F.) 약관과 같이 선적기간의 표기가 불가결하고 중요한 약관이 있는지 여부, 계약당사자 사이에 종전에 계약이 체결되어 이행된 방식, 당해 매매계약에서의 구체적인 이행 상황 등을 종합하여 판단하여야 한다. 계약당사자 사이에 종전에 계약이 체결되어 이행된 방식, 당해 매매계약에서의 구체적인 이행 상황 등에 비추어 볼 때, 가격변동이 심한 원자재를 계약 목적물로 한 국제 중개무역이라는 사유만으로는 상법 제68조에 정한 상인 간의 확정기매매에 해당한다고 볼 수 없다(대법원 2009. 7. 9. 선고 2009다15565 판결).

Ⅲ. 매수인의 의무

상법 제69조에 의하면 상인 간의 매매에 있어서 매수인이 목적물을 수령한 때에는 지체 없이 이를 검사하여야 하며 하자 또는 수량의 부족을 발견한 경우에는 즉시 매도인에게 그 통지를 발송하지 아니하면 이로 인한 계약해제, 대금감액 또는 손해배상을 청구하지 못한다. 매매의 목적물에 즉시 발견할 수 없는 하자가 있는 경우에 매수인이 6월 내에 이를 발견한 때에도 같다(제1 항). 이 규정은 매도인이 악의인 경우에는 적용하지 아니한다(제2 항).

제70조는 제69조의 경우에 매수인이 계약을 해제한 때에도 매도인의 비용으로 매매의 목적물을 보관 또는 공탁하여야 하며 그 목적물이 멸실 또는 훼손될 염려가 있는 때에만 법원의 허가를 얻어 경매하여 그 대가를 보관 또는 공탁하여야 한다고 규정한다(제1 항). 이에 따라 매수인이 경매한 때에는 지체 없이 매도인에게 그 통지를 발송하여야 한다(제2 항). 그러나, 이 규정들은 목적물의 인도장소가 매도인의 영업소 또는 주소와 동일한 특별시·광역시·시·군에 있는 때에는 이를 적용하지 아니한다(제3 항). 매수인의 보관, 공탁의무는 매도인으로부터 매수인에게 인도한 물건이 매매의 목적물과 상위하거나 수량이 초과한 경우에 그 상위 또는 초과한 부분에 대하여 준용한다(제71조).

I. 대 리 상

"일정한 상인을 위하여 상업사용인이 아니면서 상시 그 영업부류에 속하는 거래의 대리 또는 중개를 영업으로 하는 자를 대리상이라 한다"(제87조). 대리상은 상업사용인이 아니므로 '내 사람'이 아니다. 독립적인 사업의 주체이다. 상인이 대리상을 상업사용인 수준으로 통제할 수 없다. 그래서 상법은 일단 누구의 대리상이 되면 그 누구와 경쟁할 수 없게 하고 있다. "대리상은 본인의 허락 없이 자기나 제3자의 계산으로 본인의 영업부류에 속한 거래를 하거나 동종영업을 목적으로 하는 회사의 무한책임사원 또는 이사가 되지 못한다"(제89조제1항). 그리고 대리상은 상업사용인이 아니므로 무슨 일을 했는지를 본인인 상인에게 알려 주지 않으면 본인인 상인이 일이 돌아가는 것을 알기 어렵다. 그래서 상법은 대리상에게 통지의무를 부과한다. 대리상은 거래의 대리 또는 중개를 한 때에는 지체 없이 본인에게 그 통지를 발송하여야 한다(제88조).

2003년 사법시험에는 "대리상 계약이 종료된 후의 대리상의 권리와 의무를 설명하시오"라는 문제가 출제되었다. 대리상에 있어서 가장 흔히 발생하는 문제는 대리상의 보상청구권에 관한 분쟁이다. 대리상은 계약기간 동안에만 본인을 위해 활동한다. 그러나, 대리상의 활동은 모두 본인을 위한 것이다. 본인과 대리상의 계약관계가 종료된다고 해서 대리상이 본인을 위해 거래하던 거래상대방들이 모두 관계를 끊게 되지는 않는다. 유능한 대리상일수록 본인을 위해 새로운 거래처를 많이 만들어 준다. 이를 통해 본인의 이익은 늘어난다. 본인과 대리상의 관계가 어느 날 종료되어도 이는 상당 부분 계속된다. 상법 제92조의2 제1항은 대리상의 활동으로 본인이 새로운 고객을 획득하거나 영업상의 거래가 현저하게 증가하고 이로 인하여 계약의 종료 후에도 본인이 이익을 얻고 있는 경우에는 대리상은 본인에 대하여 상당한 보상을 청구할 수 있다고 하여 대리상의 보상청구권을 규정한다. 다만, 계약의 종료가 대리상의 책임 있는 사유로 인한 경우에는 그러하지 아니하다. 여기서 보상금액은 계약의 종료 전 5년간의 평균연보수액을 초과할 수 없으며 계약의 존속기간이 5년 미만인 경우에는 그 기간의 평균연보수액을 기준으로 한다(동조 제 2 항). 그리고, 이 보상청구권은 계약이 종료한 날부터 6월을 경과하면 소멸한다(제 3 항).

　　대리상의 보상청구권과 관련하여 가장 많은 분쟁이 발생하는 경우는 대리상계약 시에 상법 제92조의2의 규정을 배제하기로 당사자들 간에 합의하고 나중에 구 대리상이 그 합의의 무효를 주장하는 경우다. 계약체결 시에는 협상지위가 열악하여 할 수 없이 합의해 주었으나, 계약관계가 끝나고 나면 더 이상 그럴 필요가 없다. 계약 시에 그런 합의를 하는 수도 있고 계약관계 중간에 잊어버리고 있다가 생각나서 합의하는 경우도 있을 것이며 그 형식은 계약, 각서, 약정서 등 다양할 것이다. 상법학자들은 그런 합의의 효력을 부인한다. 즉, 그런 합의를 했어도 대리상의 보상청구권은 인정된다. 왜 상법 제92조의2와 같은 규정이 1995년에 상법에 들어왔는지를 생각해 보면 그렇게 해석하는 것이 타당하다. 문제는 우리가 이 제도를 배워 온 독일 상법은 명문의 규정으로 그런 합의가 무효라고 하고 있다는 점이다. 우리도 그런 규정을 같이 들여왔으면 얼마나 좋았을까? 분쟁은 법이 뭔지를 모르기 때문에 발생하는 일이 많다. 법전을 찾아보니 그런 합의가 무효라고 쓰여 있으면 법원에 가지고 가지 않고 당사자들 사이에서 해결하게 될 것이다. 독자들 중 누가 나중에 국회의원이 되어서 법을 만들 때는 이 점을 주의해야 한다. 아무리 상법학자들이 통설로 그런 합의를 무효로 새기고 있다 해도 법률을 전공하는 독자들과는 달리 일반인들은 그것을 알 리가 없는 것이다. 아래에서 설명하는 특약점에 관한 법률관계에 대리상에 관한 상법의 규정을 유추적용하는 문제는 실제로 보상청구권과 합의에 의한 보상청구권의 배제를 둘러싸고 발생하는 일이 많다.

　　대리상은 본인의 허락 없이 자기나 제 3 자의 계산으로 본인의 영업부류에 속한 거래를 하거나 동종영업을 목적으로 하는 회사의 무한책임사원 또는 이사가 되지 못한다(제89조 제 1 항). 경업금지 규정이다. 상법 제17조 제 2 항 내지 제 4 항의 규정은 대리상이 전항의 규정에 위반한 경우에 준용한다(제89조 제 2

항 — 이 규정은 이대로는 아무런 의미도 전달해 주지 않는다. 독자들은 제17조 제 2 항 내지 제 4 항의 규정을 찾아서 이 규정의 맥락에 맞게 재구성 해 보아야 한다). 대리상은 계약의 종료 후에도 계약과 관련하여 알게 된 본인의 영업상의 비밀을 준수하여야 한다(제92조의3: 대리상의 영업비밀준수의무).

II. 특 약 점

상거래, 특히 국제적인 상거래에서는 보통 '특약점계약' 또는 '판매점계약'이라고 불리는 계약이 많이 활용되고 있다. 이는 영어의 'Distributorship Agreement'의 번역이다. 이 특약점계약의 법률적 성격을 어떻게 이해할 것인지가 종종 문제된다. 상법은 특약점계약에 의한 당사자들 간 거래관계를 규율하는 규정을 가지고 있지 않다. 그러나, 특약점계약은 그 내용에 따라서는 상법의 규율 대상인 대리상계약과 본질적으로 같다는 취지에서 계약상의 규정을 배제하고 상법의 대리상에 관한 규정을 유추하여 당사자들 간의 법률관계에 우선적으로 적용해야 한다는 주장이 가능하다. 독일 상법(Handelsgesetzbuch: HGB)에서는 특약점계약관계와 같은 법률관계를 사적자치의 원칙이 고도로 존중되는 상거래의 일반적인 특성에도 불구하고 해석론에 의해 상법의 규율 대상으로 인정하고 있다. 이를 'Vertragshähdler'라고 하는데 독일의 학설과 판례는 그와 같은 특수한 법률관계에 독일 상법의 대리상에 관한 규정들을 유추적용하고 있다. 좀 어렵기는 하지만 독자들은 우리 상법의 해석론이 많이 의존하는 독일 학자들의 상법 해석 스타일과 독일 판례의 태도를 여기서 잠시 감상하기 바란다. 또, 여기서는 법률에 명시적인 규정이 없음에도 불구하고 법원이 유추해석에 의해 상인 간의 법률관계에 개입하기 위해서는 어떤 요건들이 갖추어져야 하는지를 알 수 있다.

1. 독 일 법

독일에서는 Vertragshähdler의 지위가 주로 자동차 판매점에게 인정되고, 판례도 자동차 제조사와 판매점 간의 분쟁으로부터 생성된 것이 주종을 이룬다. 독일의 학설은 대리상에 관한 독일 상법의 규정을 Vertragshähdler에게 유추적용하기 위해서는 먼저 일반적인 2단계의 검토가 있어야 한다고 한다: ① Vertragshähdler가 독립적인 상인으로서의 법률적 지위를 가짐에도 불구하고 대리상과 본질적으로 같은 기능을 수행하는가? ② 만일 그러하다면 상법상의 대리상에 관한 개별 규정들이 구체적인 사안의 Vertragshähdler에게 적용되는 것이 타당한가?

우선, ①의 요건이 충족되는지를 확인하기 위해서는 대리상에 관한 규정들은 보호규정이므로 해당 상인의 상대방에 대한 종속성의 강도를 살펴보아야 하는데, 종속성이 어느 정도인가는 다음의 세 가지 각도에서 보아야 한다. 첫째, 매출증대의무와 계약상대방의 이익증진의무를 부담하는가? 둘째, 통지의무를 부담하는가? 셋째, 계약상대방이 지시권한을 갖는가? 이러한 세 가지 요건들이 충족되면 대리상에 관한 규정이 유추적용될 수 있는 Vertragshähdler의 지위가 인정되며 다음 단계로 ②에 관해 보게 된다. 독일연방대법원(BGH)은 대리상에 관한 규정들이 Vertragshähdler에게 유추적용되기 위해서는 Vertragshähdler가 대리상의 특성인 '본인의 영업 및 판매조직에의 유기적 편입'의 지위에 있는지의 여부를 확인하여야 한다고 한다. 예컨대, 특약점계약의 당사자가 독립적으로 제품의 판매가격에 대한 결정권을 가지는 경우 이 요건은 충족되기 어렵다. 가격에 대한 결정권이야말로 영업 및 판매조직에서 유기적 편입 여부를 가늠함에 있어서 가장 중요한 기준이 될 것이기 때문이다. 가격에 대해 독자적인 결정권을 가지는 대리상은 생각하기 어렵다.

대리상에 관한 규정의 유추적용은 주로 대리상의 보상청구권 때문이다. 대리상의 본인에 대한 보상청구권을 규정하는 독일 상법 제89b조의 규정이 Vertragshähdler에게 유추적용되는지, 된다면 어떠한 요건하에서 되는지는 독일 법학에서 이론적으로나 실무적으로나 가장 중요한 문제들 중 하나로 여겨지고 있다. 독일연방대법원은 종래 특정 상인에 대한 개별적인 보호의 필요성이 있어야 하고 해당 상인이 이렇다 할 자기자금의 투하 없이 사업을 영위하는 경우에만 보상청구권이 인정된다고 하였으나 이 판례에 대해서는 학설의 비판이 심해 그 입장을 변경하였다고 한다. 현재는 유추적용을 인정할 것인지의 판단에 특정 상인에 대한 보호의 필요성은 그 요건으로 부과되지 않고 있다. 독일연방대법원은 대리상의 본인에 대한 보상청구권 규정이 유추적용되기 위해서는 위 ①의 요건, 즉, Vertragshähdler가 대리상과 본질적으로 같은 기능을 수행하였을 것에 더하

여, 계약관계 종료 후 Vertragshähdler가 그의 계약상대방에게 고객관계를 이전
할 의무를 부담하였어야 한다고 한다.

　계약관계의 종료 후에 고객관계를 이전할 의무의 존재를 유추적용의 요건으
로 설정하는 문제에 대해서는 학설상의 논란이 있다. 즉, 이를 요건으로 설정할
것인지에 대한 논의와, 이를 요건으로 설정한다면 그 상세한 내용을 어떻게 구성
할 것인지 — 구체적으로 어떤 경우에 그러한 의무의 존재를 인정할 것인지 — 에
대한 논의다. 뮌헨대학의 상법교수를 역임한 대학자 카나리스(Canaris) 교수는 이
를 요건으로 설정하는 데 대해서는 연방대법원의 입장에 전적으로 동의하고 찬
성한다. 왜냐하면, Vertragshähdler가 고객관계를 이전할 의무를 지지 않는다면
그는 고객관계를 상대방이 아닌 스스로의 자산으로 취급하여 활용할 것이므로
상대방의 영업이 아닌 스스로의 영업이 독립적인 의미를 가지게 되고 그 경우
상대방에 대한 보상의 청구란 있을 수 없기 때문이다. 그러한 경우 Vertrag-
shähdler는 상위 계약상의 의무는 부담하지만 개별적인 계약의 이행을 통해 상대
방에게 전적으로 종속되는 그러한 지위에 있지는 않게 되는 것이다. 고객관계의
이전의무가 존재하지 않는 경우 고객에 대한 마케팅 활동은 상대방에 대한 매출
증대의무와 계약상대방의 이익증진의무의 이행으로 볼 수 없다.

　독일연방대법원은 두 번째 측면, 즉, 어떤 경우에 고객관계의 이전의무가
존재하는 것으로 볼 것인지에 대해 개별 계약의 내용을 유연하게 해석하는 입
장을 취하고 있다. 예컨대, 계약의 유효기간 중에 고객에 대한 정보를 통보할
의무가 있기만 해도 계약의 종료 후 고객관계를 이전할 의무가 있는 것으로 해
석한다. 또, 예컨대, 자동차 제조회사가 특약점에 자동차를 판매하면서 고객의
성명과 주소가 기재된 품질보증서를 스스로 보존하는 경우도 이에 해당한다고
한다. 그러나, 카나리스 교수는 연방대법원이 고객관계의 이전의무의 존재를
개별적인 계약의 내용에 따라 인정하는 데 대해서는 비판적인 입장을 취하고
있다. 카나리스 교수는 그러한 의무의 존재는 반대해석을 통해 해결해야 한다
고 한다. 즉, 계약을 해석하여 Vertragshähdler에게 고객관계의 이전의무가 존재
하지 않는 것으로 확인되는 경우에만 대리상의 보상청구권에 관한 규정의 유추
해석을 부인해야 하고 그렇지 않은 경우에는 고객관계의 이전의무가 존재하는
것으로 보아 대리상의 보상청구권에 관한 규정의 유추해석을 허용해야 한다고
한다. 카나리스 교수는 위 ①의 요건이 충족되면 원칙적으로 Vertragshähdler에

게 고객관계의 이전의무가 존재하는 것으로 보아야 한다는 것을 그와 같은 입장의 근거로 들고 있다. 연방대법원의 판례들 중에도 계약의 규정이 고객관계의 이전의무를 배제하는 경우 대리상의 보상청구권 규정의 유추적용을 부정한 것이 있다.

독일의 학설은 Vertragshähdler에 대한 보상이 이루어져야 하는 경우 보상금액의 산정을 원칙적으로 대리상에 대한 보상금액의 산정과 같은 규칙에 의하도록 하는 것으로 보인다. 이는 유추적용을 인정하는 결과로서 당연한 것이라 할 것이다. 다만, Vertragshähdler의 성격상 대리상에 대한 보상금액의 산정과 다소 다르게 취급하는 것이 있다. 대리상에 대한 보상금액의 산정 규정은 대리상의 보수(Provision)와 직결되는 구조로 구성되어 있으나 Vertragshähdler는 대리상이 아닌 독립적인 상인이므로 보수를 수령하지 않고, 따라서 보상금액의 산정이 보수와 연동되어 규정될 수는 없다. 실제로 Vertragshähdler가 특약점계약의 상대방으로부터 수령하는 대가(Rabatte)는 대리상이 본인으로부터 지급 받는 보수와는 성격이 다르기 때문에 대단히 다양한 모습으로 나타난다. 독일연방대법원의 판례 중에는 Vertragshähdler가 대리상이었다면 보수를 수령하였을 것이므로 보상금액은 대리상의 보수보다는 낮은 수준에서 산정되어야 함을 언급한 것이 있다. 또, 연방대법원의 판례들 중에는 Vertragshähdler의 마케팅 활동이 발휘하는 매출증가 효과는 제품 자체의 품질에서 비롯되는 시장에서의 평판에서 발생하는 매출증가 효과에 비하면 크지 않은 것이라는 이유에서 특약점계약의 일방이 Vertragshähdler의 보상청구권을 부인한 사례에서 그는 보상금액의 산정에 있어서 형평의 고려에 포함시킬 요인은 되지만 보상청구권 자체를 부인할 이유는 되지 못한다고 한 것이 있다.

2. 해 석 론

이와 같이 독일에서 Vertragshähdler에 관한 법리는 그 규모가 방대하고 판례도 다수 축적되어 있다. 우리도 이를 참고해야 할까? 대법원 판례는 대리상의 보상청구권에 관한 규정이 일정한 요건 하에 판매특약점을 포함한 다른 중간상의 경우에도 유추적용될 수 있다고 한다(대법원 2013. 2. 14. 선고 2011다28342 판결).

일반적으로 상사거래, 특히 국제적인 상거래에서는 첨단의 경제적 이해관계를 조절하는 기술이 반영되므로 법률이 상정하지 않고 있는 새로운 유형의 거래들이 많이 발견된다. 이들 중에는 기존 민법과 상법의 틀 안에서 설명되고 그로부터 발생하는 법률문제가 해결될 수 있는 것들도 있으나 기존 법규범에서 적합한 근거를 발견할 수 없어 당사자들 간의 합의와 상관습에 의한 규율만을 받아야 하는 것들도 있다. 특약점계약이 그 대표적인 사례다.

그러나, 유추해석은 신중해야 한다. 거래계에서 경제적인 수요에 의해 창안되어 널리 활용되는 모든 종류의 상거래를 상법의 전형거래에 적용되는 규정들의 적용 범위 안에 두기 위해 유추해석을 널리 허용한다면 거래계의 창의성이 무의미해짐은 물론이고 법규범으로서의 상법의 규범력마저 저하될 것이다. 특별한 규범적 필요가 확인되지 않는 한 당사자들 간의 계약자유의 원칙이 존중되어야 하고 상법이 불필요하게 개입하는 것은 바람직하지 않다. 일반적으로, 기업의 조직에 관한 법률관계는 모든 이해관계인에 대해 획일적으로 처리되는 것이 효율적이므로 그에 관한 법규정인 상법의 총칙편과 회사편은 대부분 강행규정으로 구성되어 있지만 기업의 대외적 거래활동은 거래 시마다 상이한 상대방이 있어 상인과 상대방의 계약에 의해 거래의 내용과 방식을 정하게 되므로 이들의 자율적인 의사를 존중해야 하고, 상거래에 임하는 당사자들은 합리적인 판단과 행동을 할 수 있는 대등한 능력을 갖추었다고 가정할 수 있으므로 특히 어느 일방을 두텁게 보호해야 할 필요가 없다. 그러므로 상행위에 관한 법은 당사자자치를 원칙으로 하고 당사자가 거래의 내용과 방식을 정하지 않았을 때 보충적으로 적용되는 임의법규가 대부분이다. 계약자유의 원칙은 사법(私法)의 대원칙이지만 상행위법에서는 민법에서보다 더욱 강하게 적용된다. 상법이 아래에서 설명하는 가맹업 등에 관해 새로 추가적인 규정을 둔 것처럼, 상법의 개입 필요가 거래계에서 발생하는 수요에 의해 확인되고 입법이 그를 통해 문제를 해결하는 방식이 바람직하다.

위 대법원 판례도 매우 엄격한 요건을 부과하고 있다. 판례는 "제조자나 공급자로부터 제품을 구매하여 그 제품을 자기의 이름과 계산으로 판매하는 영업을 하는 자에게도, ① 예를 들어 특정한 판매구역에서 제품에 관한 독점판매권을 가지면서 제품판매를 촉진할 의무와 더불어 제조자나 공급자의 판매활동에 관한 지침이나 지시에 따를 의무 등을 부담하는 경우처럼 계약을 통하여 사실상 제조자나 공급자의 판매조직에 편입됨으로써 대리상과 동일하거나 유사한 업무를 수행하였고, ② 자신이 획득하거나 거래를 현저히 증가시킨 고객에 관한 정보를 제조자나 공급자가 알 수 있도록 하는 등 고객관계를 이전하여 제조자나 공급자가 계약 종료 후에도 곧바로 그러한 고객관계를 이용할 수 있게 할 계약상 의무를 부담하였으며, ③ 아울러 계약체결 경위, 영업을 위하여 투입한 자본과 그 회수 규모 및 영업 현황 등 제반 사정에 비추어 대리상과 마찬가지의 보호필요성이 인정된다는 요건을 모두 충족하는 때에" 한하여 상법상 대리상이 아니더라도 대리상의 보상청구권에 관한 상법 제92조의2를 유추적용할 수 있다고 본다.

Ⅲ. 중 개 업

타인 간의 상행위의 중개를 영업으로 하는 자를 중개인이라 한다(제93조). 고도로 복잡하고 전문성이 요구되는 현대 자본주의 시장경제에서의 거래는 필요한 정보를 보유하고 수요와 공급을 파악하는 위치에 있는 중개인을 활용함으로써 보다 효율적으로 이루어진다. 우리가 가장 요긴하게 활용하는 중개인은 부동산중개업자이다. 이 중개인이 없다면 우리는 우리가 원하는 형태와 가격의 아파트를 원하는 시기에 구하기 위해 온 시내를 다 뒤지고 다녀야 할 것이다. 중개인에게 지불하는 보수는 그 모든 시간과 노력을 절약하는 효익(效益)에 비하면 흔쾌히 낼 수 있는 금액인 경우가 많다. 이러한 원리는 대규모 사업체들인 기업에도 마찬가지로 적용된다. 부동산, 증권, 석유, 곡물 등 거의 모든 상품의 거래가 중개인을 통해 성사된다. 심지어는 기업 자체를 거래할 때도(제6부에서 다루는 기업인수합병) 중개인이 필요하다. 정부가 무기를 구매할 때도 무기중개상이 활용된다. 또, 세상일이 일반적으로도 그러하지만, 상거래에서 누구와 직접 거래할 수 있는 경우에도 중간에 중개인을 두면 조건의 협상, 협상의 중단 등 여러 측면에서 편리한 점이 많고 이는 외국인과의 거래에서 특히 그러하다.

중개인에 관한 상법의 규정들 중에서 특히 눈길을 끄는 규정은 제98조의 중개인의 성명, 상호묵비의 의무이다. 중개인은 당사자가 그 성명 또는 상호를 상대방에게 표시하지 아니할 것을 요구한 때에는 그 상대방에게 교부할 서면

등에 이를 기재하지 못하며 일반적으로 기밀을 유지하여야 한다. 상거래에서 당사자가 자신의 신원을 감추고자 하는 이유는 다양하다. 또, 상거래는 당사자의 개성이 중요하지 않은 경우가 많으므로 법률이 이를 허용하는 것이다. 그러나, 중개인의 노력을 통해 계약을 체결할 단계가 되면 감추어졌던 당사자의 신원이 밝혀져야 하는 수가 있는데 상대방이 그를 계약체결의 조건으로 제시하는 경우이다. 물론, 물품의 매도인과 같이 상대방이 현금으로 그 대금을 지급하기만 하면 신원이 중요치 않은 경우도 있으나 계약의 이행과 관련하여 상대방의 신원을 알아야 할 필요가 있는 경우가 대부분일 것이다. 결국 당사자들이 결정할 문제이나 상법 제99조는 중개인이 당사자 일방의 성명 또는 상호를 상대방에게 표시하지 아니한 때에는 상대방은 중개인에 대하여 이행을 청구할 수 있다고 하여 중개인의 이행책임을 규정한다.

중개인의 보수는 당사자 쌍방이 균분하여 부담한다(제100조 제 2 항). 그러나, 통상 중개인의 보수에 관해 특별한 약정이 이루어진다. 중개인의 노력에 의해 계약이 체결되었으나 계약이 이행되지 않은 경우 중개인의 보수청구권에는 영향을 미치지 않는다. 중개인의 의무는 계약의 체결에 조력하는 것이기 때문이다. 그러나, 계약이 이행되지 않으면 보수를 지급하지 않는다는 약정을 할 수는 있다. 이는 부동산거래에서 흔히 볼 수 있다. 또, 계약이 체결된 것이 중개인의 행위와 상당한 인과관계가 있다면 중개인에 의해 계약이 체결되지 않아도 보수청구권이 인정된다. 즉, 당사자들이 상대방을 포함한 정보를 중개인을 통해 취득하고 직접거래하여 계약을 체결한 경우이다. 신의성실의 원칙이 적용되어야 하기 때문이다. 중개인이 애써서 당사자들이 계약을 체결하게 되었는데 쌍방 모두 중개료가 아깝게 생각되어서 계약을 체결하지 않을 것으로 꾸미고 나중에, 또는 중개인 몰래 계약을 체결한 경우 중개인은 보수를 청구할 수 있다. 그러나, 현실적으로는 중개인이 그렇게 된 것을 나중에 모르고 마는 경우가 많을 것이고, 또 소송을 해서 돈을 받아 내야 하는 것은 중개인이므로 중개인은 그런 일이 발생하기 어렵도록 정보를 통제하는 등 각별히 유의한다.

Ⅳ. 위탁매매업

자기명의로써 타인의 계산으로 물건 또는 유가증권의 매매를 영업으로 하는 자를 위탁매매인이라 한다(제101조). 위탁자와 위탁매매인 간의 관계에는 민법의 위임에 관한 규정이 적용된다(제112조). 독자들이 가장 쉽게 생각할 수 있는 위탁매매업자는 증권회사이다. 증권거래소에서 증권을 거래하고자 할 때 직접거래하는 것이 허용되지 않으므로 누구나 증권회사에 매매거래를 위탁해야 한다. 이렇게 하면 증권을 매매하고자 하는 투자자들은 일일이 상대방의 신용을 조사할 필요가 없다. 위탁매매인끼리 거래하고 위탁매매인끼리 이행책임도 진다.

1. 위탁매매의 법률관계

법률행위는 원칙적으로 자기의 명의로 자기의 계산으로 한다. 타인의 명의로 타인의 계산으로 하는 법률행위가 대리행위이다. 위탁매매에 있어서는 명의는 자기의 것으로, 계산은 타인(위탁자)의 것으로 하므로 위탁매매의 법률관계는 특이하다. 자기명의로 거래한다는 것은 법률행위의 당사자로서 권리와 의무의 주체가 된다는 의미이며 타인의 계산으로 거래한다는 것은 법률행위의 경제적 효과가 타인에게 귀속된다는 의미이다.

위탁매매인은 위탁자를 위한 매매로 인하여 상대방에 대하여 직접 권리를 취득하고 의무를 부담하는데(제102조) 위탁매매인이 위탁자로부터 받은 물건 또는 유가증권이나 위탁매매로 인하여 취득한 물건, 유가증권 또는 채권은 위탁자와 위탁매매인 또는 위탁매매인의 채권자 간의 관계에서는 이를 위탁자의 소유 또는 채권으로 본다(제103조). 즉, 물건에 대해 위탁매매인의 채권자가 법률적 조치를 취할 수 없으며, 위탁자도 자신의 채권자로부터 도피하기 위해 위탁매매인에게 물건을 이전할 수 없다. 위탁매매인은 위탁자를 위한 매매에 관하여 상대방이 채무를 이행하지 아니하는 경우에는 위탁자에 대하여 이를 이행할 책임이 있다. 그러나, 다른 약정이나 관습이 있으면 그러하지 아니하다(제105조). 상법의 위탁매매인의 이행담보책임에 관한 규정이다.

2. 지정가격 준수의무

위탁자는 보통 매매를 위탁하면서 가격을 지정한다. 특정한 가격을 정하기도 하고 범위를 정하기도 한다. 위탁매매인은 이를 준수하여야 한다. 그러나, 위탁매매인이 시장에서 실제로 거래를 이행하려는 경우 가격 조건이 맞지 않아 거래가 성사되지 못할 수가 있다. 이렇게 되면 거래를 하지 않으면 되는가? 경우에 따라서는 위탁매매인이 다른 가격에 거래를 이행하고자 하는 수가 있다. 위탁매매인은 시장에서 독자적인 신용과 위치를 보유하기 때문이다. 상법은 위탁인이 지정한 가격과의 차이를 위탁매매인 본인이 부담한다면 군이 이를 금지할 이유가 없다는 취지에서 지정된 가격과 다른 가격에 의한 거래를 허용한다. 제106조는 위탁자가 지정한 가액보다 염가로 매도하거나 고가로 매수한 경우에도 위탁매매인이 그 차액을 부담한 때에는 그 매매는 위탁자에 대하여 효력이 있다(제 1 항)고 하고 위탁자가 지정한 가액보다 고가로 매도하거나 염가로 매수한 경우에는 그 차액은 다른 약정이 없으면 위탁자의 이익으로 한다(제 2 항)고 규정한다.

3. 개 입 권

상법 제107조는 위탁매매인의 개입권을 규정한다. 위탁매매인이 거래소의 시세가 있는 물건 또는 유가증권의 매매를 위탁 받은 경우에는 직접 그 매도인이나 매수인이 될 수 있다. 이 경우의 매매대가는 위탁매매인이 매매의 통지를 발송한 때의 거래소의 시세에 따른다(제 1 항). 위탁매매인이 매매거래의 위탁을 받은 상태에서 스스로 매도인이나 매수인이 된다면 민법이 금지하는 대리인의 자기계약과 같은 결과를 발생시킨다. 그러나, 가격을 포함하여 거래의 조건이 공정하다면 위탁매매인이 스스로 거래당사자가 되는 것이 위탁인에게 유리할 수도 있다. 거래상대방을 찾지 못해 거래가 이루어지지 않는 경우도 많기 때문이다. 위탁매매인도 위탁인이 특정 물건을 매도하여 줄 것을 위탁하였는데 마침 그 물건이 자신이 필요로 하는 물건이라면 제 3 자로부터 매수하는 것보다 비용을 덜 들이고 매수할 기회를 가지게 된다. 이러한 개입권의 행사는 거래소의 시세 있는 물건에 관하여만 인정된다. 또, 물건이라 함은 증권을 포함하지 않으므로 증권회사는 이 개입권을 행사하지 못한다. 또, 개입권은 제 3 자와의 매매계약이 체결되지 않은 상태에서만 행사할 수 있다. 원유나 금, 외국환 등은 심한 경우 몇 분 사이에 시세가 급변동한다. 예컨대, 위탁매매인이 5만 원에 매수를 하고 바로 시세가 변동하여 6만 원이 되었다면 위탁인에게는 이를 알리지 않고 개입권을 행사하여 자신이 5만 원의 매수인이 되고 바로 매도인이 되어 6만 원에 매도함으로써 1만 원의 차익을 실현할 수 있다. 이는 허용되지 않는다.

V. 운 송 업

운송이 필요한 이유는 사람의 신체적 조건 때문이다. 보통의 인간은 최고 약 2미터 남짓한 신장을 가지며 전력을 다해 질주하는 경우 100미터를 10초에서 20초 사이에 주파한다. 그러나, 인간의 이동은 그에 필요한 에너지 때문에 시간이나 거리에 제약을 받고 그나마 지형지물이 방해가 되지 않는 경우에만 정상적이다. 인간이 자신의 몸이 아닌 다른 물건을 운반하기 위해서는 자신의 몸을 이동시키는 것보다 훨씬 큰 힘을 필요로 한다. 이 모든 요건이 인간의 활동을 장소적으로 제약하는데, 그와는 대조적으로 인간은 경제적으로나 문화적으로나 가능하면 넓은 범위에서 살고자 하는 욕심이 있다. 운송은 이로부터 발생하는 것이다. 영화 「아바타」에 나오는 판도라 행성의 나비족은 인간보다 키가 약 2배 정도 크다. 인간의 키가 그 정도였다면 지구의 역사는 판이하게 달라졌을 것이고 운송도 지금과는 모든 면에서 달라졌을 것이다.

"육상 또는 호천, 항만에서 물건 또는 여객의 운송을 영업으로 하는 자를 운송인이라 한다"(제125조). 이 조문은 정확히 말하면 육상운송업에 관한 것이다. 해상운송은 상법의 해상편이 별도로 규율한다. 호수나 강, 항만은 육지와 같은 차원에서 취급할 수 있기 때문에 육상운송업 규정 대상에 포함되어 있는 것이다. 공중운송은 비교적 최근의 규율대상이다. 상법은 종래 공중운송에 대해 규율하고 있지 않았고 행정법규인 항공법이 항공운송업을 상당 부분 규율했다(2016년 7월부터는 '항공교통이용자 보호기준'도 적용된다). 항공운송에 관한 사법적인 규율은 항공운송업자가 만드는 약관으로 주로 이루어졌다. 그러다가 상법에 항공운송에 관한 규정들을 추가하는 작업이 시작되어 2011년 4월 개정상법이 국회를 통과했고 2011년 11월부터 시행되었다.

　운송업에 관한 상법의 규정들은 상행위에 관한 규정들 중 가장 큰 실질적 의미를 갖는다. 상법은 물건과 사람을 구별하여 물건운송(제126조 내지 제147조), 여객운송(제148조 내지 제150조)을 각각 별도로 규율한다. 항공운송은 제896조 내지 제935조가 규율한다. 역사적으로는 해상운송에 관한 법이 먼저 형성되고 발달되었으므로 운송에 관한 법리는 해상운송에 관한 법에서 다수 유래한다. 그런데, 상법은 규정의 순서 때문에 육상운송에 관한 규정들을 먼저 두고 일부를 해상운송에 준용하는 형식을 취하고 있다.

항공운송산업

　약 100여개의 미국회사를 포함해서 전 세계 약 2,000개의 항공사가 사업을 영위하고 있는 글로벌 항공운송산업에서는 핵심자산인 약 2만 3,000대(미국 8,000대)의 항공기가 약 3,700여 곳의 공항에 취항하고 있다. 미국에만 국한하여도 연간 1,600억 달러 규모의 매출이 기록되는 산업이 항공운송산업이다. 항공산업은 9.11과 같은 대형 사건의 타격을 받기도 하고 거시경제상황과 환율, 유가변동에 고도로 민감하게 반응한다는 특성을 가진다. 고가의 장비가 필요한 사업이기 때문에 자본집약적 사업이다. 노동조합도 강력하다. 따라서 규모의 경제가 절실히 요구되고 M&A를 통한 시너지 창출이 경쟁력을 크게 좌우한다. 승객과 여행사들이 가장 빠르고 저렴하며 편리한 여행을 추구한 결과 산업 내에서는 노선경쟁이 치열하며 M&A의 동기로 작용한다. 2000년 이래 미국을 중심으로 약 15건의 대형 M&A가 발생한 바 있다.

　미국에서는 1970년대 말 규제완화의 여파로 항공산업 내 경쟁이 심화된 결과 항공요금이 40%나 하락한 바 있고 많은 항공사들이 도산하였다. 미국의 항공운송산업은 메이저 회사들이 도산한 항공사들을 인수하면서 지금의 '빅4' 체제로 재편되었다. ① 2012년 기준 점유율 24%인 AA(American Airlines)는 TWA, 아메리카웨스트, US에어를 흡수한 것이고 ② 22%인 델타는 노스웨스트를 흡수한 것이다. ③ 19%인 유나이티드는 컨티넨탈과 합병한 회사이고 ④ 18%인 사우스웨스트는 에어트랜을 흡수하였다. 그 외 나머지 19%를 점유하는 군소 항공사들이 있다.

　에어프랑스와 KLM(Royal Dutch Airlines)은 교과서적인 시너지 창출을 목표로 2004년에 결합하여 에어프랑스－KLM을 탄생시켰다. 유럽 항공산업의 경쟁심화와 저가항공사들의 공세가 직접적인 동기가 되었다. 현재 에어프랑스와 KLM은 각각 에어프랑스－KLM의 자회사다. 합병 당시에는 에어프랑스측이 81%를 보유하였다. 이 중 프랑스 정부의 지분은 37%였는데 프랑스 정부가 지분비율을 낮추면서 에어프랑스－KLM은 사실상 민영화되었다. 이후에도 프랑스 정부는 지분을 계속 매각하여 프랑스 정부 지분은 18.6%로 낮아졌다. 이 합병은 성공작으로 평가된다. 시너지와 노선확충으로 합병 후 회사의 매출과 이익이 급격히 증가했다. 특히, 항공편의 시간 간격을 특정 시간대에 집중하지 않고 균일하게 배치하는 데 성공하였다. 경영의 효율화로 비용도 절감하였다. 양사의 보너스마일리지 프로그램도 통합하였고 전자티켓 상호발급 시스템도 도입하였다. 수익성이 떨어지는 노선은 과감히 정리하였다. 이 합병은 항공운송업계에서 최초의 국제적 M&A로 기록된다. 이후 영국의 브리티시에어웨이즈와 스페인의 이베리아가 결합하였고 독일의 루프트한자와 호주항공, 스칸디나비아항공이 같은 전략을 선택하였다.

1. 물건운송

물건을 보내는 사람을 송하인, 받는 사람을 수하인, 운송업을 영위하는 상인을 운송인이라고 각각 칭한다. 물건을 운송인의 도움을 받아 수하인에게 보내려 하는 송하인은 운송인이 청구하면 화물명세서를 작성해서 교부해야 한다. 화물명세서에는 ① 운송물의 종류, 중량 또는 용적, 포장의 종별, 개수와 기호, ② 도착지, ③ 수하인과 운송인의 성명 또는 상호, 영업소 또는 주소, ④ 운임과 그 선급 또는 착급의 구별, ⑤ 화물명세서의 작성지와 작성연월일 등의 사항을 기재하고 송하인이 기명날인 또는 서명해야 한다(제126조). 송하인이 화물명세서에 허위 또는 부정확한 기재를 해서 운송인에게 손해가 발생하면 그로 인한 손해를 배상해야 한다. 물론, 운송인이 그를 안 경우(악의인 경우)에는 그렇지 않다(제127조). 송하인은 운송인의 서비스를 받기 위해 물건이 무엇인지 등을 정확히 알려 주어야 한다. 독극물을 보내면서 청량음료라고 기재하는 경우를 생각해 보면 된다. 왜 청량음료라고 할까? 독극물이라고 하면 운송인이 운송을 거절하거나 비싼 운임을 요구하기 때문이다.

운송물의 전부 또는 일부가 송하인의 책임 없는 사유로 인하여 멸실한 때에는 운송인은 그 운임을 청구하지 못한다. 운송인이 이미 그 운임의 전부 또는 일부를 받은 때에는 이를 반환하여야 한다(제134조 제 1 항). 운송물의 전부 또는 일부가 그 성질이나 하자 또는 송하인의 과실로 인하여 멸실한 때에는 운송인은 운임의 전액을 청구할 수 있다(제 2 항). 운송인은 자기 또는 운송주선인이나 사용인 기타 운송을 위하여 사용한 자가 운송물의 수령, 인도, 보관과 운송에 관하여 주의를 게을리하지 아니하였음을 증명하지 아니하면 운송물의 멸실, 훼손 또는 연착으로 인한 손해를 배상할 책임이 있다(제135조). 그러나, 화폐, 유가증권 기타의 고가물에 대하여는 송하인이 운송을 위탁할 때에 그 종류와 가액을 명시한 경우에 한하여 운송인이 손해를 배상할 책임이 있다(제136조). 독극물의 경우와 같다. 비싼 물건을 운송해 달라고 하면 운송인이 부담스러워서 거절할 수도 있고 의례 높은 보수를 청구하게 되는데 그를 피하기 위해 아무 말 없이 비싼 물건을 보통 물건 사이에 포함시키는 수가 있을 것이다. 이 경우 사고가 나서 운송물이 전부 멸실된다면 운송인이 알지 못했던 고가품에 대해 책임을 질 수는 없다. 운송물이 전부멸실 또는 연착된 경우의 손해배상액은 인도한 날의 도착지의 가격에 의하며(제137조 제 1 항) 운송물이 일부멸실 또는 훼손된 경우의 손해배상액은 인도한 날의 도착지의 가격에 의한다(제 2 항). 운송물의 멸실, 훼손 또는 연착이 운송인의 고의나 중대한 과실로 인한 때에는 운송인은 모든 손해를 배상하여야 한다(제 3 항).

운송물이 도착지에 도착한 때에는 수하인은 송하인과 동일한 권리를 취득한다(제140조 제 1 항). 운송물이 도착지에 도착한 후 수하인이 그 인도를 청구한 때에는 수하인의 권리가 송하인의 권리에 우선한다(제 2 항). 수하인이 운송물을 수령한 때에는 운송인에 대하여 운임 기타 운송에 관한 비용과 체당금을 지급할 의무를 부담한다(제141조).

2. 여객운송

여객운송이란 물건운송에 대응하는 의미의 운송이다. 여객운송이 물건운송과 다른 점은 운송의 대상이 자연인, 즉, 사람이기 때문에 물건운송에서보다 훨씬 큰 주의가 요구된다는 것이다. 운송 중에 손해가 발생하는 경우 그는 사람의 생명, 신체에 대한 손상을 수반하는 것이므로 손해배상액의 산정도 물건의 경우와는 다르게 행해진다. 반면, 여객은 물건과는 달리 스스로 움직이며 스스로를 관리할 것으로 기대되기 때문에 수령, 보관, 인도 등의 문제는 없다.

여객운송인은 자기 또는 사용인이 운송에 관한 주의를 해태하지 아니하였음을 증명하지 아니하면 여객이 운송으로 인하여 받은 손해를 배상할 책임을 면하지 못한다(제148조 제1항). 손해배상의 액을 정함에는 법원은 피해자와 그 가족의 정상을 참작하여야 한다(제2항). 그러나, 판례는 "상법 제830조에 의하여 준용되는 동법 제148조의 규정은 여객이 해상운송도중 그 운송으로 인하여 손해를 입었고 또 그 손해가 운송인이나 그 사용인의 운송에 관한 주의의무의 범위에 속하는 사항으로 인하였을 경우에 한하여 운송인은 자기 또는 사용인이 운송에 관한 주의를 게을리 하지 아니하였음을 증명하지 아니하는 한 이를 배상할 책임을 면할 수 없다는 것이지 여객이 피해를 입기만 하면 그 원인을 묻지 않고 그 책임을 지우는 취지는 아니라 할 것이므로 여객이 입은 손해라도 그것이 운송인 또는 그 사용인의 운송에 관한 주의의무의 범위에 속하지 아니하는 한 운송인은 그로 인한 손해를 배상할 책임이 없다"고 한다(대법원 1987. 10. 28. 선고 87다카1191 판결). 한편, 항공운송에 관한 상법 제904조는 운송인은 여객의 사망 또는 신체의 상해로 인한 손해에 관하여는 그 손해의 원인이 된 사고가 항공기상에서 또는 승강(乘降)을 위한 작업 중에 발생한 경우에만 책임을 진다고 규정한다.

우리가 여행을 할 때는 짐을 소지하고 움직이는 것이 보통이다. 이것이 수하물이다. 수하물은 운송인에게 맡겨지는 경우가 있고(위탁수하물: 비행기를 탈 때 check-in 카운터에서 부치는 짐) 계속해서 여객이 점유한 상태로 운반되는 경우가 있다(carry-in). 운송인은 여객으로부터 인도를 받은 수하물에 관하여는 운임을 받지 아니한 경우에도 물건운송인과 동일한 책임이 있다(제149조 제1항). 운송인은 여객으로부터 인도를 받지 아니한 수하물의 멸실 또는 훼손에 대하여는 자기 또는 사용인의 과실이 없으면 손해를 배상할 책임이 없다(제150조).

항공운송인은 위탁수하물의 멸실 또는 훼손으로 인한 손해에 대하여는 그 손해의 원인이 된 사실이 항공기상에서 또는 위탁수하물이 운송인의 관리하에 있는 기간 중에 발생한 경우에만 책임을 진다. 단, 그 손해가 위탁수하물의 고유한 결함, 특수한 성질 또는 숨은 하자로 인해 발생한 경우에는 그 범위에서 책임을 지지 않는다. 항공운송인은 휴대수하물의 멸실 또는 훼손으로 인한 손해에 대하여는 그 손해가 자신 또는 그 사용인이나 대리인의 고의 또는 과실에 의하여 발생한 경우에만 책임을 진다(제908조). 비행기로 여행할 때 가장 곤란한 것은 짐이 같이 도착하지 않고 중간에서 다른 곳으로 갔거나 다음 비행편으로 온다는 경우다(내일!). 상법 제909조는 수하물의 연착에 대한 책임을 규정한다. 항공운송인은 수하물의 연착으로 인한 손해에 대하여 책임을 지는데, 운송인이 자신과 그 사용인 및 대리인이 손해를 방지하기 위하여 합리적으로 요구되는 모든 조치를 하였다는 것 또는 그 조치를 하는 것이 불가능하였다는 것을 증명한 경우에는 그 책임을 면한다.

3. 순차운송

직항 노선이 없는 프랑스의 한 도시로 여행하기 위해 인천공항에서 대한항공으로 파리에 갔다가 에어프랑스 비행기로 갈아타고 그 도시로 가는 경우, 항공사 카운터에서 일하는 직원이 짐에다 파리 드골공항을 경유해서 그 도시로 간다는 태그를 붙이는 것을 보게 된다. 그러면 그 짐은 항공사들 간에 인수인계가 이루어져서 최종 목적지에 간다. 그런데, 도착해서 보니 짐 속에 들어 있는 귀중품이 손상되었다. 어떤 항공사에 책임을 물을까? 이렇게 복수의 운송인이 순차로 운송하는 것을 순차운송이라고 한다. 순차운송이 육상, 해상, 항공 등을 연결해서 이루어지면 복합운송이다.

순차운송에는 세 가지가 있다. ① 한 운송인이 전 구간의 운송을 인수하고 그중 일부 구간에 대해 다른 운송인에게 하도급을 줄 수 있다. 이를 하수운송이라고 한다. 운송계약의 당사자는 전 구간의 운송을 인수한 운송인 1인이며 다른 운송인들은 이행보조자에 불과하다. ② 운송구간을 나누어 복수의 운송인들이 각각 송하인과 운송계약을 체결할 수 있다. 이를 부분운송이라고 한다. 대개 최초의 운송인이 다른 구간을 담당한 운송인들을 대리하여 송하인과 계약을 체결한다. 어쨌든 복수의 계약이 체결되므로 하수운송과 다르다. ③ 최초의 운송인이 송하인과 계약을 체결하면서 운송구간의 일부에 다른 운송인을 이용할 수 있다고 합의할 수 있다. 이를 공동운송이라고 한다. 즉, 송하인은 한 개의 계약만 체결하는 것이지만 그 최초의 운송인은 자기의 명의와 송하인의 계산으로 복수의 운송계약을 체결하게 된다.

육상의 순차운송에 있어서는 각 운송인은 운송물의 멸실, 훼손 또는 연착으로 인한 손해를 연대하여 배상할 책임이 있다(제138조 제 1 항). 물론, 운송인 중 1인이 손해를 배상한 때에는 그 손해의 원인이 된 행위를 한 운송인에 대해 구상권이 있다(제 2 항). 그러나, 순차운송에 있어서는 어디서 사고가 발생한 것인지 알수 없는 경우가 많기 때문에 그 경우 각 운송인은 그 운임액의 비율로 손해를 분담한다. 큰 사고가 아니라면 어디서 사고가 났는지 조사하는 비용보다 운임액의 비율로 손해를 분담하는 비용이 더 쌀 것이다. 물론, 손해가 자기의 운송구간 내에서 발생하지 아니하였음을 증명한 때에는 손해분담의 책임이 없다(제 3 항). 제138조의 규정은 물론 위에서 본 공동운송의 경우에만 적용되는 것이다.

상법은 항공운송에 대하여 순차운송에 관한 별도의 규정을 둔다. 둘 이상이 순차로 운송할 경우에는 각 운송인의 운송구간에 관하여 그 운송인도 운송계약의 당사자로 본다(제901조 제 1 항). 순차운송에서 여객의 사망, 상해 또는 연착으로 인한 손해배상은 그 사실이 발생한 구간의 운송인에게만 청구할 수 있다. 다만, 최초 운송인이 명시적으로 전 구간에 대한 책임을 인수하기로 약정한 경우에는 최초 운송인과 그 사실이 발생한 구간의 운송인이 연대하여 그 손해를 배상할 책임이 있다(제 2 항). 순차운송에서 수하물의 멸실, 훼손 또는 연착으로 인한 손해배상은 최초 운송인, 최종 운송인 및 그 사실이 발생한 구간의 운송인에게 각각 청구할 수 있으며(제 3 항) 순차운송에서 운송물의 멸실, 훼손 또는 연착으로 인한 손해배상은 송하인이 최초 운송인 및 그 사실이 발생한 구간의 운송인에게 각각 청구할 수 있다(제 4 항). 제 3 항과 제 4 항의 경우 각 운송인은 연대하여 그 손해를 배상할 책임이 있다(제 5 항).

4. 화물상환증

상법의 화물상환증에 관한 규정들은 실질적으로는 별 의미가 없으나 비교적 상세하다. 화물상환증은 선하증권을 육상운송에 응용한 제도에 불과하며 우리나라와 같이 운송이 어디에나 하루 내에 가능한 곳에서는 운송 중의 운송물을 양도할 필요가 없어서 거의 사용되지 않는다. 상법이 화물상환증에 관해 자세히 규정하는 것은 그를 해상운송에 있어서 대단히 중요한 의미를 가지는 선하증권에 준용하기 위해서이다. 화물상환증에 관한 규정들은 제 8 부 제 3 장에서 설명하는 선하증권에 관한 규정들에서 준용되기 때문에 여기서 중요한 점들만 언급한다.

화물상환증은 송하인의 청구에 의해 운송인이 발행한다(제128조 제 1 항). 화물상환증에는 운송물의 종류, 중량 또는 용적, 포장의 종별, 개수와 기호, 도착지, 수하인과 운송인의 성명 또는 상호, 영업소 또는 주소 등과 상법 제128조 제 2 항의 법정기재사항을 기재한 후 운송인이 기명날인 또는 서명한다. 화물상환증이 발행된 경우에는 운송인과 송하인 사이에 화물상환증에 적힌 대로 운송계약이 체결되고 운송물을 수령한 것으로 추정한다(제131조 제 1 항). 화물상환증을 선의로 취득한 소지인에 대하여 운송인은 화물상환증에 적힌 대로 운송물을 수령한 것으로 보고 화물상환증에 적힌 바에 따라 운송인으로서 책임을 진다(제 2 항).

화물상환증은 첫째, 상환증권이다. 화물상환증을 작성한 경우에는 이와 상환하지 아니하면 운송물의 인도를 청구할 수 없다(제129조). 둘째, 당연한 지시증권이다. 화물상환증은 기명식인 경우에도 배서금지의 뜻이 기재되지 않았다면 배서에 의해 양도할 수 있다(제130조). 셋째, 처분증권이다. 화물상환증을 작성한 경우에는 운송물에 관한 처분은 화물상환증으로써 하여야 한다(제132조). 화물상환증의 교부는 물권적 효력을 가진다. 화물상환증에 의해 운송물을 받을 수 있는 자에게 화물상환증을 교부한 때에는 운송물 위에 행사하는 권리의 취득에 관하여 운송물을 인도한 것과 동일한 효력이 있다(제133조).

Ⅵ. 운송주선업

1. 기   능

내가 물건을 어딘가로 보내려면 운송인을 수소문해서 계약을 체결하면 된다. 여기서는 어떤 운송인이 가장 일을 잘하며 운임을 저렴하게 받는가 정도가 내가 알아보아야 할 일들이다. 물론, 내가 원하는 날에 일을 해 줄 수 있는지도 대단히 중요하다. 그런데, 내가 공장에서 생산하는 제품의 종류가 30가지이고, 이 물건들이 세계 50개국에 수출되며 쉴 새 없이 출고되어 나오는 물건들을 신속히, 착오 없이 구매자들에게 보내 주어야 한다면 내 힘으로만은 곤란할 수가 있다. 예컨대, 우리나라 해운회사의 배에 물건을 실어서 모로코의 탄지르항까지 보낸다고 하자. 그러면 그 항구에서 최종 목적지까지 트럭으로 물건을 운반

해야 하는데 어떤 운송업자에게 일을 맡길 것인가? 또, 내가 운영하는 박물관의
귀중 미술품들을 동경에서 열리는 특별전시회에 빌려 주기로 했다면, 미술품을
운반하는 데 특수한 기술과 경험을 가진 운송업자를 찾아내야 한다. 이는 독극
물, 악기의 경우에도 같다. 수족관이나 동물원에서 새 식구를 먼 외국에서 데려
올 때도 마찬가지의 문제가 있다.

운송주선업자(Freight Forwarder)는 스스로 운송을 하지는 않고 물건을 보내
고자 하는 사람의 위탁을 받아서 운송인과 계약을 체결하는 것을 영업으로 한
다. 화물의 종류, 목적지 등과 관련하여 물건의 운송에 관한 방대한 정보를 보
유하고 있어야 이 사업을 할 수 있을 것이다. 즉, 전문화의 수요가 발생하기 때
문에 가능한 영업이다. 운송주선인은 컨테이너의 발달로 육상과 해상에 걸쳐
운송하는 복합운송이 늘어나면서 그 역할이 정립되었다. 송하인이 일일이 복수
의 운송계약을 체결하는 것이 비효율적이 된 것이다.

운송주선인의 지위를 쉽게 이해하는 방법은 운송주선인은 운송물을 위한
여행사라고 생각하는 것이다. 운송주선인은 자신의 명의로 운송인과 계약을 체
결한다. 따라서 법률관계는 위에서 본 위탁매매인의 그것과 동일하다. 상법은
별도의 규정이 없는 사항에 대해 위탁매매인에 관한 규정을 준용하도록 하고
있다(제123조).

2. 운송주선인의 개입권

운송주선인은 집하·입출고·선적·운송·보험·보관·배달 등 일체의 업무를
주선한다. 국제적인 운송에 있어서는 통관, 관세업무와 선하증권 등 서류의 작
성도 도와준다. 최초의 국제 운송주선인들은 런던의 여관 주인들이었다고 한다.
상인인 투숙객들을 위해 여러 가지를 주선하였다. 그런데, 실제에 있어서는 운
송인과 운송주선인을 구별하는 것이 쉽지 않다. 운송주선인은 다른 약정이 없
으면 직접 운송할 수 있기 때문이다. 개입권을 행사하는 것이다. 물론, 운송주
선인이 직접 운송하는 경우에는 운송주선인은 운송인과 동일한 권리의무가 있
다(제116조 제 1 항). 이 경우 운임을 직접 청구할 수 있게 될 뿐 아니라 위탁자에
게는 운송주선인으로서의 의무도 이행한 것이므로 보수를 청구할 수 있다. 운
송주선인의 개입권 행사의 법률적 효과에 관한 2011년 사법시험 문제를 보자:

甲은 수출업자로서 수입상이 있는 미국으로 물품을 수출하기 위하여 운송에 관련된 업무를 위임할 목적으로 운송주선인 乙과 운송주선계약을 체결하였다. 이에 따라 운송주선인 乙은 물건운송인 丙과 위 물품의 운송계약을 체결하였는데, 이 때 해외 운송 경험이 부족한 丙이 항해를 할 준비가 되지 않은 상태에서 운송을 지연함에 따라 운송주선인 乙이 직접 위 물품을 운송하였다. 위 물품이 목적지인 뉴욕 항구까지 도착하였으나, 제때에 운송이 이루어지지 않아 가격이 하락하였다는 이유로 甲은 乙에게 운송비용 등을 지급하지 않고 있다.

1. 乙이 위 물품을 직접 운송한 것은 정당한가?
2. 甲이 요청했던 시기보다 운송물의 도착이 지체된 것과 관련하여 甲은 乙에게 상법상 손해배상청구를 할 수 있는가?
3. 甲이 운송비용 등을 지급하지 않는 데 대하여 乙은 甲에게 상법상 어떠한 조치를 취할 수 있는가?

물론, 상법 제116조 제 1 항에 의해 乙은 직접 운송할 수 있다. 문제에는 다른 약정이 있다는 말도 없다. 甲에게 그렇게 하겠다고 의사표시를 하는 것이 원칙이지만 실제로 운송행위를 함으로써 의사표시가 된다. 또, 운송주선인이 위탁자의 청구에 의해 화물상환증을 작성하면 직접 운송하는 것으로 본다(제 2 항). 이는 개입의 의제(擬制)다. 일단 개입이 일어나면 운송주선인은 위탁자에 대하여 운송인과 동일한 권리의무를 갖는다(제116조 제 1 항 2문). 그런데 이렇게 한다고 해서 운송주선인으로서의 지위를 상실하는 것은 아니다. 개입은 운송주선을 이행하는 방법일뿐이다. 따라서 개입이 일어나면 운송주선인은 운송주선인으로서의 권리와 운송인으로서의 권리를 같이 가지고 보수·비용·운임 등을 청구할 수 있다(제123조, 제107조 제 2 항). 의무의 측면에서도 같다. 운송주선계약과 운송계약에 따른 의무를 같이 진다.

운송주선인으로서 乙의 가장 무거운 의무는 위탁인 甲을 위해 운송을 잘 해 줄 운송인을 찾는 것이다. 그런데 부실한 丙을 찾아낸 것이다. 해외 운송 경험도 부족하고 항해 준비도 잘 안 되어 있다. 乙이 개입을 하기는 했으나 운송물의 도착은 지연되었고 甲은 손해를 입었다고 주장하고 있다. 상법 제115조는 운송주선인의 과실책임을 규정한다. 운송주선인은 자기나 그 사용인이 운송인의 선택에 관하여 주의를 해태하지 아니하였음을 증명하지 아니하면 운송물의 연착으로 인한 손해를 배상할 책임을 면하지 못한다. 개입권을 행사한 乙은 운송인으로서의 의무도 부담하므로 상법 제135조에 의한 손해배상책임도 지게 될 것이다.

甲으로서는 화도 나고, 일단 손해배상채권을 가지는 것으로 생각하므로 운임의 지급을 거절한 것 같다. 乙은 일단 자신의 상법 제119조에 의한 보수청구권을 확보해야 하므로 목적물에 대한 유치권과 경매권을 행사할 수 있을 것이다. 운송주선인은 상법 제58조, 제120조에 의한 유치권을 가진다. 단, 운송물에 관하여 받을 보수, 운임, 기타 위탁자를 위한 체당금이나 선대금에 관하여서만 그 운송물을 유치할 수 있다. 이 사안에서는 운송비용이라고 하므로 보수와 운임 양자가 문제된 것으로 보면 乙의 운송물에 대한 유치권 행사에는 문제가 없어 보인다. 이 사안은 해상운송에 관한 것이므로 乙은 운송인으로서 상법 제807조에 의한 권리도 행사할 수 있다. 甲이 결국 비용을 지불하지 않는다면 乙은 법원의 허가를 얻어 운송물을 경매할 수 있고, 이로부터 우선변제를 받을 수 있다(제808조 제 1 항).

Ⅶ. 공중접객업

"극장, 여관, 음식점, 그 밖의 공중이 이용하는 시설에 의한 거래를 영업으로 하는 자를 공중접객업자라 한다"(제151조). 호텔사업이 여기에 속하는데 고도로 전문적인 경영 노하우를 필요로 한다. 미국 라스베가스에 있는 큰 호텔 중에는 방이 8천 개가 넘는 것이 있다. 영화관 중에는 미국의 텍사스에 있는 한 멀티플렉스 영화관이 30개의 스크린에 총 6천 개의 객석을 보유하고 있다고 한다. 그 운영도 보통 일이 아닐 것이다. 대형 영화관사업은 여러 개의 영화관을 보유한 상장주식회사의 형태로 영위되는데 미국의 Regal Entertainment Group이라는 회사는 548개의 극장을 소유하고 있고 총 스크린 수는 거의 7천 개다.

1. 물건에 대한 책임

공중접객업자는 자기 또는 그 사용인이 고객으로부터 임치 받은 물건의 보관에 관하여 주의를 게을리하지 아니하였음을 증명하지 아니하면 그 물건의 멸실 또는 훼손으로 인한 손해를 배상할 책임이 있으며(제152조 제 1 항 — 이전에는 불가항력 때문임을 증명해야 면책되었다) 고객으로부터 임치 받지 아니한 경우에도 그 시설 내에 휴대한 물건이 자기 또는 그 사용인의 과실로 인하여 멸실 또는 훼손되었을 때에는 그 손해를 배상할 책임이 있다(제2 항). 고객의 휴대물에 대하여 책임이 없음을 알린 경우에도 공중접객업자는 전 2항의 책임을 면하지 못한다(제3 항). 즉, 책임이 없다고 공고문을 붙여도 소용이 없다. 그런데, PC방에서 게임에 열중하던 도중에 현금 200만 원이 든 가방을 잃어버리면 어떻게 될까? 이 경우에도 PC방 주인이 책임을 지는가? 경우에 따라 다르다. 내가 200만 원이 든 가방을 가지고 있다고 주인에게 알리지 않았으면 주인에게는 책임이 없다. 상법은 화폐, 유가증권 그 밖의 고가물에 대하여는 고객이 그 종류와 가액을 명시하여 임치하지 아니하면 공중접객업자는 그 물건의 멸실 또는 훼손으로 인한 손해를 배상할 책임이 없다(제153조)고 규정한다.

1999년 사법시험에서는 무려 50%의 비중으로 상법 과목에서 다음과 같은 문제가 출제되었다:

> A호텔에 투숙한 고객 甲은 동 호텔의 사우나에서 목욕을 하고 나오면서 옷보관함 속에 둔 고가의 다이아몬드반지(금액 500만 원 상당)를 분실하였음을 알게 되었다. 甲은 그 직후에 호텔주차장에 둔 자동차도 도난 당하였음을 알게 되었다. 이 경우 호텔은 甲에 대하여 어떠한 법적 책임을 부담하는가에 대하여 논하시오.

이 운 나쁜 주인공에 대해 독자들은 상당히 쉽게 답할 수 있을 것이다. 그러나, 왜 이 문제가 50%의 비중을 차지하였던가에 대해서는 쉽게 답이 나오지 않는다. 이 문제는 아래의 판례를 아는지 테스트하기 위한 것이었다.

[대법원 1992. 2. 11. 선고 91다21800 판결]

2. … 상법 제152조 제1항의 규정에 의한 임치가 성립하려면 우선 공중접객업자와 객 사이에 공중접객업자가 자기의 지배영역 내에서 목적물보관의 채무를 부담하기로 하는 명시적 또는 묵시적 합의가 있음을 필요로 하는바, 여관부설주차장에 시정장치가 된 출입문이 설치되어 있거나 출입을 통제하는 관리인이 배치되어 있거나 기타 여관 측에서 그 주차장에의 출입과 주차사실을 통제하거나 확인할 수 있는 조치가 되어 있다면, 그러한 주차장에 여관투숙객이 주차한 차량에 관하여는 명시적인 위탁의 의사표시가 없어도 여관업자와 투숙객 사이에 임치의 합의가 있은 것으로 볼 수 있으나, 위와 같은 주차장 출입과 주차사실을 통제하거나 확인하는 시설이나 조치가 되어 있지 않은 채 단지 주차의 장소만을 제공하는 데에 불과하여 그 주차장 출입과 주차사실을 여관 측에서 통제하거나 확인하지 않고 있는 상황이라면, 부설주차장 관리자로서의 주의의무 위배여부는 별론으로 하고 그러한 주차장에 주차한 것만으로 여관업자와 투숙객사이에 임치의 합의가 있은 것으로 볼 수 없고, 투숙객이 여관 측에 주차사실을 고지하거나 차량열쇠를 맡겨 차량의 보관을 위탁한 경우에만 임치의 성립을 인정할 수 있을 것이다.

그런데 원심확정사실에 의하면 이 사건 주차장에 시정장치가 된 출입문을 설치하거나 주차된 차량을 경비하는 종업원이 배치되어 있지 않음을 알 수 있고, 또 주차장의 출입구가 위 여관의 계산대에서 마주 볼 수 있는 위치에 있기는 하나 이곳에서 주차장 출입차량을 일일이 통제하거나 확인할 수 있을 정도는 아닌 사실이 엿보이므로, 위 원심확정사실만으로는 주차사실을 전혀 고지하지 아니한 소외 최OO과 피고 사이에 주차차량에 관한 임치의 합의가 있었던 것으로 보기 어렵다.

그럼에도 불구하고 원심이 피고와 위 최OO 사이에 주차차량에 관한 임치가 성립된 것으로 판단하였음은 상법 제152조 제1항 소정의 임치 성립에 관한 법리를 오해하여 판결에 영향을 미친 위법을 저지른 것으로서 이 점에 관한 논지는 이유 있다.

2. 사람에 대한 책임

그런데, 독자들이 호텔에 투숙하게 되면 가장 먼저 안전 문제를 우려하게 될 것이다. 특히 위에서 말한 라스베가스의 초대형 호텔에 들어갔다고 생각해 보자. 만일 사고가 나면 낯선 곳에서 어떻게 나와야 하는지 잘 알 수 없다. 일시에 많은 사람들이 한 공간에 들어가고 어두운 상태인 영화관의 경우에도 사정은 비슷하다. 상법은 공중접객업자의 고객에게 재산상의 손해만 배상하도록 하고 있는데 인적 손해에 대해서는 왜 아무 말이 없을까?

공중접객업자의 고객은 사고가 발생해서 인적인 손해를 입게 되면 공중접객업자에게 불법행위책임을 물을 수밖에 없다. 독자들이 민법 공부를 통해 알고 있듯이 누군가에게 불법행위책임을 묻기 위해서는 손해를 입증해야 하고 피고의 귀책까지 입증해야 한다. 쉽지 않다. 공중접객업자는 고객에 대한 모종의 보호의무를 부담한다고 새길 수 있지 않을까? 만일 그런 보호의무가 인정된다면 불법행위가 아닌 채무불이행책임을 물을 수 있게 될 것이다. 실제로 판례는 그렇게 해석하고 있다(대법원 1997. 10. 10. 선고 96다47302 판결).

Ⅷ. 창 고 업

타인을 위하여 창고에 물건을 보관함을 영업으로 하는 자를 창고업자라 한다(제155조). 여기서 타인의 지위는 민법상의 임치인이다. 상품의 유통과정에서는 거의 대부분 시간적 불일치가 발생하게 되는데 이때 상품을 전문적인 기술로 보관해 줄 사업자가 필요하다. 특히, 냉동, 냉장을 요하는 물건은 특수한 장비를 사용한 보관이 필요하다. 대규모 물류창고는 대량의 물건을 출입고하기 위한 자동화 설비를 갖춘다. 또, 물건은 보관상태에서 매매되는 경우가 많고 그렇게 하는 것이 비용을 절감할 수 있으므로 창고업자는 보관하는 물건의 매매를 중개하기도 한다. 창고업자는 보관의 영업을 통해 물건의 운송에 관한 정보 허브의 역할을 하기도 하는데 앞에서 설명한 운송주선업자의 주요 대화 상대다. 창고업을 영위하는 상인은 창고업법, 농업창고업법의 규제를 받는다.

창고업자는 자기 또는 사용인이 임치물의 보관에 관하여 주의를 해태하지 아니하였음을 증명하지 아니하면 임치물의 멸실 또는 훼손에 대하여 손해를 배상할 책임을 면하지 못한다(제160조). 다만, 창고업에 있어서는 상법 조문상으로는 고가물의 손해에 대한 규칙이 없음에 유의해야 한다. 창고업자는 제162조상의 보관료청구권을 가지며 임치물에 대해 유치권을 행사할 수 있다.

대법원 2009. 12. 10. 선고 2009다61803 판결 재판요지   [1] 약관의 규제에 관한 법률은 제6조 제1항에서 "신의성실의 원칙에 반하여 공정을 잃은 약관조항은 무효이다"라고 규정하고, 제11조 제1항에서 "고객의 권익에 관하여 정하고 있는 약관의 내용 중 다음 각 호의 1에 해당되는 내용을 정하고 있는 조항은 이를 무효로 한다"고 규정하면서 그 제1호에 '법률의 규정에 의한 고객의 항변권, 상계권 등의 권리를 상당한 이유 없이 배제 또는 제한하는 조항'을 들고 있다. 따라서 공평의 관점에서 창고업자에게 인정되는 권리인 유치권의 행사를 상당한 이유 없이 배제하는 내용의 약관 조항은 고객에게 부당하게 불리하고 신의성실의 원칙에 반하여 공정을 잃은 것으로서 무효라고 보아야 한다. [2] 금융기관인 양도담보권자가 양도담보 목적물을 보관하는 창고업자로부터 '창고주는 양도담보권자가 담보물 임의처분 또는 법적 조치 등 어떠한 방법의 담보물 환가와 채무변제 충당 시에도 유치권 등과 관련된 우선변제권을 행사할 수 없다'는 문구가 부동문자로 인쇄된 확약서를 제출받은 사안에서, 이는 창고업자가 보관료 징수 등을 위하여 공평의 관점에서 보유하는 권리인 유치권의 행사를 상당한 이유 없이 배제하고 일방적으로 금융기관인 양도담보권자의 담보권 실행에 유리한 내용의 약관 조항으로서, 고객에게 부당하게 불리하고 신의성실의 원칙에 반하여 공정을 잃은 것이므로 무효라고 한 사례.

IX. 리   스

리스업은 물건을 빌려 주는 사업이다. 독자들이 쉽게 볼 수 있는 사례가 자동차 리스이다. 자동차를 사지 않고 리스회사에서 빌려서 타고 다닌다. 자동차는 리스회사의 소유이며 관리도 리스회사에서 한다. 전형적인 임대차이다. 이를 운용리스라고 부른다. 리스에는 그 본질이 금융인 금융리스도 있으며 특정 리스가 어디에 해당하는지는 사실관계에 따른다. 항공기와 같은 고가의 물건은(A380 여객기는 한 대에 약 5,000억 원이다) 운용리스로도 구성하지만 금융리스로 구성하기도 한다. 여신전문금융업법은 제2조 제10호에서 '시설대여란 대통령령으로 정하는 물건(이하 "특정물건"이라 한다)을 새로 취득하거나 대여 받아 거래상대방에게 대통령령으로 정하는 일정 기간 이상 사용하게 하고, 그 사용 기간 동안 일정한 대가를 정기적으로 나누어 지급받으며, 그 사용 기간이 끝난

후의 물건의 처분에 관하여는 당사자 간의 약정(約定)으로 정하는 방식의 금융을 말한다'고 리스를 정의하고 있다.

리스의 실질적인 중요성은 운용리스보다는 금융리스에 있다. 고가의 터널 굴착장비를 생각해 보자. 건설회사는 자신이 수행해야 하는 대규모 터널공사에 필요한 장비를 구하기 위해 제조사와 연락해서 장비를 주문한다. 그리고는 리스회사에 연락해서 해당 장비를 매수할 것을 요청한다. 리스회사는 제조회사와 매매계약을 체결한다. 대금도 지급한다. 계약의 이행이 완료되면 장비는 직접 제조사에서 건설회사로 인도된다. 건설회사는 리스회사와 리스계약을 체결하고 리스료를 지급한다. 이를 금융리스라고 하는데 그 핵심은 건설회사가 장비의 구입에 필요한 자금을 일시에 조달해서 지출하지 않고 리스회사에 리스료의 형식으로 분할하여 지불한다는 것이다. 즉, 리스료는 물건의 사용에 대한 대가가 아니라 물건의 구매대금에 대한 원금과 이자의 분할상환금이다. 따라서 전형적인 리스계약은 물건의 인도지연이나 하자에 대해 리스회사가 책임을 지지 않는다는 면책조항을 포함한다. 금융리스가 이루어지는 이유는 여기서 자명해진다. 고가의 특수기능을 가진 여러 대의 터널굴착기를 갖추고 그 기계를 빌려 가기만 기다리는 사업이 있을 수가 없다. 즉, 여기서 리스회사의 실질적 속성은 대여업이 아니라 금융업인 것이다. 상법은 제46조 제19호에서 이를 "기계, 시설, 그 밖의 재산의 금융리스에 관한 행위"로 규정한다.

금융리스이용자가 선정한 기계, 시설, 그 밖의 재산(금융리스물건)을 제 3 자(공급자)로부터 취득하거나 대여 받아 금융리스이용자에게 이용하게 하는 것을 영업으로 하는 자를 금융리스업자라 한다(제168조의2). 금융리스업자는 금융리스이용자가 금융리스계약에서 정한 시기에 금융리스계약에 적합한 금융리스물건을 수령할 수 있도록 하여야 하고(제168조의3 제 1 항), 금융리스이용자는 이에 따라 금융리스물건을 수령함과 동시에 금융리스료를 지급하여야 한다(제 2 항). 금융리스이용자는 금융리스물건을 수령한 이후에는 선량한 관리자의 주의로 금융리스물건을 유지 및 관리하여야 한다(제 4 항). 금융리스물건의 공급자는 공급계약에서 정한 시기에 그 물건을 금융리스이용자에게 인도하여야 한다(제168조의4 제 1 항). 금융리스물건이 공급계약에서 정한 시기와 내용에 따라 공급되지 아니한 경우 금융리스이용자는 공급자에게 직접 손해배상을 청구하거나 공급계약의 내용에 적합한 금융리스물건의 인도를 청구할 수 있는데(제 2 항), 금융리스업자는 금융리스이용자가 제 2 항의 권리를 행사하는 데 필요한 협력을 하여야 한다(제3항).

금융리스계약은 해지할 수 있다. 금융리스이용자의 책임 있는 사유로 금융리스계약을 해지하는 경우에는 금융리스업자는 잔존 금융리스료 상당액의 일시 지급 또는 금융리스물건의 반환을 청구할 수 있다(제168조의5 제 1 항). 그리고, 금융리스이용자는 중대한 사정변경으로 인하여 금융리스물건을 계속 사용할 수 없는 경우에는 3개월 전에 예고하고 금융리스계약을 해지할 수 있다. 이 경우 금융리스이용자는 계약의 해지로 인하여 금융리스업자에게 발생한 손해를 배상하여야 한다(제3항). 한편, "리스회사가 리스물건인 자동차의 구입대금 중 일부를 리스이용자에게 금융리스의 형태로 제공하고 리스회사 명의로 자동차소유권 등록을 해 둔 다음 공여된 리스자금을 리스료로 분할 회수하는 리스계약관계에서, 리스이용자가 그 자동차를 제 3 자에게 매도하고 리스계약관계를 승계하도록 하면서 매매대금과 장래 리스료 채무의 차액 상당을 매수인으로 부터 지급받은 경우, 그 리스이용자는 리스회사와의 리스계약관계에서는 탈퇴하지만 매수인에 대한 소유권이전의무 및 매도인으로서의 담보책임은 여전히 부담한다"는 판례가 있다(대법원 2013. 6. 13. 선고 2012다100890 판결).

X. 프랜차이즈

1. 상   법

프랜차이즈(franchise)는 독자들이 익히 아는 것이다. '체인점'이라고도 부른다. 던킨도너츠, 서브웨이 같은 것들이다. 세계에서 가장 유명한 프랜차이즈는 아마도 맥도날드 햄버거일 것이다. 세계 이디의 맥도날드 햄버거 가게에 가더라도 주인은 다르지만 햄버거의 종류와 맛, 가게의 모양, 종업원들의 유니폼, 심지어는 손님을 대하는 말과 태도까지 통일되어 있는 것을 보게 된다. 왜 이렇게 할까? 사업에 성공한 상인이 출현하면 그 상인 스스로 무수히 많은 곳에 지점을 열고 유지하기가 어렵기 때문에 성공한 상인의 지점이 되고자 하는 상인들이 나타난다. 즉, 자신의 이름과 노력으로는 성공하리라는 보장이 없는 경우 성공한 상인의 이름과 제품을 활용하여 사업을 하고자 하는 것이다. 스타벅스커피는 이미 성공한 사업이므로 그 이름을 쓰고 그 물건을 받아서 판매하면 거의 성공이 보장된다. 그러나, 타인의 상호를 쓰고, 소비자들이 좋아하는 바로 그 제품을 판매하려면 대가를 지불하고 원래 스타벅스커피의 허락을 받아야 한다. 여기서 프랜차이즈가 생성된 것이다. 상법은 제46조 제20호에서 이를 "상호·상표등의 사용허락에 의한 영업에 관한 행위"로 규정한다. 프랜차이즈에 관해 상법은 상세한 규정을 두고 있지 않았는데 2010년 5월 개정에서 새로운 규정들이 추가되었다. 제168조의6은 자신의 상호·상표 등을 제공하는 것을 영업으로 하는 자(가맹업자)로부터 그의 상호 등을 사용할 것을 허락 받아 가맹업자가 지정하는 품질기준이나 영업방식에 따라 영업을 하는 자를 가맹상이라 한다고 규정한다.

　　프랜차이즈를 허용하는 측(가맹업자)에서는 프랜차이즈를 받아가는 상인(가맹상)이 자신이 지금까지 온갖 난관을 헤치고 성공시킨 사업의 가치를 훼손하지 않을지를 가장 걱정하게 된다. 원래의 스타벅스커피보다 맛이 없는 커피를 파는 스타벅스 매장이 많아진다면, 스타벅스커피 자체의 인기가 떨어지게 될 것이다. 이 때문에 프랜차이즈계약(약관을 수반하는 것이 보통이다)은 품질관리, 재료의 공급, 제품의 종류 등등 모든 면에서 상대방을 계속적으로 엄격히 통제하는 내용을 포함한다. 여기에는 교육훈련 요건도 있다. 맥도날드는 미국 시카고 근교에 있는 햄버거대학(Hamburger University: 1961년에 설립)에서 세계 120개국에서 온 레스토랑 매니저들을 교육하고 있다. 그런데, 이 모든 노력에도 불구하고, 예컨대, 맥도날드 햄버거 프랜차이즈 사업자가 창의력을 발휘해서 이른바 '한국형 햄버거'를 만들어 팔기 시작하면 어떻게 될까? 겸사겸사 해서 떡도 같이 팔기 시작한다면? 이를 허용한다면 맥도날드 본사의 경영은 일대 혼란에 빠지게 될 것이고 맥도날드의 명성이 추락할 위험도 높을 것이다. 물론, 역사에는 예외도 있다. 맥도날드의 '빅맥'은 프랜차이즈계약 위반 제품이었는데(이는 오래전에 맥도날드의 수석변호사가 저자에게 직접 들려준 이야기다) 공전의 성공을 거두는 바람에 정식 제품군에 포함된 것이다. 그러나, 이는 극히 예외적인 사례이다.

　　가맹업자는 가맹상의 영업을 위하여 필요한 지원을 하여야 한다(제168조의7 제 1 항). 그리고, 가맹업자는 다른 약정이 없으면 가맹상의 영업 지역 내에서 동일 또는 유사한 업종의 영업을 하거나, 동일 또는 유사한 업종의 가맹계약을 체결할 수 없다(제 2 항). 한편, 가맹상은 가맹업자의 영업에 관한 권리가 침해되지 아니하도록 하여야 하고(제168조의8 제 1 항), 가맹상은 계약이 종료한 후에도 가맹계약과 관련하여 알게 된 가맹업자의 영업상의 비밀을 준수하여야 한다(제 2 항). 가맹상은 가맹업자의 동의를 받아 그 영업을 양도할 수 있는데(제168조의9 제 1 항), 가맹업자는 특별한 사유가 없으면 영업양도에 동의하여야 한다(제 2 항). 상법 제168조의10은 가맹계약상 존속기간에 대한 약정의 유무와 관계없이 부득이한 사정이 있으면 각 당사자는 상당한 기간을 정하여 예고한 후 가맹계약을 해지할 수 있다고 규정한다.

상법 제24조는 "타인에게 자기의 성명 또는 상호를 사용하여 영업을 할 것을 허락한 자는 자기를 영업주로 오인하여 거래한 제 3 자에 대하여 그 타인과 연대하여 변제 할 책임이 있다"고 하여 명의대여자의 책임을 규정한다. 프랜차이즈에서는 가맹상이 가맹업자의 상호를 사용하므로 이 규정에 의해 프랜차이즈의 설정자인 가맹업자는 가맹상의 영업상 채무에 대해 연대책임을 지게 될 수가 있다.

2. 프랜차이즈 규제법

프랜차이즈거래는 상법에 의한 규율 외에 「가맹사업거래의 공정화에 관한 법률」의 규제도 받는다. 사실 가맹상은 가맹업자와의 관계에서 압도적인 힘의 우위에서 발생하는 이른바 '을'의 지위에 있기 때문에 불공정거래의 희생자가 되기 쉽다. 사법인 상법의 규율만으로 프랜차이즈거래가 만족스럽게 규율되기 어려운 이유다. 경제민주화 논의 결과로 2013년 7월에 일부개정된 바 있는 동법은 그 제 1 조(목적)에서 '이 법은 가맹사업의 공정한 거래질서를 확립하고 가맹본부와 가맹점사업자가 대등한 지위에서 상호보완적으로 균형있게 발전하도록 함으로써 소비자 복지의 증진과 국민경제의 건전한 발전에 이바지함을 목적으로 한다.'고 규정한다. 그 제4조는 '가맹사업당사자는 가맹사업을 영위함에 있어서 각자의 업무를 신의에 따라 성실하게 수행하여야 한다.'고 하여 신의성실의 원칙을 프랜차이즈거래의 기본원칙으로 선언한다. 그 외 동법은 부당한 영업시간 강요(24시간)를 금지하며 가맹계약 중도 해지 시 과도한 위약금 요구를 금지하고 잦은 매장 환경개선 요구 시 비용의 일부를 본부에서 부담하도록 하며 영업지역 안에서 가맹점사업자와 동일한 업종의 자기 또는 계열회사의 직영점이나 가맹점을 설치하는 행위를 금지하는 등의 규제를 가한다. 특히, 동법에 의하면 가맹계약을 맺을 때 프랜차이즈 본사는 가맹점주에게 예상 매출의 범위를 문서로 제시할 의무를 진다. 예상 매출이 허위로 드러나면 가맹본사는 형사처벌을 받게 된다.

대법원 2005. 6. 9. 선고 2003두7484 판결 재판요지   [1] 가맹사업에서는 가맹사업의 통일성과 가맹본부의 명성을 유지하기 위하여 합리적으로 필요한 범위 내에서 가맹점사업자가 판매하는 상품 및 용역에 대하여 가맹점사업자로 하여금 가맹본부가 제시하는 품질기준을 준수하도록 요구하고, 그러한 품질기준의 준수를 위하여 필요한 경우 가맹본부가 제공하는 상품 또는 용역을 사용하도록 요구할 수 있다고 봄이 상당하다. [2] 가맹사업은 가맹본부가 가맹점사업자로 하여금 자기의 상표·서비스표·상호·간판 그 밖의 영업표지를 사용하여 일정한 품질기준에 따라 상품(원재료 및 부재료를 포함한다) 또는 용역을 판매하도록 함과 아울러 이에 따른 경영 및 영업활동 등에 대한 지원·교육과 통제를 하고, 가맹점사업자는 영업표지 등의 사용과 경영 및 영업활동 등에 대한 지원·교육의 대가로 가맹본부에 가맹금을 지급하는 계속적인 거래관계를 말하므로, 가맹사업은 가맹본부와 가맹점사업자 사이의 상호의존적 사업방식으로서 신뢰관계를 바탕으로 가맹점사업자의 개별적인 이익보호와 가맹점사업자를 포함한 전체적인 가맹조직의 유지발전이라는 공동의 이해관계를 가지고 있으며, 가맹사업에 있어서의 판매촉진행사는 비록 전국적인 것이라고 하더라도 1차적으로는 가맹점사업자의 매출증가를 통한 가맹점사업자의 이익향상에 목적이 있고, 그로 인하여 가맹점사업자에게 공급하는 원·부재료의 매출증가에 따른 가맹본부의 이익 역시 증가하게 되어 가맹본부와 가맹점사업자가 모두 이익을 얻게 되므로, 가맹점계약에서 가맹본부와 가맹점사업자 사이에 판매촉진행사에 소요된 비용을 합리적인 방법으로 분담하도록 약정하고 있다면, 비록 가맹본부가 판매촉진행사의 시행과 집행에 대하여 가맹점사업자와 미리 협의하도록 되어 있지 않더라도 그러한 내용의 조항이 약관의규제에관한법률 제6조 제2항 제1호 소정의 고객에 대하여 부당하게 불리한 조항에 해당한다고 할 수는 없다. [3] 가맹본부가 전국적인 판매촉진행사를 하면서 가맹점사업자의 영업지역에 판매촉진행사를 광고하는 광고전단지를 배포하게 하고 그 광고전단지 비용을 부담시킨 행위가 독점규제 및 공정거래에 관한 법률시행령 제36조

제1항 [별표 1] 제6호 (라)목의 규정에 의한 불이익제공행위에 해당하는지 여부는 가맹사업의 거래특성, 전국적인 판매촉진행사의 목적과 그에 관한 가맹점계약의 규정내용, 판매촉진행사의 수립 및 집행과정, 가맹점사업자와의 사전협의 여부, 비용분담의 적정성 등을 종합하여 구체적으로 판단하여 결정하여야 한다. [4] 가맹점 매뉴얼(manual)은 가맹본부가 제품의 통일성과 품질관리 및 명성의 유지를 위하여 가맹점계약에 터잡아 가맹점운영규칙의 일환으로 제정하여 운영하는 것이므로, 가맹점사업자가 상품을 제조·판매·보관·포장하는 등의 방법에 관하여는 물론 가맹점계약에 의하여 가맹점사업자에게 부과되어 있는 의무를 구체화하기 위한 내용도 포함될 수 있다고 봄이 상당하다... [6] 가맹사업거래의 특성에 비추어 가맹본부가 가맹점사업자에 대하여 상품이나 용역의 공급 또는 영업의 지원 등을 중단 또는 거절하는 행위가 불공정거래행위로서의 거래거절에 해당하기 위해서는, 가맹점사업자의 계약위반 등 가맹점사업자의 귀책사유로 인하여 가맹사업의 거래관계를 지속하기 어려운 중대한 사정이 없음에도 불구하고 가맹점사업자의 계속적인 거래기회를 박탈하여 그 사업활동을 곤란하게 하거나 가맹점사업자에 대한 부당한 통제 등의 목적달성을 위하여 그 실효성을 확보하기 위한 수단 등으로 부당하게 행하여진 경우라야 한다.

XI. 팩 터 링

팩터링(factoring)은 상법 제46조 제21호의 "영업상 채권의 매입·회수등에 관한 행위"이다. 통상적인 용어로는 채권회수업인데 상법은 새로 이를 채권매입업이라고 부른다. 타인이 물건·유가증권의 판매, 용역의 제공 등에 의하여 취득하였거나 취득할 영업상의 채권(영업채권)을 매입하여 회수하는 것을 영업으로 하는 자를 채권매입업자라 한다(제168조의11). 판매상인이 소비자에게 물건을 외상으로 판매하고 그 채권을 채권회수업자에게 양도한다. 채권이 만기가 되면 채권회수업자가 소비자로부터 채권을 변제 받아서 판매상인에게 지급한다. 이것이 팩터링의 기본구조이다. 물론, 이 수고에 대한 대가가 지급된다. 한편, 영업채권의 채무자가 그 채무를 이행하지 아니하는 경우 채권매입계약에서 다르게 정하지 않았다면 채권매입업자는 채권매입계약의 채무자에게 그 영업채권액의 상환을 청구할 수 있다(제168조의12).

팩터링은 실제로는 금융수단으로 활용된다. 즉, 만기에 채권을 대신 변제 받아 달라고 하는 판매상인은 별로 없다. 팩터링을 이용하는 이유는 채권을 양도하면서 채권액보다는 적지만(70-85%) 판매대금을 바로 지급 받는 경제적 효과를 얻기 위해서이다. 만기에 채권회수업자가 채권을 변제 받으면 채권회수업자와 판매상인은 서로의 채권을 상계한다. 이로써 채권회수업자는 판매상인에게 금융을 제공하는 것이다. 따라서 팩터링 사업은 은행, 신용카드회사 등이 주로 영위한다. 우리나라에서는 어음이 많이 사용되었기 때문에 팩터링이 금융수단으로 활용될 여지가 크지 않았으나 어음거래의 감소와 더불어 1980년경부터 팩터링이 급성장하였다. 팩터링은 수출기업들도 활용할 수 있다. 수출거래에서 앞에서 설명한 신용장이 사용되는 비중이 감소하고 송금결제의 비중이 늘어나면서 수출업자의 위험이 증가하였는데 수출입은행에서 수출팩터링 업무로 수출업자의 금융을 도와준다.

XII. 자산유동화

1. 개   념

팩터링이나 채권할인업은 19세기에 이미 잘 발달된 바 있는데 팩터링, 채권할인과 보다 큰 스케일로 사실상 동일한 기능을 수행하는 자산유동화(Asset-Backed Securitization: ABS)는 1980년대 중반에 처음 등장하였다. ABS는 조금 단순히 설명하면, 채권을 양도하고 양도된 채권을 기초로 증권을 발행해서 투자자들에게 매각하는 금융기법이다. 채권의 보유자는 만기를 기다리지 않고 자금을 회수하게 된다. 상법은 이에 대해 규율하고 있지 않으나 ABS는 현대 금융시장에서 대단히 중요한 위치를 차지하고 있으므로 팩터링에 이어 여기서 같이 설명하기로 한다.

ABS기법이 출현하였을 당시에는 컴퓨터 리스료채권이나 자동차할부금채권, 신용카드사용대금 등이 증권 발행의 준거자산으로 사용되었다. 물론, 그 전에도 패니 매(Fannie Mae)와 프레디 맥(Freddie Mac)이 지니 매(Ginnie Mae)의 보증을 받아 주택저당대출금채권을 유동화한 사례는 많았으나 그 외의 채권이 처음 유동화한 것은 1985년이다. 오늘날에는 거의 모든 종류의 채권이 ABS의 준거자산으로 활용된다. 병원비채권, 스포츠경기중계료, 학자금대출채권 등도 포함된다.

이 기법이 창안된 이유는 채권자가 보유한 채권이 특수목적회사(Special Purpose Vehicle: SPV)에 매각되어 그를 기초로 증권을 발행하면 채권자가 직접 발행하는 경우보다 높은 신용등급을 부여받을 수 있기 때문이다. 은행, 기타 금융기관, 일반기업, 정부 등이 매도인(Originators: 자산유동화에 관한 법률 제 2 조 2 호에서 말하는 자산보유자)으로서 이 기법을 애용하였다. SPV에 매각된 자산은 진정한 매매(true sale)의 요건을 만족시켜 매도인의 재무제표에서 떨어낼 수 있다. 매매대금은 채무변제에 사용한다. 매각이익은 발생했는데 자산과 부채가 동시에 감소하므로 ROE는 상승하고 부채비율이 낮아져 추가로 부채를 부담할 수 있는 여지가 생긴다. 또, 은행은 이를 통해 동일인여신에 관한 규제를 피할 수 있다. SPV가 추심하는 채권의 이자율은 SPV가 투자자들에게 발행한 노트의 이자보다 높은 것이 보통이므로 매도인은 SPV가 발행하는 노트 중 최후순위 노트를 매수함으로써 그 스프레드를 취할 수 있다. 이로써 ABS는 매도인에게 자본확충을 가능하게 한다. 은행은 자기자본에 대한 규제에 대응할 수 있다. SPV가 발행한 노트에는 연기금, 은행 등이 투자한다. 투자자의 입장에서는 준거자산보다 ABS의 유동성이 현저히 높고 리스크도 낮다는 장점이 있다. SPV에 대해서는 보증, 이자율스왑 등을 통한 신용보강도 이루어진다. ABS에 대한 보증만을 전문으로 하는 보험회사들도 생겨났는데 이들을 모노라인(Monoline)이라고 부른다.

2. CDO

CDO(Collateralized Debt Obligation)는 ABS의 일종이다. 은행대출채권을 기초로 하는 CLO와 회사채를 기초로 하는 CBO를 총칭한다. 구조가 대단히 복잡하기 때문에 이해하기가 어렵다. 상법입문서인 이 책에서 설명하는 것이 적절하지 않을 정도다. 워렌 버핏은 CDO를 이해하기 위해서는 75만 페이지의 문서를 읽어야 한다고 말한 바도 있다. CDO를 발행하기 위해 투자은행은 먼저 서브프라임 주택저당채권을 모으고 이들을 SPV에 매각되게 한 후 위험도를 기준으로 몇 개의 트랜치(tranch)로 나누어 하나의 트러스트(trust)에 넣는다. 대개 투자은행이 수탁기관이 되며 투자은행은 CDO가 발행되면 시장조성 작업을 통해 증권의 유동성을 높이는 역할도 담당한다. 그리고 신용평가를 받은 다음 하나의 트러스트에서 여러 단계의 신용등급을 가지는 RMBS(Residential Mortgage−Backed Security: MBS)를 발행하여 투자자들에게 판매한다. 수익권의 형태다. 선술한 바와 같이 최후순위 수익권은 매도인이 보유한다. 이렇게 판매된 증권들 중 예컨대 BBB의 신용등급을 가진 증권들을 다시 모아 준거자산의 풀을 구성하고 그를 기초로 다시 다양한 신용등급을 가진 증권으로 발행되는 것이 CDO다. 예컨대, 한 투자자가 여러 개의 SPV가 발행한 여러 종류의 노트를 보유하고 있다면 그 노트들을 모아 다른 SPV에 매도하는 것이다. 그 SPV는 다시 노트를 발행하게 되고 그 SPV를 포함하여 여러 SPV들이 발행한 노트에 투자한 투자자는 다시 노트를 모아 다른 SPV에 매도한다. 이 과정은 이론상 무한히 계속될 수 있어서 끝없이 나오는 러시아 인형에 비유되기도 한다.

2008년 글로벌 금융위기 이전에 CDO는 은행, 보험회사, 심지어는 노르웨이의 한 마을 주민들이 낸 연금기금을 관리하는 자산관리회사에도 매각되었다. 그러나, 주택가격의 하락으로 할부금 채권인 준거자산이 부실화되자 증권발행 계약상의 의무가 이행될 수 없게 되었고 CDO의 가치는 하락하였으며 그와 연계되어 발행되어 유통되고 있던 CDS(보험법 부분에서 설명한다)가 여러 금융기관들을 부실화시켰고 세계 최대의 보험회사인 AIG마저 곤경에 빠트렸던 것이다. 이는 희대의 폭탄돌리기였다. 준거자산인 주택저당채권은 주택가격이 상승을 계속하는 한 부실화 될 위험이 없었으므로 CDO의 발행과 유통에 관련된 모든 당사자들은 수익을 시현하였다. 채권 매도인은 위와 같은 이익과 채권관리(Servicing) 수수료를, 노트 투자자는 이자수익을 신용평가회사는 평가수수료를 벌었고, 투자은행과 로펌, 회계법인도 관련 수수료를 벌었다. 그러나, 주택가격이 폭락하기 시작할 때 CDO를 들고 있던 투자자들은 버블이 일시에 붕괴하면서 손실을 전부 떠안았고 결국은 세계 각국의 납세자들이 은행에 대한 정부의 구제금융을 통해 최종적인 손실을 부담하게 된 것이다. 2011년에 제작된 영화 '마진 콜'(Margin Call)이 그 마지막 단계에서 일어난 일을 잘 그리고 있다. CDO가 또 한 단계 진화한 형태인 합성 CDO에 대해서는 보험법 설명에서 다룬다.

商法入門

제1장 회사법 서론

이 책은 약 600페이지 규모의 상법 입문서로서 내용상 피할 수 없는 선택을 한 것이다. 즉, 이론과 실무의 관점에 입각한 중요성 기준으로 내용을 취사선택하였다. 이하 회사법 설명에서는 주식회사에 관한 내용만을 다룬다. 그리고, 그마저도 회사의 설립, 해산, 청산 등에 관한 조문들은 커버하지 않는다. 실제적 중요성은 크지 않으나 회사법 전체를 이해하는 데 대단히 중요한 합명회사에 관한 내용은(제178조 내지 제267조) 독자들이 다음 단계에서 학습할 때 각별한 중점을 두어야 할 것이다.

Ⅰ. 회사의 종류와 회사의 일생

1. 회사의 종류

지구상의 무수히 많은 기업(Enterprise)들 중에서 오늘날 회사(Corporation)는 가장 큰 비중을 차지한다. 우리나라에서도 상법 제46조가 예시적으로 열거하고 있는 22개 유형의 기본적 상행위는 대부분 회사 조직에 의해 이루어진다. 회사는 몇백 년 전에는 존재하지도 않았던 사업영위 형식이며 1800년대 초반까지만 해도 다른 형식의 기업들에 비해 그 비중이 낮았었다. 여기서 비중이라 함은 경제적, 사회적 비중을 말한다. 숫자로는 세계 어디서든 자영업이라고 불리는 단독기업이 가장 많을 것이다. 회사가 경제적으로 큰 비중을 가진다는 것은 GDP의 창출에 기여하는 바가 크다는 의미로 일단 이해하면 될 것이다. 사회적 비중이란 고용의 창출과 세원으로서의 역할, 회사가 속해 있는 산업 내의 파급효과 창출 등으로부터 발생하는 것이다. 나아가, 현대의 대기업들은 기술과 정보, 지식의 창출원이기도 하다. 어떤 이유에서 오늘날 회사 형태의 기업조직이 이렇게 가장 널리 활용되고 있는지에 대해서는 제 1 부에서 논의하였다.

상법은 다섯 종류의 회사 형태를 알고 있다. 상법 제170조는 회사는 합명회사, 합자회사, 유한책임회사, 주식회사와 유한회사의 5종으로 한다고 규정하는데, 그 외의 회사 형태는 인정되지 않는다. 즉, 정원이 제한되어 있다. 이 5종의 회사 형태들 중 주식회사가 가장 큰 비중으로 활용된다. 가장 큰 비중으로 활용되는 만큼 상법도 가장 큰 관심을 기울이고 있는데 조문 수도 제288조 내지 제542조의13으로 가장 많다. 물론 제169조 내지 제177조의 통칙 규정들과 제614조 내지 제621조의 외국회사에 관한 규정, 제622조 내지 제637조의2 벌칙 규정들도 주식회사에 적용된다. 주식회사들 중에는 다시 상장주식회사가 가장 큰 비중을 차지한다. 주식회사만이 한국거래소에 증권을 상장해서 거래할 수 있다. 상법은 제542조의2 내지 제542조의13에서 상장주식회사에만 적용되는 12개 조문으로 특례규정들을 둔다. 한편, 상법 회사편 내의 이러한 조직규범들뿐 아니라 상법총칙, 보험, 해상편의 모든 거래규범은 경제적, 사회적 비중의 차원에서는 주로 주식회사, 특히 상장주식회사의 기업활동에 적용된다.

2. 합명회사와 합자회사

이 책에서 다루지 않는 합명회사는 가장 인적인 조직의 색채가 짙은 회사다. 그래서 합명회사의 내부관계에 관하여는 정관 또는 상법에 다른 규정이 없으면 조합에 관한 민법의 규정을 준용한다(제195조). 합명회사의 사원은 다른 사원의 동의를 얻지 아니하면 그 지분의 전부 또는 일부를 타인에게 양도하지 못한다(제197조). 정관을 변경함이나 합병을 함에도 총사원의 동의가 있어야 한다(제204조, 제230조). 주식회사에서 인정되는 유한책임은 합명회사에는 적용되지 않는다. 회사의 재산으로 회사의 채무를 완제할 수 없는 때에는 각 사원은 연대하여 변제할 책임이 있다(제212조 제 1 항). 합명회사의 사원은 무한책임사원이라고 부른다. 변리사법에 따라 특허법인은 합명회사 형태로만 설립할 수 있다.

합자회사는 합명회사에서와 같이 무한책임사원이 있으나 유한책임사원도 있는 회사다(제268조). 회사의 경영은 무한책임사원이 하고, 유한책임사원은 자본을 제공하여 사업에서 생기는 이익의 분배에 참여한다. 유한책임사원은 그 출자가액에서 이미 이행한 부분을 공제한 가액을 한도로 하여 회사채무를 변제할 책임이 있다(제279조 제 1 항). 합자회사는 합명회사에 추가적인 요소가 결합된 회사이므로 상법에 규정이 없는 사항에 대하여는 합명회사에 관한 규정을 준용한다(제269조).

3. 유한회사와 유한책임회사

유한회사는 인적회사인 합명회사·합자회사와 물적회사인 주식회사의 중간적 형태의 회사다. 유한회사의 사원은 주식회사의 주주와 마찬가지로 출자금액을 한도로 유한책임을 진다(제553조). 유한회사의 사원은 그 출자좌수에 따라 지분을 가지며(제554조) 사원은 그 지분의 전부 또는 일부를 양도하거나 상속할 수 있다. 다만, 정관으로 지분의 양도를 제한할 수 있다(제556조). 그러나, 유한회사는 사원의 지분에 관하여 증권을 발행하지 못한다(제555조). 변호사법은 법무법인들이 유한법무법인이라고 부르는 유한회사의 형태를 취할 수 있게 하고 있다.

2012년에 새로 도입된 유한책임회사는 주식회사, 유한회사와 유사한 물적회사이지만 내부적으로는 조합적인 특성을 지니게 해서 설립과 운영을 유연하게 한 회사다. 유한책임회사의 내부관계에 관하여는 정관이나 상법에 다른 규정이 없으면 합명회사에 관한 규정을 준용한다(제287조의18). 유한책임회사 사원은 그 출자금액을 한도로 책임을 지지만(제287조의7) 지분의 양도에는 다른 사원의 동의를 필요로 한다(제287조의8 제 1 항). 사원이 아닌 자가 회사를 경영할 수 있다(제287조의12 제 1 항). 정관에 다른 규정이 없는 경우 정관을 변경하려면 총사원의 동의가 있어야 한다(제287조의16).

4. 주식회사의 일생

회사는 자연인이 아닌 법인이므로 자연인의 행위에 의해 설립되어야 세상에 탄생한다. 필요에 의해서 만들어지는 것이기 때문에 만들어지는 것을 허용하는 법률이 정하는 요건을 잘 갖추어야 한다. 그런데, 일단 설립되어 존속하면서 목적사업을 영위하는 회사는 설립된 목적을 달성했거나, 달성하지 못하고 '망하는' 경우 자연인과는 달리 저절로 없어지지 않는다. 없어지게 하는 행위가 개입되어야 회사는 없어진다. 그러나, 회사를 없애는 데는 시간과 노력과 비용 이 들어가므로 그냥 내버려 두기도 한다. 자연인과는 달리 그냥 내버려 두어도 회사는 원칙적으로 사회에 해를 끼치지 않는다. 이런 회사를 휴면(休眠)회사라 고 한다. 유령회사라고 부르기도 하는데 의외로 많다. 우리나라에서 등기되어 있는 회사 총 약 70만 개 중 국세청에서 세적이 관리되는 회사는 약 50%에 불 과하다고 한다.

　　회사를 없어지게 하려면 즉, 법인격을 소멸시키려면 구성원인 사원들이 회 사를 없애자는 결의 즉, 해산결의를 해야 한다. 그런 후에 회사가 보유하고 있 는 재산을 법률이 정하는 순위에 따라 분배하는 청산절차를 거치게 된다. 회사 의 해산은 법원의 해산명령이나 해산판결에 의해 이루어지기도 하며 합병, 분 할, 파산 등도 해산사유가 된다.

　　회사는 설립되어 존속하다가 해산됨으로써 그 일생을 다할 수도 있지만 존 속 중에 다른 회사와 합쳐짐으로써 소멸될 수도 있다. 다른 회사와 합쳐지는 것 을 합병이라고 한다(제174조). 두 회사가 하나로 합하는 방법은 두 가지가 있는 데, 첫째는 한 회사가 다른 회사에 흡수되는 것이고(흡수합병), 둘째는 새로 설립 한 회사에 두 회사 모두 흡수되는 것이다(신설합병). 어떤 경우이든 소멸되는 회 사는 인적, 물적 자산을 대부분 그대로 유지한 채 법인격만 없애게 되므로 실질 적으로는 존속하는 셈이다. 회사의 합병에 대해서는 제 6 부에서 논의한다.

II. 기업집단

1. 기업집단

독자들은 앞에서 회사라는 사업영위 형태가 발생하게 된 경제적 이유에 대해 본 것을 기억할 것이다. 그런데, 현대의 대규모 사업조직은 회사뿐 아니라 회사가 모인 '그룹(Group)'의 형태를 취한다. 삼성그룹, LG그룹 등 많은 그룹이 있다. 이들 그룹은 별개의 회사들이 모여 있는 것이지만 마치 하나의 회사처럼 서로 힘을 합하는 특징을 가진다. 왜 이런 일이 일어나는 것일까? 또, 그룹 소속 회사들이 모두 합병하여 하나의 회사가 되지 않는 이유는 무엇일까? 사업적인 측면에서 보면 그룹이 형성되는 이유는 여러 가지이다. 사업부별로 독립적인 채산(採算)과 관리를 하도록 하는 것이 효율적인 경우가 있고 여러 국가에 걸쳐 사업을 하는 다국적 기업의 경우 특정 국가에서의 사업은 특정 국가의 법인격을 가진 회사가 수행하도록 하는 것이 효율적이기도 하고 위험의 전파를 차단하는 수단이 되기도 한다. 또, 기업인수 후에 인수한 기업을 합병하지 않으면 자동적으로 그룹이 형성된다. 그룹은 특히 사업이 관련되어 있지 않은 계열회사들로 구성되는 경우 전체적인 — 따라서 각 구성 회사의 자금흐름을 안정시켜 주는 — 재무적 시너지를 창출한다. 기업집단은 법률적으로는 전혀 독립된 사업체들의 그룹일 수는 있어도 시장과 소비자들은 경우에 따라서는 그룹을 하나의 사업 단위로 인식한다. 이는 그룹 전체가 브랜드를 공유할 경우 더 명확하게 드러나는 현상이다.

　우리가 한 회사를 상대할 때, 과연 그 회사만을 염두에 둘까? 독자들이 친한 친구에게 돈을 빌려 준다고 생각해 보자. 친구가 딱해서 빌려 주기는 하지만 그냥 준다고 생각하지는 않을 것이고 친구가 급한 문제를 잘 해결하고 이자는 필요 없으나 원금을 돌려받기를 원할 것이다. 물론, 액수가 몇십 만 원이 아니고 몇백, 몇천 만 원이라면 이자도 받아야 한다. 돈을 건네주기로 결정하는 데까지 무슨 생각을 하게 될지를 잘 짚어 보면 기업지배구조와 금융, 그룹 간의 상관관계를 잘 이해할 수 있다. 돈을 빌려 줄 때는 물론 친구의 성품과 건강, 과거 돈을 빌려 준 일이 있다면 그때 어떻게 되었는지 등의 요소가 중요하다. 여기서 다 합격점이 나왔으면 안심하고 돈을 빌려 줄 수 있을까? 여기서 불합격점이 나왔어도 친구의 아버님(모회사)이 있는데 아들을 위해서는 물불을 가리지 않을 뿐 아니라 돈까지 대신 갚아 주기로 유명하다면? 친구가 다소 부실해도 돈을 빌려 줄 수 있을 것이다. 반대로 친구는 튼튼한데 항상 손을 벌리는 동생이나 조카(계열회사)가 있다면? 친구가 돈을 갚고 싶어도 여의치 못한 사정이 발생할 가능성이 있다. 친구가 돈을 갚을 의사와 능력이 있어도 친구의 부인이나 심지어는 장모님(이른바 정치적 요인)이 '재가'하지 않으면 안 되는 그런 가족 내부의 역학관계가 확인된다면? 이는 큰 불확실성이다. 이렇게 보면 친구(기업집단 내 한 회사)의 금융시장에서의 신용 등급은 친구 자신의 능력과 성품 외에도 다양한 다른 요소들에 의한 영향을 받는다. 돈을 빌려 주려는 잠재적 채권자들은 물론 그 모든 요소를 다 따져 보고 판단을 내리게 된다. 돈의 액수가 수백, 수천억 원이라면 어떨까?

우리나라의 기업집단들은 구매나 채용 등을 그룹 단위로 하는 경우가 많은데 이는 그룹조달본부나 그룹인력관리위원회 등의 법률적으로는 실체가 없는 조직들이 집행하게 된다. 그러나, 이들 조직이 대외거래를 하더라도 그 효과는 특정 계열회사에 귀속되게 된다. 여기서 만일 거래당사자가 결국에는 특정 계열회사와 거래하였음에도 불구하고 그룹 단위의 조직이 개입하였다는 이유로 다른 계열회사에 대해 연대책임을 묻는 경우 그를 인정할 수 있는가? 즉, 상법 제57조의 규정에 의해 계열회사들이 그 1인 또는 전원에게 상행위가 되는 행위로 인해 채무를 부담한 것으로 보아 연대책임을 인정할 수 있는가?

오래전에 명성그룹이라는 기업집단 소속 계열회사인 명성식품이 명성그룹 조달본부를 통해 구매를 행한 후 대금지불채무를 이행하지 않아 채권자가 다른 계열회사에 책임을 묻는 사건이 있었는데, 대법원은 그와 같은 거래는 각 구매 행위의 실질적 효과가 계열회사 각자에게 미친다는 점을 들어 동 거래는 계열 회사들이 그룹조달본부에 위임하여 이루어진 것이므로 상법 제57조가 적용되지 않는다고 판결하였다(대법원 1987. 6. 23. 선고 86다카633 판결). 이에 대하여는 계열회사들 간에 대외거래를 공동으로 하겠다는 합의가 있었기 때문에 그룹조달본부는 조합의 속성을 가지는 것이며 따라서 상법 제57조가 적용되어야 한다는 비판이 있다. 이 비판은 그룹조달본부라는 실체는 그룹 전체의 신용을 이용하는 방법이며 거래상대방도 이와 같은 조직을 통하는 경우 그룹 전체의 채무이행능력을 감안하여 의사결정을 한다는 점을 지적하고 있다.

2. 그룹경영

한편, 서울고등법원은 손해배상청구소송 피고들의 손해배상액수를 결정함에 있어서 피고의 책임이 경영실패 책임인지를 고려하면서 피고의 행동이 피고가 이사로 있는 회사가 속한 기업집단 전체를 의식한 것이었음을 지적하고 있다(서울고등법원 2005. 4. 20. 선고 2003나69203 판결):

"…피고들의 행위가 전적으로 개인의 이익을 위한 것으로 보기는 어렵고 전체적으로 그룹 전체의 위기상황을 타개하려는 의도가 없지 않은 점, 기업의 경영이라는 것이 상업 세계에서 불확실한 이윤 기회를 긍정적으로 평가하고 투자하는 요소를 포함하지 않을 수 없고 이러한 특징은 기업경영의 투명성, 정보의 공개, 소수자의 보호 등에 의하여 제한되고 있으며, 경영자는 결국 그럼에도 불구하고 나타나는 경영실패에 대한 책임을 감수하게 되는바 위 피고들의 책임 또한 그러한 경영실패의 책임의 성질을 띠고 있다고 볼 수 있는 점…."

이 문제는 우리나라에 있어서 경영자의 위법한 사익추구가 기업집단 내의 계열회사를 이용하는 형태로 나타나는 경우가 많기 때문에 대단히 중요한 의미를 가진다. 주식회사의 이사는 자신이 이사로 있는 회사의 이익만을 위하여야 하는가? 아니면, 자신이 이사로 있는 회사가 소속된 기업집단 전체의 이익을 고려해서 행동해야 하는가? 위 판결에서는 법관이 기업집단 전체가 하나의 사업 운영 단위처럼 작동한다는 점을 인식하고 있음을 엿볼 수 있다.

Ⅲ. 회사의 이념과 사회적 책임

1. 회사의 주인

회사의 소유자는 회사에 자금을 공급한 주주 또는 투자자이다. 그러면 주주가 회사의 주인 즉, 최종적인 의사결정권을 가지고 있는 회사계약의 당사자인가? 만일 그렇다면 회사는 주주의 이익을 위해 운영될 것이다. 즉, 주주의 투자수익을 극대화 하는 데 경영자는 모든 역량을 발휘해야 하고 그렇게 하는 것이 그 의무를 다하는 것이 된다. 그러나, 이 문제에 대한 답은 그리 간단히 나오지 않는다. 회사는 주주가 자금을 투입해서 설립되고 존속하지만 자금만으로는 그 존재의 목적이 달성되지 않기 때문에 경영자, 종업원, 채권자, 심지어는 회사가 활동하는 지역의 정치단체, 시민단체 등 다양한 이익주체가 회사의 운영에 대한 발언권을 행사할 근거를 가진다. 주주들 외에 회사와 경제적인 연관성을 가지고 회사의 영향을 받는 경제주체들을 이해관계자(stakeholder)라고 부른다. 이들이 회사의 주인이거나 아니면 주주들과 함께 주인일 수 있는가? 이

두 후보들 중 누구를 주인으로 택하는지에 따라 회사법의 다양한 문제에 대한 생각이 달라질 수 있다.

'회사는 적자가 나더라도 굴러가야 한다'라는 말이 있다. 이 말은 주주들이 듣기에는 심히 부당한 말이다. 적자가 난다는 것은 주주들이 투자에 대한 보상을 받지 못할 뿐 아니라 추가적인 자금을 공급해야 한다는 의미이기 때문이다. 적자가 날 뿐 아니라 앞으로도 이익을 내지 못할 것으로 보이면 사업은 중단하고 회사는 해산하는 것이 주주들에게 합리적인 선택이 된다. 그러나, 회사에 적자가 난다는 것은 종업원들에게 임금을 지급하고, 거래처와의 거래가 결제되고, 채권자들에게 원금과 이자를 지불하고, 국가와 지방자치단체에 세금을 납부하고, 그리고 난 후에 주주들에게 지급할 이익이 없다는 의미이다. 즉, 적자가 나더라도 주주 이외의 이해관계자들에게 회사는 훌륭한 존재 의미를 가진다. 그렇다면 이 때문에 회사는 주주들의 희생하에 계속 운영되어야 하는가? 주주들이 회사에 대한 최종적인 결정권을 가지는 모델에서는 이러한 상황은 지속되지 못할 것이고 회사는 소멸할 것이다. 그러나, 예컨대 종업원들이 회사에 대한 최종적인 결정권을 가지는 모델이 있다면 이러한 상황은 비교적 장기간 지속될 수도 있다. 사회경제 전체의 효율성과 사회 개별 구성원의 효율성은 언제나 일치하는 것은 아니다. 전자를 주주자본주의, 후자를 이해관계자자본주의라고 부른다.

이해관계자자본주의(stakeholder capitalism)는 기업의 운영은 주주를 포함한 여러 이해관계자 전체의 이익을 의식하고 행해져야 한다고 믿는다. 기업은 사회적인 존재이고 지속가능한(sustainable) 경영의 대상이어야 한다. 단기적인 실적과 성과에 치중하면 사회적 책임과 지속가능성을 도외시하기 쉽다. 회사의 이익은 주주들에 대한 배당이나 자기주식의 취득에 재원으로 사용되기보다는 사내에 유보된 후에 재투자에 사용되어야 한다. 이로써 고용도 창출된다. 경영자의 보수도 지나치게 주가와 단기실적에 연동되게 하면 안 되는 것이다. 이 생각에 의하면 주주들의 단기적 이익을 지나치게 추구하는 경영을 견제하기 위해 종업원들이 회사의 경영에 어떤 방식으로든 참여해야 하는데 가장 극단적인 형태가 독일 대기업들이 채택해야 하는 근로자공동결정제도(codetermi-nation)이다. 이해관계자에는 정부와 지방자치단체, 채권자도 포함되므로 이해관계자자본주의는 기업의 지배구조에 보다 광범위한 세력의 관여를 가능하게 해 준다. 은행의 이해관계자에는 예금자와 정부, 보험회사의 경우 보험가입자도 포함시킬 수 있을 것이다. 이해관계자자본주의에 의하면 진출국 현지의 사회적 제약으로부터 자유롭고, 따라서, 극단적인 형태로 재무적 이익을 추구할수 있는 외국자본은 경계의 대상이며 나아가 규제의 대상이 되어야 한다. 이러한 여러 가지 목적을 달성하기 위해 국가의 규제와 정부의 개입이 필요하다. 이해관계자자본주의는 보호주의와 세계화에 대한 경계, 신자유주의에 대한 회의적 시각 등과 맥을 같이하게 된다. 이해관계자자본주의는 반드시 그래야 하는 것은 아니지만 정치적으로는 진보성향과 잘 부합하며 메인 스트리트(Main Street)가 선호하는 이념이다.

　　주주자본주의(shareholder capitalism)에 따르면 주주들이 기업의 운영과 궁극적인 운명에 대한 결정권을 보유한다. 주주들의 가장 큰 투자목적은 재무적 이익의 추구이고 경영진은 주주들이 투자목적을 달성할 수 있게 하는 의무를 진다. 여기서는 주주들에 대한 배당의 기초가 되는 이익과 회사 주가의 상승이 가장 중요하고 그를 달성할 수 있는 여러 가지 수단이 동원된다. 고배당과 자기주식 취득이 여기에 포함되므로 회사의 이익이 투자에 사용될 여지는 줄어든다. 그렇게 되면 시설투자와 장기전략은 순위가 밀릴 수밖에 없다. 현대 자본시장의 투자자들인 주주는 단기적인 이익과 주가상승을 높이 평가하므로 경영자들은 그를 위해 필요한 경영전략을 선택하고 경영자보수도 단기실적과 주가에 연동되는 것이 보통이다. 이들 주주에는 기관투자자와 펀드와 같은 재무적 투자자들이 큰 비중으로 포함되어 있다. 특히, 금융기관인 사기업들은 고도로 복잡한 금융상품을 고안하고 판매하는 방법으로 회사의 성과를 극대화한다. 회사 실적의 향상은 대체로 위험한 사업과 투자와 비례한다. 이렇게 되면 자본의 국적을 가릴 수 없다. 보다 많은 투자자들이 유치되어야 하기 때문이다. 따라서 주주자본주의는 세계화의 조류와 잘 맞는 이념이다. 또, 국가의 규제와 정부의 개입은 이 모든 절차에 부정적인 영향을 미친다. 주주자본주의는 경제활동을 시장과 사기업의 영역으로 이동시킴으로써 보다 큰 효율성을 발생시키고 국가 전체의 경제지표를 개선할 수 있다는 신자유주의(neo-liberalism)의 지원을 받는다. 주주자본주의는 반드시 그래야 하는 것은 아니지만 정치적으로는 보수성향과 잘 부합하며 월스트리트(Wall Street)가 선호하는 이념이다.

2. 사회적 책임

미국의 한 저명한 기업경영 전문지에서 조사를 해 보았다. 100년이 넘는 기간 동안 미국 기업의 경영자들에게 가장 큰 영향을 미친 법원의 판결 10개를 선정해 본 것이다. 단연 1위에 오른 판결은 1919년 미시간주 대법원이 내린 포드자동차 사건(Dodge v. Ford Motor Company)이다. 이 사건은 당시 엄청난 이익을 내고 있던 포드자동차의 지배주주인 헨리 포드가 주주들에 대한 특별배당금 지급계획을 폐기한 데서 출발하였다. 닷지(Dodge) 형제는 포드자동차의 주주들이었는데 회사의 그러한 결정에 대해 이의를 제기하며 법원에 소송을 제기하였다. 헨리 포드의 배당금지급중지 결정은 실제로 누가 보더라도 훌륭하고 존경 받을 만한 이유에서 행해졌다. 포드의 생각은 회사의 사업이 너무나 잘되었기 때문에 주주들은 돈을 벌만큼 벌었고 이제는 사회를 위해 뭔가 좋은 일을 해야 할 때가 되었다는 것이었다. 즉, 배당금을 지급하지 않고 이익을 사내에 유보해 회사의 수익 규모가 크지 않아도 되도록 하고 자동차의 판매가를 낮춰 보다 많은 사람들이 자동차를 구입할 수 있게 하는 동시에 보다 많은 직원을 고용하고 좋은 보수를 주자는 생각이었다. 그러나, 이런 포드의 생각에 대해 미시간주 대법원은 "영리회사는 원칙적으로 주주들의 투자수익을 위해 조직되고 운영 된다"는 바이블과 같은 판결을 내렸다. 법원은 포드가 개인 돈을 사용해서 위와 같은 목적의 사업을 하는 데 대해서는 전혀 개의치 않겠으나 회사의 돈을 사용해서 그런 사업을 하는 것은 허용할 수 없다고 했다. 법원은 회사도 자선이나 기타 사회사업을 위한 지출을 할 수는 있으나 그러한 지출을 함에 있어서는 일정한 장기적인 사업상의 이유가 있어야 한다고 판결했다. 여기서 장기적인 사업상의 이유란 회사 수익의 궁극적인 극대화와 그로 인한 주주들의 부의 증대다.

미국의 회사법전은 회사가 주주의 이익을 극대화하는 것을 유일한 최고의 목적으로 운영되어야 한다고 규정하지는 않는다. 그러나, 모든 법관과 법률전문가들은 그 원칙을 당연한 전제로 받아들이고 있으며 법경제학자들은 주주이익의 극대화라는 목표가 경제적으로 가장 효율적일 뿐 아니라 종업원, 채권자, 사회 전반 등 이른바 '이해관계자'들의 이익을 해하지도 않는다는 것을 학술적으로 잘 규명해 놓고 있다. 밀튼 프리드먼(Milton Friedman: 1912-2006, 1976년 노벨 경제학상 수상)이 1970년 9월 13일자 「뉴욕타임즈」에 발표한 "기업의 사회적 책임은 이익을 많이 내는 것이다"라는 제목의 유명한 평론이 이러한 시각을 대변한다. 따라서, 기업의 사회적 책임론이 윤리경영과 함께 세계적인 연구과제로 떠올랐다. 그런데 여기서 흔히 잊기 쉬운 것이 있다. 기업이 사회에 공헌해야 한다 함은 부가가치를 창출하고 그를 공정하게 분배하며 많은 세금을 내고 기술 발전의 통로가 돼서 여러 사람들을 행복하게 하는 역할을 하라는 의미이다. 영리기업이 사회사업을 지원할 수는 있으나 직접 그 일을 하는 것은 비효율적이다. 기업의 목적이 사회봉사라고 강조하는 것은 비약이고 정치적으로 중립적이지 못할 뿐 아니라 무엇보다도 미래 어떤 시점에서 비효율성 발생의 원인이 될 것이다. 즉, 현재 생산활동 주체들의 노후 복지수준을 저하시킬 것이다. 우리나라의 어떤 회사 경영진이 R&D(연구개발)투자를 줄이고 신규사업을 자제하며 배당을 중지하고 임직원 보수를 삭감해서 사회사업에 치중하기로 했다면 이에 동의할 주주, 종업원, 채권자가 과연 얼마나 될까? 그리고, 무자비한 (외국의) 경쟁회사들은 그 뉴스를 어떻게 취급할까? 위 판결이 아니었다면 사람들이 포드 상표가 부착된 자동차를 아직 타고 다닐 수 있었을까? 물론, 이해관계자자본주의에 의하면 과도한 실적추구를 위한 회계조작이나 무리한 공정 맞추기를 위한 안전규정 위반, 빡빡한 운항스케줄 등이 발생시키는 대형사고(해양오염이나 여객기 사고)는 결국은 주주들의 이익 감소나 기업의 도산으로 이어진다.

2008년의 글로벌 금융위기 이후 우리나라에서는 기업의 사회적 책임이 강조되기 시작하였고 동반성장, 초과이익공유 등과 같은 개념들이 등장하여 각광을 받기 시작했다. 나아가 '재벌해체'라는 오래된 정치적 구호가 등장하였다. 어떤 소유지배구조를 가져야 기업이 잘될 것인가의 문제가 '기업이 잘 된다는 것이 어떤 의미인가'의 문제로 다시 발전(회귀)하게 된 것이다. 이제는 기업이 잘 된다는 것이 기업이 그 사업의 결과로 단순히 주주들의 경제적 이익을 실현한다는 데 그치지 않고 지속가능하고 사회적 책임을 다한다는 의미로 이해되기 시작했다. 그런데, 여기서 순환출자를 포함하여 다시 기업의 소유지배구조가 쟁점으로 등장하는 것은 오류다. 새로운 이념을 실현하는 것은 기업의 행동에 대한 규제여야 하고, 기업의 소유지배구조에 대한 규제는 아니기 때문이다. 기업의 소유지배구조에 대해서는 나중에 상세히 논의한다.

IV. 회사법 해석과 효율성

1. 효율성의 경제학적 개념

회사법의 특정 조문, 개정안, 판례, 해석론 등을 긍정적으로 또는 부정적으로 평가할 때 무엇을 그 기준으로 할 것인가? 어떤 조문이 잘 만들어진 조문이라든지 어떤 판결이 훌륭하다고 할 때 그 기준이 무엇인가? 현대 회사법의 이론과 실무는 그 기준으로 효율성(efficiency) 개념을 널리 사용한다. 모든 종류의 사회현상과 그 구성요소를 평가함에 있어서 효율성을 유일한 기준으로 삼을 수는 없겠으나 경제와 기업활동은 효율성의 가치를 존중할 수밖에 없다. 따라서, 회사법을 만들고 고치고 해석하는 작업에 있어서도 효율성이라는 판단 기준은 대단히 중요한 위치를 차지한다. 효율성에 기초한 기업가치의 상승, 자본시장의 발전 등은 통계적 기법을 통해 특정 경제정책과 그 구체적인 형태인 법조문의 입안, 개폐, 해석에 대한 긍정적인 평가를 가능하게 한다. 그러나, 효율성이란 쉽게 정의될 수 있는 개념은 아니다. 효율성이란 '낭비를 최소화하는 것' 또는 '일정한 생산요소의 투입에서 최대한의 산출물을 만들어 내는 것' 등과 같이 개략적으로만 파악될 수 있는 개념인데 여기서는 경제학자들이 사용하는 두 가지의 효율성 개념에 대해 간단히 언급한다. 이는 회사법에서도 차용될 수 있을 것이다.

첫 번째 효율성 개념은 파레토(Pareto) 효율성이다. 파레토(Vilfredo Pareto: 1848-1923)는 스위스 로잔대학 교수였던 이탈리아 경제학자이다. 파레토에 의하면, 특정 재화의 배분은 그 재배분이 특정 그룹이나 영토에서 최소한 한 사람의 복지를 감소시키지 않으면 다른 한 사람의 복지를 증가시킬 수 없는 경우에 한해 효율적이다. 그러한 상태를 파레토 최적(Pareto-optimal) 상태라고 부른다. 한편, 효용(utility)은 주관적으로 평가되는 복지 상태이다. 그래서, 재화의 일정한 재배분을 통해 관련 당사자 모두가 효용의 순증가를 경험하거나, 어느 당사자도 손실을 경험하지 않고 한 당사자가 효용의 증가를 경험할 때 그 재배분 거래로부터 효용의 순증가가 발생했음을 확신할 수 있고 그러한 거래를 파레토 효율적인 거래라고 한다. 그러나, 이 파레토 효율성 개념은 법정책 평가 도구로서는 결함을 가지고 있다. 왜냐하면, 현재의 일정한 상태에서 출발하여 사회적 복지를 증가시키는 재화의 재배분이 파레토 효율적이지만 실제로는 거의 모든 현재의 상태가 입법자와 법관 앞에서 다투어지기 때문이다. 의회와 법관이 누군가에게 손실이 발생하지 않는 중요한 결정을 내리는 것은 거의 불가능하다. 심지어는 당사자들 간의 합의에 의한 계약조차도 파레토 효율적이 아니다. 계약당사자들의 효용은 증가하겠지만 계약은 제 3 자에게 비용이나 손실을 발생시킨다. 따라서, 모든 정책과 계약은 아무리 좋은 결과를 창출하더라도 최소한 한 사람의 복지를 감소시키고 파레토 효율성은 달성될 수 없다. 사기죄를 처벌하는 법률조차도 사기범이 누리는 효용을 감소시키기 때문에 파레토 효율적이지 못하다는 이상한 결과까지 나온다. 결론적으로, 파레토 효율성의 개념은 회사법을 평가하는 도구로서는 부적합하다.

두 번째 효율성 개념은 칼도어-힉스(Kaldor-Hicks) 효율성이다. 칼도어(Nicholas Kaldor: 1908-1986)는 케임브리지대학 경제학 교수였으며, 힉스(John Hicks: 1904-1989)는 옥스포드대학 경제학 교수였고 1972년 노벨 경제학상 수상자이다. 이들에 의하면, 어떤 행위나 규칙은 그로 인해 손실을 입는 모든 사람들이 완전한 보상을 받은 후에도 최소한 한 사람이 그로 인해 이익을 얻는다면 효율적이다. 이 개념은 만일 어떤 행위나 규칙의 결과로 사회에 발생하는 이익과 손실의 총합이 수치로 확인될 수 있다면 이익이 손실보다 큰 경우—즉, 관련 당사자들 전체의 부가 증가한 경우—그 행위나 규칙은 효율적이라고 보기 때문에 부의 극대화(wealth maximization) 원칙이라고도 불린다. 이 개념 역시 완전한 것은 아니지만, 특정 계약이나 정책의 비용(cost)과 편익(benefit)을 비교하는 것을 허용하므로 파레토 효율성 개념보다 대단히 효과적인 평가 수단이다. 특히, 회사법을 평가하는 데는 표준적인 도구로 인정되고 있다. 이 책에서 '효율적'이라는 말을 사용할 때는 칼도어-힉스 효율적이라는 의미이다.

앞서 두 가지 효율성 개념은 제 6 부에서 다룰 적대적 M&A와 경영권 방어의 맥락에서도 쉽게 이해될 수 있다. 남의 기업을 현재의 경영진을 축출하고 나의 통제하에 두려는 적대적 M&A는 기업이 보유한 기술의 발전에 따라 현재 그 기업의 자산을 가장 높이 평가하는 새로운 세력에게 그 자산의 소유권을 이전시키는 현상이다. 이는 일종의 균형 유지 프로세스이며 대개의 경우 적대적 M&A의 대상이 된 기업의 경영진은 그에 저항하게 된다. 이 프로세스는 경제적인 효율성을 추구하는 과정에서 전개되지만 적대적 M&A가 성공하는 경우 축출되는 경영진이나 구조조정 과정에서 해고되는 임직원들의 입장에서는 전혀 효율적이지 못하다. 즉, 적대적 M&A는 효율적인 경우 파레토 효율적이 아닌 칼도어-힉스 효율적인 현상이다.

2. 효율성과 공정성

효율성 개념이 이렇게 회사법을 평가하는 데 중요한 의미를 갖고 있기는 하지만 실제로 법관들이 판결을 내림에 있어서 효율성을 사법적 판단의 기준으로 사용하였다고 밝히는 경우는 거의 없다. 효율성 개념은 학자들의 학술적 논문이나 법률의 제·개정 작업에서 등장하고 있을 뿐이다. 법관은 법을 만들지 않고 적용할 뿐이라는 통념에도 불구하고 재판과정과 결정에서 종종 정책적 판단을 하고 선택을 해야 함은 잘 알려져 있다. 그럼에도 불구하고 효율성의 개념이 사용되지 않는 이유는 무엇인가? 가장 큰 이유는 효율성의 개념이 아직 법학적인 개념이 아닌 외부적인 개념이기 때문이다. 법관은 정보의 비대칭성, 전략적 행동, 불완전한 시장 등의 환경에서 필연적으로 추측에 의존할 수밖에 없는 비용이나 편익이라는 개념에 기초한 효율성 기준을 판결에서 사용할 수 없다. 그러한 개념들은 판결을 평가하는 데만 유용하다. 경제학이 법학에 영향을 미치기 시작한 것은 아직 오래된 일이 아니며 효율성의 개념이 법관의 판결에 전면적으로 등장할 만큼 법관의 경제학적 분석이 널리 정착되어 있지도 않다. 이는 실제로 법관이 정책적 판단을 함에 있어서 효율성 개념을 활용한 경우에도 마찬가지이다.

그러나, 미국은 물론이고 우리나라의 법관들도 전문적인 기법들을 동원해도 문제가 해결되지 않고 종국적으로는 정책적인 결정을 할 수밖에 없는 상황에 봉착하게 되면 '공정성(fairness)'이라는 개념을 사용하여 그 결정을 뒷받침해 왔다. 특히, 회사법의 영역에서 공정성의 개념은 주주들의 이익에 대한 공정성 개념으로 정의된다. 현대의 회사법은 전술한 바와 같이 주주의 이익 보호를 궁극적인 지향점으로 하기 때문에 공정성의 개념은 결국 주주 전체의 부의 극대화로 연결되고, 칼도어-힉스 효율성을 달성하는 데 유용한 개념으로서 현재 상태의 사법부의 경제학적 개념 채택에 대한 제약을 기능적으로 해소시켜 주고 있다.

제2장 주식회사와 회사법

I. 회사법의 본질

회사법은 법률이다. 즉, 국가가 제정해서 시행한다. 지키지 않으면 제재도 따른다. 그런데 회사를 어떻게 운영하고 회사와 관련된 경제주체들 간의 이해관계를 어떻게 조정할 것인가의 문제에 대해 굳이 국가가 법률을 통해 개입할 이유가 있는가? 즉, 그런 사안들은 당사자들 간의 계약으로 규율하면 충분하지 않은가?

시장에서의 거래비용을 절감하기 위해 회사 형태의 사업영위 단위가 발생했지만 경제주체들 간의 상충되는 이해관계를 조절하는 데 활용되던 계약이 회사 내부에서는 더 이상 활용될 수 없기 때문에 조직법인 회사법이 출현한다. 회사는 시장과 유사한 곳이며 회사법이 회사 내부 구성원들 간의 이해상충을 조절하기 위해 시장에서 계약이 수행하던 역할을 담당한다면 회사법은 그 본질이 계약이라고 볼 수 있다. 이른바 시카고학파의 이론가들은 회사를 다수 계약의 집적체(nexus of contracts)로 본다. 회사법은 계약체결 당사자들의 계약체결 비용을 절감시켜 주기 위해 존재한다. 회사법은 예컨대, 의결권에 관한 규정, 주주총회 소집과 결의에 관한 규정, 이사의 책임에 관한 규정 등 모든 회사가 필요로 하는 규범들을 무료로 제공하며 회사계약의 당사자들은 그 규범들을 자유롭게 채택함으로써 특수한 내용의 규칙에 대한 협상에 보다 많은 시간과 노력을 투자할 수 있게 된다. 회사법이 없다면 증권거래소에서 매일 새로 주주가 되는 수십, 수백만 명의 사람들이나 단체, 회사가 그때마다 주식을 발행한 회사와 접촉해서 주주의 권리, 회사의 지배구조 등 모든 문제에 관한 계약을 체결해야 할 것이고 설사 표준계약을 사용한다 해도 계약체결 자체는 생략할 수 없게 될 것이므로 엄청난 부담이 발생할 것이다. 이를 반대로 생각해 보면, 회사법이 없었다면 오늘날의 자본시장은 존재하지도 못했을 것이다. 한편, 회사법은 계약체결 당사자들이 필연적으로 간과하기 마련인 여러 가지 세부문제에 관하여도 상세한 규칙을 제공한다. 그로써 당사자들이 체결한 계약상의 모든 공백이 커버된다.

회사법의 본질을 계약이라고 보더라도 회사법이 모든 산업에서 활동하는 모든 회사에 필요한 계약을 제공해 줄 수는 없으므로 회사계약의 당사자들은 자신들에게 특수하게 필요한 내용의 보충적인 계약을 필요로 한다. 이 보충적인 계약이 회사의 정관이다. 따라서, 회사의 정관은 상법이나 다른 법령에 저촉되어서는 안 되며 저촉되는 경우 그 내용이 포함된 규정은 무효가 된다. 상법은 제289조(정관의 작성, 절대적 기재사항) 제 1 항에서 정관에는 1. 목적, 2. 상호, 3. 회사가 발행할 주식의 총수, 4. 1주의 금액, 5. 회사의 설립 시에 발행하는 주식의 총수, 6. 본점의 소재지, 7. 회사가 공고를 하는 방법, 8. 발기인의 성명·주민등록번호 및 주소 등이 기재되어야 한다고 규정한다. 이 정관은 회사계약 당사자들 간의 중요한 약속이고 금전적, 비금전적 이해관계를 좌우하므로 함부로 변경되어서는 안 된다. 정관의 변경은 주주총회의 결의에 의해서 하며(제433조 제 1 항), 이 결의는 특별결의로써 하여야 한다(제434조 — 독자들은 이 제434조를 잘 기억하기 바란다. 이 규정은 상법상 주주총회 특별결의의 '원조규정'인데 그 위치를 찾기가 어렵다).

> 제433조(정관변경의 방법)
> ① 정관의 변경은 주주총회의 결의에 의하여야 한다.
> ② 정관의 변경에 관한 의안의 요령은 제363조의 규정에 의한 통지와 공고에 기재하여야 한다.
> 제434조(정관변경의 특별결의)
> 제433조 제1항의 결의는 출석한 주주의 의결권의 3분의 2이상의 수와 발행주식 총수의 3분의 1이상의 수로써 하여야 한다.

II. 회사법의 강행규범성

1. 강행규칙과 임의규칙

회사법의 본질을 계약으로 이해한다면 당사자들이 회사법을 활용하지 않고 개별적인 부담을 감수하면서 독자적인 계약을 체결하는 것이 허용되어야 한다. 따라서 회사법의 모든 규정은 당사자들의 계약인 정관에 우선하지 못하며 계약으로 그 적용을 배제할 수 있어야 할 것이다. 즉, 임의규범이어야 한다. 그런데, 현실적으로는 회사법 내의 많은 규정들이 당사자들이 계약으로 배제할 수 없는 이른바 강행규정인 것으로 이해되고 있다. 이 현상을 어떻게 설명할 것인가? 그리고 보다 현실적인 문제는, 상법 제169조에서 제637조의2까지의 조문들 중 어떤 것들이 강행규정이고 어떤 것들이 임의규정인가의 문제이다. 즉, 정관으로 다르게 정하거나 배제할 수 있게 하고 그러지 않는 경우 원칙적으로 적용되도록 되어 있는 규정(이를 영어로 'default rule'이라고 한다)의 선택 기준은 무엇인가? 계약적 회사법관의 관점에서 본다면 회사법(법령과 판례)은 항상 당사자들 간의 계약을 보충해 주는 그러한 규칙들의 총체이며 따라서 원칙적으로 당사자들 간의 계약에 우선하는 강행규범이 될 수는 없는 것이다. 또, 효율적인 자본시장에서 회사정관들은 각기 해당 회사의 주가에 반영되는 고유의 가치를 가지게 되므로 투자자들은 선택권을 적절히 행사함으로써 유해한 정관규정에서 발생하는 비용을 부담하지 않을 수 있다. 따라서 회사법의 임의규범성은 시장의 효율성에 의해 보장되게 되고 강행법규의 필요성은 그만큼 감소된다.

이는 이론의 차원에 그치지 않고 회사법 실무에서 종종 부딪히게 되는 어려운 문제이기도 하다. 회사법이 회사의 운영, 대내외 활동, 지배구조 등과 관련하여 규정하고 있는 제반 요건을 회사설립 시의 정관작성이나 설립 후의 정관변경을 통해 가중, 완화, 배제할 수 있는가? 회사는 법령이 규정하는 범위 밖에서 어느 정도 지배구조를 자유롭게 구성할 수 있는가? 법령이 회사의 지배구조에 관한 사항을 모두 상세히 규정할 수는 없으며 법령이 규정하고 있다 하더라도 회사들은 자체 사정에 따라 지배구조를 법령이 정하는 것과 달리 조정할 필요를 느낄 수 있다. 회사의 자체적인 지배구조 구성은 정관과 이사회규정, 나아가 실무관행 등과 같은 장치를 통해 행해진다. 따라서, 회사가 정관의 규정을 어느 정도 자유롭게 만들 수 있는가 하는 문제는 지배구조의 실무상 극히 중요한 문제이다. 그러나, 이 문제는 현대 회사법 원리의 가장 어려운 부분과 맞닿아 있고, 또, 고도로 정책적인 고려가 반영되기 때문에 쉬운 답을 주지 않는다는 특성을 지닌다. 주식회사의 정관으로 주주총회의 소집을 회일 사흘 전에 각 주주에 대하여 통지하도록 할 수 있는가? 주주총회소집청구권이나 대표소송의 제소권을 발행주식의 총수의 30% 이상을 보유한 주주에게만 부여한다는 정관의 규정은 유효한가? 이사의 수를 1인으로 하거나 이사의 임기를 5년으로 정하는 정관의 효력은 어떠한가? 정관은 이사회의 승인 없는 이사의 자기거래를 허용할 수 있는가? 이사나 감사를 이사회에서 선임하도록 할 수 있는가? 이사회가 정관을 변경하도록 정관으로 정할 수 있는가? 독자들의 이해를 위해 극단적인 상황을 설정하자면, 주주들이 모여서 정관을 개정하면서 앞으로 우리 회사에는 주주총회가 없는 것으로 하자고 결정해도 좋은가?

　　회사법이 특정 조항의 내용과 관련하여 그것을 정관으로 다르게 정할 수 있다고 하거나, 반대로 정관에 의하여서도 그 내용을 바꿀 수 없다고 명시적으로 규정하고 있는 경우에는 그 규정의 성격에 대한 해석상의 의문이 발생할 여지가 없다. 그러나, 대다수의 회사법 조항들은 그러한 규정을 두고 있지 않으므로 특정 조항이 강행법규의 성격을 가짐으로써 정관으로 그를 배제할 수 없는지 아니면 임의법규의 성격을 가짐으로써 정관으로 그를 배제할 수 있는지의 여부는 해석에 의해 판단되어야 할 것이다. 따라서 문제는 그러한 해석에 필요한 원칙이나 기준이라 하겠다. 현재 우리나라의 회사법은 학설과 판례에 의해 많은 부분이 강행법규인 것으로 이해되고 있는데 그러나, 그러한 이해는 일정한 이론적 기반에 근거하고 있는 것은 아니며 회사법상 개별 규정들의 성격은 회사법의 단체법적 성질, 공공성 등 다양한 각도의 판단에 따라 개별적, 구체적으로 결정되고 있는 것으로 보인다.

　　독일의 회사법학자 카르스텐 슈미트 교수는 사법(私法) 일반에 적용되는 사적자치의 원칙이 회사법에도 기본적으로 타당하며 따라서 강행법규, 그 위반이 법률행위의 무효원인이 되는 금지규정(독일 민법 제134조), 선량한 풍속(독일 민법 제138조) 등과 배치되지 않는 한 회사계약의 내용은 당사자들이 자유롭게 설정할 수 있다고 한다. 여기서 강행/임의법규 간의 구별기준과 회사법상 선량한 풍속 개념의 내용이 무엇인지가 문제되며 이는 공공의 이익, 거래의 안전, 이해관계자들의 이익보호 등을 고려하여 사법의 일반 원칙에 따라 판단되어야 한다고 한다.

2. 고든의 이론

미국의 학자들은 이보다 좀 더 구체적인 기준을 제시하고 있다. 컬럼비아 대 로스쿨의 고든(Gordon) 교수는 회사법에 네 가지 유형의 강행규칙들이 있다는 주장을 다섯 가지의 판단기준에 의거하여 제기하고 있다. 동 교수에 의하면, 회사법이 상당 부분 강행규칙으로 구성되어 있는 이유는 이들 중 어느 한 가지에 의해 설명될 수 있으며 특히 아래 (3), (4), (5)의 기준이 보다 큰 비중을 가진다고 한다.

가. 판단 기준

(1) 투자자보호의 가설: 계약적 회사관은 회사계약의 당사자들이 투자에 필요한 정보를 얻고 그를 평가하는 데 있어서 각기 대등한 입장과 능력을 가지고 있다는 가정하에 거의 모든 분석을 행하고 있다. 이러한 가정 때문에 회사의 지배구조나 자본구조 결정에서 발생하는 모든 비용은 회사의 설립에 관여하는 초기 투자자들이 모두 부담하게 되고 따라서 회사정관 내에 일반 투자자들에게 바람직하지 못한 요소가 포함된다 해도 그로부터 발생하는 비용은 일반 투자자들이 아닌 초기 투자자들이 부담하는 것이므로 정관 내용의 결정에는 완전한 자유를 인정해야 한다는 결론이 가능한 것이다. 또 그와 같은 이유 때문에 초기 투자자들은 일반 투자자들과 그들의 공동이익을 최적으로 실현시킬 수 있는 정관의 작성에 강한 인센티브를 가지게 된다고 설명한다. 그러나 이와 같은 가정은 잘못된 것이다. 대다수의 일반 투자자들은 회사의 사업설명서(prospectus)를 전혀 읽지 않거나 주의 깊게 읽지 않으며 정관의 내용도 잘 이해하지 못하고 그 변경에도 별 관심을 가지지 않는다. 따라서 초기 투자자들이 그로부터 발생하는 비용을 부담하지 않고 일반 투자자들에게 유해한 내용의 정관을 작성할 가능성이 있다. 그렇게 되면 일반 투자자들이 결국 해당 회사의 주식에 과도한 액수의 투자를 행하는 결과가 초래된다. 이러한 정보의 불균형 때문에 회

사법은 정관으로 배제할 수 없는 강행규칙들을 통하여 일정한 기준(quality standard)을 제시하여야 한다. 이에 대해 계약적 회사관을 지지하는 학자들은 정보란 투자자들이 별도의 노력을 기울여서 얻어야 하는 것은 아니며 효율적인 자본시장은 시장에 참가하는 모든 주체들로부터 다양한 정보를 흡수, 그를 가격(price)이라는 단일한 사실에 통합시키고 그러한 가격정보는 모든 투자자들에게 무료로 공급된다는 반론을 제기할 것이다. 따라서 투자자들이 고도로 효율적인 자본시장에서 주식을 매입하는 경우 예기치 않은 정관규정 때문에 손해를 보는 일은 없다는 것이다. 그러나 자본시장이 어떤 경우에나 항상 완벽한 효율성을 가진다고 볼 수는 없으며 예컨대 기관투자자들이 주 참가자인 IPO(최초공모)에서는 일반투자자들이 정보의 부족으로 손해를 입을 가능성이 크다.

　(2) 불확실성의 가설: 정관의 작성에 완전한 계약자유의 원칙이 적용된다면 회사의 정관들은 극도로 다양해질 것이다. 그에 따라 각 회사의 지배, 운영구조 및 자본구조가 천차만별이 될 것이며 그로부터는 불확실성이 초래하는 일정한 비용이 발생할 것이다. 강행규칙들은 그러한 비용의 발생을 제한하는 역할을 한다. 물론 계약적 회사관에 의하면 그러한 비용은 모두 초기 투자자들이 부담하기 때문에 다양한 내용의 정관들이 난립하는 데서 발생하는 불확실성이 계약자유 제한의 설득력 있는 근거가 될 수는 없다고 한다.

　(3) 공공재의 효용유지: 계약적 회사관에 의하면 다양한 정관규정의 범람에서 발생하는 불확실성의 비용은 해당 회사, 즉 초기 투자자들이 부담함으로써 내부화된다고 하나 그것은 문제를 개별 회사의 차원에서 보는 경우에만 타당한 논리이다. 거시적으로, 회사법 영역에 있어서의 완전한 계약자유원칙 인정은 일정한 내부효과를 발생시킬 것이다. 표준적인 정관과 내용이 많이 다른 정관들이 출현하기 시작하면 표준적인 정관에 대하여도 불확실성이 발생할 것이기 때문이다. 표준적인 정관규정은 구체적인 상황에서의 적용이나 법원의 해석을 통하여 검증을 받는 기회가 적기 때문에 새로운 내용의 정관들이 출현하면 표준적인 정관을 채택하고 있는 회사에 불확실성의 비용이 발생한다. 장기적으로는 표준적인 정관에 약간의 수정을 가한 다양화된 정관을 채택하는 회사가 늘어나면서 표준적인 정관 자체가 변화할 것이다. 표준적인 정관이 유지되고 모든 회사가 그를 채택한다면 그것이 가장 효율적이겠으나 개별회사들은 표준적인 정관에서 다소나마 벗어나려고 시도할 것이고 그는 결국 표준적인 정관을

와해시킬 것이다. 이는 공공재의 효용을 감소시키는 무임승차 문제의 전형적인 사례이다. 따라서 회사법은 강행규칙들을 통해 표준적인 회사형태라는 공공재의 효용을 유지시켜 주어야 한다.

(4) 이노베이션의 촉진: 강행규칙은 회사정관의 이노베이션에 도움이 된다. 일반적으로 정관의 이노베이션은 투자자들에게 부정적인 인상을 주기 때문에 주가에 부의 효과를 미친다. 따라서 정관의 이노베이션에는 큰 비용이 따른다. 그러나 만일 국가가 일정한 형태의 이노베이션이 일반 투자자들에게 이익이 되는 바람직한 것이라는 신호를 자본시장에 보낸다면 그러한 비용은 발생하지 않을 것이다. 회사법이 다수의 강행규칙을 포함하고 있다면 국가는 그를 통해 표준적인 정관의 내용을 바뀌게 하거나 표준적인 정관상의 요건을 감경하는 등의 방식으로 자본시장에 그러한 취지의 신호를 보낼 수 있을 것이며 그로써 정관의 이노베이션이 촉진될 것이다. 물론 국가가 자본시장에 보내는 신호의 위력은 주주들이 국가가 일반적으로 주주들의 이익에 초점을 맞추어 입법을 행한다고 믿는가에 좌우된다. 이는 논란의 여지가 큰 문제이다. 왜냐하면 미국 특유의 현상인 주간 회사법 경쟁과 기업인수규제법의 제정 등은 주주들의 이익에 반하는 것으로 여겨지고 있기 때문이다. 또 실제로 강행규칙의 존재가 주주들의 이익에 반하는 방향의 이노베이션을 야기시킬 수도 있으며 특히 경영자들은 주주들로부터는 얻어낼 수 없는 정관의 변경을 국가로부터는 얻어낼 수 있게 될 것이다.

(5) 기회주의적 정관변경의 가설: 강행규칙은 기회주의적인 동기에 의한 정관의 변경을 견제하는 데 유용한 장치이다. 설사 정관작성의 경우 그에서 발생하는 비용을 모두 초기 투자자들이 부담한다고 하더라도 회사의 경영진이나 일부주주들(내부자)이 시도하는 이기적인 내용의 정관변경에서 발생하는 비용은 경영진이나 그 일부주주들이 아닌 일반주주들과 투자자들의 부담으로 귀착된다. 실제로 계약적 회사관의 이론은 정관이 변경되는 경우를 설명하는 데는 부적합하다. 정관변경의 경우 투자자들은 해당 회사의 주식을 이미 소유하고 있기 때문에 자본시장이 주식의 가격을 통해 유해한 내용의 정관을 견제한다는 사실로부터 별 위안을 받지 못할 것이다. 결국 예기치 못한 정관변경에서 야기되는 회사가치의 감소는 주주들의 부담이 된다. 물론 주주들이 그러한 정관변경을 승인하지 않으면 된다는 반론이 있을 수 있지만 주주들은 정보의 수집과

집단적 행동에 따르는 비용문제 때문에 내부자들이 시도하는 정관변경에 대해 적절히 대처할 수 없다. 따라서, 회사법은 상당한 범위의 정관으로 배제할 수 없는 강행규칙들을 필요로 한다.

나. 강행규칙의 유형

고든 교수에 의하면 회사법에는 크게 네 가지 유형의 강행규칙들이 있다. 이러한 유형의 규칙들을 강행법규로 하는 데서 발생하는 효율성의 저하는 그러한 규칙들이 회사계약 체결과정에서 발생하는 여러 가지 문제들을 해결해 주는 데서 얻어지는 이익과 비교해 보면 감수할 만한 것이라고 한다.

첫째, 절차규칙이다. 절차규칙의 강행법규성은 여러 가지 측면에서 정당화될 수 있는데 가장 중요한 이유로, 그러한 규칙들을 둘러싼 소송은 자주 발생하지는 않지만 일단 발생하면 종종 대단히 중요한 사안과 — 예컨대 회사경영권 쟁탈전 — 관련된다는 것을 들 수 있다. 따라서 동일한 규칙에 대한 일관된 해석의 선례를 집적시키는 것이 바람직하며 더구나 절차규칙을 정관의 변경을 통해 개정하는 것은 기회주의적인 전략적 동기에 근거하는 행위일 가능성이 크다.

둘째, 권한분배에 관한 규칙이다. 권한분배, 특히 이사진과 주주 간의 권한분배에 관한 규칙들도 강행법규이다. 대표적인 예로 이사선출에 관한 주주의 의결권, 주주의 이사 해임권 등을 들 수 있다. 회사의 설립 및 운영에 관계하는 모든 당사자들 간의 계약은 필연적으로 불완전한 것이므로 회사의 운영에 관한 많은 결정들은 회사의 지배구조가 어떻게 만들어지는가에 따라 달리 내려질 수 있고 따라서 권한분배의 변동은 중요한 경제적 이해와 직결된다는 것이 그 이유이다.

셋째, 회사의 경제적 구조변경에 관한 규칙이다. 합병, 영업양도, 해산 등과 같은 회사의 경제적 구조변경을 초래하는 일련의 거래도 일반적으로 강행법규의 규율을 받아야 할 것이다. 그러한 종류의 거래는 개별 회사의 존속기간 중 단 한 번 있을 수 있는 특수하고 중요한 것이며 그러한 거래에 자의적인 규칙들을 적용한다면 예측불가능한 여러 가지 상황이 발생할 것이다. 따라서 정형화된 규칙들의 적용이 필수적이다.

마지막으로, 충실의무이다. 이사, 임원, 지배주주의 충실의무에 관한 규칙들도 강행법규이다. 회사의 내부자들은 정관변경 절차에 강력한 영향력을 가지

고 있기 때문에 그들의 행동을 제약하고 책임을 발생시키는 충실의무를 완화시
키려는 지속적인 유혹을 받는다. 충실의무의 강행법규화는 그러한 기회주의를
불식시킬 수 있다. 또 충실의무와 같은 추상적이고 일반적인 개념은 다양한 사
례에 단일한 기준을 계속적으로 적용함으로써 그 내용을 명확하게 확립시킬 수
있는 것이다. 특히 충실의무는 회사계약의 당사자들이 미리 예측할 수 없는 그
러한 성격의 상황에서 내부자들의 행위를 규제하기 위해 있는 개념이므로 당사
자들은 계약체결시에는 충실의무의 규율을 받는 사안에 적용될 규칙의 내용을
알 수 없고 따라서 충실의무는 임의법규가 될 수 없다.

Ⅲ. 회사법의 4대 기초원칙

1. 4대 원칙

기업 형태로서의 회사는 ① 독립된 법인격을 보유하고, ② 그에 투자하는
주주는 개인재산으로 회사의 채무에 대해 책임지지 않으며, ③ 자유롭게 주식
을 양도함으로써 투자를 회수할 수 있고, ④ 대리인인 경영자를 통해 사업을
운영한다는 네 가지의 특성을 발달시켜 왔는데, 이 네 가지의 특성은 점차 법
원칙의 지원을 받게 됨으로써 회사 형태의 사업조직이 더 공고해지게 되었다.
우리 회사법도 이 네 가지 특성을 법원칙으로 확인한다:

① 상법 제169조는 "회사란 … 법인을 말한다"고 규정하여 회사에 법인격을 부
여하고 있다.
② 상법 제331조는 "주주의 책임은 그가 가진 주식의 인수가액을 한도로 한다"
고 규정하여 주주유한책임의 원칙을 천명한다.
③ 상법 제335조 제 1 항 전단은 "주식은 타인에게 양도할 수 있다"고 규정하여
주식양도자유의 원칙을 천명한다.
④ 상법 제393조는 그 제 1 항에서 "중요한 자산의 처분 및 양도, 대규모 재산의
차입 … 등 회사의 업무집행은 이사회의 결의로 한다"고 규정하고 그 제 2 항에서
"이사회는 이사의 직무의 집행을 감독한다"고 규정하며, 제389조 제 1 항은 "회
사는 이사회의 결의로 회사를 대표할 이사를 선정하여야 한다. 그러나 정관으로

주주총회에서 이를 선정할 것을 정할 수 있다"고 규정하며, 제361조는 "주주총회는 본법 또는 정관에 정하는 사항에 한하여 결의할 수 있다"고 규정함으로써 법률상 주식회사의 소유와 경영을 분리시키고 회사의 경영을 이사회와 경영진에게 맡긴다.

이 네 가지 특성은 중요성 순서대로 거론되는 것으로 보기는 어렵지만 순서대로 중요성을 부여하는 견해도 있을 수 있으며, 만일 그렇다면 마지막으로 나열되는 소유와 경영의 분리 및 경영진의 회사경영이 가장 중요한 특성이라는 주장이 있다. 주주가 아닌 경영자의 회사결정이라는 원리에 의해 사업상의 제반 결정은 소수의 전문가들에 의해 효율적으로 내려지게 되고 회의체의 공동의사결정이 불가능할 정도로 많은 수의 주주들이 회사에 참여하더라도 회사는 목적사업을 영위할 수 있게 된다. 이렇게 본다면 회사법의 핵심적인 부분은 경영자의 책임법리와 그에 대한 추궁장치가 된다. 즉, 기업금융이나 구조변동보다 기업지배구조가 더 큰 비중을 차지하게 된다. 실제로 미국 회사법학과 회사법 교육은 이 견해와 같은 입장에 기초하고 있는 것으로 보인다. 그러나, 기업지배구조와 기업금융, 구조변동은 주식을 통해 유기적으로 연결되어 있으므로 비중의 경중 논의는 큰 실질적인 의미를 갖지 못한다.

2. 독립된 법인격

회사가 독립된 법인격을 보유한다고 함은 회사가 독자적인 권리능력을 보유하고 다른 경제주체들과 자신의 명의와 계산으로 계약을 체결할 수 있음을 의미한다. 또, 회사는 주주들의 재산과 구별되는 스스로의 재산을 소유할 수 있으며 다른 경제주체들에 대한 관계에서 부담하는 채무에 대한 담보로 자신의 재산을 사용할 수 있다. 주주와 회사는 별개의 법인격을 가지므로 주주는 일단 회사에 출자한 이후에는 임의로 그 자산을 회수할 수 없으며 주주의 채권자는 주주에게 회사의 자산으로 주주의 채무를 변제하게 할 수 없다. 반대로 회사의 채권자는 회사의 자산으로만 회사의 채무를 변제 받을 수 있고 회사로 하여금 주주의 재산으로 회사의 채무를 변제하게 할 수 없다.

독립된 법인격의 인정은 아래에서 논하는 주주유한책임의 원칙과 불가분의 관계를 가지지만 실질적으로는 사업상의 효율성을 발생시키는 기초가 되기도 한다. 독립된 법인격은 회사의 영업, 재무, 인사 등 모든 운영의 한 단위가 되기 때문이다. 독립된 법인격, 즉, 별개의 사업조직이라는 관념은 그에 투자하고 그를 위해 일하는 사람들에게 고유의 인센티브를 제공하고 별도의 법인격을 가진 다른 사업조직과 차별성을 유지하게 해 준다. 회사법뿐 아니라 모든 법률이 법인격을 단위로 하여 회사의 사회적인 존재 의미를 인정하고 그에 상응하는 대우를 행한다. 경제활동의 심리적, 인간적 유대감도 법인격을 기준으로 발생하며 심지어 법인격은 각각의 '기업문화'를 발생시키기도 한다. 경제적으로는 이해를 같이하는 기업집단 내에서도 경쟁은 법인격 단위로 이루어지는 것이 보통이다. 그룹 또는 계열회사 내부에서는 그렇지 않으나 시장의 투자자들은 경영진의 실적을 법인격 단위로 인식하며 금융기관, 신용평가회사 등 외부의 이해관계자들도 법인격 단위로 회사를 평가한다.

3. 주주유한책임의 원칙

주주유한책임의 원칙은 회사의 독립된 법인격 인정의 대칭적인 원칙이다. 주주유한책임의 원칙에 의하면 회사의 주주는 회사의 채무에 대해 주주 자신의 재산으로 책임지지 않는다. 극히 예외적으로 회사법이 회사의 채무에 대해 주주에게 책임을 물을 때는 법인격이 부인된다. 이 원칙은 대규모 사업으로부터 발생하는 리스크를 차단할 수 있게 하는 장치이다. 이 원칙으로 인해 현대 자본주의경제의 사업 영위 주체들은 사업의 종류별, 지역별, 기타 여러 기준에 의해 독립된 법인격을 보유한 회사를 설립하고 적절히 투자함으로써 부가가치의 창출과 그로부터 발생하는 수익을 실현한다. 한 사업에서 발생하는 손실은 그 사업에 할당된 재산을 담보로 제공함으로써 흡수되며 해당 사업의 재산이 커버하지 못하는 손실은 다른 사업이 보유한 재산으로 확산되지 못하고 채권자가 감수하여야 한다. 이 원칙은 시장참가자들이 미리 알고 있기 때문에 시장참가자들은 이 원칙을 감안하여 회사인 거래상대방의 신용과 재산을 조사한 후 계약을 체결하고, 필요한 경우 보험을 통해 위험의 발생에 대비하게 된다. 독립된 법인격을 보유하고 주주유한책임의 원칙의 보호를 받는 주식회사라는 사업운영의 형식은 그 자체로 효율적인 금융수단이다. 법률은 회사의 사업용 자산을 회사의 자산으로 설정하고 회사 운영주체의 개인자산과는 독립적으로 취급함으로써 회사에 자금을 제공하는 경제주체들이 회사에 대한 분석과 모니터링에만 집중할 수 있게 한다. 법인격을 갖추지 못하고 주주유한책임의 원칙의 보호를 받지 않는 사업운영 단위를 통해서도 사업과 금융이 가능하지만 주식회사 형태만이 위험이 제한되고 대규모인 금융을 가능하게 한다.

주주유한책임 원칙의 약점은 그 남용 가능성이다. 그 고전적인 사례가 1958년 미국의 한 판결에서 나타난 뉴욕시 택시업 운영실태이다. 당시 뉴욕시에는 6,816대의 택시가 운행되었는데 택시 회사의 수는 2,120개였다고 한다. 이들 중 3대 이상의 택시를 보유한 회사는 332개에 불과하였다. 택시업이 영세하기 때문이 아니라 사고로 인한 책임을 제한하기 위해 같은 사업자가 복수의 회사를 설립해서 소규모로 자산을 배분한 것이다. 이 사건의 피고회사 대주주들도 300대의 택시를 운영하기 위해 150개의 회사를 설립하였다. 1966년의 유명한 월코프스키 사건에서는 교통사고의 피해자인 원고가 택시회사를 상대로 손해배상을 청구하였으나 해당 택시회사는 택시 2대가 유일한 자산이었다. 원고는 2대씩을 소유한 택시회사 10개의 주인인 회사주주에 대해 소송을 제기하였는데 뉴욕주 법원은 고도로 사기적인 목적에 의한 법인격의 남용에 대해서만 주주의 직접 책임을 물을 수 있다고 하면서 원고의 청구를 기각하였다. 주주유한책임의 원칙은 극단적인 법인격 남용의 경우에 법인격을 부인함으로써 그 적용이 배제될 수 있다. 미국은 물론이고 우리나라에서도 법인격 부인에 관하여 판례법이 형성되어 있다.

　　대법원 2016. 4. 28. 선고 2015다13690 판결　　"회사가 외형상으로는 법인의 형식을 갖추고 있으나 법인의 형태를 빌리고 있는 것에 지나지 아니하고 실질적으로는 완전히 그 법인격의 배후에 있는 타인의 개인기업에 불과하거나 그것이 배후자에 대한 법률적용을 회피하기 위한 수단으로 함부로 이용되는 경우에는, 비록 외견상으로는 회사의 행위라 할지라도 회사와 그 배후자가 별개의 인격체임을 내세워 회사에게만 그로 인한 법적 효과가 귀속됨을 주장하면서 배후자의 책임을 부정하는 것은 신의성실의 원칙에 위반되는 법인격의 남용으로서 심히 정의와 형평에 반하여 허용될 수 없고, 회사는 물론 그 배후자인 타인에 대하여도 회사의 행위에 관한 책임을 물을 수 있다고 보아야 한다. 여기서 회사가 그 법인격의 배후에 있는 타인의 개인기업에 불과하다고 보려면, 원칙적으로 문제가 되고 있는 법률행위나 사실행위를 한 시점을 기준으로 하여, 회사와 배후자 사이에 재산과 업무가 구분이 어려울 정도로 혼용되었는지, 주주총회나 이사회를 개최하지 아니하는 등 법률이나 정관에 규정된 의사결정절차를 밟지 아니하였는지, 회사 자본의 부실 정도, 영업의 규모 및 직원의 수 등에 비추어 볼 때, 회사가 이름뿐이고 실질적으로는 개인 영업에 지나지 아니하는 상태로 될 정도로 형해화되어야 한다. 또한 이와 같이 법인격이 형해화될 정도에 이르지 아니하더라도 회사의 배후에 있는 자가 회사의 법인격을 남용한 경우 회사는 물론 그 배후자인 타인에 대하여도 회사의 행위에 관한 책임을 물을 수 있으나, 이 경우 채무면탈 등의 남용행위를 한 시점을 기준으로 하여, 회사의 배후에 있는 자가 회사를 자기 마음대로 이용할 수 있는 지배적 지위에 있고 그와 같은 지위를 이용하여 법인제도를 남용하는 행위를 할 것이 요구되며, 이와 같이 배후자가 법인제도를 남용하였는지는 앞서 본 법인격 형해화의 정도 및 거래 상대방의 인식이나 신뢰 등 제반 사정을 종합적으로 고려하여 개별적으로 판단하여야 한다... 기존회사가 채무를 면탈할 목적으로 기업의 형태·내용이 실질적으로 동일한 신설회사를 설립하였다면, 신설회사의 설립은 기존회사의 채무면탈이라는 위법한 목적달성을 위하여 회사제도를 남용한 것이므로 기존회사의 채권자에 대하여 두 회사가 별개의 법인격을 갖고 있음을 주장하는 것은 신의성실의 원칙상 허용될 수 없고, 기존회사의 채권자는 두 회사 어느 쪽에 대하여서도 채무의 이행을 청구할 수 있다고 볼 것이다. 그리고 여기서 기존회사의 채무를 면탈할 의도로 다른 회사의 법인격이 이용되었는지는 기존회사의 폐업 당시 경영상태나 자산상황, 기존회사에서 다른 회사로 유용된 자산의 유무와 그 정도, 기존회사에서 다른 회사로 이전된 자산이 있는 경우 그 정당한 대가가 지급되었는지 등 제반 사정을 종합적으로 고려하여 판단하여야 한다.

4. 주식양도자유의 원칙

주식은 그 소유자인 주주의 재산권 행사 대상이므로 원칙적으로 자유롭게 양도할 수 있어야 한다(제395조 제1항 본문). 우리 상법과 다른 국가의 회사법들도 주식양도자유의 원칙을 천명하며 이 원칙은 주주에 대한 자본의 환급을 금지하는 주식회사에 대한 투자를 회수할 수 있는 메커니즘으로서 대규모 주식회사의 발달을 가능하게 하였다. 이 원칙이 없다면 주식회사는 구성원의 변동이 있을 때마다 해산되고 재설립되어야 하므로 지금과 같은 사실상 영구적인 존재가 되지 못했을 것이다. 이 원칙은 주식시장의 발달을 가능하게 했으며 그를 통해 주식회사는 대규모의 자금을 조달할 수 있게 되었다.

그러나, 다른 한편으로는 주식회사는 그 규모가 작을수록 단체로서의 성격을 강하게 지니므로 원치 않는 주주의 참여를 막을 수 있게 할 필요도 있다(세 사람의 주주가 있는 회사의 주주총회에 나가보니 불구대천의 원수가 새로 주주가 되어 나타났다. 이 경우 회사의 정상적인 운영은 어려울 것이다). 상법은 주식양도자유의 원칙을 예외적으로 수정하여 정관에 주식의 양도에 이사회의 승인을 받게 할 수 있도록 하며(제335조 제 1 항 단서) 그로부터 발생하는 주주의 불편과 손해를 방지 내지 감소시키는 데 필요한 여러 규정을 둔다(제335조의2 내지 제335조의7). 주식양도자유의 제한은 주주들 간에 체결되는 주주 간 협약에 의해 이루어지는 경우가 대부분이다. 주주 간 협약은 주식양도의 제한과 의결권 행사 등에 관한 약정을 담는 것이 보통이며 대개 회사도 그 당사자가 된다. 물론, 회사가 당사자가 되었다고 해도 그로부터 회사법상의 효력이 발생하는 것은 아니며 주주 간 협약은 엄격히 계약체결 당사자들 간에 채권적 효력만을 가질 뿐이다. 판례는 "회사와 주주들 사이에서, 혹은 주주들 사이에서 회사의 설립일로부터 5년 동안 주식의 전부 또는 일부를 다른 당사자 또는 제 3 자에게 매각·양도할 수 없다는 내용의 약정을 한 경우, 그 약정은 주식양도에 이사회의 승인을 얻도록 하는 등 그 양도를 제한하는 것이 아니라 설립 후 5년간 일체 주식의 양도를 금지하는 내용으로 이를 정관으로 규정하였다고 하더라도 주주의 투하자본회수의 가능성을 전면적으로 부정하는 것으로서 무효라는 이유로 정관으로 규정하여도 무효가 되는 내용을 나아가 회사와 주주들 사이에서, 혹은 주주들 사이에서 약정하였다고 하더라도 이 또한 무효"라고 한다(대법원 2000. 9. 26. 선고 99 다48429 판결).

주식양도자유의 원칙은 주주유한책임의 원칙과도 유기적인 관계를 가진다. 주주유한책임의 원칙이 없다면 주식양도자유의 원칙도 큰 의미를 갖지 못한다. 주식이 양도될 때마다 새로운 주주의 자력에 대한 평가가 이루어져야 하기 때문이다. 그러나, 주주유한책임의 원칙은 새로운 주주가 누구인지를 중요치 않게 해 준다. 또, 주식양도자유의 원칙은 기업지배구조의 측면에서도 대단히 중요한 의미를 가진다. 주주는 경영진의 경영철학이나 실적, 또는 사익추구 행동에 대해 주식을 양도하고 회사에서 탈퇴함으로써 제재를 가할 수 있다. 이러한 주식의 양도는 회사의 주가를 하락시키고 회사의 자금조달 비용을 상승시키며 그로부터 경영실적의 저하가 초래된다. 경영진에게 주주의 주식처분만큼 부담되는 것은 없는 것이다.

Ⅳ. 상장주식회사와 회사법

1. 폐쇄회사

상장회사의 투자자가 비상장회사의 투자자와 비교해서 가지는 혜택이 상장의 경제적 함의다. 이는 비상장회사 내지는 폐쇄회사(Close Corporation)의 투자자가 어떤 경제적 위험을 부담하는지를 봄으로써 알 수 있다. 폐쇄회사의 대표적인 속성은 그 주식이 거래되는 시장이 부족하거나 아예 없다는 것이다. 여기서 폐쇄회사 투자자의 위험이 다음과 같이 발생한다.

첫째, 주식에 대한 시장의 부재는 주식의 본질적인 가치 평가를 어렵게 한다. 투자자는 주식을 처분할 기회를 쉽게 찾지 못하고 설사 처분할 기회를 발견한다 하더라도 그 거래비용이 대단히 높을 가능성이 크다. 이 문제를 해결하기 위해 주식의 가치를 평가하는 규칙을 미리 정할 수도 있지만 그 규칙에 의한 평가가 지나치게 현실과 유리되는 경우 주식의 거래 자체를 봉쇄하게 된다. 둘째, 폐쇄회사의 투자자는 회사의 배당정책의 영향을 크게 받는다. 현금이 필요한 투자자가 회사로부터 배당을 받지 못하면 주식을 담보로 제공하고 금융을 일으켜야 하지만 채권자들은 폐쇄회사의 주식을 평가하기 어렵다는 이유 등으로 그에 잘 협조하지 않을 가능성이 있다. 그렇게 되면 자금이 필요한 투자자는 어쩔 수 없이 주식을 불리한 가격에 회사나 다른 주주에게 처분해야 한다. 경영권을 가진 주주들이 배당정책을 통해 다른 주주들에게 해를 입힐 가능성이 상존하는 것이다. 공개회사의 투자자는 시장에서 적정한 가격에 주식을 처분함으로써 '자체적인 배당정책'을 구사할 수 있다. 셋째, 폐쇄회사의 경영진은 적대적 M&A의 위협을 받지 않기 때문에 가장 효율적인 경영자 통제기구의 감독을 받지 않는 셈이다. 이는 투자자의 투자자산 가치에 부정적인 영향을 미칠 수 있다. 또, 공개기업은 경영자 보수를 주가에 연동시킴으로써 경영자의 실적 제고를 유도할 수 있으나 폐쇄회사는 그러한 옵션을 가질 수 없다. 넷째, 폐쇄회사는 시장에서 주가를 형성시킬 수 없으므로 주가가 회사의 가치를 나타내는 기능을 기대할 수 없다. 이에 따라 신규 투자자는 주가가 제공하는 정보의 보호를 받지 못하고 경우에 따라서는 과도하게 높은 가격에 신주나 구주를 인수하게 되는 것이다. 그 외, 상장회사가 아니면 다른 회사를 인수하는 데 제약이 발생한다. 대규모 M&A는 현금 외에도 새로 발행하는 주식을 사용해서 행해지는데 상장회사가 아니라면 많은 주식을 새로 발행하기도 어렵고 설사 발행한다 해도 주식에 유동성이 없어 상대편이 그를 받아들이기를 꺼려하게 된다.

2. 상장의 득과 실

상장회사에 대해 상법과 자본시장법이 추가적인 규제만을 하는 것 같지만 제도상의 인센티브도 있다. 우선, 상장회사의 경우 유상증자 시 우리사주조합원들에게 의무적으로 신주의 20%를 우선 배정해야 한다(자본시장법 제165조의7 제 1 항). 비상장회사가 종업원들에게 신주를 우선 배정하기 위해서는 정관에 제 3 자 배정을 위한 근거가 마련되어 있어야 하고, 그것이 회사의 경영상의 목적을 위하여 필요한 경우로 인정되어야 한다(제418조 제 2 항). 회사를 경영하는 사람의 입장에서 이 제도는 대단히 중요하다. 또, 최소한 지금으로서는 상장회사는 자기주식을 쉽게 취득할 수 있고(자본시장법 제165조의2 참조), 신속하게 대량의 신주를 발행할 수 있는 일반공모증자제도(자본시장법 제165조의6)도 이용할 수 있어서 자본재편성상의 편의가 있다. 제도상의 인센티브와는 별도로 우리나라에서는 상장회사라는 사실이 대기업 내지는 우량기업이라는 이미지와 일맥상통하므로 상장회사들은 상당한 공신력을 부여 받고 있고 실제로 상장회사들은 여러 가지 추가적인 규제를 받는 대신 주주와 회사 임직원들은 금융기관, 거래처 등에 대한 관계에서 비상장회사보다 우수한 신용을 인정받는다. 상장회사의 임직원들은 비상장회사의 임직원들보다 나은 사회적 대우를 받고 있다.

이러한 이점들을 포기하고 상장을 폐지해서 비상장회사가 되면 주주들의 각종 소수주주권 행사가 어려워질 뿐 아니라 무엇보다도 자본시장법이 상장회

사들에게 부과하고 있는 각종 공시의무에서 해방된다. 그 결과 증권관련 집단
소송의 위협으로부터도 원칙적으로 벗어날 수 있다. 당연한 일이지만 적대적
M&A를 통한 경영권에 대한 위협도 거의 사라진다. 또, 상장회사의 경우 한국
거래소의 상장규정에 의해 주식의 양도제한이 불가능하지만(상장폐지사유다. 유
가증권시장상장규정 제37조 제 1 항 제 5 호), 비상장회사는 경영권의 안정을 위해 상
법 제335조 제 1 항에 따라 정관에 이사회의 승인을 받게 하는 방법으로 주식의
양도를 제한할 수 있다.

　한편, 기업이 성장을 계속하여 어느 단계에 이르면 창업자 그룹과 은행을
통한 간접금융에 더 이상 의존할 수 없는 상태가 발생한다. 여기서 추가적인
자금의 조달이 필요하고 원금과 이자를 요구하지 않는 투자자인 외부주주의 도
움이 필요하다. 창업자 그룹의 입장에서는 경영에는 관여하지 않을 투자자를
가장 선호하게 되는데 이를 위해서는 분산된 주주 구성이 가능한 증권시장에의
공개와 상장이 대안이 된다. 그러나, 일반주주들을 대상으로 기업을 공개하는
경우 계약에 의한 경영권 유지는 불가능하다. 이로 인해 기업을 상장회사로 전
환하려는 주체들의 입장에서는 제도상의 대안들이 중요하게 되고 만일 기업공
개가 경영권의 상실로 연결될 위험이 높다고 판단되면 공개를 주저하게 된다.
상장회사의 경영권에 관한 제도는 이렇게 상장유인과 직접적인 관련을 가지며
상장회사의 구조조정과 합종연횡(合從連橫)을 통한 시장에의 활력 부여와도 관
련을 가지는 중요한 제도이다. 이는 위에서 논의한 지배구조에 관한 제도와 유
기적으로 결합하는 형태로 나타나는데 지배구조의 외적인 요인에 의한 변동으
로도 불릴 수 있다. 상장회사의 경영권에 관한 제도가 정비되지 않는 경우 큰
잠재력을 가진 기업이 세상에 나오지 못하게 된다. 구글(Google)이 상장 직후
마이크로소프트나 야후에 의해 경영권을 위협 받을 것으로 예상되었다면 상장
되지 못했을 것이고, 구글의 비상장은 사회경제적으로 엄청난 기회비용을 발생
시켰을 것이다.

　사업적 측면에서 상장의 불리함은 상장회사는 무수히 많은 투자자-주주들
의 이익을 배려해야 하기 때문에 주가에 민감한 경영을 할 수 밖에 없고 그 때
문에 단기적인 실적에 연연하게 된다는 것이다. 주주들은 단기적인 실적을 바
라므로 경영진에 대한 보상과 보너스도 단기실적과 주가에 연동시키는 것을 좋
아한다. 여기서 무리수가 많이 두어진다. 상장회사에서는 이제 일반투자자들이

회사의 일부 주인이다. 주주는 원금과 이자를 주지 않아도 되는 전주인 대신 회사의 사업에 간섭한다. 지금까지는 내 회사, 내 마음대로였는데, 공개회사가 되면 아무리 일부라 해도 경영자는 남의 돈을 다루는 위치에 서게 된다. 대주주는 내 돈을 그래도 더 많이 다루는 셈이지만 다른 주주들은 그런 데 관심이 없다. 그래서 투명성을 요구 받는다. 일거수일투족 관심의 대상이 되고, 사사건건 보고해야 한다. 회사가 커지고 유명해질수록 주주도 아니고 감독기관도 아닌 언론까지 끼어들어 잘했네 못했네 하기 시작한다. 상장회사의 경영자는 공인이 되는 것이다. 이런 것들은 상장회사가 되는 데서 치러야 할 응분의 대가이지만 많은 경영자들이 애널리스트 컨퍼런스, 분기보고서 작성 등에 들어가는 노력과 시간을 낭비로 생각하는 경향이 있다.

기업을 공개하지 않고 비상장회사로 남게 되면 자금조달에 불리한 점은 있지만 그렇다고 회사가 성장할 수 없는 것은 아니다. 실제로 세계에는 대규모 비상장회사들이 많다. 세계 최대의 비상장회사인 미국의 식음료회사 카길(Cargill)은 1년 매출이 1,000억 달러가 넘고 종업원도 13만 명 정도가 된다. 세계 최대의 건설회사들 중 하나인 벡텔(Bechtel)도 비상장회사다. 그리고, 앞에서 본 대형 투자은행들은 오랫동안 비상장회사로 있었고(골드만 삭스는 1999년에야 기업을 공개했다), PricewaterhouseCoopers, Ernst & Young 등 대형 다국적 회계법인들은 아직도 비상장 상태로 있다. PC제조회사인 델(Dell)은 비상장회사로서의 순발력과 구조조정 능력을 갖추기 위해 2013년에 사모펀드의 도움을 받아 비상장회사가 되었다. 당시 포스코 정도의 사이즈였던 델은 현재 세계 3위의 비상장회사이다.

3. 회사법에서의 공과 사

상장회사들 중에서도 대형 상장회사들은 또 다른 지위를 갖는다. 대형 상장회사는 공적 회사로서의 정체성을 갖추라고 요구받는다. 대기업들의 경제력이 경제 전체에서 차지하는 비중이 커진 것이 가장 큰 원인이다. 우리 나라의 경우 2011년에 30대 기업집단이 GDP 창출에서 차지하는 비중이 삼성그룹의 13%를 포함하여 95%에 이르렀다는 보고가 있었고 미국에서는 모두 약 7천 개의 금융기관들 중 38대 금융기관이 총 금융자산의 97.9%를 보유하고 있다는 조사결과가 있다.

회사법은 공개회사인 상장회사에 대해 지배구조 측면을 중심으로 별도의 규제를 적용하는 동시에 상장회사들 중에서도 자산규모가 2조 원 이상인 대형 상장회사들에 대해 추가적인 규제를 가한다. 예컨대, 최근 사업연도 말 현재 자산총액 2조 원 이상인 상장회사의 1% 이상 주주는 상법 제382조의2에 따라 나중에 설명하는 집중투표의 방법으로 이사를 선임할 것을 청구할 수 있고(제542조의7 제2항) 이에 해당하는 상장회사는 사외이사 3명 이상을 두되 사외이사의 수가 이사 총수의 과반수가 되도록 해야 한다(제542조의8 제1항). 즉, 회사법은 3층 또는 4층의 규율체계를 가지고 있다. ─ 상법은 자본금 1천억 원이라는 추가적인 기준을 소수주주권행사 요건에 도입하고 있다(상법 제542조의6 제2항 내지 제5항). ─ 이는 상장회사, 나아가 대형 상장회사들에는 주주의 수가 많고 지배구조와 경영의 실패가 발생시키는 파급효과가 상대적으로 크다는 생각에 기초하는 것으로 여겨진다.

은행과 금융지주회사는 영리 사기업이지만 공공적인 성격 때문에 법률상 특별한 취급을 받고 일반 주식회사보다 큰 사회적 제약하에 있다. 예컨대, 금융지주회사법 제 1 조는 "이 법은 금융지주회사의 설립을 촉진하면서 … 금융지주회사와 그 자회사등의 건전한 경영을 도모하고 금융소비자, 그 밖의 이해관계인의 권익을 보호함으로써 금융산업의 경쟁력을 높이고 국민경제의 건전한 발전에 이바지함을 목적으로 한다"고 규정한다. 그런데, 은행과 같이 시스템 리스크를 발생시키는 금융기관도 아닌 일반 기업이 단순히 대형회사라는 이유로, 특히 자산규모가 크다는 이유로 차별적인 규제하에 놓이는 것이 타당한가? 자산규모보다 오히려 자본시장법이 공과 사의 기준으로 삼고 있는 주주의 수를 기초로 차별적인 규제를 하는 것이 더 합리적이지 않은가? 사기업인 대형 회사의 공적인 성격은 국내외에서 향후 어떻게 인식되고 그에 대한 규제체계에 반영되게 될 것인가?

사회와 법규범의 대형 회사에 대한 차별적인 태도는 기업의 사회적 의미와 역할에 대한 인식과 그 변화로부터 나온다. 그리고, 대형 회사에 대한 사회적 인식은 현행법 체계가 반영하고 있는 수준 이상으로 현재 진화하고 있다. 앞에서 언급한 것처럼 2008년 글로벌 금융위기 이후 국내에서는 기업의 사회적 책임이 다시 강조되기 시작하였고 동반성장, 초과이익공유 등과 같은 개념들이 등장하여 각광을 받기 시작했다. 2010년에는 「대·중소기업 상생협력 촉진에 관한 법률」에 따라 동반성장위원회도 설치되었다. '거래처', '하청업체' 같은 말들은 사라지고 '협력업체'라는 말이 사용되기 시작했으며 상생협력이 기업의 대외적 행동에 중요한 지침으로 자리 잡았다.

공적인 이미지를 보유하는 대형 상장회사의 성격은 월스트리트가 만들어낸 것이 아니다. 즉, 단순히 투자인인 주주의 수가 많고 시가총액이 크기 때문에 공적으로 인식되는 것이 아니라 그 회사가 생산하는 제품의 종류, 종업원의 수, 미디어가 커버하는 그 회사의 사회적 존재감, 정부와 국회가 그 회사를 다루는 태도 등이 복합적으로 작용해서 탄생하는 것이다. 따라서 대형 상장회사의 공적인 성격은 법률이 아닌 다른 여러 가지 복합적인 요인들이 규정한다. 이렇게 본다면 그런 회사 경영진의 의무는 단순히 회사와 주주에 대한 것일 수 없다. 자본시장법상의 공공적 법인의 경우와 유사하다(제152조 제3항). 법률에 따른 주의의무, 충실의무와 다른 추가적인 의무를 인정하든지 법률상 의무의 내용이 수정되어야 한다. 자본시장법과 회사법이 규정하고 있는 특별 규정들은 원칙적으로 주주와 회사의 이익을 염두에 둔 것들이고 대형 상장회사의 사회적 비중을 염두에 둔 것이 아니므로 향후 그에 해당하는 회사의 존립목적과 경영진의 의무 측면에서 논의와 개선이 뒤따르게 될 것이다. 국내 학계에서는 종래 기업의 사회적 책임을 규정화 하는 데 대한 논의가 있었으나 대체로 부정적이었다. 그러나, 새로운 사회적, 경제적 상황하에서 다시 논의가 진행될 가능성도 배제할 수 없다. 미국에서는 회사법이 아닌 증권법의 영역에서도 예컨대 환경문제에 대한 공시의무를 강화하는 방식으로 공개기업의 사회적 책임이 강조되고 있기도 하다.

상법 내 회사법 편에 주식회사의 사회적 역할에 관한 책임이나 이사의 의무 관련 조항에 사회적 책임을 규정한다 해도 실질적인 의미는 없는 훈시적 규정에 불과하게 될 가능성이 있음이 지적된다. 실제로 그러한 책임이나 의무에 위배했을 때 어떤 법률적 효과가 발생하게 할지 규정하는 것은 쉽지 않을 것이다. 그러나, 상법이 반드시 요건과 효과의 포맷을 갖춘 조문들로만 채워져야 하는 것은 아닐 것이다. 훈시적 규정에 불과하다 해도 주식회사의 조직과 운영에 있어서 구성원들의 사고와 행동에 영향을 미칠 수 있는 규정이라면 의미가 있고 상법과 같은 기본법이 사회에 미치는 좌표설정 효과도 작지 않다. 상법은 분쟁의 방지나 분쟁을 해결하기 위해서 존재하는 재판규범만은 아닌 것이다. 실제로 상법개정은 헌법개정 다음으로 큰 사회적 관심사임을 언론을 통해 쉽게 확인할 수 있고 경제정책에 관한 사회적 논의의 중심이 되는 경우가 많다.

지난 약 10년간 미국에서는 공개 기업의 수가 38% 감소했고 영국에서는 48%나 감소했다. 자본시장의 침체도 한 원인이지만 엔론 사건 이후의 규제 강화도 큰 이유다. 기업가들이 공개 기업이 되는 시점을 최대한 늦추려 하고 있으며 사모펀드들의 바이−아웃과 상장폐지 거래가 급증했다. 이 현상은 결국에는 IPO로 큰 경제적 이익을 추구하려는 기업가와 투자자의 이기적 동기를 약화시킬 것이다. 그로부터 발생하는 공개 기업의 비중 축소는 규모의 경제 위에서만 가능한 대규모 투자를 축소시켜 기술적 혁신을 위축시킬 수 있다. 자동차, 항공기, 석유화학 제품 등등 인류의 모든 중요한 혁신은 대형 공개 기업들에 의해 이루어진 것이고 잉여 자금을 보유한 평범한 투자자들은 그런 기업들에 투자해서 투자수익을 시현해 왔으며 금융기관들은 그런 기업들과 투자자들 간의 자금중개로 성장해 왔다. 비공개 기업과 사모펀드의 융성은 사회 전반의 부와 복지수준은 저하시키고 소수에게 정치적, 경제적으로 유리한 환경을 조성하여 양극화를 심화시킬 위험을 내포한다. 비효율적인 국영기업들도 IPO를 통해 민영화의 수순을 밟게 되고 그 과정에서 외부 투자자들을 유치하게 되어 기업지배구조를 바꾸고 효율성을 추구할 수 있는 것이다.

따라서, 신생기업의 자금조달을 지원해서 그 기업들이 대형기업으로 성장할 수 있게 하기 위한 규제완화는 필요하지만 대형기업들에 대해 회사법 측면에서 어떤 규제를 해야 하는지는 계속해서 어려운 문제다. 대형기업으로의 성장은 지원하면서 막상 대형기업이 된 기업들에게는 공개기업으로 남을 유인을 감소시키는 것은 모순된 것이기 때문이다.

제3장 주주와 주식

Ⅰ. 주식과 주권

주식회사의 주주가 되려면 출자를 행하고 그에 대해 주식을 발행 받아야 한다. 주식을 발행 받을 때 통상 종이에 인쇄된 주식, 즉, 주권을 발행 받게 된다. 그러나, 주식과 주권은 개념상 별개의 것이다. 상법 제329조 제 2 항은 액면주식의 금액은 균일하여야 한다고 규정한다. 제 3 항은 액면주식 1주의 금액은 100원 이상으로 하여야 한다고 하는데 1주의 금액이 정해져 있는 주식을 액면주식, 1주의 금액이 정해져 있지 않은 주식을 무액면주식이라고 한다(제329조 제 1 항). 액면이 없는 주식을 어떻게 가격을 정해서 거래하는지 의아하게 생각할 독자들이 있을 것이다. 그러나, 액면이 정해져 있어도 그 액면가대로 거래되는 주식은 거의 없다. 주식의 가치는 액면이 아니라 실질적인 평가에 의해 정해진다. 주식이 증권거래소에 상장되어 있는 경우 시가가 일단 실질적인 가치를 반영하는 것으로 여겨진다. 다만 무액면주식은 아직 활성화되지 못하고 있다.

주식을 발행 받아 주주가 되기 위한 출자는 현금으로 하는 것이 원칙이지만('납입'이라고 한다) 물건으로 할 수도 있는데, 후자를 현물출자라고 부른다. 후자의 경우 당연히 출자하는 물건이 현금으로 얼마에 해당하는 것인지를 평가하는 작업이 필요하다. 어쨌든 신주의 인수인은 납입 또는 현물출자의 이행을 한 때에는 납입기일의 다음날로부터 주주의 권리의무가 있다(제423조 제 1 항). 회사는 신주의 납입기일 후 지체 없이 주권을 발행하여야 한다(제355조 제 1 항). 주권에는 1. 회사의 상호, 2. 회사의 성립연월일, 3. 회사가 발행할 주식의 총수, 4. 1주의 금액, 5. 회사의 성립 후 발행된 주식에 관하여는 그 발행연월일 등의 사항과 주권의 번호를 기재하고 대표이사가 기명날인 또는 서명하여야 한다(제

356조).

주식은 몇 주를 합해서 한 주로 만들 수도 있고(병합) 한 주를 몇 주로 나눌 수도 있다(분할). 나누는 경우를 보자. 시가가 5만 원인 주식을 둘로 나누면 이론상 주가는 2만 5,000원이 되어야 한다. 그러나 증권시장은 오묘한 곳이어서 반드시 그렇게 되지는 않고 대개 2만 5,000원보다 높은 가격에 새로 시가가 형성된다. 2만 7,000원이라고 하자. 그러면 주주들은 가만히 앉아서 4,000원씩을 번 셈이다. 분할을 하는 또 다른 이유는 주식 가격이 지나치게 높은 경우 주식의 거래에 장애가 발생하기 때문이다. 워런 버핏의 회사인 버크셔 해서웨이(Berkshire Hathaway)는 한 주가 우리 돈으로 1억 원이 넘는다. 이렇게 되면 아무리 투자를 하고 싶어도 최소한 1억 원이 있어야 한다. 예컨대, 주당 시가가 100만 원인 주식이 있다고 하자. 이를 둘로 나누어 50만 원대가 되게 하면 보다 많은 투자자들이 이 주식에 투자할 수 있게 된다. 투자할 투자자들이 많아진다는 것은 주식의 인기가 좋아지고 유동성이 높아진다는 것이다. 즉, 팔기도 쉽게 된다. 주가는 자연스럽게 올라가게 된다. 상법은 주식의 분할에 주주총회의 특별결의를 요하게 한다(제329조의2 제1항). 액면주식을 분할하려면 정관을 개정해야 하기 때문에 당연한 규정이다.

II. 주주명부

1. 법률적 효력

회사가 자신의 주주가 누구인지 알지 못한다면 곤란한 일이 한두 가지가 아니게 된다. 그래서 회사는 누가 시키지 않아도 주주에 관한 기초적인 정보를 정리해서 보관하게 된다. 그런데 상법은 주주명부라는 명칭하에 회사로 하여금 그러한 정보를 정리, 보관하게 하고 그에 일정한 법률적 효과를 부여한다. 상법 제352조 제 1 항에 의하면, 회사는 주식을 발행한 때에는 주주명부에 1. 주주의 성명과 주소, 2. 각 주주가 가진 주식의 종류와 그 수, 2의2. 각 주주가 가진 주식의 주권을 발행한 때에는 그 주권의 번호, 3. 각 주식의 취득연월일 등의 사항을 기재하여야 한다. 2009년 5월 28일자로 신설된 제352조의2에 의하면, 회사는 정관으로 정하는 바에 따라 전자문서로 주주명부를 작성할 수 있다. 이 경우 전자주주명부에는 제352조 제 1 항의 기재사항 외에 전자우편주소를 적어야 한다(제 2 항). 주주에 대한 회사의 통지는 주주명부에 기재한 주소 또는 그 자로부터 회사에 통지한 주소로 하면 된다(제353조 제 1 항).

　　주주명부의 법률적 효력은 주식이 양도되는 경우 발휘된다. 제337조는 "기명주식의 이전의 대항요건"이라는 제목하에 이를 규정한다. 이에 의하면 주식의 이전은 취득자의 성명과 주소를 주주명부에 기재하지 아니하면 회사에 대항하지 못한다(제 1 항). 또, 회사는 정관이 정하는 바에 의하여 명의개서대리인을 둘 수 있다. 이 경우 명의개서대리인이 취득자의 성명과 주소를 주주명부의 복본에 기재한 때에는 제 1 항의 명의개서가 있는 것으로 본다(제 2 항). A가 B에게 주식을 양도하였는데 회사의 주주명부에는 여전히 A가 주주로 남아있지만 회사가 워낙 작고 주주도 몇 사람 안되어 회사가 이제 B가 실제의 주주라는 것을 안다면 어떻게 해야 하는가? 그래서 회사가 B에게 배당금을 지급하였다면? 판례는 "제337조의 규정은 주주권이전의 효력요건을 정한 것이 아니고 회사에 대한 관계에서 누가 주주로 인정되느냐 하는 주주의 자격을 정한 것으로서 기명주식의 취득자가 주주명부상의 주주명의를 개서하지 아니하면 스스로 회사에 대하여 주주권을 주장할 수 없다는 의미이고, 명의개서를 하지 아니한 실질상의 주주를 회사측에서 주주로 인정하는 것은 무방하다"고 한다(대법원 1989. 10. 24. 선고 89다카14714 판결).

2. 기준일

　　주식은 하루에도 무수히 거래되어 주주가 변동하게 되는데 주식을 양수한 새 주주가 회사에 바로 바로 명의개서를 한다는 보장이 없다. 그러다 보면 실질주주와 주주명부상의 주주가 상이한 경우가 흔하게 발생한다. 또, 오늘 주주총회를 개최해서 주주로 하여금 의결권을 행사하게 하려면 오늘 현재 주주가 누구인지 파악해야 하는데 이는 회사가 클수록 사실상 불가능하다. 주주총회 소집을 통지하기 위해서라도 시간이 필요하다. 이 문제 때문에 인위적으로 특정일을 정하고 그날 주주명부에 기재된 주주를 주주로 취급할 수밖에 없게 된다. 그러나, 아무래도 3월 1일의 주주총회에 2월 1일 주식을 이미 양도하고 주

주가 아닌 사람이 주주로서의 권리를 행사하고 2월 1일 그로부터 주식을 양수
한 새 주주는 주주로서의 권리를 행사하지 못하는 것은 바람직하지 못하다. 그
러면 편의상 12월 30일에 주주명부에 주주로 기재된 자를 3월 1일의 주주총회
에서 주주로 일괄 취급하는 데 좋은 방법이 없을까? 있다. 12월 30일을 마지막
으로 3월 1일까지 명의개서를 해 주지 않는다고 공표하면 12월 30일 이후 3월
1일까지는 주식을 사더라도 권리를 행사하지 못할 것이므로 주식을 사는 사람
이 없어질 것이다. 그렇게 되면 12월 30일자 주주명부에 기재된 주주들이 3월
1일자의 주주들과 같을 것이므로 부당한 문제가 발생하지 않을 것이다. 아니면
명의개서는 계속해 주되 12월 30일에 기재된 자를 주주로 본다고 공표해도 같
은 효과가 발생할 것이다. 이것이 바로 주주명부 폐쇄와 기준일의 아이디어다.

　　기준일 현재 주주명부상의 주주이면 주주총회에서 주주권을 행사하게 된
다. 12월 30일을 기준일로 정하면 12월 29일에 주식을 사서 명의개서를 하고
12월 31일에 주식을 팔아 버린 주주도 회사 창사 이래 20년간 주주인 주주와
다름없는 의결권을 행사한다. 이런 수법(기법)을 기준일 캡쳐(record date cap-
ture)라고 부른다. 심지어는 주식을 사지도 않고 하루 동안 주식을 빌려서 명의
개서를 하고 갚은 후 주주권을 행사하는 경우도 있다. 주식을 빌리는 주식대차
는 주식매매거래에 비해 자금을 훨씬 덜 움직여도 되지만 소비대차이기 때문에
빌리는 사람에게 소유권이 이전하므로 명의개서를 할 수 있다.

　　상법 제354조 제 1 항은 회사는 의결권을 행사하거나 배당을 받을 자 기타
주주 또는 질권자로서 권리를 행사할 자를 정하기 위하여 일정한 기간을 정하
여 주주명부의 기재변경을 정지하거나 일정한 날에 주주명부에 기재된 주주 또
는 질권자를 그 권리를 행사할 주주 또는 질권자로 볼 수 있다고 한다. 주주명
부 폐쇄 기간은 3월을 초과하지 못하며(제 2 항) 기준일은 주주 또는 질권자로서
권리를 행사할 날에 앞선 3월 내의 날로 정하여야 한다(제 3 항). 회사가 주주명
부 폐쇄 기간 또는 기준일을 정한 때에는 그 기간 또는 날의 2주간 전에 이를
공고하여야 한다(제 4 항). 그러나, 실제로는 이렇게 하더라도 주식의 양수도 거
래는 계속하여 일어난다. 따라서, 불일치는 감수할 수밖에 없다.

　　다만, 주주명부 폐쇄일이나 기준일 이후에는 주식을 양수하더라도 권리를
바로 행사할 수 없다는 것을 모두 알기 때문에 해당 시점을 지나면 회사의 주
가가 하락한다. 이를 권리락이라고 부른다. 물론 기준일 이후에 주식을 양수도

하더라도 양도인과 양수인이 의결권의 대리행사를 합의하면 양수인이 실질적인 주주권 행사를 할 수 있게 될 것이다.

3. 차명주식

독자가 친구 이름으로 주식인수계약을 체결했다. 친구는 아무 것도 모른다. 상법 제332조 제 1 항은 이 경우 독자에게 주금납입의무를 부과한다. 주금을 납입하면 친구가 주주명부에 주주로 기재되지만 독자가 실질적인 주주다. 이런 주식을 차명주식이라고 부른다. 왜 남의 이름으로? 다 이유가 있다. 내가 주주라는 사실을 감추고 싶은 것이다. 대개 정당하지 못한 이유들이다. 그러나 상법에 조문이 있으니 다른 법에 의해 규제 받는 것은 별론으로 하고 타인 명의의 주식인수도 유효하다. 그런데, 친구가 알면? 즉, 이름을 흔쾌히 빌려준 경우라면? 이 경우 친구도 주금납입의 연대책임을 진다(제 2 항). 그런데, 친구가 모르는 경우라면 독자를 주주로 취급하는 데 문제가 없는데, 친구가 이름을 빌려 준 경우라면 누가 주주인가? 친구가 갑자기 내가 주주라고 주장하면서 권리도 행사하고 배당도 받으려 든다면? 실질관계를 중시하면 독자가 주주다. 판례도 "실제로 주식을 인수하여 그 대금을 납입한 명의차용인만이 실질상의 주식인수인으로 주주가 되고, 단순한 명의대여자에 불과한 자는 주주로 볼 수 없다"고 하여 그렇게 본다(대법원 1998. 4. 10. 선고 97다50619 판결). 제332조 제 2 항은 주금납입의 연대책임을 규정하는 것이지 친구를 주주로 만드는 것은 아니다. 그러나, 다른 견해도 있다. 실제로 누가 주주인지 큰 회사에서는 알기도 어렵고 회사에 조사의무를 부과할 수도 없지 않은가? 법률관계의 안정을 위해서는 명의상의 주주인 친구를 주주로 취급해야 한다는 것이다.

III. 우선주식

주식은 크게 보통주식과 우선주식으로 분류할 수 있다. 상법은 제344조에서 '종류주식'이라는 제목하에 우선주식에 대해 규정한다. 회사는 이익의 배당 또는 잔여재산의 분배에 관하여 내용이 다른 종류주식을 발행할 수 있다(제 1

항). 이 경우 정관으로 각 종류주식의 내용과 수를 정하여야 하며, 이익배당에 관하여 내용이 다른 종류주식에 대하여는 정관으로 이익배당에 관한 내용을 정하여야 한다(제344조의2 제 1 항). 또, 우선주식은 상환주식이나 전환주식으로 발행할 수도 있다. 제345조가 규정하는 상환주식은 이익으로써 소각할 수 있는 것으로 하는 종류주식이며, 제346조가 규정하는 전환주식은 주주가 인수한 주식을 다른 종류주식으로 전환을 청구할 수 있는 주식이다. 두 경우 모두 상환가액 내지 전환의 조건, 상환기간 내지 전환의 청구기간, 상환방법과 수 내지 전환으로 인하여 발행할 주식의 수와 내용을 정관에 기재하여야 한다.

상법은 회사가 우선주식을 발행하는 경우에는 정관으로 주주에게 의결권이 없는 것으로 할 수 있으며 — 주주는 정관에 정한 우선적 배당을 받지 아니한다는 결의가 있는 총회의 다음 총회부터 그 우선적 배당을 받는다는 결의가 있는 총회의 종료 시까지에는 의결권이 있다는 구 상법의 제370조 제 1 항은 삭제되었다 — 의결권이 배제, 제한되는 종류주식의 총수는 발행주식의 총수의 4분의 1을 초과하지 못한다(제344조의3 제 2 항). 의결권이 없다는 사실이 주식의 가격에 어떤 영향을 미칠까? 의결권은 없지만 배당에 우선권이 있는데, 통상 우선주의 가격은 보통주의 가격보다 높다. 그러나, 우리나라에서는 반대로 우선주의 가격이 보통주보다 낮게 형성된다. 이는 투자자들이 의결권의 가치를 대단히 높게 평가한다는 의미가 된다. 이 가격차를 의결권 프리미엄이라고 부르기도 한다.

제344조의3(의결권의 배제·제한에 관한 종류주식)

① 회사가 의결권이 없는 종류주식이나 의결권이 제한되는 종류주식을 발행하는 경우에는 정관에 의결권을 행사할 수 없는 사항과, 의결권행사 또는 부활의 조건을 정한 경우에는 그 조건 등을 정하여야 한다.

② 제1항에 따른 종류수식의 총수는 발행주식총수의 4분의 1을 초과하지 못한다. 이 경우 의결권이 없거나 제한되는 종류주식이 발행주식총수의 4분의 1을 초과하여 발행된 경우에는 회사는 지체 없이 그 제한을 초과하지 아니하도록 하기 위하여 필요한 조치를 하여야 한다.

Ⅳ. 주식의 양도

1. 양도방법

주식양도자유의 원칙에 대하여는 앞에서 설명하였다. 상법 제336조는 주식의 양도방법을 규정한다. 이 조항에 의하면 주식의 양도에 있어서는 주권을 교부하여야 한다(제 1 항). 주권의 교부는 현실의 인도 이외에 간이인도, 점유개정, 반환청구권의 양도에 의하여도 할 수 있다. 그리고, 주권의 점유자는 이를 적법한 소지인으로 추정한다(제 2 항). 주주가 다른 사람에게 주식을 양도하고자 할 때는 일단 주식양도계약을 체결할 것이다. 이 계약의 이행에 상법은 주권의 교부를 요건으로 부과하는 것이다. 민법은 지시채권은 그 증서에 배서하여 양수인에게 교부하는 방식으로 양도하게 하는데(민법 제508조) 주식의 경우 주권에의 배서를 요구하지 않고 단순한 교부에 의해 양도할 수 있는 것이다. 과거, 주식의 양도도 주권에 배서해서 이행했어야 하지만 이를 백지배서로 하는 관습이 발달하게 되어 백지배서와 유사한 교부를 요건으로 하는 법률이 만들어진 것이다.

주식의 교부와 배서 ━━━━━━━━━━━━━━━━━━━━━━━━━━━

상법은 주식의 양도에 배서가 필요 없다고 하지만 만일 주식을 양수받을 때 항상 주권에 배서를 받는 것에 익숙해져 있는 외국인이 이를 요구한다면 어떻게 해야 하는가? 일반론으로, "법률에 규정되어 있기 때문에 계약서에는 쓸 필요가 없습니다."라든지 "법률이 요구하지 않기 때문에 할 필요 없습니다."라는 말은 현장에서는 소용없을 수가 있다. "아는데, 확실히 해둡시다."에는 반론이 쉽지 않고 거래 당사자로서의 위치가 약할 때는 더 그러하다. 그래서 사과 박스 5개 분량의 주권에 하루 종일 걸려서 배서를 해 주어야 하는 일이 생길 수 있다. 또, 단순한 작업이라 사무직원을 시키고자 할 때 양수인이 반드시 변호사가 해야 한다고 고집하면 양도인은 비용을 들여서 그에 협조해 주어야 하는 것이다.

그런데, 독자들이 주식을 사고팔면서 실제로 주권을 교부해 본 기억은 거의 없을 것이다. 왜 그런가? 모두 상법상의 요건을 구비하지 못한 거래였던가? 그 이유는 독자들이 사고판 주식은 거의 상장회사의 주식이기 때문이다. 한국거래소에서는 하루에 평균 5조~10조 원어치의 주식이 거래되고 거래량도 수억주이다. 이 많은 주식의 거래에 모두 주권을 교부한다면 어떻게 될까? 그래서, 자본시장법은 상장회사의 주식양도에 주권에의 배서는 물론이고 주권의 교부조차 필요치 않도록 해 준다. 자본시장법 제311조에 의하면 한국예탁결제원의 투자자계좌부와 예탁자계좌부에 기재된 자는 각각 그 증권 등을 점유하는 것으로 보는데(제1항) 투자자계좌부 또는 예탁자계좌부에 증권 등의 양도를 목적으로 계좌 간 대체의 기재를 한 경우에는 증권 등의 교부가 있었던 것으로 본다(제2항). 즉, 장부상의 기재변경만으로 주식이 양도될 수 있는 것이다. 또, 동법 제312조 제1항에 의하면 예탁자의 투자자와 예탁자는 각각 투자자계좌부와 예탁자계좌부에 기재된 증권 등의 종류·종목 및 수량에 따라 예탁증권 등에 대한 공유지분을 가지는 것으로 추정한다. 일산에 있는 한국예탁결제원의 거대한 금고에는 상장회사의 주권들이 정리되어 보관되어 있으며 주주들은 자신이 보유한 종류와 종목의 주식에 대한 주권을 다른 주주들과 공유한다. 주식 지분율이 공유지분이다. 따라서 예탁결제원에 보관된 주권은 혼장임치되어 있는 것으로 새긴다.

2. 청산결제

증권시장에서 증권의 거래당사자들이 증권의 매매에 합의하면 매매계약의 이행이 뒤따른다. 즉, 증권을 인도하고 매매대금을 지불하는 것이다. 여기서 청산과 지급결제의 위험이 발생한다. 한쪽 당사자가 의무를 이행하지 못하는 경우가 발생하기 때문이다. 주식을 팔았는데 대금이 제때 들어오지 않는다면 제3자에 대한 채무를 이행하지 못하는 일이 생길 수 있고, 주식을 샀는데 제때 주주가 되지 못한다면 권리행사를 못하게 되거나 주식을 담보로 제공하지 못하게 되어 손해를 볼 수 있는 것이다.

1960년대 말 뉴욕증권거래소(NYSE)에서의 거래량 폭주로 다수의 투자은행들이 대량으로 결제에 실패하는 사고가 발생했다. 당시만 해도 요즘같은 컴퓨터가 없었으므로 청산과 결제를 수기장부로 했었다. 대부분의 소매증권업무 중심 투자은행들이 결제업무를 비롯한 지원업무를 전산화하지 못한 상태였다. 메릴린치와 같이 컴퓨터 설비에 일찍부터 대대적인 투자를 행한 투자은행들만이 예외였다. 이 파동으로 많은 투자자들이 손해를 보았고 약 160개의 NYSE 회원사들이 도산하거나 다른 회사에 흡수되었다. 이 사태를 겪으면서 투자은행들은 물론이고 NYSE와 다른 증권거래소들도 대규모 첨단장비 투자를 시작하였으며 이는 투자은행업계에 규모의 경제의 중요성을 부각시켜 대형화와 M&A, 그리고 궁극적으로는 기업공개를 촉발시키게 된다. 1700년대에 암스텔담 증권거래소와 런던증권거래소는 동시상장된 증권들로 인해 청산과 결제에 14일의 시간을 두었다. 암스텔담과 런던 사이를 마차와 배를 이용해서 증권과 돈이 이동하는 데 드는 시간이다. 이 14일의 시간 동안 여러 가지 일이 일어날 수 있는 것이다. 지금은 기술의 발달로 세계적으로 T+3 방식이 통용된다. 이 위험을 체계적으로 감소시키기 위해 처음에는 증권거래소 자체가, 나중에는 별도의 제 3 기관이 청산과 지급결제업무를 전담하게 되었다. 제 3 기관은 주로 증권거래소의 자회사다. 우리나라에서도 한국예탁결제원은 한국거래소의 자회사다. 그러나, 독립적인 청산결제기관은 주식, 회사채뿐만 아니라 각종 장내외 파생상품의 청산결제 기능도 수행한다.

3. 양도제한

전술한 바와 같이 상법은 주식양도자유의 원칙을 예외적으로 수정하여 정관에 주식의 양도에 이사회의 승인을 받게 할 수 있도록 하며(제335조 제 1 항 단서) 그로부터 발생하는 주주의 불편과 손해를 방지 내지 감소시키는 데 필요한 여러 규정을 둔다. 먼저, 주식의 양도에 관해 이사회의 승인을 얻어야 하는 경우에는 주식을 양도하고자 하는 주주는 회사에 대하여 양도의 상대방 및 양도하고자 하는 주식의 종류와 수를 기재한 서면으로 양도의 승인을 청구할 수 있는데 회사는 그에 대해 1월 이내에 승인 여부를 서면으로 통지하여야 한다. 회사가 그 기간 내에 주주에게 거부의 통지를 하지 않으면 이사회의 승인이 있는 것으로 본다. 반대로, 회사가 양도의 상대방이 마음에 들지 않든지, 아니면 다른 이유로 양도승인을 거부하면 주주는 통지를 받은 날부터 20일 내에 회사에 대해 그러면 누구에게 팔아야 할지를 회사가 지정해 주거나 지정할 수 없다면 회사가 매수할 것을 청구할 수 있다(제335조의2).

주주가 5만 원에 사겠다는 매수인을 구했는데 회사가 승인해 주지 않아서 그 매수인에게 매도할 수 없다면 회사가 양도상대방을 지정해 주거나 회사가 매수하겠다는 경우 주주는 5만 원을 요구할 것이다. 그러나, 회사가 지정한 상대방이나 회사가 이에 동의한다는 보장은 없다. 그래서 여기서 가격 결정 문제의 어려움이 생긴다. 일단 상법 제335조의5 제 1 항은 주식의 매도가액은 주주와 매도청구인 간의 협의로 이를 결정한다는 공자님 말씀을 하고 있다. 당연히 협의로 잘 결정되지 않는다. 그래서 동조 제 2 항은 협의가 이루어지지 않는 경우에 제374조의2 제 4 항 및 제 5 항의 규정을 준용한다고 규정한다. 이 규정은 무슨 규정인가? 회사의 합병에 반대하는 주주가 회사에 주식을 팔고자 할 때도 같은 문제가 생기는데 그에 관한 규정이다. 제374조의2 제 4 항에 의하면 당사자들 간에 협의가 이루어지지 아니한 경우에는 회사 또는 주식의 매수를 청구한 주주는 법원에 대하여 매수가액의 결정을 청구할 수 있다고 한다. 결국 별수 없이 판사가 결정하게 하는 것이다. 그런데, 판사는 전문가가 아닌데 어떻게 결정할까? 이에 관해서는 후술하는 삼성에버랜드사건 판결을 참고하면 된다. 동조 제 5 항은 법원이 주식의 매수가액을 결정하는 경우에는 회사의 재산상태 그 밖의 사정을 참작하여 공정한 가액으로 이를 산정하여야 한다고 다시 별 도움이 안 되는 규정을 두고 있다. 어쨌든 이는 대원칙이다. 판사는 다양한 주식 가치평가 방법을 활용하여 최종적으로 가액을 결정해 준다.

정관에 양도제한이 규정되어 있는데 주주가 그를 무시하고 주식을 양도한 경우에는 어떤 일이 일어나는가? 주식양수도계약은 매도인과 매수인 사이의 채권계약으로 원칙적으로 유효하다. 양수인이 양도제한 사실을 몰랐다면 계약의 해제를 요구할 수도 있을 것이다. 그러나, 상법은 사후적인 구제방법을 규정한다. 상법 제335조의7은 양수인이 회사에 대해 취득의 승인을 청구할 수 있게 하고 제335조의2 제 2 항 내지 제 4 항, 제335조의3 내지 제335조의6의 규정을 준용한다고 규정한다. 양도인이 나몰라라 하고 도망가 버렸다면 답답한 양수인이 그때서라도 승인을 청구하게 된다. 회사는 이미 저질러진 일에 대해서 사후적으로는 좀 더 너그러운 입장이 될 수도 있을 것이고 양도인이 그런 사실을 안다면 이 옵션을 의도적으로 활용할 수도 있을 것이다.

Ⅴ. 주식의 담보와 대차

1. 주식의 담보

주식은 담보물로 많이 활용된다. 사업하는 사람이 은행에서 돈을 빌릴 때 가장 쉽게 움직일 수 있는 것이 주식이기 때문이다. 또, 주식은 부동산과는 달리 회사 지배에 대한 비례적 이익을 가져다준다. 그래서, 회사를 경영하는 사람에게는 반드시 되찾아와야 하는 물건이다. 채권자 입장에서는 채무자가 반드시 찾아가야 하는 물건처럼 좋은 담보물이 없다. 질권자의 경우 의결권과 같은 주주권을 행사할 수 있는 것은 아니지만 주주에게는 불안 요인이 된다. 또, 주식은 금융투자회사와 같은 금융기관들이 많이 보유하고 있어서 금융기관들 사이에서 금전거래가 일어날 때 종종 담보물로 이용된다. 물론, 담보물의 가치 변동이 심하면 거래비용이 상승하기 때문에 주식이 아닌 회사채를 담보로 잡을 수 있다면 더 좋다. 회사채도 가치가 변동하므로 국채가 가장 선호되는 담보물이다.

주식을 담보물로 하는 가장 통상적인 방법은 질권의 설정이다. 질권설정계약서를 작성하고 주권을 교부하여 성립되는 약식질이 있고(제338조 제 1 항), 그에 더하여 주주명부에 질권설정 사실과 질권자를 기재하여 성립되는 등록질이 있다(제340조 제 1 항). 상장회사 주식은 예탁결제원에서 장부상의 기재변경만으로 질권을 설정할 수 있다(자본시장법 제311조 제 2 항). 약식질권자는 주권을 계속 점유해야 한다. 주권을 계속 점유하지 않으면 회사를 포함한 제 3 자에게 대항하지 못한다(제338조 제2항). 등록질권자는 주주명부의 자격수여적 효력 때문에 회사에 대해서는 주권을 제시하지 않아도 권리를 행사한다. 주식의 소각, 병합, 분할 또는 전환이 있는 때에는 그로 인해 종전의 주주가 받을 금전이나 주식에 대하여도 종전의 주식을 목적으로한 질권을 행사할 수 있다. 즉, 질권의 물상대위가 인정된다(제339조). 등록질권자는 추가적으로 주주가 회사로부터 받을 이익의 배당, 잔여재산의 분배, 주식배당 등에 대한 권리를 행사할 수 있다(제340조 제1항, 제462조의2 제6항).

한편, 상법상의 근거를 갖지는 않지만 비상장회사의 경우 주식의 양도담보가 주식의 입질보다 더 많이 활용된다. 양도담보가 입질과 다른 점은 주식의 명의개서가 이루어지면 양도담보권자가 공식적인 주주가 된다는 것이다. 즉, 주주권을 행사할 수 있다. 판례는 "주식 양도담보의 경우 양도담보권자가 대외적으로 주식의 소유권자라 할 것이므로, 양도담보 설정자로서는 그 후 양도담보권자로부터 담보 주식을 매수한 자에 대하여는 특별한 사정이 없는 한 그 소유권을 주장할 수 없는 법리라 할 것이고, 설사 그 양도담보가 정산형으로서 정산 문제가 남아 있다 하더라도 이는 담보 주식을 매수한 자에게 대항할 수 있는 성질의 것이 아니다"고 한다(대법원 1995. 7. 28. 선고 93다61338 판결).

2. 주식의 대차

주식은 빌리고 빌려 준다. 주식의 대차는 소비대차이므로 소유권이 차입자에게로 이전되어서 차입자가 의결권을 포함한 주주권을 행사할 수 있다. 주식의 공매도를 위해 주식을 빌리는 경우가 대부분이며 경영권 분쟁에서 의결권을 행사하기 위해 주식을 빌리기도 한다. 이 제도 때문에 회사에 대한 경제적 이해관계가 크지 않은 경제주체들이 회사의 지배구조에 영향을 미치는 문제가 발생하기도 한다. 주식의 공매도(short sale)는 주식의 가치가 하락할 것을 예상 또는 기대하고 주식을 매수하는 세력이 사용하는 기법이다. 주식의 가격이 떨어진다고 보고 하는 행동이고, 또, 떨어지기를 바라는 행동이므로 자본시장에서는 근원적으로 환영 받지 못하는 기법이다. 나아가, 일부 공매도 세력은 주식의 가격이 하락하기를 기다리지 않고 각종 위법한 행동으로 그를 초래하기도 한다. 그런데, 왜 국가가 모든 공매도를 근원적으로 금지하지 않을까? 그 순기능 때문이다. 어떤 회사가 좋아진다고 투자자들이 판단하면 주식을 사는 사람들이 생긴다. 즉, 주식을 사는 행동이 시장에 그 회사에 대한 정보를 전파하게 된다. 그러나, 어떤 회사가 나빠진다고 투자자들이 판단하면 그 주식을 현재 가지고 있는 사람이 아니고는 주식을 팔 수가 없다. 즉, 부정적인 전망이 시장에 전파되는 데 한계가 생긴다. 공매도는 주식을 가지고 있지 않은 사람이 그 회사 주식을 파는 행동을 할 수 있게 해 줌으로써 시장에 필요한 정보가 공급될 수 있게 해 준다.

VI. 주식평등의 원칙

1. 주식평등과 평등대우

주식은 회사의 재산, 지배구조, 이익에 대해 주주가 가지는 비례적 이익을 내포한다. 여기서 비례적 이익이라 함은 주주의 권리는 보유하는 주식의 수에 비례하여 인정된다는 의미다. 이를 주식평등의 원칙이라고 부른다. 회사법의 기본·대원칙이다. 민법상의 신의성실의 원칙에 비견될 수 있는 위치를 차지한다. 주식평등의 원칙을 주주평등의 원칙이라고 부르기도 하는데 정확한 표현은 아니다. 상법에는 주식평등의 원칙을 규정하는 명문의 규정이 없고, 해석상으로만 인정된다. 그러나, 예컨대 독일 주식법 제53a조, 오스트리아 주식법 제47a조는 주주는 동일한 조건하에서는 평등하게 대우하여야 한다고 규정함으로써 주주평등의 원칙을 천명하고 있다. 스위스 채무법은 조금 더 상세한 규정을 둔다. 스위스 채무법 제706조 제2항 제3호에 의하면 "주식회사와 유한회사의 주주총회와 사원총회의 결의는 회사의 목적에 비추어 정당화 될 수 없는 주주나 사원에 대한 불평등 대우나 불이익을 발생시키는 경우" 취소할 수 있다. 나아가 채무법 제717조 제2항은 "회사의 이사는 주주에 대한 평등대우의 의무를 진다"고 규정한다.

주식평등의 원칙에 반하는 정관의 규정, 주주총회의 결의, 이사회의 결의 또는 업무집행은 무효인 것으로 해석된다. 주주평등의 원칙 위반을 이유로 계약의 무효를 선언한 대법원 판례가 있다(대법원 2007. 6. 28. 선고 2006다38161·38178 판결). 이 판례는 회사가 직원들을 유상증자에 참여시키면서 퇴직 시 출자에 손실이 발생하는 경우 그를 보전하기로 하는 약정을 체결한 사안에 관한 것이다. 대법원은 그러한 약정은 해당 주주들에게 다른 주주들에게는 인정되지 않는 우월한 권리를 부여하는 것으로서 주주평등의 원칙에 위반되어 무효라고 한다. 한편, 동 판결은 손실보전약정이 무효라 해서 신주인수까지 무효로 본다면 이는 사실상 다른 주주들과는 달리 해당 직원들에게만 투하자본의 회수를 인정하는 것이 되어 주주평등의 원칙에 반하는 결과가 되므로 신주인수계약까지 무효로 볼 수는 없으며, 주주평등의 원칙에 어긋나는 손실보전약정을 체결하면서까지 직원들을 유상증자에 참여하도록 유인한 행위는 불법행위를 구성한다고 한다.

주식평등의 원칙은 우리 회사법의 대원칙들 중 하나임에도 불구하고 판례와 학설이 그 구체적인 내용을 다룰 기회가 많지 않았거나 자연스럽게 소홀히 해 왔다. 그 이유는 재판에서 이 원칙의 위반이 사건의 결과를 좌우하는 중요한 쟁점으로 등장하는 경우가 많지 않기 때문이다. 주식평등의 원칙이 회사법 이론에서 차지하는 비중도 그에 상응하여 그다지 크지 않다. 역으로, 주식평등의 원칙에 관한 이론과 법리가 덜 발달되면 재판에서 이 원칙이 등장하는 빈도는 더 낮아진다. 판례와 학설이 주식평등의 원칙의 구체적인 내용을 다룰 기회가 많지 않았으므로 이 원칙이 대원칙이라는 점만 강조되어 있고 실제로는 소홀한 대접을 받아왔다. 실무적으로 큰 중요성을 가지며, 무수히 많은 소송의 소재가 된 제 3 자배정 유상증자와 자기주식 취득, 처분에 있어서 주식평등의 원칙 위반이 본격적으로 다투어진 바가 없다는 사실이 그를 보여준다.

2. 1주 1의결권

회사의 지배에 관하여 주식평등의 원칙의 대표적인 발현 형태는 주주의 주주총회에서의 의결권 행사는 주식마다 평등한 취급을 통하여 행해진다는 것이다. 이렇게 주주가 회사의 지배구조에 대해 갖는 비례적 이익이 평등하다는 원칙에서 1주 1의결권의 원칙이 파생되어 나온다. 상법은 제369조 제 1 항에서 "의결권은 1주마다 1개로 한다"고 규정하여 1주 1의결권의 원칙을 표방하는데 이는 우리나라 주식회사 지배구조의 근간을 이루는 규정들 중 하나이다. 이 규정은 정관으로 배제할 수 없는 강행규정이다(대법원 2009. 11. 26. 선고 2009다51820 판결).

1주 1의결권의 원칙은 경제적으로 효율적인 원칙으로 평가된다. 이 원칙이 대리인 비용을 통제하는 효과를 발휘하는 것으로 이해되기 때문이다. 나라마다 차이는 있으나 1주 1의결권의 원칙은 대다수 국가에서 기본적인 회사법 원칙으로 설정되어 있다. 그러나, 1주 1의결권 원칙은 현대의 대규모 주식회사의 등장과 함께 그 가치를 인정받은 원칙이며 회사 발달 역사의 초기에는 정치적 의사결정에 있어서와 같이 1주주 1의결권 원칙이 통용되었다. 주주평등의 원칙이라는 표현은 여기서 나온 것이다. 이는 초기 자본시장에서 주주의 수가 많지 않은 폐쇄회사가 주종을 이룬 데도 기인하며, 의결권의 행사 방법이 주주들의 회합에서의 거수였기 때문이기도 한 것으로 보인다. 1주주 1의결권 원칙은 19세기 전반에 걸쳐 통용되다가 일부 회사들이 1주 1의결권 원칙을 주주별 의결권 상한(예컨대, 주주당 10개의 의결권)과 함께 도입하기 시작하였다. 프랑스에서는 소액주주에게 의결권을 인정하지 않기도 했으며, 영국·독일에서는 대주주의 의결권이 일정한 수준에서 제한되었다. 이는 정치적인 원칙인 1주주 1의결권 원칙을 경제적인 원칙인 1주 1의결권 원칙으로 대체해 가는 과도기적 현상이었던 것으로 여겨진다.

1주 1의결권 원칙을 최초로 법제화한 나라는 미국이다. 1897년에 델라웨어주 헌법은 주식회사의 이사를 선임하는 경우 주주들의 의결권은 보유 주식수마다 1개로 한다고 규정하였다. 그러나, 이 규정은 곧 개정되었는데 델라웨어주는 정관이 다르게 규정하지 않는 한 1주 1의결권의 원칙이 적용된다는 법률을 제정하여 이것이 오늘날 델라웨어주 회사법전에 그대로 남아 있다. 즉, 1주 1의결권 원칙은 임의규칙이다. 다른 주들도 유사한 태도를 취한다. 그러나, 뉴욕주와 같이 이를 강행규정으로 하는 주도 있다. 미국에서 1주 1의결권 원칙이 회사법전에서 대개 임의규정임에도 불구하고 많은 기업들이 이를 채택하기 시작한 것은 주주들의 압력이나 다른 정치적 이유가 그 원인이 아니고 뉴욕증권거래소의 역할 때문이다. 1926년에 뉴욕증권거래소는 무의결권보통주식의 상장을 금지하는 결정을 내렸는데 당시 기업지배구조는 복수의결권주식, 의결권 신탁 등의 장치를 통해 구성되고 있었으며 예컨대, 닷지형제(Dodge Brothers)는 발행주식의 2% 미만을 보유하고 있던 투자은행인 딜런리드(Dillon Read)의 지배 하에 있었다. 이러한 관행에 대한 여론의 비판이 점증하자 뉴욕증권거래소는 의결권에 대한 차등을 부정적으로 평가하고 무의결권 보통주식의 상장을 금지하는 결정을 내린다. 여기서 1주 1의결권 원칙이 새로운 의미를 가지고 그 위치를 굳혀 나가게 되었다. 1주 1의결권 원칙은 일시적으로 포기되기도 했고 포드자동차나 뉴욕타임즈 주식의 경우처럼 예외가 인정되기도 했으나 현재까지 뉴욕증권거래소 상장규정의 근간을 형성한다. 단, 뉴욕증권거래소는 신규상장의 경우에는 복수의결권주식을 허용하고 있다.

알리바바가 뉴욕으로 간 까닭은 ═══════════════════════════════════

차등의결권의 허용 여부는 기업의 IPO 결정에 영향을 미칠 수 있다. IPO 후에 경영권 위협이 발생할 것이 예견되면 차등의결권의 보호 없이는 IPO를 포기하거나 미루게 된다. 아니면, 차등의결권을 허용하는 증권시장에서 IPO를 하기로 결정할 수도 있는 것이다. 2014년 초에 내려진 중국 알리바바(Alibaba)의 미국 IPO 결정이 그를 잘 보여주었다.

홍콩증권거래소(SEHK)는 전통적으로 차등의결권을 인정하지 않는다. 1987년에 리카싱그룹의 주력 회사들이 B형 주식을 새로 발행하려고 한 일이 있는데 SEHK는 상장규정을 개정하여 차등의결권을 금지하였다. 차등의결권은 소수주주의 권익에 해롭기 때문에 홍콩이 국제금융의 중심지가 되기 위해 필요한 외국인 투자자 유치에 장애가 된다는 이유에서였다.

알리바바는 1999년에 설립된 중국 최대의 전자상거래 회사다. 야후가 대주주다. 아마존과 이베이를 합친 것과 유사한 내용의 다양한 사업을 영위한다. 그러나 알리바바의 2012년 매출은 아마존과 이베이의 매출을 합한 액수보다 많은 1,700억 달러에 달했다. 사업규모가 이렇게 커졌기 때문에 IPO는 자연스러운 수순이었고 알리바바는 홍콩에서 IPO를 하기로 결정하였다. 그러나 알리바바의 지배구조는 1주 1의결권 원칙에 위배되는 형태였기 때문에 SEHK은 IPO를 허용해 줄 수 없다는 입장을 표명하였다. 그러자 알리바바는 런던증권거래소의 입장을 타진하였다. 런던 역시 알리바바의 지배구조가 차등의결권을 인정하는 것과 마찬가지라는 이유에서 상장을 불허하였다. 결국 알리바바는 미국을 향했고 뉴욕증권거래소와 나스닥 두 거래소는 경쟁적으로 알리바바의 상장을 유치하려 하게 된다. 알리바바는 뉴욕증권거래소를 선택하였다. 알리바바의 IPO는 160억 달러 규모로 예상되었는데 2012년 페이스북 IPO의 150억 달러를 능가하는 것이다. SEHK는 2010년 이래 40억 달러가 넘는 IPO는 유치해 본 일이 없다. 홍콩은 이 사건의 여파로 차등의결권제도에 대한 논란에 휩싸이게 되었다.

이 사례는 한 나라 자본시장의 발달과 국제화가 그 나라의 기존 제도에 의해 규정지어지는 극단적인 모습을 보여준다. 대형 IPO의 시장 결정은 증권거래소뿐만 아니라 관련되는 투자은행, 로펌과 회계법인, 그 밖의 다양한 지원업무 관련 산업의 이해관계와도 결부되어 있다. 보기에 따라서는 단기적인 이익을 위해 전통적인 명제인 소수주주보호를 양보하자는 의견처럼 보일 수 있으나 각국의 자본시장은

유연한 제도를 정비해서 효과적인 대응을 할 수 있는 방법이 있는지를 연구해야
할 것이다.

VII. 주주의 지위

1. 사원과 투자자

상법의 해석상 주주는 주식회사의 사원으로 취급되고 있다. 사원이라는 말
에서 느낄 수 있듯이 주주의 지위는 인적인 요소를 강하게 내포한다. 일단 주
주가 되면 누구도 주주를 회사에서 내쫓을 수가 없다. 상법은 그 누구에게도
특정 주주의 주주 지위를 박탈할 방법을 가르쳐 주지 않는다. 주주가 3인인 회
사를 생각해 보자. 사업이란 주인들끼리 마음이 맞아야 한다. 새로 주주가 되려
고 보니 기존 3인의 주주들 중에 대대로 원수지간인 사람이 있다. 이래서는 사
업에 참여하지 못한다. 그 주주를 내보내라고 다른 주주들에게 요구한다. 다른
주주들은 새 주주를 간절히 원한다. 그러나, 아무리 상법전을 찾고 판례를 찾아
도 주주를 강제로 축출할 방법을 알 수 없다. 궁여지책으로 현재 가치의 10배
가 되는 금액을 제시하면서 그 주주에게 주식을 팔라고 한다. 그러나, 그 주주
는 부친으로부터 물려받은 회사의 주식을 어떤 값에도 팔지 않겠다고 한다. 아
니 무슨 제도가 이런 문제도 해결 못하게 되어 있는가? 무슨 방법이 있어야지.
방법은 있다. 두 사람의 주주가 새 주주와 다른 회사를 또 하나 만들면 된다.
그러나, 결국 같은 사업을 한다면 낭비다.

미국과 독일의 회사법은 주주의 지위를 약간 다르게 본다. 사원이라기보다
는 물적인 재원을 투자한 투자자로 본다. 이는 주주의 수가 많은 대형 상장회
사의 경우에는 더 현실적인 시각일 것이다. 주주의 수가 30만 명인 큰 회사에
서 100주의 주식을 가진 주주가 '내 회사'라는 주인의식을 가지는 문자 그대로
의 사원일까? 시가의 10배를 쳐주겠다는데 안 팔겠다고 하지 않을 것이다. 10
배로 팔고 그중 10%를 써서 주식을 다시 사면 된다. 회사가 커서 주주의 수가
많을수록 일반주주의 개성은 중요치 않게 된다.

2. 소수주식의 강제매수

상법은 제360조의24 내지 제360조의26까지를 신설하여 소수주식의 강제매수제도를 도입하였다. 상법개정 제안이유에 의하면 특정주주가 주식의 대부분을 보유하는 경우 회사로서는 주주총회 운영 등과 관련하여 관리비용이 들고 소수주주로서는 정상적인 출자회수의 길이 막히기 때문에 대주주가 소수주주의 주식을 매입함으로써 그 동업관계를 해소할 수 있도록 그를 허용할 필요가 있는데 발행주식총수의 95% 이상을 보유하는 지배주주가 소수주주의 주식을 공정한 가격에 매입할 수 있도록 하는 한편, 소수주주도 지배주주에게 주식매수청구권을 행사할 수 있게 하여 소수주주 보호방안을 마련한 것이라고 한다. 그리고, 이와 같은 소수주식의 강제매수제도를 통하여 회사의 주주관리비용이 절감되고 경영의 효율성이 향상될 것으로 기대된다는 것이다. 또, 개정상법은 제523조 제 4 호를 개정하여 주식회사의 합병 시 존속하는 회사가 소멸하는 회사의 주주에게 합병의 대가로 금전을 제공할 수 있는 길을 열어 주고 있다. 이는 이른바 현금합병제도를 도입한 것이다. 현금합병을 활용하면 합병이라는 절차를 거쳐야 하기는 하지만 제360조의24 이하의 규정에 의한 강제매수에 의한 경우(5%)보다 더 넓은 범위에서(33%) 소수주주를 축출할 수 있는데, 따라서, 현금합병제도도 넓은 의미에서의 소수주식의 강제매수제도에 포함시킬 수 있다. 이제 주주는 본인의 의사에 반해 회사에서 축출될 수가 있다. 단체의 구성원인 사원이라기보다는 투자자가 되는 것이다.

강제매수의 가장 큰 문제점은 축출되는 소수주주가 입는 불이익이나 경제적인 부담보다는 회사의 주주로서 가지는 기대이익의 상실 가능성이라 할 것이다. 즉, 주주는 회사 사업의 추세와 경영진에 대한 신뢰 등이 복합적으로 작용하는 미래에 대한 신뢰이익을 가지며 그에 일정한 방식으로 기여하기도 하는데 특정 시점에서 그를 강제로 차단 당한다면 계량화할 수는 없지만 분명 일정한 이익을 상실하게 되는 것이다. 또, 특정 주주는 저평가된 회사에 여러 가지 기회비용을 지불하면서 주주로서 남아 있을 수 있는데 그는 장기적으로 회사의 평가가 제자리를 찾을 것이라는 확신에 의한 것일 수 있다. 이 주주를 강제로 회사에서 축출하게 되면 아무리 공정한 가액, 나아가 상당한 프리미엄을 지불하더라도 해당 주주는 주관적인 경제적 가치를 박탈당한다고 생각하게 된다.

미국의 판례는 이 점을 배려해서 특정 회사에 주주로서 남아 있고자 하는 주주
의 희망이 법률적으로 보호할 가치가 있는 정당한 이익이라고 보기도 한다.

소수주식의 강제매수제도는 지배주주가 있는 회사에 있어서의 지배주주
통제 문제를 다시 생각하는 계기를 제공한다. 이 제도는 회사법상의 제도로서
는 드물게 주주들 간의 직접적인 관계를 규율하며 그에 회사의 주주총회를 결
부시키고 있다. 지배주주가 있는 회사는 대개 지배주주의 직접적인 통제하에
있으므로 이 제도는 지배주주가 회사와 연계하여 소수주주의 이익을 해할 가능
성을 제공한다. 예컨대, 내부자인 지배주주는 회사의 사업 현황에 대해 가장 잘
알고 있기 때문에 주가가 가장 저평가 된 시점을 택해서 당시 시점에서는 충분
히 공정한 가격에 소수주주를 축출하고 향후 회사의 주가가 상승할 때 그 이익
을 독점할 수 있다. 또, 강제매수는 지배주주가 회사에 대한 통제권을 이용하여
소수주주로부터 경제적 이익뿐 아니라 주주의 지위 자체를 박탈할 수 있게 한
다. 이 때문에 클락 교수는 강제매수를 '내부자의 제국주의'(insider imperialism)
라고 표현한다.

소수주주가 주식을 강제로 매각해야만 하는 형식적인 이유는 지배주주와
소수주주가 주식을 보유하고 있는 회사의 주주총회가 그를 결의하기 때문이다.
주식의 거래는 주주들 간의 문제이지만 회사법이 주주들 간의 거래를 강제할
수 없을 뿐 아니라 그로부터 단체법적인 효력을 도출하기 위해서는 주주총회의
개입이 불가피하다. 그러나, 지배주주와 소수주주 간의 주식 매매는 주주들 간
의 거래이기 때문에 그로 인해 회사의 지위에 특별한 변화가 발생하지는 않고,
따라서 소수주식의 강제매각은 단체법상의 행위라기보다는 상법이 새로 창설
한 특수한 성질의 법적 제도라고 할 수 있다. 지배주주는 시기에 관계없이 임
의로 행사할 수 있는 일종의 형성권을 취득한 것이다.

강제매수를 기능적으로 파악하면 위와 같은 상법의 규정에 의한 것뿐 아
니라 사실상 소수주주를 축출하는 모든 거래를 지칭하는 것으로 볼 수 있다.
그 첫 번째 유형은 현금합병이다. 미국에서는 기업인수를 위해 100% 자회사를
설립하고 그 자회사를 인수대상회사와 합병시키면서 인수대상 회사 주주들에
게 현금을 지급하는 경우가 많다. 이렇게 하는 경우 합병대상 회사의 주주들은
강제로 회사에서 축출되게 된다. 물론, 소수주주는 좁은 의미에서의 강제매수
의 경우와는 달리 합병에 반대할 기회를 가지게 되고, 합병에 찬성하는 주주들

의 경우 '강제로' 축출된다고 보기는 어려우나 합병 후 회사의 주주로 남지 못하는 점에서는 합병에 반대한 주주들과 같다. 두 번째 유형은 상법이 1998년에 제527조의2로 도입한 간이합병이다. 이에 대해서는 후술한다. 90% 이상의 지분으로 형성되어 있는 모자회사 간의 합병에 있어서 자회사 주주총회의 승인은 필요치 않으며 간이합병이 이루어지면 그 과정에서 소수주주에게 합병의 대가로 현금을 지불할 수 있고 소수주주는 회사에서 강제로 축출된다. 이는 일반적인 현금합병의 특수한 유형이지만 자회사의 소수주주에게는 합병에 대한 찬반 의사표시의 기회가 주어지지 않기 때문에 강제축출이라고 볼 수 있다. 미국에서는 회사의 주주들이 보유지분을 현물출자해서 회사를 신설하고 신설된 회사가 90% 이상의 회사 지분을 보유하게 되면 간이합병을 실행함으로써 소수주주를 축출하는 기법이 많이 사용된다. 세 번째 유형은 상법 제440조 이하에서 규정하고 있는 역주식분할(reverse stock split) 또는 주식병합이다. 회사가 일정한 이유에 의해 주식을 병합하게 되면 1주 미만의 주식을 보유하는 주주가 생기게 되고 그 주주들에게 현금을 지불하게 되면 주주는 강제로 회사에서 축출된다. 주식병합에 주주총회의 특별결의가 필요하지만 그에 반대하더라도 결의가 이루어질 수 있으므로 해당 주주는 회사에서 강제로 축출된다.

VIII. 주주의 의무

주주는 주식에 부착된 여러 가지 권리를 행사한다. 의무는 없는가? 없다. 주주총회 참석의무도 없으며 회사를 위해 뭔가를 해야 할 하등의 의무가 없다. 책임도 없다. 세 사람의 주주가 어두컴컴한 곳에 모여 앉아서 경쟁사의 공장에서 오염물질이 배출되도록 하자고 결의를 해도 그로 인한 형사책임은 별론으로 하고 그 결과 자신들의 회사에 발생한 손해에 대해서는 책임을 지지 않는다. 상당한 지분을 가진 주주로서 수시로 회사 경영진에 전화해서 회사의 경영에 간섭하고 경영진이 그를 무시할 수 없어서 주주의 의견을 반영한 투자를 하고 그 투자가 실패로 돌아가 회사에 막대한 손해가 발생해도 주주는 아무런 책임을 지지 않는다. 물론, 회사에 손해가 발생해서 자신도 주가 하락으로 손해를 본 정도의 책임을 지는 것이다. 그러면, 아무 죄 없는 다른 주주들은 어떻게 하는가?

미국 회사법은 다수주주의 소수주주에 대한 충실의무를 인정한다. 즉, 경우에 따라서는 이 의무 위반으로 인한 책임을 질 수 있다. 독일도 마찬가지다. 독일연방대법원의 1975년 ITT 판결과 1988년의 Linotype 판결은 각각 유한회사와 주식회사 사원, 주주들 간의 충실의무(Treuepflicht)를 인정하였다. 미국이나 독일에서와는 달리 우리나라 상법은 아직 주주의 충실의무를 인정하지 않고 있다. 그러나, 일정한 경우 주주가 주주권을 남용하지 않을 의무는 인정할 수 있을 것이다. 상장회사 주주가 주주권의 가장 중요한 속성 중 하나인 주주총회에서의 의결권 행사와 관련하여 일정한 제약을 받을 수 있다는 취지의 판례가 있다.

서울고등법원 1999. 5. 19. 선고 99라103 결정   주주의 의결권은 회사의 자본 형성에 기여한 주주가 회사 경영에 참여하는 가장 주요한 수단으로서 원칙적으로 주주 개인의 자유로운 의사에 기한 행사가 보장되어야 할 것이나, 주주의 의결권 역시 권리의 일종인 이상 신의에 따라 성실하게 행사하여야 될 것이고, 또한 그 의결권은 주식회사라고 하는 단체의 구성원인 주주에 대하여 그 구성원인 자격에 기하여 인정되는 것이기 때문에 그 행사에는 단체의 구성원에게 인정되는 일정한 단체적 제약이 내재하여 있다 할 것이다. 더구나 중요한 의안에 관하여 반대하여 의안을 부결시킬 수 있는, 이른바 거부권을 가진 3분의 1 주주권을 행사하는 경우에는 그러한 의안에 관한 의사결정에 있어 지배주주와 유사한 지위에 있다 할 것이므로 그에 따라 의결권을 회사의 이익을 위하여 행사하여야 할 높은 충실의무를 부담한다고 하여야 할 것이다. 그러나 그와 같은 신의칙상 의무 내지 충실의무에 기하여 의결권을 박탈하거나 제한하는 경우가 있다 하더라도 주주의 권한을 중대하게 제한하는 것인 점에 비추어 그 의결권 행사금지의 요건은 엄격하게 해석되어야 할 것이다. 따라서 주주의 의결권이 회사의 구성원인 주주로서의 이해관계에 관계없이 오로지 개인적인 이익추구만을 위하여 행사되고, 그러한 의결권 행사로 인하여 회사 및 다른 주주들에게 손해가 발생할 것임이 명백한 경우에만 그러한 의결권 행사는 권리남용에 해당하는 것으로서 사후에 그 효력이 부인될 수 있고, 그러한 의결권의 행사가 명백히 예견되는 경우에는 제한적으로 미리 그 행사를 금지할 수도 있다 할 것이다.

주식회사의 주주들 간에 충실의무를 인정함에 있어서 일반적으로 아무런 연계점이 없는 주주들보다는 합작투자계약이나 주주 간 계약 등을 통해 계약상의 의무를 부담하고 있는 주주들 중 일방이 회사를 경영하는 경우의 주주 간 관계에 그를 적용할 이익이 크다. 이 경우는 다수주주가 지배주식을 매각하거나 권리남용을 구성할 수 있는 형태로 주주총회에서 의결권을 행사하는 것과는 달리 주주 간에 직접적인 연결점이 있다. 그리고, 합작투자계약이나 주주 간 계약이 어떤 문언으로든 회사법상 주주 간 충실의무의 내용과 같은 의무를 규정하고 있다면 바로 그 지점이 주주들 간 계약상 의무가 회사법상의 의무로 전이될 수 있는 가장 좋은 계기가 될 것이다. 합작투자계약은 계약법과 단체법인 회사법의 경계선상에 위치하는 성질을 가진다. 우리 상법의 해석은 주주 간 계약의 채권적 효력과 회사법의 단체법적 효력을 엄격히 분리하는 태도를 취하고 있으며 이는 회사가 계약의 당사자로 참여한 경우에도 마찬가지이다(대법원 2000. 9. 26. 선고 99다48429 판결). 그러나, 합작투자계약의 당사자가 회사의 가치를 보전하고 회사의 경영이 최적으로 이루어지는 데 협력하기로 하고 다수주주가 그에 관한 일차적인 부담을 지기로 하는 약정은 특히 합작회사가 회사의 경영을 직접 담당할 대표이사 등을 통해 계약당사자가 된 경우 단순히 주주 간에 채권적 효력만 발생하는 데 그치는 것으로 해석할 이유가 없으며 법정책적으로도 그는 바람직하지 못한 선택이다.

IX. 주주의 정체성

현대자동차가 주주총회에 참석한 한 주주에게 "당신은 범죄 전과가 있기 때문에 주주총회 참석을 허용하지 않겠다"고 할 수 있을까? 아니면, "당신은 A 회사의 주주총회에서 의사진행을 방해한 일이 있으니 발언권을 줄 수 없다"고 할 수 있을까?

주식회사가 주식을 발행할 때나 정관의 규정에 의해 주식의 양도를 제한할 때 주식을 인수할 자연인, 법인이나 주식을 양수하고자 하는 자연인, 법인에 대한 평가에 기초해서 주식을 발행해 주지 않거나 주식의 양도를 승인하지 않을 수 있다. 그런데, 일단 주주가 된 자연인이나 법인을 그 성품, 과거의 행적,

정치적 이념 등을 이유로 차별할 수 있는가? 주주가 법인인 경우 그 설립목적, 투자의 동기, 경쟁기업이라는 사실 등을 이유로 차별할 수 있는가? 물론, 이에 대한 답은 부정적이다.

그러면, 차별은 아니더라도 주주에게 특정한 방향성이 내포된 행동을 요구할 수는 있는가? 예컨대, 법률이 주주에게 장기적 관점에 의한 투자자로 머물 것을 요구할 수 있는가? 사회적 책임을 다하는 방향으로 주주권을 행사할 것을 요구할 수 있는가? 다른 이해관계자를 배려할 것을 요구할 수 있는가? 회사가 동반성장이나 공정거래 이념을 준수하도록 주주권을 행사하도록 요구할 수 있는가? 사모펀드나 헤지펀드가 구조조정을 자제할 것을 요구할 수 있는가? 사모펀드도 투자대상 기업의 지속가능성을 고려해야 하는가? 이러한 요구에 응하지 않을 경우 주주에게 제재를 가할 수 있는가? 이에 대한 답도 일단 부정적이다.

마지막으로, 주주 정체성에 관련된 규범적 평가나 요구가 불가능하다면, 주주(투자자)의 정체성이나 성향에 관한 이념적 요구는 가능한가? 그리고, 그 이념적 요구에 부응하지 않는 주주에 대한 사회적 비난이나 정부의 불이익 처분, 자본시장에서의 사실상의 차별대우, 법관의 심증에서 발생하는 사법적 홀대는 어떤가? 주주는 착해야 하는가? 착한 주주에 대한 개념 규정이 가능하다면 착한 주주와 나쁜 주주의 행동은 어떤 요소로 특징지어지는가? 주주로서의 정부와 국민연금은 생래적으로 착한 주주여야 하는가? 이런 문제들이 글로벌 금융위기 이후 부상하기 시작했고 학자들은 새롭게 그 답을 찾기 시작하였다.

商法入門

제4장　주식회사의 지배구조

　　주식회사는 마치 우리 헌법이 3권 분립을 규정하고 국가가 입법부, 행정부, 사법부에 의해 운영되듯이 회사의 운영을 위해 상법이 규정하는 3대 주요 기관을 보유한다. 이 기관들을 중심으로 주식회사의 의사결정이 이루어지고 운영이 실현된다. 상법상 주식회사 지배구조상의 3대 기관은 주주총회, 이사회, 감사(또는 감사위원회)이다. 그러나, 경제적으로는 주식회사의 3대 기관은 주주총회, 이사회, 경영진이다. 이 장에서는 각 기관에 대해 평면적으로 살펴본 다음(I, II, III) 기업지배구조의 경제적, 실무적 의미에 대해 생각해 보기로 한다(IV, V).

Ⅰ. 주주총회

1. 개　　최

　　주주총회는 주주가 아닌 이사회가 소집한다(제362조). 주주총회를 소집할 때에는 주주총회일의 2주 전에 각 주주에게 서면으로 통지를 발송하거나 각 주주의 동의를 받아 전자문서로 통지를 발송하여야 한다(제363조 제1항). 이 통지서에는 회의의 목적사항을 적어야 한다(제2항). 자본금 총액이 10억 원 미만인 회사는 주주 전원의 동의가 있을 경우에는 소집절차 없이 주주총회를 개최할 수 있고, 서면에 의한 결의로써 주주총회의 결의를 갈음할 수 있다. 결의의 목적사항에 대하여 주주 전원이 서면으로 동의를 한 때에는 서면에 의한 결의가 있는 것으로 본다(제5항). 이 서면에 의한 결의는 주주총회의 결의와 같은 효력이 있다(제6항).

　　주주총회는 매년 1회 일정한 시기에 소집되는 정기주주총회와(제365조 제 1
항) 임시로 소집되는 임시주주총회로(제 3 항) 나뉜다. 주주총회는 정관에 다른
정함이 없으면 본점소재지 또는 이에 인접한 지에 소집하여야 한다(제364조).
인터넷 포털회사 다음커뮤니케이션은 본점소재지가 제주도이기 때문에 제주도
에서 주주총회를 연다. 주주가 되기 위해 투자할 때 생각해 보아야 할 것이다.
좋아하는 투자자도 있고 번거롭다고 생각하는 주주도 있을 것이다. 디즈니랜드
에서 소집하거나 독도에서 소집하면 주주들이 권리를 행사하는 데 과도한 비용
이 들거나 참석하는 데 어려움을 겪게 될 것이다. 시간도 합리적인 시간이어야
한다. 새벽 3시에 주주총회를 소집할 수는 없다.

　　주주도 주주총회의 소집을 이사회에 요구할 수 있다(제366조 제 1 항). 주주
가 주주총회의 소집을 이사회에 요구했음에도 불구하고 이사회가 부당하게 그
를 거부하면 주주는 법원에 주주총회의 소집을 청구할 수 있고(제 2 항), 법원이
허가하면 그 주주가(이사회가 아니다) 주주총회를 소집한다. 주주가 왜 주주총회
의 소집을 요구하게 되며, 회사는 왜 그를 거부하게 되는가? 이는 십중팔구 회
사에 분쟁이 발생했기 때문이다. 회사가 하는 일에 불만이 있는 주주가 불만을
다른 주주들 앞에서 표출하고 자기 뜻대로 바로잡을 기회를 만들기 위해 주주
총회를 하고 싶어 하는 것이다. 주주총회를 하지 않아도 의사를 표시할 방법은
많지만 주주총회는 가장 공식적인 자리이고, 또 결의를 할 수가 있어서 종국적
으로 문제를 해결할 수 있다. 아니면, 나중에 이야기할 적대적 M&A의 방법으로
주주총회가 필요한 경우가 있다. 법원이 주주의 청구에 의한 주주총회의 소집을
허가하면 청구한 주주, 즉, 반대세력이 주주총회를 진행한다. 장소도 물론 회사
가 아닌 다른 장소로 잡힐 것이다. 상법 제366조 제 3 항은 주주가 소집한 주주
총회에 즈음하여 회사의 업무와 재산상태를 조사하게 하기 위하여 검사인을 선
임할 수 있다고까지 한다. 이런 상황이 벌어지면 회사는 부랴부랴 주주의 뜻을
존중하는 척하면서 그제야 주주총회를 소집하기도 한다. 왜냐하면 회사가 소집
한 주주총회는 회사에서 회사 경영진이 의장이 되어 진행하기 때문이다. 그러면
법원으로부터 주주총회 소집허가를 얻어낸 주주는 승리에 흐뭇해하면서 회사가
준비한 주주총회에 가는가? 절대로 그리하지 않는다. 자신이 준비한 주주총회를
진행한다. 그래서 간혹 주주총회가 다른 장소에서 중복 개최되는 수가 있다. 소
송이 발생한다. 판사는 어떤 주주총회가 유효한지를 판단해야 한다.

2. 진   행

주주총회가 소집되면 회의는 정관에 정한 바에 따라, 또는 총회에서 선임된 의장이 진행한다(제366조 제1항). 의장은 질서유지권을 가지는데 고의로 의사진행을 방해하기 위한 발언, 행동을 하는 등 현저히 질서를 문란하게 하는 자에 대하여 그 발언의 정지 또는 퇴장을 명할 수 있다(제3항). 퇴장을 명한다고 순순히 나갈 주주라면 애당초 문제를 일으키지도 않을 것이다. 그리고, 질서문란행동은 분쟁 시에 주로 일어난다. 그래서, 의장의 질서유지권은 물리적으로 표현된다. 독자들은 한번쯤 '총회꾼'이라는 말을 들어 본 일이 있을 것이다. 총회꾼은 말 그대로 주주총회에 참석하는 것을 전문으로 하는 사람들인데 '꾼'이라는 말이 붙은 것을 보면 별로 좋은 평가를 받지 못하는 사람들인 것을 짐작할 수 있을 것이다. 이들은 주주총회에 참석해서 발언권을 얻은 다음 장황하고 통상 별 의미 없는 내용의 발언으로 회의를 방해한다. 왜 그럴까? 회사의 입장에서는 주주총회는 신속하게 종료되는 것이 좋으니 이런 사람들이 눈엣가시이고 그렇다고 무조건 물리적으로 제지할 수도 없어서 종종 주주총회에 참석하지 않는 것을 조건으로 돈을 준다. 총회꾼이 유명해지면 주주총회 며칠 전에 이런 거래가 이루어지게 된다. 총회꾼이 이런 거래 없이, 또는 회사의 그러한 거래 거절로 주주총회에 결국 입장해서 과도하게 의사진행을 방해하면 의장이 질서유지권을 발동하여야 한다. 물론, 한 여성 주주가 소복을 곱게 차려입고 기묘한 분장을 하고 주주총회에 참석해서 조용조용한 목소리로 경영진을 비판한다면(실화이다) 의장은 질서유지권을 발동할 수는 없을 것이다. 그러나, 왜 그런 방식으로 주주총회를 방해(?)하는지에 대해 별도로 대화를 해서 문제를 해결해야 할 것이다.

한편, 회사는 필요에 따라 총회꾼의 조력을 받기도 한다. 경영실적이 부진해서 주주들의 비판과 공격이 예상되면 총회꾼을 섭외해서 사전 각본에 따라 경영진을 칭찬하는 발언을 장시간하게 하든지, 경영진을 비판하는 주주를 현장에서 비난하게 하든지 등의 계략을 편다. 이 모든 현상은 회사 구성원들 간의 이해관계가 대립되고 마찰이 있을 때 더 자주 볼 수 있다. 의장이 질서유지권을 공정하고 효율적으로 행사해서 주주총회를 참석한 주주들에게 시간낭비가 되지 않게 하고 회사 경영에 대한 의견이 교환될 수 있는 건설적인 이벤트로 만들어야 할 것이다.

분쟁상황에서의 주주총회는 당연히 소란스럽고 질서가 유지되기 어렵다. 특히 반대주주들이 의결권을 제한당하거나 하면 강력한 이의제기와 그로 인한 혼란이 발생하게 된다. 따라서 주주총회의 질서를 어떻게 유지할 것인지가 문제된다. 의장이 반대측을 회의장에서 퇴장시키고 다음 의안으로 진행하는 경우, 이는 주주총회결의 취소사유가 될 수 있다. 주주총회를 운영하는 입장에서는 다소 납득하기 어려울 수도 있으나, 질서문란으로 퇴장을 명하는 것과 특정 주주를 배제한 상태에서 결의가 이루어지는 것은 서로 별개의 문제이다. 이와 관련하여 다음과 같은 판결이 있다(인천지법 2000. 4. 28. 선고 2000카합427 판결):

> "회사에 중대한 효과를 가져오는 안건에 대하여 반대의견을 가지는 소액주주들로서는 주주총회에 참석하여 충분한 토론을 통하여 자신의 입장과 의견을 개진하고 표결에 참가함으로써 의사를 표시하는 것이 회사의 의사결정과정에 있어 실질적으로 유일하게 보장된 권리로서 소수자의 이와 같은 유일한 권리는 엄격히 보호되어야 할 것이므로, 비록 신청인들을 비롯한 소액주주들이 … 실력으로 주주총회의 결의를 방해하고 있었고, 피신청인 회사측이 의결정족수를 충족할 정도로 의결권을 이미 위임 받은 상태에 있어 정상적인 토론과 표결절차를 거쳤더라도 마찬가지의 결과가 나왔을 것임이 쉽게 예상된다 하더라도 … 소액주주들의 이러한 권리가 실질적으로 보장될 수 있도록 원만한 회의진행을 위하여 사전 또는 회의과정 중에 의견을 조정하고 끈기 있게 설득과 대화를 하며 경우에 따라서는 회의를 연기하거나 회의시간을 연장하여 발언과 의견제시 및 표결을 충분히 할 수 있도록 하는 등의 적극적인 노력 없이 위와 같은 비정상적인(사안에서는 소액주주들의 항의로 장내가 소란스러워지자 일시 정회했다가 다시 속개하여 65초만에 표결에 붙이고 찬반표를 점검하지 않은 채로 찬성표의 수를 발표하고 가결을 선언하였음) 방법에 의하여 안건처리를 선언한 … 위 주주총회의 결의는 결의방법이 현저하게 불공정한 때에 해당한다."

3. 결   의

상법 제368조 제 1 항에 의하면 총회의 결의는 상법 또는 정관에 다른 정함이 있는 경우를 제외하고는 출석한 주주의 의결권의 과반수와 발행주식총수의 4분의 1 이상의 수로써 하여야 한다(보통결의의 요건). 출석한 주주의 의결권의 과반수를 의결정족수라고 부른다. 과거에는 의사정족수 요건이 있었으나 폐지되었고, 지금은 발행주식총수의 4분의 1 이상의 수가 사실상 그 역할을 한다. 즉, 회사 주주의 20%만이 출석하였다면 주주총회가 개최될 수는 있지만 결의는 할 수 없는 것이다. 또, 주주는 대리인으로 하여금 그 의결권을 행사하게 할 수 있다. 이 경우에는 그 대리인은 대리권을 증명하는 서면을 총회에 제출하여야 한다(제3항). 주주는 정관이 정한 바에 따라 총회에 출석하지 아니하고 서면에 의하여 의결권을 행사할 수 있다(제368조의3 제1항). 이를 서면투표라고 하는데 서면이 회사에 도착할 시간을 주어야 하므로 주주총회보다 훨씬 이른 시점에서 행해진다. 마치 대통령선거의 부재자 투표와 같다. 또, 회사는 이사회의 결의로 주주가 총회에 출석하지 아니하고 전자적 방법으로 의결권을 행사할 수 있음을 정할 수 있다(제368조의4 제1항). 총회의 의사에는 의사록을 작성하여야 한다(제373조 제1항). 의사록에는 의사의 경과요령과 그 결과를 기재하고 의장과 출석한 이사가 기명날인 또는 서명하여야 한다(제2항).

　　상법이 주주총회의 결의요건을 다르게 정하고 있는 경우는 주주총회에 출석한 주주의 의결권의 2/3 이상의 수와 발행주식총수의 1/3 이상의 수로써 하게 되는 정관의 변경(제434조), 영업양도(제374조 제1항), 합병(제522조 제3항), 임기중인 이사의 해임(제385조 제1항) 등을 포함한다(특별결의 요건). 여기서 상법이 정관으로 다르게 정할 수 있다고 규정하는 보통결의 요건을 정관으로 가중 또는 완화하는 경우의 한계와 상법이 별도의 규정을 두고 있지 않는 특별결의요건의 가중, 완화 가능성, 그 한계 등이 문제된다. 이사의 선임과 해임에 관하여는 이사해임결의와 정관변경 요건을 정관으로 가중할 수 있는지의 문제이다. 하급심 판례에는 이사해임에 출석주주의 의결권 75% 이상과 발행주식 총수의 50% 이상의 찬성이 필요하다고 한 회사 정관의 규정을 무효로 본 것이 있다(서울중앙지방법원 2008. 6. 2. 자 2008카합1167 결정). 그러나, 주주총회 결의요건은 정관으로 자유롭게 변경할 수 있도록 해야 할 것이다. 이는 정관변경의 한계를 시장이 설정하도록 하는 것이다. 특별결의 요건을 어느 정도까지 가중하는 것이 허용될 것인지에 대한 명확한 기준을 발견하기가 어렵고 그에 대한 판단이 필연적으로 주관적일 수밖에 없는 사실에서 볼 수 있듯이 이는 해석으로는 만족스럽게 해결할 수 없는 문제이다. 결의요건에 관한 회사정관의 내용이 통상적인 형태를 벗어나 비정상적인 내용으로 되어 가는 정도에 따라서 해당 회사의 시장에서의 자금조달능력 및 주가가 상응하는 영향을 받을 것이고 주주들은 그 모든 요소들도 고려하여 의사결정을 내리게 될 것이므로 극단적인 내용의 정관이 채택될 가능성은 사실상 대단히 낮다. 극단적인 내용의 규정들은 크게 보아 지배주주, 소수주주, 경영진 그 누구에게도 특별한 이익을 가져다 주지 않는 것들이기 때문에 정관에 도입될 별다른 계기가 없을 것이며 따라서 결의요건 변경의 한계를 인정해야 한다는 입장의 논거가 될 수 없다고 본다. 반면 특별결의요건을 출석주주의 3/4 찬성, 나아가 4/5 찬성 등으로 강화하는 것과 같이 극단적인 내용이 아닌 규정은 신규투자자 유치의 필요성 등 해당 회사가 처한 특수한 상황에 기인하여 정관에 도입되는 경우가 많으므로 그를 막을 이유가 없다. 또 그러한 형태의 정관변경과 그에 의한 회사의 운영이 소수(경영자인 지배주주)의 전횡에 의해 초래되는 경우에는 정관으로 배제할 수 없는 강행규칙인 충실의무가 그를 견제한다는 점도 고려되어야 할 것이다.

4. 법률적 흠결과 구제

총회의 소집절차 또는 결의방법이 법령 또는 정관에 위반하거나 현저하게 불공정한 때 또는 그 결의의 내용이 정관에 위반한 때에는 주주·이사 또는 감사는 결의의 날로부터 2월 내에 결의취소의 소를 제기할 수 있다(제376조 제 1 항). 이를 주주총회결의취소소송이라고 하는데 회사법 실무에서 대단히 중요한 위치를 차지한다. 상법 제380조상 총회의 결의의 내용이 법령에 위반한 것을 이유로 하여 결의무효의 확인을 청구하는 소와 총회의 소집절차 또는 결의방법에 총회결의가 존재한다고 볼 수 없을 정도의 중대한 하자가 있는 것을 이유로 하여 결의부존재의 확인을 청구하는 소(결의무효 및 부존재확인의 소)와 제381조상 부당결의의 취소, 변경의 소도 있으나 실무에서는 결의취소소송이 가장 많이 제기된다.

주주총회결의취소소송제도가 있는 이유는 주주총회를 회사가 진행하기 때문이다. 회사가 진행한다 함은 대개 지배주주인 회사 경영자가 주주총회를 준비하고 개최, 진행하므로 자신에게 유리하게 모든 것을 움직일 가능성이 있다는 함의를 포함한다. 소수주주의 입장에서는 주주총회 준비와 진행에 큰 영향을 미칠 수 없다. 잘못된 주주총회의 결의에 대해 사후적으로 법원을 통해 이의를 제기할 수밖에는 별 도리가 없는 것이다.

　　결의의 내용이 위법한 경우는 예컨대, 정관변경의 결의를 과반수 찬성으로 가결시킨다든지, 이사의 자격이 없는 후보를 이사로 선임하는 것 등이다. 회사는 사기업이므로 잘못된 일이 벌어지더라도 누가 개입해서 바로잡지 않는다. 회사가 바로잡아야 하는데 의도적으로 잘못된 일을 만든 회사가 그를 바로잡을 리 없다. 그래서 아무도 이의가 없으면 위법하게 변경된 정관이 버젓이 통용되게 된다. 피해를 보는 주주가 이를 바로잡는 수밖에 없다. 소집절차나 결의방법이 위법한 경우라 함은 예컨대, 정관변경에 반대할 것이 뻔한 주주 A에게는 주주총회 1시간 전에 소집을 통지하는 것이다. 주주 A는 부산에 사는데 1시간 안에 서울에 올 수 없다. 그런데, 놀랍게도 A의 동생인 B가 주주총회에 나타났다. A가 서울에 사는 동생 B에게 위임장을 팩스로 보내고 B가 부랴부랴 달려 온 것이다. 회사 직원들은 B에게 신분증을 보여 달라고 한다. 주주가 아니다. B는 A의 수임인으로 왔다고 한다. 위임장을 보여 달라고 한다. 회사 직원들은 팩스로 된 위임장은 인정할 수 없다고 한다. 주주총회 장소에 입장을 시켜주지 않는다. 일이십 분의 승강이 끝에 팩스로 된 위임장도 인정해 주기로 한다. 그런데, 위임장에 찍힌 A의 인감이 진짜인지 모르기 때문에 인감증명을 요구한다. 또, 옥신각신이 시작된다. 주주총회는 무심하게 진행되어 정관변경이 가결된다. 회사 직원들은 그제야 B를 입장시킨다.

　　이 사례에서 A가 주식을 10주 가진 주주라고 가정해 보자. 주주총회에 참석한 주주들이 가진 주식의 총수는 1,000만 주였다. B를 통해 행사된 A의 의결권만이 반대이고 나머지 모든 주주들이 정관변경에 찬성하였다. 그러나, A에 대한 회사의 조치는 너무나도 명백하게 위법한 것이다. 정관변경의 결의는 취소되어야 할까? 취소된다면? 다시 주주총회를 열어서 이번에는 A에게 제대로 통지도 하고 아무 애로 없이 의결권을 행사하게 해 준다. 그 결과 찬성 1,000만 표, 반대 10표로 정관이 변경되었다. 아무런 의미 없이 시간과 노력을 낭비한 셈인가? 물론, 이렇게 극단적으로 우둔한 행동을 할 회사는 없을 것이다. 그러나, 경영진의 생각에 A가 주주총회에 들어와 발언을 하면 다른 주주들의 마음이 180도 바뀔지도 모른다면, 그 경우 무리수를 두어서 A를 배제할 이유가 있을 수도 있는 것이다. 어쨌든 상법 제379조는 흠결이 있는 주주총회결의라 할지라도 그를 취소하고 다시 성립하게 하는 경우 결국 같은 결과를 기대할 수밖에 없다면 불필요한 법률관계의 불안정과 경제적 낭비를 방지해야 하기 때문에 법원이 재량으로 취소청구를 기각할 수 있게 한다. 이를 재량기각이라고 부른다. 판례도 "주주총회결의 취소의 소에 있어 법원의 재량에 의하여 청구를 기각할 수 있음을 밝힌 상법 제379조는 결의의 절차에 하자가 있는 경우에 결의를 취소하여도 회사 또는 주주의 이익이 되지 않든가 이미 결의가 집행되었기 때문에 이를 취소하여도 아무런 효과가 없든가 하는 때에 결의를 취소함으로써 오히려 회사에게 손해를 끼치거나 일반거래의 안전을 해치는 것을 막고 또 소의 제기로써 회사의 질서를 문란케 하는 것을 방지하려는 취지"임을 분명히 한다(대법원 1987. 9. 8. 선고 86다카2971 판결).

그러나, 현대의 대규모 회사들의 소유구조는 수시로 변동하며 주주들의 경제적 이해관계도 항상 변화하므로 재량기각을 쉽게 활용할 것은 아니다. 주주총회의 재개가 발생시키는 비용이 명백히 하자 있는 결의를 그대로 두는 데서 발생하는 지배구조 측면에서의 비용에 비해 적다는 보장이 없다. 특히, 회사소송은 결과에 관계없이 주주가 그 의사를 표시하는 효과적인 수단의 하나이며 소송에 수반하여 미디어를 통해 다른 주주들에게 필요한 정보와 의견이 전달되는 경우가 많다. 또, 이는 주주들에 대한 관계는 별론으로 하고, 경영진과 지배주주에 대한 의사전달을 가장 실효적으로 할 수 있는 방법이다. 재량기각을 널리 인정하는 것은 법원이 기업의 지배구조에 실증적인 근거 없이 개입하는 결과를 발생시키게 된다.

5. 위임장 참석

주주총회에는 주주가 직접 참석하는 것이 원칙이다. 그런데, 현대의 투자자들은 한 회사에만 투자하지 않는다. 경영대학에서도 분산투자하라고 가르치고 있다. 그러면, 같은 시간에 열리는 주주총회라면 한군데밖에 참석할 수 없다. 가장 중요한 주주총회에만 참석하라고 해야 하는가? 그렇게 한다면 많은 주주총회가 흥행에 실패할 것이다. 단순한 흥행이라면 모르겠으나 주주총회에는 가급적이면 많은 주주가 참석해야 한다. 그래야 경영진이 긴장을 하게 되고 의견이 교환되며 회사의 궁극적인 의사결정에 대표성이 부여될 수 있는 것이다. 상법은 위 A의 사례에서처럼 주주가 대리인에게 위임장을 주어 참석하는 것을 허용하고 있다.

독자가 어떤 회사의 주주인데 경영진이 하는 행동이 도저히 묵과할 수 없는 중대한 실책으로 생각되어서 주주총회에 참석해서 비판을 하고자 한다. 그런데, 아무리 생각해도 필마단기로 대강당에서 열리는 주주총회에 참석해서 경영진을 비판하려니 주저된다. 회사 측에서 준비한 총회꾼도 있을 것 같고 경영진이 잘하고 있다고 생각하는 많은 주주들의 기세에 눌릴 것으로 예상되었다. 그래서, 생각 끝에 친구에게 같이 가자고 부탁한다. 내가 주식이 100주 있으니 50주에 대한 위임장을 주겠다. 나는 50주를 가지고 간다. 친구가 같이 가주면 용기가 나겠다. 이렇게 소심한 독자 주주가 고민 끝에 내리는 결정은 대규모 경영권 분쟁이 발생하면 스케일이 크게 내려지기도 한다. 내가 주식이 1만 주가 있는데 한번 크게 충돌해 볼 심산으로 각 1주씩 9,000명에게 위임장을 준다. 그래서 9,001명이 주주총회에 참석해서 압도하기로 한다(이는 모 은행에서 실제로 있었던 일이다). 회사에서 이들의 입장을 허용해야 할까? 위임장을 인정하는 이유는 주주의 의사가 최대한 표출되도록 하려는 것이다. 주주총회의 의사진행을 왜곡하거나 기타 정당하지 못한 목적을 위해 사용하라는 것은 아니다. 이들의 입장을 막더라도 결의의 방법이 위법한 결의로 되지는 않을 것이다. 그리고, 실제로 간단한 방법이 있다. 이 경우 회사는 실제 주주 한 사람만 입장시키면 된다. 직접 나타났으므로 1만 주 모두의 의결권을 혼자서 행사하는 데 아무런 문제가 없다.

막상 주주총회날이 되어서 아침에 회의장 입구에서 위임장을 보니 동일한 주주가 양쪽에 위임장을 써 준 것으로 나타났다면 어떻게 될까? 위임의 의사표시는 언제든지 철회할 수 있으므로 시간적으로 뒤에 작성된 것이 유효하다. 문제는 둘 다 같은 날짜로 되어 있다는 것이다. 해당 주주에게 전화를 해서 어떤 쪽이 진짜 의사표시인지 물어보면 되지만 그럴 겨를은 없다. 이런 일이 실제로 흔히 일어난다. 회사의 경영권을 둘러싸고 분쟁이 발생하면 양측 모두 주주총회에 불참할 주주들을 찾아다니며 위임장을 확보하느라 치열한 경쟁을 벌인다. 그 과정에서 중복위임장이 양산되는 것이다. 아무리 확인해 보아도 선후를 분간할 수 없는 위임장들은 둘 다 무효로 처리된다.

회사들은 막상 많은 수의 주주들이 주주총회에 참석하는 것을 별로 반가워하지 않는다. 그래서, 많은 회사의 주주총회가 같은 날 같은 시간대에 개최되는 것을 볼 수 있다. 내가 A회사의 주주총회에 참석해야 하기 때문에 B회사에는 사법시험 준비 중인 조카를 보낸다. 물론, 시험공부를 중단하고 가야 하니 불만이 대단하다. 그러나, 주주총회에 한 번 참석해 보는 것이 회사법 교과서 열 번 읽는 것보다 낫다는 말로 설득하고(이것은 사실이다) 용돈도 10만 원을 주기로 한다. 조카는 투덜거리면서 주주총회에 참석했는데 의외의 사실을 발견하게 되었다. 삼촌이 표를 던지라고 일러 준 이사후보 A는 도저히 용서 받을 수 없는 일들로 유명한 바로 그 A인 것이다. 신문 보도를 통해 익히 알고 있다. 그래서, 정의에 불타는 사법시험 준비생 조카는 B에 찬성표를 던지고 돌아왔다. 조카가 대신 행사한 내 의결권은 무효인가? 그렇지 않다. 의결권의 행사를 다루는 회사는 나와 조카가 무슨 합의를 했는지에 대해 알 수 없고 관심도 없다. 의결권이 행사된 그대로 기록할 뿐이다. 조카는 집에 돌아와서 삼촌에게 무용담을 들려주지만, 우선 몇 대 맞고, 용돈도 몰수당할 것이다. 그런데, 그것은 나와 조카 사이의 문제일 뿐이다. 즉, 주주와 대리인 사이의 채권관계는 대리인의 회사에 대한 의사표시의 회사법적 효력에 영향을 미치지 않는다.

6. 인터넷 시대의 주주총회

상법은 주주총회의 효율성 제고와 주주들의 권리 행사 편의 도모를 위해 2009년에 몇 가지 새로운 장치를 도입하였는데 이들로부터는 주주의 수가 많은 상장회사들이 우선적인 혜택을 받을 수 있을 것이다. 상법 제368조의4는 전자적 방법에 의한 의결권의 행사를 규정하면서 회사가 이사회의 결의로 주주가 주주총회에 출석하지 않고 전자적 방법으로 의결권을 행사할 수 있음을 정하도록 한다. 물론, 이 경우 주주 확인 절차가 새로 필요하며 의결권의 행사 절차도 주주총회에서의 직접 의결권 행사나 상법 제368조의3의 서면에 의한 의결권 행사와는 다를 것이므로 새로운 준비가 있어야 할 것이다. 또, 상법 제352조의2는 회사가 정관으로 전자주주명부를 작성할 수 있음을 정하게 한다. 이 경우 주주명부의 기재사항에는 전자우편주소가 추가된다. 전자주주명부의 비치와 공시도 기존 주주명부의 비치 및 공시와는 다른 방법을 사용하게 될 것이다. 2010년 9월에 최초로 한국예탁결제원이 구축한 전자투표 사이트를 통한 전자투표가 이루어진 바 있다. 법무부가 2013년 7월에 입법예고 했던 상법개정안은 주주의 분산 정도에 비추어 주주총회 활성화의 필요성이 높은 일정 주주의 수 이상의 상장회사부터 우선적으로 전자투표의 실시를 의무화하는 내용을 담고 있다.

향후 연구되고 준비되어야 할 장치들로 인터넷을 통한 주주총회 진행의 전달을 들 수 있다. 주주는 주주총회에 직접 참석하지 않고 인터넷을 통해 전달되는 주주총회의 상황을 모니터하면서 대리인에게 필요한 의사를 전달하여 주주총회의 결의 결과에 영향을 미칠 수 있을 것이다. 현행의 제도에 의하면 주주는 대리인에게 의결권의 행사를 위임하면 대리인이 위임의 취지와 다르게 의결권을 행사하는 것을 막을 수 없다. 또, 주주의 의사가 변경되거나 주주총회 현장에서 제시된 새로운 정보, 다른 주주들의 의견을 반영할 수도 없다. 인터넷 주주총회는 이런 문제를 해결해 줄 수 있다. 물론, 이 제도에는 인터넷 커뮤니케이션이 기술적인 장애나 제 3 자의 고의로 단절되는 경우에 대한 법률적 정리가 필요하다. 인터넷 주주총회는 종래 현장 주주총회와 병행하여 활용되어 왔는데 2015년 미국의 휴렛-패커드가 대기업으로서는 처음으로 인터넷만으로 주주총회를 개최하여 화제가 되었다.

앞에서도 언급하였듯이, 주주총회란 현대 자본시장에서 주식을 발행해서 대규모 사업에 필요한 자금을 조달하는 대형 상장주식회사의 궁극적인 의사결정 메커니즘으로서는 대단히 불완전한 것이다. 소수의 주주가 지리적으로 가까운 곳에 거주하던 시대의 의사결정 메커니즘이 아직도 그 원형을 유지하면서 사용되고 있다. 또, 현대 경제의 주주들은 옛날과 달리 한두 회사에만 투자하지 않을 뿐만 아니라 수시로 투자 대상 회사를 바꾼다. 이런 환경하에서 주주들의 의사결정이 쉽게 내려지고 그 정당성을 인정받기 위한 장치가 필요해진 것이다. 전자투표 등이 법전상의 제도로 머물러서는 안 되는 이유가 여기 있으며 상장회사를 필두로 실질적인 제도로 정착되어야 한다.

주주총회로서의 주식시장

상장회사의 경우 주식시장이 실질적인 주주총회다. 이 주주총회는 매일, 매시간 열린다. 상법이 주주총회의 권한으로 규정하는 사항에 국한하지 않고 회사의 모든 일에 대한 주주들의 평가가 여기서 이루어진다. 그 결과는 주가의 등락으로 나타난다. 상장회사의 경영자들은 1년에 한 번 열리는 주주총회보다 이 주주총회를 더 무서워한다. 이 주주총회에는 주주명부폐쇄나 기준일의 설정이 가져오는 불합리함도

없다. 실시간으로 주주의 변동이 반영되며 그 주주들이 결정에 참여한다. 글로벌 주
주들도 자기들 나라에 앉아서 참여한다. 어떻게 보면 출석률 100%인 주주총회다.

II. 이사회와 경영진

1. 소유와 경영의 분리

이상에서 본 바와 같이 주식회사의 중요한 결정들은 주주총회에서 내려진
다. 주식회사의 주인은 주주들이기 때문이다. 그런데, 회사에서 컴퓨터 10대를
구입할 필요가 생겼는데 그 결정은 누가 내리는 것이 좋을까? 회사의 돈이 나
가는 일이므로 주주들이 결정할 수 있을 것이다. 주주 3인으로 이루어진 회사
의 경우 주주들이 서로 전화해서 합의를 하고 구입을 결정한다. 그러나, 이 프
로세스는 문제를 안고 있다. 회사의 모든 결정을 주주들이 내리려면 주주들이
너무 바빠진다. 둘째, 결정이 느려진다. 한편, 주주의 수가 많아지면 문제가 더
심각해진다. 1,000명의 주주가 컴퓨터 10대 구입을 위해 합의해야 한다고 생각
해 보라. 그리고, 대단히 전문적인 내용의 의사결정은 어떻게 하는가? 회사가
신약을 개발하기 위해 필요한 미국 어떤 회사의 기술을 3년간 매년 10억 원의
기술사용료를 지불하고 빌려 오는 것이(앞에서 마리오 이야기를 할 때 나온 라이센
싱) 타당한가? 이런 결정은 주주들이 아무리 시간이 많고 신속하게 회의를 하
고, 주주가 10명뿐이라고 해도 내리기 어렵다.

이러다 보면 주주들이 이렇게 생각하게 된다. 어지간한 일들에 대한 결정
은 우리들 중 누군가가 내리도록 하자. 우리들 중 이 어렵고 복잡한 회사 사업
을 제대로 운영할 능력이 있는 사람이 없다면 주주는 아니더라도 외부에서 전
문가를 영입해서 보수를 지불하고 그 일을 맡기도록 하자. 그 사람이 잘하고
못하고는 나중에 평가해서 내보내든지, 훌륭하다면 더 좋은 대우를 해 주고 붙
들어 놓기로 하자. 바로 이 이유에서 주식회사에는 경영진이 있게 된다. 이 현
상을 '소유와 경영의 분리'라고 한다. 주주들을 위해 회사를 경영해 줄 사람이
경영자이다. 주주들 중 누군가가 회사를 경영하는 것이 가장 바람직할 것이다.
왜냐하면, 회사의 성과가 자신의 재산적 이익과 연결되어 있기 때문이다. 몇몇

주주들이 서로 회사의 경영자 자리를 원한다면? 당연히 가장 주식을 많이 가진 주주가 선출될 가능성이 크다. 주주들 중 한 사람이 회사를 경영하더라도 소유와 경영은 분리된 것이다. 회사를 경영하는 주주는 주주로서가 아니라 경영자로서 회사를 경영하는 것이기 때문이다.

주식을 많이 가진 주주는 왜 그냥 다른 사람을 고용해서 회사를 맡기지 않고 자기가 직접 경영하려 할까? 가장 큰 이유는 자신의 경제적 이익을 자신이 챙기고 싶어 하기 때문이다. 그리고, 돈 많은 주주로만 있는 것과 큰 회사의 경영자 자리에 있는 것은 많은 차이가 있다. 회사의 경영자 자리는 회사를 움직이는 돈에 대한 파워, 사람들에 대한 인사권, 사회적인 대우를 결정해 주는 회사 대표권 등을 수반하기 때문이다. 예컨대, 삼성그룹의 대주주로만 있는 것과 주식은 별로 없어도 회사를 경영하고 회사를 대표하는 회장인 것 중에 독자들은 어느 쪽을 선호하겠는가? 그리고, 단순히 사회적 지위나 파워 행사 문제를 떠나서 현대의 대기업을 경영하는 일은 많은 사람들의 인생에 큰 의미를 부여해 주는 자기실현의 수단이고 세상을 배우는 훌륭한 수단이다. 잘만 한다면 다른 여러 사람의 인생도 풍부하게 해 줄 수 있다. 돈은 많지만 평범한 사람보다는 대기업의 경영자로서 경험하는 일, 만나는 사람의 범위가 훨씬 다양하고 유익한 것이다. 이 때문에 대기업의 경영자 지위를 둘러싼 경쟁이 벌어지며 그 경쟁에서 유리한 위치를 차지하기 위해 주식을 많이 보유하려고 하는 것이다.

2. 이 사 회

가. 구성과 운영

회사의 이사회를 영어로는 'Board of Directors'라고 한다. 주식회사의 원조국가인 영국이나 식민지 시절 미국에서는 회사의 사업을 감독하는 사람들이 정기적으로 회합을 할 때 당시 비싸고 제대로 된 가구가 귀하였던 탓에 톱질을 할 때 쓰는 작업대를 양쪽에 놓고 그 사이에 긴 나무 판자(board)를 걸쳐 임시 테이블로 사용하였다고 한다. 이사회라는 말은 여기서 나온 것이다. 이사들은 테이블 주위의 불편한 의자에 앉았으나 이 그룹의 리더는 더 좋은 의자에 앉을 수 있었는데 이것이 이사회 의장을 체어맨(chair-man)이라고 부르게 된 이유이다.

상법 제382조 제 1 항은 이사는 주주총회에서 선임한다고 규정한다. 이사가 경영자인가? 이사에는 두 종류가 있다. 회사에서 일하는 상근이사와 회사에서 일하지 않는 사외이사가 있다. 상근이사들 중에서 최고경영자(CEO)가 선출된다. 즉, 최고경영자는 이사이다. 이를 보통 대표이사라고 부른다(제389조). 이사가 아니면서 경영진에 속하는 사람들을 임원이라고 부른다. 이사는 3명 이상이어야 한다. 다만, 자본금 총액이 10억 원 미만인 회사는 1명 또는 2명으로 할 수 있다(제383조 제1항). 이사의 임기는 3년을 초과하지 못한다(제2항). 또, 이사는 언제든지 제434조의 규정에 의한 주주총회의 결의로 이를 해임할 수 있다. 그러나, 이사의 임기를 정한 경우에 정당한 이유 없이 그 임기만료 전에 이를 해임한 때에는 그 이사는 회사에 대하여 해임으로 인한 손해의 배상을 청구할 수 있다(제385조 제1항). 이사가 그 직무에 관하여 부정행위 또는 법령이나 정관에 위반한 중대한 사실이 있음에도 불구하고 주주총회에서 그 해임을 부결한 때에는 발행주식총수의 100분의 3 이상에 해당하는 주식을 가진 주주는 총회의 결의가 있은 날부터 1월내에 그 이사의 해임을 법원에 청구할 수 있다(제2항). 이사의 보수는 정관에 그 액을 정하지 아니한 때에는 주주총회의 결의로 이를 정한다(제388조).

　　이사들은 이사회를 열어서 회사일을 의논하고 결정한다. 이사회를 소집함에는 회일을 정하고 그 1주간 전에 각 이사 및 감사에 대하여 통지를 발송하여야 한다. 그러나, 그 기간은 정관으로 단축할 수 있다(제390조 제3항). 이사회는 이사 및 감사 전원의 동의가 있는 때에는 이 절차 없이 언제든지 회의할 수 있다(제4항). 이사회의 결의는 이사 과반수의 출석과 출석이사의 과반수로 하여야 한다. 그러나, 정관으로 그 비율을 높게 정할 수 있다(제391조 제1항). 정관에서 달리 정하는 경우를 제외하고 이사회는 이사의 전부 또는 일부가 직접 회의에 출석하지 아니하고 모든 이사가 음성을 동시에 송수신하는 원격통신수단에 의하여 결의에 참가하는 것을 허용할 수 있다. 이 경우 당해 이사는 이사회에 직접 출석한 것으로 본다(제2항). 이사회의 의사에 관하여는 의사록을 작성하여야 한다(제391조의3 제1항). 의사록에는 의사의 안건, 경과요령, 그 결과, 반대하는 자와 그 반대이유를 기재하고 출석한 이사 및 감사가 기명날인 또는 서명하여야 한다(제2항). 주주는 영업시간 내에 이사회의사록의 열람 또는 등사를 청구할 수 있다(제3항). 회사는 이 청구에 대하여 이유를 붙여 이를 거절할 수 있다. 이 경우 주주는 법원의 허가를 얻어 이사회의사록을 열람 또는 등사할 수 있다(제 4 항).

나. 이사회의 역할

이사회는 크게 '참여형'과 '감독형'으로 나누어질 수 있는데 전자는 경영상의 판단을 구체적으로 내리고 결정을 집행하는 형태이며 후자는 경영상의 판단과 결정의 집행은 경영진에게 맡기고 경영진의 업무 수행을 감독하는 형태이다. 두 모델은 세부적인 사항에 있어서 명확히 구별되지 않을 수도 있으나 큰 차이는 기본적인 철학의 차이이다. 미국의 경우 회사법이 채택한 기본적인 모델은 참여형 이사회이다. 그러나, 이사회가 기업의 운영에 관한 모든 중요한 의사결정을 내리는 것이 아니라 실질적인 의사결정은 경영자들이 내리며 주주총회가 이사들을 선임한다기보다는 경영자들이 이사를 선임하는 것이 현실이라는 것이 점차 분명해졌다. 이 경영자들은 합리적으로 무관심하고 소극적인 주주들로 구성되는 주주총회에서 아무런 통제를 받지 않으며 주주총회의 안건을 자유롭게 조종하고 자신들의 보수를 설정한다. 즉, 미국의 모든 회사법전이 부여하고 있는 주주총회-이사회의 라인을 따른 회사의 의사결정권 모델은 비현실적이라는 것이다. 1960년대의 미국 학계는 이 문제를 이사회의 기능과 조직을 개선함으로써 해결할 방법을 찾았었는데 이렇다 할 성과를 거두지 못하였고 따라서 특별한 제도상의 개혁도 이루어진 바 없다.

참여형 이사회가 현실적으로 잘 작동하지 않는다는 점이 점차 분명해져서 1976년에 이르러 버클리대학 로스쿨의 아이젠버그(Eisenberg) 교수는 그러한 비현실적인 모델은 폐기하고 감독형 이사회를 기본 모델로 채택해야 한다고 주장하였으며 이로부터 현재 우리가 알고 있는 감사위원회 등이 유래한다. 감독형 모델에 있어서 이사회의 가장 중요한 기능은 경영진에 대한 평가, 경영진 선임 및 해임, 이사회 자체 평가, 이사 후보의 선임 등이다. 아이젠버그의 모델에 의하면 이사회는 경영진의 회사경영을 감독하고 경영진을 선임, 해임하는 것을 가장 중요한 기능으로 하게 된다.

우리 상법은 1962년에 제정될 때, 참여형 이사회 모델을 채택하였는데 지배주주의 존재로 이사회가 유명무실하였다. 1997년 외환위기 이후 이사회가 본래의 모습을 찾아가고는 있지만 일부 기업들이 참여형 모델을 신봉하는 것처럼 보인다. 이는 지나친 개혁 노력의 부산물이며 우리 상법이 아이젠버그 모델로

서서히 진화하고 있음을 감안하여 감독형 모델의 이사회로 변모해 나가야 할 것이다. 우리나라 재벌그룹에 속하는 상장회사들의 경우 이사회가 사업상의 결정에 적극적으로 관여하는 것이 바람직하다는 생각이 형성된 이유는 사외이사들의 적극 참여가 그 자체 경영진에 대한 견제 및 감독 기능을 가질 수 있기 때문이다. 그러나, 위법한 내부거래의 우려가 별로 없는 상장회사의 경우 재벌총수의 견제를 위해 도입된 이사회 모델을 차용할 필요는 없다. 또, 이사회가 다루는 회사의 경영 현안에 대한 적극적인 참여는 사외이사들의 본질적인 보수성 때문에 각 사업부의 투자 및 운영 결정 과정에 추가적인 부담이 될 가능성이 있다. 즉, M&A와 같이 논란이 많은 프로젝트의 경우 이사회에 부의해서 표결에 부치기보다는 채택될 가능성이 높지 않으면 사업부서 차원에서 포기될 수 있는 것이다. 물론, 감독형 모델이 이사회의 경영전략에 대한 조언이나 사업현안에 대한 모니터링 등을 배제하는 것은 아니다. 특히, 사외이사들도 회사의 사업 결과에 대해 책임을 공유하므로 그러한 차원에서의 사외이사들의 역할을 축소할 수도 없다. 감독형 모델과 적극적인 참여형 모델은 모델의 추상적인 채택이나 이사회 부의 안건 정리, 소위원회의 구성 등과 같은 구조적인 어프로치보다는 이사회 구성과 각 이사들의 성향, 연령, 전문적 배경 등 인적 요인의 결정에 의해 사실상 채택될 가능성이 높다.

다. 서면결의

이사회의 결의와 관련한 법률적 문제들을 여기서 다 논할 수는 없으나 어쩌면 가장 중요한 문제인 서면결의에 대해서만 간단히 생각해 본다. 서면결의는 이사들이 실제로 회합하지 않고 회람이나 이메일 등 전자적 방법으로 안건을 검토한 후 각각 의사표시를 해서 결의를 하는 것이다. 크고 복잡한 회사에서는 수시로 시급한 결의 안건들이 발생하는데 이를 상법이 규정하는 소집절차를 준수하여 소집된 회의에서 일일이 결의하는 것이 적합하지 않은 경우가 종종 발생한다. 이렇게 서면으로 한 이사회 결의의 효력은 어떤가? 국내외의 학설은 모두 이사회는 물리적으로 회합해서 결의해야 하며 서면결의는 인정될 수 없다고 보고 있다. 어차피 마찬가지 아닐까? 그렇지 않다. 사람의 의견이란 미처 접하지 못한 정보에 의해 바뀔 수 있는 것이고 다른 사람들과의 토의 과정에서 변경될 수 있는 것이다. 실제로 이사들이 회합해서 의견을 교환하는 과정에서 안건에 대해 보다 높은 이해에 도달할 수 있는 것이며 그런 후에 최종적인 의사로써 결의에 참여해야 한다. 흔히 회의를 시간낭비이며 번거로운 것으로 생각하는 경향이 있으나 효율적인 회의는 모든 경영판단에 있어서 대단히 긴요한 것이다. 이사회도 같다. 그러면 서면결의의 효력이 인정될 수 없으므로 모든 서면결의는 아무런 의미가 없는 것인가? 이사회 결의의 효력 문제에 있어서 일반적인 시각은 무효인 결의도 결의에 의한 후속행위의 상대방이 선의인 경우에는 유효하다는 것이다. 판례는 "주식회사의 대표이사가 이사회의 결의를 거쳐야 할 대외적 거래행위에 관하여 이를 거치지 아니한 경우라도, 이와 같은 이사회 결의사항은 회사의 내부적 의사결정에 불과하다 할 것이므로, 그 거래상대방이 그와 같은 이사회결의가 없었음을 알았거나 알 수 있었을 경우가 아니라면 그 거래행위는 유효하다 할 것이고, 이 경우 거래의 상대방이 이사회의 결의가 없었음을 알았거나 알 수 있었음은 이를 주장하는 회사측이 주장·입증하여야 한다"고 한다(대법원 2005. 7. 28. 선고 2005다3649 판결).

3. 소위원회

이사회는 정관이 정한 바에 따라 이사회 내에 2인 이상의 이사로 소위원회를 설치할 수 있다(제393조의2 제1, 3항). 이사회는 주주총회의 승인을 요하는 사항의 제안, 대표이사의 선임 및 해임, 위원회의 설치와 그 위원의 선임 및 해임, 정관에서 정하는 사항 등의 사항을 제외하고는 그 권한을 위원회에 위임할 수 있다(제 2 항). 국내외의 많은 기업들이 이 소위원회제도를 적극적으로 활용하고 있다. 특히 독립성이 필요한 감사위원회, 이사후보추천위원회, 보수위원회 등은 사외이사를 중심으로 구성하도록 하고 있다. 이사회가 소위원회에 권한을 위임하는 경우 위임한 사항에 대한 소위원회의 결의는 전체 이사회가 결의하여 변경하지 않는 한 이사회 결의와 같은 효력을 가지므로 소위원회의 구성과 운영은 신중을 기할 사항이다. 감사위원회와 사외이사후보추천위원회 등과 같이 구성이 법정되어 있는 경우는 그에 의한 제약을 받으나 경영위원회 등 이사가 회사의 사업 내용에 정통할 것이 요구되는 소위원회는 사내이사 위주로 구성하고 재무위원회 등 사외이사의 감독기능이 중요한 위원회는 사외이사의 비중을 높여서 구성하는 등 신축성 있는 구성이 필요하다.

미국에서는 법원이 이해관계 없는 이사들의 결의를 존중하기 때문에 실무상 중요한 결정을 사외이사만으로 구성된 위원회에 맡기는 실무관행이 발달되어 있다. 한 연구에 의하면 내부이사의 비중이 높은 이사회를 보유한 회사일수록 주주대표소송을 많이 당한다고 한다. 실제로 미국에서 1960년대에는 내부이사가 다수인 이사회가 주류를 이루었으나 1990년대에 이르러서는 정반대의 현상이 주류를 이루게 된 가장 중요한 이유가 바로 법률적인 이유라는 분석이 있다. 또, 후술하는 바와 같이 감사위원회를 포함 이사회 내 소위원회는 이사들의 법률적 책임을 경감시키는 역할을 한다.

4. 이사의 선임과 집중투표

현실이 어떠한가와 무관하게, 기업의 경영진은 이사회가 구성한다. 따라서 회사의 경영권은 이사회에서 과반수를 차지하는 측이 장악한다. 이사회는 기업이 '평화 시에' 움직이는 핵심을 구성하기도 하지만, 경영권 분쟁이 발생하거나 적대적 M&A가 시도되는 경우 회사의 운명을 좌우하는 위치에 놓이게 된다. 평시 이사의 선임과 해임, 경영권 분쟁 발생 시의 이사의 선임과 해임은 모두 주주총회에서 이루어진다. 따라서 주주총회의 운영과 의결권의 행사에 관한 제도가 큰 실질적, 법률적 중요성을 가진다. 의결권의 행사에 관한 여러 가지 메커니즘은 이사의 선임 외의 다른 사안에서도 중요성을 갖지만 현대 주식회사의 의사결정기구인 이사회, 즉, 기업의 흥망성쇠에 관한 최종적인 결정권을 가지는 기구의 구성인 이사의 선임에 관해서 가장 큰 의의를 가지고 있다. 또, 이사의 선임이라는 결과를 향한 다양한 이해관계의 조정과 권력투쟁의 산물로 주주의 의결권 행사에 관한 여러 가지 변형된 제도가 있으며 이는 경영권 분쟁과 적대적 M&A에서 그 진가를 발휘한다.

주주총회에 가 보면 '이사선임의 건'이라는 안건이 등장하고 대개 3~4인의 이사가 주주들의 결의에 의해 함께 선임된다. 그러나, 법률상으로는 매 이사후보마다 별개의 결의가 이루어져야 한다. 한꺼번에 처리하는 것은 편의상 그렇게 하는 것이다. 3인의 이사를 선임하려면 결의를 세 번 해야 한다. 이 때문에 49%의 지분을 보유한 주주는 이사를 100인이 아니라 1,000인을 선임하더라도 한 사람의 이사도 선임할 수 없다. 항상 51 : 49, 또는 51 : 49, 51 : 49로 결과가 나오기 때문이다. 승자독식제도다. 좀 불합리하지 않을까? 49%나 주식을 가진 주주라면 최소한 한 사람 정도는 '자기사람'으로 이사회에 진출할 수 있어야 하지 않을까? 이래서 고안된 것이 집중투표제도다.

상법 제382조의2에 의하면 2인 이상의 이사의 선임을 목적으로 하는 주주총회의 소집이 있을 때에는 의결권 없는 주식을 제외한 발행주식총수의 100분의 3 이상에 해당하는 주식을 가진 주주는 정관에서 달리 정하는 경우를 제외하고는 회사에 대하여 집중투표의 방법으로 이사를 선임할 것을 청구할 수 있다. 이 청구는 회일의 7일 전까지 서면으로 하여야 하는데, 청구가 있는 경우에 이사의 선임결의에 관하여 각 주주는 1주마다 선임할 이사의 수와 동일한 수의 의결권을 가지며, 그 의결권은 이사 후보자 1인 또는 수인에게 집중하여 투표하는 방법으로 행사할 수 있다. 집중투표의 방법으로 이사를 선임하는 경우에는 투표의 최다수를 얻은 자부터 순차적으로 이사에 선임되는 것으로 한다. 즉, 선임되는 이사의 수만큼 개별적인 결의가 이루어지는 것이 아니라 이사 후보 전체를 두고 한 개의 결의만이 이루어진다. 상법 제542조의7 제 2 항은 집중투표를 청구할 수 있는 상장회사 주주의 지분율을 의결권 없는 주식을 제외한 발행주식총수의 100분의 1 이상으로 완화하고 있다. 집중투표제를 채택한 회사의 경우 원칙적으로 집중투표에 의할 것을 상정하고 있는 것이므로 집중투표의 청구를 위한 소수주주권 행사요건을 엄격하게 할 이유는 없을 것이다. 집중투표가 청구되는 경우는 대개 경영권 분쟁이 있거나 긴장이 발생하여 주주가 이사 후보를 제안하는 상황일 것이므로 그 요건은 주주제안권 행사요건과 일치시키는 것이 합리적이다. 다만, 현행의 집중투표제에는 집중투표제가 투자자보호에 기여하고 기업지배구조를 개선하는 데 필요하다는 입법자의 판단이 내재되어 있으므로 연기금 등 기관투자자들은 집중투표제를 배제하는 정관의 변경에 대해서는 반대하는 의사를 표시할 가능성이 크다.

집중투표제에 대하여는 미국에서도 찬반양론이 있다. 이는 소유와 경영이 잘 분리된 미국 회사의 지배구조에 미치는 영향이 대단히 큰 문제이기 때문에 일부 주에서는 주 헌법에 그를 강제하는 규정을 두고 있기도 하다. 미국에서 집중투표제에 대한 반대의견은 주로 집중투표제가 이사회의 분열을 초래하여 경영진과 이사회 사이의 원활한 협조관계를 해칠 수 있다는 점을 그 논거로 하며, 반면 찬성론은 집중투표제가 소수주주들의 대표를 이사회에 진출시킬 수 있게 하므로 이사회가 소수주주들의 이익에 크게 반하는 결정을 내리는 것을 견제할 수 있다는 점, 이사들의 충실의무 위반 가능성을 줄여 준다는 점, 주로 외부이사인 중립적 이사들이 다수의견에 쉽게 동조하는 것을 방지해 준다는 점 등을 그 장점으로 들고 있다. 그러나, 미국에서도 집중투표제도가 이사회에 교착상태를 발생시킬 가능성이 있다는 우려가 있으며 집중투표제를 6개 주에서만 강제하고 있다. 이 주들은 아리조나, 캔터키, 네브라스카, 노스다코다, 사우스다코다, 웨스트버지니아 등이다. 좀 미안하지만, 그다지 경제규모가 큰 주들은 아니다. 나머지 주들은 우리 상법의 태도와 같이 정관으로 배제할 수 있게 하거나(opt-out) — 델라웨어주가 이렇게 하고 있다 — 정관으로 채택할 수 있게 한다(opt-in).

현재 삼성전자, SK텔레콤 등 다수의 국내 상장회사들이 정관에 집중투표제를 배제하는 규정을 보유하고 있다. 이 때문에 아직 우리나라에서는 집중투표제가 활성화 되지 못하고 있으며 실제로 집중투표제를 운영하는 데 필요한 실무도 발달되지 못하고 있다. 주주총회의 운영실무에서는 주주총회 의안의 상정과 결의 방법, 특별법에 의한 의결권의 제한이나 상법에 의한 의결권의 상한 등이 맞물려 대단히 복잡한 문제가 다수 등장하는데 주주제안과 집중투표제까지 가미되면 그 복잡성의 정도가 더 심해진다. 이에 대한 원칙들이 잘 정리되어 주주총회가 지나치게 비용이 많이 드는 행사가 되는 것을 방지해 주어야 할 것이다. 따라서, 이 제도를 강제적으로 도입하는 것은 보류하여야 한다. 그러나 법무부가 2013년 7월에 입법예고하였던 상법개정안은 일정 자산 규모 이상의 상장회사는 소수주주권으로 집중투표를 청구할 경우 정관배제와 관계없이 이를 채택하도록 의무화 하는 내용을 담고 있다.

한편, 상법 제542조의7 제3항은 상장회사가 정관에서 집중투표를 배제하고자 하거나 그 배제된 정관을 변경하고자 하는 경우 의결권 없는 주식을 제외한 발행주식총수의 100분의 3(정관으로 그 비율을 더 낮게 정한 경우에는 그 비율)을 초과하는 수의 주식을 가진 주주는 그 초과하는 주식에 관하여 의결권을 행사하지 못하게 한다.

집중투표제는 소수주주의 권익을 보호하기 위해 고안되고 도입된 장치이지만 경영권 방어에 도움이 되는 경우가 있다. 지배주주나 현 경영진이 주주총회에서의 의결권의 과반수 이상을 확보하지 못한 상황에서는 정관에서 집중투표제를 배제하지 않고 있는 경우 2인 이상의 이사를 선임하면서 집중투표제를 실시할 수 있으므로 적대세력이 일시에 많은 수의 이사를 선임하는 것을 제한할 수 있고, 따라서, 지분이 부족함에도 불구하고 경영권 방어에 필요한 이사의 수를 확보할 수 있게 되어 시간을 벌 수 있다. 예컨대, 회사에 경영권 분쟁이 발생하여 2대 주주가 1대 주주보다 많은 지분을 보유하고 주주총회를 통해 이사회를 장악하고자 할 때, 5인으로 구성된 이사회에서 3인의 이사를 신규로 선임한다면, 1대 주주의 요구에 의해 집중투표를 실시하면 2대 주주가 더 많은 지분을 보유함에도 불구하고 2인의 이사 선임만 가능하여 1대 주주가 기존 이사 2인과 신규 이사 1인 등 이사 총 3인을 확보, 계속 경영권을 유지하게 될 가능성이 있다. 이는 집중투표제의 고안 취지와 정반대 방향의 결과를 발생시키는 사례가 될 것이다. 국내에서 실제로 이에 해당하는 일이 발생한 것으로 알려진다.

집행임원제도

상법은(제408조의2 내지 제408조의9) 주식회사가 선택적으로 집행임원을 둘 수 있게 하고 있다. 집행임원을 두는 경우 회사의 이사회가 원칙적으로 2년 임기의 집행임원을 선임, 해임하는데, 이사회가 집행임원들 중에서 대표집행임원을 선임하므로 집행임원을 둔 회사에 대표이사는 없다. 대표집행임원에 관하여는 주식회사 대표이사에 관한 규정이 준용된다. 집행임원은 회사의 업무집행에 관한 권한을 가지며 정관이나 이사회의 결의에 의해 위임 받은 업무집행에 관한 의사결정권한도 가진다. 이사회는 집행임원의 업무집행을 감독한다. 집행임원의 법률적 책임은 주식회사의 이사의 법률적 책임과 같다.

미국에서는 이사회의 구성원이 아닌 고위 임원들, 즉, 집행임원제도가 상정하고 있는 위치에 있는 회사의 경영책임자들이 이사회 구성원들과 같은 법률적 책임을 진다. 그래서, 이사의 책임을 제한해 주는 경영판단의 원칙을 이들에게도 적용할 것인지가 논의된다. 즉, 집행임원제도를 기업경영자의 법률적 책임을 엄격히 하여 지배구조를 개선하려는 취지에서 도입하려는 것이라면 이는 초점이 빗나간 것이다. 투자결정을 포함한 경영판단은 우리나라의 경우 주주총회에서 선임된 이사들에 의해서뿐만 아니라 회사의 다른 고위 임원들에 의해서도 내려진다. 이는 사외이사의 비중 확대로 인한 등기임원 수의 감소와 회사 규모의 증가와 함께 더 중요한 쟁점이 될 것이다. 아직 등기이사가 아닌 임원의 법률적 책임을 긍정한 판례는 없으나 상법 제401조의2의 업무집행지시자의 책임에 관한 규정에 의해 등기이사 여부에 무관하게 고위 임원도 법률적 책임을 추궁 당할 수 있을 것이다.

집행임원제도는 사실상 현행의 이사회를 이원화하는 것이다. 독일의 주식회사와 같이 이사회가 감사회(Aufsichtsrat)와 같은 위치에 있게 되고 집행임원들이 경영위원회(Vorstand)를 구성하여 회사를 경영하게 될 것인데, 차이는 경영위원회의 의장이 감사회에도 소속되게 된다는 정도이다. 이원적 이사회제도는 세계적으로 축소되고 있으며 가장 널리 활용되는 독일에서도 사실상 이사회가 일원화되어 가는 경향이 발생하고 있는 것으로 알려진다. 독일 대표기업들의 관행과 영미에서의 사외이사 비중 증가는 결국 양 제도의 수렴 현상을 발생시킨다는 지적도 있다. 집행위원제도의 도입은 이사회의 체계 측면에서는 우리 회사법의 진화 방향과 세계적인 조류에 맞지 않는다. 특수한 사정에 의해 이 제도를 채택하는 회사가 있을 수는 있으나 이는 전적으로 해당 기업들의 자율에 맡길 일이며 상장회사나 금융기관에 대해 이를 강제하는 입법을 한다든지 하는 안은 바람직하지 못하다. 집행임원제도가 도입된 배경을 보면 상장회사의 지배구조 개선 차원에서였음을 쉽게 알 수 있다. 따라서, 비상장회사에 대해서는 그다지 큰 의미를 갖지 못하는 집행임원제도가 상법개정을 통해 선택 사항으로 도입된 것은 실질적으로 큰 변화를 발생시키지 못할 것이다.

한편, 법무부가 2013년 7월에 입법예고하였던 상법개정안은 집행임원제를 부분적으로 의무화 하는 내용이다. 동 개정안은 감사위원회 설치회사의 경우, 업무집행 및 감독 기능이 모두 이사회에 집중되어 자기감독의 모순이 발생하고, 견제와 균형이 유지되기 어려운 문제가 발생하므로 감사위원회 설치회사는 집행임원을 의무적으로 도입하여 업무집행을 전담하게 하고, 이사회 의장을 겸직하지 못하도록 한다.

5. 이사의 의무와 법률적 책임

회사를 경영하는 이사가 업무를 잘못 처리해서 회사에 손해가 발생하면 법률적 책임을 진다는 것은 원칙적으로 회사에 대해 책임을 진다는 것이다. 그런데, 법률적 책임을 논하기에 앞서서 왜 책임을 지게 하는지부터 생각해 보자. 예컨대, 내가 내 가게를 운영하면서 잘못을 저질러 가게가 문을 닫게 되더라도 나의 법률적 책임을 논할 이유가 없다. 그러나, 회사의 경영자는 회사를 위해 일을 하기 때문에, 즉, 남을 위해 일을 하기 때문에 부과된 의무를 다하지 못하면 책임을 지는 것이다. 이 메커니즘은 소유와 경영을 분리함에서 발생하는 부작용을 줄이기 위한 하나의 방법이다. 내가 90%의 주식을 가진 지배주주로서 회사의 경영자인 경우에도 같다. 10%의 남의 이익이 게재되어 있다. 그리고, 우리 법은 주주와 회사를 엄격히 분리해서 생각한다. 내가 100% 보유한 단독주주라도 경영자로서 잘못하면 책임을 진다. 내가 나에게? 그렇지 않다. 내가 남(회사)에게 책임을 지는 것이다. 회사는 100% 주주인 나 외에도 채권자들을 포함한 이해관계자들을 보유하고 있으며, 그를 떠나서, 독립된 법인격을 가진 경제적 실체다.

상법은 제382조 제 2 항에서 회사와 이사의 관계에 민법의 위임에 관한 규정(제681조)을 준용함으로써 이사에게 주의의무를 부과한다. 이사는 회사의 이익을 위해 신중하고 합리적으로 모든 경영상의 판단을 내려야 하며 다른 이사와 회사 임직원들의 직무수행을 성실히 감독해야 한다. 이사는 위임의 본지(本旨)에 따라 임무를 수행해야 하는데 이 위임의 본지는 무엇일까? 즉, 회사는 이사에게 업무의 수행을 위임하면서 궁극적으로 무엇을 기대하는 것일까? 이에 대한 답을 찾기 위해서는 앞서 논의한 이해관계자자본주의와 주주자본주의에 대한 설명으로 돌아가야 한다(본서 155면 참조). 그러나, 두 이념을 상호 배타적인 것으로 이해하지 않는다면, 현대 회사법의 원리는 위임의 본지를 '기업가치의 제고'와 '기업의 지속가능성 유지' 두 가지라고 이해해야 할 것이다. 이사는 회사의 사업이 잘 운영되어서 이익이 발생하고 회사의 가치(주가)가 상승하게 해야 할 의무를 진다. 그러나, 동시에 당장 회사에 돈이 되는 일이라 해도 회사의 장기적 존속가능성을 해하는 행동은 수임인으로서의 의무를 다하지 못하는 것이다. 대표적인 예로 폐기물을 불법으로 처리해서 비용을 절약했으나 환경오염을 유발하는 행위를 들 수 있다. 또, 싼 임금으로 노동자를 착취하고 무리한 가격 요구로 납품업체를 괴롭히면 단기적으로는 제품의 가격경쟁력을 높일 수 있겠지만 아무도 그런 회사에서 일하려 하지 않고 그런 회사와 거래하지 않으려 할 것이므로(나아가, 소비자들이 불매운동을 할 수도 있다) 머지않아 회사는 문을 닫지 않으면 안 될 정도가 될 것이다.

이사의 주의의무는 후술하는 경영판단 원칙의 보호하에 이행된다. 상법은 경영판단 원칙을 명문으로 규정하고 있지 않으나 이는 판례가 인정하고 있다. 다음으로, 상법은 제382조의3에서 이사가 사적인 이익을 도모하지 않고 회사의 이익을 위해 직무를 충실하게 수행할 의무를 부과한다. 이 의무를 이사의 충실의무라 부른다. 이사의 충실의무는 그 내용이 일정한 카테고리에 한정될 수 없는 방대한 적용범위를 가지는 의무이다. 그러나, 상법은 몇몇 구체적인 의무를 규정한다. 상법 제388조는 이사의 보수를 이사가 정하지 못한다고 규정하며 제397조는 이사가 회사와 경제적 이해관계가 충돌하는 영업에 종사하는 것을 금지한다. 제397조의2는 이사가 회사의 사업기회를 유용하는 것을 금지하고 제398조는 이사가 회사를 대리하여 법률행위를 할 수 있음을 기화로 자기 자신과 회사와 거래하는 것을 원칙적으로 금지한다. 상법 제399조는 이사가 이러한 법률상의 의무를 위반하여(법령 또는 정관에 위반한 행위를 하거나 그 임무를 게을리하여) 회사에 손해를 발생시켰을 때 회사에 그 손해를 배상할 책임이 있음을 규정한다.

이사의 책임은 감면될 수 있다. 상법 제400조 제 1 항은 총주주의 동의가 있으면 그 책임이 면제될 수 있다고 규정한다. 이 규정이 상장회사의 이사에게는 의미가 없다는 문제가 있었는데 상법은 제400조 제 2 항을 신설하여 회사는 정관으로 정하는 바에 따라 제399조에 따른 이사의 책임을 이사가 그 행위를 한 날 이전 최근 1년간의 보수액(상여금과 주식매수선택권의 행사로 인한 이익 등을 포함)의 6배(사외이사의 경우는 3배)를 초과하는 금액에 대하여 면제할 수 있게 하였다. 다만, 이사가 고의 또는 중대한 과실로 손해를 발생시킨 경우와 제397조(경업금지), 제397조의2(회사기회유용금지) 및 제398조(이사의 자기거래)에 해당하는 경우는 예외다. 대다수의 상장회사 정관은 이 규정에 의한 이사의 책임 감면에 주주총회의 결의를 요하도록 한다. 주주총회 결의요건이 특별결의인지 보통결의인지에 대해서는 견해가 나누어지고 있다.

이사책임제한제에 대한 몇 가지 오해

포스코와 대림산업 등 상장회사들이 2013년 4월 15일에 발효하는 개정상법의 이사책임제한제도를 정관에 도입하려다 국민연금과 외국인 주주들의 반대로 그를 철회했다고 한다. 그러나, 제도 도입을 자진 철회하거나 포기하기로 한 해당회사들의 조치에는 잘 수긍이 가지 않는다. 새 상법에 이 제도가 생긴 배경과 경과에 대한 이해가 높지 않아서 일부 주주들의 비판을 바로 수용한 것처럼 보이기 때문이다. 주주들의 비판에 정확하지 않은 점들이 있으나 사회적 분위기는 이 제도에 우호적이지 않으며 도입을 포기한 회사나 도입한 회사 공히 다소 멋쩍어 하는 인상을 준다.

상법 제400조는 이사의 책임이 주주 전원의 동의로 면제될 수 있게 한다. 즉, 원래 이사의 책임은 주주들이 감면할 수 있는 것이다. 그러나, 상장회사의 경우 총주주의 동의를 얻는 것은 사실상 불가능하기 때문에 총주주의 동의가 아니라 특별결의를 요건으로 하자는 주장이 있었고, 일본에서는 2001년의 상법 개정으로 이사의 책임을 특별결의로 감면하거나 정관 규정으로 감면할 수 있게 되었다. 1997년 외환위기 후에 낙후된 기업지배구조 개혁이 시급한 과제로 대두되어 2000년에 법무부는 상법개정작업의 기초로 삼기 위해 세계은행과 연계하여 국제 전문가팀으로부터 우리나라 기업지배구조개혁을 위한 보고서를 수령했는데 여기에 회사가 정관으로 이사가 받는 보수의 5배를 책임의 상한으로 정할 수 있게 하자는 제안이 처음 포함되었다. 경제계의 로비로 등장한 것으로 안다면 오류다. 개정상법은 이를 반영해서 이사가 고의 또는 중대한 과실로 회사에 손해를 발생시킨 경우를 제외하고는 이사의 최근 1년간 보수액의 6배(사외이사는 3배) 이내로 이사의 책임을 제한하고 이를 초과하는 금액에 대해서는 면제할 수 있도록 한 것이다. 시민단체들은 상법개정안에 대해 반대하면서 면책의 주체를 이사회가 아닌 주주총회로 할 것과 면책한도를 이사 보수의 10배로 해야 한다는 의견을 제시한 바 있다.

이 제도는 겉보기와는 달리 소수주주들의 이익을 해치지 않는다. 국제 전문가팀 보고서의 기초가 된 미국 학자들의 실증연구에 의하면 이사의 책임을 제한하는 내용의 정관 개정은 해당 회사의 주가에 부정적인 영향을 미치지 않으며 임원책임보험료의 변동도 유발하지 않는다. 그리고, 전혀 새로운 것이 아니라 원래 상법에 있던 제도를 현실화한 것이다. 일정한 보수를 받고 일하는 이사가 무한 책임을 지는 것은 회사에 특별한 효익이 없이 경영자들만 불안하게 한다. 대다수의 이사들에게 연봉의 6배는 작은 금액이 아니다. 더구나, 이 제한은 이른바 '정직한 실수'로 책임을 지는 경우에만 적용되고 회사에 해를 끼치는 고의적인 위법행위에는 아예 적용되지 않는다. 이 제도는 책임경영과 경영진의 진취적인 의사결정 독려 사이에서 균형추의 역할을 하는 제도다. 이사의 회사에 대한 책임을 감면하는 것이므로 주주가 직접 원고가 되는 증권소송, 증권집단소송과는 무관한 제도다. 경영자들에게 무슨 큰 혜택을 주는 것이 아니라 소신껏 경영판단을 내리라는 주문이다. 미국에서는 주요기업의 90% 이상이 이를 채택하고 있고 주주권익보호단체들도 이에 반대하지 않는 것으로 알려진다. 기관투자자들도 경영진의 위험회피성향을 싫어하기에 반대하지 않는다.

주총을 앞두고 있는 회사들과 국민연금을 포함한 국내외의 기관투자자들이 이 제도의 취지를 다시 새겨보았으면 한다. 특히, 국민연금은 이에 반대하는 입장이 과연 가입자들에 대한 충실의무를 다하는 것인지 검토해 볼 필요가 있다. 개정상법은 각계의 의견을 반영해서 6년의 각고 끝에 만들어진 법이다. 개정작업을 시작할 때부터 법무부는 '기업하기 좋은 나라 만들기'를 입법방향으로 표방했다. 미비점도 있을 수 있고 재개정 의견이 나올 수도 있다. 그러나, 대한민국의 법률이 허용하는 일을 했다는 이유로 누군가가 비난 받는 일이 있어서는 안 될 것이다.

한국경제 2012. 3. 21.

의무와 책임에 대한 규정만으로는 규범의 실효성이 담보되지 않기 때문에 상법은 제402조에서 이사가 의무를 위반하여 회사에 손해를 발생시키는 것을 방지할 수 있도록 위법행위유지청구권을 규정하고 있으며, 위법행위가 발생하고 그로부터 회사에 손해가 발생한 경우에는 사후적으로 주주가 회사를 대신하여 해당 이사에게 소송을 제기할 수 있게 하는 주주대표소송을 제403조에서 인정한다. 한편, 자본시장법 제125조와 제162조는 이사가 부실공시로 주주(투자자)에게 손해를 발생시킨 경우 그에 대한 배상책임을 진다고 규정하며 증권관련 집단소송법 제 3 조는 주주가 이사에게 부실공시와 관련하여 집단적으로 손해배상을 구할 수 있게 한다.

법률과 정관을 위반함으로써 의무를 다하지 못한 이사는 주주들이 이사의 직에서 해임하게 하지만 이사가 대주주이거나 대주주의 통제하에 있는 경우 주주총회가 그 해임을 거부할 수도 있다. 이 경우 상법 제385조 제 2 항은 소수주주가 법원에 해당 이사의 해임을 청구할 수 있다고 규정한다. 상법 제407조 제 1 항은 법원에 해임의 소가 제기된 경우 당사자의 신청에 의해 가처분으로 그 이사의 직무집행을 정지할 수 있고 그 직무를 대행할 자를 선임할 수 있다고 규정한다.

사외이사의 책임

　사외이사도 회사의 이사이므로 상근하는 사내이사와 법률적 책임 측면에서의 차이는 있을 수 없다. 다만, 사외이사는 회사 내에 머물지 않기 때문에 임직원의 업무수행을 감독함에 있어서는 다소 약한 의무를 부과하는 것이 타당하다. 그래서, 사외이사는 대표이사나 임직원들의 행위가 회사에 손해를 발생시킬 것을 알았거나 알 수 있었을 경우에만 책임을 진다고 새긴다. 서울남부지방법원 2006년 8월 17일 판결은 사외이사의 책임을 논할 때 특별한 배려를 한 바 있다: "회사는 그 사업의 성격과 규모, 사업의 시행경위, 이사의 업무내용과 회사의 배려 정도, 이사의 임무위반의 태양, 이사의 회사에 대한 공헌도, 기타 제반 사정에 비추어 손해의 공평한 분담이라는 견지에서 신의칙상 상당하다고 인정되는 한도 내에서만 이사에 대하여 손해배상을 구하는 것이 상당하다 할 것이다. … 피고 강○○, 성○○, 조○○, 이○○, 장○○은 개인적인 이해관계가 없었던 점(특히 피고 이○○, 장○○은 사외이사로서 아무런 직접적인 이해관계도 없어 보인다), 피고들은 당시 엘지화학의 경영진으로서 엘지화학의 이윤창출에 많은 기여를 한 점 등을 종합하여 보면, 손해의 공평부담의 원칙상 피고들의 손해배상책임 중 … 피고 강○○, 성○○, 조○○는 약 10%인 6,000,000,000원, 피고 이○○, 장○○은 약 5%인 3,000,000,000원으로 각 제한함이 상당하다 할 것이다."

6. 은행이사의 법률적 책임

　판례는 은행의 이사에게 일반적인 경우보다 약간 더 무거운 의무를 부과한다. 한보철강에 부실대출을 해 주었던 제일은행 이사들에 대한 소송에서 대법원은 다음과 같이 판결하였다(대법원 2002. 3. 15. 선고 2000다9086 판결):

　"금융기관인 은행은 주식회사로 운영되기는 하지만, 이윤추구만을 목표로 하는 영리법인인 일반의 주식회사와는 달리 예금자의 재산을 보호하고 신용질서 유지와 자금중개 기능의 효율성 유지를 통하여 금융시장의 안정 및 국민경제의 발전에 이바지해야 하는 공공적 역할을 담당하는 위치에 있는 것이기에, 은행의 그러한 업무의 집행에 임하는 이사는 일반의 주식회사 이사의 선관의무에서 더 나아

가 은행의 그 공공적 성격에 걸맞는 내용의 선관의무까지 다할 것이 요구된다 할
것이고, 따라서 금융기관의 이사가 위와 같은 선량한 관리자의 주의의무에 위반하
여 자신의 임무를 해태하였는지의 여부는 그 대출결정에 통상의 대출담당임원으
로서 간과해서는 안 될 잘못이 있는지의 여부를 금융기관으로서의 공공적 역할의
관점에서 대출의 조건과 내용, 규모, 변제계획, 담보의 유무와 내용, 채무자의 재
산 및 경영상황, 성장가능성 등 여러 가지 사항에 비추어 종합적으로 판정해야 한다."

은행은 리스크 센터(risk center)로 불리며 리스크를 인수함으로써 수익을 창
출하는 사업이다. 은행은 기업들에게 대출을 하는 것을 영업으로 하는데 대출채
권을 회수하지 못할 위험에 항상 봉착한다. 그런데, 은행에서 돈을 빌려 간 상
인들이 돈을 갚지 못하게 되는 이유는 해당 상인 나름의 리스크가 현실화하기
때문이다. 이 때문에 은행은 모든 종류의 상인이 안는 리스크를 간접적으로 다
떠안는 셈이다. 은행의 이사회는 은행이 떠안고자 하는 리스크의 정도와 성격을
규정하는 전략을 수립하고 승인함으로써 리스크 허용 수준(risk tolerance level;
risk appetite)을 결정한다. 리스크는 일반 회사들에게도 경영상 대단히 중요한 개
념이지만 은행을 비롯한 금융기관에게는 특히 중요하다. 금융감독당국은 금융
기관의 리스크관리 기준을 각 금융기관이 영위하는 사업의 종류에 따라 부담하
는 리스크의 차이를 고려하여 평가하고 있기도 하다. 우리나라 금융지주회사와
은행들은 이사회 내에 리스크관리위원회를 설치하고 있으며(설치비율 100%) 특
히 사외이사들에 대해 리스크관리에 관한 연수를 큰 비중으로 실시하고 있다.
　　우리 상법은 아직 리스크(risk)라는 개념을 알지 못하지만 「금융지주회사법」
이 리스크 개념을 '위험'이라는 개념으로 법제화하고 있다. 동법 제 1 조는 "이
법은 금융지주회사의 설립을 촉진하면서 금융회사의 대형화·겸업화에 따라 발
생할 수 있는 위험의 전이(轉移), 과도한 지배력 확장 등의 부작용을 방지하여
금융지주회사와 그 자회사등의 건전한 경영을 도모하고 금융소비자, 그 밖의
이해관계인의 권익을 보호함으로써 금융산업의 경쟁력을 높이고 국민경제의
건전한 발전에 이바지함을 목적으로 한다"고 규정한다. 또, 자본시장법시행령
도 제31조 제 1 항 제 2 호에서 내부통제관리의 맥락에서 '위험'이라는 용어를
쓰고 있다.
　　자신이 금융기관일 뿐 아니라 다른 금융기관들과 체결한 다수의 계약을

통해 시스템 리스크를 발생시키는 은행의 이사에게 이 리스크관리의무는 일반 회사 이사의 경우보다 더 강력한 이유로 부담지워져야 할 것이다. 은행업의 핵심이 리스크의 인수와 관리이므로 은행 이사의 선관의무로 리스크관리의무를 인정하지 않을 이유는 없으며 인정하지 않는다면 은행 이사에게는 회사에 대한 선관의무가 존재하지 않는다고 보는 것과 마찬가지가 될 것이다.

헤 징

농부가 농작물을 재배해서 수확한 후 시장에서 판매하는 데는 몇 달의 시간이 걸린다. 농부가 생각하기에 개당 1만 원이 원가이므로 시장에서 1만 5,000원을 받았으면 좋겠다. 그런데, 실제로 예컨대 10개월 후 농작물 가격이 개당 1만 5,000원이 될지 5,000원이 될지 알 수 없다. 가격이 2만 원이 될 가능성도 있지만 원가 이하로 하락할 위험도 있는 것이다. 욕심 많은 농부가 아니라면 2만 원을 기대하기보다는 1만 5,000원만 되었으면 하고 바랄 것이고 1만 원 아래로 떨어지지 않기만을 기원할 것이다. 이 위험을 피하기 위해 작물 중개상 또는 최종 수요자와 계약을 체결한다. 즉, 10개월 후에 1만 5,000원에 매수하기로 하는 계약이다. 이 계약이 체결되면 농부는 안심하고 10개월을 마음 편히 살 수 있다. 결국 2만 원이 될 수도 있는데 그 경우 중개상은 5,000원의 이익을 낸다. 이것이 헤징의 개념이다. 여기서 활용된 계약을 선도계약이라고 한다.

은행도 헤징을 해야 한다. 은행은 언제든지 찾아갈 수 있는 예금을 받아서 만기가 1년, 3년, 5년 등으로 정해진 장기대출을 한다. 여기서 3년 후에 예금 금리는 상승했는데 대출금리는 약정대로 고정된다면 은행은 손실을 입게 되고 이것이 은행업에 고유한 리스크다. 이를 피하기 위해 은행은 스왑, 옵션 등 파생금융상품에 대한 투자를 포함한 다양한 방식으로 헤징을 해야 한다. 헤징이 필수적이 되고 그에 필요한 금융상품이 발달하게 되자 투기적 거래와 헤징 목적의 거래를 구별하는 것이 대단히 어려워졌다. 은행이 투기적 거래를 하는 것은 규제 대상이 되어 마땅한데 정작 은행에서는 헤징 목적이었다고 항변한다면? 이 문제는 금융규제에서 어려운 문제로 남아 있다.

미국과 독일의 회사법은 주식회사 이사의 의무에 리스크관리의무를 포함시킨다. 특히, 독일은 1998년에 주식법을 개정해서 이 의무를 명문의 규정으로 도입하였다. 독일 주식법 제91조 제 2 항은 "회사의 집행이사진은 내부감시장치의 설치를 포함하여 회사의 존속에 대한 위험을 조기에 식별할 수 있는 적절한 조치를 취하여야 한다"고 규정한다. 또, 독일의 기업지배구조모범규준은 그 4.1.4 조에서 상장법인의 "이사회는 기업의 적절한 리스크관리와 리스크통제에 유념하여야 한다"고 규정한다. 독일 은행법(Gesetz über das Kreditwesen: KWG)은 그 제25a조 제 1 항에서 은행조직은 은행이 위험인수능력을 지속적으로 유지하는 데 필요한 적절하고도 효과적인 위험관리(risk management)를 포함해야 한다고 규정하면서 위험관리의 구성요소를 제시하고 있다. 그러면 독일에서는 리스크의 법률적 정의를 어떻게 내리고 있을까? 독일 학자들에 의하면 리스크는 회사 도산위험의 발생원인이 되거나 회사 도산위험을 현저히 증가시키는 사실로 이해해야 한다. 물론, 회사 도산위험을 발생시키거나 현저히 증가시키는 사실은 대개 일회적일 수는 없다. 리스크란 축적됨을 통해 회사 도산위험을 발생시키거나 현저히 증가시키는 일련의 사실들을 총체적으로 의미하며 회사를 위험하게 할 수 있는 잠재적 가능성, 발생 가능성에 대한 고도의 개연성 등을 그 요소로 한다.

은행장 책임 묻는 방법도 바꿔야

　수주잔량이 9조 원인 조선사, 중동에서 8조 원대 공사를 수주한 건설사라 해도 회사채 차환발행이 어렵다면 은행지원 없이는 도산한다. 첨단기술로 창업한 벤처기업, 신용이 덜 쌓인 중소기업도 은행지원 없이는 성장이 어렵다. 은행이 그런 회사들에 대한 지원을 망설이는 데는 여러 이유가 있으나 은행 경영진이 지원 결과에 대한 책임을 의식하는 것도 큰 이유다.

　지금은 고속성장시대가 아니다. 정부의 독려로 은행이 위험한 사업 지원에 뛰어들고, 큰 실적을 내서 은행장이 스타가 되고, 출세가도를 달리는 일이 없다. 결과가 나쁠 때 책임질 일만 남는다. 이제는 모든 업무가 매뉴얼과 법률의견에 따라 진행된다. 선진형이 된 것이다. 법률은 왜 9조 원을 벌 수 있는 회사를 지원하지 않았느냐고 은행 경영진에게 책임을 묻지 않는다. 왜 은행 돈 900만 원을 손해 보게 했느냐는 책임만 묻는다.

　주식회사의 경영진은 회사와 주주에게 법률적 책임을 진다. 요즘 경제민주화 바람을 타고 상생협력의 개념이 등장해 기업 경영을 회사와 주주 이익에만 집중해서

하는 것을 비판적으로 보지만, 이는 정치·사회적 조류이지 기업 경영진의 법률적 책임 원리에 근본적인 변화가 생긴 것은 아직 아니다. 극단적으로, 사회적 책임을 다하고 상생협력의 경영을 펼치던 회사가 어려워지면 그때는 사회와 정부가 지원해 줄 것인가. 그 경영책임을 면제해 줄 것인가.

지난 수년간 잘 경영돼 왔으나 외부적 요인으로 어려워진 기업과 그 경영진에 대해서는 비판 일색이다. 경영실책은 비난받아야 한다. 그러나, 그동안 그 기업은 사회적 역할을 다했고 실적이 좋을 때 돈을 번 주주, 채권자도 있을 것이다. 항상 그렇듯이 돈 번 사람들은 조용히 사라진다. 돌아와서 경영진을 옹호해 주지 않는다. 그간 많은 세금이 납부됐고 무엇보다도 임직원들과 협력업체 가족들이 생계를 유지하고 교육을 받았다. 고용을 유지한 것보다 더 큰 사회적 기여가 있는가. 고용 불안은 거의 모든 사회문제의 근원이다. 경제민주화와 상생협력은 기업이 잘 될 때만 적용되고 기업이 어려워지면 엄정한 시장경제 원리와 법률적 책임 원칙이 적용되는 모순은 노련한 경영자들에게 결국 궂은날에 대비한 헤징을 유혹할 것이다.

은행 경영진도 은행과 주주들의 이익을 지킬 의무를 진다. 대법원 판례는 은행 경영진의 책임을 일반 기업 경영진 책임보다 더 엄격하게 보고 있기도 하다. 그러나, 은행이 일반 주식회사임에도 불구하고 은행업의 특수성과 경제에서 차지하는 비중 때문에 은행법은 '금융시장의 안정과 국민경제의 발전'을 그 목적으로 두고 있기도 하다. 은행법은 은행의 수익극대화가 아닌 건전성 유지를 최우선으로 추구하며 은행 지배구조와 사업에 정부가 영향력을 행사하는 이유도 바로 여기에 있다.

은행이 유동성 위기를 겪는 기업이나 아직 검증 안 된 중소기업을 지원하는 데서 가장 중요한 것은 은행 경영진의 책임을 어떻게 이해하는 것이 옳은가이다. 약 10년 전에, 사회적으로 의미가 있다면 당장은 회사와 주주의 이익에 도움이 되지 않는 결정도 상법이 말하는 '경영상의 목적'에 부합하는 것으로 볼 수 있다는 하급심 판결이 나온 적이 있다. 당시 매우 전향적인 판결로 여겨졌다. 시간이 지나고 세상이 바뀌어서 경제민주화가 국가 공동체 운영의 핵심 원칙으로 대두됐다. 옳고 그름을 떠나서, 선거를 통해 표출된 공동체의 총의가 그러하다면, 그리고 은행이 큰 이익을 내는 것을 부정적으로 보는 것이 사회적인 분위기라면, 은행 경영자 책임과 관련해 그 판결의 취지도 다시 새겨보아야 할 것이다.

시대분위기가 바뀌면서 자본에조차도 사회적 책임을 요구하는 세상이다. 그렇다면 은행의 이익뿐만 아니라 금융시장의 안정과 국민경제, 사회적 책임을 의식한 은행 경영진의 경영판단에 대해서는 건전성을 해치는 위법이나 중과실이 없는 한 결과책임을 묻지 말아야 한다. 하물며 정부가 은행 경영진의 결과책임을 거론하는 일은 더더욱 없어야 할 것이다.

한국경제 2013. 6. 19.

7. 이사의 자기거래

이사가 회사로부터 돈을 빌리는 경우를 생각해 보자. 금전의 지출이나 대여권한을 가진 사내이사라면 결국 왼손과 오른손이 계약서에 사인을 하게 된다. 이때 이자를 포함한 조건도 자신이 결정하게 된다. 아무래도 회사에 불리하고 자신에게 유리하게 될 가능성이 있다. 이를 이사의 자기거래라 한다. 상법 제398조는 이사가 자기 또는 제3자의 계산으로 회사와 거래를 하기 위하여는 미리 이사회에서 해당 거래에 관한 중요사실을 밝히고 이사회의 승인을 받아야 한다고 규정한다.

제398조(이사 등과 회사 간의 거래) 다음 각 호의 어느 하나에 해당하는 자가 자기 또는 제3자의 계산으로 회사와 거래를 하기 위하여는 미리 이사회에서 해당 거래에 관한 중요사실을 밝히고 이사회의 승인을 받아야 한다. 이 경우 이사회의 승인은 이사 3분의 2 이상의 수로써 하여야 하고, 그 거래의 내용과 절차는 공정하여야 한다.

1. 이사 또는 제542조의8제2항 제6호에 따른 주요주주
2. 제1호의 자의 배우자 및 직계존비속
3. 제1호의 자의 배우자의 직계존비속
4. 제1호부터 제3호까지의 자가 단독 또는 공동으로 의결권 있는 발행주식 총수의 100분의 50 이상을 가진 회사 및 그 자회사
5. 제1호부터 제3호까지의 자가 제4호의 회사와 합하여 의결권 있는 발행주식 총수의 100분의 50 이상을 가진 회사

이사의 자기거래에는 이사가 회사로부터 돈을 빌리거나 이사가 회사에 물건을 매도하는 것과 같은 직접적인 형태의 자기거래도 있겠으나 실제로 회사법의 관점에서 더 문제가 되는 것은 이사가 자신이 가지고 있는 개인 회사와 회사

간에 거래가 발생하도록 하는 경우다. 예컨대, 상장회사 A의 회장인 이사는 A 지분의 5%를 보유하고 있는데 조카에게 명목상의 사장자리를 지키도록 해 놓은 비상장회사 B에는 지분의 100%를 보유하고 있다. A와 B 사이에서 A에는 불리하고 B에는 유리한 내용의 거래가 이루어지면 이사도 A에 발생한 손해의 5% 정도를 간접적으로 부담하겠지만 B에 발생한 이익의 100%를 향유하므로 얼마든지 그런 거래가 발생하도록 할 유인이 있는 것이다. 경제학자들은 이러한 거래행위를 터널링(tunnelling)이라고 부른다. 사기적 행위와 같은 의미다. 1990년대 초반에 구 동유럽 국가들이 국영기업을 민영화할 때 회사의 재산을 개인에게 빼돌리는 행위가 성행하였는데 거기서 생성된 용어다. 사기와 터널링의 차이는 터널링은 외관상 합법적인 절차를 통해 이루어진다는 것이다. 상법의 자기거래 관련 규제는 회사의 경영자가 터널링을 통해 경영권의 사적 이익을 취하는 것을 방지하기 위해 마련된 것이다. 2012년 4월 15일에 발효한 위 개정 내용은 이사의 자기거래의 공정성 요건을 실질적으로 강화하기 위해 도입된 것이다.

이사가 이사회의 승인을 받지 않거나 무효인 자기거래에 해당되는 거래를 한 경우 그로 인한 책임을 부담하는 것은 별론으로 하고, 그 거래의 사법적 효력이 문제된다. 왜냐하면 거래의 결과 제3자가 이해관계를 가지게 되었을 수 있기 때문이다. 예컨대, 은행에서 돈을 빌리면서 회사로 하여금 보증을 하도록 한 경우 은행이 이해관계를 가진다. 선의의 제3자는 보호되어야 하므로 이사회의 승인을 받지 않은 자기거래는 회사와 이사 사이에서는 무효이나 선의의 제3자에 대한 관계에서는 유효로 새겨야 할 것이다. 이는 판례의 일관된 태도이기도 하다(대법원 1973. 10. 31. 선고 73다954 판결 등).

8. 경영자 보수

CEO를 포함한 사내이사들의 보수는 주주총회의 최종 승인을 받아야 한다(제388조). 이는 이사의 충실의무의 한 표현이다. 그러나, 주주총회는 총액에 대한 승인을 할 뿐이고 그 내용에 대해 심사하는 기능을 갖고 있지는 못하기 때문에 경영진에 대한 보수는 사실상 이사회에서 결정된다. 그리고, 이사회에서 결정된다고는 하지만 사외이사들은 이 문제에 대해 적극적으로 관여하지 않는 경향이 있어서 경영진 보수는 결국 경영진 자체에 의해 결정되는 경우가 많고 업계 전체의 수준 등을 감안하여 총무나 기획부서 등 개별 회사의 담당 부서에서 입안하면 그를 승인하는 과정을 거쳐 결정된다. '총수'의 지배하에 있는 대규모 기업군들에 있어서는 회사의 실적, 경영자들 각자의 실적 등을 감안한 결정이 중요함은 물론이고 대체로 회사별, 직급별, 직위별로 책정되어 있는 보수가 적용되게 될 것이다.

경영진 보수가 CEO의 전권에 의해 결정되는 경우 종속성을 심화시키게 되고 객관적인 평가가 이루어지기 어렵다는 취지에서 구미에서는 보상위원회 (Compensation Committee)가 활용되고 있다. 즉, 미국 기업들의 경우 사외이사들로 구성된 보상위원회가 경영진(사내이사와 임원들)의 보수를 결정하는 관행이 발달되어 있다. 우리나라의 경우 이러한 위원회가 법령상 요구되고 있지는 않으나 이사회 내 소위원회로 설치할 수 있음은 물론이다. 미국 대기업들의 경우 보상위원회는 원래 천문학적인 경영진 보수를 통제하기 위한 목적에서 도입된 것이다. 충실의무 위반을 이유로 한 주주들의 소송에 이르기 전에 그를 통제하려는 목적을 갖는다. 한 자료에 의하면 2004년 미국 회사의 CEO 보수와 종업원 평균 임금의 비율은 531 : 1에 이르렀는데 이는 영국의 25 : 1, 프랑스의 16 : 1, 독일의 11 : 1, 일본의 10 : 1 등에 비해 과도하게 높은 것이다. 경영실적의 평가를 통해 그러한 보수가 정당성을 갖는지를 검토하는 것이 보상위원회의 주요 임무이다.

그러나, 보상위원회의 또 다른 임무는 실적평가를 통해 성공적인 경영진에게 응분의 재정적 보상을 해 주는 것이다. 아무리 실적이 좋은 회사라 해도 경영진들이 그 실적에 비례하게 자신들의 보수를 책정하기는 어려운 것이 사실이고 이는 인센티브의 결여로 연결될 가능성이 있다. 보상위원회는 경우에 따라서는 실적이 뒷받침되는 경우 파격적인 보상을 해 줌으로써 회사가 유능한 경영진을 확보할 수 있도록 하고, CEO 승계를 위한 영입작업에도 그러한 요소가 반영되도록 해야 한다. 회사에 대해 역사적인 인연이 없는 유능한 전문경영인을 영입함에 있어서는 실적에 대한 인센티브를 그 내용으로 하는 보수가 경우에 따라서는 가장 중요한 변수가 되는 것이 미국의 실정이며 우리나라에서도 전문경영인들의 비중이 커지게 되면 이 문제가 더 중요성을 가지게 될 것이다. 앞으로 우리나라에서도 고액의 경영자 보수 책정이 이사회의 경영판단으로서 존중될 것인지 충실의무 위반으로서 문제될 것인지에 대해 활발히 논의될 가능성이 있다.

미국 판례법의 기본 태도는, 회사 경영자의 보수는 경영자가 회사에 제공한 서비스의 가치와 합리적인 관련성(reasonable relationship)을 가지고 있어야 한다는 것이다. 독일의 주식법은 이를 명문화하여 이사의 보수는 이사의 업무 및 회사의 상태와 적절한 관련을 가져야 한다고 한다. 회사법이 경영자의 과도한 보수를 통제하기 어렵기 때문에 미국에서는 이 문제를 공시의무의 강화로 해결하려는 경향이 있다. 과도한 이사의 보수는 시장에 알려지는 경우 주주와 애널리스트들을 포함한 시장감시자들의 평가를 가능하게 하므로 그를 의식한 자발적인 사전 교정작용이 발생한다. 미국을 제외한 거의 모든 선진국들은 ─ 프랑스, 이탈리아, 독일, 스웨덴 등 거의 모든 EU 회원국 ─ 이사들의 개별적인 보수가 아닌 이사 전체의 보수 총액을 공시하도록 하는데, 이는 전통적으로 회사 기밀 유지의 차원에서 이해되어 왔다. 우리나라의 경우도 같다. 그러나, 시민단체들을 중심으로 특히 상장회사 경영진의 보수를 총액이 아닌 개별 이사 단위로 공개하게 하자는 주장이 제기되었고 자본시장법은 그를 받아들여 최고위 경영자들의 보수를 개별적으로 공시하게 한다(동법 제159조 제2항 제3호).

대법원 2016. 1. 28. 선고 2014다11888 판결 "상법이 정관 또는 주주총회의 결의로 이사의 보수를 정하도록 한 것은 이사들의 고용계약과 관련하여 사익 도모의 폐해를 방지함으로써 회사와 주주 및 회사채권자의 이익을 보호하기 위한 것이므로, 비록 보수와 직무의 상관관계가 상법에 명시되어 있지 않더라도 이사가 회사에 대하여 제공하는 직무와 지급받는 보수 사이에는 합리적 비례관계가 유지되어야 하며, 회사의 채무 상황이나 영업실적에 비추어 합리적인 수준을 벗어나서 현저히 균형성을 잃을 정도로 과다하여서는 아니 된다. 따라서 회사에 대한 경영권 상실 등으로 퇴직을 앞둔 이사가 회사에서 최대한 많은 보수를 받기 위하여 그에 동조하는 다른 이사와 함께 이사의 직무내용, 회사의 재무상황이나 영업실적 등에 비추어 지나치게 과다하여 합리적 수준을 현저히 벗어나는 보수 지급 기준을 마련하고 지위를 이용하여 주주총회에 영향력을 행사함으로써 소수주주의 반대에 불구하고 이에 관한 주주총회결의가 성립되도록 하였다면, 이는 회사를 위하여 직무를 충실하게 수행하여야 하는 상법 제382조의3에서 정한 의무를 위반하여 회사재산의 부당한 유출을 야기함으로써 회사와 주주의 이익을 침해하는 것으로서 회사에 대한 배임행위에 해당하므로, 주주총회결의를 거쳤다 하더라도 그러한 위법행위가 유효하다 할 수는 없다.

9. 이사의 보수와 지배주주

가. 문 제

상법 제368조 제3항은 주주총회의 결의에 있어서 특정 결의에 관하여 '특별한 이해관계가 있는 자'는 의결권을 행사하지 못한다고 규정하고 있다. 이 규정에 의해 행사할 수 없는 의결권의 수는 주주총회에 출석한 주주의 의결권의 수에 산입되지 않으며(제371조 제2항) 이러한 규정들에 위반하여 이루어진 주주총회의 결의는 취소할 수 있다(제376조 제1항). 한편, 상법 제388조는 "이사의 보수는 정관에 그 액을 정하지 아니한 때에는 주주총회의 결의로 이를 정한다"고 규정한다. 그렇다면, 특정 회사의 정관이 이사의 보수의 액을 정관에서 정하지 않고 있어서 주주총회의 결의로 이를 정하고자 하는 경우, 주주총회의 결의로 정해지게 될 보수의 수령자인 '이사인 주주'가 그 결의에 관하여 의결권을 행사할 수 있는 것인지의 문제가 발생한다. 즉, 주식회사의 이사인 주주는 주주총회의 이사의 보수에 대한 결의에 관하여 상법 제368조 제4항에서 말하는 '특별한 이해관계가 있는 자'에 해당하는가?

이 문제는 이사인 주주가 대주주로서 회사의 경영자인 경우에 발생한다. 대주주가 아닌 이사와 사외이사도 주식을 보유하고 있다면 주주총회에서 이사의 보수에 관한 결의에 참여하여 의결권을 행사할 수 있는지가 마찬가지로 문제될 수 있으나 대개의 경우 그 실질적인 중요성은 크지 않을 것이다. 따라서, 이 문제는 사실상 대주주 지분비율이 높은 상장회사와 비상장회사의 대주주 경영자가 자신의 보수를 책정하는 데 있어서 다른 주주들로부터 받는 견제의 규모가 얼마 만큼인지의 문제다. 대주주 경영자가 결의에 참여할 수 없다면 이사회에서 보수의 규모가 정해지면 그에 관한 최종적인 결정은 다른 주주들이 내리게 된다. 그리고, 이사의 보수에 관한 결의는 모든 주식회사의 주주총회에서 매년 행해지는 결의이므로 이 문제는 주주총회의 운영에 관한 실무에 있어서는 대단히 중요한 것이다. 이 문제에 관하여 이사인 주주는 상법 제368조 제4항의 특별한 이해관계가 있는 자에 해당하는 것으로 보아 이사의 보수에 대한 주주총회의 결의에 관하여 의결권을 행사하지 못한다는 입장을 취할 수도 있을 것이고(편의상 'A설'), 이사인 주주를 상법 제368조 제4항의 특별한 이해관계가 있는 자에 해당하지 않는 것으로 보아 이사의 보수에 대한 주주총회의 결의에 관하여 의결권을 행사할 수 있다는 입장을 취할 수도 있을 것이다(편의상 'B설').

나. 학 설

우선, A설을 따른다면, 가족기업들에서 흔히 나타나는 바와 같이 주주와 이사의 지위를 겸하는 경우 주주총회가 이사의 보수를 정하는 결의를 할 수 없게 될 수 있다는 문제가 있다. 주주 전원이 이사의 직을 겸하는 회사의 경우 그러한 결의가 원천적으로 불가능해지며, 일부 주주만이 이사의 직을 겸하는 경우라 해도 주주총회가 성립되지 못할 수가 있어(예컨대, 20%의 지분을 보유하는 5인의 주주들 중 4인이 이사의 직을 보유하는 회사) 역시 주주총회의 결의가 불가능해진다. 상법 제371조 제2항은 상법 제368조 제4항의 규정에 의해 행사할 수 없는 의결권의 수는 주주총회에 출석한 주주의 의결권의 수에 산입되지 않는다고 규정할 뿐 상법 제368조 제1항의 규정에 의한 주주총회의 보통결의 요건 중 하나인 '발행주식총수의 4분의 1 이상의 수'에 관하여는 특별히 규정하고 있지 않다. 주주총회가 성립되는 경우에도 소수의 의사에 의해 다수의 이해에 관한 결의가 이루어지는 문제가 있게 된다.

이에 대해서는 이사의 보수를 정하는 결의는 이사별로 이루어지는 것이 원칙이고 그렇다면 특정 이사의 보수를 정할 때 해당 이사만 해당 결의에 참가할 수 없게 하면 되므로 주주총회의 결의가 불가능한 상황은 있을 수 없다는 반론이 가능할 것이다. 그러나, 기업의 실무는 주주총회가 이사의 보수를 정할 때 전체 이사들의 보수 총액을 정하여 그에 대해 승인하게 하는 것이고 이러한 실무는 널리 학설의 지지를 받고 있다. 특별한 이해관계가 있다고 여겨지는 주주 이사의 의결권 제한으로부터 발생하는 이론적인 문제 하나를 해결하기 위해 인위적으로 그러한 실무를 변경할 것은 아니라 할 것이다. 실제로 압도적인 다수의 회사의 경우 그러한 효율적인 실무를 변경할 특별한 이유도 없을 것이다.

또, 개별적인 이사의 보수를 책정하여 주주총회의 승인을 받는 것이 아니라 전체 이사의 보수의 상한액을 책정하여 주주총회의 승인을 받게 하는 기업 실무에 의하면 특정 이사의 개인적인 이해관계를 전체 이사의 이해관계로부터 분리해 내는 것은 불가능하기 때문에 설사 주주인 이사의 특별한 이해관계를 인정한다 하더라도 그를 이유로 주주총회에서의 이사의 보수에 대한 의결권 행사를 막을 수는 없을 것이다. 그렇게 한다면 다른 이사의 보수에 대한 승인권을 주주로부터 박탈하는 결과가 되기 때문이다. 일본 상법도 과거 우리 상법의 제368조 제4항에 해당하는 규정을 두었었는데 위와 같은 운용상의 문제점 등으로 인해 그에 대한 해석은 가급적 좁게 행해졌다고 한다. 그러다가 해석의 한계 등으로 인해 1981년의 개정 시에 그를 삭제하고 대신 주주총회의 결의에 관해 특별한 이해관계를 가진 주주가 의결권을 행사하여 현저하게 부당한 결의가 이루어진 때에는 주주총회결의취소의 사유가 되도록 하였다.

한편, 상법은 이사의 보수를 정관에서 정하지 않은 때에는 주주총회가 정한다고 하고 있어서 정관으로 이사의 보수를 정할 가능성이 열려 있다. 정관으로 이사의 보수를 정하기 위해서는 정관 변경의 특별결의가 필요한데 만일 A설을 일관되게 채택한다면 여기서도 이사인 주주는 정관변경의 결의에 참여할 수 없게 된다. 정관변경 결의는 이사의 보수를 정하는 결의와는 달리 특별결의에 의하여야 하므로 위에서 논의한 결의 불가능의 문제와 소수의 의사에 의한 주주총회 결의 성립 문제는 더 심각해진다. 또, 정관변경의 내용에 따라 특정 주주의 의결권을 인정하거나 제한하는 결과를 발생시키게 되므로 타당한 해석이라고 하기 어렵다.

한편, B설을 따른다면, 회사를 지배하는 이사인 주주가 이사의 보수를 자의적으로 책정하고 그에 대해 주주총회의 결의가 이루어지게 할 수 있으므로 회사에 손해가 발생할 수 있다는 우려가 가능하고, 상법이 규제하고자 하는 특별한 이해충돌은 바로 이런 경우에 발생하는 이해충돌을 말하는 것이라 할 수 있다. 대표적인 공익권인 주주의 의결권은 회사와 주주 전체의 이익에 도움이 되는 방향으로 행사되어야 하는 것이며 의결권이 그를 보유한 주주의 사익을 위해 행사되고 그 결과로 회사와 주주 전체의 이익을 해하게 되는 것을 방지하기 위해 특별한 이해관계 있는 주주의 의결권은 제한되어야 하는데 보수의 결정도 이 경우에 해당한다는 것이다.

다. 이해관계와 이해상충

주식회사 이사의 보수의 책정권은 주주들로 구성되는 주주총회가 주식회사의 기관으로서의 지위에서 행사하는 권리이다. 이는 기관으로서의 지위에서 보유하는 권리의 행사라는 점에서 주주총회의 이사 선임권과 본질적으로 다르지 않다. 주주의 지위에서 회사의 지배구조와 관련되는 결의를 함에는 주주가 특별한 이해관계를 가지지 않는다고 새기는 것이 학설의 일반적인 태도이며 이에 따라 주주는 자신을 이사로 선임하는 결의에 참여할 수 있다. 이사는 당연히 보수를 받는 것이므로 보수를 받는 이사의 선임과 이사 보수의 승인을 해당 주주인 이사에 대해 달리 취급할 이유는 없다. 또, 이사의 보수란 특히 상근이사들의 경우 갑자기 새로 정해지는 것이 아니라 기존의 보수 수준을 반영하여 주주총회에서 정하게 되므로 이사를 선임할 때에는 그러한 보수의 수준을 염두에 두고 그에 적합한 후보를 찾아 선임하게 되는 것이다. 이사의 보수를 정하는 주주총회의 결의는 이사의 선임을 위한 주주총회의 결의와 같이 회사의 지배구조와 관련되는 결의로 보아야 할 것이다. 나아가, 이사의 선임 결의는 선임된 이사들이 경영판단의 법칙의 보호하에 회사의 이익을 극대화하는 제반 결정을 내리는 데 대한 일반적인 수권의 의사가 포함되어 있다고 보는 것이 합리적이고 효율적일 것이므로, 그렇게 선임된 이사가 이사의 보수제안을 결정함에 있어서 함께 참여하였고 그를 다시 주주총회가 승인할 때 유독 그 모든 과정에 참여한 이사들 중 1인을 (자신을 선임하는 이사선임 결의에는 참여하게 하였음에도 불구하고) 주주라는 이유에서 제외해야 한다고 하는 것은 대단히 혼란스러운 해석이다.

상법 제368조 제4항을 넓게 해석하는 견해, 즉, A설은 특별한 이해관계를 가지는 주주의 의결권에 대한 제한을 이사의 회사와의 이해상충 문제와 혼동하는 것이다. 상법은 그 제382조의3에 의해 회사에 대해 충실의무를 부담하는 이사가 개인적인 이익을 추구하여 회사 및 주주들에게 손해를 발생시키는 경우 제399조의 규정 등을 통해 그를 규제한다. 그러나, 회사와 이사의 이해가 상충되는 사안에 있어서도 이사회가 그를 승인하면 해당 이사는 공정성의 기준에 의한 통제하에 문제의 거래를 할 수 있다(제397조 제1항, 제398조). 반면, 상법 제368조 제4항은 이와는 달리 주주와 회사 간의 이해상충 가능성에 대한 규정이다. 이는 특정 주주와 회사와의 사이에서 이해상충이 발생할 가능성이 있고 주주총회가 그럼에도 불구하고 그를 승인하는 결의를 하고자 할 때 해당 주주는 그 결의에 참여할 수 없다는 규정인 것이다. 이 규정을 해석함에 있어서 대상 사안이 '이사'의 보수라는 사실 때문에 이 문제를 이사와 회사의 이해상충 문제로 보는 것은 타당하지 않다.

주식회사 주주, 특히 지배주주의 이해관계는 원칙적으로 회사의 이해관계와 일치하며 주주가 회사와의 관계에서 가지는 자본적, 지분적 이해는 주주로서의 지위에 본질적인 구성 요소라 할 것이다. 따라서, 주주총회의 결의에 있어서 특정 주주가 이해관계를 가지는 것은 그것이 어떤 내용의 결의라 해도 마찬가지이며 개인적인 특별한 이해관계라는 개념은 주주가 가지는 일반적인 이해관계와 사실상 구별하기 어렵다. 이는 회사와의 위임의 관계에 의해 회사의 사무를 처리하는 특정 이사가 개인적인 이해관계를 이유로 이사회의 결의에 참여하지 못하는 상황과는 분명히 구별되어야 한다. 상법 제391조 제3항이 이사회의 결의와 관련하여 상법 제368조 제4항 및 제371조 제2항의 규정을 준용한다고 해서 서로 다른 성질의 이해상충을 해석상 같이 취급할 수는 없다.

이사의 보수 결정에 대한 주주총회의 결의에서는 특정 주주가 이사인지의 여부는 우연한 사실에 불과하며 해당 주주를 포함한 회사의 주주들이 법률이 주주총회의 권한으로 정한 특정 사안(이사의 보수의 승인)에 대한 결의를 하고자 하는 것이므로 여기서 해당 주주가 이사의 지위를 이용하여 회사에 손해를 발생시킬 가능성이 인정된다고 해도 그는 해당 주주가 이사로서의 임무를 해태할 가능성이지 주주로서의 지위에서 회사를 해하는 행동을 할 가능성은 아니다. 주주인 이사가 회사에 대해 부담하는 책임을 면제하는 결의나, 회사에 대한 채무를 면하거나 권리를 발생시키는 결의 등과 같이 일회적으로 특정 주주의 경제적 이해관계에 영향을 주면서 회사에 상응하는 손해나 부담을 발생시키는 결의의 경우 해당 주주는 주주로서가 아닌 개인으로서의 지위를 보유한다고 볼 수 있을 것이나, 회사의 기관적 위치를 보유하고 회사의 위임을 받아 회사의 업무를 수행하는 이사에 대한 보수의 결정과 같이 계속적인 효과를 발생시키는 사안에 있어서 수시로 그 지위나 지분이 변동하는 주주의 의결권을 그 사안의 효력과 연계시키는 것은 경제적으로도 타당하지 못하다 할 것이다.

라. 이사회 결의

한편, 상법 제391조 제3항에 의하면 지배주주인 이사를 포함하여 이사는 이사의 보수를 결정하는 이사회의 결의에 대하여 의결권을 행사할 수 없다. 이 규정에 의해 지배주주인 이사는 당해 이사회 결의에서 의결권을 행사할 수 없는가? 아니면, 주주총회의 결의에 관한 위 B설의 해석과 같이 해석하여 보수에 관한 결의에 대하여는 특별한 이해관계가 있는 이사도 결의에 참여할 수 있다고 보아야 하는가? 우선, 상법 제391조 제3항의 해석에 있어서는 상법 제368조 제4항을 A설과 같이 해석하는 데서 발생하는 문제는 없다. 이사회에서의 결의는 이사 1인이 1개의 의결권을 가지기 때문에 이른바 이해관계가 있는 이사를 제외하더라도 결의가 성립되지 못하는 경우란 없을 것이다. 그리고, 기술적으로도 개별 이사의 보수를 정함에 있어서 이사의 수만큼 결의를 하면서 각 결의마다 당해 이사를 참여시키지 않는 것이 전혀 어렵지 않을 것이다. 또, 이사의 보수는 회사지배에 관한 주주의 비례적 이익과도 무관하다. 그러나, 수 개의 결의를 하더라도 각 결의마다 이사회 내에서 의견이 나누어지는 경우는 생각하기 어렵기 때문에 이러한 논의에 큰 실질적인 의미는 없다고 보아야 한다. 그리고, 주주총회의 실무가 이사 전원의 보수 상한에 대해 승인하는 것이므로 관련 이사회 결의도 이사 전원의 보수 상한에 대한 결정이 될 것이고 여기서는 모든 이사가 특별한 이해관계가 있는 것이므로 상법 제391조 제3항을 문언대로 해석한다면 이사회의 결의가 이루어질 수 없게 된다. 정관 또는 주주총회에서 정한 이사의 보수 총액을 각 이사에게 배분하는 이사회 결의에서는 각 이사를 특별한 이해관계 있는 이사로 보지 않는다. 실제로는 개별 이사의 보수는 주주총회의 승인 후에 다시 이사회의 결의로 대표이사에게 그 결정을 위임하는 것이 보통일 것이다. 그러면, 지배주주인 대표이사가 이사회의 위임을 받아 자신의 보수를 결정할 수 있는가라는 문제만 남는데 이를 부정할 이유는 찾기 어렵다.

10. 일감 몰아주기

가. 문제와 판례

우리나라의 대형 상장회사와 그룹에서는 그룹회장의 지위를 그 직계비속이 승계하는 일이 많다. 직접적인 이유는, 아무래도 상속이 발생하는 경우 주식이 상속되므로 직계비속이 가장 많은 주식을 소유하게 되기 때문이다. 앞에서 설명한 바와 같이 회사의 경영권은 상대적으로 많은 주식을 보유한 주주가 차지하게 된다. 그 밖에, 이른바 2세는 선대가 보유했던 회사 내외의 사회적 네트워크를 가장 효과적으로 물려받을 수 있는 위치에 있다는 것도 이유가 될 것이다. 이 점은 오랜 시간을 두고 세심하게 준비되기도 한다. 재계에서는 이를 '경영권 승계작업'이라는 말로 표현한다. 회사 내에서는 2세를 중심으로 인맥이 형성되게 되는데 2세 이외의 그 누구도 그에 필적할 만한 인맥을 형성할 수 없고, 허용되지도 않는다. 회사의 경영은 최고경영자를 중심으로 호흡과 뜻이 맞는 사람들의 집단이 주도하게 되는 것이다. 이 점에서 2세는 압도적으로 유리한 위치에 있다. 이 때문에 2세가 여럿이 있는 경우 회사 내에서 권력투쟁이 발생한다. 현대그룹에서 일어났던 이른바 '왕자의 난'이 그를 잘 보여 준 바 있다.

그런데, 여기서 한 가지 불문율인 전제 조건이 있다. 후계자로 낙점 받은 2세가 회사를 성공적으로 경영할 능력이 있음이 회사 내외에서 입증되어야 한다. 물론, 여기서도 2세는 유리한 위치에 있다. 회사 내외의 모든 사람들이 원칙적으로 호의적이고 최선을 다해 도와주기 때문이다. 그러나, 그런다고 해서 반드시 성공한다는 보장은 없으며 성공한다고 해도 항상 평가절하하려는 사람들이 있기 마련이다. '누가 못해!?' 가장 능력을 잘 보여 줄 수 있는 방법은 그래서 회사 밖에서 창업을 해서 혼자 힘으로 실적을 내는 것이다. 저자가 아는 스위스의 한 회장은 젊었을 때 부친이 아예 전혀 다른 회사에 입사시켜서 임원까지 승진할 수 있는지를 검증했다고 한다. 그런 후에 자신의 회사에 들어서 회사를 물려받게 했다.

A그룹 회장의 2세가 새로운 회사 B를 세우고 경영을 시작한다. 그런데, B는 A가 제조하는 제품에 반드시 필요한 부품을 제조하는 회사다. 회장은 A가 필요한 부품은 가급적 B로부터 구매하도록 지시한다. 물론, 가격은 공정하게 해야 한다. 그러나, B는 거대기업인 A가 필요로 하는 물량을 전적으로 공급해 주어야 하기 때문에 일감에 걱정이 없고 나날이 성장하게 된다. 사실 이것은 모든 중소기업 사장들의 꿈이다. '한 대기업이 나를 밀어 준다!' 바로 이를 위해 학연, 지연을 동원한 로비가 치열하게 펼쳐지는 것이다. 가격면에서 우대 받지 못하니 좋을 것이 없지 않은가? 하고 반문하는 사람이 있다면 사업의 '사'자

도 모르는 것이다. 2세는 어느새 고속으로 성장한 신생기업 B의 유능한 경영자가 되어 있다. B는 기업을 공개해서 상장회사가 된다.

이 시나리오에서 A나 B가 비난 받아야 하는가? 비난 받는다면 왜인가? 이 문제는 근래에 들어서 대단히 중요한 사회적 문제로 등장했고 상법개정까지 촉발시켰다. A의 행동을 흔히 '일감 몰아주기'라고 부른다. 법률이 이 문제에 개입해야 할까? 한다면 왜, 어떻게 개입해야 하는가? 서울중앙지방법원 민사21부는 관련 판결에서 다음과 같이 말하고 있다(서울중앙지방법원 2011. 2. 25. 선고 2008가합47881 판결).

"미국 판례법상 발전된 이론인 '회사기회 유용의 법리'란 회사의 이사 또는 임원 등 회사에 대하여 충실의무를 지는 자가 사적인 이익을 위하여 자신들의 수탁자로서의 지위 및 신뢰관계를 이용하여 회사의 기회를 부당하게 탈취하여서는 안 된다는 법리이다.

… 상법 제382조의3은 "이사는 법령과 정관의 규정에 따라 회사를 위하여 그 직무를 충실하게 수행하여야 한다"고 하여 이사의 충실의무를 규정하고 있고, 이사는 위임관계로부터 선관주의의무를 부담하고 있으므로 회사기회 유용의 법리는 우리 법제하에서 이사의 선관주의의무 내지 충실의무에 포섭할 수 있는 범위 내에서 인정할 수 있다고 할 것이다. 그런데 '사업의 기회'는 포괄적이고 불명확한 표현이고, 이사의 선관주의의무 내지 충실의무는 직무를 수행하는 과정에서 부담하는 의무이지 회사의 이익이 되는 모든 행위를 하여야 하는 일반적인 의무가 아니므로, 이사가 자신이 알게 된 모든 사업의 기회를 회사에게 적극적으로 이전해야 하는 의무까지 부담한다고 할 수는 없고, 이사에게 그 사업의 기회를 회사로 하여금 추진하게 해야 할 충실의무를 지우고, 이사가 그 충실의무를 위반함으로써 회사에게 기대이익을 얻지 못하게 하는 손해가 발생하였다고 볼 수 있기 위해서는 그 사업의 기회가 "회사에 현존하는 현실적이고 구체적인 사업기회"로서 인정되는 경우여야 할 것이다.

따라서 회사 내에서 사업의 추진에 대한 구체적인 논의가 있었거나 회사가 유리한 조건으로 사업기회를 제안 받는 경우와 같이 그 사업의 기회가 회사에 현존한 현실적이고 구체적인 사업기회였고, 당시 회사의 사업전략, 영업형태 및 재무상황, 그 사업의 특성, 투자 규모, 위험부담의 정도, 기대 수익 등을 종합적으로 고려한 합리적인 경영판단에 따르면 회사가 그 사업의 기회를 이용하여 사업을 추진할 만한 상당한 개연성이 인정되는 경우, 이사는 회사가 그 사업을 추진하도록 해야 할 선관주의의무 내지 충실의무를 부담한다고 할 것인데, 이사가 이러한 의무를 위반하여 그 지위를 이용하여 회사의 기회를 부당하게 탈취 또는 유용한다면 회사에 대한 선관주의의무 내지 충실의무를 위반한 것으로 인정될 수 있을 것이다.

 … 호중의 각 기재에 의하면, 통계청이 고시한 '표준산업분류'는 "생산단위의 산업활동은 일반적으로 주된 산업활동, 부차적 산업활동 및 보조적 활동이 결합하여 복합적으로 이루어지는데 주된 활동과 부차적 활동은 보조활동의 지원 없이는 수행될 수 없으며 보조활동에는 회계, 창고, 운송, 구매, 판매촉진, 수리서비스업 등이 포함된다," "동일단위에서 제조한 재화의 소매활동은 별개 활동으로 파악되지 않고 제조활동으로 분류되어야 한다"라고 기재하고 있는 사실, 피고 정○○는 현대기아자동차 기획총괄본부장이던 □□□으로부터 자동차 물류업무의 효율화를 위해 물류전문회사의 설립이 필요하다는 보고를 받고, 현대자동차와 기아자동차의 물류업무(설립작업 논의시에는 다른 계열사의 물류업무까지 통합하는 것은 포함되지 않았음)를 통합하기 위한 물류회사의 설립을 지시한 사실, 현대기아자동차 기획총괄본부는 현대자동차와 기아자동차의 기획업무를 조정하는 역할을 하면서 사업계획, 영업계획을 담당하는 부서인 사실, 글로비스의 설립은 현대기아자동차 기획총괄본부에서 근무하는 ▷▷, △△의 주도로 이루어졌고, 글로비스가 설립된 이후 현대자동차 및 기아자동차의 퇴직 직원들이 글로비스의 직원으로 근무하고 있는 사실, 「현대자동차」그룹의 지분관계는 2008. 말경 기준 … 현대자동차가 그룹의 모회사로서 대부분의 계열사를 자회사로 지배하고 있는 사실을 인정할 수 있다.

 한편, 위 증거들에 의하면, 현대자동차는 글로비스가 설립되기 전부터 물류를 포함하여 비핵심 업무를 아웃소싱하여 왔는데, 물류 부문의 경우 동서다이너스티, 성우 등에게 아웃소싱하였던 사실, 그런데 현대자동차는 여러 업체로 물류업무를 아웃소싱하면서 고객서비스, 차량 배송 등에서 물류업무 효율화를 저해하는 문제가 발생하여 □□□이 피고 정○○에게 물류전문회사의 설립이 필요하다는 보고를 하였고, 피고 정○○의 지시로 「현대자동차」그룹의 물류업무 효율화를 도모하기 위한 물류전문회사로 글로비스가 설립된 사실, 피고 정○○는 물류회사의 설립을 결정한 후 「현대자동차」그룹 원로(대부분 사장단 중 연세가 많은 분들)에게 "그룹 차원에서 물류회사가 필요하다는데, 누가 그 일의 적임자이냐"는 내용으로 물어보아 당시 현대모비스 부사장인 ◇◇을 적임자로 정한 사실, 이에 따라 글로비스의 설립 작업은 현대모비스 부사장인 ◇◇이 총괄지휘하였고, 현대기아자동차 기획총괄본부 기획지원팀장인 ▷▷이 그 책임자로, 같은 본부 기획지원팀원인 △△이 팀장으로 되어 이루어진 사실, △△은 글로비스 지분을 인수하게 된 경위와 관련하여 검찰 조사를 받으면서 물류회사를 체계적으로 총괄하려면 오너의 단독 지분이 필요하다고 보고하여 피고 정○○ 및 □□□이 글로비스의 지분을 인수하게 되었다고 진술하였고, △△도 공정거래위원회 조사를 받으면서 같은 취지로 진술한 사실, 피고 정○○도 글로비스 지분을 인수하게 된 경위와 관련하여 검찰 조사를 받으면서 "현대차그룹 총괄본부장 □□□으로부터 「현대자동차」그룹 소속 각 회사의 물류업무의 문제점을 해결하고 이를 합리화 및 체계화하기 위해 계열사로서 물류회사를 설립하는 것이 좋겠다는 내용의 보고를 들었다," "계열사들이 새로운 물류회사에 출자를 하는 것이 부적절하고, 일사불란한 경영체계를 확립하기 위하여는 개인 대주주가 출자를 하는 것이 좋겠다는 실무자들의 의견을 받아들여 글로비스에 지분참여를 하였다"라는 취지로 진술한 사실, 글로비스가 설립된 후 「현대자동차」그룹의 계열사인 현대자동차, 기아자동차, 현대모비스, 현대제철(현대자동차 등)은 그 물류업무 물량의 대부분을 글로비스와 거래하고 있는 사실, 글로비스는 설립된 이후 2001. 3.경 현대자동차가 물류업무를 아웃소싱한 동서다이너스티의 사업(T/P 업무, 장비임대업무, 내수 PDI 업무, 배달탁송업무는 2003. 3.경부터임)을 양수하였고, 2003. 10.경 역시 현대자동차가 물류업무를 아웃소싱한 성우오토모티브 등의 사업(철강운송업무)을 양수한 사실, 글로비스는 2004년경 「현대자동차」그룹 계열사를 위한 물류통합시스템을 개발하여 위 계열사의 물류업무의 효율화를 증대시킨 사실도 인정할 수 있다.

따라서 글로비스의 설립이 현대자동차의 사업기회라고 인정될 수 있는지에 대하여 살피건대, 위 인정 사실에 의하면, ① 현대자동차는 기왕에 물류업무를 자체 사업부문화하지 않고 아웃소싱하였고, 이러한 아웃소싱은 회사의 핵심 부분에 역량을 집중하기 위한 경영상 판단이었던 점, ② 글로비스가 수행하는 물류업무는 현대자동차의 자동차 제조 및 생산 활동의 보조활동에 해당하지만, 물류업무가 자동차 사업과 연관성 내지 수반성이 있다는 이유만으로 자동차 회사에서 물류업무를 반드시 직접 수행하거나 자회사를 만들어 이를 수행해야 한다고 볼 수는 없고, 어떠한 업무를 아웃소싱의 대상으로 삼을 것인지는 회사 사업과의 연관성 내지 수반성 여부에 따라 자동적으로 결정되는 것이 아니라 경영상의 판단에 따라 결정된다고 봄이 상당하며, 이미 아웃소싱하던 물류에 대하여 새로이 이를 내부 사업부문화하거나 각 회사의 자회사 형태로 설립할 것인지, 다른 업체에게 아웃소싱할 것인지 여부 역시 기본적으로 경영상의 판단에 해당한다고 보이는 점, ③ 초기에「현대자동차」그룹에서 물류회사의 설립을 논의하게 된 목적은 물류회사를 지배하고 그 주식을 보유함으로써 수익을 창출하고자 하기 위한 것이 아니라 그룹 계열사의 물류 업무를 효율적으로 관리하기 위한 것이었던 점, ④ 비록 현내자동차의 임원인 □□□은 현대자동차의 업무를 수행하는 과정에서 물류회사 설립의 필요성에 대해 생각하게 되어 피고 정○○에게 이를 보고하게 되었고, 피고 정○○도 물류회사의 설립이라는 사업기회를 현대자동차의 업무 수행 중 알게 된 것이지만, □□□의 보고는 회사에게 제공된 구체화된 사업기회라기보다는 피고 정○○의 지시를 받는 입장에서의 의견일 뿐이므로 이러한 사정만으로는 회사에 현존하는 현실적이고 구체적인 사업기회라고 인정하기에는 부족한 점, ⑤ 또한 글로비스는 피고 정○○가 □□□에게 물류회사의 설립을 지시하여 그 설립이 추진되었는데, 피고 정○○는 글로비스 설립에 대하여 현대자동차의 대표이사 지위에서 현대자동차의 업무로서 자회사의 설립을 지시한 것이 아니라 현대자동차 그룹의 회장으로서 그 그룹의 계열사(현대자동차가 그룹의 주된 모회사이기는 하지만,「현대자동차」그룹의 계열사가 반드시 현대자동차의 자회사로 있는 것은 아니다)의 설립을 지시한 것으로 보이고, 이렇게 피고 정○○의 지시로 물류회사의 설립이 추진된 것을 현대자동차 내부에서 논의되던 사업기회라고 볼 수 없는 점, ⑥ 글로비스의 실제 설립업무도 계열사 임·직원인 현대모비스 부사장 이◇◇(글로비스 설립 이후 글로비스의 대표이사가 되었다), 현대기아자동차 기획총괄본부 기획지원팀장 ▷▷, 같은 본부 기획지원팀원 △△이 진행하였는데, 현대자동차 직원이 글로비스 설립 업무에 참여하였다고 하여, 현대자동차가 그 회사 차원에서 새로운 사업기회로 물류회사를 자회사로 설립하기 위한 논의를 한 것으로 보기에는 부족하고, 글로비스는「현대자동차」그룹의 계열사로 물류회사가 필요하다고 인식함에 따라 기업집단인「현대자동차」그룹 차원에서 그 설립이 논의되었다고 보이는 점, ⑦ 실제 글로비스는「현대자동차」그룹 계열사의 물류 업무를 수행하기 위해 설립되었고, 현재 현대자동차뿐만 아니라 기아자동차, 현대모비스, 현대제철 등「현대자동차」그룹의 계열사의 물류 업무를 수행하고 있는 점, ⑧ 현대자동차는 글로비스가 설립됨에 따라 기존에 아웃소싱하던 물류업무의 거래 상대방을 비계열회사에서 계열회사로 이전한 것일 뿐인 점 등을 인정할 수 있어, 이러한 사정을 종합하여 보면 글로비스의 설립이 현대자동차에 현존하는 "현실적이고 구체적인 사업기회"라는 것을 인정하기에 부족하고, 달리 이를 인정할 증거가 없다고 할 것이다.

또한 회사기회 유용으로 인한 선관주의의무 내지 충실의무 위반을 인정하기 위해서는 회사에게 제공된 사업기회라는 점뿐만 아니라 이사에게 그 사업의 기회를 회사에게 귀속시켜야 한다는 충실의무가 인정됨에도 의무위반의 태양으로 이사가 이러한 회사의 기회를 부당하게 탈취·유용하였다는 점이 인정되어야 할 것인데, 앞에서 인정된 사정에 의하면 글로비스는 초기부터 「현대자동차」그룹의 계열사로 설립이 논의된 것이지 현대자동차의 자회사로 물류회사의 설립이 논의된 것이라고 볼 수 없어, 피고 정○○가 회사의 사업기회(현대자동차의 자회사로 물류회사를 설립하는 사업기회)를 부당하게 탈취·유용하였다고 보기도 어렵다.

물론 피고 정○○는 현대자동차로 하여금 글로비스의 지분을 인수하게 할 수도 있었지만, 이사의 선관주의의무 내지 충실의무는 이사가 회사의 직무를 수행하면서 부담하는 의무라고 할 것이므로 초기부터 「현대자동차」그룹의 계열사로 논의된 물류회사의 설립이 피고 정○○가 현대자동차의 직무를 수행한 것이라고 볼 수 없고, 이사에게 회사의 이익을 위하여 모든 행위를 하여야 할 의무까지 부담한다고 볼 수 없으므로 피고 정○○가 현대자동차로 하여금 글로비스의 지분을 인수시켜야 할 의무를 부담한다고 볼 수는 없다.

그렇다면 더 나아가 피고 정○○에게 「현대자동차」그룹의 계열사를 설립함에 있어서 계열사를 현대자동차의 자회사로 삼아야 하는 충실의무가 있는지가 문제된다고 할 것인데, ① 기업집단 차원에서 논의된 계열사 설립에 대하여 그 지배구조를 어떻게 구성할지 여부를 결정함에 있어서 피고 정○○가 모회사의 주주들과 사이에 위임관계, 수탁관계, 신인관계 등에 있다고 볼 수 없어 그 지배구조에 대한 의사결정에 대하여 충실의무가 있다고 볼 수 없는 점, ② 물론 현대자동차는 「현대자동차」그룹의 계열사에 대해서 … 모기업으로서 역할을 하며 대부분 계열사의 다수 지분을 인수하였음을 인정할 수 있으나, 계열사의 지분 인수는 원칙적으로 현대자동차의 사업 또는 목적 업무라고 할 수 없고, 피고 정○○는 기업집단을 지배하기 위한 하나의 방편으로 현대자동차를 모기업으로 하여 현대자동차가 계열사의 지분을 인수하도록 한 것인 점, ③ 즉, 다른 계열사의 다수 지분을 현대자동차가 인수하였다는 점만으로는 피고 정○○가 현대자동차에게 글로비스의 다수 지분을 인수시켜야 할 의무가 있다고 볼 수 없고, 계열사의 지분인수 여부는 현대자동차의 사업과 직접 관련이 없으므로 현대자동차의 주주가 현대자동차에게 그 목적범위를 벗어나 기업집단인 「현대자동차」그룹의 계열사 지분을 인수할 임무를 현대자동차의 이사에게 위임 또는 위탁하였다고 볼 수는 없는 점 등을 인정할 수 있어 글로비스의 물류업무가 현대자동차와 사업관련성이 있다는 점만으로는 피고 정○○가 「현대자동차」 그룹의 계열사로 물류회사인 글로비스를 설립하면서 글로비스를 현대자동차의 자회사로 삼아야 할 의무가 있다고 보기에는 부족하다.

따라서 이러한 사정을 종합하면, 글로비스의 설립은 기업집단 차원에서 추가 계열사를 설립하기 위해 논의된 것이라고 할 것이고, 현대자동차의 직원들이 글로비스의 설립에 관여하였고, 현대자동차의 물류업무를 수행하기 위해 글로비스가 설립되었다는 사정만으로는 글로비스의 설립이 현대자동차에게 현존하는 현실적이고 구체적인 사업기회라는 점을 인정하기에 부족하며, 선관주의의무 내지 충실의무 위반을 인정하기 위한 태양으로서 피고 정○○가 현대자동차에게 제공된 사업기회를 부당하게 유용·탈취하였다는 점을 인정할 수 없고, 달리 이를 인정할 증거가 없다. 또한 피고 정○○가 그룹의 계열사를 설립함에 있어 그 계열사의 지분을 모기업인 현대자동차에게 인수시켜야 할 선관주의의무 내지 충실의무가 있다고 볼 수도 없으므로 원고들의 이 부분 주장은 이유 없다.

따라서 피고 정○○가 글로비스의 주식을 인수, 취득하는 과정에서 법령 또는 정관을 위반하였다거나, 그 주식을 인수, 취득한 것이 현대자동차에 대한 선관주의의무 내지 충실의무를 위반하였다고 할 수 없으므로 원고들의 이 부분에 대한 주위적 청구 및 예비적 청구는 이유 없다.”

나. 상법규정의 문제

상법은 제397조의2에서 이사가 회사의 기회와 자산을 유용하지 못하게 하는 규정을 두고 있는데 이 규정이 위 사안에 적용되어야 하는가?(위 판결은 아래 규정이 도입되기 전의 것이다.)

제397조의2(회사의 기회 및 자산의 유용 금지)
① 이사는 이사회의 승인 없이 현재 또는 장래에 회사의 이익이 될 수 있는 다음 각 호의 어느 하나에 해당하는 회사의 사업기회를 자기 또는 제3자의 이익을 위하여 이용하여서는 아니 된다. 이 경우 이사회의 승인은 이사 3분의 2 이상의 수로써 하여야 한다.
1. 직무를 수행하는 과정에서 알게 되거나 회사의 정보를 이용한 사업기회
2. 회사가 수행하고 있거나 수행할 사업과 밀접한 관계가 있는 사업기회

② 제1항을 위반하여 회사에 손해를 발생시킨 이사 및 승인한 이사는 연대하여 손해를 배상할 책임이 있으며 이로 인하여 이사 또는 제 3 자가 얻은 이익은 손해로 추정한다.

회사기회의 유용이란 회사의 이사, 임원, 지배주주가 그러한 지위에 있음으로 인해 알게 된 정보와 회사에 대한 지배력를 이용해서 사업 기회를 개인적인 용도로 전용하는 것이다. 즉, 회사가 가져야 할 사업기회를 가로채는 것이다. 어떤 계열회사에 회사의 용역을 몰아준다든지, 거래를 전속적으로 집중시키는 것은 원칙적으로 계약자유의 원칙(계약상대방 선택의 자유 포함) 적용 범위 내에 있다. 그러면, 이 현상이 왜 문제가 되는가? 그 결과 때문이다. 회사의 전적인 지원하에 상대회사는 급속히 성장하게 되고, 따라서, 주주들의 가치도 급성장하게 된다. 회사의 입장에서는 원칙적으로 그 때문에 손해를 입을 일은 없다. 어차피 누군가와는 거래를 했을 것이기 때문이다. 상대회사에 대한 지원이 회사에 대한 손해로 연결되면(예컨대, 거래를 분산하는 것이 안전하다) 그로부터 경영판단의 원칙 적용이 문제될 뿐이다. 여기서 특수관계인이 대주주로 있거나 경영자로 있는 회사를 지원했다면 이사가 개인적인 이해관계가 없는 경우가 아니기 때문에 경영판단 원칙의 적용을 받기 어려울 것이고 그로부터 손해배상책임을 지게 될 것이다. 결국, 일감 몰아주기의 문제는 회사기회의 유용 문제라기보다는 전형적인 충실의무 위반 문제라고 보는 것이 정확할 것이다.

회사기회유용금지의 법리는 미국 회사법에서 발달되어 온 것이다. 그러나, 미국에서도 이 법리는 대단히 이해하기 어렵고 실제 사건에서 그를 적용해서 형성된 판례법도 그 내용이 명확하지 않아서 학자들이 애를 먹는 분야다. 일단 상법은 상당히 단순한 형태로 입법을 하였지만 여러 가지 문제가 있다. 우선, 미국법상 회사기회의 유용이라 함은 외부의 기회를 가로채는 것으로만 한정되어 이해된다. 여기서 외부의 기회라 함은 제 3 자에 의해 기회가 창출되거나 회사의 기존 사업과정에서 창출되는 것을 의미하며 회사가 적극적인 행동에 의해 창출하는 것이 아니라는 것이다. 이 둘 사이에는 미묘한 차이가 있으므로 논란이 가능하다. 국내에서는 회사 내부의 기회도 회사 기회에 해당한다고 해석하는 시각이 더 많다.

둘째, 실제 사건에서는 특정한 사업이 회사기회에 해당하였는지가 핵심적인 쟁점이 될 것이다. 그러나, 이 법리를 100여 년간 운영하였던 미국에서도 회사기회를 확실하게 정의하지 못하고 있다. 따라서 이 법리를 미국에서 도입하면서 회사기회가 무엇인지를 명확하게 정의하기는 어려웠을 것이다. 그러나 상법은 회사기회에 대해 너무도 간략하게 언급하여 무엇이 회사기회인지를 알기 어렵다. 최소한, 특정 사업이 회사와 이미 계약을 맺고 있거나 맺을 것이 기대되는 사업이라면 회사기회라는 '기대와 이익의 기준'(interest or expectancy test)을 적용할 것인지 아니면 해당 사업이 요구하는 능력과 회사의 능력을 비교하여 서로 비슷하면 회사기회라고 보는 '사업의 연장선 기준'(line-of-business test)을 적용할 것인지 정도는 법조문에 규정했어야 한다. 상법 제397조는 그 제1항에서 이사가 이사회의 승인 없이 '회사의 영업부류에 속한 거래'를 하거나 '동종영업을 목적으로 하는' 다른 회사의 이사가 되지 못한다고 규정하고 있다.

셋째, 상법은 이사 전원에게 동일한 의무를 부과하고 있다. 그러나 이사들 가운데에는 경영자인 이사가 있을 수 있으며 사외이사가 있을 수 있다. 그렇다면 이들 모두에게 동일한 의무를 부과하는 것이 올바른 것인지 의문이다. 사외이사들은 다른 기업의 이사이거나 다른 기업을 경영할 수도 있으며, 회사 내부에 대한 정보와 회사 자산을 편취할 수 있는 능력이 경영자보다 작다는 점을 감안한다면 경영자와 사외이사를 구별하여 의무를 부과하는 것이 타당할 것이다.

넷째, 미국에서는 경영자가 회사기회를 회사에게 보고하지 않더라도 회사의 무능력을 이유로 항변을 할 수 있다. 해당 사안이 회사기회이고 이사회의 승인을 받지 않았다고 하더라도 회사가 그 사업을 수행할 수 없다면 회사기회유용이 성립할 수 없을 것이다. 미국에서는 반독점법, 월권행위 등의 이유로 법률적인 문제가 있거나, 재정적인 어려움이 있거나 기타 회사의 능력 부족 등의 문제로 회사기회를 회사가 이용할 수 없을 때에는 경영자가 회사에 보고할 필요 없이 기회를 이용할 수 있다. 상법 규정에는 이러한 고려가 없다. 만약 회사의 무능력에 대한 항변을 채택하지 않을 경우 기업들은 불필요하게 공시를 해야 하고 불필요하게 이사회를 열어야 하는 낭비를 해야 한다. 또한 경영자가 다른 기업을 가지고 있거나 재벌 기업의 경우 어떤 기회가 회사기회인지 아닌지 불확실할 경우 일단 공시를 하게 되는데 해당 기회가 공시될 경우 그 가치를 상실하게 될 수 있는 때에는 해당 경영자는 그 기회를 이용할 수 없게 되는 것이다. 이는 경영자에게 과도한 부담을 지우는 것이다.

마지막으로, 완전 자회사는 법률상 다른 회사이지만 실제로는 같은 회사이다. 대리인 비용이 발생하지 않으므로 자신의 기회를 완전 자회사에게 준다고 해서 어떠한 주주들도 손해를 보지 않으므로 완전 자회사의 회사기회 유용은 허용되어야 한다. 완전 자회사와의 거래가 대리인 비용을 발생시키지 않는다는 인식이 우리나라에서는 부족하여 완전 자회사와의 내부거래를 부당내부거래로 규정한 법원의 판례가 있을 정도이므로(대법원 2003. 9. 5. 선고 2001두7411 판결) 이를 법률에서 허용해야 완전 자회사의 효율적인 운영이 가능해질 것이다.

11. 경영권 승계

이사회의 중요한 권리와 의무의 하나로 차기 최고경영자의 물색과 영입을 들 수 있다. 지배주주가 있는 회사의 경우 최고경영자의 물색과 영입작업에 있어서 이사회의 역할은 다분히 형식적인 것에 그치는 경우가 많으나 사회적으로 주목을 받는 기업의 경우나 소유와 경영이 완전히 분리된 기업의 경우 이에 관한 이사회의 역할은 실질적이다. 이 작업은 통상 경영진보수결정위원회 또는 보상위원회라고 불리는 소위원회를 중심으로 이루어진다.

실제로 최고경영자가 바로 필요해져서 이사회가 그에 필요한 작업을 하는 경우도 있으나 미국의 많은 기업들에 있어서 이사회는 이른바 'Succession Planning'의 의무를 지는 것으로 이해되고 있다. 왜냐하면, 최고경영자가 회사의 운영이나 실적, 주가에 미치는 영향이 지대한 경우가 많은데 갑작스러운 사고나 질병, 사임 등으로 회사의 리더십에 공백이 생기는 경우에 대한 비상대책이 항상 마련되어 있어야 하기 때문이다. 이는 정부에서 대통령 유고 시에 국무총리가 그 권한을 대행하는 것과 같이 직위 중심으로 준비되는 경우도 있고 특정인을 중심으로 준비되는 경우도 있다. 그러나, 인물 중심으로 승계계획이 세워지는 경우 회사 내에 상당한 정치가 발생하게 된다.

이사회의 승계계획 마련은 이사회의 의무들 중 점차 큰 비중을 차지하는 의무가 되어 가고 있으며 어떤 경우에는 이사의 충실의무 다음으로 중요한 의무라고 말하기도 한다. GM은 최고경영자가 비상승계계획을 매년 이사회에 보고하도록 하고 있다. 그러나, 대다수의 회사에 있어서 이 문제는 일종의 터부이다. 우선, 거론하기 즐거운 주제가 아니며 현 이사진의 최고경영자에 대한 불신으로 오해될 소지가 있다. 또, 카리스마가 강하고 성공적인 최고경영자들은 자신이 아닌 다른 사람이 자신의 역할을 할 수 있다고 생각하지 않는 경우가 많아 승계계획이라는 개념 자체에 회의적이다. 가족기업들의 경우 이 문제는 정작 필요한 시점이 오기 전까지 거론하지 않는 것이 현명한 일일 수도 있다. 그러나, 최고경영자 승계를 둘러싸고 회사 내부에 갈등이 발생하거나 승계가 순조롭게 이루어지지 못하는 경우 회사의 주식이 일시적으로라도 저평가될 수 있고 경우에 따라 이는 외부에 의한 적대적 M&A 기회를 제공하게 된다.

12. 주주대표소송

가. 상법규정과 현황

이사가 뭘 잘못해서(그 임무를 해태하여) 회사에 손해가 생기면 그 손해를 회사에 배상해야 한다. 그런데, 누가 그렇게 했다는 이야기는 없다. 자발적으로 하지 않으니 회사가 그 이사에게 소송을 제기해야 한다. 하지만, 회사는 법인이고 유령이기 때문에 회사 안의 누군가가 그 일을 해야 한다. 회장님인 이사가 잘못했다고 하면 과연 누가 회장님에게 소송을 하자고 할 것인가? 그래서, 상법은 이런 경우 주주가 소송을 하게 한다. 원래 주주는 소송을 할 수 없는 것이 맞다. 주주는 회사가 아니다. 예외적으로 이렇게 하는 것이다. 이 소송은 회사에서 아무도 하지 않아서 주주가 회사를 대신해서 하는 소송이다. 소송에서 이기면? 손해배상은 해당 이사가 회사에 하는 것이지 소송을 고생스럽게 한 주주에게 하는 것이 아니다. 주주야 그 액수만큼 회사에 돈이 늘어났으니 주식가치가 좀 올라가려니 하는 것 외에는 없다. 이런 소송을 하려는 주주는 많지 않다. 그러나, 이런 소송제도가 없으면 이사의 법률적 책임규정이 무의미해지고 경영진도 긴장하지 않게 되니 꼭 필요한 제도다.

상법 제382조 제 2 항에 의하면 이사는 민법 제681조에 의해 회사에 대해 선량한 관리자의 주의로써 사무를 처리해야 할 의무(선관의무 또는 주의의무)를 진다. 한편, 상법 제399조 제 1 항에 의하면 이사가 법령 또는 정관에 위반한 행위를 하거나 그 임무를 게을리한 때에는 그 이사는 회사에 대하여 연대하여 손해를 배상할 책임을 진다. 이사의 선관의무 위반 또는 충실의무 위반 등에 대해 손해배상책임을 묻는 데 사용되는 절차적인 장치가 주주대표소송이다. 상법은 그 제403조 내지 제406조에서 발행주식총수의 1% 이상에 해당하는 주식을 가진 주주가 대표소송을 제기하는 데 필요한 절차 등을 규율하고 있다. 상법은 상장회사 주주의 대표소송 제기요건을 대폭 하향 조정하여 상장회사의 경우 6월 전부터 계속하여 발행주식총수의 0.01%를 보유한 주주가 대표소송을 제기할 수 있게 하고 있다(제542조의6 제 6 항).

　　1962년 상법의 제정 이후에 단 한 건도 제기되지 않았던 주주대표소송이 1997년 이후 서서히 증가하기 시작해서 한 보고에 의하면 2007년 6월 말까지 판결에까지 이른 주주대표소송의 건수가 총 40건을 기록하였다. 이 중 원고가 일부라도 승소한 건이 17건이다. 경제개혁연대도 주주대표소송의 현황에 대한 조사보고에서 1997년 이후 모두 44건의 주주대표소송이 제기되었다고 밝히고 있다. 이 중 상장회사에 대한 소송은 20건인데 상장회사의 경우 소송 제기 요건이 완화되었음에도 불구하고 주주대표소송의 건수는 비상장회사에 대한 소송건수보다 적다고 한다. 실제로 주주대표소송은 1997년 외환위기 이후 시민단체들에 의해 기업지배구조 개선 목적으로 제기되기 시작하였다. 현재까지도 경영권 분쟁 시 상대방을 공격하기 위해 제기된 소송들을 제외하면 고유한 의미에서의 주주대표소송은 극히 적다. 따라서, 이 제도는 권리구제보다는 기업지배구조 개선 목적으로 주로 활용되고 있음을 알 수 있다. 주주는 비용을 들여회사에 귀속될 손해배상을 구하는 소송을 할 인센티브가 별로 없다.

나. 이중대표소송

　　주주대표소송제도가 있다 해도 지배종속관계에 있는 두 회사에 있어서 종속회사가 비상장회사라면 종속회사의 이사를 통한 위법행위가 발생하고 그로부터 상장회사인 지배회사에 손해가 발생함으로써 지배회사의 일반 투자자들이 손해를 입더라도 종속회사의 이사에 대해 투자자들이 회사를 대신하여 손해배상을 구할 방법이 없다. 이를 가능하게 하는 것이 이중대표소송이다. 2003년 8월 22일자 서울고등법원 판결(2002나13746)은 다음과 같은 이유에서 국내 최초로 이중대표소송을 인정하였다:

    "지배회사 이사회에 대한 제소청구 또는 지배회사 이사를 상대로 한 대표소송
만으로는 ① 종속회사 이사의 부정행위로 인한 지배회사의 간접적인 손해액을 평
가하기 어렵고, ② 종속회사의 주식을 여러 회사가 나누어 소유하고 있는 경우 각
지배회사마다 대표소송이 제기되는 결과를 초래할 수 있으며, ③ 이중대표소송을
허용하지 않으면 지배회사 및 종속회사에 대한 경영권을 모두 지배하고 있는 경
영진이 종속회사를 통하여 부정행위를 함으로써 책임을 회피하는 수단으로 이용
할 위험이 존재하는 등의 부작용이 발생하는 난점을 극복하기 어렵다. 반면, 종속
회사의 경영진이나 주주들이 여러 가지 이유로 이사들의 종속회사에 대한 부정행
위를 시정하지 못하는 경우가 있을 수 있는바, 이러한 경우 이중대표소송을 인정
함으로써 종속회사 이사들의 부정행위를 억제할 수 있는 효과를 기대할 수 있고,
종속회사의 손해는 종국적으로 지배회사 주주의 손해로 귀속되므로 이중대표소송
을 통하여 종속회사의 손해를 회복함으로써 간접적으로 지배회사 및 지배회사 주
주의 손해를 경감하는 효과를 기대할 수도 있다. 이와 같은 이중대표소송의 필요
성에 비추어 우리 상법의 해석에서도 대표소송을 제기할 수 있는 주주의 개념에
'회사인 주주의 주주'를 포함함으로써 이중대표소송을 인정할 수 있다고 볼 것이
므로, 지배회사인 ○○사의 주주인 원고가 종속회사인 ○○의 대표이사였던 피고
□□□의 위법행위에 대하여 ○○을 위한 대표소송으로써 그 손해배상을 직접 청
구할 수 있다고 할 것이다."

    그러나, 이 판결은 대법원의 2004년 9월 23일자 판결(2003다49221)로 파기되
었다:

    "상법 제403조 제 1 항, 제 3 항은 발행주식의 총수의 100분의 1이상에 해당하는
주식을 가진 주주는 회사에 대하여 이사의 책임을 추궁할 소의 제기를 청구할 수
있고, 회사가 이 청구를 받은 날로부터 30일 내에 소를 제기하지 아니한 때에는
위 주주는 즉시 회사를 위하여 소를 제기할 수 있다고 규정하고 있고, 이 규정은
상법 제415조에 의하여 감사에 준용되는바, 어느 한 회사가 다른 회사의 주식의
전부 또는 대부분을 소유하여 양자간에 지배종속관계가 있고, 종속회사가 그 이사
등의 부정행위에 의하여 손해를 입었다고 하더라도, 지배회사와 종속회사는 상법
상 별개의 법인격을 가진 회사이고, 대표소송의 제소자격은 책임추궁을 당하여야
하는 이사가 속한 당해 회사의 주주로 한정되어 있으므로, 종속회사의 주주가 아

닌 지배회사의 주주는 상법 제403조, 제415조에 의하여 종속회사의 이사 등에 대하여 책임을 추궁하는 이른바 이중대표소송을 제기할 수 없다고 할 것이어서 … 그럼에도 불구하고, 원심은 이중대표소송이 가능함을 전제로 원고 적격을 인정하였으니, 이 부분에 관한 원심판결에는 주주의 대표소송에 있어서의 원고 적격에 관한 법리를 오해하여 판결에 영향을 미친 위법이 있다고 할 것이므로 더 나아가 본안에 관하여 판단할 필요 없이 그대로 유지될 수 없다 할 것이다."

이중대표소송이 법률로 도입된다면 일부 비상장 회사의 기업지배구조는 간접적으로 상장회사의 지배구조에 필적하는 수준으로 시장에 공개될 것이고 이는 공개기업과 비공개기업의 경계를 부분적으로 모호하게 만드는 역할을 할 것이다. 법무부가 2013년 7월에 입법예고했던 상법개정안은 "자회사 이사의 위법행위로 자회사에 손해가 발생하고, 이로 인해 모회사 역시 손해를 입게 되었음에도 자회사나 그 주주 또는 모회사가 책임을 추궁하지 않는 경우, 모회사의 주주가 권리를 구제받는 데에 어려움이 있음"을 감안하여 다중대표소송제를 도입하고 있다.

13. 제 3 자소송

가. 이사의 제 3 자에 대한 책임

상법 제401조 제 1 항에 의하면 이사가 악의 또는 중대한 과실로 인하여 그 임무를 게을리한 때에는(독자들은 이 규정을 위 제399조 제 1 항과 유심히 비교해 보기 바란다) 그 이사는 제 3 자에 대하여 연대하여 손해를 배상할 책임이 있다. 통설은 이사의 임무해태로 회사채권자 등의 제 3 자가 직접 입은 손해와 이사의 임무해태로 회사가 입은 손해로 인해 다시 제 3 자가 입은 간접손해에 대한 책임을 모두 포함한다고 한다. 그러나, 판례는 주주가 입은 간접손해에 대한 책임은 제외시키고 있다(대법원 1993. 1. 26. 선고 91다36093 판결). 일반적으로 판례는 회사채권자에 대하여는 이사의 제 3 자에 대한 책임을 잘 인정하는 반면 주주에 대해서는 소극적인 것으로 평가된다.

이사의 행동은 직접 그 법률적 효과를 발생시키지 않고 회사의 행위를 통해 실현된다. 그렇다면, 제 3 자는 회사에 대해 채무불이행이나 불법행위책임을 물으면 될 것이고 이사 개인에 대한 책임을 물을 수 있도록 할 필요는 없다고 생각될 수 있다. 그러나, 법인인 회사는 이사를 통해 행동한다. 법인은 자체 의사를 가지지 못하므로 법인의 행동은 언제나 이사의 의사를 반영하는 것이다. 선의로 회사가 제 3 자와 체결한 계약도 이사의 의사가 변경되거나 회사 내부의 사정이 변경됨을 통해 위반될 수 있다. 이 위반은 이사가 소유구조의 변동에 따라 달리 의사를 형성할 수밖에 없거나, 아니면 전혀 다른 이사가 기존의 이사를 대체함으로써 발생한다. 회사의 제 3 자와의 계약상 의무불이행을 채무불이행책임의 부과로만 다루는 경우에는 이러한 사정을 통해 나타나는 이사의 행동을 제어하기가 어렵다. 이는 회사가 아니라 이사 개인에게 책임을 묻는 상법의 이사의 제 3 자에 대한 책임규정을 통해 보다 효과적으로 통제될 수 있는 것이다. 예컨대, 이사가 회사를 위해 선의로 체결한 계약을 회사 소유구조의 변동, 즉, 새로운 대주주의 등장으로 인해 교체된 새 이사가 파기하는 경우(특히 이사는 적대적 M&A 등으로 전혀 다른 배경과 생각, 이해관계를 가진 이사로 교체될 수 있다) 회사에 계약위반에 대한 책임만 묻는다면 회사를 믿고 회사와 거래한 제 3 자의 보호가 소홀해질 수 있다. 회사가 제 3 자와 체결하는 계약에는 물품의 매매와 같은 사안에 관한 계약뿐 아니라 주식과 전환사채의 발행과 같이 지배구조에 영향을 미치는 계약도 있다. 회사의 이사는 지금과는 다른 상황에서 과거의 다른 이사가 한 결정을 번복하는 데 큰 장애를 느끼지 않을 수 있으며 더구나 그로 인한 책임을 자신이 아닌 회사가 진다면 더욱 그러할 것이다. 상법은 제401조를 통해 회사의 위법한 행위를 초래한 이사 개인에게 책임을 물음으로써 소유지배구조가 변함에 따라 변화할 수도 있는 회사의 행동에 예측가능성을 높이고 거래의 안전을 확보할 수 있게 한다. 위에서 논한 바와 같이 주주대표소송의 기능에 큰 기대를 할 수 없다면 제 3 자의 이사에 대한 소송장치를 정비하는 것이 투자자 보호를 위한 대안이 될 수 있다. 그러나, 이는 주주의 간접손해도 소송의 기초가 될 수 있게 하는 법원의 태도 변화를 전제로 한다.

이사가 회사의 제 3 자와의 계약을 고의로 위반하는 경우는 오히려 회사의 이익을 고려한 결과로 발생할 수도 있는데, 이 경우 왜 이사가 회사에 대한 임무를 해태한 것으로 보는지는 일견 답이 쉽지 않은 문제다. 법령이나 정관의 위반이 아니라고 볼 수 있기 때문이다. 그러나, 모든 회사의 정관은 사업목적을 포함하고 있으며 악의적인 대외적 의무의 위반은 회사의 사업목적 달성에 타격을 줄 정도로 회사의 신용을 해할 수 있고 주주와 임직원 등 이해관계자들의 회사에 대한 신뢰에 영향을 미칠 수 있다. 회사는 단순히 주주들의 재무적 이익만을 추구하기 위해 있는 것은 아니며 지속가능(sustainable)해야 하는 사회적 존재라는 시각에서 본다면 이사의 그러한 행동은 주주들에게 이익이 되는 경우라 해도 회사와 이해관계자 전체에는 해가 되는 행동일 수 있다.

나. 법리와 판례

상법 제401조 적용상의 가장 어려운 문제는 이사가 책임을 지는 이유가 이사가 제3자가 아닌 회사에 대한 선관의무를 위반했기 때문이라는 데 있다. 회사에 이익이 되는 계약을 체결하고 이를 위반하여 회사에 손해가 발생하고 제3자도 손해를 입은 경우라면 이사의 책임을 인정하는 데 큰 어려움이 없을 것이다. 이사가 개인적인 이익을 취하기 위해 회사가 제3자와의 계약을 위반하게 하고 그로 인해 제3자가 손해를 입은 경우도 같다. 그러나, 계약의 위반으로 회사가 손해를 입은 바가 없고, 심지어 단기적인 이익을 얻은 경우에 제3자에 대한 이사의 책임을 인정하기 위한 이사의 회사에 대한 선관의무 위반의 발견은 쉽지 않다. 대개의 경우 이사가 계약의 위반을 결정하는 것은 그렇게 하는 것이 회사에 이익이 되기 때문인데, 그로써 회사는 채무불이행 책임을 지게 된다. 그에 더하여 이사의 개인적인 책임을 인정하기 위해서는 어떤 요건이 충족되어야 하는가?

우선, 회사에 이익이 되기만 하면 무슨 행동이든 선관의무를 위반한 것이 아니라고 결론 내릴 수는 없다. 가장 좋은 사례가 법령을 위반하는 범죄행위다. 회사의 이사가 업무를 집행함에 있어서 공무원에게 뇌물을 공여하거나, 기타 범죄행위를 감행하여 사업적 목적을 달성하는 경우가 있는데 이는 회사에 단기적인 경제적 이익을 가져다 줄 수 있지만 이론의 여지없는 회사에 대한 채무불이행에 해당한다. 아래에서 보듯이 판례는 해당 이사는 경영판단 원칙의 보호를 받을 수 없음을 분명히 하고 있다. 회사가 회계분식을 하고 그 결과물로 금융기관으로부터 대출을 받는 경우에도 회사의 이사가 법령에 위반한 행위를 한 것이므로 회사에 대한 선관의무 위반을 인정할 수 있고, 후일 금융기관에 대해 회사의 대출계약 위반이 발생하면 금융기관이 이사에 대해 상법 제401조에 대한 손해배상책임을 물을 수 있다(대법원 2008. 1. 18. 선고 2005다65579 판결). 반면,

범죄행위가 아니면 회사에 이익이 되는 모든 행위가 이사의 임무해태에 해당하지 않는다고 볼 수는 없다. 그렇게 본다면 상법 제399조와 제401조의 입법 의미가 없어지기 때문이다. 따라서, 범죄행위가 아니더라도 회사에 이익을 가져다주는 이사의 행위가 임무해태에 해당하는 행위일 수 있는데 어떤 유형의 행위가 그에 해당하는지를 판단해야 할 것이다. 단순히 채무불이행을 결정하고 그를 집행하는 행위와 범죄행위에 준하여 임무해태가 될 수 있는 행위의 경계를 어떤 이론적 기준에 의해 획정할 것인가?

판례는 회사의 대표이사가 부동산의 매도인에게 부동산 매매대금을 변제하기 위해 해당 부동산을 매도인이 담보로 제공하게 하여 회사가 은행으로부터 대출을 받았으나 대출금을 부동산 매매대금의 변제에 전액 사용하지 않고 대출금을 상환하지도 않아 결국 매도인이 손해를 입은 사건에서 매수인 회사 대표이사의 상법 제401조에 의한 매도인에 대한 책임을 인정할 여지가 충분히 있다고 하면서 대출금을 매매잔금으로 매도인에게 지급할 의사가 없었으면서도 그 의사가 있는 것처럼 매도인을 속인 회사 대표이사의 행동을 비난하였다. 그러나, 여기서 판례는 해당 이사의 책임을 인정하기 위해서는 이사가 대출금을 지급하지 않은 이유, 그 돈을 사용한 용도 및 사용이유, 대출금을 상환하지 않은 이유 등을 자세히 심리해야 한다고 하고 있다(대법원 2002. 3. 29. 선고 2000다47316 판결). 즉, 대표이사가 개인적인 용도에 대출금을 사용했다면 이는 상법 제401조에 의한 책임을 물을 수 있을 것으로 본 것이다.

그렇다면 명백한 위법성이 드러나지 않는 사안은 어떻게 볼 것인가? 판례는 판단 기준의 발견이 쉽지 않음을 알려준다. 판례는 통상의 거래행위로 인해 회사가 부담하는 채무를 이행할 능력이 있었음에도 불구하고 단순히 그 이행을 지체하여 상대방에게 손해를 끼치는 행동은 이사의 임무해태라고 할 수 없으나, 회사의 경영상태로 보아 계약상 채무의 이행기에 이행이 불가능하거나 불가능할 것을 예견할 수 있었음에도 이를 감추고 상대방과 계약을 체결하고 일정한 급부를 미리 받았으나 그 이행불능이 된 경우는 이사의 임무해태가 있었다고 한다(대법원 1985. 11. 12. 선고 84다카2491 판결). 즉, 여기서는 계약의 이행이 불가능할 것을 예견했는가가 중요한 기준으로 등장한다. 계약의 이행이 불가능할 것을 예견하고 계약을 체결한 후 그를 불이행하는 행위는 '회사에 대한' 선관의무 위반이라는 것이다. 통상의 거래행위로 인해 회사가 부담하는 채무를 이행할 능력이 있었음에도 불구하고 단순히 그 이행을 지체하여 상대방에게 손해를 끼치는 행위는 흔히 볼 수 있는 채무불이행의 모습이다. 이 때문에 이사가 개인적인 책임을 지게 할 법정책적인 이유는 없으며, 실제로 그렇게 한다면 아무도 회사의 이사가 되지 않으려 할 것이다. 판례의 태도는 이사가 회사를 이행할 수도 없는 계약의 당사자가 되게 하였다는, 따라서 계약을 이행하지 못하게 하고 회사와 계약을 체결한 제3자에게 회사가 손해를 입히게 하였다는 일종의 비난 가능성에서 이사의 회사에 대한 선관의무 위반을 찾는 듯하다.

[대법원 2012. 12. 13. 선고 2010다77743 판결]

판시사항: [1] 회사 재산을 횡령한 이사가 악의 또는 중대한 과실로 부실공시를 하여 재무구조 악화 사실이 증권시장에 알려지지 아니함으로써 회사 발행주식 주가가 정상 주가보다 높게 형성되었고, 주식매수인이 이를 모르고 주식을 취득하였다가 그 후 이러한 사실이 증권시장에 공표되어 주가가 하락한 경우, 주주가 이사를 상대로 구 상법 제401조 제1항에 의한 손해배상을 청구할 수 있는지 여부(적극) [2] 甲주식회사 주주인 乙등이 이사 丙을 상대로 丙의 횡령, 주가조작, 부실공시 등 임무해태행위로 인한 주가 하락으로 손해를 입었다며 구 상법 제401조 제1항에 기한 손해배상을 구한 사안에서, 丙이 주가 형성에 영향을 미칠 수 있는 사정들에 관하여 언제 어떠한 내용의 부실공시를 하거나 주가조작을 하였는지, 乙 등이 어느 부실공시 또는 주가조작으로 인하여 주식 평가를 그르쳐 몇 주의 주식을 정상주가보다 얼마나 높은 가격에 취득하였는지 등에 관하여 제대로 심리하지 아니한 채 乙등의 청구를 인용한 원심판결에 구 상법 제401조 제1항의 해석 및 상당인과관계에 관한 법리오해의 위법이 있다고 한 사례

재판요지: [1] 주식회사의 주주가 이사의 악의 또는 중대한 과실로 인한 임무해태행위로 직접손해를 입은 경우에는 이사에 대하여 구 상법(2011. 4. 14. 법률 제10600호로 개정되기 전의 것, 이하 '상법'이라 한다)제401조에 의하여 손해배상을 청구할 수 있으나, 이사가 회사의 재산을 횡령하여 회사의 재산이 감소함으로써 회사가 손해를 입고 결과적으로 주주의 경제적 이익이 침해되는 손해와 같은 간접적인 손해는 상법 제401조 제1항에서 말하는 손해의 개념에 포함되지 아니하므로 이에 대하여는 위 법조항에 의한 손해배상을 청구할 수 없다. 그러나 회사의 재산을 횡령한 이사가 악의 또는 중대한 과실로 부실공시를 하여 재무구조의 악화 사실이 증권시장에 알려지지 아니함으로써 회사 발행주식의 주가가 정상주가

보다 높게 형성되고, 주식매수인이 그러한 사실을 알지 못한 채 주식을 취득하였다가 그 후 그 사실이 증권시장에 공표되어 주가가 하락한 경우에는, 주주는 이사의 부실공시로 인하여 정상주가보다 높은 가격에 주식을 매수하였다가 주가가 하락함으로써 직접 손해를 입은 것이므로, 이사에 대하여 상법 제401조 제1항에 의하여 손해배상을 청구할 수 있다. [2] 甲주식회사 주주인 乙등이 이사 丙을 상대로, 丙의 횡령, 주가조작, 부실공시 등 임무해태행위로 인한 주가 하락으로 손해를 입었음을 이유로 구 상법(2011. 4. 14. 법률 제10600호로 개정되기 전의 것, 이하 '상법'이라 한다) 제401조 제1항에 기한 손해배상을 구한 사안에서, 丙이 주가형성에 영향을 미칠 수 있는 사정들에 관하여 언제 어떠한 내용의 부실공시를 하거나 주가조작을 하였는지, 乙등이 어느 부실공시 또는 주가조작으로 인하여 주식 평가를 그르쳐 몇 주의 주식을 정상주가보다 얼마나 높은 가격에 취득하였는지 등에 관하여 심리하여 乙등이 주장하는 손해가 상법 제401조 제1항에 정한 손해에 해당하는지 및 상당인과관계를 인정할 수 있는지를 가려본 후 손해액 산정에 나아가야 하는데도, 이에 관하여 제대로 심리하지 아니한 채 乙등의 청구를 인용한 원심판결에 상법 제401조 제1항의 해석 및 상당인과관계에 관한 법리 오해의 위법이 있다고 한 사례.

14. 경영판단의 원칙

석유화학 회사의 사장이 국제유가가 급등할 것을 우려해서 조사와 검토를 거듭한 끝에 조만간 유가가 배럴당 200달러가 될 것으로 결론을 내렸다고 하자. 현재는 100달러다. 그러면 나프타분해를 사업으로 하는 이 회사는 큰 타격을 입는다. 그래서, 사장은 선도계약을 체결한다. 선도계약은 어떤 물건을 미래의 어떤 시점에 지금 정하는 가격에 사기로 약정하는 것이다. 3개월 후 배럴당 150달러에 사는 선도계약을 체결했다. 그런데, 3개월이 지나도 유가는 변동이 없고 회사는 100달러짜리를 150달러에 사오는 바람에 배럴당 50달러씩 막대한 손해를 입었다. 회사의 주가는 폭락하고 화가 난 주주들은 사장이 잘못 판단해서 일이 이렇게 된 것이니 그 손해를 사장이 물어내라고 소송을 제기한다. 유가예측, 환율예측, 나아가 회사 사업의 모든 측면이 이런 일이 발생할 가능성을 내포하고 있다. 법률은 이 문제를 어떻게 다루어야 할까?

경영판단의 원칙(business judgment rule)은 이사가 그 권한의 범위 내에서 신중하고 합리적인 판단을 내리고 그에 의거하여 행동한 경우 그 결과가 회사에 손해를 초래하게 되더라도 이사에게 '법적인' 책임을 묻지 않는다는 것인데(주의 : 기업의 경영자인 이사는 경영판단의 결과에 대해 모든 종류의 책임을 진다. 큰 실책에 대해서는 사직, 면직이 가장 중하게 책임을 지는 형식일 것이다. 그 외, 견책, 감봉, 사내외의 비난 등 모든 책임을 지게 된다. 그러나, 여기서는 법률적인 책임, 즉, 개인의 재산과 자유로 결과에 대한 책임을 지는지를 논하는 것이다) 이는 현대 회사의 경영자들이 소신껏 직무를 수행하는 데 필수적인 원칙인 동시에 자본주의 발달의 큰 뒷받침이 된 원칙이다. 현대의 기업들은 끊임없는 이노베이션과 경우에 따라서는 모험적인 투자를 성공의 기본 조건으로 구사하는데, 회사 경영자들의 사업적 판단이 끊임없이 사법심사를 받게 된다면 그는 회사 발전의 기회를 축소시킴으로써 오히려 회사 주주들의 손해로 귀결될 것이다. 동서양의 기업사를 보면 주위로부터 거의 '미친 짓'으로 평가 받는 경영상의 결정이 회사 발전의 결정적인 계기를 마련한 사례가 무수히 많다. 백사장 사진 한 장을 들고 와서 지원을 요청하는 정주영 회장에게 대출을 결정한 외국 금융기관 임원의 결정을 어떻게 이해할 것인가?

경영판단의 원칙은 미국에서 판례를 통해 발전되어 온 것이며 이 원칙이 적용되기 위해서는 세 가지의 요건이 충족되어야 한다. 즉, 이사는 ① 선의(good faith)로 행동하였어야 하며, ② 합리적인 수준의 정보에 입각하여 행동하였어야 하며, ③ 자신의 행동이 회사의 이익에 부합하는 것이라고 믿었어야 한다. 미국 기업의 이사들에게 가장 큰 영향을 미친 판결 2위로 선정된 바 있는 트랜스 유니언 사건(Smith v. Van Gorkom)에서는 회사의 이사들이 CEO가 제시하는 합병안을 이사회에 나와 비로소 접하였고 약 20분 남짓한 시간에 걸쳐 그 내용을 보고 받고 결정한 것이 문제가 된 것이다. 합병계약서 자체는 CEO 밴 고콤이 오페라를 감상하면서 사인한 것이다. 합병가격이 주식 시가에 50%의 프리미엄을 붙인 것이라 누구도 주주들에게 해로운 거래라는 생각을 하지 않았으며 이 회사의 주주들은 나중에 이 거래를 승인하기까지 하였다. 그러나, 여기서 델라웨어주 법원은 이사들이 주의의무를 위반하였다고 판결하고 이사들에게 2,300만 달러가 넘는 손해배상을 명하였다. 이사들이 가입하고 있던 책임보험은 1,000만 달러를 한도로 하고 있어서 이사들은 개인적으로 엄청난 손해배상책임을 지게 되었다. 이 판결은 미국 기업의 이사회가 사업상의 결정을 내리는 절차를 정비하게 하는 계기가 되었다. 즉, 아무리 결과가 좋아도 이사들은 신중한 판단을 내리는 절차를 거쳐야 한다. 주주 100%가 만족하지 않는 한 언제든지 소송은 발생할 수 있다. 이 절차에는 자료의 사전 검토, 이사들 간의 토의, 외부의 전문가에 대한 자문의뢰 등이 포함된다. 이러한 절차를 거치기만 하면 (위 판결을 거꾸로 해석하면) 주주들의 대다수가 원하고 주식의 시장가격에 50%의 프리미엄이 붙은 M&A 거래를 이사회가 거부하더라도 이사들은 경영판단의 원칙으로 보호받게 된다.

2000년대에 들어서 우리 판례에도 '경영판단'이라는 개념이 많이 등장한다. 이 개념은 이사의 책임을 논하는 맥락에서 직접적으로 언급되기도 하고, 판결문의 일반적인 맥락에서 등장하기도 한다. 이 개념은 일단 미국 판례법상의 경영판단의 원칙을 차용한 것으로 보아도 무리가 없을 것이다. 경영판단이라는 것이 기업의 경영 과정에서 이루어지는 일정한 결정의 배후에 있는 의사결정의 한 요소를 지적하고 있기 때문에 반드시 미국 판례법을 그 연원으로서 필요로 하는 것은 아니고, 또, 이 개념은 기업의 경영과 그 법률적 책임을 논의함에 있어서 사용될 수 있는 보편적인 성질을 가지고 있기 때문에 이 개념이 '미국으로부터 차용되었다'라고 하는 것은 관념상으로는 100% 진실이라고 할 수 없을 것이다. 그러나, 이 개념이 우리 판례에 등장하게 된 전후 사정, 즉, 앞에서 언급된 1997년의 외환위기 이후 발생한 다수의 소송 과정은 '차용'을 강하게 뒷받침한다.

최근의 대법원 판례들도 피고들이 경영판단의 원칙을 내세워 방어하는 데 대한 판단을 하면서 '경영판단' 개념을 자주 사용하고 있다. 예컨대 2002년 6월 14일자 대법원 판결(2001다52407)은 다음과 같이 판시하고 있다:

"금융기관의 임원은 소속 금융기관에 대하여 선량한 관리자의 주의의무를 지므로, 그 의무를 충실히 한 때에야 임원으로서의 임무를 다한 것으로 된다고 할 것이지만, 금융기관이 그 임원을 상대로 대출과 관련된 임무해태를 내세워 채무불이행으로 인한 손해배상책임을 물음에 있어서는 임원이 한 대출이 결과적으로 회수곤란 또는 회수불능으로 되었다고 하더라도 그것만으로 바로 대출결정을 내린 임원에게 그러한 미회수금 손해 등의 결과가 전혀 발생하지 않도록 하여야 할 책임을 물어 그러한 대출결정을 내린 임원의 판단이 선량한 관리자로서의 주의의무 내지 충실의무를 위반한 것이라고 단정할 수 없고, 대출과 관련된 경영판단을 함에 있어서 통상의 합리적인 금융기관 임원으로서 그 상황에서 합당한 정보를 가지고 적합한 절차에 따라 회사의 최대이익을 위하여 신의성실에 따라 대출심사를 한 것이라면 그 의사결정과정에 현저한 불합리가 없는 한 그 임원의 경영판단은 허용되는 재량의 범위 내의 것으로서 회사에 대한 선량한 관리자의 주의의무 내지 충실의무를 다한 것으로 볼 것이며, 금융기관의 임원이 위와 같은 선량한 관리자의 주의의무에 위반하여 자신의 임무를 해태하였는지의 여부는 그 대출결정에 통상의 대출담당임원으로서 간과해서는 안 될 잘못이 있는지의 여부를 대출의 조건과 내용, 규모, 변제계획, 담보의 유무와 내용, 채무자의 재산 및 경영상황, 성장 가능성 등 여러 가지 사항에 비추어 종합적으로 판정해야 한다.”

2003년 11월 20일자 서울고등법원 판결(2002나6595 ─ 삼성전자 주주대표소송)에서도 “법원은 회사의 이사는 법령 또는 정관 소정의 목적범위 내에서 회사의 경영에 관한 판단을 할 재량권을 가지고 있고, 또한 기업의 경영은 다소의 모험과 이에 수반되는 위험성이 필수적으로 수반되는 것이므로 이사가 업무를 집행함에 있어 기업인으로서 요구되는 합리적인 선택범위 내에서 판단하고 성실히 업무를 집행하였다면 그의 행동이 결과적으로 회사에 손해를 입게 하였다고 할지라도 이사에게 책임을 물을 수는 없다 할 것이다(실패한 경영판단에 대해서까지 법적 책임을 물을 경우 경영의 위축을 초래하게 되어 결과적으로 경영자가 의욕적인 경영활동을 수행할 수 없게 될 것이다). 따라서 이사가 회사의 업무를 집행함에 있어서 선관주의의무를 위반하였는지 여부는 그의 기초가 되는 사실인정 및 의사결정에서 통상의 기업인으로서 간과할 수 없는 과오를 범하고 그것이 자신에게 부여된 재량권의 범위를 일탈한 것인지 여부에 의하여 판단되어야 할 것이고, 그 재량권의 일탈 여부를 판단함에 있어서는 그 업무집행의 목적, 판단에 이르게 된 경위, 사적인 이해관계가 게재되어 있었는지 여부, 판단의 기초가 된 자료나 정보의 취득 여부, 그 업무집행의 결과 등을 종합적으로 고려하여 당해 이사 개인에게 손해배상책임을 지우는 것이 합당한지 여부를 결정하여야 할 것이다”라고 하여 경영판단의 원칙을 정면으로 인정하는 모습을 보이고 있다. 문제가 된 이천전기 인수 이사회 결의에 대해 법원은 다음과 같이 판시하였다.

“삼성전자의 경영진이 이천전기를 인수하기 1년 전부터 미리 실무자로 하여금 중전사업에의 참여 필요성, 사업성에 관하여 검토하게 하고 이천전기의 재무구조 개선안, 향후 손익전망, 경영방침 등에 관하여 구체적으로 보고를 하게 한 점, 인수가격결정을 위하여 수차례 협상과정을 거쳤던 점, 이사회 결의에 참석한 이사들은 실무자들이 작성한 '삼성전자의 중전사업 참여방안', '이천전기 재무구조 개선안' 등의 자료를 검토하는 한편, 피고 최○○으로부터 삼성전자가 중전사업에 참여할 필요성이 있고, 신규법인의 설립보다는 기존업체인 이천전기의 인수가 유리하며, 유상증자 및 단기 차입금의 상기서리사금으로의 진환 등을 통히여 재무구조를 개선하고, 삼성전자의 경영인력을 투입하여 사업구조를 재편하는 등의 조치를 취한다면 조만간 흑자 전환이 가능할 것으로 판단된다는 설명을 들은 다음 이천전기의 인수가 삼성전자의 이익에 합치된다고 신뢰하여 인수결의를 하였던 사정 등에 비추어 보면, 당시의 이사들이 이천전기의 인수결정을 함에 있어서 통상의 기업인으로서 간과할 수 없는 과오를 저질렀다거나 그 인수결정이 그 당시의 상황에서 경영판단의 재량권 범위를 넘는 것으로서 현저히 잘못된 것이라고 보기는 어렵다고 할 것이다. 더욱이 이천전기 인수 이후에 발생한 I.M.F 관리체제라는 예상하기 어려웠던 상황 변화로 이천전기의 재무구조가 급속히 악화됨으로써 결과적으로 삼성전자에게 손해를 입게 하였다고 하더라도, 당시의 이사들이 위 결정에 관하여 개인적인 이해관계가 있었다거나 그 결정으로 인하여 회사가 손해를 입을 것이라는 점을 알고 있었다는 등의 특별한 사정이 없는 한, 사후에 그러한 사유가 발생하였다는 점만으로 위 이사들에게 그 손해배상책임을 부담하게 할 수는 없다."

대법원은 2005년 10월 28일자 판결(2003다69638)을 통해 위 서울고등법원 판결을 확인하였다:

"이사가 회사의 자산을 인수함에 있어서 그 인수 여부나 거래가액을 결정하는 데에 필요한 정보를 합리적인 정도로 수집하여 충분히 검토를 한 다음 회사의 이익에 합당한 상당성 있는 판단을 하였다면 회사에 대하여 선량한 관리자의 주의의무를 다한 것이라고 할 것이다. 위 법리와 기록에 비추어 살펴보면, 원심의 사실인정과 이천전기주식의 인수결정과 관련하여 삼성전자 이사들에 대하여 손해배상책임이 있다는 원고들의 주장을 배척한 원심판단은 정당하고, 거기에 부대상고 이유로 주장하는 채증법칙 위배로 인한 사실오인 및 경영판단의 원칙에 관한 법리오해 등의 위법은 없다."

미국에서 경영판단의 법칙은 법원이 이사 및 임원의 사업적 판단에 대한 사후적 타당성 심사를 자제한다는 원칙으로 이해되기도 하고 충실의무위반에 대한 입증책임을 전환하여 사업적 판단에 대한 이사 및 임원의 법적 책임을 감면해 주는 원칙으로 이해되기도 한다. 독일은 2005년에 주식법(Aktiengesetz)을 개정하면서 판례상 인정되던 경영판단의 법칙을 법령에 명문으로 편입하였다. 2005년 11월 1일자로 시행된 개정 주식법 제93조 제1항 제2문이 그 위치이다. 그 제1문은 이사의 주의의무를 규정하고 있으며 제2문은 이사가 업무상의 결정을 내림에 있어서 적절한 정보에 근거하여 회사의 이익을 위해 행동한다고 믿은 데 과실이 없으면 제1문상의 의무의 위반을 인정할 수 없다고 한다. 즉, 독일법상 경영판단의 법칙은 소송법적인 성질이 강한 미국의 경영판단의 법칙과는 달리 요건을 충족하면 직접 법률효과가 발생하는 법칙으로 도입되었다.

15. 위법행위와 경영판단

한편, 우리나라에서는 회사의 경영자들과 이사들이 위법한 행위, 나아가 범죄에 해당하는 행위를 '회사를 위해' 또는 CEO의 묵시적인 지시나 CEO의 의중을 헤아리는 차원에서, 또는 실적이나 충성 경쟁의 와중에서 감행하는 사례가 많았다. 일반적으로, 공무원에게 뇌물을 주는 방법으로 공장 신축기간을 단축하거나 회사가 정부가 발주하는 공사를 수주하였다면, 그 결과 매출이 늘어나고 주가가 상승하고 주주들에 대한 배당이 늘어났다면, 경영진의 행동은 어떻게 평가되어야 하는가? 경영판단이라고 주장한다면 어떻게 해야 하는가? 그러나, 회사의 이익을 도모하는 행위라 해도 위법한 행위나 범죄를 수단으로 할 수는 없으며 그러한 행위를 보호하는 어떠한 법원칙도 존재하지 않는다. 대법원은 위 삼성전자 사건 판결에서 다음과 같이 말하고 있다(대법원 2005. 10. 28. 선고 2003다69638 판결):

> "상법 제399조는 이사가 법령에 위반한 행위를 한 경우에 회사에 대하여 손해배상책임을 지도록 규정하고 있는바, 이사가 회사에 대하여 손해배상책임을 지는 사유가 되는 법령에 위반한 행위는 이사로서 임무를 수행함에 있어서 준수하여야 할 의무를 개별적으로 규정하고 있는 상법 등의 제 규정과 회사가 기업활동을 함에 있어서 준수하여야 할 제 규정을 위반한 경우가 이에 해당된다고 할 것이고, 이사가

임무를 수행함에 있어서 위와 같은 법령에 위반한 행위를 한 때에는 그 행위 자체가 회사에 대하여 채무불이행에 해당되므로 이로 인하여 회사에 손해가 발생한 이상, 특별한 사정이 없는 한 손해배상책임을 면할 수는 없다 할 것이며, 위와 같은 법령에 위반한 행위에 대하여는 이사가 임무를 수행함에 있어서 선관주의의무를 위반하여 임무해태로 인한 손해배상책임이 문제되는 경우에 고려될 수 있는 경영판단의 원칙은 적용될 여지가 없다고 할 것이다(대법원 2005. 7. 15. 선고 2004다34929 판결 참조). 회사가 기업활동을 함에 있어서 형법상의 범죄를 수단으로 하여서는 안 되므로 뇌물 공여를 금지하는 형법규정은 회사가 기업활동을 함에 있어서 준수하여야 할 것으로서 이사가 회사의 업무를 집행하면서 회사의 자금으로서 뇌물을 공여하였다면 이는 상법 제399조에서 규정하고 있는 법령에 위반된 행위에 해당된다고 할 것이고 이로 인하여 회사가 입은 뇌물액 상당의 손해를 배상할 책임이 있다고 할 것이다. 위 법리와 기록에 비추어 살펴보면, 원심이 판시와 같은 사실을 인정한 다음, 이에 의하면 삼○전자 주식회사(이하 '삼○전자'라고 함)의 이사인 피고 1이 삼○전자에서 자금을 인출하여 당시 대통령이었던 노태우에게 뇌물공여를 함으로써 삼○전자에게 손해를 입게 하였으니 이에 대하여 배상책임이 있다고 판단한 것은 정당하고, 거기에 상고이유로 주장하는 바와 같은 채증법칙 위배로 인한 사실오인이나 상법 제399조 및 경영판단의 원칙 등에 관한 법리오해 등의 위법이 없다."

16. 감시의무와 내부통제

이사는 다른 이사와 회사 임직원의 업무집행을 감시해야 할 의무를 진다. 이 의무를 위반해서 회사에 손해가 발생하면 손해배상책임을 진다. 이 의무위반에는 다른 이사의 업무집행이 위법하다고 의심할 사유가 있었음에도 불구하고 이를 방치하는 것도 포함된다. 그런데, 대규모 상장회사의 경우 임직원의 수가 수만 명에 이르고 사무실과 공장이 전국, 전 세계에 걸쳐있는데 그 모든 장소에서 발생하는 업무수행을 이사가 어떻게 감시할 수 있을까? 그리고, 본사에서 멀리 떨어진 공장에서 한 직원의 잘못으로 발생한 사고로 인해 회사에 큰 손해가 발생했다면 그에 대해 이사가 손해배상책임을 지는 것이 타당한가?

이와 관련하여 판례는 "… 감시의무의 구체적인 내용은 회사의 규모나 조직, 업종, 법령의 규제, 영업상황 및 재무상태에 따라 크게 다를 수 있는바, 대우와 같이 고도로 분업화 되고 전문화 된 대규모의 회사에서 공동대표이사 및 업무담당이사들이 내부적인 사무분장에 따라 각자의 전문 분야를 전담하여 처리하는 것이 불가피한 경우라 할지라도 그러한 사정만으로 다른 이사들의 업무집행에 관한 감시의무를 면할 수는 없고, 그러한 경우 무엇보다 합리적인 정보 및 보고시스템과 내부통제시스템을 구축하고 그것이 제대로 작동하도록 배려할 의무가 이사회를 구성하는 개개의 이사들에게 주어진다는 점에 비추어 볼 때, 그러한 노력을 전혀 하지 아니하거나 위와 같은 시스템이 구축되었다 하더라도 이를 이용한 회사 운영의 감시·감독을 의도적으로 외면한 결과 다른 이사의 위법하거나 부적절한 업무집행 등 이사들의 주의를 요하는 위험이나 문제점을 알지 못한 경우라면, 다른 이사의 위법하거나 부적절한 업무집행을 구체적으로 알지 못하였다는 이유만으로 책임을 면할 수 없고, 위와 같은 지속적이거나 조직적인 감시 소홀의 결과로 발생한 다른 이사나 직원의 위법한 업무집행으로 인한 손해를 배상할 책임이 있다"고 한다(대법원 2008. 9. 11. 선고 2006다68636 판결). 판례의 취지는 이사의 감시의무는 효과적인 내부통제시스템을 구축하고 그가 잘 작동되도록 노력하는 것으로 이행될 수 있다는 것으로 이해된다. 만일 그러한 노력이 입증된다면 이사는 임직원의 행위로 인해 회사에 발생한 손해에 대해 감시의무 위반으로 인한 책임을 면할 수도 있을 것이다.

　사실 이 판례는 미국 판례의 영향을 받은 것이다. 1996년 델라웨어주 법원은 캐어마크 사건에서(In Re: Caremark International, Inc. Derivative Litigation, 698 A. 2d 959 [Del. 1996]) 회사가 내부통제시스템을 잘 정비하고 관리하여 왔다는 것이 입증되면 이사들이 임직원의 행위로 인해 회사에 손해가 발생했을 때 그에 대한 감시의무의 해태라는 혐의에서 벗어날 수 있다고 한 바 있다. 의료서비스 회사인 캐어마크(Caremark)라는 회사의 부장급 이하의 일부 직원들이 환자 유치를 위해 병원과 의사들에게 불법적인 커미션을 지불하였는데 이 때문에 회사가 장기간 조사를 받고 2억 5,000만 달러라는 거액의 벌금 및 보상금을 물었다. 이에 따라 이 회사의 주주들은 이사들이 해당 직원들에 대한 감시를 제대로 하지 못하였기 때문에 회사가 이런 거액의 벌금을 물게 되었다 하여 이사들이 회사에 같은 금액의 손해를 배상할 것을 요구하며 주주대표소송을 제기하였다. 소송에서 제시된 바에 의하면 캐어마크사의 이사회는 윤리위원회를 통해 지속적으로 임직원들의 부정행위를 방지하기 위한 다양한 노력을 기울였으며 컴플라이언스 핸드북을 외부전문가의 조력을 받아 제작하고 임직원들에게 배포, 교육하였다. 법원은 캐어마크의 이사회가 이 사건에서 문제된 직원들의 부정행위를 인지하지 못하였던 것은 인정되나 이사의 법률적 책임 발생의 요건인 주의의무 위반은 그 한 요소인 선의의 결여가 입증되어야 하고 그러한 선의의 부재는 임직원들에 대한 감독이 체계적으로 이루어지지 않은 경우에만 인정될 수 있다고 하였다.

이 판결이 내려지자 미국 기업들은 다투어서 내부통제시스템을 도입, 구축하기 시작하였고 결과적으로 위법한 행위가 감소하였다. CCTV가 설치되었다는 것을 널리 알리면 범죄가 줄어든다. 말하자면, 이 판례는 CCTV를 설치해서 잘 관리하기만 하면 설령 문제가 발생하더라도 감시의무 위반 책임을 묻지 않겠다는 고도로 정책적인 것이다.

내부통제시스템

내부통제시스템은 말로 설명하기가 쉽지 않지만 간단히 설명하면 이런 것이다. 가장 원시적인 내부통제시스템은 CCTV일 것이다. 회사의 모든 사무실과 작업장에 설치하면 위법한 행위가 줄어들 것이다. 그러나, CCTV가 책상 위에서 작성되는 문서의 내용까지 감시할 수는 없다. 내부통제시스템은 흔히 복잡한 컴퓨터 소프트웨어지만 그 본질은 무형적인 '절차'다. 예컨대 내가 작성한 회계서류를 반드시 옆 부서의 직원이 한 번 더 검토하도록 규칙을 정하고 그 절차를 마련했다면 그것이 내부통제시스템인 것이다. 이를 통해 실수와 위법이 줄어든다. 소프트웨어의 도움을 받는 이유는 인간이 하기 어려운 작업들 때문이다. 저자가 어느 날 은행으로부터 연락을 받았다. 최근에 해외여행을 다녀온 일이 있느냐는 질문을 받았다. "그런 일이 없는데요?", "고객님의 신용카드가 이틀 전에 파리에서 사용되었습니다. 바로 사용중지 조치하겠습니다." 은행에서는 한 사람의 신용카드가 동시에 거리가 멀리 떨어진 곳에서 사용된 기록이 발생하면 바로 조사하고 조치한다. 신용카드가 도난당해서 범죄자가 사용하면 그로부터 발생한 손해는 은행이 부담하므로 이 시스템은 은행의 피해를 줄이기 위한 내부통제시스템이다. 컴퓨터가 이런 작업을 해 주는 것이다. 여기서 나타나듯이 내부통제시스템은 회사의 재무서류가 제대로 작성될 수 있게 하고 회사의 임직원이 준법을 하도록 하는 외에 회사의 업무가 바로 처리되는지까지 통제하는 시스템이다.

III. 감사와 감사위원회

1. 감   사

상법 제412조에 의하면 감사는 이사의 직무의 집행을 감사하며 언제든지 이사에 대하여 영업에 관한 보고를 요구하거나 회사의 업무와 재산상태를 조사할 수 있다. 주식회사는 감사라는 경영진 감독기구를 두고 있다. 감사의 권한은 막강하다. 이사는 회사에 현저하게 손해를 미칠 염려가 있는 사실을 발견한 때에는 즉시 감사에게 이를 보고하여야 한다(제412조의2). 감사는 회의의 목적사항과 소집의 이유를 기재한 서면을 이사회에 제출하여 임시총회의 소집을 청구할 수 있다(제412조의3 제 1 항). 모회사의 감사는 그 직무를 수행하기 위하여 필요한 때에는 자회사에 대하여 영업의 보고를 요구할 수 있다(제412조의4 제 1 항). 모회사의 감사는 그 경우에 자회사가 지체 없이 보고를 하지 아니할 때 또는 그 보고의 내용을 확인할 필요가 있는 때에는 자회사의 업무와 재산상태를 조사할 수 있다(제 2 항). 자회사는 정당한 이유가 없는 한 보고 또는 조사를 거부하지 못한다(제 3 항). 감사는 이사가 주주총회에 제출할 의안 및 서류를 조사하여 법령 또는 정관에 위반하거나 현저하게 부당한 사항이 있는지의 여부에 관하여 주주총회에 그 의견을 진술하여야 한다(제413조).

이렇게 막강한 권한을 행사할 수 있는 감사가 대주주이자 경영자인 사람의 영향력하에 있는 사람이 되면 제도의 의미가 상실되기 때문에 상법은 주주총회에서 감사를 선임할 때 대주주의 의결권을 제한한다. 의결권 없는 주식을 제외한 발행주식의 총수의 100분의 3을 초과하는 수의 주식을 가진 주주는 그 초과하는 주식에 관하여 주주총회의 감사의 선임에 있어서는 의결권을 행사하지 못한다(제409조 제 2 항). 회사는 정관으로 100분의 3의 비율보다 낮은 비율을 정할 수 있다(제 3 항).

상법의 감사제도는 다른 나라에서는 찾아보기 어려운 특이한 제도이다. 그리고, 위와 같은 감사의 권한이 발동되면 회사의 경영자들은 '제대로' 회사를 경영하지 않고는 못 배길 것이다. 그러나, 불행하게도 우리나라에서의 감사제도는 법전상의 제도에 불과한 것으로 전락하였다. 회사에서 감사 얼굴을 보기

는 어려웠고 감사는 주주총회에 나타나 회사에서 준비해 준 보고서를 낭독하고
사라지는 것이 보통이었다. 감사 자리는 회사에서 오랫동안 봉직하고 은퇴한
고위 임원들에게 주어지는 경우도 많았다. 상법이 원하는 경영진 견제기능은
하지 못하였다. 이 때문에 1997년 외환위기 때 우리나라 제도의 개편에 영향력
을 행사했던 서구 국가들은 자기네들이 시행하고 있는 감사위원회 제도를 우리
나라가 도입하게 하였다. 감사위원회는 이사회 내 소위원회로서 감사가 수행하
는 기능과 유사한 기능을 하는 기구이다.

2. 감사위원회

가. 역할과 구성

감사위원회는 이사회 내에 설치되는 위원회로서 경영자 감시·감독 기능을
수행하고 회사의 회계와 공시가 적정하고 정확하게 이루어지는 데 필요한 모든
사무를 감독하는 역할을 담당함으로써 기업지배구조의 핵심적인 위치를 차지
하는 기구이다. 감사위원회는 IMF 개혁입법의 일환으로 국제금융기구들의 권
고에 의해 1999년 상법 개정을 통해 도입되었는데 상술한 바와 같이 감사위원
회의 실질적인 도입 이유는 종래 우리나라 회사들의 감사가 법률이 기대하는
바와 같은 기능을 제대로 수행하지 못하였기 때문에 경영자 감시·감독 메커니
즘을 강화하기 위한 것이다. 특히, 우리나라의 감사위원회는 회계에 관한 권한
외에 상법상 감사가 갖는 권한을 동시에 갖고 있어 외국의 감사위원회보다 권
한이 더욱 강력하다. 따라서, 운영을 하기에 따라서는 기업의 지배구조를 개선
하는 데 큰 역할을 할 수 있는 잠재력을 가진다. 그러나, 회계감사 분야를 포함
하여 감사위원회가 기업의 지배구조에서 수행할 수 있는 역할에 관해서는 법률
에 규정이 미비하고 이 분야는 우수한 실무의 개발이 중요한 관건이 되므로 국
제적인 베스트 프랙티스(best practice)를 참고해서 정관이나 감사위원회규정에
그를 반영할 필요가 있다.

상법 제415조의2 제 1 항에 의하면 회사는 정관이 정한 바에 따라 감사에
갈음하여 이사회 내 위원회로서 감사위원회를 설치할 수 있다. 감사위원회를
설치한 경우에는 감사를 둘 수 없다. 이사들로 위원회를 구성하면 감독기능이
저하될 수 있으므로 감사위원회에서는 사외이사가 위원의 3분의 2 이상이어

야 한다(제2항). 이사회 내 위원회이므로 감사위원회는 이사회에서 구성하는
데 이사회의 결정이 단순과반수의 찬성으로 이루어짐에도 불구하고 감사위원
회의 위원의 해임에 관한 이사회의 결의는 이사 총수의 3분의 2 이상의 결의
로 하여야 한다(제3항). 감사위원회는 회사의 비용으로 전문가의 조력을 구할
수도 있다(제5항).

　　그런데, 감사란 원래 경영진에 대한 감시감독기구로 있는 것인데 이를 독
립된 기관이라고 보기 어려운 이사회 내의 위원회로 한다면 경영진에 대한 감
시감독이 제대로 이루어질 수 없는 것 아닌가 하는 의문이 들 수 있다. 결국 감
사위원회가 회사의 이사들로 구성되는데 이사가 이사를 감시감독할 수 있는가?
이에 대한 답은 두 가지다. 첫째, 그러면 독립기관으로 되어 있는 감사가 제 기
능을 했는가? 하는 반문이다. 둘째, 감사위원회는 이사들로 구성되기는 하지만
단독기관이 아닌 위원회이므로 그래도 법률이 상정하는 기능을 수행할 수 있음
을 기대할 수 있다는 것이다. 인간은 혼자서 뭔가를 하는 경우와 다른 사람들
과 같이 뭔가를 하는 경우 완연히 다른 행동을 하는 것이 보통이다. 원래 위원
회라는 장치는 효율성면에서는 뒤떨어지지만 투명성과 상호 견제 내지 격려라
는 측면에서는 뛰어난 것이며 감사위원회도 이 법칙의 적용을 받는다.

나. 대주주 의결권 제한

　　상법은 주식회사가 종래와 같이 감사를 둘 것인지 아니면 감사위원회를
설치할 것인지를 회사의 선택에 맡기지만 자산 규모 2조 원 이상인 상장회사에
게는 사외이사의 비중이 3분의 2 이상인 감사위원회의 설치를 강제하고 있다
(제542조의11). 그런데, 감사위원회의 설치의무가 없는 상장회사가 감사위원회를
설치하면 어떨까? 감사위원회를 설치하면 감사를 두지 않아도 되는데 감사 선
임 결의 시에는 최대주주의 의결권이 특수관계인을 포함하여 3%로 제한되어
(제542조의12 제3항) 소수주주들이 감사를 선출할 가능성이 높지만, 최대주주가
그를 피하기 위해 감사위원회를 설치해 버리고 사외이사인 감사위원들을 특수
관계인들에 대한 의결권 제한 없이 선출할 수 있다(제542조의12 제4항). 감사 선
임시 3% 초과 주식은 발행주식 총수에서 제외된다(대법원 2016. 8. 17. 선고 2016
다222996 판결). 여기서 계속적으로 법률적 분쟁이 발생하고 있다.

　　문제의 발단이 된 것은 상법이 감사위원회 제도를 도입하면서 — 어쩌면

자연스러운 생각이었는지도 모르겠으나 — 대주주 의결권 제한규정을 감사위원회 위원의 선임에 대하여도 그대로 존치시킨 것이다. 원래 감사위원회는 이사회 내 소위원회이다. 그 구성에 주주총회가 관여할 일이 아닌 것이다. 그러나, 대주주 의결권 제한규정은 주주총회를 떠나서는 유의하게 적용하기 어렵다. 이 때문에 상장회사들이 감사위원을 주주총회에서 선임하는 이상한 실무가 형성되었다. 명문의 규정이 존재함을 무시할 수는 없기 때문이다. 2007년 3월에는 이와 관련하여 상반된 법원의 결정들이 나와 화제가 되기도 했다. 서울서부지방법원 민사21부는 이사회결의효력정지가처분사건(2007카합392)에서 감사위원회의 구성은 주주총회 결의사항이라고 판시하였다. 재판부는 이사의 선임에는 의결권 제한이라는 개념이 있을 수 없다고 하면서 다만, 자산총액 2조 원 미만의 상장법인이 사외이사가 아닌 이사를 선임할 경우에는 구 증권거래법상의 의결권 제한을 받고 사외이사의 경우에는 제한을 받지 않는다고 하였다. 서울중앙지방법원 민사50부는 의안상정등가처분사건(2007카합668)에서 사외이사인 감사위원에 대한 의결권 제한은 자산총액 2조 원 이상인 상장기업에만 적용된다고 결정하였다. 재판부는 구 증권거래법상 감사위원회규정의 개정취지와 의결권은 주주의 고유권이므로 이를 제한하는 법률 조항을 유추적용할 때에는 엄격한 해석이 필요하다는 점을 고려했다고 한다. 한편, 대구지방법원 민사20부는 이사회결의효력정지가처분사건(2007카합166)에서 사외이사인 감사위원은 이사회에서 선출하지만 사외이사가 아닌 감사위원은 주주총회에서 의결권 제한을 받은 채 선임해야 한다고 판시하였다.

감사위원회는 이사회 내 위원회이기 때문에 상법 제393조의2 제 1 항에 의거하여 이사회가 그 구성원을 선출한다. 그러나, 감사위원회는 이사회 내 소위원회이기는 해도 종래 감사가 수행하던 기능을 수행할 것을 요구 받기 때문에 선출 시부터 독립성을 확보해야 한다는 문제가 있다. 상술한 바와 같이 이와 관련하여 복잡한 실무가 발달되다가 상법은 자산총액 2조 원 이상인 상장회사의 경우 상법 제393조의2에도 불구하고 감사위원회 위원은 주주총회에서 선임하도록 명문의 규정을 도입하였다(제542조의12 제 1 항). 그 방법은 주주총회에서 이사를 선임한 후 선임된 이사 중에서 감사위원회 위원을 선임하는 것이다(제 2 항). 법무부가 2013년 7월에 입법예고했던 상법개정안은 감사위원회 위원을 맡을 이사를 다른 이사와 분리하여 선출하도록 함으로써, 선임 단계에서부터 3%

의 의결권 제한 규정이 적용되도록 하는 내용을 담고 있다.

3. 준법지원인

자산총액이 5,000억 원 이상인 상장회사는 준법지원인을 1명 이상 두어야한다. 준법지원인은 준법통제기준의 준수에 관한 업무를 담당하는 사람이다. 준법지원인은 이사회 결의로 임면된다(제542조의13 제1항, 제2항, 제4항). 금융기관들의 경우 준법감시인제도가 오래전부터 도입되어 시행되어 온 바 있는데 상장회사 전체에 준법에 관한 업무를 전담하는 지위가 생긴 것은 2012년 4월 15일 발효한 상법에 의한다.

기업의 경영에 있어서 준법을 강조하는 것은 최근의 추세다. 기업의 경영이 아니라 뭘하더라도 법을 지키면서 해야 하는 것은 당연한 일이다. 그러나, 사람들은 치열한 경쟁에서 살아남기 위해, 아니면 과도한 욕심 때문에 '반칙'을 하려는 유혹을 항상 받는다. 법을 지키지 않고 사업을 하면 일단 경쟁에서 앞서 갈 수 있는 경우가 많다. 그러나, 결국 소송을 당해서 크게 패소하거나, 감독당국으로부터 심한 제재를 받게 되면 열심히 번 돈을 손해배상금이나 벌금으로 다 써야 한다. 그리고, 한번 그런 일이 일어나면 어지간해서 업계에서의 위치를 회복하기 어렵다. '문제 기업'으로 낙인 찍히기 때문이다. 그래서, 준법을 기초로 한 경영이 효율적이라는 인식이 정착되었다. 사실 부패는 무능의 표시다. 경쟁할 능력이 없기 때문에 뇌물을 쓰고 불법을 저지르는 것이다. 이러한 생각에 근거해서 제도로 준법지원인을 두기로 한 것은 잘한 일로 평가해야 할 것이다. 물론, 준법지원인을 둔다고 해서 준법경영이 저절로 정착되지는 않을 것이고, 이 제도의 취지가 재계에서 의심하는 바와 같이 나날이 수가 늘어나는 변호사들의 취업에 도움을 주기 위한 것이라면 그는 바람직한 일이 아니다. 그러나, 일단 도입이 되었기 때문에 실제 이유가 무엇이었든 간에 법률의 취지를 잘 살리는 것이 중요하다.

사내변호사

대기업들은 오래전부터 사내에 변호사들을 두고 있었기 때문에 그 변호사들을 준법지원인으로 임명하는 것이 보통이다. 한 회사에 소속되어서 그 회사의 법률문제를 처리하는 사람들을 사내변호사라고 부른다. 독자들 중에도 나중에 이 직업을 갖게 되는 사람들이 나올 것이다. In-House Counsel이라고 하며 한 회사에 여럿이 있는 경우 총책임자를 General Counsel이라고 한다. 회사가 전속 변호사를 두는 이유는 다양하다. 가장 큰 이유는, 앞에서 회사의 탄생이유를 설명했을 때와 같은 이유다. 거래비용의 내부화다. 우리 회사의 법률문제를 언제든지 최우선으로 처리하며 우리 회사의 사업을 가장 잘 알고 있어서 외부 변호사보다 효율적이다. 그리고, 변호사들이 엄격한 기밀유지의무를 지기는 하지만 고객의 입장에서는 걱정되는 경우가 있다. 특히, 기업지배구조에 관한 문제, 형사문제는 가급적 내부에서 조용히 처리하고 싶어 한다. 그러나, 뭐니뭐니해도 사내에 항상 변호사가 앉아 있으면 준법경영 측면에서 긍정적인 것으로 보아야 한다. 외부 로펌 변호사에게 전화라도 한 통 해서 물어보려면 비용이 발생하고, 그 때문에 결재를 받아야 한다. 사후적으로 질책을 받기도 한다. 그런데, 옆방에 '돈 안 내도 되는' 변호사가 있으면 사사건건 물을 수 있고 나중에 면피할 수도 있다. "변호사와 상의해서 처리했습니다." 거래상대방과 협상할 때도 유용하다. "아까 우리 변호사 보셨죠? 앞뒤 꽉 막힌 사람이라 도저히 OK해 주지 않습니다. 우리 변호사가 OK하지 않으면 우리 이사회도 통과 못합니다. 그쪽에서 양보하시죠." 내부 아닌 외부 변호사를 이렇게 '활용'하려면 많이 가까운 사이가 아니고는 어렵다.

기업 내부 변호사들은 대개 법무실이라는 명칭의 부서에서 일한다. 서구의 대기업, 은행에는 수백 명의 변호사들이 법무실 소속이다. 국내에서도 삼성그룹을 필두로 대형 법무실들이 발전하고 있다. 주로 지적재산권 관련 해외 소송지원업무를 하는 것으로 알려져 있다(삼성전자 v. 애플). 전속 변호사는 지적재산권 관련 일처럼 늘 있는 일을 위해 채용한다. 회사 일생에 한두 번 있을까 말까 하는 M&A 전문 변호사를 전속으로 할 이유는 많지 않다. M&A를 성장전략으로 하는 기업은 물론 예외다. 저자는 독자들이 법률전문가로서의 경력을 기업 법무실에서 시작하는 것은 권하지 않는다. 기업을 알 수 있다는 기회는 좋으나 아무래도 전문적인 법률적 업무에 관한 트레이닝을 받을 기회는 많지 않다. 서구에서도 로펌에서 최소한 5-10년 경력을 쌓은 후에 기업 법무실에 합류하는 것이 통례다. General Counsel

중에서 최고경영자가 되는 사람도 드물지 않다. 그러나, 그것은 법률전문가로서가 아니고 그만큼 기업의 경영을 배우고 능력을 인정받았기 때문이다.

Ⅳ. 기업지배구조이론

1. 주주총회와 이사회

위에서도 언급한 바와 같이 상법 제393조는 제1항에서 "중요한 자산의 처분 및 양도, 대규모 재산의 차입 … 등 회사의 업무집행은 이사회의 결의로 한다"고 규정하고 제2항에서 "이사회는 이사의 직무의 집행을 감독한다"고 규정하며, 제389조 제1항은 "회사는 이사회의 결의로 회사를 대표할 이사를 선정하여야 한다. 그러나 정관으로 주주총회에서 이를 선정할 것을 정할 수 있다"고 규정하며, 제361조는 "주주총회는 본법 또는 정관에 정하는 사항에 한하여 결의할 수 있다"고 규정함으로써 법률상 주식회사의 소유와 경영을 분리시키고 회사의 경영을 이사회와 경영진에게 맡긴다. 기업 형태로서의 주식회사의 사업이 주주의 대리인인 경영자를 통해 운영된다는 특성과 그를 법률적으로 표현한 위 규정들에 의해 사업상의 제반 결정은 소수의 전문가들에 의해 효율적으로 내려지게 되고 회의체의 공동의사결정이 불가능할 정도로 많은 수의 주주들이 회사에 참여하더라도 회사는 큰 문제없이 의사결정을 할 수 있게 된다.

우리 상법은 제361조가 잘 보여 주듯이 제정 당시에 이사회의 권한을 강하게 설정하는 선택을 한 법이다. 독자들이 주주의 입장에서 제361조를 읽으면 찬바람이 부는 것을 느낄 것이다. 영미를 포함하여 자본주의 시장경제체제하의 모든 주식회사의 궁극적인 목표는 회사가 설립된 목적을 중심으로 사업적 성공을 통해 주주들의 경제적 이익을 최대화하는 데 있다고 여겨진다. 여기서 종업원을 포함한 다른 이해관계자의 이익을 어떻게 배려할 것인가에 대한 논의가 있으나 법률이 주식회사 이사회와 경영진에게 일정한 권한을 부여한 이유가 이사와 경영자의 사적인 이익 추구를 지원하기 위한 것이라고 볼 근거는 전혀 없으므로 이사회의 역할은 주주의 이익 실현을 위해 법령과 정관에 따른 방식으로 충실하게 업무를 수행하는 것이다. 즉, 법률이 주주의 의결권의 내용과 강도를 어떻게 구성하고 주주총회와 이사회의 권한을 어떻게 배분하든 그것은 주주의 이익을 도모하기 위한 방법론상의 문제에 불과하다. 이는 이사회의 권한 강화를 주장하는 학자들에 의해서도 인정된다.

그러나, 이사회와 경영진은 그 권한을 주주의 이익이 아닌 개인적인 이익이나 기구로서의 이사회, 그룹으로서의 경영진의 이익을 성취하는 데 사용하는 경우가 많기 때문에 그를 견제하기 위해 주주총회의 권한, 주주의 의결권이 필요하다. 즉, 주주의 이익극대화를 위해서는 이사회와 경영진의 권한이 보장되어야 하는데 그러다 보면 사익추구가 발생하므로 법률은 두 가지 문제가 동시에 가장 적절한 구조로 해결될 수 있게 만들어져야 하는 것이다. 이에 더하여, 우리나라의 경우처럼 많은 수의 대기업이 경영을 직접 담당하는 지배주주를 가지고 있다면 그러한 나라의 법률은 보다 더 복잡한 과제를 안게 된다. 지배주주가 경영자의 지위를 이용하여 사익을 추구하는 경우 주주의 의결권, 주주총회의 권한을 통해 다른 주주들의 이익이 침해되지 않도록 하는 것은 더 어려운 문제이다.

크게 보아 이 문제에 대한 답은 두 방향에서 나올 수 있다. 첫째는, 경영진의 사익추구 위험이 대단히 크고 회사에 대한 모든 정보를 독점하고 있는 경영진이 그를 주주와 기타 이해관계자들에게 드러나지 않는 방법으로 사용하여 사익을 추구할 수 있으며, 그로 인한 회사와 주주의 손해는 포착되기도 어려울 뿐 아니라 포착된다 해도 시기를 놓치는 경우가 많을 것이므로 사전에 주주의 역할 강화를 통해 그를 통제해야 한다는 생각이 있을 수 있다. 특히, 회사가 어려운 상황이 아니라 실적이 좋은 상황에서는 그 누구도 경영진의 사익추구를 심각하게 추적하지 않는다는 것이 이 생각의 중요한 근거이다. 경영진은 사익추구 행위를 경영판단의 원칙의 보호를 받는 사업상의 결정에 섞어 넣는 경향이 있으므로 그를 법원이 통제하는 것은 어렵다. 이 생각에 의하면 현행법상의 주주총회와 이사회 간 권한 배분이 적절한 것인지를 점검하고 그 답이 부정적인 경우 주주총회의 권한 강화, 주주제안권을 포함한 소수주주권의 강화, 주주의결권의 존중 등 필요한 조치가 내려져야 한다. 둘째는, 주주의 권한 강화 등 조치는 회사 지배구조상의 비용을 높이고 비효율을 증가시키며 경영진의 공격적인 사업상 결정을 억제하므로 바람직하지 않으며 법률은 주주 이익을 극대화하는 데 필요한 강력한 권한을 경영진에게 부여해야 한다는 생각이다. 이에 의하면 경영진이 사적 이익을 추구하는 경우 그는 소송이나, 적대적 M&A의 위협 등 장치를 통해 통제할 수 있으며 그 비효율성은 주주의 권한 강화로 인해 발생하는 지배구조 내부의 비효율보다는 규모가 작을 것이다. 이러한 두 가지 상이한 생각의 법령상 차이는 주식회사 합병에 필요한 주주총회 승인 요건이(단순 비교가 다소 어렵기는 하지만) 우리 상법에서는 3분의 2이지만 미국 델라웨어주 회사법에서는 2분의 1이라는 것을 통해 잘 드러난다. 우리 상법상 주주총회의 합병승인결의 요건을 출석주주 과반수로 변경해야 하는가? 그렇게 하면 경영진의 사업상 결정이 보다 효과적으로 내려지고 집행되어 주주들의 이익이 증가할 것인가? 아니면, 그와 반대로 사익추구를 숨긴 결정이 보다 수월하게 주주총회를 통과하게 되어(나아가, 그런 결정이 보다 쉽게 유인되어) 주주들의 이익이 침해될 것인가?

HP-Compaq 합병

휴렛-패커드(Hewlett-Packard: HP)와 컴팩(Compaq)은 우여곡절 끝에 2002년 4월 합병하였는데, 경영진이 추진한 합병에 창업자의 아들이자 대주주가 반대하여 주주총회에서 표대결이 벌어졌다. 주주총회에서는 찬성이 8억 3,790만 주, 반대가 7억 9,260만 주였기 때문에 간신히 과반수를 넘겨 합병이 승인되었다. 델라웨어주 회사법은 합병승인에 과반수 찬성의 요건을 부과한다. 만일 HP가 뉴욕주 회사였다면 뉴욕주 회사법상의 3분의 2 찬성 요건을 만족시키지 못해 합병이 부결되었을 것이다. 이 합병에 반대한 주주들의 거의 절반이 창업자 Hewlett과 Packard의 가족 또는 그들이 설립한 재단이었는데, 따라서, 이 사례는 델라웨어주 회사법이 주주들보다는 경영진(HP의 경우 Carly Fiorina 회장)에게 얼마나 유리하게 되어 있는지를 극명하게 보여 주었다. 1886년경까지는 미국의 모든 주들이 합병의 승인을 주주 전원의 동의가 필요한 사항으로 정하고 있었으나 이것이 약 100년의 시간이 지나면서 대다수의 주가 주주 과반수의 찬성에 의한 합병승인을 인정하는 것으로 변화한 것이다.

이론상 과반수에 미치지 못하는 의결권의 찬성에 의한 합병은 있을 수 없으므로 2분의 1이라는 요건이 가장 경영진에게 유리한 회사법의 진화 형태인 것으로 볼 수 있을 것이다. 그러나, 상법 제527조의3에 의한 소규모합병은 합병 대상인 소멸회사가 존속회사에 비해 그 규모가 대단히 작을 경우 존속회사의 주주총회 결의를 생략할 수 있게 한다. 이는 주주총회의 합병에 대한 승인권이 부분적으로 더 잠식되는 것을 보여 준다.

2. 상법의 권한 배분

상법상 이사회의 권한으로 되어 있는 사안에 있어서도 주주들이 주주총회를 열어 정관에 그를 변경하는 규정을 두고 주주총회의 권한으로 할 수 있지 않을까? 답은 '아니오'이다. 상법은 이사회의 권한에 관한 규정을 두고 있고 그중 일부는 정관의 규정을 통해 주주총회의 권한으로 할 수 있게 하면서 나머지 사안은 정관으로도 이사회의 권한에서 박탈할 수 없도록 한다. 그러한 이사회의 고유권한으로 이사의 직무집행에 대한 감독권(제393조 제 2 항)과 중요재산의 처분, 대규모 재산의 차입권(제393조 제 1 항) 등을 들 수 있다. 이러한 권한은 주주총회의 권한으로 되어 있는 회사명칭의 변경이나 본점소재지의 변경 등과 같이 현대의 대형 주식회사에게는 기능적으로 지극히 부수적인 사안과 비교하면 회사의 운명과 주주들의 경제적 이해에 막대한 영향을 미치는 사안에 대한 결정권이다. 경영전략의 결정, 투자전략의 결정과 집행 등이 모두 이 권한의 범위 내에 속한다. 또, 주주총회의 소집(제362조), 재무제표의 승인(제447조), 사채의 발행(제469조) 등도 이사회 고유의 권한으로서 정관으로 주주총회의 권한으로 할 수 없다. 반면, 이사회의 권한에 속하지만 정관으로 주주총회가 결정하게 할 수 있는 사안은 대표이사의 선정(제389조 제 1 항), 신주발행(제416조), 전환사채의 발행(제513조 제 2 항) 등이다. 이들 중 특히 주주총회의 소집권한은 주주와 경영진 간의 권한 분배라는 관점에서 큰 중요성을 가진다. 주주는 법령이 규정하는 범위 내에서만 주주총회가 개최될 것을 기대할 수 있고 임의로 주주총회의 개최를 요구하여 의사를 표시할 기회를 갖지 못한다.

법률이 전적으로 이사회의 권한으로 하는 사안과 주주총회의 승인을 받도록 하는 사안 간의 경계획정기준은 두 가지이다. 첫째, 본인인 주주들은 대단히 중요한 사안에 관한 결정은 직접 내리고 싶어 하며, 둘째, 직접 결정을 내리는 경우에도 그에 필요한 능력을 갖춘 경우에만 그렇게 한다. 따라서, 합병이나 기타 중요한 사안에 있어서는 전적으로 대리인인 이사회에 권한을 부여하지 않게 되고 일상적인 사업운영에 관한 결정에 있어서는 분산된 다수의 주주들이 결정을 내릴 능력이 없으므로 그는 이사회에 맡기고 주주들은 투자에 관한 큰 결정에만 직접 관여하게 된다. 세계 각국의 회사법은 정도의 차이는 있으나 대체로 이러한 대리인의 결정에서 발생하는 잠재적 비용의 논리에 따라 주주총회와 이사회 간의 권한을 배분하고 있다. 그러나, 서두에서 언급한 바와 같이 경영진의 사적 이익 추구 가능성 때문에 이러한 권한 배분은 항상 유동적인 형태로 나타나고 있으며 미국의 경우 효율성의 논리가 우세한 결과 경영진의 권한이 증가하고 있고 법률상 주주의 권한으로 유보되어 있는 사안들도 그 세부적인 내용에 있어서는 주주의 권한을 약화시키는 방향으로 진행되고 있다.

그러나, 문제는 법령상의 이러한 이사회의 권한이 아니라, 주주총회의 권한으로 되어 있는 사안들에 있어서도 실질적인 권한은 이사회에 있게 되는 현실이다. 주주총회에서 주주들이 승인하게 되는 안건은 이사회가 선정한다. 주주총회의 가장 고유한 권한인 이사 선임권도 이사회가 후보를 추천하는 과정을 통해 명목상의 것으로 변질될 수 있다. 주주들의 경제적 이해관계에 가장 직접적인 영향을 주는 회사의 합병, 분할 등 구조변경에 관한 사안도 그 기획, 내용 등 모든 측면을 이사회가 통제하고 이사회가 가장 적절하다고 생각하는 내용의 안건이 주주총회에 회부된다. 그리고, 사외이사들은 사업상의 중요한 기획과 결정 과정에 참여하지 않고 사후적으로 그를 검토, 승인하기 때문에 주식회사의 궁극적인 권력은 경영진이 보유하게 되는 것이다. 주주들은 이러한 실질적으로 제한된 권력을 다시 주주총회라는 시간적, 공간적인 제약하에서만 행사할 수 있다. 전술한 바와 같이 주주총회는 보기에 따라서는 시대착오적인 메커니즘이며 소수의 주주가 지리적으로 가까운 장소에 거주하던 초기 자본주의 시대의 기구가 아직도 특별한 대안을 찾을 수 없어 건재하는 것이다. 주주는 주주총회라는 제약을 벗어나기 위해 서면투표나 위임장의 작성 등 추가적인 장애물을 넘어야 하는데 그러한 방식의 의사표시조차도 주주총회라는 기구를 통해서만 유효하게 인정된다. 주주총회는 경영진의 준비와 절차진행에 따르며 주주의 의결권 행사에 효력을 부여하거나 거부하는 것도 경영진의 일원인 주주총회 의장의 권한이다. 주주는 사후적으로 법원의 구제에 의존할 수 있을 뿐이다.

3. 경영권 분쟁과 이사회의 파워

주주와 그 대리인인 경영진 간의 권력투쟁은 경영권 분쟁이 발생하는 경우 가장 이해하기 어려운 형태로 진행된다. 소유가 분산된 회사에 있어서 예컨대, 10% 정도의 지분을 보유한 주주가 등장하여 경영진을 교체하고자 하는 경우, 경영진은 해당 대주주의 의사가 전체 주주의 의사와는 다르다는 이유로 경영진 교체 시도에 저항할 수 있을 것이다. 그러나, 예컨대, 30-40%의 지분을 보유한 주주가 경영진의 교체를 시도한다면 경영진이 그에 저항할 수 있는 명분은 무엇인가? 대리인은 본인의 판단에 오류가 있다는 이유로 대리인의 지위를 유지할 수 있는가? 경영진은 여기서 10-20%의 지분을 보유한 다른 대주주의 지지를 받음을 이유로 저항할 수 있는가?

대주주의 경영진 교체에 가장 극적으로 저항하였고 성공을 거둔 경영진의 사례는 구찌(Gucci)이다. 1999년 1월에 프랑스의 LVMH(루이비통)가 구찌의 지분 34.4%를 취득하였는데 이에 대해 경영진은 방어를 결심하였다. 경영진은 우선 우리사주조합을 결성해서 다량의 신주를 발행해 줌으로써 LVMH의 지분을 희석시키려 시도하였다. 구찌는 우리사주조합에 약 3,700만 주를 발행하였고 LVMH의 지분은 25.6%로 희석되었다. 이에 대해 LVMH는 구찌의 설립국인 네덜란드 암스테르담의 법원에 소송을 제기하였지만 구찌의 경영진은 이를 통해 시간을 벌어 PPR(쁘랭땅)과의 제휴를 성사시켰다. 이에 의해 PPR 측은 구찌 지분의 40%에 해당하게 되는 신주를 30억 달러에 인수하고 LVMH의 지분은 다시 21%로 희석되었다. LVMH는 여러 가지 각도에서 구찌의 경영진이 취한 방어조치를 무효화하기 위한 법적 조치를 강구하였고 암스테르담 법원은 우리사주조합에 대한 신주의 발행이 위법하다는 판결까지 내렸으나(네덜란드 대법원은 2000년 9월 27일 암스테르담 법원의 판결을 파기하였다) 구찌는 성공적으로 경영권을 방어하였다. 2001년 9월 구찌-LVMH-PPR 간에 화해협약이 체결되어 모든 소송은 취하되었고 PPR은 LVMH로부터 구찌 지분의 8.6%를 인수하였다. LVMH는 2001년 12월에 구찌 지분의 잔량 11.5%를 크레디 리요네(CLSA)에 처분하고 구찌로부터 완전히 철수하였다.

이 사건은 다른 주주의 원조를 받아 경영진이 대주주에게 저항한 사건이기는 하지만 초기에는 다른 대주주가 존재하지 않았으므로 도움을 준 주주는 경영진이 새로 만들어 낸 주주이다. 새로 주주를 만들어 낼 수 있는 권력을 법률이 경영진에게 부여하고 있음과 경영진이 그를 활용할 수 있음을 이 사례가 보여 준다. 회사의 경영권은 독립된 법인격을 가진 경제적 에너지의 결집체인 회사의 역량을 경영진의 판단에 따라 활용할 수 있게 하는 권력이며 이 권력은 경영진의 본인인 주주들에게서 나오지만 일단 창출되면 독자적인 생명력을 가지고 주주들마저 그를 통제할 수 없어지는 경우가 발생하는 것이다. 경영진에게 부여된 권력은 기업금융상의 권력이지만 기업금융과 지배구조는 의결권이 부착된 주식이라는 매개체로 연결되어 있다. 여기서 금융방법의 지배구조 차원에서의 활용이 허용될 것인가의 문제가 발생하며, 하급심 판결이지만 우리나라의 법원은 그를 정면으로 인정하는 태도를 보인 바 있다(수원지방법원 여주지원 2003. 12. 12. 자 2003카합369 결정).

4. 주주의 의결권

이렇게 상법이 이사회 중심의 권력구조를 설정하고 주주들의 제한된 권력도 그나마 실질적으로도 잠식되고 있으나, 그럼에도 불구하고 이사회와 경영진의 권한은 무한한 것이 아니며, 회사의 정관과 회사법 내의 다양한 원칙과 집행 메커니즘에 의한 통제를 받는다. 그리고, 무엇보다도, 대리인인 이사회와 경영진은 본인인 주주들의 법률적 통제하에 있다. 이 통제는 평상시에는 위력을 발휘하지 못하지만 한계상황이나 분쟁상황에서는 그 위력을 발휘한다. 대리인들을 통제하는 주주들의 권한은 의결권(right to vote), 주식을 타인에게 양도할 권리(right to sell), 소송제기권(right to sue), 정보청구권(right to information) 등으로 분류된다. 주주들의 이러한 권리는 상호작용하면서 이사회와 경영진을 통제하는 기능을 발휘하는데, 그중에서도 이사를 선임, 해임할 수 있고 회사의 중요한 구조변경 등에 대해 최종적인 의사를 표시할 수 있는 의결권이 가장 직접적이고 효과적인 통제 수단이다. 주식회사의 주주는 법령과 정관이 정하는 주주총회의 권한 내에 속하는 사항에 대해 의결권을 행사함으로써 그 의사를 표시하여 주주총회를 통해 표현되는 주주 공동의 의사형성에 참여하게 된다. 개별 주주의 그러한 의사형성에의 참여는 주주총회에의 참석, 서면투표, 전자투표, 타인에 대한 위임장의 교부에 의한 참석 등 다양한 형태로 나타나며 참여의 강도 내지 폭은 주주가 보유한 주식의 수에 비례하여 결정된다. 한편, 의결권은 주주총회에서 행사되므로 주주총회 밖에서 의결권과 유사한 기능을 하는 소수 주주권도 같은 범주에 포함시켜 생각할 수 있다.

저자는 회사법의 역사를 주주와 경영진 간의 권력투쟁의 역사라고 생각한다. 이 권력투쟁에 최근 국가(정부)가 가세하고 있다. 어쨌든 회사법의 역사를 주주총회와 이사회의 권력투쟁이라는 시각에서 보는 경우 주식회사 주주의 의결권에 관한 이론과 실무는 회사법의 역사에서 가장 핵심적인 위치를 차지하며 주식회사라는 사회경제의 부가가치 창출 수단을 어떻게 조직하고 운영할 것인가의 문제를 다룸에 있어서 중요한 연구대상이다. 주주의 의결권에 관한 법률의 취급은 회사 내에서뿐 아니라 회사가 포함되어 있는 한 경제단위 전체의 정치구조에도 영향을 미친다. 의결권은 회사의 경영권을 좌우하는 매개체이며 큰 회사의 경영권은 그 회사가 속해 있는 공동체의 재산적 역량과 그로부터 파생되는 정치권력을 배분하는 데도 무시할 수 없는 영향력을 보유하기 때문이다. 한 사회의 경제적 계층들 간의 이해충돌도 회사의 지배구조와 그를 결정하는 회사법 원칙들의 지배하에서 전개되며 의결권은 그를 변화시킬 수도 있고 고착시킬 수도 있는 장치이다.

주주의 의결권은 기업지배구조 논의에 있어서 세 가지 의미를 가질 수 있다. 첫째, 주주의 수가 적은 폐쇄회사에 있어서 주주의 의결권은 사실상 사업상의 의사결정 도구이다. 폐쇄회사에서도 형식적으로는 소유자인 주주와 경영자인 이사회가 분리되지만 주주와 경영자는 실질적으로 동일한 실체이므로 주주의 의결권이 사업상의 결정권이다. 둘째, 서구의 기업지배구조론이 전통적으로 연구의 초점을 맞추어 온, 소유와 경영이 완전히 분리된 대규모 상장회사의 경우 주주는 회사의 사업상 결정에 참여할 만한 정보와 인센티브를 공히 결여하고 있으므로 주주의 의결권은 명목상의 권리에 불과해지는 경향이 있다. 서구의 학계에서는 이 문제를 둘러싸고 주주의 의결권을 현재보다는 더 실효적이고 직접적인 것으로 할 것인지에 대한 논의가 진행되고 있다. 물론, 소유와 경영이 완전히 분리된 회사의 경우에도 이사회와 경영진의 권한은 주주의 의결권을 그 정치적 기반으로 한다고 이해되고 있다. 셋째, 영미를 제외하고는 대기업의 소유와 경영이 완전히 분리되어 있지 않으며 대기업들을 포함하여 거의 대부분 기업들에 지배주주가 존재하는 것으로 밝혀지고 있는데 그러한 기업에 있어서 지배주주는 회사의 사업상 결정에 참여하는 데 필요한 정보를 보유하고 있고 그에 대한 인센티브도 가지므로 의결권은 강력한 경영자 통제장치의 역할을 한다. 이 경우 지배주주의 의결권은 해임을 포함하여 경영자에게 제재를 가할 수 있다.

우리나라 대기업들에는 지배주주가 존재함에도 불구하고 상법은 소유와 경영이 분리된 회사의 모델을 규제체제의 근간으로 설정하고 있다. 이러한 상법의 태도에 더하여, 자본시장법은 주주의 의결권 행사를 통한 회사 사업상 결정에의 관여를 다각도로 제한한다. 우선 자본시장법은 이른바 5% 규칙을 통해(자본시장법 제147조 내지 제151조) 주요주주와 그 그룹의 주식보유 현황을 보유목적, 자금원 등과 함께 상세히 공시하도록 하고 있다. 이는 다량의 주식보유를 견제하는 역할을 하며 이로써 경영자의 입지가 강화된다. 또, 자본시장법은 주주들 간의 연대에 의한 집단적 의사형성에 대해 위임장권유규제를 통한 제약을 가하고 있다(자본시장법 제152조 내지 제158조). 이는 5% 규칙에 의한 주주정보 공시와 더불어 경영진에게 유리하게 작용하는 메커니즘이다. 일단 정보를 제공하고 주요주주가 되었다 하더라도 주주는 구체적인 주주총회에 있어서는 이차적인 행동의 제약을 받는 셈이다. 나아가, 자본시장법에 의한 내부자거래 규제와(자본시장법 제174조, 제175조) 단기매매차익반환제도는(자본시장법 제172조) 주요주주의 재무적 인센티브를 감소시킨다. 주요주주는 일반주주에 비해 내부정보에 접할 기회가 많고 그 때문에 대규모의 자금을 고정시키게 되는데 내부정보를 활용하는 것이 위법이기 때문에 그러한 혜택을 활용할 수 없다. 단기매매차익반환제도는 주요주주로 하여금 주식의 거래 자체를 단념하게 하는 효과를 발휘한다. 자본시장법의 이 세 가지 장치는 주주의 의결권을 원천적으로 약화시킴으로써 회사의 경영자 지배를 촉진하는 역할을 수행한다.

5. 의결권의 경제적 의미

회사법의 본질이 계약이라면 회사법이 인정하는 주주의 의결권도 그 계약의 일부인가? 주주가 주주총회에서 의결권을 행사하는 것은 단독행위에 의한 의사표시이므로 의결권은 계약적 메커니즘으로는 설명되지 않는다. 그러나 누가 어떤 절차를 통해 의결권을 행사하는지를 내용으로 하는 의결권의 구조는 계약으로 설명된다.

회사법이 회사가 조직되고 운영되는 데 필요한 계약으로서의 기능을 수행하기는 하지만 모든 문제에 대한 답을 마련하고 있는 것은 아니다. 예컨대 회사가 무슨 물건을 만들고 누가 그에 관한 결정을 내릴 것인가에 대한 답은 회사법이 제공해 주지 않으며 이는 누군가의 결정에 따라야 한다. 회사법이 커버하지 못하는 그러한 공백을 메꾸는 것이 의결권이다.

그러나 많은 문제를 의결권의 행사로 결정하는 것은 큰 비용을 수반하기 때문에 회사계약의 당사자들은 의결권의 행사로 결정할 수 있는 사안을 최소화한다. 단체행동(collective action)의 문제(무임승차와 합리적 무관심)가 의결권의 행사로 결정된 전체의 의사에 정당성이 있는지의 의문도 제기한다. 의결권의 행사자들은 통상 의사결정에 필요한 정보를 수집하고 그를 연구하는 데 인센티브가 없기 때문에 주주총회의 횟수와 주주총회가 결정할 수 있는 사항의 범위가 제한되게 되며 회사의 운영에 필요한 많은 결정이 경영진에게 위임되어 내려지게 되는 것이다.

회사법이 가지고 있는 공백 때문에 주주, 채권자, 종업원 등 누군가는 의결권을 행사해야 한다. 일단 회사의 운영에 관한 가장 많은 정보를 가지고 있는 경영진이 의결권을 행사해야 할 것 같으나 회사법은 경영진이 아닌 주주에게 의결권을 부여하고 있다. 의결권을 보유한 주주와 회사를 운영하는 경영진이 동일한 실체인 기업공개 이전 단계의 회사가 기업을 공개하기로 결정할 때 창업자들은 새로 주주가 될 투자자들에게 의결권이 부착된 주식을 판매하기로 결정한다. 차등의결권이 인정되는 국가의 경우 창업자들은 신규 투자자들에 비해 많은 의결권을 보유하기로 하는 결정을 내리기도 하지만 의결권이 없는 주식만으로는 기업공개가 성공하기 어렵다. 이 결정은 사실 위험한 결정이다. 새 주주들이 의결권을 사용하여 창업경영진을 축출할 수도 있기 때문이다.

의결권을 주주들이 보유하는 이유는 주주들이 채권자와 종업원에 이어 회사의 수입에 대한 가장 후순위의 권리를 보유하기 때문이다. 회사에 이익이 나는 경우에도 분배순위가 맨 마지막이며 회사에 손실이 나는 경우에도 최종적으로 그 부담을 안아야 하는 주주의 지위가 주주들로 하여금 가장 효율적인 의사결정을 내릴 수 있게 해 준다. 따라서 의결권은 주주들에게 인정되는 것이다. 예컨대 채권자들은 회사의 투자결정에서 발생하는 이익에 참여하는 비율이 고정되어 있기 때문에 효과적인 투자결정에 대한 인센티브가 결여되어 있다. 특정한 투자결정이 발생시키는 회사의 손실에 대해서도 채권자들은 그 손실이 회사 전체에 타격을 줄 만큼 심각한 것이 아닌 한 크게 염려하지 않아도 되는 위치에 있다. 주주들만이 상하 방향으로 큰 인센티브를 가지고 있고 그 때문에 경영진의 선출을 포함한 중요한 사안들에 대해 주주들이 의결권을 행사하도록 하는 것이 가장 효율적인 것이다. 이로써 회사계약 당사자들 전체의 부가 증대된다.

주주들은 그 배경이나 성향, 투자 이유 등이 극도로 다양한 그룹이지만 다른 그룹들과는 달리 단일한 목적으로 '단합'이 가능한 그룹이다. 즉, 회사 이익의 극대화를 통한 투자수익의 극대화라는 공동의 목표로 이론상 통합될 수 있다. 그리고 다른 목적과는 달리 이익의 극대화라는 목적은 주주들이 경영진에게 권한을 위임함에 있어서 거의 유일하게 이론이 없을 수 있는 목적이다. 예컨대 주주들이 경영진에게 정치적 내용의 임무를 부여하고자 한다면 그에 대한 합의를 도출하기가 거의 불가능 할 것이다. 회사의 수익의 극대화라는 목적은 주주들이 별 문제없이 합의할 수 있는 거의 유일한 목적이고 바로 그 때문에 회사법이 그를 가장 중요한 회사의 이념으로 채택할 수 있으며 주주들에게 의결권을 인정하는 것이다.

이와 같은 이유에서 의결권의 존재가 회사를 효율적으로 경영되게 하며 주주들에게 의결권이 부여되는 것이 타당하다는 결론을 실증적으로 뒷받침하기는 쉽지 않을 것이다. 그러나 위와 같은 이유가 타당하다는 몇 가지 근거는 제시될 수 있다.

가장 먼저, 주주들의 의결권이라는 제도가 존속한다는 사실을 들 수 있다. 의결권 제도가 존재하고 주주들이 의결권을 보유한다는 규칙이 비효율적이라면 의결권 제도를 채택하지 않는 회사들이 번성했을 것이고 의결권 제도는 시간이 경과하면서 소멸되었을 것이다. 현실은 그렇지 못하다. 주주총회가 비효율적인 기구인 것처럼 보이고 경영진은 주주총회를 싫어하지만 주주들이 의결권을 행사하는 장소인 주주총회는 여전히 존속하고 있다. 따라서 의결권 제도가 모종의 효익을 가진다고 보아야 할 것이다. 둘째, 의결권 제도가 없다면 적대적 기업인수가 활성화 될 수 없다. 의결권을 확보함으로써 회사의 경영권을 획득할 수 있고 그 과정에서 주식의 가치가 상승한다. 셋째 주식의 공개매수나 위임장 대결을 통해 의결권을 확보하려는 다툼이 발생하면 그 결과에 관계없이 주식의 가치는 상승한다. 넷째, 실증적인 자료에 의하면 회사에 대주주가 등장할수록 주식의 가치는 상승하는데 이는 회사의 지분이 소수에 집중될수록 주주의 의결권이 가지고 있는 단체행동의 문제가 약화되어 의결권의 위력이 커지기 때문이다. 집중된 지분은 거래될 때 프리미엄부로 거래되며 경영권부 지분에는 경영권 프리미엄이 인정된다. 그 외, 무의결권주식과 보통주식의 가격 차이인 의결권 프리미엄이나 기준일 직후 주가가 하락하는 권리락 현상 등이 의결권의 중요성을 보여준다.

6. 주주제안권

상법 제363조의2 제 1 항에 의하면 의결권 없는 주식을 제외한 발행주식총수의 100분의 3 이상에 해당하는 주식을 가진 주주는 이사에게 주주총회일의 6주 전에 서면 또는 전자문서로 일정한 사항을 주주총회의 목적사항으로 할 것을 제안할 수 있다. 이사는 주주제안이 있는 경우에는 이를 이사회에 보고하고, 이사회는 주주제안의 내용이 법령 또는 정관을 위반하는 경우와 그 밖에 대통령령으로 정하는 경우를 제외하고는 이를 주주총회의 목적사항으로 하여야 한다. 이 경우 주주제안을 한 자의 청구가 있을 때에는 주주총회에서 당해 의안을 설명할 기회를 주어야 한다(제 3 항).

상술한 바와 같이 현행법의 주주와 이사회 간 권한 배분에 의해 이사회가 사실상 주주총회의 안건을 결정하게 되므로 이는 우리 법이 이사회 권한 중심의 회사법이라는 좋은 징표로 여겨질 수 있다. 만일 어떤 정치적 결정에 의해 현재의 균형을 변화시키고자 한다면 그를 위한 가장 중요한 방법이 주주제안권을 통한 것이다. 주주가 회사의 경영에 직접 관여하거나 주주총회의 안건 설정에 직접 개입하는 것은 지나친 비용을 발생시키고 대규모 회사의 경우 현실적으로도 가능하지 않을 것이다. 따라서, 주주제안이라는 장치를 여하히 조정하여 주주들의 권한을 강화할 것인지를 논의하는 것으로 이사회의 권한을 축소시키거나 견제할 수 있다. 미국의 한 연구는 주주제안이 해당 회사의 기업가치를 높였다는 증거를 발견하지 못하였다고 한다.

주주제안권의 행사는 적법한 경우 주주의 의사가 회사가 준비하는 자료에 반영되게 하므로 주주가 직접 다른 주주들과 연락하여 공동의 의사를 형성하는 것보다 훨씬 비용이 덜 드는 수단이다. 반면, 경영진의 입장에서는, 그리고, 경영자인 대주주의 입장에서는, 주주제안은 회사가 원하는 방식의 주주총회 준비와 진행에 잠재적으로 큰 비효율을 발생시킨다. 예컨대, 100명의 주주가 적법한 주주제안을 각기 행하는 경우를 생각해 보면 문제의 심각성이 분명해진다. 회사로부터 자료를 받는 주주들은 그 분량 때문에 중요성에 관한 포커스를 잃을 수 있고 회의의 안건에 대해 파악하지도 못하게 되며 결국에는 효과적인 의결권의 행사에 장애를 겪게 될 것이다. 실제로 권리남용적 주주제안도 이루어질 수 있으며, 경영진은 그러한 경우를 상정하여 주주제안권의 행사를 주주 전체의 경제적 이익에 반하는 유해한 것이라고 규정할 가능성이 있다. 물론, 경영진은 여기에 경영진의 사적 이익 추구에 방해가 되는 주주제안도 주주 전체의 이익에 반한다는 이유로 포함시킬 수 있을 것이다. 상법시행령은 주주제안을 회사가 거부할 수 있는 사유를 규정한다.

> 제12조(주주제안의 거부)
> 법 제363조의2제3항 전단에서 "대통령령으로 정하는 경우"란 주주제안의 내용이 다음 각 호의 어느 하나에 해당하는 경우를 말한다.
> 1. 주주총회에서 의결권의 100분의 10 미만의 찬성밖에 얻지 못하여 부결된 내용과 같은 내용의 의안을 부결된 날부터 3년 내에 다시 제안하는 경우
> 2. 주주 개인의 고충에 관한 사항인 경우
> 3. 주주가 권리를 행사하기 위하여 일정 비율을 초과하는 주식을 보유해야 하는 소수주주권에 관한 사항인 경우
> 4. 임기 중에 있는 임원의 해임에 관한 사항[법 제542조의2제1항에 따른 상장회사 … 만 해당한다]인 경우
> 5. 회사가 실현할 수 없는 사항 또는 제안 이유가 명백히 거짓이거나 특정인의 명예를 훼손하는 사항인 경우

7. 소수주주권

주주제안권이 주주와 경영진 사이의 권력투쟁에 있어서 대단히 중요한 위치를 차지하는 메커니즘이지만 소수주주권 일반도 유사한 역할을 수행할 수 있

다. 특히, 지배주주가 아닌 소수주주들은 법률이 보장하는 소수주주권의 행사를 통해 회사의 경영에 영향을 미치거나 경영권 분쟁에 참여할 수 있다. 상법은 여러 규정을 통해 소수주주권의 내용과 행사 요건을 규정하며 2009년 1월 30일자 개정을 통해 구 증권거래법이 규정하던 상장회사 소수주주권에 관한 규정을 내용상의 수정을 거쳐 제542조의6으로 흡수하였다. 상장회사는 그 평균적 대규모성으로 인해 한 주주가 보유할 수 있는 주식의 수에 한계가 있으므로 상법의 일반 요건을 따르도록 한다면 소수주주권의 행사가 대단히 어려워지기 때문에 행사 요건이 완화되어 있다.

소수주주권 중에 경영자 위주의 법률적 기초를 파격적으로 변동시키는 것이 임시주주총회소집권이다. 상법 제366조 제1항은 발행주식총수의 3% 이상에 해당하는 주식을 가진 주주는 회의의 목적사항과 소집의 이유를 적은 서면 또는 전자문서를 이사회에 제출하여 임시총회의 소집을 청구할 수 있다고 하고 동 제2항은 그러한 청구가 있은 후 지체 없이 총회소집의 절차를 밟지 아니한 때에는 청구한 주주는 법원의 허가를 받아 총회를 소집할 수 있다고 한다. 법원은 권리남용에 해당하는 것이 명백한 경우가 아니면 소집을 허가해야 한다(대법원 2011.4.1.자 2011라123결정). 이 경우 주주총회의 의장은 법원이 이해관계인의 청구나 직권으로 선임할 수 있다. 회사는 소수주주가 법원의 허가를 받은 것과 동일한 회의의 목적사항에 대해 총회를 소집할 수 없다.

소수주주의 청구가 인용되어 임시주주총회가 소집되면 주주총회의 장소, 안건 등 모든 것이 소수주주에 의해 준비되고 주주총회의 의장도 사실상 소수주주가 선임하게 된다. 이 경우 경영자가 가지는 권력을 소수주주가 그대로 인수하여 행사하게 되는 것이다.

V. 경영자 통제

1. 대리인 비용

아담 스미스(Adam Smith: 1723–1790)는 주식회사 형태에 대해 회의적인 시각을 가졌던 것으로 보인다. 스미스에 의하면 주식회사는 경영자를 필요로 하는데 경영자는 소유자보다는 열심히 일하지 않는다. 회사가 커질수록 소유자가 경영자를 감독하고 통제하는 데 어려움이 발생하므로 주식회사 형태는 널리 이용되지 못할 것이다. 이 예측은 빗나갔지만, 스미스는 현대 주식회사의 핵심적인 특성을 정확히 간파하였다.

　독자들은 앞에서 나온 '경영권의 사적 이익'이라든지 '경영자의 사익추구'라는 말에 대해 어떤 이해를 가지고 있는가? 이는 상장주식회사 지분의 10%를 보유하고 있는 회장('총수'라는 말도 많이 사용된다)이 자신의 생일파티 비용 1억 원을 회사 돈으로 충당한다든지(미국에서 실제로 일어난 일이다), 아들에게 5억 원짜리 페라리를 회사 돈으로 사 준다든지 하는 단순한 행동에서부터 시작해서 자신을 자문위원회의 회장으로 임명해 준 미술관에 회사 돈으로 거액의 기부를 한다든지 하는 복잡한 행동까지를 포함한다. 이런 행동들은 일견 그에 대한 평가가 간단할 것 같지만 실제로는 그렇지 않다. 회장 자신의 생일파티는 회사 문서에는 임원 단합대회로 기록되어 남을 수도 있는 것이고 아들이 타고 다니는 페라리는 해외 거래선 접대용으로 구입한 것으로 처리될 수 있다. 이런 것들은 페라리가 한강 둔치에 버려지는 것과 같은 특별한 계기를 통해 문제로 세상에 드러나기 전까지는 누구도 문제로 인식할 방법이 없다. 미술관에 대한 기부는 그 자체로 훌륭한 일일 뿐 아니라 회사의 사회적 기여활동으로 포장되기 때문에 숨은 동기가 포착될 수 없으며 설령 그렇다 하더라도 과연 비난 가능성이 있을지도 의문이다. 더구나 이 모든 것들은 회사가 어려울 때가 아니라 성장하고 주가가 상승해서 모두가 기분이 좋을 때는 아무런 문제도 아니게 된다. 이런 행동으로 인해 회사가 어려워지면 비로소 비용으로 인식되기 시작하는 것이다.

　경영권의 사적 이익 추구행위보다 더 위험한 행동은 태만과 무능이다. 경영자의 사익추구는 장기적으로 기업조직을 와해시키는 문제를 발생시키기 때문에 가장 심각한 비용을 만들어 내지만 태만하고 무능한 경영자는 기업을 바로 붕괴시킬 수 있으므로 직접적인 비용을 만들어 낸다. 무능한 경영은 기업의 실적을 저하시키고 기업이 일시적인 대규모 손실을 입게 한다. 여기에는 판단의 오류와 무모한 실적추구 등이 포함되고 임직원에 대한 감독 소홀도 속한다. 그런데, 태만하고 무능한 사람이 기업의 최고경영자가 되는 것이 어떻게 가능할지 독자들은 의아해 할 것이다. 현대의 대기업은 치열한 경쟁을 통해 최고경영자를 만들어 내기 때문이다. 심지어 황제경영을 하는 재벌의 총수라 해도 2세

가 태만하고 무능한 경우 절대로 그에게 경영권을 물려주지 않는다. 자신이 평생
에 걸쳐 다듬어 온 기업이 위험해질 뿐 아니라 자기 자식이 불행한 삶을 살게
될 것을 알기 때문이다.

　　그러나, 기업의 경영환경은 끊임없이 변화하고 경쟁자들이 지속적으로 부
상한다. 오늘의 주주들은 어제의 주주들과 다르다. 한때 최고의 평가를 받았던
경영자라 해도 건강이 악화되거나 회사 사업의 규모와 내용이 달라짐에 따라
변화된 조건에 성공적으로 자신과 조직을 적응시키지 못하면 금방 부적격자가
되어 기업에 비용을 발생시키게 된다. 끊임없이 공부하고 주변의 핵심 인재들
을 포함한 조직을 쇄신해 나가지 못하면 어느샌가 경쟁기업들에 뒤처진 자신의
기업을 발견하게 되는 것이다. 주주들은 언제든지 투자대상을 바꿀 수 있고 소
비자들은 언제든지 다른 회사의 물건으로 마음을 바꿀 수 있다. 스티브 잡스조
차 실적부진으로 애플의 회장자리에서 축출된 일이 있으며, 아메리칸익스프레
스의 전설적인 경영자 제임스 로빈슨 3세도 퇴진 결정을 내린 후 회사의 주가
가 폭등하는 '비운'을 맛보아야 했다.

　　대리인 비용(agency cost)은 거래비용의 일종이다. 재원의 소유자인 경제주
체는 타인을 통해 거래하게 되며 그로부터 대리인 비용이 발생한다. 대리인
비용은 회사 내부에서의 거래에서 특히 중요하며 아담 스미스가 오래전에 지
적한 문제를 그대로 보여 준다. 즉, 회사 형태의 기업조직은 소유자와 그를 경
영하는 경영자가 분리되는 경우 시장에서 절감한 거래비용의 다른 형태인 대
리인 비용을 발생시키는 것이다. 여기서는 대리인이 본인의 경제적 이익이 아
닌 대리인 자신의 경제적 이익을 극대화하려는 동기를 가진다는 사실이 전제
된다. 이러한 관점에 입각, 마이클 젠슨과 윌리엄 메클링은 1976년에 발표된
논문에서(Michael C. Jensen & William H. Meckling, The Theory of the Firm:
Managerial Behavior, Agency Costs, and Ownership Structure, *3 Journal of Financial
Economics* 305 [1976]) 회사란 기업의 생산활동에 소요되는 모든 형태의 재원의
소유자들 간 계약의 집적체(complex of contracts)임을 지적하였다. 회사의 경영
자는 정보와 경영능력을 소유한 계약당사자이며 그를 통해 창출되는 효용을
통해 재산의 소유자인 투자자들과 계약을 체결한다. 그러나, 경영자의 이익과
투자자의 이익은 항상 일치하지는 않기 때문에 필연적으로 대리인 비용을 발
생시키게 되고 실제로 회사의 재원을 통제하는 경영자는 그로 인해 회사라는

경제주체의 가치를 극대화시키지 못하게 된다. 그 외에도, 회사에서는 다수주주와 소수주주 간, 회사와 채권자 간의 대리인 비용이 발생하며 그로 인해 사회적 후생은 극대화되지 못한다. 이 대리인 비용 이론은 회사의 본질을 이해하게 해 주는 동시에 회사법과 기업지배구조이론의 과제를 제시해 준다. 회사라는 사업영위 형태는 거래비용을 절감하게 해 주지만 대리인 비용을 발생시킨다. 따라서, 이 형태가 성공적으로 작동하기 위해서는 대리인 비용을 최대한 낮추어야 한다. 회사법 규범의 대부분과 기업지배구조 개선 장치들은 대리인 비용을 발생시키는 이들 경제주체들 간의 이해상충 문제를 조정함으로써 그 비용을 낮추기 위한 것이다.

2. 소유구조와 대리인 비용

대리인 비용의 개념은 주주-경영자라는 이분법에 기초한 것이다. 즉, 주주가 아닌 순수한 대리인으로서의 경영자를 상정한다. 이는 미국과 영국의 대기업들이 문제의 시발점이기 때문이다. 미국과 영국의 대기업들은 그 규모 때문에 소유가 광범위하게 분산되어 있다.

이러한 분산된 소유구조하에서는 주식을 전혀 소유하지 않은 경영자(이를 흔히 전문경영인이라고 부른다)가 회사를 지배하게 되며 주주가 대리인을 통제하지 못하는 상황에서 어떤 방법으로 대리인 비용을 줄여야 할 것인지가 연구과제였다. 1932년 버얼리(Adolf Berle), 미인즈(Gardiner Means) 두 교수는 공저 *The Modern Corporation and Private Property*를 통해 미국의 대규모 공개회사들에 있어서 소유의 분산으로 인해 소유와 경영이 분리되어 있음을 최초로 밝힌 바 있는데 소유의 분산은 무력하고 소극적인 다수의 주주들을 탄생시켜 미국 회사들은 아주 적은 수의 주식을 소유하거나 전혀 소유하지 않는 전문경영인들의 지배하에 놓여 있으며 전문경영인들로 하여금 책임 있는 경영을 하게 하고 그들을 효과적으로 통제할 수 있는 제도적 장치가 필요하다는 것이었다. 이는 오늘날에도 여전히 타당한 문제의식이다. 특히, 애플, 엑슨모빌과 같은 거대 회사들은 필연적으로 금융기관과 기관투자자들이 큰 비중으로 투자하게 되는데 이들은 다시 간접투자자인 궁극적인 주주들의 이익을 추구해야 하고, 간접투자자들은 재무적 이익의 실현을 목적으로 하므로 회사의 경영이 단기실적 위주로 이루어지는 문제가 발생한다. 단기실적 위주의 경영이란 그로부터 보상을 받는 경영진의 사적 이익 추구라고도 볼 수 있다. 즉, 다시 대리인 비용이 발생한다.

대주주가 직접 회사의 경영에 참여한다면 대주주는 경영진을 직접 통제할 강력한 인센티브를 가지고 있어 별도의 경영진 통제장치가 필요하지 않을 것인가? 그러나, 문제는 대주주의 경제적 이익과 회사의 가치가 정확히 일치하지 않는 것이 현실이라는 데 있다. 대주주는 회사에 손해가 발생하더라도 자신에게 그 손해의 전부가 귀속되지 않으며, 경우에 따라서는 회사의 손해가 자신의 이익으로 연결되는 상황까지 생각할 수 있다. 이로 인해 대주주인 경영자도 대리인 비용을 발생시킨다. 대주주 지배기업에서 대리인 비용 문제가 발생할 가능성은 대주주의 경제적 이해관계가 지배력과 상이할수록 높아진다. 이 수치는 삼성그룹의 경우 그룹 내 상장회사들에 있어서 각각 1.14%와 13.52%로 나타났다는 학술적 보고가 있다. 2012년 7월에 공정거래위원회가 발표한 자료에 따르면 10대그룹에 있어서 총수의 직접지분은 평균 0.94%인 반면, 친족, 임원, 계열사 등이 보유한 지분을 합하면 평균 55.7%다. 그래서, 우리나라 기업들의 경영권의 사적 이익 수준은 상당히 높다. 우리나라 기업들에 있어서 기업의 시장가치 대비 경영권의 가치는 약 34% 정도로 계산되는데 이는 이탈리아의 29%보다도 높고 덴마크의 1%, 독일의 9%, 미국의 2%보다는 대단히 높은 것이다. 경영권의 사적 이익이 크고 소유와 지배력의 유리가 크므로 대리인 비용의 발생 가능성이 크다고 보아야 한다. 즉, 우리나라 회사들도 대리인 비용 축소를 과제로 가지고 있다.

3. 황제경영

독자들은 신문지상에 '황제경영'이라는 말이 비판적으로 등장하는 것을 자주 보았을 것이다. 이는 재벌그룹 회장(총수)들이 사업상의 결정권을 독점적으로 행사하고 있고 사회적으로도 무소불위의 영향력을 가지고 있음을 지적하는 용어다. 여기에 덧붙여서, 위에서 본 바와 같이 자신이 직접 1% 남짓한 지분을 투자했을 뿐인데(그런데 삼성전자에서 1%는 약 2조 3천억 원이고 회장의 지분은 3.4%이다.) 마치 100% 지분을 가진 사람처럼 행동하고 지위를 누린다는 비난이 가해진다. 이런 비판, 비난이 타당한가?

소유지분과 지배력에 괴리가 클수록 경영권의 사적 이익 추구 위험이 상승해서 1%를 제외한 나머지 99% 주주들의 이익을 해칠 가능성이 있다는 점에서는 그 비판은 타당할 것이다. 더구나, 우리나라의 역사는 그것이 단순한 위험이 아니라 실제로 주주들의 손해로 종종 연결된다는 것을 잘 보여 준다. 그러나, 기업의 의사결정시스템은 정치적 민주주의 원칙의 지배를 받지 않는다. 앞에서 본 바와 같은 이유에서 주주총회는 기업의 의사결정기관이 아니다. 그러면, 이사회가 아닌 총수 1인이 모든 결정권을 행사하는 것이 비판의 대상이 되어야 할 것이다. 이것은 어려운 문제다. 결정권이 1인 또는 소수에게 집중되어야 효율적인지, 아니면 위원회에 부여되어야 효율적인지 실증적, 보편적으로 알 수 있는 방법이 없기 때문이다. 또, '지분이 1%인데 …'라는 대목은 타당하지 않다. 서구의 대기업들은 지분 1%는 고사하고 주식을 거의 가지고 있지 않은 최고경영자들이 경영하면서 그들 역시 우리나라 재벌 회장들 못지않은 파워를 행사한다. 지분이 1%라도 책임은 100%이다. 내 지분이 1%라 해서 1%만큼 경영권을 행사할 수는 없다.

지분보다 큰 영향력은 회사조직 내 위계질서의 본질적 부분이다. 즉, 경영권은 투자지분에서 나오는 것이 아니라 회사의 조직규칙에서 나오는 것이다. 1%의 지분을 가진 경영자가 경영권의 1%만을 행사한다면 회사의 경영은 불가능할 것이다. 금융지주회사 회장들의 경영권 행사도 설명이 되지 않는다. 지분과 경영권의 상관관계는 지분을 많이 가진 사람이 경영자가 되는 데 유리하고 지분을 많이 가진 사람이 경영자의 지위에서 회사 안팎의 사회적 네트워크를 구축하고 유지하는 데 유리하다는 것이다. 그뿐이다. 어떤 이유로든 경영권을 장악하게 되면 개인으로서 소유하는 주식이 아니라 회사가 보유하고 있는 총체적 물적, 인적 역량에 의해 그 파워가 결정된다. 일단 어떤 경로로든 최고경영자가 되면 회사 안팎의 다양한 재원과 자원을 활용해서 경영권을 공고히 하고 확대할 수 있다. 인사권을 활용하면 자신을 지지하고 지원할 사람들도 확보할 수 있고 사회에서는 어떤 자리에 있는 사람을 그 자리 때문에 대우한다. 물론, 가장 중요한 것은 그 자리에 부착된 권한을 사용하여 경영실적을 낼 수 있는 기회를 보유하는 것이다. '일단 최고경영자가 되는' 방법으로 가장 좋은 것은 본인이 스스로 창업을 하는 것이다. 우리나라 재벌그룹들은 대개 이 범주에 속한다. 그렇지 않은 경우 '주인이 없는 회사'의 경영자 지위를 회사 안팎에서의 경쟁을 통해 차지할 수 있다. 이 경쟁에서 이기기 위해서는 두뇌도 명석해야 하고, 판단력과 결단력도 있어야 하고, 리더십, 창의력 모든 면에서 앞서야 할 것이다. 그 외, 정치적, 사회적 배경까지 작용한다. 이 모든 과정을 거쳐 최고경영자가 되면 자신의 경영철학에 따라 기업을 경영하게 되고 실적이 좋고 회사 안팎에서 능력을 인정받는 경영자의 경우 리더십이든, 자신감이든, 독선이든 모종의 이유로 경영스타일이 황제처럼 보일 수 있는 것이다.

경영자가 지분에 완전하게 비례해 경영권을 행사해야 한다는 생각의 근저에는 정치적, 경제적 민주주의 이념과 기업의 조직원리에 대한 혼동이 깔려 있다. 순환출자와 재벌 회장들의 내부지분율에 여론이 비판적으로 관심을 가질수록 풋내기 창업자에서 재벌 회장에 이르기까지 모두 직접 지분 늘리기에 힘을 쏟을 것이다. 그러나, 직접지분의 증가는 개인 차원에서는 투자집중에서 발생하는 위험을 감수한다는 의미다. 그래서, 글로벌 시장에서는 대주주경영자들이 복잡한 파생금융상품이나 주식대차거래 같은 불투명한 방법을 사용한 헤징에 집착하는 현상이 나타난다. 역설적이지만 순환출자는 그래도 투명한 방식이다. 유상증자를 따라가기 위한 재원 마련도 보통 문제가 아니다. 그래서, 무리수도 나온다.

4. 사외이사제도

경영자 통제를 위해 사외이사제도가 도입되었다. 사외이사는 이사로서 상무에 종사하지 않는 자이다(제382조 제 3 항). 상법은 제382조 제 3 항에서 사외이사의 자격을 규정하며, 사외이사가 실질적으로 큰 중요성을 가지는 상장회사에 있어서 사외이사의 선임에 관해 제542조의8에서 규정한다. 사내이사들은 아무래도 오랫동안 회장님과 같이 일해 온 사람들이고, 여러 가지 이유에서 독립성을 발휘하기가 어렵다. 독자적인 직업을 가지고 있는 회사 외부의 인사를 이사회에 초치(招致)하면 독립적으로 경영진을 감시, 감독할 것을 기대할 수 있다는 것이다. 흔히 사외이사제도가 1997년의 외환위기를 계기로 우리나라에 도입된 것으로 생각한다. 그러나, 사외이사제도는 그 조금 전부터 우리나라 기업들이 채택하기 시작했던 제도다. 사외이사제도는 외환위기를 거치면서 증권거래소의 상장규정에 있다가 법률로 이동하면서 업그레이드되었던 것이다.

상법은 주주총회에서 사외이사를 선임하고자 하는 때에는 사외이사후보추천위원회의 추천을 받은 자 중에서 선임하여야 하며, 이 경우 상장회사의 사외이사 후보추천위원회가 사외이사후보를 추천함에 있어서는 제542조의6 제 2 항의 권리를 행사할 수 있는 요건(즉, 주주제안의 요건)을 갖춘 주주가 추천한 사외이사후보를 포함시켜야 한다고 규정하고 있다. 상법 제542조의8 제 1 항에 의하면 상장회사는 자산규모 등을 고려하여 대통령령으로 정하는 경우를 제외하고는 사외이사가 이사 총수의 4분의 1 이상이 되도록 이사회를 구성하여야 하며, 자산 규모 등을 고려하여 대통령령으로 정하는 상장회사의 사외이사는 3인 이상으로 하되 이사 총수의 과반수가 되도록 하여야 한다.

사외이사제도에 대한 회의론도 있다. 예컨대, 사외이사가 불충분한 정보와 미약한 현장감각에 의해 경영적 판단을 내리는 것이 현실임을 지적하면서 사외이사에게는 회사 경영에 관한 최적의 답을 찾는 능력이 결여되어 있다고 보고 사외이사제도를 시험적 의미 외에는 가치를 부여 받기 어려운 제도라고 하기도 한다. 이렇게 제도 자체에 대한 부정적인 평가도 있고, 제도가 원래의 이상대로 작동하지 않음을 보고 발생한 회의론도 있다. 이는 사외이사의 이사회 안건 반대가 거의 없다거나, 경쟁회사 겸직 또는 경쟁회사 간 이직 사례가 있다거나, 전직 법관, 고위 공무원들이 사외이사로 대거 선임되는 현상이 바람직하지 못한 것이라거나, 최대주주의 변동에 따라 사외이사의 거취가 결정되는 사례가 많다거나, 선임 절차가 부실하다거나 등의 여러 가지 이유를 배경으로 한다.

사외이사의 독립성은 제도의 영향도 받지만 사외이사와 경영진의 관계, 사외이사의 개인적 성격 등에도 크게 좌우된다. 따라서, 선임 방법이 개선되면 독립성의 성취도 한 단계 진전된다고 볼 것이다. 우선, 사외이사 후보추천위원회를 설치해야 하는 상장회사의 범위를 확대하여야 한다. 사외이사 후보추천위원회가 실질적으로 사외이사를 선임하는 힘을 가지지 못하는 경우가 많기는 하지만, 사외이사 후보추천위원회가 가지는 적합한 후보의 발굴 기능은 높이 평가되어야 할 것이다.

사외이사를 객관적인 기준에 의해 선임한 대표적인 사례가 SK의 2004년 주주총회였을 것이다. 당시 SK는 지배구조의 낙후성을 공격하던 소버린과 분쟁 중에 있었기 때문에 사외이사의 선임 문제는 대단히 민감한 문제였으며 언론

등을 통해 거의 완전히 투명하게 노출되어 있는 상황에서 최대한 공정하고 합리적으로 사외이사의 추천과 선임을 진행해야만 했다. 당시 SK는 다음과 같은 과정을 밟았던 것으로 알려진다: 우선 5인으로 구성된 사외이사 후보추천자문단을 구성하고 그와 병행하여 공개추천제(일반주주의 회사 홈페이지를 통한 추천)를 채택하였다. 이에 따라 사외이사후보 총 475인과 일반주주 추천 27인 중 5인을 합하여 480인이 후보로 선정되었는데 이들 중 30인을 1차 사외이사후보군으로 정하였다. 여기에 사외이사후보추천자문단 자체 추천 20인과 소버린이 추천한 5인을 더해 총 55인을 1차 후보군으로 최종 결정하였다. 그런 후에 3회에 걸친 자문단 회의를 통해 소버린 추천 5인을 제외한 12인을 후보로 선정하여 사외이사후보추천위원회에 추천하였고 사외이사후보추천위원회는 이 중 5인을 선정하였다. 회사는 소버린이 주주제안으로 추천한 후보 5인과 함께 이들 10인을 사외이사후보로 주주총회에 상정하였다. 결과는 회사 측에서 추천한 후보 5인이 사외이사로 선임된 것이다. 소버린은 최소한 사외이사후보추천에 대해서는 비판하지 않았다.

은행 사외이사의 자격

우리나라에서 은행의 지배구조 문제는 은행장 선출 문제 단 한 가지라 해도 과언이 아니다. 은행법의 역사가 이를 고스란히 보여준다. 은행 사외이사제도가 많이 달라진다고 하는데 은행 사외이사가 주목 받는 이유는 이들이 은행장을 선출하기 때문이다. 1998년 1월에 비상임이사제도가 처음 도입되었는데 주주대표가 70%를 추천했다. 은행장 후보는 전원 비상임이사들로 구성되는 은행장후보추천위원회에서 추천했다가 추천위원회에 대한 불신이 등장한 이후 추천위원회는 임의기구가 되었다. 현재는 대체로 각 은행별 자율 결정사항이다. 우리는 제도상으로는 15년 동안 안 해본 방법이 없을 정도로 은행장 선출 문제로 고심해 왔다. 그런데도 '4대 천왕'이라는 이상한 말이 생겨난 곳이 우리 은행산업이다.

구성원들간 유대와 인연이 사회의 작동 메커니즘에 큰 영향을 미치는 나라일수록 기업지배구조는 어려운 문제다. 문제는 우리 사회의 속성이 어떻든 간에 우리나라는 법치국가라는 데 있다. 은행장은 주주총회가 선임한 이사회가 선출한다. 더도 아니고 덜도 아니어야 맞다. 그런데 왜 문제가 복잡하며 세간의 비판이 일고 외국에서는 유례가 없는 금융기관 지배구조 법률까지 필요할까? 이른바 '오너'가 없는 은행의 경우 누구든 그 공백을 메우게 된다. 자연스럽게 감독기관인 정부가 영향을 미치게 되고 정부는 다시 정치권의 영향 아래 있다. 은행 내부에서는 집행임원들과 노동조합의 역학이 외부의 파워와 대칭관계를 이루면서 지배구조의 결정에 영향을 미친다. 지배구조에 법률 외적인 요소들이 너무 강하게 작용한다. 이는 우리 사회가 법 외적인 요소에 의해 좌우되는 경향이 심한 것과 정확히 맞아 떨어진다. 세무조사, 검찰수사, 특별검사 같은 장치들이 사기업의 지배구조에 작용하는 것을 익히 보아온 터이다.

사외이사제도를 손질해서 은행 지배구조 문제를 해결할 수 있을까? 은행 사외이사들이 이사회 안건에 반대한 일이 없다는 것이 단골 비판 메뉴로 등장하지만 사외이사가 이사회에서 반대표를 행사했다면 그 은행은 심각한 내부적 갈등이 있거나 업무 진행 과정에 결함이 있는 것이다. 누구도 반길 이유가 없다. 이사회 안건으로 올라왔다는 것은 특정 사외이사의 부정적 태도에도 불구하고 경영진과 다른 사외이사들이 다른 입장을 가지고 있다는 의미다. 찬성은 진지한 사안검토와 신중한 판단만 있으면 가능하지만 반대는 막대한 준비와 연구를 필요로 한다. 정보비대칭 때문에 특정 경영판단을 두고 사외이사가 실체적으로 반대하는 것은 어렵다.

은행은 시스템 리스크를 발생시킨다. 금융산업의 수준과 세련도는 사회 전반의 복지수준과 연결된다. 그래서 법률은 은행 이사들에게 일반 회사 이사들보다 중한 책임을 부과한다. 은행 사외이사제도 정비는 은행장 선출 문제가 아니라 리스크관리와 컴플라이언스를 핵심으로 하는 은행업무에 도움을 줄 수 있는 인사들의 영입에 초점을 맞추어야 한다. 즉, 은행업에 특유한 전문성이 우선이다. 그린스펀도 지적한 바와 같이 현대의 대규모 금융기관의 복잡한 업무를 일부라도 바로 이해하는 것은 쉽지 않다. 회사의 사업을 잘 이해하지 못하는 사외이사는 위험한 존재다. 노련한 집행임원들의 먹잇감이다. 우리나라 은행들은 경영실적이 양호한 것으로 알려져 있기 때문에 지속가능한 경영을 실천하고 글로벌 시장에서 경쟁할 수 있는 능력을 가진 은행장이 영입되고 그를 견제하는 동시에 호흡을 맞출 수 있는 사외이사들이 필요하다. 제도를 어떻게 정비하더라도 이사회 구성과 은행장 선임이 일백 퍼센트 투명해질 수는 없다. 문서주의를 강화하고 인터넷을 통한 정보 공개를 늘리면 도움이 될 것이다. 그러나 궁극적으로는 사외이사의 전문성이 투명성과 독립성을 담보해 줄 것이다.

문화일보 2012. 2. 22.

5. 사외이사의 독립성

가. 독립성의 의미

법령이 사외이사의 자격요건을 상세히 규정하고 있음에도 불구하고 그 독립성이 항상 문제되어 왔는데 이는 자격요건이 친인척 관계와 경제적 관계 위주로 규정되고 있다는 데도 그 이유가 있다(예컨대 사외이사의 자격요건에 관한 법령들은 '회장과 친한 사람', '사내이사들 중 1인과 고등학교 동창생인 사람' 등을 결격요건으로 규정하고 있지 않다). 이사회 구성원들 간의 사회적, 인간적 관계가 그 독립성에 미치는 영향이 더 크기 때문에 이 문제는 베스트 프랙티스를 통해 개선해야 한다. 사외이사제도가 최고의 기능을 발휘하는 데 필수적인 독립성은 우리나라에서 아직도 광범위하게 의심 받고 있다. 법률이 다양한 장치를 설치해서 사외이사의 독립성을 확보하려 하고 있는데 현실이 독립성에 의문을 발생시키는 이유는 무엇일까? 우선, 법률은 경영진과 어떤 경로로든 '가까운 관계'에 있는 사람을 사외이사후보에서 배제하도록 하지 않는다. 학연과 지연 등을 통해 인간관계의 친소가 많이 좌우되는 우리나라에서 이는 법률의 중대한 결함이다. 그렇다고 법률을 나무랄 수는 없다. 그런 관계는 법률이 규정할 수가 없기 때문이다. 더 중요한 문제는, 경영진과 아무런 학연, 지연도 없고, 법률상의 독립성 요건을 모두 충족시킨 완벽한 사람이라도 일단 어떤 회사의 사외이사가 되는 순간 고유의 의미에서의 독립성을 상실한다는 것이다. 사외이사를 포함한 이사회의 구성원들은 양식 있는 사람들의 그룹이며 일정한 패턴을 갖춘 불문의 사회적 행동 규범을 부지불식간에 내부화 한다. 또, 이 그룹은 서로 대립할 일보다는 협동할 일이 압도적으로 많은 회의체다.

미국에는 우리나라에서와는 달리 사법부가 사외이사의 독립성에 대한 판단을 할 기회가 많은 관계로 방대한 판례가 축적되어 있다. 즉, 일반적인 규칙이 아니라 특수한 상황마다에서 사외이사가 독립적인지를 가장 무게 있는 사례 연구기관인 법원이 판단한 선례가 쌓여 있는 것이다. 이를 참고로 해서 누구나 납득할 수 있는 행동 지침을 사외이사들에게 제공해 주는 것도 좋은 생각일 듯하다. 그 다음은 각 사외이사들의 양식 문제다. 이 양식의 생명력은 교육에 크게 좌우되는 우리 사회의 회의체 문화가 변함에 따라 같이 변해 갈 것이다. 사외이사의 독립성을 일정한 법률적 판단에 있어서 중요한 요건으로 하는 방안은 예컨대, 회사에 손해를 발생시킨 이사에 대해 소송을 제기하라는 주주의 요청에 대해 특별위원회를 구성하여 심사하도록 하고 그 결정에 대해 사법심사를 하도록 하면서 법원이 위원회 구성원들의 독립성을 판단하게 하는 것이다. 이 경우 독립성 판단은 형식일 수 없고 법원의 실질적인 심사에 의해 내려지게 된다.

나. 오라클 사건

사외이사의 독립성 판단에 관하여는 2003년 6월 17일자 미국 델라웨어주 법원 판결(In re Oracle Corp. Derivative Litigation)이 큰 시사점을 제시한다. 이 판결은 회사법에 관해 최고의 권위를 가진 미국의 법원들 중 하나가 사외이사가 경영진으로부터 '독립적'이어야 한다는 것의 의미가 무엇인지에 대한 정치한 분석을 제공해 주었다.

상술한 주주대표소송이란 '회사'가 회사에 손해를 입힌 이사에게 그 손해를 회사에 배상하라고 제기하는 소송이다. 그런데 여기서 회사는 이사회를 통해 의사결정을 하고 경영진을 통해 행동하므로 결국 이사들이 동료 이사 또는 CEO를 상대로 소송을 제기하는 모양이 된다. 이 모양이 제대로 작동하지 않을 것임은 삼척동자도 잘 알 수 있다. 우리나라 상법은 회사가 이사를 상대로 제기하는 소송에서 감사 또는 감사위원회가 원고가 되도록 하므로 주주들은 일단 감사나 감사위원회에 해당 이사를 상대로 소송을 제기하라고 요구하고 그로부터 30일 이내에 소송에 제기되지 않는 경우 직접 회사를 위하여 소송을 제기할 수 있게 하고 있다. 미국의 경우 우리나라의 그것보다 절차나 요건이 좀 복잡하기는 하지만 대체로 주주대표소송이 제기되는 구조는 위와 같다. 다만, 미국에서는 회사의 이사들이 경영판단의 법칙을 내세워 문제된 이사에 대해 소송을 제기하지 않으려는 경우가 많다는 차이가 있고 이 때문에 그를 평가하기 위한 판례법이 고도로 발달되어 있다. 여기서 발달한 실무가 이사회가 특별한 소위원회를 설치해서 주주대표소송에 대한 의견을 제시하게 하는 것이다. 이 위원회가 이사에 대해 소송을 제기하지 않는 것이 회사의 이익을 위한 최선의 방향이라는 결론을 내리면 회사는 소송을 제기하지 않기로 결정하게 되고, 그럼에도 불구하고 주주들에 의해 소송이 제기되면 법원에 그 소송을 기각해 달라고 청구하게 된다. 이러한 회사의 청구에 대한 미국 법원들의 태도는 각양각색이나 대다수 주의 법원들이 그를 무시하지 않는 태도를 취하고 있으며 델라웨어

주의 판례법은 법원이 그를 두 단계에 걸쳐 검토해야 한다는 원칙을 도입하였다. 1단계는 위원회를 구성하는 이사들이 선의(good faith)로 그러한 신청을 하였고 독립적(independent)인가를 판단하는 것이고, 2단계는 법원이 그러한 신청을 받아들일 것인지를 실질적으로 심사하는 것이다(1981년의 Zapata Corporation v. Maldonado 판결에서 정립된 원칙). 이 사건에서도 오라클은 특별소송위원회(Special Litigation Committee)를 설치하여 이사 4인이 내부자거래를 했다는 이유로 제기된 주주대표소송에 대해 의견을 제출하도록 하였는데 위원회는 조사 후 법원에 주주대표소송을 기각해 줄 것을 구하였고 법원은 그를 배척하였다. 법원이 위원회의 청구를 배척한 이유는 위원회 멤버들에게 독립성이 결여되어 있다는 것이었다.

　　이 판결의 배경 사건은 오라클의 이사들인 엘리슨(Lawrence Ellison) 외 4인이 회사의 실적이 예상치에 미치지 못한다는 미공개 내부정보를 이용, 주식을 거래하여 회사와 주주들에게 손해를 발생시켰다 해서 제기된 주주대표소송이다. 오라클은 2002년 2월에 이 대표소송을 조사하기 위한 목적으로 위 위원회를 설치하고 이사회 멤버들 중 2인을 그 위원으로 선임하였다. 이들은 스탠포드대학교 컴퓨터공학부의 가르시아-몰리나(Hector Garcia-Molina) 교수와 스탠포드 법대의 조셉 그룬트페스트(Joseph Grundfest) 교수이며 두 사람 다 스탠포드대학교의 영향력 있는 학자이자 동창생들이다. 이 두 이사로 구성된 위원회는 심슨-태처(Simpson Thacher & Bartlett)를 위원회의 법률자문역으로, NERA(National Economic Research Advisors)를 재무분석자문역으로 선임하여 위 대표소송에 대한 철저한 조사를 수행하였는데 위원회는 본문만 1,110페이지에 달하는 장문의 보고서를 작성하였고 보고서는 원고들의 주장에는 충분한 근거가 없기 때문에 대표소송은 중단되어야 한다는 결론을 내린바 있다.

　　이 사건에서의 핵심적인 문제는 위원회의 두 교수가 CEO와 다른 이사들에 대한 관계에서 독립적인가 하는 것이었다. 오라클은 물론이고 엘리슨 회장은 두 교수가 소속되어 있는 스탠포드대학교에 오랜 기간 동안 많은 액수의 후원을 해온 바 있고 앞으로도 그러한 계획을 가지고 있는데 이러한 상황이 두 교수의 독립성을 침해할 수 있는지가 쟁점이 되었던 것이다. 즉 법률적으로는 독립성을 갖춘 사외이사들이 사회적·인간적 관계 때문에 독립적이지 못한 것으로 인정될 수 있는가 하는 대단히 어려운 문제가 여기서 다루어졌다. 법원은 앞서 언급한 2단계 심사원칙에 입각하여 위원회 위원들의 독립성을 우선 검토하였고 그에 대해 부정적인 결론을 내린 후 위원회의 대표소송중단청구를 기각하였다. 법원이 위원들의 독립성을 인정할 수 없다고 한 이유는 대체로 다음과 같다:

　　법원은 위원회가 그 독립성을 입증하지 못했다고 판단하였다. 우선 법원은 두 교수가 대표소송의 피고 4인의 이사나 회사인 오라클, 나아가 회사와 이사들로부터 거액의 기부금을 받았고 앞으로도 받을 예정인 스탠포드대학교의 통제를 받는 지위에 있지는 않음을 인정하고, 또 문제의 대표소송이 계속된다 해서 두 교수의 성공적인 인생에 어떠한 장애도 발생할 일이 없음을 인정하였다. 그러나 법원은 같은 이사회에 소속된 형제의 가상 사례를 들면서 인간의 본성에 대한 고찰에 근거를 둔 고도로 심리학적인 분석방법을 이 사건에 적용하였다("The brothers are brothers…"). ― 이 때문에 월스트리트 저널은 오라클의 이사들이 브룩스 브라더즈(Brooks Brothers)보다 더 밀접한 유대를 보유하고 있다는 표현을 사용하기도 했다 ― 법원은 델라웨어 주의 법이 인간이 경제적인 동기에 의해서만 움직인다는 단순한 시각이 아니라 복잡한 사회적·심리적 제반 동기에 의해서 행동한다는 관점에 입각해서 해석되어야 한다는 견해를 피력하였다. 이는 이사들의 행동을 평가함에 있어서나 그 독립성을 판단함에 있어서도 마찬가지이다.

　　엘리슨 회장의 아들이 스탠포드대학교에 입학허가를 받지 못하였다는 사실에 대해 법원은 그러한 사실이 위원회가 엘리슨의 행동을 평가함에 있어 오히려 부정적인 영향을 미칠 수 있다고 보았는데 그 이유는 그러한 사실이 두 교수가 소속되어 있는 스탠포드 커뮤니티에게 주요 기부자인 엘리슨 회장을 '두 번 상처받게 하지 않으려 하는' 잠재적 동기를 유발시킬 수 있다는 것이었다. 또 대표소송의 피고들 중 한 사람인 보스킨 이사는 그룬트페스트 교수가 경제학 박사과정에 있을 때 그를 가르친 교수였다는 점, 그리고 그 후로도 학내외의 다양한 활동을 통해 지속적인 인간관계를 유지하였다는 점 등도 그룬트페스트 교수의 독립성을 의심하게 할 만한 일이었다고 법원은 지적하였다. 법원은 그러한 사실이 그룬트페스트 교수로 하여금 통상적인 경우보다 더 객관적이고 독립적인 태도를 견지하게 할 수도 있지만 이러한 유형의 인간관계에서 발생하는 인간의식의 근저에 있는 성향은 그를 능가하는 힘을 가지고 있다는 시각을 제시하였다. 나아가 법원은 두 교수가 엘리슨 회장 및 오라클에 대해 부정적인 평가를 내리고 그 결과 스탠포드대학교가 재정적인 불이익을 받을 수 있는 잠재적인 가능성이 있다 해도 그 때문에 두 교수가 객관적인 태도를 상실할 것으로 여겨지지는 않는다고 하면서도 인간행동의 보편적인 특성에 비추어 보면 전형적인 수준의 양식을 가진 사람들이라면 자신이 속해 있는 커뮤니티에 대한 로열티 의식의 영향을 받지 않을 수 없다고 말하고 있다. 여기에는 두 교수가 스탠포드대학교 출신으로서 모교에 봉직하고 있다는 사실, 대표소송의 피고인 이사들과 학교를 통한 다양한 사회적·인간적 유대를 유지해 왔다는 사실 등도 고려요소가 된다는 것이며 심지어 법원은 "too much vivid Stanford Cardinal red"라는 표현까지 사용하였다.

이 판결은 사외이사의 독립성을 평가함에 있어서 '일상적인 행동에 있어서 통상적인 영향'을 받는 개인적인 관계가 있다면 독립성을 인정하기가 곤란하다는 메시지를 담고 있다. 물론 이 판결에서 제시된 독립성 기준은 주주대표소송을 중단시키기 위해 미국 기업들이 활용하는 소위원회의 독립성 판단에 국한되어 적용될 것이다. 그러나 대기업의 이사들이라면 항상 대표소송의 '위험'에 처해 있는 것이 현실이고 대표소송이 제기되면 사외이사들로 특별위원회를 설치해야 하므로 이 판결의 결과는 향후 미국 기업들의 이사회 구성에 큰 사실상의 영향을 미칠 것으로 보아야 한다.

전 세계적으로 사외이사의 독립성 강화가 큰 과제로 대두되어 있는 현실에서 이 판결의 내용과 분석방향은 이사회의 구성과 관련하여 큰 시사점을 제공해 준다. 주식회사의 이사들 간의 관계는 어떤 것이어야 하는가? 즉, 이사회는 어떻게 구성해야 하는가? 이 판결만에 의하면 같은 학교 출신들로만 채워지고 나아가 회사가 긴밀한 관계를 가지고 있는 학교의 교수들로 구성된 이사회를 보유한 기업들은 주주대표소송과 관련하여서는 불리한 위치에 놓이게 된다. 법원에 절차중단을 신청할 수 있는 독립적인 특별위원회를 구성하기가 어렵기 때문이다. 실제로 이 판결에 대해 미국의 재계에서는 그렇다면 앞으로 이사회는 서로 적대적이거나 서먹서먹한 관계에 있는 사람들로만 구성되어야 하는가? 하는 비판이 제기되기도 하였다. 그러나 이 판결에 대한 평가와 여기서 표명된 시각의 채택 문제는 결국 이사회를 서로 냉정한 입장에서 '싸우는' 기구로 설정할 것인지, 아니면 '화기애애한 분위기'가 지배하는 기구로 설정할 것인지에 대한 선택의 문제일 수도 있다. 미국에서 집중투표제에 대한 입법태도가 각 주마다 상이한 것도 이를 반영한다. 따라서 그에 대한 답은 각국의 경제적, 사회적 상황에 따라 각각 달리 내려질 것이다.

6. 순환출자

순환출자란 기업집단 내 계열사 간의 지배권을 발생시키는 출자가 환상(環狀)형의 고리를 이루는 현상을 말한다. 삼성에버랜드는 삼성생명을 지배하고, 삼성생명은 삼성전자를 지배하며, 삼성전자는 삼성에버랜드에 출자하고 있다. 현대자동차는 기아자동차를 지배하고 기아자동차는 현대모비스, 현대모비스는 다시 현대자동차에 출자한다. 이런 소유지배구조는 위에서 본 소유−지배 괴리를 심화시키고 외부의 견제도 어렵게 하기 때문에 비판의 대상이다. 최근 국내에서는 10년 전쯤에 나타났다 사라진 순환출자규제론이 다시 등장했고 이 문제는 2012년 대통령선거를 계기로 중요 쟁점으로 부상했다. 1997년 외환위기 때 캉드쉬 당시 IMF 총재가 내놓은 재벌해체론도 돌아왔다.

누가 사업을 하든, 규모의 경제와 범위의 경제를 실현하기 위해 사업은 계속 확장되어야 하고, 재무적 시너지를 성취하기 위해 사업은 다각화되어야 한다. 그러나, 투자에 필요한 자금은 언제나 부족하기 마련이고, 그렇다고 남에게 넘겨주기 위해 사업을 하는 사람은 없다. 성장, 재원마련, 지배력 유지라는 세 마리 토끼를 동시에 잡게 해 주는 것이 바로 계열사를 통해 신규 사업에 투자하는 것이다. 순환출자는 미필적으로 의도된 우연에 의해 발생하는 현상이다. 기업집단을 통한 지배력 확대와 유지를 도와준다. 쉽게 말하면 '급하니까 편리한대로 안전하게' 계열사 자금을 써서 투자하는 것이고, 당초 마스터플랜이 없었다 하더라도 결과적으로 지배력을 공고히 해 주므로 사후적인 예측에 의해 결과에 대한 의도가 미리 개입된다. 기업집단이 은행을 계열사로 가진다면? 그 결과는 뻔한 것이다. 그래서, 금산분리라는 규제원칙이 있다.

그러나, 순환출자규제론은 해당 기업집단이 누구의 지배하에 있는가가 그 출발점이다. 순환출자규제는 지배주체를 염두에 두고 그를 중심으로 한 환상형 고리를 찾아내서 규제하자는 것이다. 즉, 지극히 정치적인 발상이다. 예컨대, 순환출자의 출발점에 있는 회사가 KT나 포스코 같은 완전한 전문경영인 지배회사라면 순환출자규제론이 나왔을지 의문이다. 개인이나 가족이 지배구조의 정점에 있는 기업집단이 순환출자구조를 형성하면 경영권의 사익추구 위험이 높다고 해서 규제하려는 것이다. 순환출자가 경제적인 효용은 창출하는 바 없이 단순히 지배권 유지와 확장의 목적을 위해서만 사용되고, 그 결과 소수주주의 이익을 해치는 것이라면 규제론에 반대하기 어렵다. 그러나, 순환출자구조의 위험성은 이차적인 것이다. 기업집단이 창출하는 시너지가 일차적인 동기다. 현대자동차와 현대캐피탈의 콤비 플레이가 '신의 영역'인 미국 자동차시장 정복 비결 중 하나였다.

기업집단 지배구조 규제의 방향

저자의 이태리 친구가 고속도로에서 과속을 하기에 도로변의 속도제한 표지를 가리키며 '왜 저 130킬로미터 속도제한을 지키지 않느냐' 하니까, 그 친구가 '저건 30분에 130킬로미터'라면서 킬킬거리던 기억이 난다. 이태리를 아는 사람들은 이태리 사람들이 자신들의 준법 수준이 유럽의 다른 나라에 비해 상대적으로 낮고 사회 전체가 '자유분방'한 데 대해 자조적 유머감각을 가지고 있음을 잘 안다. 범죄조직의 대명사인 마피아를 항상 농담처럼 이야기하는 것이 이태리 사람들이다.

최근에 이태리가 흥미 있는 입법을 했다. 이태리는 밀라노증권거래소 시가총액의 36%를 차지하는 20개 기업집단이 순환출자구조하에 있고 25%를 초과하는 지배주주가 있는 기업의 비중이 65.8%이며 따라서 경영권의 사적 이익 추구 위험도 높은 나라다. 그러나, 이태리는 기업집단 자체를 법률적 실체로 인정하기로 했다. 지배회사가 피지배회사에 손해를 발생시킨 경우 피지배 회사 소수주주와 채권자가 지배회사에 책임을 물을 수 있게 하면서도 기업집단 운영상의 이익이 그 피해를 상쇄하는 경우는 예외로 하기로 했다. 이렇게 기업집단이라는 실체를 인정하는 동시에 내부거래와 지배-피지배관계에 대한 공시의무는 강화했다.

지배구조개선을 위한 정책도구가 사전적 규제장치와 사후적 규제장치로 나누어진다고 볼 때, 정부는 역사적 경험 때문에 사전적 위험발생 방지 장치를 선호한다. 즉, 재벌의 소유구조 단순화에 역점을 둔다. 출자총액제한제도와 금융계열사의결권제한제도가 있고 정치권에서는 순환출자규제론까지 나온다. 그러나 로드맵에 따른 정책 집행이 시장에서 아직 실질적인 압력을 발생시키지 못하는 것 같다. 즉, 그 효율성이 의문이다.

　기업집단에 대한 규제는 세계적으로 증가하고 있다. 왜냐하면 어느 나라든 큰 기업이 도산하거나 문제를 일으키면 그 사회경제적 파장이 대단히 크기 때문이다. 이것은 세계적으로 자본시장 중심의 경제체제가 정착되어 가고 있다는 사실과 금융시장의 동조화 현상이 심화된 것과 관련이 있다. 대기업의 실패는 정치적으로 감당하기 어려운 파급효과를 가져온다. 기업의 경영에 있어서도 리스크관리를 핵심으로 하는 윤리경영 개념이 '지속 가능한 경영' 개념을 상위 개념으로 하여 광범위하게 퍼지고 있다. 기업집단은 '요주의 관리대상' 1호인 것이다. 그러나, 서구의 주류경제학자들은 세계적인 기업집단 규제 동향이 경제학적인 기초를 결여하고 있음을 지적한다. 시너지 창출 방식, 내부 자본시장 형성 수단, M&A시장 내부화 수단 등으로서의 기업집단이 가지는 효용은 주어진 것으로 받아들이고 부작용만 부각되는 것이 현실이라는 것이다.

　우리나라에서의 기업집단 지배구조에 대한 규제는 향후 공시의무의 강화와 위법행위에 대한 엄중한 사후규제로 전환되어야 할 것이다. 공정거래법은 대규모기업집단의 내부거래를 공시하도록 한다. 그러나, 위반에 대한 제재가 과태료다. 자본시장법상의 공시의무 위반이 대개 형사처벌로 제재되는 것과 균형이 맞지 않다. 반면, 소유구조의 공개는 일종의 고발 형식으로 운영되고 있다. 공시제도의 본질적 요소는 가치중립성에 있으며 정부가 실체적 판단을 하지 않는다는 것이다. 시장이 모든 부담을 지게 하는 것이다. 소유구조 공개는 향후 가치중립적으로 운영되는 것이 좋을 것이다.

　사후규제 위주로의 제도 전환에는 사법부 역할론이 필연적으로 따라 나온다. 학자에 따라서는 기업지배구조 개선의 열쇠는 최종적으로 법관들이 쥐고 있고 법관교육이야말로 가장 중요한 숙제라고 말하기도 한다. 최근 시장경제에 대한 깊은 이해를 반영하는 판례가 속출하고 있는 것은 환영할 일이다. 부실한 계열사에 대한 지원이 경영판단으로 보호되어야 한다고 하면서 그러한 결정은 경영진의 개인적 이익이 결부된 것은 아니어야 한다는 단서를 달고 있다. 공시제도와 사후규제가 효과적이고 안정적으로 작동하게 되면 정치권도 지금보다 훨씬 마음 편하게 대기업과 기업집단을 바라 볼 수 있게 될 것이다.

제5장 주식회사의 금융

Ⅰ. 기업금융과 회사법

회사법은 크게 세 부분으로 나누어진다. 회사의 지배구조에 대한 규율, 회사의 구조변경에 관한 규율, 회사의 금융에 관한 규율 등이다. 이들 세 부분은 독자적인 규제환경을 형성하는 것은 아니며 유기적으로 연계되어 있고 그 중심에는 '주식'이 위치한다. 주식은 회사금융의 수단이지만 그에 부착된 의결권을 통해 주주의 회사지배에 대한 비례적 이익을 보장하는 수단이며 회사의 지배권 변동과 구조변경을 일으키는 매개체이다. 또, 상장회사의 주식은 국내외의 증권시장에서 발행되고 거래되므로 회사가 널리 국내외의 일반 투자자들에게 연결될 수 있는 통로이다. 여기서 투자자 보호를 중요한 입법 목적으로 하는 증권법이라는 법역이 개입된다.

회사법은 기업의 자본조달을 규율하고 그로부터 발생하는 분쟁을 해결하는 규범이지만 회사법의 역할은 거기에 그치지 않는다. 회사법은 자본시장의 발달에도 직접 영향을 미친다. 이에 대해서는 후술한다. 법제도가 기업의 금융과 자본시장의 발달을 좌우한다고 할 때 그 세부적인 요소는 주주와 잠재적 주주인 투자자의 보호를 위한 회사법 내의 실체적, 절차적 규범들이다.

II. 금융과 지배구조

1. 주   식

회사의 자금조달 즉, 금융은 회사의 존립과 경쟁력 확보에 필수적이지만 그에 대한 결정은 단순히 금융의 경제적 조건에 의해 내려지지는 않는다. 회사금융에는 기업지배구조에 대한 고려가 심각한 영향을 미친다. 회사의 지배란 기업가나 대형회사의 경영진에게는 인생의 의미 그 자체이기 때문에 그에 영향을 미치는 여하한 요인들도 주의와 분석의 대상이며 주식의 발행이나 차입을 통한 금융과정도 예외일 수 없다. 지배구조상의 고려가 다양한 금융방법을 발생시키고 주어진 금융방법 선택의 폭을 제한한다. 올리버 윌리암슨이 오래전에 지적한 대로 주식을 통한 금융과 회사채를 통한 금융 사이의 결정은 금융방법 사이의 결정이 아니라 회사 지배구조상의 결정이다. 아무리 유리한 조건에 의한 금융의 가능성이 열려 있더라도 지배구조상의 고려가 청신호를 보내 주지 않으면 기업은 경제적인 효율성을 희생시키는 결정을 내리기도 한다. 예컨대, 새로 회사에 투자할 용의가 있다는 투자자가 결국 내 회사를 넘볼 사람일 것으로 판단되면 비싼 은행 돈을 쓰는 결정을 내릴 수밖에 없는 것이다. 이러한 고려가 가장 첨예하게 드러나는 때가 후술하는 기업공개(IPO)에 대한 결정을 내릴 때이다. 지배구조를 혁명적으로 변동시키는 기업공개는 그 자체가 금융방법이지만 공개된 기업은 은행 등으로부터도 좋은 조건에 의한 자금조달이 가능하다. 그러나, IPO는 무수히 많은 새 주주들을 회사에 들이는 것이므로 그 점이 마음에 들지 않는다면 금융상의 이점을 포기하는 수밖에 없다.

또, 기업의 구조변경도 금융 없이는 실행되기 어려우며 금융은 구조변경 자체와 마찬가지로 구조변경을 통해 지배구조를 변동시키는 계기가 된다. 따라서, 회사 구조변경의 종류도 금융조건과 방식에 의해 결정되는 경우가 많다. 예컨대, 다른 회사를 인수하려고 할 때 상대방 회사 주주들로부터 주식을 매입할 자금이 없다면 우리 회사의 주식을 발행해 주는 합병의 방식을 사용할 수 있다. 금융 사정이 주식의 양수를 통한 기업인수를 합병으로 바꾼 것이다. 주식을 사서 다른 회사를 인수하면 내 경영권이 확실하지만 다른 회사 주주들에게 주식을 발행해 주었다면 기업결합의 목적은 달성되었어도 새로 많은 주주들이 생겼기 때문에 내 경영권은 불안정해진다.

2. 회 사 채

회사는 이사회의 결의에 의하여 사채를 발행할 수 있다(제469조 제1항). 은행 등 금융기관으로부터 차입을 할 수 있음은 물론이다. 주식이 아닌 회사채 발행이나 대출을 통한 금융도 기업지배구조에 일정한 영향을 미친다. 대다수의 사채발행계약과 대출계약은 경영진의 행동과 의사결정에 다양한 제약을 가한다(covenants). 특히, 회사의 재무상태가 악화되고 채권의 회수가 곤란해지거나 회사의 도산이 예상되면 채권자의 지위는 사실상 주주의 지위로 변화하게 되어 채권자들이 지배구조에 직접 개입하게 된다. 그러나, 통상적인 상황에서는 채권자들의 수익은 고정적이기 때문에 채권자들은 회사의 지배구조에 직접 개입하지 않고 그렇게 할 인센티브도 없다. 주주들과는 달리 채권자는 향상된 지배구조로부터 아무런 직접적 이익을 얻지 못한다. 기업지배구조는 회사채와 은행대출의 금리조건에도 영향을 미치지만 이는 채무자인 기업의 입장에서 중요하며 채권자의 인센티브는 아니다. 금융기관인 채권자들은 무수히 많은 채무자에게 금융을 제공하기 때문에 위험이 분산되어 있을 뿐 아니라 많은 회사의 지배구조에 일일이 개입하는 것 시간과 전문성 측면에서 사실상 불가능하다. 회사채 발행이나 은행 등으로부터의 대출을 통한 금융의 결정에는 상호 간에 이와 같은 가능성들이 고려되게 된다.

3. 자본구조와 법률

주식회사는 주식과 회사채의 발행, 금융기관 등으로부터의 차입을 통해 장기적인 자금을 조달하는데 자본과 부채 각각의 비중이 회사의 자본구조(capital structure)를 결정하게 된다. 예컨대, 회사채의 보유자는 원금의 상환과 이자에 대한 청구권을 가지며 채무자인 회사가 그를 충족시키지 못하는 경우 담보권의 행사 등을 포함한 법률적 조치를 취할 수 있다. 반면 주식의 보유자인 주주는 원칙적으로 자신이 출자한 금액을 반환 받을 수 없다. 출자금의 회수는 주식의 제 3 자에 대한 매각에 의해서만 가능하다. 주주는 배당을 받는 것으로 회사의 현금흐름에 대한 청구권을 행사하는데 배당에 대해서도 원칙적으로 회사의 경영진이 결정하기 전에는 청구권을 가지지 못한다. 또한, 주주는 회사의 경영에 관여하지 못한다. 주주가 경영진에게 회사의 경영과 사업에 대해 의견을 개진할 수는 있으나 그것은 법률적으로 보장된 권리 즉, 법원의 도움을 받아 집행할 수 있는 권리는 아니다. 주주는 주식에 부착된 권리인 의결권을 행사함으로써 경영진의 선임과 회사의 중요한 구조변경 등에 대해 영향을 미칠 수 있을 뿐이다. 이에 대해서는 앞에서 상세히 논의하였다. 이렇게 회사의 자본구조를 결정하는 회사채와 주식의 권리 내용은 법률이 규정한다. 회사채 보유자의 권리는 계약이 상당부분 규정하지만 회사법도 채권자보호를 위한 여러 가지 규율을 행한다. 회사와 투자자 공히 경제적 조건에 더하여 회사채와 주식의 권리 내용을 심사숙고한 후에 금융 및 투자결정을 내리게 된다. 실제로 회사채와 주식의 경제적 조건을 규정하는 것이 바로 그 권리 내용을 규정하는 법률이다.

회사의 자본구조가 어떤 요인에 의해 결정되는지, 어떤 자본구조가 회사의 가치를 최대화하는지에 대해서는 경제학, 경영학에서 무수히 많은 이론이 제시되어 있다. 회사의 특정 자본구조를 결정하는 많은 요인들 중에 법률적인 요인이 차지하는 비중도 상당히 크다. 특히, 회사가 어느 나라에서 설립되고 활동하여 어느 나라 법의 적용을 받는지 여부가 국제적인 기업금융의 시대에는 회사의 자본구조 결정에 많은 영향을 미친다. 회사의 자본구조 결정은 주식과 회사채의 내용뿐 아니라 사법제도, 금융규제, 조세제도 등과 회사의 사업영역을 규제하는 제반 법률적 규제의 영향도 큰 폭으로 받기 때문이다. 또, 회사의 사업 내용과 재무상태에 관한 정보를 규제기관과 투자자들에게 전달되게 하는 증권법과 회계 관련 법률도 회사의 자본구조 결정에 있어서 마찬가지로 중요한 위치를 차지한다. 회사의 자본구조는 위에서 언급한 바와 같이 회사의 지배구조에 영향을 미치고 지배구조상의 고려에 의해 결정되므로 한 나라가 속한 법체계 내의 제반 속성들이 특정 국가, 특정 회사의 자본구조를 좌우한다. 회사의 자본구조는 시장에서의 회사 경쟁력의 중요한 기초가 되므로 회사가 처해 있는 법률적 환경이 회사 경쟁력에 영향을 미친다.

Ⅲ. 자기자본에 의한 기업금융

1. 주   식

회사는 원칙적으로 주주들로부터 사업자금을 조달한다. 회사를 설립할 때와 자본을 증가시킬 때 주주들은 주금을 납입하는데(예외적으로 현물출자가 허용된다), 납입된 주금의 소유권은 독립된 법인격을 가진 회사에게 있다. 주주가 1인인 1인 회사의 경우도 같다. 이는 금융방법이지만 회사와 거래하는 채권자들에게는 회사의 자본이 신용공여의 중요한 기초인 것으로 여겨지고 있고 회사법은 자본충실의 원칙을 통해 회사의 자본을 보호한다. 주주가 납입한 자본금은 원칙적으로 회수될 수 없으며 우리 상법도 제331조에서 천명하고 있는 주주유한책임의 원칙은 주주들을 회사의 채권자들로부터 보호하는 동시에 회사의 자본금을 주주들로부터 보호한다. 금융방법으로서의 자기자본 조달은 설립 시보다는 설립 후 자본의 증가 시, 즉, 유상증자 시에 더 중요한 의미를 가진다. 주주들로부터 추가적인 자본을 필요로 할 때면 회사의 사업이 그 내용이나 규모면에서 설립 시와는 많이 달라져 있는 것이 보통이며 사업의 진행과 시간의 경과로 인해 지배구조상의 고려사항들이 주주들에게 보다 명확해져 있을 것이기 때문이다. 기업공개나 증권시장을 통한 일반공모증자, 해외 증권시장 진출 등도 자기자본에 의한 기업금융에 속한다.

회사의 자기자본에 의한 금융은 주식의 발행을 통해 이루어진다. 주식은 그를 보유하는 주주가 회사의 재산과 지배구조에 대해 갖는 비례적 이익을 표시하고 실현하게 하는 매개체다. 주식은 회사 지배구조와 금융의 상관관계를 기능적으로 보장한다. 회사 지배구조상의 모든 중요한 변동은 주식을 통해 이루어지며 그럼으로써 회사의 자본구조가 변화하는 경우가 많다. 회사의 자기주식 취득, 주주의 주식매수청구권 행사 등은 회사와 주주 간의 거래이며 회사의 자본구조를 직접 변화시킨다. 주식의 양도, 지배주주의 소수주식 강제매수 등은 주주 간의 거래이지만 경우에 따라서는 회사도 참여하며 회사의 자본구조를 변화시키기도 한다. 한편, 회사는 여러 종류의 주식을 발행할 수 있으며 이는 지배구조상, 자금조달 여건상의 제반 요인에 의해 선택된다. 대표적인 종류의

차이가 보통주식과 우선주식이다. 우선주식에 관하여는 전술하였다. 상법은 제
344조 내지 제351조에서 이익배당, 잔여재산 분배에 관한 종류주식, 의결권의
배제·제한에 관한 종류주식, 주식의 양도에 관한 종류주식, 주식의 상환에 관
한 종류주식, 주식의 전환에 관한 종류주식 등 종류주식에 관해 새로운 규정들
을 두고 있으며 향후 우리나라 주식회사의 지배구조와 자본구조가 상응하여 크
게 변화할 것으로 예상된다.

2. 자 본 금

주식에는 액면가액이 기재되고 그 액면가액의 합이 회사의 자본금이다(제
451조 제 1 항). 자본금은 최소한 얼마이어야 한다는 최소자본금 규제는 후술하
는 채권자보호를 위한 장치이다. 그러나, 상법은 주식회사의 남설방지와 채권
자보호라는 최저자본금제도의 목적이 각종 특례 인정과 회사신용도 평가의 변
화, 자본금제도의 폐지라는 세계적 추세에 따라 그 역할을 상실하여 그를 폐지
하였다. 이에 상응하여 상법은 회사가 무액면주식을 발행할 수 있게 한다(제329
조 제 1 항). 이는 영미의 제도를 수입한 것이다. 다만 무액면주식은 아직 활성화
되지 못하고 있다. 유럽에서도 몇몇 나라에 남아 있는 최소자본금 요건이 EU
역내 자본이동의 자유를 보장하는 일련의 EU사법재판소의 판례에 따라 사실상
그 의미를 상실하였다. 이제 EU 내에서 사업을 하고자 하는 경우 벤처기업들은
회원국 내 어디서나 자유롭게 회사를 설립하고 다른 회원국에 지점을 설치하여
영업을 할 수 있다. 즉, 최소자본금 요건이 없는 회원국을 기준으로 사실상 자
본금에 관한 회원국들의 법률이 통일된 것이다. 이 판결들은 미국에서 진행되
어 온 각 주 간 회사법 경쟁을 유럽에 이식한 결과를 가져왔다.

센트로스 판결 ═══

1999년 3월 9일 EU사법법원은 크게 세간의 주목을 받은 판결을 내린다. 이 사
건에서는 영국에서 설립되고 최저자본금도 납입하지 않은 상태에서 덴마크에 지
점 설치를 신청한 한 회사의 신청이 덴마크 당국에 의해 거부되었다. 덴마크에서
는 회사를 설립하기 위해서는 20만 크로네(약 2만 7,000달러)의 최저자본금이 요구

되는데, 원고는 사실 덴마크에서 영업을 할 의도였음에도 불구하고 이를 회피하고자 영국에서 회사를 설립한 것이다. 원고는 역내 영업자유를 규정한 EU조약 내 관련규정을 근거로 소송을 제기하였고 EU사법법원은 그를 인용하였다. 동 법원은 한 회원국에서 부과하는 최소자본금 요건을 피하기 위해 그보다 가벼운 요건을 부과하는 회원국에 회사를 설립한 후 지점의 형태로 원하는 회원국에서 영업을 영위하는 것은 그 자체로만은 역내 영업활동 자유에 관한 권리남용으로 볼 수 없다고 판시하였다. 이 판결은 따라서 결과적으로는 회사는 사업을 어디서 하든 법률적으로 설립된 나라(미국의 주)의 법률에 따라 지배구조를 운영한다는 설립지법주의와 같기 때문에 주목의 대상이 되었다. 설립지법주의의 가장 큰 단점은 회사의 편의적 설립을 통해 주된 영업을 하고자 하는 국가의 법을 피할 수 있게 되고 그로써 회사 채권자의 이익을 해하게 된다는 것이므로, 이와 동일한 결과를 인정한 이 판결은 그러한 측면에서는 논란의 대상이 된 것이다.

이 판결이 유럽에 있어서도 회사법 간의 경쟁을 유발할 것인가에 대해 유럽의 전문가들은 다소 회의적인 반면 미국의 학자들은 이 판결이 유럽 기업들의 전략에 큰 영향을 미칠 것으로 보고 있다. 예컨대, 스탠포드대학 로스쿨의 길슨(Gilson) 교수는 이 판결은 독일의 벤처기업들에게 새로운 활로를 제시해 줄 수 있을 것이라고 한다. 영국에서 회사를 설립하면 공동결정과 이원적 이사회제도 등을 포함한 독일 회사법의 규제를 피할 수 있기 때문이다. 그러나, 센트로스 판결은 회사의 신설에 대하여만 적용되고 설립지의 이전과는 무관하므로 독일의 조세법이 설립지의 이전을 회사의 해산으로 보고 과세하는 것을 막을 수는 없을 것이며, 신설회사들의 경우에도 영국에서 설립하여 독일 회사법의 적용을 회피할 수는 있지만 노동법이나 기타 다른 법률들의 적용을 피할 수는 없을 것이라는 점에서, 실제로 미국과 같은 현상은 쉽게 일어나지 않을 것이다.

3. 신주의 발행과 주주의 신주인수권

신주의 발행은 회사 자본의 증가를 통한 금융이다. 상법은 그 제416조 내지 제432조에서 이를 규율한다. 그런데, 신주의 발행에 있어서는 주주의 신주인수권이 항상 문제된다. 상법 제418조 제 1 항은 "주주는 그가 가진 주식수에 따라서 신주의 배정을 받을 권리가 있다"고 규정하는데 이 규정은 회사법의 가장 중요한 규정 중 하나이다. 이 규정이 없다면 회사가 신주를 발행할 때 임의로 대상자를 결정할 수 있으므로 주주들의 지분비율이 본인의 의사에 관계없이 마구 변동할 것이다. 이렇게 되는 것을 주주의 '회사지배에 대한 비례적 이익'이 침해된다고 한다.

> 제418조(신주인수권의 내용 및 배정일의 지정·공고)
> ① 주주는 그가 가진 주식 수에 따라서 신주의 배정을 받을 권리가 있다.
> ② 회사는 제1항의 규정에 불구하고 정관에 정하는 바에 따라 주주 외의 자에게 신주를 배정할 수 있다. 다만, 이 경우에는 신기술의 도입, 재무구조의 개선 등 회사의 경영상 목적을 달성하기 위하여 필요한 경우에 한한다.

주주의 신주인수권은 상법 제418조 제 2 항의 규정에 따라서만 배제될 수 있다. 따라서, 주식회사의 유상증자는 신주인수권을 존중한 주주우선배정 방식과 신주인수권을 배제한 기타 방식으로 나누어진다. 주주의 신주인수권은 주주가 회사의 자본과 회사의 지배에 대한 비례적 이익을 보장 받는 수단이다. 그러나, 신주인수권은 회사금융의 신속성과 효율성 측면에서는 장애요인이므로 항상 제도상의 논란거리이다. 특히 상장회사의 경우 신주인수권을 배제할 수 있는 여지는 더 커야 한다고 많은 학자들이 주장한다. 기업금융과 지배구조상의 고려가 여기서도 충돌하고 있다. 또, 상법 제418조 제 2 항의 예외규정에 근거한 주주의 신주인수권 배제는 경영권 분쟁에서 항상 심각한 분쟁을 발생시켜 왔다. 즉, 기업지배구조상의 고려가 기업금융 수단을 통해 현출된다. 그러나, 주주의 회사 자본과 지배에 대한 비례적 이익의 보호는 주식회사 제도의 존립기반들 중 하나이고 유상증자는 대개 할인발행으로 행해지기 때문에 그로부터 부당한 부의 이전이 발생할 수 있다는 점 등을 생각해 보면 주주의 신주인수권은 쉽게 제한될 수 있는 성질의 것이 아니다.

미국의 경우 보통법은 주주의 신주인수권을 인정하였으나 상장회사 주주에게 신주인수권이 보장되는 경우는 거의 없다. 클락 학장은 1986년에 출간된 총 837면의 고전(*Corporate Law*)에서 신주인수권에 관해 단 3분의 1면 정도만 언급하고 있다. 미국 각 주의 회사법전은 주주의 신주인수권에 대해 신축성 있는 태도를 취하고 있는데 뉴욕주를 포함하여 정관으로 주주의 신주인수권을 배제할 수 있도록 하는 주들이 있고, 델라웨어주를 포함하여 정관에 주주의 신주인수권을 보호하는 규정이 없으면 신주인수권을 인정하지 않는 주들이 있다. 주주의 신주인수권을 인정하는 주들도 신주인수권의 적용 범위를 여러 가지로 제한하고 있다. 미국의 많은 주들이 이렇게 주주의 신주인수권을 인정하지 않거나 제한하는 가장 큰 이유는 기업이 자금조달을 함에 있어서 기동성을 갖출 수 있게 하기 위해서이다.

4. 자기주식의 취득

현행 상법은 주식회사의 자기주식 취득을 원칙적으로 금지한다(제341조). 그러나, 상장회사의 경우에는 자기주식의 취득이 원칙적으로 가능하다(자본시장법 제165조의2). 개정상법은 제341조를 통해 비상장회사에게도 자기주식 취득을 원칙적으로 허용한다. 자기주식의 취득이 원칙적으로 허용되더라도 자기주식의 취득은 상법이 정하는 일정한 방식에 의해서만 가능하다. 즉, 특정 주주나 1인의 주주로부터 회사가 자기주식을 취득할 수는 없다. 미국에서는 회사의 경영권을 위협하는 대주주로부터 회사가 주식을 취득함으로써 경영권 위협 요소를 제거하는 방법이 종종 사용되고 있는데 이를 그린메일(greenmail)이라고 한다. 블랙메일(blackmail)이라는 단어에서 유래했는데 미국 달러의 색이 초록색이기 때문이다.

회사가 자기주식을 취득하는 이유는 다양하다. 우선, 회사의 자기주식 취득은 회사 주식의 유동성을 높여준다. 유동성에 문제가 있는 주식을 발행한 회사는 투자자를 유인하기 어려우므로 회사의 자기주식 취득 허용은 회사가 잠재적인 매수자가 되도록 해서 회사의 자기자본에 의한 자금조달 가능성을 높여준다. 유사한 이유로, 회사의 자기주식 취득 가능성은 창업자의 은퇴나 창업주주들 간의 분쟁 해결에 도움이 된다. 또, 회사의 자기주식 취득은 회사의 잉여현금을 주주들에게 돌려줌으로써 주주들에게 회사 가치의 일부를 환원하는 것이므로 자본시장에서 주식의 가치와 관련된 제반 지표를 개선하는 효과를 발휘한다. 주주들에 대한 배당은 시의성과 규모면에서 자기주식의 취득보다는 비효율적이다. 회사가 자기주식을 취득하면 자본시장에 회사의 경영진이 회사의 주식이 저평가되어 있다고 생각한다는 신호가 전달된다. 회사에 대한 가장 많은 정보를 보유한 그룹이 회사의 경영진이므로 주주들은 그로부터 간접적으로 투자장려를 독려 받게 되는 것이다. 회사의 자기주식 취득은 회사가 희망하는 자본구조를 달성하기 위해 행해지기도 한다. 회사는 고비용의 자기자본을 줄이고 비용이 상대적으로 낮은 타인자본으로 그를 대체하려는 경우 자기주식의 취득을 통해 그 목적을 달성할 수 있다. 법률이 자기주식 취득을 허용하지 않는 경우 이 모든 효과는 기대할 수 없게 된다.

5. 자기주식의 처분

회사의 자기주식 취득과는 반대로 회사의 자기주식 처분은 지배구조에 직접적인 변동을 발생시킨다. 특히, 우리나라에서는 회사의 자기주식 처분이 경영권 방어 방법으로서 각광을 받고 있고 경영권에 도전하는 측은 회사의 자기주식 처분으로 불이익을 받기 때문에 회사가 보유한 자기주식의 처분에 신주인수권에 관한 상법의 규정이 적용되어야 하는지가 다투어지고 있다. 개정상법은 자기주식의 처분에 대해 신주발행 관련 규정을 준용하지는 않고 있으나 주식을 처분할 상대와 처분방법을 이사회가 결정하게 하는 규정을 새로 마련하고 있다(제342조). 상장회사의 경우 자기주식의 처분에 대한 규제가 필요한가? 판례는 혼란스럽다. 소버린과 분쟁 중이던 SK는 2004년 3월의 주주총회를 앞두고 보유 중이던 자기주식을 우호적인 세력에게 처분하여 우호지분을 높이려 시도하였는데 소버린이 이를 저지하기 위해 소송을 제기하였다. 서울중앙지방법원은 2003년 12월 23일의 결정(2003카합4154 — 의결권행사금지가처분)에서 자기주식은 취득의 목적이 경영권 방어가 아니었던 한 자유롭게 처분할 수 있다고 했다.

"신청인 [크레스트 시큐러티즈 리미티드] 스스로 피신청인의 회사 주식의 14.99%를 보유하게 됨으로써 피신청인 회사의 최대주주가 되었다고 주장하면서 피신청인 회사의 경영권까지 장악하고자 하는 의도를 명백히 밝히고 있는 이 사건에 있어서 비록 피신청인 회사가 자기주식을 처분함으로 인하여 피신청인 회사에 대한 신청인의 주식보유비율이 변경되고 지분율이 희석화된다 하더라도 다른 사정에 대한 소명도 없이 그와 같은 사유만으로 곧바로 그 자기주식 처분을 내용으로 하는 이 사건 이사회 결의를 무효로 볼 수는 없다. 다만 피신청인들의 위와 같은 자기주식 처분이 현 이사들의 경영권 유지 또는 대주주의 지배권 유지에 주된 목적이 있는 것으로서 아무런 합리적 이유도 없이 회사와 다른 주주들의 이익에 반하는 등 경영권의 적법한 방어행위로서의 한계를 벗어난다면 주식회사의 이사로서의 주의의무에 반하는 것으로서 위법하다고 볼 여지가 전혀 없는 것은 아니라고 할 것이나, 피신청인 회사의 자기주식 취득의 경위, 목적, 절차 등에 비추어 자기주식 취득 자체가 위법하다는 점에 관한 아무런 주장, 소명이 없는 이 사건에 있어서 과연 자기주식의 처분행위만을 따로 떼어 위법하다고 볼 수 있을는지가 우선 의문이고, 너욱이 이 사건 기록에 제출된 소명자료만으로는 피신청인 회사의 현황에 비추어 지배주주 또는 경영진의 교체가 불가피하다거나, 자기주식의 처분에 있어서 피신청인 회사의 이사의 이익과 피신청인 회사 또는 주주의 이익이 충돌한다고 단정하기 어렵다고 할 것인바 이러한 사정하에서라면 달리 추가적인 주장, 소명이 없는 이상 이 사건 이사회결의는 피신청인 회사 이사들이 신청인의 기업매수에 직면하여 이를 방어하기 위한 경영판단에 의하여 한 것으로 일응 적법하다고 볼 수밖에 없다."

그러나, 2006년의 대림통상 판결(서울서부지방법원 2006. 6. 29. 선고 2005가합8262 판결 — 자기주식 장외거래 무효확인; 서울서부지방법원 2006. 3. 24. 자 2006카합393 결정 — 의결권행사금지가처분)은 SK사건 판결과 정면으로 배치되는 결론을 내린 바 있다. 이 판결에서 법원은 신주발행의 효과와 자기주식 처분의 효과를 비교하여 자기주식을 일방적으로 특정 주주들에게만 매각하는 경우 기존 주주의 지분율의 감소로 신주발행의 경우와 동일한 결과를 초래한다는 이유에서 이를 통제할 필요가 있다고 보았다. 나아가, 법원은 전환사채의 발행에 신주발행에 관한 상법의 규정이 유추적용되어(상법에는 명문의 규정이 없다. 이는 대법원 판례에 의한 것이다: 2004. 6. 25. 선고 2000다37326 판결) 일정한 경우 전환사채의 발행이나 전환권의 행사에 의한 주식의 발행을 무효로 할 수 있음을 들어 자기주식의 처분행위도 특정 주주에게만 매도함으로써 회사의 경영권 내지 지배권에 중대한 영향을 미치고 그 결과가 심히 부당한 경우 그를 무효로 보아야 한다고 한다.

"비록 우리 상법 및 증권거래법이 자기주식 처분에 대하여 신주발행에 관한 규정을 준용하고 있지 아니하고, 자기주식 처분은 이미 발행되어 있는 주식을 처분하는 것으로서 회사의 총 자산에는 아무런 변동이 없고, 기존 주주의 지분비율도 변동되지 아니하여 형식적으로는 신주발행과 그 효과를 일부 달리 하지만, 자기주식의 처분이 자본의 증가를 가져오는 것은 아니라 하더라도 회사가 보유 중이던 자기주식일 때에는 상법 제341조에 의하여 이 주식에 대해서는 의결권을 행사할 수 없으나 이 주식이 회사가 아닌 제3자에게 양도될 경우 이를 양도받은 제3자는 회사에 대하여 의결권을 행사할 수 있게 되어 회사의 의사결정기구인 주주총회에서 의결권을 행사할 수 있는 주식수가 증가한다는 점에서 기존 주주들에게는 회사가 신주를 발행하는 것과 유사한 효과를 가져온다. 또한 자사주인 경우에는 회사가 자사주에 대하여 배당금을 수령하더라도 이는 결국 회사의 재산이 배당금 수령으로 다시 그만큼 증가하게 되어 기존의 주주들이 그 주식 보유 비율에 따라 추후 그 증가된 재산에 대하여 배당금을 추가로 수령할 수 있는 기회가 생기나 자사주가 제3자에게 처분되면 새로운 배당금 수령권자가 생기는 점, 유상증자가 이루어질 경우 자사주를 제외한 나머지 주식에 대해서만 그 지분비율별로 신주발행이 이루어지는데, 자사주가 제3자에게 처분되면 자사주에 대한 신주발행이 이루어져 기존의 주주는 그만큼 배정받는 신주의 비율이 낮아지는 점 등으로 회사가 그 보유의 자사주를 처분하는 행위는 그 처분으로 인하여 궁극적으로 보유주식의 비율에 따라 주주로서의 회사에 대한 권리나 지위가 변동하는 등 주주의 지위에 중대한 영향을 초래하게 되는데 특히 자기주식을 일방적으로 특정 주주들에게만 매각할 경우에는 매각으로 인해 초래되는 기존주주의 지분비율의 감소로 인해 신주발행의 경우와 동일한 결과를 가져옴으로써 신주발행에서와 마찬가지로 통제를 가할 필요성이 있다. 한편, 전환사채 발행의 경우에도 주식회사의 물적 기초와 기존 주주들의 이해관계에 영향을 미친다는 점에서 사실상 신주를 발행하는 것과 유사하여 신주발행무효의 소에 관한 상법 제429조를 유추적용하고 있는 것과 마찬가지로, 자기주식 처분의 경우에도 다른 주주들에게는 자기주식을 매수할 기회를 전혀 주지 않은 채 특정 주주에게 일반적인 매도가 주주평등의 원칙에 반하고 주주의 회사지배에 대한 비례적 이익과 주식의 경제적 가치를 현저히 해할 수 있는 경우라면, 이러한 자기주식의 처분행위는 무효라고 하겠다."

　그러나, 수원지방법원 성남지원과(2007.1.30.자 2007카합30 결정) 서울북부지방법원(2007. 10. 25. 사 2007카합1082 결정)은 자기주식의 처분은 전환사채의 발행과는 달리 신주발행과 그 성격을 달리한다는 점을 지적하면서 대림통상 판결과 반대의 결정을 내렸다. 위 대림통상 판결은 여러 가지 문제를 가지고 있는데, 가장 큰 문제는 과도한 유추해석을 채용한 것이다. 판결의 취지에는 이론상 공감할 수 있지만, 현행 상법의 해석으로는 곤란하다고 보아야 할 것이다.

　2015년 7월에 있었던 삼성물산과 제일모직의 합병에 반대하면서 헤지펀드인 엘리엇이 제기한 가처분소송에서도 법원은 같은 취지의 결정을 내린 바 있다. 법원에 의하면 신주발행은 주식회사의 자본금과 기존 주주들의 지분비율에 직접적으로 영향을 주는 반면 자기주식 처분은 이미 발행되어 있는 주식을 처분하는 것으로서 회사의 자본금에는 아무런 변동이 없고 거래당사자가 아닌 한 기존 주주들의 지분비율도 변동되지 않는다는 점에서 신주발행과 본질적인 차이가 있고, 신주발행은 단체법적 법률행위인 자본거래의 성격을 가지는 것에 비하여 자기주식 처분은 이미 발행된 주식의 매매로서 손익거래의 성격을 가진다. 상법과 자본시장법도 이러한 차이점을 고려하여 양자를 달리 규정하면서 자기주식 처분에 신주발행에 관한 규정을 준용하고 있지 않다. 회사가 자기주식을 보유하고 있는 기간 동안 다른 주주들이 일시적으로 실제 보유하는 주식에 비하여 증대된 의결권을 행사할 수 있는 이익을 누린다고 하더라도 이는 자기주식에 대한 의결권 행사를 제한한 상법 제369조 제2항에 따른 반사적 이익에 불과하며 그와 같은 반사적 이익을 보호하기 위하여 명문의 근거도 없이 본질적으로 차이가 있는 신주발행에 관한 규정과 법리를 자기주식 처분에 유추적용할 수는 없다(서울고등법원 2015.7.16.자 2015라20503 결정).

자기주식 처분의 실무적 문제

경영권 방어를 위해 회사가 자기주식을 처분한다고 할 때, 실제로 매수인을 찾는 것이 쉽지는 않다. 매수인의 입장에서는 갑자기 계획에 없이 남의 회사 주식을 다량으로 취득해야 하기 때문이다. 매수자금을 급히 마련하는 것도 문제지만 더 큰 문제는 왜 남의 경영권 방어에 도움을 주어야 하는가이다. 그래서 취득에 필요한 자금의 차입금 이자를 보전 받아야 할 것이고, 그 외의 비용도 문제가 된다. 환매약정을 하고 매도하는 것이 좋은 방법이다. 평소 친분관계, 거래관계가 있더라도 이렇게까지 해 주어야 하는지는 별개의 문제다. 예컨대 매수인이 보험회사라면 새로 보험에 가입해 주든지, 뭔가 인사를 차려야 한다. 한편, 자기주식을 매도한 후에도 회사는 안심할 수 없다. 이론상 갑자기 저쪽 편을 들 가능성도 있어서다. 그러면, 약정을 할 때 미리 의결권 행사에 관한 확약을 하게 하는데 이 또한 아쉬운 사람이 부탁을 하는 처지면서 상대를 불신하는 이상한 모양새가 된다.

6. 상환주식과 전환주식

주식회사는 상법 제345조에 의해 주식의 상환에 관한 종류주식(상환주식)을 발행할 수 있다. 상환주식은 회사가 일시적인 자금조달의 필요가 발생했을 때 기업지배에 대한 기존 주주들의 비례적 이익에 영향을 미치지 않으면서 신속히 자금을 조달하고 회사의 사정이 호전되면 즉시 상환하여 우선배당의 압력에서 벗어날 수 있게 하는 제도다. 상법은 주주의 청구에 의한 상환이 예정되어 있는 상환주식의 발행도 허용한다(제345조 제3항). 상환주식은 주주의 출자금은 회수할 수 없도록 되어 있는 회사법의 대원칙에 대한 예외다. 그래서, 회사에 배당가능한 이익이 있어야만 상환할 수 있다.

상환주식은 상환기금과 배당가능이익의 범위 내에서 상환시기 전에 소정의 상환가액으로 주식의 전부 또는 일부를 매입하여 소각할 수도 있는 주식이다. 상환적립금에 관한 규정이 없거나 상환적립금의 규모가 과소한 경우에는 결산 시에 확인되고 정기주주총회의 승인을 받아 확정되는 재무제표 내 배당가능이익의 범위 내에서 상환주식을 상환할 수 있다. 그러나, 정관 또는 상환주식의 인수계약에 규정되어 있는 상환의 시기 기타 다른 조건이 성취되더라도 회사에 상법 제462조에 따른 배당가능이익이 존재하지 않는 한 회사는 상환주식을 상환할 수 없다. 현금 외의 유가증권이나 다른 자산을 주식 취득의 대가로 교부하는 경우에도 해당 자산의 장부가액이 배당가능이익을 초과할 수 없다(제345조 제4항). 배당가능이익이 존재하고 회사가 충분한 현금유동성을 보유하고 있는 경우 이익잉여금처분계산서에 기재가 없어도 회사는 상환주식을 상환할 수 있다고 본다. 상환주식은 주식이고 상환주식의 발행에 대해 주주가 납입한 주금은 회사 자본의 일부를 구성하지만 상환주식은 경제적, 회계적으로는 회사의 부채와 유사하다. 상환주식은 시장에서 일반 회사채와 거의 같은 취급을 받는다는 실증연구 결과도 있다. 실제로 2011년부터 시행된 국제회계기준(K-IFRS)은 상환주식을 회사의 부채로 취급하도록 한다.

한편, 주식회사는 상법 제346조에 의해 주식의 전환에 관한 종류주식(전환주식)을 발행할 수 있다. 전환주식은 정관으로 정하는 바에 따라 주주가 보유한 주식을 다른 종류주식으로 전환할 것을 청구할 수 있거나 회사가 주주의 주식을 다른 종류주식으로 전환할 수 있는 주식이다. 전환으로 인해 신주식을 발행하는 경우에는 전환 전의 주식의 발행가액을 신주식의 발행가액으로 한다(제 348조).

7. 신주의 발행가격

　회사가 설립된 후에 주주의 신주인수권을 존중하여 이루어지는 신주의 발행(주주배정)은 주식의 액면가 이상(프리미엄)으로 행해지는 것이 보통이다. 액면을 초과하는 가격에 의한 신주의 발행으로 회사에는 자본잉여금이 유입된다. 회사의 경영자들이 주가에 연연하는 이유 중 하나다. 회사의 이사와 경영진은 최상의 가격에 의한 신주의 발행을 성공시킬 의무를 지지만 그 결과는 경영판단의 원칙의 보호를 받는다. 국내에도 증자를 할 것인지 여부와 그 규모를 얼마로 할 것인지 여부가 이사회의 경영판단이라고 한 판례가 있다(서울고등법원 제 1 형사부 2008. 10. 10. 선고 2008노1841 판결). 그러나, 상장회사의 경우는 물론이고 비상장회사의 경우에도 신주의 발행은 액면 이상으로 행해지는 경우에도 시가보다는 낮은 이른바 할인발행의 형태를 취한다. 상장회사는 「유가증권의 발행 및 공시에 관한 규정」에 의해 할인발행을 하고 있으며(동 규정 제57조 제 2 항), 비상장회사는 법령의 규제가 없어 대체로 액면가 발행을 하고 있다. 주식의 할인발행에 있어서 할인의 크기는 신주의 발행이 회사의 발행주식의 총수를 증가시킨다는 사실을 고려한 것보다 더 큰 규모인 경우가 대부분인데 할인은 신주의 발행 자체를 성공적으로 종결시키는 데 필요한 것으로 이해되고 있다. 영국에는 회사의 이사가 신주발행을 성공시키기 위해 할인발행을 결정하는 것이 적법하다는 판례도 있다.

　비상장회사가 주주의 신주인수권을 배제하고 신주를 발행함에 있어서(제 3 자 배정) 어떤 가격을 선택해야 하는가의 문제가 최근 몇 년간 우리나라에서 심각한 논란의 대상이 되어 온 바 있다. 일반적으로 기대되는 가격보다 낮은 가격에 신주를 발행하면 회사에 손해가 발생하는가? 이 문제는 특히 경영진의 형사책임(배임)과 결부되어 논의되며 기업금융, 회사지배구조, 경영권 방어 등 여러 가지 차원에서 대단히 중요한 문제이다. 이른바 삼성에버랜드 사건에서는 삼성그룹의 지배권을 좌우하는 에버랜드가 특정인에게 저가로 전환사채를 발행하였다 하여 회사의 경영진이 배임혐의로 기소되었는데 같은 사안에 대해 각각 무죄와 유죄를 선고한 고등법원 판결 2건이 나왔고(위 서울고등법원 제 1 형사부 2008. 10. 10. 선고 2008노1841 판결; 서울고등법원 제 5 형사부 2007. 5. 29. 선고 2005노 2371 판결) 2009년 5월 29일 대법원의 최종적인 판결이 선고되었다. 대법원은 6 : 5의 다수의견으로 주주배정의 방식으로 전환사채를 발행하는 경우에는 제 3 자 배정의 방식에 의한 경우와는 달리 전환사채의 전환가액을 반드시 시가를 고려 한 적정한 가액으로 하지 않더라도 그로부터 이사의 임무위배가 있다고 할 수 없다고 판결하였다(대법원 2009. 5. 29. 선고 2008도9436 판결; 대법원 2009. 5. 29. 선고 2007도4949 전원합의체 판결).

신주의 발행가격 결정 문제, 발행된 신주의 가격으로 인한 책임공방 등은 결국 기업(주식)가치평가 문제로 귀결된다. 그리고, 기업의 가치평가는 어떤 형 태의 기업금융에 있어서도 그 기초가 되며 기업의 구조변동에 있어서도 거래의 근원적인 출발점이다. 기업가치의 평가는 기업에 투자하려는 투자자에게도 정 확히 대칭적인 의미를 가진다. 따라서, 기업의 가치평가는 후술하는 투자은행 업무의 핵심이다. 그러나, 위에서 나타나는 바와 같이 시가가 없는 비상장주식 에 대한 가치평가는 법률적으로 대단히 불안정한 환경에서 행해지며 당사자들 의 주관이 크게 개입되므로 분쟁발생가능성과 평가에 대한 책임추궁 여지가 대 단히 높다. 이는 주식의 발행뿐 아니라 주식의 양수도, 주식매수청구권의 행사, 강제매수 등에서 같은 형태로 나타난다.

Ⅳ. 삼성에버랜드 사건

이제 위에서 언급한 삼성에버랜드 사건을 본다(에버랜드는 2014년에 상호를 제일모직으로 변경하였고 제일모직은 2015년에 삼성물산과 합병하였다). 이 사건은 아 마도 상법 제정 이래 가장 중요한 판례를 생성시킨 사건으로 기록될 것이다. 대기업은 단순히 그 주주와 임직원들뿐 아니라 그 기업이 속해 있는 경제와 사 회 전체에 영향을 미친다. 기업이 나라 경제에서 차지하는 비중이 클수록 그 강도는 높아진다. 삼성그룹과 아무런 관계가 없는 사람들마저도 삼성의 차기 회장이 누가 될 것인지에 관심을 가지는데 이것은 단순한 흥미거리 이상의 문 제다. 삼성에버랜드 사건은 시작에서 끝까지 한 기업의 지배구조 문제가 왜 전

국민적인 관심사이며 국가적인 중요성을 가지는지를 보여준 사건이다. 또, 기업금융의 문제가 기업지배구조의 문제와 분리될 수 없는 것임도 보여 주었다. 그러나, 여기서는 신주의 발행가격 결정문제에만 초점을 맞춘다.

1. 전환사채의 발행

전환사채는 주식으로 전환할 수 있는 속성을 가진 회사채이다. 회사가 사채를 발행할 때 일정한 조건하에 전환할 수 있는 권리를 붙여 주면 채권자에게는 단순히 회사채를 발행 받는 것보다 추가적인 이점이 있는 것이다. 예컨대, 사채금액 2만 원에 주식 1주로 전환할 수 있다고 하자. 그러면 채권자는 회사채를 가지고 있다가 주가가 2만 원을 넘으면 2만 원만 내고 2만 원이 넘는 주식을 손에 넣을 수 있다. 주가가 2만 원에 미치지 못하면? 그러면 단순한 채권자로서 원금과 이자만 받고 끝난다. 이런 속성을 가진 사채는 회사의 주가 전망이 좋을수록 인기를 끌게 된다. 발행하는 족족 소화된다. 그런데, 이렇게 좋은 조건의 사채를 그냥 발행해 줄 수는 없다. 단순한 회사채보다 이자율이 많이 낮다. 회사의 주가전망이 극도로 낙관적이면? 이자 없이도 사겠다는 사람들이 나온다. 이를 Zero-Coupon 전환사채라고 부른다. 만일, 이런 회사채가 주식으로 전환이 안 되고 끝나면 회사 입장에서는 이자 없는 돈을 쓴 셈이다. 이런 사채를 발행할 때 여러 가지를 결정하지만 채권금액 얼마에 주식 1주를 줄 것인가를 정하는 것이 가장 중요하다. 이를 전환가격의 결정이라고 한다. 당연히 회사의 주식가치를 평가해 보고 그에 맞추어서 정하게 된다. 즉, 전환가격의 결정은 사실상 주식가치의 평가다. 그리고, 위에서 본 바와 같이 주식으로 전환될 수 있기 때문에 전환사채는 주주들의 회사지배에 대한 비례적 이익에 영향을 미친다. 대법원 판례는 전환사채의 발행과 신주의 발행을 동일선상에서 취급한다. 즉, 주주의 신주인수권 원칙을 전환사채에도 적용한다(대법원 2004. 6. 25. 선고 2000다37326판결).

> 제513조(전환사채의 발행)
> ① 회사는 전환사채를 발행할 수 있다.
> ② 제1항의 경우에 다음의 사항으로서 정관에 규정이 없는 것은 이사회가 이를

결정한다. 그러나, 정관으로 주주총회에서 이를 결정하기로 정한 경우에는 그러하지 아니하다.

  1. 전환사채의 총액

  2. 전환의 조건

  3. 전환으로 인하여 발행할 주식의 내용

  4. 전환을 청구할 수 있는 기간

  5. 주주에게 전환사채의 인수권을 준다는 뜻과 인수권의 목적인 전환사채의 액

  6. 주주외의 자에게 전환사채를 발행하는 것과 이에 대하여 발행할 전환사채의 액

  ③ 주주외의 자에 대하여 전환사채를 발행하는 경우에 그 발행할 수 있는 전환사채의 액, 전환의 조건, 전환으로 인하여 발행할 주식의 내용과 전환을 청구할 수 있는 기간에 관하여 정관에 규정이 없으면 제434조의 결의로써 이를 정하여야 한다. 이 경우 제418조 제2항 단서의 규정을 준용한다.

  ④ 제3항의 결의에 있어서 전환사채의 발행에 관한 의안의 요령은 제363조의 규정에 의한 통지와 공고에 기재하여야 한다.

  제513조의2(전환사채의 인수권을 가진 주주의 권리)

  ① 전환사채의 인수권을 가진 주주는 그가 가진 주식의 수에 따라서 전환사채의 배정을 받을 권리가 있다. 그러나 각 전환사채의 금액중 최저액에 미달하는 단수에 대하여는 그러하지 아니하다.

  ② 제418조제3항은 주주가 전환사채의 인수권을 가진 경우에 이를 준용한다.

  에버랜드는 1996년 10월 초순경 주주의 전환사채인수권을 존중하는 방식으로 전환사채를 발행하기로 결정하였다. 그런데, 무슨 이유에서인지 한 주주를 제외한 모든 주주들이 전환사채를 인수하지 않겠다고 했다. 주식과 마찬가지로 실권한 전환사채가 발생한 것이고 이사회가 그 처분권을 갖는다. 발행을 취소할 수도 있지만 회사에 돈이 필요하면 혹시 주주 아닌 사람이 사겠다고 하는지 알아본다. 그랬더니 마침 이재용이라는 사람이 주주는 아니지만 사겠다고 나섰다. 이 전환사채의 전환가격은 7,700원이었다. 즉, 에버랜드 주식 1주의 가치를 7,700원 상당으로 본 것이다. 그런데, 이 과정은 대단히 허술하게 진행되어서 법률적으로 효력이 의문시되었다. 이사회 결의가 제대로 되었던 것인지 사채의 발행, 청약, 실권분 배정 등이 절차에 따라 제대로 진행된 것인

지 등의 문제를 발생시켰다. 그러나, 당시 아무도 문제 삼지 않았으므로 모든 작업이 종결되었고 이재용 씨는 전환사채를 인수하였다. 여기서 중요한 점은 에버랜드의 지위다. 에버랜드는 삼성생명의 지배주주이고 삼성생명은 삼성전자를 포함한 삼성그룹의 다른 계열회사를 지배할 수 있는 지분을 보유한다. 즉, 에버랜드를 지배하면 삼성그룹 전체를 지배할 수 있다. 에버랜드의 전환사채를 가졌으므로 주식으로 전환하면 이재용 씨가 삼성그룹 전체를 지배할 가능성이 생긴 것이다. 이재용 씨는 1996년 12월에 그 전환사채를 1주당 7,700원의 전환가격에 주식으로 각 전환하여 62만 7,390주를 취득하였다. 약 40%를 보유한 지배주주가 된 것이다.

2. 소송의 시작

무엇이 문제였을까? 법학교수 43인이 7,700원이 지나치게 낮은 가격이라고 생각했다. 예를 들면 7만 7,000원이어야 마땅하다면, 10분의 1 가격으로 사채를 발행 받은 것이다. 즉, 헐값으로 삼성그룹을 장악했다는 것이다. 그런데, 헐값이든 제값이든 다른 주주들이 아무 말 없으면 된 것 아닌가? 결국 주주들의 결정 아닐까? 여기서 삼성물산, 신세계백화점 등을 포함한 다른 주주들이 왜 7,700원이라는 좋은 조건의 전환사채를 사지 않았는지는 별개의 문제다. 참으로 이상한 노릇이 아닐 수 없다. 이 회사들이 돈이 없었을 리 없기 때문이다. 아마도 한 5,000원 되어야 맞는 조건이라고 생각했는지 모른다. 법학교수들은 에버랜드에 초점을 맞추었다. 왜 10만 원이 넘어야 할 전환사채를 7,700원에 발행했는가? 그런 결정을 함으로써 회사의 경영진은 그 차액만큼 회사에 손해를 끼친 것이다. 손해를 끼치기로 결정한 동기는? 그룹 전체를 통제하는 이건희 회장의 지시를 받았거나, 그렇지 않다면 '이심전심으로' 전환사채 발행이 왜 이루어지는지 이해하고 적절히 행동한 것이다. 어쨌든 '너무 싼 가격입니다. 회사에 손해가 됩니다' 하고 거부했어야 하는데 거부는커녕 일사천리로 일을 진행해서 보스의 마음에 들려고 했다는 것이다. 이는 우리 형법이 벌하는 배임죄에 해당한다고 생각되었다. 이래서 전환사채가 발행된 지 4년이 지난 2000년 6월에 당시 경영진의 두 사람을 배임의 혐의가 있다 해서 법학교수들이 고발하였다. 그런데, 또 이상한 일이 일어났다. 검찰이 수사해서 기소를 할 생각을 않는 것이다. 그러다가 여론의 압력 등에 밀려 공소시효가 만료되기 딱 하루 전인 2003년 12월 1일에 기소가 이루어졌다. 1심 법원은 피고들이 지나치게 낮은 가격에 전환사채를 발행했으므로 배임죄를 저질렀다고 보고 유죄를 선고하였다. 판사가 어떤 과정을 거쳐 유죄를 선고했는지 아래에서 판결문을 따라가면서 보자.

그런데, 독자들은 이상하다고 생각할 것이다. 이 사건은 그렇다면 피고가 이건희 회장이나 이재용 씨가 아닌 셈인데 그 결과가 삼성그룹에 무슨 영향을 주는가? 피고가 된 사람들이 처벌을 받는 것으로 그만일 텐데. 그렇게 간단치가 않다. 만일 피고들이 유죄판결을 받는다면 이재용 씨는 범죄를 통해 삼성그룹의 경영권을 장악했다는 이상한 결과가 된다. 이재용 씨가 취득한 전환사채나 그를 전환해서 받은 주식이나 그 사법적 효력에는 원칙적으로 문제가 없다. 그러나 삼성그룹이라는 우리나라 최대기업, 세계적인 기업의 경영권의 기초가 범죄행위일 수는 없는 것이다. 삼성그룹에 투자하는 무수히 많은 외국 투자자들에게 이는 투자의 철회나 추가 투자를 망설이게 하는 원인이 될 수 있다. 특히 연기금, 금융기관 등은 투자를 할 때 대상 회사 경영진의 윤리적 요소를 반드시 반영해야 하는 것이 요즈음이다. 삼성과 같은 첨단을 가는 거대기업은 엄청난 조직장악력과 리더십을 필요로 한다. 그런데, 경영권이 정통성을 인정받지 못한다면? 두고두고 취약점이 될 수 있다. 이는 정치권력과 크게 다를 바 없다. 대기업 경영자의 지위를 둘러싼 회사 내의 파워게임은 정치권의 그것과 별 다르지 않다. 자기실현, 보수, 비용지출권, 명예, 큰 돈의 사용에 관한 결정권, 사람들의 위치를 좌우할 수 있는 인사권 등 여러 가지가 걸려 있다. 그 모든 것의 정점에 있는 최고경영자는 합법적이고 윤리적인 경영권을 필요로 한다.

3. 비교가치평가

먼저 판사는(서울중앙지방법원 제25형사부 판결 2003고합1300) 전환사채 발행시의 적정한 전환가격에 대해 다음과 같이 말한다: "이 사건에서와 같이 전환사채의 인수목적이 신주의 취득에 있었던 사안에서는 적정한 전환가격은 주식의 시가 혹은 주식의 실제가치를 기준으로 결정함이 상당하고, 비등록, 비상장법인이 발행한 주식의 경우에도 그에 관한 객관적 교환가치가 적정하게 반영된 정상적인 거래의 실례가 있는 경우에는 그 거래가격을 시가로 보아 주식의 가액을 평가하여야 할 것인데, 검찰이 들고 있는 아래와 같은 에버랜드 주가의 산정사례들 중 과연 이 사건 전환사채 발행당시의 적정 주가로 채용할 만큼의 객관적 합리성을 담보하고 있는 증거가 있는지를 살펴보고, 만일 적정주가로 인정할 만한 자료가 없을 경우 이 사건 전환사채의 전환가격은 과연 적정한 것 인지에 관하여 살펴보기로 한다.”

　　주가산정의 예들에 대한 판단으로 한솔제지 등과 한국오미아 등 사이의 거래 실례를 보니, “한솔제지는 1993. 7. 1.경 에버랜드의 주식 6,800주를 협력 회사인 한국오미아에, 6,500주를 서○○, 서○○, 서○○에게 각 1주당 85,000원 씩에 매각하였고, 서○○, 서○○, 서○○는 1993. 10. 8.경 한솔화학에 6,500주를 주당 89,150원에, 한국오미아는 1993. 11. 3.경 한솔건설에 6,800주를 주당 89,290원에 각 매도한 사실은 인정된다. 그러나, 증인 서○○, 이○○의 증언에 의하면 위 거래는 한솔제지가 그 협력업체인 한국오미아 혹은 조○○이 개인적 으로 잘 아는 서○○에게 부탁하여 한솔제지가 일방적으로 정한 금액인 1주당 85,000원에 위 주식을 매수해 주면 원금과 연 4-5%의 이자를 더한 금액으로 되사주겠다는 약정 하에 매도하였고, 그 후 위 약정대로 한솔화학과 한솔건설 이 매수한 사실이 인정되므로 위 각 거래가 에버랜드 주식의 객관적 교환가치 가 적정하게 반영된 정상적인 거래라고는 보기 어렵다.”

　　그러면 에버랜드의 법인주주들의 장부상 기재액을 보자: “1996년 기준 재 무제표상 신세계백화점은 에버랜드의 주가를 125,000원, 제일제당은 234,985원 으로 각 기재하고 있었던 사실은 인정된다. 그러나, 다른 한편 앞에서 든 증거 들에 의하면, 이 사건 전환사채 발행 당시인 1996년을 기준으로 나머지 법인주 주들의 재무제표상 기재액은 중앙일보 4,878원, 제일모직 5,000원, 한솔제지 5,000원, 삼성문화재단 9,283원, 삼성물산 14,825원, 한솔화학 89,150원, 한솔건 설 89,290원으로서, 최저가가 최고액의 약 48분의 1 수준에 불과하였을 만큼 편차가 큰 사실, 이 사건 전환사채 발행 당시인 1996년경 에버랜드의 법인주주 들의 회계장부상 기재된 에버랜드 주식의 가격은 실제 주식가치의 변동과는 관 계없이 취득원가를 기재한 것이거나, 취득원가를 기초로 합병 및 자산재평가 등의 과정에서 장부상 그 변동의 결과를 기재한 것에 불과한 사실을 인정할 수 있으므로 위 법인주주들의 회계장부상 기재액도 이 사건 전환사채 발행 당시의 에버랜드의 적정주가를 산정함에 있어 그대로 원용하기 어렵다.”

법전에 있는 많은 법률 중에서 비상장 주식의 가치를 평가하는 공식을 정해 놓은 법이 있다. 상속세 및 증여세법이다. 상속이나 증여를 주식으로 했을 때 세금을 부과하려면 그 주식이 얼마인지를 먼저 정해야 하기 때문이다: "이 사건 전환사채 발행 당시 상증법상 보충적 평가방법에 의하여 평가한 에버랜드의 주가는 1주당 127,755원인 사실을 인정할 수 있다. 그러나, 상증법의 규정은 주로 친족간에 이루어지는 상속과 증여의 경우를 전제로 하여 자산의 상속·증여에 대하여 과세를 함에 있어서 과세의 형평성과 편의 등을 고려하여 과세관청으로서 용인할 수 있는 범위의 과세표준을 정하고자 하는 목적의 보충적인 평가방법에 불과하고, 상증법상 비상장 주식의 평가방법에 의하여 산정한 평가액이 곧바로 주식의 시가에 해당한다고 볼 수는 없다고 할 것이다."

전문가의 의견을 구하였다: "1990년부터 2000년까지 에버랜드의 재무제표를 이용하여 이 사건 전환사채 발행당시의 적정주가를 산정하여 달라는 내용의 이 법원의 사실조회 요청에 대하여, 한국외국어대학교 경영학부는 초과이익 모형(변형된 EVA모형)을 이용하여 평가한 결과 이 사건 전환사채 발행 전의 적정주가는 65,000원, 전환사채 발행 후의 적정주가는 30,000원으로 평가된다고 회신하여 왔으나, 위 회신은 평가의 구체적인 근거를 전혀 밝히고 있지 아니할 뿐만 아니라 추가 회신 내용에 의하면 기업가치 평가시 요구되는 자료와 예측 정보들이 결여되어 있어 정확한 평가가 어렵다고 스스로 밝히고 있어 이를 그대로 채용할 수 없다."

4. 본질가치평가

이제 할 수 없이 판사가 나름대로 가치평가를 해야 한다. 1주당 7,700원의 전환가격의 적정성에 대한 판단은 다음과 같다:

"비상장주식의 평가방법으로 종래 일반적으로 채용되고 있는 것에 ① 배당환원방식, ② 유사회사비준방식, ③ 수익환원방식, ④ 순자산가격방식 등이 있다. ① 배당환원방식은 장래 기대되는 배당금액에 기해 주가를 산정하는 것으로 상당한 장기에 걸쳐 배당의 예측을 요하나 이것이 가능하다면 매매당사자가 배당만을 기대하는 일반투자가인 경우 가장 합리적인 산정방식이라고 할 수 있다. ② 유사회사비준방식은 비교의 대상으로서 적절하다고 인정되고 또한 거래사례가 있는 회사(주식의 거래가격을 시장이 쉽게 알 수 있는 회사)의 선정이 가능한 경우 비준 과정을 거쳐 주가를 합리적으로 산정하는 방식이다. ③ 수익환원방식은 장래 기대되는 당해 기업의 수익에 기해 산정하는 것으로 이것에는 기업이익 중 주주에 배당되는 부분만이 아니고 내부유보분도 포함되기 때문에 일반투지가가 주식을 취득하는 경우의 주식의 평가에는 반드시 적합하지 않는 면이 있지만 경영지배주주 또는 경영참가 주주에게는 적당한 평가방식이다. ④ 순자산가격방식은 회사의 총자산으로부터 총부채를 공제한 순자산가치를 기초로 해서 1주당 순자산가치를 산출하고 그것을 가지고 당해 주식의 가치로 하는 방식이고, 순자산가치의 평가방법에 따라 장부가 순자산가액 방식과 시가 순자산가액 방식이 있다. 이 방식은 회사의 자산을 자유로 처분할 수 있는 입장 즉, 자산처분을 포함해 회사의 경영을 자유로이 지배가능한 지배주주가 가지는 지배주식의 주가산정에 대해 합리성을 가진다.

　돌이켜 이 사건의 경우, 앞에 든 증거에 의하여 인정되는 다음과 같은 사정 즉, ① 에버랜드는 비교의 대상으로서 적절하다고 인정되는 유사한 회사의 선정이 어려운 점, ② 이재용 등이 이 사건 전환사채를 주식으로 전환하여 회사의 지배권을 취득하게 되었으므로 이재용 등은 배당만을 기대하는 일반투자가라기 보다는 지배주주로 보아야 하는 점, ③ 에버랜드는 세계적인 수준의 테마파크로 도약하기 위하여 대규모 시설투자를 하기 위한 차입금 등으로 인하여 이자비용이 급격하게 증가함에 따라 1995년부터 1997년까지 한시적으로 회사의 수익성이 적자를 보인 특수한 사정이 있는 반면, 부동산 자산이 많고, 에버랜드의 주주들은 삼성그룹과 일정한 관계가 있는 법인 혹은 개인들로 주주들의 변동이 거의 없는 폐쇄적이고, 자본금의 규모가 비교적 작은 회사인 점 등에 비추어 보면 위 4가지 방식 중 순자산가격방식이 일응의 기준이 될 수 있을 것으로 보인다. 다만, 순자산가격방식은 회사의 총자산에 대한 1주의 지분을 가지고 주식의 가액으로 하는 것이고, 경제적 거래의 주체로서 활동하는 기업의 동태적 측면에서의 평가가 결여되어 있는 외에 위에서 말하는 지분은 청산의 단계에서 비로소 구체화되고 그때까지는 관념적인 존재에 그칠 수밖에 없다는 점에서 계속 기업의 주식의 평가방법으로서는 완전한 것이라고 말할 수는 없다. 뿐만 아니라 1주당 순자산액이 많다고 하더라도 그 당시의 회사의 경영상태(이익 및 배당의 상황 등)가 나쁘면 실제상 그 가격으로 신주를 인수할 것을 기대하기 어려우므로 이러한 사정 등을 감안하여 그 가액을 감액 수정할 필요가 있으므로 순자산가격방식에 의하여 산정된 금액이 바로 이 사건 전환사채의 적정한 전환가격으로 볼 수는 없다.

장부상 기재액을 기준으로 한 에버랜드의 1주당 순자산가치는, 이 사건 전환사채 발행 당시 약 223,659원(순자산 158,171,802,488원÷707,200주)이고, 이 사건 전환사채가 주식으로 전환된 후에도 약 80,618원(순자산 158,171,802,488원÷1,961,977주, 이○○의 인수분을 뺀 수치임)에 이르며, 더욱이 에버랜드가 1998. 7. 1.기준으로 자산재평가를 실시한 결과 1,242억원 상당의 재평가차익이 발생하였던 사정까지 고려하면, 에버랜드의 실제 순자산가치는 장부상 가치보다도 높은 수준이었던 것으로 보인다. 그런데, 앞에서 본 바와 같이 순자산가격방식을 바탕으로 계산한 주가가 주식의 실제 시세와 일치하지 않을 수도 있다는 점을 고려하더라도, 전환사채의 1주당 전환가격이 전환사채 발행 전 1주당 순자산가치의 약 29분의 1, 전환사채의 주식으로의 전환 후 1주당 순자산가치의 10분의 1 수준인 7,700원으로 결정되었다는 것은 도저히 납득하기 어렵다.

2003. 12. 30. 종가 기준으로 한국증권거래소에 상장되어 있는 상위 100개 기업의 주당 순자산가액과 실제 주가를 비교해 보면 주가가 순자산가액의 700%에 이르는 기업이 있는가 하면 반대로 주가가 순자산가액의 10%에 불과한 기업이 있는 것은 피고인들의 변호인들이 주장하는 바와 같다(증 제35호증). 그러나 주가가 순자산가치의 10%에 불과한 경우를 에버랜드에 적용한다고 하더라도 이 사건 전환가격은 이 사건 전환사채 발행 전의 순자산가치 223,659원의 10%인 22,365원의 1/3에 불과한 가액이다. 또한 중앙일보는 1998. 12. 31. 에버랜드의 주식을 1주당 10만원에 삼성카드에 20만주, 삼성캐피탈에 141,123주를 각 매도하였고, 에버랜드는 1999. 4. 18.경 1주당 10만원에 유상증자를 실시하여 삼성카드, 삼성캐피탈 등에 의하여 인수되었는바, 에버랜드의 자산이 1996년 838,764,606,166원에서 1998년에는 1,074,822,515,885원으로 약 28% 증가한 점을 고려하더라도 이 사건 전환사채 발행으로 인하여 주식의 가치는 약 1/3로 희석된 점에 비추어 보면 에버랜드의 주가가 불과 2년 여 만에 주당 7,700원에서 100,000원으로 올랐다고 보기는 힘들다.

그렇다면 이 사건 전환사채의 전환가격인 1수당 7,700원은 그 발행 당시 에버랜드 주식의 시가보다 현저히 낮은 가격이라고 평가할 수밖에 없고, 달리 이 사건 전환사채의 전환가격을 발행 당시의 적정주가보다 현저히 저가로 결정하였어야 할 특별한 사정도 존재하지 아니한다.

이에 대하여 피고인들 및 그 변호인들은, 안진회계법인에 의뢰하여 미래현금흐름할인법(Discounted Cash Flow)을 적용하여 에버랜드의 적정 주가를 평가한 결과 추정치 기준으로 5,446원, 실적치 기준으로 10,412원으로 산정되었으므로, 이 사건 전환가격인 1주당 7,700원은 적정한 수준에서 결정된 것이라고 주장한다. 살피건대, 미래현금흐름할인법이란, 당해 기업이 보유하고 있는 유·무형의 영업용 자산을 활용함으로 인해 창출될 것으로 예상되는 잉여현금흐름을 그에 내재된 위험을 반영한 적절한 할인율로 할인함으로써 기업가치를 구하는 평가방법을 말한다. 그러나 위 평가방법은 주가 산정의 핵심적 요소인 현금흐름예측이나 할인율의 결정이 어려울 뿐만 아니라, 그 평가과정에서 평가자의 자의가 개입될 여지가 있다는 단점이 있다. 이러한 사정은, 이 사건에 있어서 ① 에버랜드와 사업목적, 재무구조, 자산구성, 수익구조 등이 완전히 다른 주식회사 호텔신라를 유사기업으로 상정한 점, ② 시장수익률의 변화에 대하여 개별증권의 수익률이 얼마나 민감하게 반응하는지를 보여주는 베타(β)값을 임의로 적용하고, 1996. 12. 현재 에버랜드 차입금 평균이자율은 에버랜드가 세무서에 신고한 법인세 세무조정계산서 등을 기초로 산정하면 11.85%로 계산이 됨에도 12.88%를 타인자본 비용으로 보고 할인율을 산정한 점에 비추어도 알 수 있다. 따라서, 안진회계법인의 미래현금흐름할인법에 의한 평가액은 그대로 받아들이기 어렵다.”

전환사채의 발행과 회사에 손해에 관한 그 밖의 법률상 주장에 대한 판단은 다음과 같다:

“피고인들 및 그 변호인들은 전환사채의 발행에 있어서 회사의 필요자금 규모에 따라 전환사채의 발행총액이 결정됨으로써 회사에 조달될 자금은 이미 확정된 것이며, 2차적으로 결정되는 전환가격은 전환에 따라 발행될 주식의 수를 결정하는 요소에 불과할 뿐, 회사에 조달될 자금의 액수와는 아무런 관계가 없으므로, 전환가격을 낮게 정한다고 하여 회사에 손해가 발생할 수는 없다고 주장한다. 살피건대, 배임죄에 있어서의 손해는 기존재산이 감소하는 적극적 손해뿐만 아니라, 장래에 취득할 이익이 상실되는 소극적 손해까지도 포함하는 개념이라고 할 것인바, 앞에서 본 바와 같이 이 사건 전환사채 발행의 궁극적인 목적은 이재용 등으로 하여금 에버랜드의 지배권을 취득하게 하려는 것이었으므로, 만일 전환가격이 에버랜드 주식의 시가에 맞게 결정되었더라면, 이재용 등이 위 범죄사실 기재와 같은 수의 주식을 취득하기 위하여 위 범죄사실 기재의 전환사채 인수대금보다 훨씬 많은 액수의 금원을 에버랜드에 납부하였어야 할 것이므로, 에버랜드로서는 실제 주가보다 낮은 액수의 전환가격으로 전환사채가 발행되었기 때문에 회사에 당연히 유입되었어야 할 자금이 유입되지 아니하는 소극적 손해를 입었다고 할 수 있는 것이다.

이에 대하여 피고인들 및 그 변호인들은 검찰의 주장과 같이 전환사채의 전환가격이 높게 결정되었다면 아예 전환사채의 인수가 이루어지지 않는 결과를 초래할 뿐, 전환사채를 인수하는 입장에서 더 많은 자금을 납부하여 전환사채를 인수하였을 것이라는 주장은 비현실적인 가정에 근거한 것이고, 또한 전환사채가 모두 주식으로 전환된다는 보장이 없으므로 전환사채 발행총액이 높다고 하여 반드시 회사에 유리한 것은 아니라고 주장하나, 앞에서 본 바와 같이 이 사건 전환사채는 이재용 등으로 하여금 에버랜드의 지배권을 취득하게 하려는 목적으로 발행된 것으로서 그 전부가 주식으로의 전환이 예정되고 있었기 때문에, 이재용 등이 그 만큼의 주식을 취득하기 위해서는 그 주식발행 분에 실제 에버랜드의 주가를 곱한 만큼의 자금을 납입하지 않을 수 없는 것이므로, 이에 관한 피고인들 및 그 변호인들의 주장은 받아들일 수 없다.”

판결의 결론은 이렇다: “피고인들은 에버랜드의 대표이사 및 이사로서 이재용 등에게 에버랜드의 지배권을 이전하기 위하여 이 사건 전환사채를 발행하면서 그 전환가격을 적정한 주가보다 현저하게 낮은 1주당 7,700원으로 정함으로써, 결국 피고인들이 적정한 전환가격에 전환사채를 발행하였을 경우 이재용 등이 에버랜드의 지배권 확보를 위하여 필요한 주식지분을 취득하는 데 실제로 부담해야 할 전환사채 인수대금과 이재용 등이 에버랜드에 납입한 전환사채 인수대금 9,661,810,000원의 차액만큼 이재용 등에게 재산상 이익을 취득하게 하고 에버랜드에게 동액 상당의 재산상 손해를 가하였다고 할 것이다.”

5. 대법원 판결

1심 법원의 판결은 대체로 고등법원에서도 유지되어서 피고들에게 유죄가 선고되었다. 그러나, 대법원은 무죄를 선고하였다. 대법원 판결은 다음과 같다. 독자들은 이 판결에서 나타난 다수의견과 소수의견, 개별의견 등을 잘 비교해 보기 바란다. 대법원 판결은 단순히 전환사채 발행가격이 적정했는지의 문제를 넘어 기업금융에서 발생하는 분쟁의 해결에는 주식회사의 본질에 관한 성찰도 필요하다는 점을 말해 주고 있다. 이 판결문을 『상법입문』 책에서 전체로 소개하는 이유는 이 판결문이 회사법 전체를 담고 있는 축소판과도 같고 최고의 법관들이 팽팽하게 의견이 나누어져 반대의견과 개별의견을 냈다는 점도 공부하는 입장에서는 그 이상이 없을 정도의 풍부한 소재이다. 그리고, 아마도 독자들에게는 처음으로 대법원 판결문 전체를 읽어 보는 기회일 것이다. 강조된 부분은 저자가 표시한 것이다(대법원 2009. 5. 29. 판결 2007도4949).

상고이유를 본다.

1. 가. 업무상배임죄는 타인의 사무를 처리하는 자가 업무상의 임무에 위배하는 행위로써 재산상의 이익을 취득하거나 제3자로 하여금 이를 취득하게 하여 그 본인에게 손해를 가한 때에 성립하는 범죄로서, 여기에서 '임무에 위배하는 행위'라 함은 처리하는 사무의 내용, 성질 등에 비추어 법령의 규정, 계약의 내용 또는 신의칙상 당연히 하여야 할 것으로 기대되는 행위를 하지 않거나 당연히 하지 않아야 할 것으로 기대되는 행위를 함으로써 사무 처리를 위임한 본인과의 신임관계를 저버리는 일체의 행위를 포함하고(대법원 2004. 6. 24. 선고 2004도520 판결, 대법원 2008. 5. 29. 선고 2005도4640 판결 등 참조), '재산상의 손해를 가한 때'라 함은 총체적으로 보아 본인의 재산 상태에 손해를 가하는 경우를 말하고, 현실적인 손해를 가한 경우뿐 아니라 재산상 실해 발생의 위험을 초래한 경우를 포함한다. 이러한 재산상 손해의 유무에 관한 판단은 법률적 판단에 의하지 아니하고 경제적 관점에서 실질적으로 판단되어야 하는바, 여기에는 재산의 처분 등 직접적인 재산의 감소, 보증이나 담보제공 등 채무 부담으로 인한 재산의 감소와 같은 적극적 손해를 야기한 경우는 물론, 객관적으로 보아 취득할 것이 충분히 기대되는데도 임무위배행위로 말미암아 이익을 얻지 못한 경우, 즉 소극적 손해를 야기한 경우도 포함된다(대법원 1972. 5. 23. 선고 71도2334 판결, 대법원 2003. 10. 10. 선고 2003도3516 판결, 대법원 2008. 5. 15. 선고 2005도7911 판결 등 참조). 이러한 소극적 손해는 재산증가를 객관적·개연적으로 기대할 수 있음에도 임무위배행위로 이러한 재산증가가 이루어지지 않은 경우를 의미하는 것이므로 임무위배행위가 없었다면 실현되었을 재산 상태와 임무위배행위로 말미암아 현실적으로 실현된 재산 상태를 비교하여 그 유무 및 범위를 산정하여야 할 것이다.

나. (1) 주식회사는 상행위 기타 영리를 목적으로 하여 설립된 사단법인으로서, 주식회사의 자본은 사업을 영위하기 위한 물적 기초를 구축하기 위하여 주주들이

출연하는 금원이고, 주식은 주주들이 출자비율에 따라 주식회사에 대하여 가지는 지분이다. 주식회사가 회사 운영을 위하여 필요한 자금을 조달하는 수단으로는 신주를 발행하여 자기자본을 증가시키는 방법과 사채의 발행이나 금융기관으로부터의 대출 등에 의하여 타인자본을 조달하는 방법 등이 있다. 전환사채나 신주인수권부사채(이하 '전환사채 등'이라고 하며, 유상증자를 위해 발행되는 신주와 함께 '신주 등'이라 한다)는 타인자본의 조달수단인 사채의 일종이라는 점에서 주식과는 법적 성질을 달리하지만, 양자 모두 사채권자의 전환권 또는 신주인수권의 행사에 의하여 신주발행이 이루어지고 사채권자의 지위가 주주로 변경된다는 점에서 잠재적 주식으로서의 성질을 가지고, 이러한 이유로 상법은 전환사채 등의 발행에 있어서는 신주발행에 관한 규정을 준용하도록 하고 있다(상법 제516조, 제516조의10).

(2) 회사가 주주들에게 지분비율에 따라 신주 등을 유상으로 발행하는 경우에, 회사로서는 그 인수대금만큼 자금이 유입됨으로써 자본 및 자산의 증가가 이루어지는데 주주들로서는 신주 등을 인수하더라도 기존에 보유하던 지분비율에는 아무런 영향이 없고 단지 보유 주식수만 늘어나는 것이므로 실질적으로는 기존 주식의 분할과 주주들의 추가 출자가 동시에 이루어지는 셈이라고 할 것이다.

그리고 주주는 회사에 대하여 주식의 인수가액에 대한 납입의무를 부담할 뿐(상법 제331조) 인수가액 전액을 납입하여 주식을 취득한 후에는 주주유한책임의 원칙에 따라 회사에 대하여 추가 출자의무를 부담하지 아니하는 점, 회사가 준비금을 자본으로 전입하거나 이익을 주식으로 배당할 경우에는 주주들에게 지분비율에 따라 무상으로 신주를 발행할 수 있는 점 등에 비추어 볼 때, 회사가 주주배정의 방법, 즉 주주가 가진 주식수에 따라 신주 등의 배정을 하는 방법으로 신주 등을 발행하는 경우에는 발행가액 등을 반드시 시가에 의하여야 하는 것은 아니다. 그러므로 회사의 임원인 이사로서는 주주 배정의 방법으로 신주를 발행함에 있어서 원칙적으로 액면가를 하회하여서는 아니 된다는 제약(상법 제330조, 제417조) 외에는 주주 전체의 이익과 회사의 자금조달의 필요성과 급박성 등을 감안하여 경영판단에 따라 자유로이 그 발행소건을 정할 수 있다고 보아야 할 것이므로, 시가보다 낮게 발행가액 등을 정함으로써 주주들로부터 가능한 최대한의 자금을 유치하지 못하였다고 하여 배임죄의 구성요건인 임무위배, 즉 회사의 재산보호의무를 위반하였다고 볼 것은 아니다.

(3) 그러나 주주배정의 방법이 아니라 제3자에게 인수권을 부여하는 제3자배정 방법의 경우, 제3자는 신주 등을 인수함으로써 회사의 지분을 새로 취득하게

되므로 그 제 3 자와 회사와의 관계를 주주의 경우와 동일하게 볼 수는 없는 것이다. 제 3 자에게 시가보다 현저하게 낮은 가액으로 신주 등을 발행하는 경우에는 시가를 적정하게 반영하여 발행조건을 정하거나 또는 주식의 실질가액을 고려한 적정한 가격에 의하여 발행하는 경우와 비교하여 그 차이에 상당한 만큼 회사의 자산을 증가시키지 못하게 되는 결과가 발생하는데, 이 경우에는 회사법상 공정한 발행가액과 실제 발행가액과의 차액에 발행주식수를 곱하여 산출된 액수만큼 회사가 손해를 입은 것으로 보아야 한다. 이러한 회사의 손해는, 시가보다 낮은 가격으로 발행된 신주와 기존 주주들이 보유하고 있던 구주가 주주평등의 원칙에 따라 동등하게 취급됨으로 말미암아 구주의 실질가치가 희석됨으로써 기존 주주들이 입는 손해와는 그 성질과 귀속 주체를 달리하며 그 평가방법도 일치하지 아니하므로, 신주 등의 저가발행으로 인한 회사의 손해와 주주의 손해는 마땅히 구별되어야 할 성질의 것이다. 그렇기 때문에 상법은 신주 등의 발행에 있어서 제 3 자가 이사와 통모하여 현저하게 불공정한 발행가액으로 주식을 인수한 경우 회사에 대하여 공정한 발행가액과의 차액에 상당한 금액을 지급할 책임을 인정하고(상법 제424조의2 제 1 항, 제516조 제 1 항, 제516조의10), 이러한 경우에 기존 주주는 회사에 대하여 제 3 자를 상대로 위 공정한 발행가액과의 차액에 상당한 금원의 지급을 구하는 소를 제기할 것을 청구할 수 있으며, 만일 회사가 이러한 청구에 응하지 않을 경우에는 주주가 직접 제 3 자를 상대로 회사를 위하여 공정한 발행가액과의 차액에 상당하는 금원의 지급을 구하는 대표소송을 제기할 수 있을 뿐 아니라(상법 제424조의2 제 2 항, 제403조), 이와는 별도로 이사는 회사에 대하여 임무위배로 인한 손해배상책임을 부담하는 것이다(상법 제399조 제 1 항). 결국 이와 같이 현저하게 불공정한 가액으로 제 3 자배정방식에 의하여 신주 등을 발행하는 행위는 이사의 임무위배행위에 해당하는 것으로서 그로 인하여 회사에 공정한 발행가액과의 차액에 상당하는 자금을 취득하지 못하게 되는 손해를 입힌 이상 이사에 대하여 배임죄의 죄책을 물을 수 있다고 할 것이고, 그것이 종래 대법원의 판례이기도 하다(대법원 2001. 9. 28. 선고 2001도3191 판결, 대법원 2005. 5. 27. 선고 2003도5309 판결 등 참조).

2. 가. 원심은 그 판시 증거들을 종합하여, 삼성에버랜드 주식회사(이하, '에버랜드'라고 한다)는 1996. 10. 30. 이사회를 열어 총 17명의 이사 중 8명이 참석한 상태에서 무기명식 이권부 무보증전환사채의 발행을 결의하였는데, 그 주요 내용은 전환사채의 총액은 9,954,590,000원, 자금의 사용목적은 시설자금, 사채의

배정방법은 1996. 11. 14.을 기준으로 주주에게 우선 배정하되 실권시에는 이사
회의 결의에 의하여 제 3 자에게 배정하고, 전환의 조건은 전환사채의 총액을 전
환가액으로 나눈 주식의 수를 기명식 보통주식으로 발행하며 그 전환가액은 1주
당 7,700원으로 정한 사실, 이 사건 전환사채의 발행 당시 에버랜드의 법인주주
들은 에버랜드가 계열사로 있는 삼성그룹의 다른 계열사이거나 계열사이었다가
계열 분리된 8개 회사와 1개의 재단법인이고, 개인주주들은 삼성그룹의 회장인
이○○를 비롯하여 대부분 삼성그룹 계열사의 전현직 임원들인 17명이었던 사
실, 에버랜드는 주주들에게 1996. 10. 30. 전환사채 배정기준일 통지를, 1996. 11.
15. 전환사채 안내를 발송하여, 전환사채 발행총액, 발행방법 및 배정금액은 각
위와 같고, 배정기준일은 1996. 11. 14. 16:00이며, 배정방법은 배정기준일 현재
주주명부에 등재된 주주에게 주식지분비율대로 배정하되 실권시 이사회 결의에
의하여 제 3 자에게 배정하며, 전환사채 청약 및 납입일은 각 1996. 12. 3.이며,
사채청약증거금은 배정 금액의 100%이고, 청약 및 납입장소는 각 에버랜드 경
영관리팀(서울 중구 을지로 1가 50 삼성빌딩 12층)이라고 알려주었으며, 주주들이
그 무렵 통지 등을 수령한 사실, 주주들 중 제일제당 주식회사(이하, '제일제당'이
라고 한다)는 위 전환사채 청약만기일까지 그 지분비율(2.94%)에 따른 전환사채
의 인수청약을 하였으나 나머지 주주들은 해당 전환사채(97.06%)의 인수청약을
하지 아니한 사실, 에버랜드는 같은 날 이사회를 개최하여 주주들이 실권한 전
환사채를 이○○의 장남인 이□□ 등 4인(이하 '이□□ 등'이라고 한다)에게 배정하
기로 하는 안건을 의결하였고 그에 따라 이□□ 등은 같은 날 인수청약 및 인수
대금 납입을 완료하였으며, 그 후 각 전환권을 행사하여 에버랜드의 주주가 된
사실, 당시 에버랜드는 자금의 수요는 있었으나 긴급하고 돌발적인 자금조달의
필요성은 없었던 사실 등을 인정하고, 1996. 10. 30.자 이사회 결의는 정족수 미
달로 무효이고, 그 이사회 결의 내용 중 '실권시 제 3 자배정'이라는 부분 역시
여전히 무효인 상태이므로 에버랜드의 임원인 피고인들로서는 더 이상의 발행절
차를 중단해야 하고 제 3 자에 대한 배정으로 나아가서 말아야 하는데도 그 상태
에서 제 3 자에 대한 배정에 나아간 것은 실질적으로 주주배정이 아니라 제 3 자
배정으로 보아야 한다고 전제한 다음, 당시 에버랜드의 대표이사였던 피고인 허
○○과 상무이사인 경영지원실장으로 근무하면서 에버랜드의 자금조달계획을 수
립, 집행하는 등의 업무에 종사한 피고인 박△△은 이를 알면서도 마치 유효한
결의가 있었던 것처럼 가장하여 전환사채 발행에 나아간 점, 제 3 자인 이□□ 등

에게 현저히 낮은 가격에 배정한 점, 긴급한 경영상의 필요도 없는 상태에서 기존 주주들의 동의도 없이 특정 제 3 자에게 전환사채를 몰아서 배정하여 회사의 지배권을 넘긴 점 등에서 피고인들의 임무위배를 인정할 수 있다고 보아 공소사실을 유죄로 인정하였다.

나. 이사는 회사에 대하여 법령과 정관의 규정에 따라 직무를 충실하게 수행하여야 할 선관주의의무 내지 충실의무를 부담하는 것이므로, 신주 등을 발행함에 있어서 이사로서의 임무에 위배하고 그로 인하여 회사에 손해를 입힌 경우에는 업무상배임의 죄책을 지게 된다. 그런데 회사가 주주배정의 방법으로 신주 등을 발행하는 경우에는 신주의 발행가액 등이 시가보다 현저히 낮다고 하더라도 특별한 사정이 없는 한 이사로서의 임무를 위배하여 회사에 손해를 입혔다고 볼 수 없음은 앞서 살펴본 바와 같다. 그러나 회사가 제 3 자배정의 방법으로 신주 등을 발행하는 경우에는 회사의 재무구조, 영업전망과 그에 대한 시장의 평가, 주식의 실질가액, 금융시장의 상황, 신주의 인수가능성 등 여러 사정을 종합적으로 고려하여, 이사가 그 임무에 위배하여 신주의 발행가액 등을 공정한 가액보다 현저히 낮추어 발행한 경우에 해당하는지를 살펴 이사의 업무상 배임죄의 성립 여부를 판단하여야 할 것이다.

(1) 먼저 이 사건 전환사채의 발행이 제 3 자배정의 방법에 의한 것인지 여부에 관하여 본다.

신주 등의 발행에 있어서 주주배정방식과 제 3 자배정방식을 구별하는 기준은 회사가 신주 등을 발행함에 있어서 주주들에게 그들의 지분비율에 따라 신주 등을 우선적으로 인수할 기회를 부여하였는지 여부에 따라 객관적으로 결정되어야 할 성질의 것이지, 신주 등의 인수권을 부여받은 주주들이 실제로 인수권을 행사함으로써 신주 등을 배정받았는지 여부에 좌우되는 것은 아니다. 회사가 기존 주주들에게 지분비율대로 신주 등을 인수할 기회를 부여하였는데도 주주들이 그 인수를 포기함에 따라 발생한 실권주 등을 제 3 자에게 배정한 결과 회사 지분비율에 변화가 생기고, 이 경우 신주 등의 발행가액이 시가보다 현저하게 낮아 그 인수권을 행사하지 아니한 주주들이 보유한 주식의 가치가 희석되어 기존 주주들의 부(富)가 새로이 주주가 된 사람들에게 이전되는 효과가 발생하더라도, 그로 인한 불이익은 기존 주주들 자신의 선택에 의한 것일 뿐이다. 또한 회사의 입장에서 보더라도 기존 주주들이 신주 등을 인수하여 이를 제 3 자에게 양도한 경우와 이사회가 기존 주주들이 인수하지 아니한 신주 등을 제 3 자에게 배정한 경우를 비교하여 보면 회사에 유입되는 자금의 규모에 아무런 차이가 없을 것이므로, 이사가 회사에 대한 관계에서 어떠한 임무에 위배하여 손해를 끼쳤다고 볼 수는 없다.

원심판결 이유에 의하면, 이 사건 전환사채의 배정은 실질적으로 주주배정이 아니라 제 3 자배정으로 보아야 한다는 것인데, 그 의미가 피고인들이 내심으로는 기존 주주들이 전환사채의 청약을 하지 아니함으로써 실권할 것을 기대하였다는 취지인지, 아니면 주주들 가운데 제일제당만이 인수청약을 하였을 뿐 대부분의 다른 주주들이 인수청약을 하지 아니함으로써 실권한 이상 그 경제적 효과가 제 3 자배정방식에 의한 경우와 같다는 취지인지 분명하지 않지만, 원심이 인정한 사실에 의하더라도 이 사건 전환사채의 발행은 주주배정방식에 의한 것임이 분명하고, 에버랜드의 이사회가 실권한 전환사채를 이□□ 등에게 배정한 것은 기존 주주들 스스로가 인수청약을 하지 않기로 선택한 데 기인한 것이므로 이 사건 전환사채의 발행이 제 3 자배정방식에 의한 것이라고 선뜻 단정해서는 안 될 것이다.

그리고 상법상 전환사채를 주주배정방식에 의하여 발행하는 경우에도 주주가 그 인수권을 잃은 때에는 회사는 이사회의 결의에 의하여 그 인수가 없는 부분에 대하여 자유로이 이를 제 3 자에게 처분할 수 있는 것인데(상법 제513조의3, 제419조 제 4 항, 제469조), 단일한 기회에 발행되는 전환사채의 발행조건은 동일하여야 하므로, 주주배정으로 전환사채를 발행하는 경우에 주주가 인수하지 아니하여 실권된 부분에 관하여 이를 주주가 인수한 부분과 별도로 취급하여 전환가액 등 발행조건을 변경하여 발행할 여지가 없다. 즉, 사채는 채권(債券) 발행의 방법에 의한 기채(起債)로서 유통성, 공중성, 집단성 등의 성질을 가지고 있으므로, 동일 종류의 사채에서는 각 사채의 금액은 균일하거나 최저액으로 정제(整除)할 수 있는 것이어야 하고(상법 제472조 제 2 항), 채권에 법에 정한 사항을 기재하여 발행하여야 한다(상법 제478조 제 2 항). 전환사채의 경우 회사는 전환사채의 총액, 전환의 조건, 전환으로 인하여 발행할 주식의 내용, 전환을 청구할 수 있는 기간 등을 결정한 뒤 이러한 사항 등을 사채청약서, 채권, 사채원부에 기재하여야 하고(상법 제513조 제 2 항, 제514조), 전환사채의 납입이 완료된 때에는 위 각 사항 등을 등기하도록 규정하고 있는바(상법 제514조의2), 이는 같은 기회에 발행하는 전환사채의 발행조건 등이 동일한 것을 전제로 하는 것이다. 그러므로 주주배정의 방법으로 주주에게 전환사채인수권을 부여하였지만 주주들이 인수청약하지 아니하여 실권된 부분을 제 3 자에게 발행하더라도 주주의 경우와 같은 조건으로 발행할 수밖에 없고, 이러한 법리는 주주들이 전환사채의 인수청약을 하지 아니함으로써 발생하는 실권의 규모에 따라 달라지는 것은 아니다.

　이 사건에서 주주들 가운데 제일제당은 이 사건 전환사채를 이사회가 결정한 발행조건으로 인수청약하여 이를 배정받았음은 위에서 본 바와 같은바, 이 경우 제일제당 이외의 기존 주주들이 인수청약을 하지 아니하여 실권된 부분에 대하여 전환사채의 발행을 계속할 때에는 반드시 이사회를 통하여 전환의 조건 등 전환사채의 발행사항을 변경하여 발행하여야 한다면, 회사의 이사에게 동일한 기회에 발행되는 전환사채의 발행가액을 서로 달리하여 발행함으로써 동일 종류의 사채에서 그 발행조건이 상이한 채권을 발행하도록 강제하는 것이 될 것인데, 이는 오히려 이사에게 사채권자평등의 원칙에 반하는 결과를 의무지우는 것으로서 이를 인정할 만한 아무런 법적 근거가 없다(더 나아가 전환사채의 전부가 실권된 경우라 하더라도, 예를 들어 주주 1인이 모든 주식을 보유하고 있는 비상장 법인인 1인 회사의 경우에 이사의 전환사채 발행 당시 그 1인 주주가 전환사채를 전부 인수하여 이를 제3자에게 양도하는 것에 갈음하여 미리 그 전부에 대하여 실권을 예정하고 있다가 제3자에게 그 발행조건 그대로 배정되도록 하였다면, 이를 두고 이사가 임무에 위배하였다고 볼 수는 없다).

　따라서 이 사건 전환사채의 발행이 실질적 제3자배정방식에 해당한다는 원심판결에는 전환사채의 발행에 관한 법리를 오해한 위법이 있다.

　이 점을 지적하는 피고인들의 상고이유 주장은 이유 있다.

　⑵ **전환사채 발행을 위한 이사회 결의가 정족수 미달로써 무효임에도 전환사채 발행절차를 진행한 것이 배임죄에서의 임무위배에 해당하는지 여부에 관하여 본다.**

　배임죄에 있어서 임무위배행위라 함은 형식적으로 법령을 위반한 모든 경우를 의미하는 것이 아니고, 문제가 된 구체적인 행위유형 또는 거래유형 및 보호법익 등을 종합적으로 고려하여 경제적 실질적 관점에서 본인에게 재산상의 손해가 발생할 위험이 있는 행위를 의미한다(대법원 2008. 6. 19. 선고 2006도4876 전원합의체 판결 등 참조).

　이러한 법리에 비추어 살펴보면, 이 사건 전환사채의 발행이 주주배정방식으로 이루어진 이상 회사에게 어떠한 손해가 생겼다고 보기 어려운 점, 신주발행에 관한 이사회의 결의가 없거나 그 결의에 흠이 있다고 하더라도 이사회의 결의는 회사의 내부적 의사결정에 불과하므로 신주발행의 효력에는 영향이 없는 점(대법원 2007. 2. 22. 선고 2005다77060, 77077 판결 등 참조), 이 사건 실권된 전환사채를 이 □□ 등에게 배정하기로 의결한 위 1996. 12. 3.자 이사회 결의에 어떠한 흠이 있다고 인정할 아무런 자료가 없는 점 등을 종합하여 보면, 피고인들이 이 사건 전환사채의 발행절차를 중단하지 아니하고 이를 진행한 것이 회사의 재산보호의무 위반으로서의 임무위배에 해당한다고 볼 수는 없다.

따라서 이 점에 관한 원심의 판단은 배임죄의 임무위배에 관한 법리를 오해한 위법이 있다.

이 점을 지적하는 피고인들의 상고이유 주장도 이유 있다.

⑶ 지배권 이전을 목적으로 한 전환사채의 발행이 이사의 임무위배에 해당하는지 여부에 대하여 본다.

이사가 주식회사의 지배권을 기존 주주의 의사에 반하여 제3자에게 이전하는 것은 기존 주주의 이익을 침해하는 행위일 뿐 지배권의 객체인 주식회사의 이익을 침해하는 것으로 볼 수는 없다 할 것인바, 주식회사의 이사는 주식회사의 사무를 처리하는 자의 지위에 있다고 할 수 있지만 주식회사와 별개인 주주들에 대한 관계에서 직접 그들의 사무를 처리하는 자의 지위에 있는 것은 아니다(대법원 2004. 6. 17. 선고 2003도7645 전원합의체 판결 참조). 더욱이 경영권의 이전은 지배주식을 확보하는 데 따르는 부수적인 효과에 불과한 것인바(대법원 2004. 2. 13. 선고 2001다36580 판결 참조), 회사 지분비율의 변화가 기존 주주 스스로의 선택에 기인한 것이라면 이사에게 지배권 이전과 관련하여 임무위배가 있다고 할 수 없다.

따라서 회사 지배권의 이전을 초래하는 다량의 실권된 전환사채를 제3자에게 배정한 것이 이사로서의 임무위배에 해당한다고 본 원심의 판단에는 배임죄의 임무위배에 관한 법리를 오해한 위법이 있다.

이 점을 지적하는 피고인들의 상고이유 주장도 이유 있다.

⑷ 이 사건 전환사채의 전환가액에 관한 검사의 상고이유에 대하여 본다.

검사의 상고이유는 이 사건 전환사채의 적정 전환가액을 주당 85,000원으로 보아야 함에도 원심이 그 판시와 같은 이유를 들어 주당 14,825원으로 인정하고 그 범위 내에서만 죄책을 인정한 것이 부당하다는 취지이나, 이 사건 전환사채는 주주배정의 방법으로 발행되었고, 주주배정의 방법에 의하여 전환사채를 발행할 경우에는 반드시 시가 또는 주식의 실질가액을 반영한 전환가액으로 발행하여야 하는 것이 아니라는 것은 앞서 살펴 본 바와 같으므로, 이 사건 전환사채의 전환가액이 적정한지 여부에 관하여는 더 나아가 판단할 필요도 없이 검사의 상고이유 주장은 이유 없다.

⑸ 결국 위 각 점을 지적하는 피고인들의 상고이유 주장은 이유 있고, 검사의 상고이유 주장은 이유 없으므로, 피고인들의 나머지 상고이유 주장에 나아갈 것도 없이 원심판결은 파기를 면하지 못한다.

3. 그러므로 원심판결을 파기하고, 사건을 다시 심리·판단하게 하기 위하여 원심법원에 환송하기로 하여, 주문과 같이 판결한다.

이 판결에는 위 2. 나. ⑴항에 대한 대법관 김영란, 대법관 박시환, 대법관 이홍훈, 대법관 김능환, 대법관 전수안의 반대의견과 다수의견과 결론은 같으나 이유를 달리하는 대법관 양승태의 별개의견이 있는 외에는 관어 대법관의 의견이 일치하였다.

4. 대법관 김영란, 대법관 박시환, 대법관 이홍훈, 대법관 김능환, 대법관 전수안의 반대의견은 다음과 같다.

신주 등의 발행에 있어 주주배정방식의 경우와 제 3 자배정방식의 경우를 구별하여야 하고 그에 따라 이사의 임무도 그 내용을 달리 한다는 점에서는 다수의견과 견해를 같이하지만, 다수의견이 이 사건은 주주배정방식으로 전환사채를 발행한 경우이므로 피고인들이 이를 저가발행하였더라도 회사에 대한 임무위배에 의한 배임죄로 의율할 수 없다고 본 데에는 다음과 같은 이유로 동의할 수 없다.

가. 먼저, 주주배정방식에 의한 신주 등의 발행과 제 3 자배정방식에 의한 발행이 구별되어야 하는 이유 및 근거에 관한 다수의견은 기본적으로 타당하지만, 적절치 아니한 점도 있다고 생각되므로 다음과 같이 다수의견을 보충하거나 바로잡고자 한다.

⑴ 주식회사는 주식을 기본단위로 하여 자본적으로 결합된 사단이다. 상법은 주식회사의 자본은 주식으로 분할하여야 하고(상법 제329조 제 2 항), 주식회사의 설립에 있어 회사가 발행할 주식의 총수와 1주의 금액은 반드시 정관에 기재하여야 하며(상법 제289조 제 1 항), 발행주식의 총수, 그 종류와 각종 주식의 내용과 수를 자본의 총액과 함께 회사설립등기시에 등기하여야 하고(상법 제317조 제 1 항), 회사의 성립 후에 회사가 주식을 발행함에 있어서는 그 신주의 종류와 수뿐만 아니라 신주의 발행가액을 결정하도록 규정하고 있다(상법 제416조). 그러므로 회사설립에 있어서는 물론, 신주의 발행에 있어서도 발행할 주식의 총수뿐만 아니라 1주의 금액 내지 발행가액이 동시에 결정되어야 한다. 신주 등의 발행에 있어 1주의 발행가액의 적정성을 도외시한 채 발행총액의 적정성만을 따지는 것은 올바른 접근방법이 아니다.

그리고 주식회사의 설립에 있어 발기인은 주식을 인수하여야 하고(상법 제293조), 회사설립시에 발행한 주식으로서 회사성립 후에 아직 인수되지 아니하거나 주식인수의 청약이 취소된 주식은 발기인이 공동으로 인수하여야 하고, 인수가액의 납입이 완료되지 아니한 주식에 대하여는 발기인이 연대하여 납입하여야 하며(상법 제321조), 주식회사를 설립함에는 발기인이 정관을 작성하여야 하고(상법 제288조), 회사설립시에 발행하는 주식의 종류와 수 및 액면 이상의 주식을 발행하는 때에 있어서의 그 수와 금액은 정관에 정함이 없으면 발기인 전원의 동의로 이를 정한다(상법 제291조). 그러므로 1주의 금액이나 발행주식의 총수 및 자본금액은 기본적으로 주주들이 결정할 문제이다. 이는 회사설립시에 발행하는 모든 주식이 발기인을 포함한 주주들에 의하여 인수되고 납입되는 것을 전제로 하는 것이다. 이러한 법리는 신주의 발행이나 전환사채 또는 신주인수권부사채의 발행에 있어서도 마찬가지이어서, 신주 등의 종류와 수 및 발행가액은 기본적으로 주주들이 결정할 문제이다. 회사의 자본 및 자산가치가 주식의 액면가 및 시가로 반영되는 것이므로 회사에 얼마를 더 출자하고 회사의 자본과 자산을 몇 주의 주식으로 분할할 것인지는 주주들에게 달려 있기 때문이다. 그리하여 상법은 이에 관하여 정관의 규정에 따르는 것이 원칙이고 그 정관에서 주주총회에서 이를 결정하도록 정한 경우 외에는 이사회가 결정한다고 규정하고 있을 뿐, 그 발행가액에 관하여는 액면가 이상이어야 한다는 것 외에는 특별한 제한은 두고 있지 않다(상법 제330조, 제416조, 제417조 제 1 항, 제513조 제 2 항, 제516조의2 제 2 항). 따라서 신주 등의 발행에 있어서도, 주주배정방식으로 발행하여 모든 신주가 주주에게 인수되고 납입되는 것을 전제로 하는 한에 있어서는, 이사회가 그 발행가액을 액면가 이상의 가액으로 적절히 정할 수 있고, 이를 시가로 정해야만 하는 것은 아니다.

그러나 제 3 자배정방식에 의한 신주 등의 발행에 있어서는 이와 동일하게 볼 수 없다. 상법은 이를 직접적으로 규율하는 규정을 두고 있지 않다. 그렇지만 이사가 적정가액, 즉 시가로 발행할 의무가 있음을 당연한 전제로 하여, 이사와 통모하여 현저하게 불공정한 가액으로 주식을 인수한 자는 회사에 대하여 공정한 발행가액과의 차액에 상당한 금액을 지급할 의무가 있다고 규정하고(상법 제424조의2 제 1 항. 주주배정방식에서는 모든 주주가 평등하게 취급되므로 어느 주주가 다른 주주에 대하여 회사에 대한 차액 지급을 청구할 여지가 없고 따라서 주주배정방식에는 위 규정이 적용되지 않는다고 보아야 할 것이다. 주주중 일부에게만 신주를 배정, 발행하거나 주주들 사이에 발행조건에 차등을 두어 발행하는 것은 여기에서의 주주배정방식에 해당하지 않는다고 할 것이다), 이 경우 이사는 기존 주주 및 회사에 대하여 손해배상책임을 지는 것으로 규정하고 있다(상법 제399조, 제401조). 전환사채 등을 제 3 자배정방식으로 발행함에 있어서는, 주주배정방식인 경우와는 달리, 그 사채의 발행에 관한 사항은 정관에 규정이 없으면 주주총회의 특별결의로써 이를 정하여야 하며, 여기에는 상법 제424조의2의 규정이 준용되므로(상법 제513조 제 3 항, 제516조의2 제 4 항, 제516조 제 1 항, 제516조의10) 전환사채 등의 제 3 자배정방식에 의한 발행에 있어서도 전환의 조건 등의 발행에 관한 사항은 공정한 가액, 즉 시가에 따라 정해져야 한다.

  (2) 이와 같이 신주 등의 발행에 있어 주주배정방식과 제 3 자배정방식이 구별되고 달리 취급되어야 하는 이유는 그 본질 내지 성질이 다르기 때문이다. 주식회사는 그 주식을 소유한 주주들에 의하여 자본적으로 결합된 사단이고, 주주는 그가 가진 주식의 인수가액을 한도로 하여 책임을 질 뿐(상법 제331조) 추가출자의무를 지지 아니한다. 따라서 모든 신주를 주주들이 그 가진 주식수에 비례하여 인수하고 납입하는 것을 전제로 하는 한에 있어서는, 자본충실의 원칙상 그 발행가액을 액면가 이상으로 정하기만 하면 그것으로 충분하고, 액면가보다 훨씬 고가인 시가로 정함으로써 그 차액만큼을 추가로 출자하도록 요구할 수 없고 이를 요구할 의무도 없으며, 그 결과 신주를 저가로 발행함으로써 이를 시가로 발행했을 경우에 비하여 적은 자금이 회사에 유입되었다고 하더라도 이를 회사의 손해로 평가할 수 없다. 시가로 발행할 의무가 없으므로 임무위반을 논할 수 없고 따라서 그 차액 상당을 회사가 얻을 수 있었던 것으로 볼 수 없는 것이다. 그러나 제 3 자가 신주 등을 인수하여 그 인수가액을 납입하는 경우에는, 그 제 3 자는 새로이 주주가 되어 기존 주주와 동등한 권리와 지위를 취득하게 되는 것이므로 그 제 3 자에 대한 신주 등의 발행가액은 곧 기존 주주와 동등한 권리를 취득하는 데 대한 대가로서의 의미를 가진다. 따라서 회사로서는, 법률에 다른 정함이 있는 등의 특별한 사정이 없는 한, 그 제 3 자로부터 정당한 대가를 받을 권리와 의무가 있다고 할 것이다. 신주 등을 저가로 제 3 자에게 배정, 발행하면 기존 주식의 가치가 하락하여 희석화되며 기존 주주의 주식보유 비율에 변동을 초래하여 회사의 지배권이 이전되기도 한다. 그러나 주식의 가치는 회사의 자산가치가 반영된 것이므로, 주식가치의 희석화는 신주 등이 제 3 자에게 저가로 발행됨에 따라 시가로 발행되었을 경우와의 차액만큼의 자금이 회사에 덜 유입된 결과가 주식가치에 반영된 것일 뿐이고 기존의 주주들이 어떤 출연을 한 결과가 아니며, 회사의 지배권 변동은 회사의 이해관계와는 직접적인 관련이 없다. 그러므로 신주 등의 발행에 있어 주주배정방식과 제 3 자배정방식이 구별되어 달리 취급되어야 하는 이유를 주주보호의 필요성에서 찾을 것은 아니다.

나. 다음으로, 이러한 법리를 전제로 하여 신주 등의 발행에 있어서의 이사의 임무와 저가발행에 따른 배임죄의 성부에 관하여 본다.

⑴ 주식회사의 이사는 주주총회에서 선임되고, 회사와 이사의 관계에는 위임에 관한 규정이 준용되므로(상법 제382조), 이사는 회사에 대한 관계에서 위임의 본지에 따라 선량한 관리자로서의 주의의무와 책임을 진다. 회사 성립 후에 이루어지는 신주의 발행은 회사의 업무이고 그 업무는 이사에게 위임되어 수행되는 것이므로, 이사는 위임의 본지에 따라 신주를 발행함에 있어 발행주식의 수뿐만 아니라 1주의 발행가액도 적정하게 결정할 의무를 진다. 그 발행주식의 수와 1주의 발행가액에 의하여 신주발행의 총액이 정해진다. 따라서 이사로서는 당연히, 주주배정방식의 발행에 있어서는 정관이나 주주총회의 결의로써 정한 경우 외에는 신주 등의 발행가액 등에 관하여 액면가 이상이어야 한다는 외에는 특별한 제한이 없어 경영판단의 법칙에 따라 적절히 정하는 것으로 충분하지만, 제3자배정방식의 발행에 있어서는 증자규모 또는 사채규모, 즉 신주 등의 발행을 통하여 조달할 자본 내지 자금의 총액뿐만 아니라 1주의 발행가액까지도 적정하게 결정할 선관의무가 있다고 할 것이다. 이 때 신주 등의 1주의 적정한 발행가액은 이를 인수하는 제3자가 기존 주주와 동등한 권리와 지위를 취득하는 데 대한 대가로서의 성질을 가지는 것이라는 점에 비추어 기존 주식의 시가 상당액이어야 함이 원칙이고, 다만 회사의 재무구조, 영업전망과 그에 대한 시장의 평가, 금융시장의 상황, 신주의 인수가능성 등 여러 사정을 종합적으로 고려한 경영판단에 따라 합리적이라고 인정되는 범위 내에서 상당한 정도로 감액하여 정할 수 있다고 할 것이다.

이사가 신주 등의 발행가액을 적정하게 결정하면 기존 주식의 가치가 하락하지 않지만, 이는 이사가 회사에 대한 관계에서 위임의 본지에 따른 의무를 이행한 결과일 뿐 주주에 대한 관계에서 주주보호의무를 이행한 결과는 아니다.

그러므로 신주 등의 발행에 있어 이사는 회사에게 필요한 만큼의 자금을 형성하면 될 뿐이고 그 자금의 규모에 상응하는 수량의 주식이 발행되어 필요한 자금이 조달되었다면 회사에 대한 관계에서 이사는 그 임무를 다한 것이라는 별개의 견은 1주의 발행가액이 신주의 수와 함께 적정하게 결정되어야 한다는 측면을 도외시한 것이라고 하겠다.

⑵ 신주 등의 발행을 통하여 조달되는 자금은 회사에 귀속되는 것이지 주주에게 귀속되는 것이 아니다. 따라서 신주 등을 저가로 제3자에게 배정, 발행하였다면, 적정한 가액, 즉 시가로 발행했을 경우에 비하여 그 발행가액의 차액에 발행

주식수를 곱한 만큼의 자금을 회사는 얻지 못한다. 이는 다수의견도 적절히 지적하는 바와 같이, 회사의 소극적 손해에 해당함이 분명하다. 다만, 주주배정방식으로 발행한 경우에는, 앞서 본 바와 같이 회사 내지 이사에게 시가발행의무를 지울 수 없으므로 그 차액 상당을 회사의 손해로 볼 수 없다.

그리고 시가는 시장에서의 통상의 거래가격을 의미하며, 손해는 법률적 관점에서의 규범적 평가이다. 따라서 회사 주식의 시가를 상정할 수 있다면 그 신주 등을 시가로 발행하더라도 당연히 인수가능성이 있다고 보아야 할 것이고, 신주 등을 시가보다 현저히 불공정하게 저가로 발행하면 회사는 그 시가와의 차액 상당의 손해를 입는 것이라고 보아야 할 것이다. 손해의 유무나 액수는 규범적 평가이므로, 신주를 시가로 발행했을 경우에 실제로 인수될 가능성이 있는지 여부를 일일이 따져서 회사의 손해발생 여부나 그 액수를 판단할 것은 아니다. 이 점에서, 신주 등을 시가로 발행하면 그 가격에 실제로 인수된다는 보장이 없다는 것을 이유로 손해의 발생을 부정하려는 별개의견은 부당하다.

그러므로 제3자배정방식에 의한 신주 등의 발행에 있어 이사가 그 주식의 발행가액을 시가로 정하지 아니하고 현저하게 불공정한 가액으로 발행하였다면, 이는 이사의 회사에 대한 선관의무 위반이 되고, 그로 인하여 회사에 그 차액 상당의 자금을 얻지 못하는 손해를 입힌 것이므로 이사의 회사에 대한 업무상배임죄가 성립된다고 할 것이다. 이 경우, 기존 주식의 가치가 하락하여 희석화되고 기존 주주의 주식 보유비율이 저하되는 등으로 기존 주주에게도 동시에 손해가 발생하지만, 그렇다고 하여 위에서 본 바와 같은 회사의 손해가 부정되어야 하는 것은 아니며, 별개의견처럼 회사와 주주의 손해를 중복적으로 인정하는 것으로 볼 것도 아니다.

(3) 전환사채 등을 발행하는 경우에, 그 전환사채 등이 누군가에게 인수되고 납입되면, 회사로서는 그 전환사채 등을 발행한 만큼의 자금을 얻게 되지만, 그렇다고 하여 언제나 회사에게 손해가 발생하지 않는 것은 아니다. 전환사채 등의 발행에서 전환조건으로 정한 1주의 전환가격에 따라 전환권이 행사되고 그에 따라 주식이 발행되었다면, 이는 곧 신주의 발행이다. 따라서 회사로서는 그와 같이 새로이 발행된 수의 주식을 시가로 발행한 것과 같은 만큼의 자금을 얻을 수 있어야 할 것이다. 전환조건으로 정한 1주의 가격이 저가이면 전환으로 발행된 수의 주식을 시가로 발행했을 경우와의 차액만큼이 회사에 덜 유입된 것이고, 이는 회사의 손해로 보아 마땅하다. 전환사채 등의 발행에 있어서도 그 발행총액뿐만 아니라 1주의 전환가격 역시 중요하다. 전환사채의 발행총액에 해당하는 자금을 회사가 얻

기만 하면 그것으로 충분하고 1주의 전환가격은 얼마로 하든지 문제되지 않는다고 볼 수는 없다. 회사에 대하여 위임의 본지에 따른 선관의무를 지는 이사로서는 전환사채의 총액뿐만 아니라 그 전환가격을 경영판단의 법칙에 따라 적정하게 정해야 한다.

별개의견은 전환사채의 저가발행이 회사의 손해가 아니라 주주의 손해를 초래할 뿐이라는 논거의 하나로 구 상속세 및 증여세법령이 전환사채의 저가발행시에 이를 인수한 자가 얻는 이익을 그 발행회사의 지배주주 등 특수관계에 있는 자로부터 증여받은 것으로 간주한다는 증여의제규정을 들고 있다. 그러나 이는 전환사채를 저가로 인수하여 이익을 얻은 자에게 증여세를 부과하기 위한 필요에서 나온 법기술적인 의제일 뿐이다. 이를 근거로 하여 전환사채가 제 3 자에게 저가발행되면 지배주주 등이 가져야 할 실질적인 자산가치가 제 3 자에게 이전되는 것이라고 보는 것은 본말이 전도된 것이다. 전환사채가 제 3 자에게 저가로 발행되었다고 하여 지배주주 등이 어떤 출연을 하는 것은 아니다.

(4) 신주 등의 발행이 주주배정방식인지 여부는, 발행되는 모든 신주 등을 모든 주주가 그 가진 주식수에 따라서 배정받아 이를 인수할 기회가 부여되었는지 여부에 따라 결정되어야 하고, 주주에게 배정된 신주 등을 주주가 인수하지 아니함으로써 생기는 실권주의 처리에 관하여는 상법에 특별한 규정이 없으므로 이사는 그 부분에 해당하는 신주 등의 발행을 중단하거나 동일한 발행가액으로 제 3 자에게 배정할 수 있다고 할 것이다. 그러나 주주배정방식으로 발행되는 것을 전제로 하여 신주 등의 발행가액을 시가보다 현저히 저가로 발행한 경우에, 그 신주 등의 상당 부분이 주주에 의하여 인수되지 아니하고 실권되는 것과 같은 특별한 사정이 있는 때에는, 그와 달리 보아야 할 것이다. 앞서 본 바와 같이 주주배정방식인지 제 3 자배정방식인지에 따라 회사의 이해관계 및 이사의 임무 내용이 달라지는 것이므로, 회사에 대한 관계에서 위임의 본지에 따른 선관의무상 제 3 자배정방식의 신주 등 발행에 있어 시가발행의무를 지는 이사로서는, 위와 같이 대량으로 발생한 실권주에 대하여 발행을 중단하고 추후에 그 부분에 관하여 새로이 제 3 자배정방식에 의한 발행을 모색할 의무가 있다고 할 것이고, 그렇게 하지 아니하고 그 실권주를 제 3 자에게 배정하여 발행을 계속할 경우에는 그 실권주를 처음부터 제 3 자배정방식으로 발행하였을 경우와 마찬가지로 취급하여 발행가액을 시가로 변경할 의무가 있다고 봄이 상당하다. 이와 같이 대량으로 발생한 실권주를 제 3 자에게 배정하는 것은, 비록 그것이 주주배정방식으로 발행한 결과라고 하더라도, 그 실질에 있어 당초부터 제 3 자배정방식으로 발행하는 것과 다를 바 없고, 이를 구별할 이유도 없기 때문이다.

　다수의견은 이러한 실권주의 발생은 주주가 신주인수권을 포기한 결과이므로 그 실권주를 제 3 자에게 배정하는 것은 주주배정방식에 의한 신주발행의 후속조치에 불과하고 따라서 그 실권주에 대하여 당초에 현저히 저가로 정한 발행가액을 그대로 유지하여도 무방하다는 취지이나, 이는 지나친 형식논리이다. 주주배정방식으로 발행된 신주 등의 전부가 실권된 경우를 상정해 보면, 다수의견의 부당힘은 보디 분명해진다. 이사는 회사에 대한 관계에서 위임의 본지에 따른 선관의무를 질 뿐 주주의 사무를 처리하는 지위에 있거나 주주의 이익을 보호할 의무를 지는 것은 아니다. 따라서 주주가 신주인수권을 포기하였다고 하여 회사에 대한 관계에서 그 실권주를 적정하게 처리하여야 할 이사의 의무가 소멸되지는 않는다. 또한 전환사채를 비롯한 신주 등의 발행이 법률적으로 유효하다는 것과 이사가 신주 등의 발행을 적정하게 처리하여야 할 의무 내지 임무와는 직접적인 관련이 없다. 신주 등의 발행이 유효하다고 하여 그 신주 등을 적정하게 발행하여야 할 이사의 의무가 소멸되는 것도 아니다. 상법에 특별한 규정은 없지만, 일반적으로 동일한 기회에 발행되는 전환사채의 발행조건은 균등하여야 한다고 해석되고 있음은 다수의견이 지적하는 바와 같다. 그러나 주주에게 배정하여 인수된 전환사채와 실권되어 제 3 자에게 배정되는 전환사채를 '동일한 기회에 발행되는 전환사채'로 보아야 할 논리필연적인 이유나 근거는 없다. 실권된 부분의 제 3 자배정에 관하여는 다시 이사회 결의를 거쳐야 하는 것이므로, 당초의 발행결의와는 동일한 기회가 아니라고 보지 못할 바 없다. 그 실권된 전환사채에 대하여는 발행을 중단하였다가 추후에 새로이 제 3 자배정방식으로 발행할 수도 있는 것이므로, 이 경우와 달리 볼 것은 아니다. 그리고 주주 각자가 신주 등의 인수권을 행사하지 아니하고 포기하여 실권하는 것과 주주총회에서 집단적 의사결정 방법으로 의결권을 행사하여 의결하는 것을 동일하게 평가할 수는 없는 것이므로, 대량의 실권이 발생하였다고 하여 이를 전환사채 등의 제 3 자배정방식의 발행에 있어 요구되는 상법 제513조 제 3 항, 제516조의2 제 4 항 소정의 주주총회의 특별결의가 있었던 것으로 간주할 수도 없다.

　그러므로 신주 등을 주주배정방식으로 발행하였다고 하더라도, 상당 부분이 실권되었음에도 불구하고, 이사가 그 실권된 부분에 관한 신주 등의 발행을 중단하지도 아니하고 그 발행가액 등의 발행조건을 제 3 자배정방식으로 발행하는 경우와 마찬가지로 취급하여 시가로 변경하지도 아니한 채 발행을 계속하여 그 실권주 해당부분을 제 3 자에게 배정하고 인수되도록 하였다면, 이는 이사가 회사에 대한 관계에서 선관의무를 다하지 아니한 것에 해당하고, 그로 인하여 회사에 자금이 덜 유입되는 손해가 발생하였다면 업무상배임죄가 성립한다고 보아야 할 것이다.

　　다. 이러한 법리에 따라 이 사건을 살펴보면, 이 사건 전환사채의 발행을 결의한 1996. 10. 30. 당시 에버랜드 주식의 시가는 주당 14,825원이었는데 피고인들이 참여한 이사회에서는 이 사건 전환사채를 주주배정방식으로 발행하되 전환가격을 1주당 7,700원으로 정하였다는 것인바, 위와 같은 전환가격은 주주배정방식으로 발행하는 한 아무런 문제가 없지만, 제3자배정방식으로 발행함에 있어서는 시가의 1/2 정도에 불과한 것으로서 경영판단의 법칙상 허용되는 상당한 범위를 넘어선 현저히 불공정한 가액이라고 보아야 할 것이다. 한편, 이 사건 전환사채는 당초에 주주배정방식으로 발행된 것인데, 주주 26명 중 제일제당만이 그에게 배정된 2.94%의 전환사채를 인수하였을 뿐 나머지 주주들은 97.06%에 해당하는 전환사채의 인수를 청약하지 아니하고 실권하였다는 것이므로, 이와 같이 대량으로 발생한 실권 부분을 제3자에게 배정하여 인수토록 하는 것은 앞서 본 바와 같이 주주배정방식의 발행에 있어서의 단순한 실권 부분의 처리라기보다는 제3자배정방식에 의한 발행으로서의 실질을 가지는 것으로 봄이 상당하고, 따라서 그 실권 부분을 제3자에게 배정함에 있어 그 전환가격 등의 발행조건을 정당한 가격으로 변경할 사유에 해당한다고 할 것이다. 그럼에도 불구하고 피고인들이 이사로서 이사회 결의에 참석하여 위 실권된 전환사채에 관한 전환가격을 정당한 가격으로 변경하지 아니한 채 당초의 전환가격 그대로 이□□ 등에게 배정하기로 결의하고 그에 따라 인수하게 한 후 그 전환권 행사에 따라 신주 1,254,777주를 이□□ 등에게 발행한 이상, 회사는 그 전환가격의 차액 상당의 자금을 얻지 못하는 손해를 입었다고 할 것이고, 이러한 피고인들의 행위는 회사에 대한 업무상배임죄에 해당한다고 할 것이다. 이와 같은 취지에서 나온 원심판결은 정당하여 유지되어야 하고 피고인들의 상고이유는 받아들일 수 없는 것이다.

　　이 사건의 실체는, 이 사건 전환사채 발행결의 당시 시행되던 구 상법(2001. 7. 24. 법률 제6488호로 개정되기 전의 것)의 규정상 제3자배정방식에 의한 신주의 발행이 허용되는지 여부가 분명치 아니하고 또한 에버랜드의 정관상 제3자배정방식에 의한 전환사채의 발행을 허용하는 규정이 없으며 그에 관한 주주총회의 특별결의를 얻기도 어렵다고 본 피고인들을 포함한 이사들이, 주주배정방식으로 전환사채를 발행하되 표면이율 연 1%, 만기보장수익률 연 5% 등으로 사채로서 별다른 매력이 없는 발행조건을 정함으로써 주주들 대부분이 실권하도록 유도하고 그 실권부분을 이□□ 등에게 배정, 인수하도록 한 것이라고 봄이 상당하고, 그러한 의미에서 이 사건 전환사채 발행의 실질은 제 3 자배정방식에 의한 발행이라고 봄이 상당하며, 그 형식에만 좇아 주주배정방식으로 볼 것은 아니다. 그리고 이ㅁㅁ 등은 이 사건 전환사채를 인수하여 그 사채금액을 납입한 직후에 곧바로 전환권을 행사하여 주식을 발행받았는바, 그와 같은 주식을 취득하게 하는 것이 이 사건 전환사채 발행의 궁극적인 목적이었다고 할 것이므로 그 실질은 전환사채 발행의 형식을 빌어서 세 3 자배정방식의 신주발행을 한 것이라고 봄이 상당하다.

형사사법의 궁극적 목표는 실체적 진실을 발견하고 그에 합당한 형벌법규를 적용하는 데에 있다. 다수의견이나 별개의견은 이 점에서 찬동하기 어렵다.

이상과 같이 반대의견을 밝혀 둔다.

5. 대법관 양승태의 별개의견은 다음과 같다.

이 사건 전환사채의 발행이 주주배정의 방식에 의해 발행된 것으로 볼 것이지 제 3 자배정방식에 의한 발행이 아니라고 본 다수의견의 결론에는 찬성한다. 그러나 다수의견이 위 결론의 전제로서, 이사가 신주를 발행함에 있어 주주배정의 방식에 의하는 경우와 제 3 자배정 방식에 의하는 경우를 구분하여, 전자의 경우에는 1주당 전환가액을 시가를 적정하게 반영한 적정한 가격보다 현저히 낮게 발행(이하 저가발행)하여도 배임죄가 성립되지 아니하고, 후자의 경우에는 회사가 위 적정한 발행가액과 실제발행가액의 차액에 발행주식수를 곱한 액수 상당의 손해를 입은 것으로 보아 배임죄가 성립된다고 보고 있는데(소수의견도 이 점에 관하여는 다수의견과 견해를 같이하고 있으므로, 결국 이 쟁점에 관한 한 이 별개의견이 유일한 반대의견이다), 이는 회사의 이익과 주주의 이익을 혼동하고 이사의 임무 범위를 부당히 확대하는 것으로서 찬동할 수 없고, 결론적으로 제 3 자배정방식이라는 사유만으로 배임죄가 성립되는 것은 아니라고 본다.

가. 배임죄는 타인의 사무를 처리하는 자가 그 임무에 위배하는 행위를 한 경우에 성립된다(형법 제355조 제 2 항). 그러므로 전환사채나 신주의 발행과 관련하여 이사의 배임죄가 성립하기 위해서는 무엇보다 먼저 회사에 대한 관계에서 이사에게 어떤 임무가 있는지를 규명하여야 할 것이다.

⑴ 신주의 발행은 무상주와 같은 예외적인 경우를 제외하고는 사채의 발행이나 금전의 차입 등과 같이 회사의 자금조달의 한 수단으로 행해진다. 회사에 자금이 필요한 때에는 이사는 가능한 방법을 동원하여 그 자금을 형성할 의무가 있다 할 것이나, 이사는 회사에게 필요한 만큼의 자금을 형성하면 될 뿐 그 이상 가능한 한 많은 자금을 형성하여야 할 의무를 지는 것은 아니고, 또 회사에 어느 정도 규

모의 자금이 필요한지, 어떠한 방법으로 이를 형성할 것인지는 원칙적으로 이사의 경영판단에 속하는 사항이라 할 것이다.

따라서 회사 경영상 자금이 긴급히 필요하고 신주나 사채의 발행을 통하여 충분히 자금을 형성할 수 있음에도 이사가 어떠한 이익을 얻기 위하여 그 자금을 형성하지 아니함으로 말미암아 회사의 경영에 타격을 주었다면 이는 회사에 대한 임무에 위배하여 손해를 미쳤다 할 것이지만, 회사에 경영상 자금이 필요하지 아니한데도 굳이 새로운 자금을 형성하여야 할 임무가 있다거나 일정한 규모의 자금을 형성하면 충분한 경우에 그 이상의 자금을 형성하여야 할 임무가 있다고 할 수는 없으므로 신주 또는 사채발행의 기회가 있었는데도 그와 같은 자금을 형성하지 않았다 하여 이를 임무위배라고 할 수는 없는 것이다.

(2) 그런데 신주발행에 의한 자금형성의 과정에서 신주를 저가발행하여 제 3 자에게 배정하게 되면 기존 주주의 지분율이 떨어지고 이른바 주식가치의 희석화로 말미암아 구 주식의 가치도 하락하게 되어 구 주식을 통한 기존 주주의 회사에 대한 지배력이 그만큼 약화되므로 기존 주주에게 손해가 발행한다. 그러나 상법상 회사와 주주는 서로 독립되어 있어 회사의 이익과 주주의 이익은 엄격히 구별되는 것이므로, 회사의 이사는 주주에 대한 관계에서 직접 그들의 사무를 처리하는 자의 지위에 있지 않으며, 따라서 이사의 행위로 인하여 주주에게 손해가 발생하더라도 배임죄가 성립되지 아니하고(대법원 2004. 6. 17. 선고 2003도7645 전원합의체 판결 등 참조), 반면 주주의 이익에 부합하는 행위라 하더라도 회사에 손해를 발생케 하였다면 이는 회사에 대한 관계에서 임무위배에 해당하므로 배임행위가 된다(대법원 1983. 12. 13. 선고 83도2330 전원합의체 판결, 대법원 1996. 8. 23. 선고 96도1525 판결 등 참조). 그러므로 신주의 저가발행으로 인하여 주주에게 위와 같은 손해가 발생한다 하여 그 때문에 회사에 대한 관계에서 이사에게 신주를 시가에 의하여 발행하여야 할 의무가 있다고 할 수는 없고, 회사에 필요한 자금의 규모에 상응하는 수량의 주식이 발행되어 그 필요자금이 조달되었다면 회사에 대해 이사는 그 임무를 다하는 것이며, 그로 인해 주주에게 불이익이나 손해가 발생하더라도 회사에 대한 임무위배가 없는 한 이사를 배임죄로 처벌할 수는 없다.

상법은 원칙으로 기존 주주에게 우선적으로 신주 배정을 받을 수 있는 신주인수권을 인정하고 있고, 또 제 3 자배정의 방식으로 신주를 발행하는 때에는 종전 주식가치의 하락을 방지하기 위해 신주 가격을 적정한 가격으로 정할 필요가 있다고 하겠으나, 이는 모두 주주의 이익을 보호하기 위한 장치일 뿐 회사 자체의 이익을 보호하기 위한 것은 아니다. 또 1주의 가격은 회사의 실질적 자산가치를 발행주식의 총수로 나눈 가치를 표상한다 할 것이므로 신주의 발행으로 회사의 자산가치가 증가하는 경우에도 주식수가 증가하여 1주의 가격은 하락할 수 있으나, 이로 인하여 그 주식을 통해 행사되는 기존 주주의 회사에 대한 지배력이 약화될 뿐 회사 자체의 자산가치가 감소되는 것은 아니다.

(3) 결국, 신주발행을 통하여 회사에 필요한 자금을 형성하였다면 회사에 대한 관계에서는 임무를 위배하였다고 할 수 없고, 신주발행으로 인해 종전 주식의 가격이 하락한다 하여 회사에게 손해가 있다고 볼 수도 없으며, 그 자금을 형성하는 과정에서 제3자에게 배정을 하거나 신주발행가액을 저가로 정함으로써 기존 주주에게 불이익을 주었다고 하더라도 주주의 이익과 회사의 이익을 분리하여 평가하는 배임죄의 원칙상 이를 회사에 대한 임무위배로 볼 수 없어, 배임죄가 성립한다고 볼 수 없다.

(4) 위와 같은 법리는 특수한 신주발행인 전환사채의 전환의 경우에는 더욱 명확하다. 일단 전환사채가 발행되면 그에 의해 먼저 회사에 자금이 형성되고, 그 후에 발행된 전환사채의 총액 범위 내에서 전환이 이루어져 신주가 발행되지만 그 신주발행에 의해 새로운 자금이 형성되는 것은 아니다. 따라서 사채를 주식으로 전환함으로써 이미 형성된 자금을 부채에서 자본으로 변경하는 것 자체는 회사의 이자 부담을 줄이는 것이어서 회사에게는 이익이 될 수 있을 뿐 전혀 불리할 것이 없고, 그 과정에서 제3자가 신주를 인수함으로 말미암아 발생하는 기존 주주의 지분율 감소 및 저가발행으로 인한 주식가치의 희석화는 모두 기존 주주가 입는 불이익일 뿐이므로, 주식 전환 조건을 기존 주주에게 불리하게 정하였다 하여 회사에 대한 임무위배가 될 수는 없다.

나. 다수의견은 제3자배정방식에 의해 전환사채를 발행하는 경우에는 이를 저가발행하면 시가를 적정하게 반영하여 발행조건을 정하거나 주식의 실질가액을 고려한 적정한 가격에 의하여 발행하는 경우와 비교하여 그 차액에 상당하는 만큼 회사의 자산을 증가시키지 못하게 되는 결과가 되어 회사에 그 금액 상당의 손해가 발생하므로 배임죄가 성립한다고 설명한다.

(1) 그러나 신주의 발행에 의해 회사에는 그만큼 새로운 자금이 형성될 뿐이므로 회사에 손해가 있다고 할 수 없다. 그럼에도 다수의견은 저가발행으로 인하여 시가에 의해 발행함으로써 얻을 수 있었던 자금이 유입되지 못하는 소극적 손해가 있다는 것이다. 그렇지만 배임죄가 성립되려면 회사에 대한 임무위배가 있고 그 임무

위배에 의하여 회사에 대한 손해가 발생하여야 하는데, 위 견해는 이사가 그의 임무에 따라 회사에 필요한 자금의 형성을 마쳤음에도 불구하고 주주 보호의 요청에 따라 시가발행을 하였을 때에는 회사에게 필요한 자금의 범위를 넘는 가외의 자금이 형성될 가능성이 있었음을 이유로 거꾸로 이사의 회사에 대한 임무위배가 있었다고 인정하는 것이 되어 배임죄의 논리에 맞지 않을 뿐 아니라, 1주의 전환가액과 전환될 주식수는 필요한 자금의 규모에 따라 서로 연계되어 결정되는 것이므로 전환가액만 높게 책정한다 하여 언제나 자금이 더 많이 형성되는 것도 아니다.

(2) 다수의견은, 저가발행으로 인한 회사의 손해는 구주의 실질가치가 희석됨으로써 기존 주주가 입는 손해와는 그 성질과 귀속 주체를 달리하며 그 평가방법도 일치하지 아니하므로 주주의 손해와 마땅히 구별되어야 할 성질이라고 설시하고 있으나, 이는 저가발행으로 인한 손해가 주주와 회사 양쪽에 중복하여 발생한다는 것이 되어 두 개의 손해를 인정하는 것이어서 매우 부당하다.

(3) 상법 제424조의2 제 1 항은 제 3 자가 이사와 통모하여 현저하게 불공정한 발행가액으로 신주를 인수한 경우에는 회사에 대하여 공정한 발행가액과의 차액에 상당한 금액을 지급할 책임을 인정하고 있고, 이 경우에 기존 주주는 회사에 대하여 제 3 자를 상대로 위 공정한 발행가액과의 차액에 상당한 금원의 지급을 구하는 소를 제기할 것을 청구하고 만일 회사가 응하지 않을 경우에는 주주가 직접 제 3 자를 상대로 대표소송을 제기할 수도 있는데(같은 조 제 2 항), 다수의견은 이 조항들이 제 3 자배정의 경우에는 시가발행의 의무가 있다는 근거라고 설명하고 있다. 그러나 위 각 조항은 기업자금조달의 원활화를 도모하기 위해 상법을 개정하여 신주발행의 기회를 확대하는 등 기동성 있는 자금조달방식을 도입하면서 그로 인해 기존 주주에게 불이익이 미치지 않도록 하기 위한 일련의 장치로 동시에 도입된 것임은 연혁적인 관찰에 의해서도 분명히 드러난다. 따라서 위 규정은 주주보호의 차원에서 신주발행에 있어 기존 주주가 손해를 입는 경우 그 손해를 회복시키기 위한 조항이지(그러므로 기존 주주에게 신주가 배정되는 주주배정의 경우에는 적용되지 않는 것으로 이해된다) 회사의 이익을 보호히기 위하여 둔 규정이 아니고 제 3 자배정에 관한 일반적인 시가발행의무를 정하고 있는 것도 아니므로, 위 규정을 근거로 회사에 대하여 시가발행의무를 진다거나 이를 전제로 회사에 대한 임무위배 내지는 손해가 성립된다고 보는 것은 지나친 비약이다. 위 규정이 신주인수인의 회사에 대한 손해배상의무라고 규정하고 있지 않고 차액을 지급할 의무라고 표현하고 있는 점도 유의하여 보아야 한다.

한편 상법 제399조 제 1 항은 이사는 회사에 대하여 임무위배로 인한 손해배상 책임을 부담한다고 규정하고 있는바, 이는 이사의 일반적인 책임을 규정한 것이므로 다수의견이 이 조항을 들어 시가발행의 임무가 있다고 설명하는 것도 적절치 아니하다.

(4) 다수의견은 제 3 자배정에 있어서는 위와 같은 견해를 취하면서도 주주배정의 경우에는 이와 구별하여 저가발행에 대하여 배임죄가 성립되지 않는다고 하고 있다. 그러나 저가발행에 의하여 적정가액과 발행가액과의 차이에 상당하는 만큼 회사의 자산이 증가되지 못하는 결과는 어느 경우에나 동일하기 때문에 만일 제 3 자배정의 경우에 회사에 위와 같은 손해가 발생한다면 주주배정의 경우에도 마찬가지의 손해가 발생한다고 보아야 할 것인데도 다수의견이 굳이 양자를 구별하여 주주배정의 경우에는 배임죄가 성립하지 않고 제 3 자배정의 경우에만 배임죄가 성립한다고 함은 논리에 맞지 않는다고 본다.

다수의견은 주주는 회사에 대해 추가출자의무를 부담하지 아니하는 점, 준비금의 자본전입이나 이익을 주식으로 배당할 경우에는 지분비율에 따라 무상으로 신주를 발행할 수 있는 점 등을 그 구별의 근거로 들고 있으나, 주주가 추가출자의무를 부담하지 아니한다 함은 신주인수가 강요되지 않는다는 의미일 뿐이고 무상주는 실질상 주식의 분할에 해당하는 것이므로 모두 신주발행에 있어 그 발행가액과는 관계가 없는 것이다. 더구나, 상법상 회사의 이익과 주주의 이익은 엄격히 구별되는 것이므로, 주주의 이익에 부합하는 행위라도 회사에 손해를 발생케 하였다면 이는 회사에 대한 관계에서 임무위배에 해당되므로 배임행위가 된다는 확립된 판례에 비추어 설혹 저가발행이 주주에게 이익이 된다 하여도 회사에 손해가 있는 한 회사에 대한 임무위배로서 배임죄가 성립된다고 보아야 할 것이다. 따라서 다수의견이 내세우는 사유는 하필 주주배정의 경우에만 배임죄가 성립되지 않는다는 근거가 될 수는 없는 것으로서, 결국 다수의견은 회사의 손해와 주주의 손해를 혼동함으로써 이 점에서 논리의 일관성을 상실하고 있다.

물론 주주배정의 경우 신주를 저가발행하였다 하여 이사의 배임죄가 성립한다고 볼 수 없다 할 것이나, 이는 다수의견이 제시하는 이유 때문이 아니라 회사에 대한 관계에서 이사의 임무위배가 없고 회사에게 그로 인한 손해도 없다는 이유 때문이고, 이 점은 주주배정의 경우나 제 3 자배정의 경우나 다를 바가 없다. 다만 주주배정의 경우에는 저가발행으로 인하여 1주의 가치가 하락하나 각 주주의 소유 주식수의 증가로 그 지분율, 즉 회사에 대한 지배력에는 아무 변화가 없어 주주 자신에게도 손해가 생기지 않는다는 점이 제 3 자배정의 경우와 다를 뿐이다.

⑸ 한편 이 쟁점에 관해 다수의견과 견해를 같이하는 반대의견은, 제 3 자배정의 경우와 주주배정의 경우를 달리 보아 후자의 경우에는 저가발행을 하여도 배임죄가 성립하지 않고 전자의 경우에 한하여 배임죄가 성립한다고 보는 근거로서, 제 3 자가 신주 등을 인수하여 그 인수가액을 납입하는 경우 그 인수가액은 제 3 자가 새로이 주주가 되어 기존 주주와 동등한 권리와 지위를 취득하는 것에 대한 대가로서의 의미를 가지므로 회사로서는 그 제 3 자로부터 정당한 대가를 받을 권리와 의무가 있기 때문이라고 설명한다.

그러나 신주의 발행은 투자의 수단으로 제공되는 것이고 그 발행가격은 상품이나 용역의 대가와는 다른 것이므로 회사의 입장에서 볼 때 정당한 대가라는 개념이 성립되기 어렵고 결국은 신·구 주주간의 형평의 문제로서 제 3 자의 저가발행에 의한 투자의 결과가 상대적으로 기존 주주의 손해로 귀착되는 현상에 지나지 않는 것이니, 반대의견이 논거로 삼는 위 사유는 오히려 주주에게 손해가 있을 뿐 회사 자체로서는 손해가 없다는 것에 대한 근거가 될지언정 그 반대논리의 근거가 될 수는 없으리라고 본다.

⑹ 또한 반대의견은 다수의견과 달리 신주배정 방식의 외형만을 기준으로 이사의 임무를 구별하는 것이 적절하지 않다는 입장에서, 주주배정 방식을 취하는 경우라도 실권주의 제 3 자배정이 가지는 실질이 당초부터 제 3 자배정 방식으로 발행하는 경우와 같은 때에는 제 3 자배정 방식을 취한 경우와 마찬가지로 회사에 대한 관계에서 실권주를 적정하게 처리할 의무를 진다고 설명한다.

그러나, 반대의견과 같이 배정의 결과에 따른 실질을 따져야 한다면, 주주배정 방식과의 실질적인 동일성 여부, 즉 실권주의 제 3 자배정이나 신주의 제 3 자배정 방식이 기존 주주의 의사에 의한 것이어서 기존 주주가 신주를 인수한 것과 마찬가지인 경우에 해당하는지 여부를 함께 판단하여, 그 결과가 주주배정에 의한 기존 주주의 신주인수와 실질적으로 동일하다면 회사에 대한 임무위배가 문제되지 않는다고 보아야 한데도, 이에 관하여는 전혀 고려하지 않고 있다.

따라서 반대의견이 제시하고 있는 배정 방식의 실질에 관한 논의 역시 형평에 어긋나므로 찬성할 수 없으며, 결국 이러한 문제는 신주배정에 관한 방식을 구분하여 회사에 대한 임무위배를 논의하는 것 자체가 합리적이지 아니한 데에서 비롯된다는 점을 지적하여 둔다.

⑺ 배임죄에 있어서의 소극적 손해는 객관적으로 보아 취득할 것이 충분히 기

대되는 이익을 기초로 이를 평가하여야 한다. 그런데 전환사채를 시가로 발행하는 경우에도 저가발행시에 전환되는 신주의 주식수(이하 '저가발행에 의한 전환 주식수'라고 한다)에 해당하는 만큼의 채권인수가 가능할는지는 매우 의문이다. 전환사채의 인수인은 그가 출연할 수 있는 자금을 한도로 하여 전환사채를 인수할 것인데, 시가발행에 의해 저가발행의 경우보다 전환될 수 있는 수식수가 현저히 줄어들게 된다면 제 3 자로서는 이를 인수할 이익이나 필요성이 감소되고, 경우에 따라서는 이를 인수하기보다는 오히려 기존 주식을 매수하는 쪽이 더 유리하다고 판단할 수도 있을 것이다. 따라서 형사소송법 제307조에서 정한 증거재판주의에 의한 형사 사법의 원칙상 전환사채 인수의 자금능력 및 실제의 인수 가능성에 관한 합리적인 의심이 없는 정도의 증명이 없는 상태에서, 시가발생시에도 저가발행에 의한 전환 주식수만큼 신주가 발행될 수 있다고 단정할 수는 없다. 그러므로 위와 같은 사정들에 대하여 고려하지 아니하고 시가발행을 하였을 경우에도 그 주식이 어느 정도나 인수될 것이라는 점에 관한 확실한 증명이 없는 상태에서, 시가와 전환가액의 차액에 위 주식수를 곱한 금액을 회사에 대한 손해로 보아야 한다는 견해에는 이 점에서도 찬성할 수 없다. 다수의견은 이 점을 고려한 때문인지 '시가'발행이라는 용어 대신에 '시가를 적정하게 반영하여 발행조건을 정하거나 또는 주식의 실질가액을 고려한 적정한 가격' 또는 '공정한 가액'이라는 용어를 사용하고, 나아가 반대의견은 회사의 재무구조 외에도 기업 외적인 금융시장의 상황, 신주의 인수가능성 등 여러 사정을 종합적으로 고려한 경영판단에 따라 합리적이라고 인정되는 범위 내에서 시가보다 상당한 정도로 감액하여 전환가액을 정할 수도 있다고 보고 있으므로, 오히려 손해액, 즉 실제 전환가액과의 차액을 산정함에 새로운 문제를 야기할 수 있을 것이다.

　다. 전환사채의 저가발행이 회사의 손해가 아니라 주주의 손해일 뿐이라는 것은 우리 실정법에도 그 근거를 찾을 수 있다. 이 사건 전환사채 발행 후이지만 1997. 11. 10. 대통령령 제15509호로 개정된 구 상속세 및 증여세법(이하 '상증세법'이라 한다) 시행령 제31조의3은 신종사채 등에 의한 증여의제 규정을 신설하여, '당해 법인의 주주가 아닌 자로서 지배주주 등에 해당하거나 지배주주 등과 특수관계에 있는 자'가 전환사채와 같은 신종사채를 발행하는 법인으로부터 신종사채를 직접 인수·취득하는 경우(가목)와 '당해 법인의 주주로서 지배주주 등에 해당하거나 지배주주 등과 특수관계에 있는 자'가 그 소유주식에 비례하여 배정받을 수 있는 신종사채의 수를 초과하여 인수취득하는 경우(나목)에는 위 상증세법 제

40조의 경우와 유사하게 전환사채 등을 낮은 가격으로 인수하거나 신주의 가액이 전환가액을 초과함으로써 얻는 이익에 해당하는 금액을 '신종사채를 발행한 법인의 지배주주 등 또는 특수관계에 있는 자로부터 증여받은 것'으로 본다고 규정하여 증여의제 규정을 두었다. 그리고 2000. 12. 29. 법률 제6301호로 개정된 상증세법은 제40조를 개정하여 위 시행령 제31조의3과 같은 취지의 증여의제 규정을 법률로 정하였고, 나아가 2003. 12. 30. 법률 제7010호로 개정된 상증세법 제40조는 위 행위의 실질을 증여로 인정하여 위 행위에 관한 증여추정이나 증여의제 규정을 두지 않고 바로 증여재산가액에 관하여 규정하고 있다.

상증세법령에서 정한 위와 같은 규정들은, 저가발행된 전환사채를 제 3 자가 배정받아 신주로 전환함에 따라 종전의 지배주주 등이 가져야 할 실질적인 자산가치가 지배주주 등으로부터 제 3 자에게 이전된다는 것을 전제로 그 이익에 대해 증여세를 부과하는 취지로 해석된다. 만약 다수의견과 같이 제 3 자배정방식에 의한 저가의 신주발행으로 회사에게 손해가 발생한다면 그에 대해 배상을 하여야 하므로 이를 자산가치의 이전이라고 취급하거나 의제하여 증여세 부과대상으로 삼을 수 없을 것이고, 따라서 위와 같은 입법조치는 전환사채의 저가발행으로 인하여 기존의 주주가 입는 손해 상당의 이익이 새로운 주주에게 귀속된다는 일반적인 법리를 전제로 하는 것이라고 보아야 할 것이고, 이를 단지 조세법 목적을 위한 특별한 기술적 취급이라고 볼 수는 없는 것이다.

라. 과거 대법원에서는 이사가 주식전환으로 인한 시세차익을 얻을 의도로 전환사채를 저가발행한 경우 주식 시가와 전환가액의 차액 상당의 재산상의 이익을 취득하고 회사에게 손해를 가한 행위로서 배임죄가 성립할 수 있다는 취지로 판시한 바 있으나(대법원 2001. 9. 28. 선고 2001도3191 판결 및 대법원 2005. 5. 27. 선고 2003도5309 판결 등), 이는 위 법리에 배치되는 범위 내에서 변경하여야 할 것이다.

마. 이 사건에서 원심이 인정한 사실관계에 의하면, 이 사건 전환사채의 발행 당시 에버랜드에는 회사자금을 형성하기 위하여 전환사채를 발행할 긴급한 필요성은 없었다고 보이므로, 이와 같은 상태에서 전환사채를 발행하여 타인자본을 조달하는 것은 그 이자율이 적정한지 여부에 의하여 배임죄의 여부가 문제될 수 있을 뿐, 그에 의해 회사에 신규 자본이 형성된 이상 회사에게 손해가 발생한다고 할 수 없고, 또한 제일제당 이외의 주주가 스스로 인수권을 포기한 후 저가발행되는 전환사채를 이□□ 등에게 배정함에 따라 발생되는 불이익은 기존 주주의 주식가치의 하락으로서, 전환사채를 인수하지 아니한 기존 주주에게 불이익

을 주었다거나 경우에 따라서는 기존 주주가 이를 용인하였다고 볼 수 있음은 별론으로 하고 회사에 대하여 불이익을 입게 하는 임무위배행위를 하였다고 볼 수 없다.

그뿐 아니라, 검사가 이 사건 상고이유로 주장하고 있는 이 사건 전환사채 발행 당시의 1주당 주식가액은 85,000원이라는 것인바 이를 기초로 하면, 주식가치의 총액은 601억 1,200만원(기존 주식수 707,200주×85,000원)으로서, 이□□ 등이 이 사건 전환사채 인수를 통하여 형성한 지분율 약 62.75%를 얻기 위하여 기존 주주로부터 주식을 매수할 경우에 지급하여야 하는 대금은 약 377억원(601억 1,200만원×62.75%)인 반면, 공소사실과 같이 1주당 85,000원을 전환가액으로 하여 전환사채를 발행할 경우에 이□□ 등이 위 지분율을 얻기 위하여 지급하여야 할 대금은 약 1,066억원(이 사건 전환 주식수 1,254,777주×85,000원)이 되는데, 이와 같이 매수대금의 약 2.8배에 이르는 금액을 지급하고 전환사채를 인수할 것인지는 의문이며, 오히려 전환사채의 인수를 포기하고 이□□ 등의 지분인수에 호의적으로 보이는 기존 주주로부터 주식을 매수하는 것이 통상적이라 할 것이다. 따라서, 그와 같은 상황과 이 사건 전환사채발행 결과를 비교하면, 제일제당을 제외한 기존 주주는 주식 매수 대금을 지급받지 못한 상태에서 시가보다 낮은 가격으로 전환사채가 신주로 전환됨에 따라 주식가치가 하락하는 손해를 입은 반면, 에버랜드로서는 전환사채의 발행 및 신주 전환을 기대할 수 없었으므로 어떠한 손해를 입었다 할 수 없고 오히려 이 사건 전환사채의 발행 및 신주 전환에 의하여 그 전환가액의 총액인 96억 6,181만원 상당의 자금이 형성되는 이익을 보았다고 볼 수 있다. 따라서 이 사건 전환사채 발행으로 인하여 에버랜드에 위 1,066억원과 이 사건 전환사채의 전환가액 총액의 차액에 해당하는 손해가 발생하였다는 공소사실은 받아들이기 어렵다.

바. 결론적으로, 회사에 긴급한 자금조달의 필요성이 없는 상태에서 전환사채를 저가발행하면서 기존 주주들에게 전환사채를 배정하는 형식을 취하였다가 주주 1인을 제외한 나머지 주주가 실권하자 제 3 자인 이□□ 등에게 그 실권된 전환사채를 배정한 이 사건에서, 기존 주주가 용인한 범위 내에서는 기존 주주에게 손해가 있다고 할 수 없고, 기존 주주가 용인하지 아니한 경우라 하더라도 그로 인한 불이익은 주주에게 미칠 뿐이어서 회사에 대한 배임죄가 성립되지 아니한다고 보아야 하며, 그 실질이 주주배정인지 아니면 제 3 자배정인지에 따라서 결론이 달라진다고 할 수 없다.

그러므로 이와 다른 취지에서 피고인들에 대하여 배임죄를 인정한 원심판결에는 전환사채 발행 과정에서의 회사에 대한 임무위배에 관한 법리를 오해하여 판결에 영향을 미친 위법이 있으므로 나머지 상고이유에 대하여 판단할 필요 없이 원심판결은 파기되어 원심법원으로 환송되어야 한다. 이상과 같이 원심판결이 파기되어야 한다는 결론에 있어서는 다수의견과 같지만, 원심판결을 파기하는 이유에 대하여는 다수의견과 견해를 달리하므로, 별개의견으로 이를 밝혀 둔다.

대법관은 우리나라의 최고법관이다. 즉, 법률지식의 최고봉들이다. 이 책으로 상법에 입문하는 독자들 중에도 결국 대법관을 목표로 공부를 하고 그 뜻을 이루는 사람들이 나올 것이다. 법률의 최고봉에 있는 대법관들이 6 : 5로 의견이 나뉘었다. 이 점을 어떻게 생각해야 하는가? 그만큼 이 문제는 판단이 어려웠음을 말해 준다. 비단 이 사건 판결뿐 아니라 많은 대법원 판결에 반대의견이 나온다. 고등법원의 판결을 파기하는 것들도 많다. 고등법원 판사들이라고 해서 법률실력이 떨어지지 않는다. 특히 대법원에서는 사실관계에 관해 새로 심리하지 않기 때문에 대법원 판결에서 의견이 나누어지는 것은 법리에 관한 견해 차 때문이고 여기에는 법률에 대한 관점의 차이가 그 배경에 있는 경우가 많다. 그리고, 대법원은 최고법원이기 때문에 법을 창설하지는 않더라도 법정책적 배려를 하는 일이 있다.

이 사건에서 다수의견은 전환사채의 발행이 주주배정으로 이루어진 것으로 보았다. 반대의견은 주주들에게 최초에 배정되었던 것은 실질적으로 의미가 없다고 보아 제 3 자배정에 적용되는 법리가 적용되어야 한다고 보았다. 법률의 해석에 있어서 형식과 실질을 어느 범위에서 각각 존중할 것인가의 문제가 여기서도 발생하였다. 또, 이 사건은 형사사건이라는 점도 잊어서는 안 된다. 이 사건에 있어서 주주배정 단계는 가공의 것으로 보인다. 그러나, 독자가 그렇게 생각한다면 그것은 우리 사회의 현실에 대한 경험에서 나오는 추측일뿐이다. 다수의견의 대법관들도 그 생각을 못하였을까? 전혀 그렇지 않을 것이다. 다만, 엄연히 주주들에게 배정된 바 있다는 형식을 무시하는 데까지 나갈 수 없다고 판단하였을 것이다. 대법원 판결은 다른 사건에도 지대한 영향을 미친다. 법률이 효과를 부여하는 형식을 추정으로 쉽게 무시하기 시작하면 사회의 질서는 유지되기 어렵다.

6. 주주들의 실권

이 사건에서 한 주주(CJ)를 제외한 모든 주주들이 실권하였다고 하였다. 주주들 중에는 주식회사인 법인 주주들이 많다. 이 법인 주주들의 실권 결정은 각 법인 경영진의 경영판단이다. 그러나, 예컨대 시가가 20만 원인 주식의 신주를 1만 원에 인수할 수 있는 기회를 마다하는 실권은 회사에 손해를 발생시켜 이사의 손해배상책임을 발생시킬 수 있는 행동이고, 그 결과 제3자가 이익을 얻었다면 형법상의 배임죄에 해당될 수도 있는 행동이다. 이 이유로 법인 주주인 제일모직의 주주 몇 사람이 자기 회사 경영진에게 소송을 제기했는데 이 소송에서 1심, 2심 공히 원고승소를 판결하였다.

대구고등법원 민사3부(2012. 8. 22. 선고 2011나2372 판결)는 제일모직이 전환사채를 인수하지 않아 발생한 주식가치의 희석화로 139억 원의 손실을 보게 됐고 14억 원의 인수대금을 아낀다는 명목으로 139억 원의 손실을 떠안은 것을 두고 합리적 경영판단이라고 할 수 없다고 하면서 피고 측의 경영판단의 원칙 주장을 배척하였다. 또, 법원은 이건희 회장이 제일모직에 에버랜드 전환사채 인수를 포기하라고 지시한 적이 없다는 피고 측 주장도 배척하였다. 이 판결은 피고 측의 상고 포기로 확정되었다.

V. 자본시장을 통한 기업금융

1. 기업공개

기업의 자금조달은 사업의 규모가 커지게 되면 주주들로부터는 가능하지 않으며 타인자본으로도 부족하게 된다. 그에 따라 널리 자기자본에 의한 금융을 시도할 수밖에 없게 되는데 널리 자기자본을 조달할 수 있는 곳이 자본시장이다. 자본시장에서 자금을 조달하기 위해서는 회사지배에 대한 기존 주주의 비례적 이익이 희석되는 위험을 감수해야 하고 자본시장에서 자금을 조달하지 않던 때에 비해 수많은 규제와 비용을 감수해야 한다. 그러한 요인들에 대한 검토가 완료되고 자본시장에 진출하려는 결정이 내려지면 투자은행의 도움을 받아 기업의 공개와 주식의 상장이 진행된다. 기업이 공개되고 주식이 상장되면 주식의 시가가 형성되게 된다. 주식에 대한 시장의 부재는 주식의 본질적인 가치 평가를 어렵게 하므로 투자자는 주식을 처분할 기회를 쉽게 찾지 못하고 설사 처분할 기회를 발견한다 해도 그 거래비용이 대단히 높을 가능성이 크지만 시가가 형성되면 그러한 문제들이 상당 수준으로 해소된다. 이는 회사의 입장에서는 금융의 편의로 연결된다. 또, 시가의 형성은 주가가 회사의 가치를 나타내는 기능을 작동시킨다. 이에 따라 신규 투자자는 주가가 제공하는 정보의 보호를 받을 수 있다. 이 또한 회사의 입장에서는 금융의 편의로 연결된다.

기업금융의 고려와 지배구조상의 고려가 가장 큰 규모로 같이 고려되고 비교되는 때가 기업의 공개와 상장을 결정할 때일 것이다. 공개와 상장의 가장 큰 목적은 회사의 자본시장을 통한 자금조달 통로를 여는 것인데 이를 계기로 수많은 일반 투자자들이 회사의 지배구조에 참여하게 됨으로써 회사의 발전 단계상 가장 큰 전기가 도래한다. 그러나, 창업자의 입장에서 공개회사의 가장 큰 취약성은 적대적 M&A의 위협이다. 이는 자금조달의 이점에도 불구하고 공개와 상장의 결정을 미루거나 포기하게 할 수도 있는 요인이다. 반복하지만, 상장회사에서는 불구대천의 원수가 우리 회사의 주주가 되는 것을 막을 방법이 없다. 이 점을 각오하고 공개와 상장을 하는 것이다. 공개와 상장에서는 경영권 보호장치가 치밀하게 준비되고 설치된다. 한편, 적대적 M&A는 효율적인 경영자 통제기구이므로 기업의 가치를 높이고 투자자들의 이익에 기여한다. 그로써 회사에는 금융상의 편의가 제고된다. 이 두 가지 측면을 균형 있게 배려한 법률이 필요하다.

기업의 자본시장을 통한 자기자본의 조달 메커니즘이 기업공개(IPO)이다. 기업공개는 투자은행의 가장 오래된 업무들 중 하나이기도 하다. 세상에 알려져 있지 않은 기업이 자본시장에 나오면서 주식을 발행하고 자금을 조달함에 있어서 투자은행은 해당 기업과 단독 또는 컨소시엄의 형태로 주식인수계약을 체결한 후 회사가 발행하는 주식을 한 주에 얼마로 할 것인지를 기업실사를 통해 결정하고(pricing), 결정된 가격에 발행될 주식의 수가 정해지면 그 주식을 투자자들에게 분배(allocation)하는 역할을 수행한다. 이 과정에서 사용되는 메커니즘을 실무에서 북빌딩(bookbuilding) 또는 수요예측이라고 부른다. 투자은행이 평소에 확보하고 있는 고객인 기관투자자나 거물 개인투자자들을 접촉해서 IPO 참여 의사를 타진하고 가격 등을 사전에 협의하는 것이다. 투자은행의 명성은 북빌딩 역량에 좌우된다고 해도 과언이 아니다. 투자은행은 IPO 가격보다 낮은 가격으로 주식을 인수해서 고객과 시장에 매도하는데 이 차이를 스프레드(spread)라고 부르며 미국 시장의 경우 스프레드는 대체로 7%대인 것으로 알려져 있다.

기업이 자금조달을 자본시장에서 하더라도 사업의 규모가 어느 수준을 넘게 되면 한 나라의 자본시장에서는 필요한 자금을 다 조달할 수 없게 된다. 한 나라의 자본시장에서 자금을 조달할 수 있는 경우라 해도 조건이 더 좋은 다른 나라의 자본시장이 있다면 그 자본시장에서 자금을 조달하게 된다. 기업금융이 국제화되는 이유다. 여기서도 투자은행이 기업의 해외증권시장 진출을 지원하는 역할을 수행한다. 민영화를 포함한 대형 IPO는 물론이고 우량한 조건에 대규모의 자금을 조달하기 위해서는 한 개의 증권시장만으로는 부족하다. 여기서 국제적인 네트워크를 보유한 투자은행의 도움이 필요해진다. 복수의 증권거래소에 증권을 상장시켜 거래되도록 하는 데는 해당 국가들의 규제환경에 적응해야 하는데 투자은행은 그 전체적인 프로세스를 총괄하는 역할도 수행한다. 복수국가의 규제환경에 적응해야 함은 그로부터 발생하는 증권발행회사의 지배구조 문제도 해결해야 함을 의미한다. 해외 증권거래소 진출은 IPO의 경우도 있고 기존 상장기업이 예컨대, 미국에서 ADR이나 원주를 발행해서 상장하는 경우도 있다. IPO의 경우 국내와 해외에서 동시에 진행하는 경우와 해외에서만 이루어지는 경우가 있다. STX팬오션의 경우와 같이 해외(싱가포르)에서만 IPO를 했다가 후일 국내 시장에 상장하여 2개의 증권거래소에서 동시에 상장되기도 한다.

2. ADR

기업의 외국 자본시장 진출은 주로 DR(Depositary Receipt)의 형식으로 이루어진다. 1927년 미국에서는 지구상 인류의 생활을 보다 가깝게 엮어 주는 계기가 된 세 가지 사건이 한꺼번에 발생하였다. 린드버그가 최초로 뉴욕과 파리 간 대서양 무착륙 비행에 성공하여 국제적인 상업항공 서비스의 기원을 열었으며, 헐리웃에서는 「재즈싱어」라는 최초의 발성영화가 제작되어 오락산업의 세계화를 출범시켰고, JP모건이 ADR을 창안하여 미국투자자들과 세계 각국의 기업들을 연결시켜 주었다. 우리나라에서는 1994년에 포항제철이 최초의 ADR을 발행하여 뉴욕증권거래소에 상장시킨 바 있다. ADR은 미국 내에서만 발행되는 것이며 미국을 포함한 2개 이상의 국가에서 DR을 발행할 경우 GDR(Global Depositary Receipt)을 사용한다. 이는 미국 내에서의 발행과 미국 외에서의 발행이 결합된 것을 가리킨다. 세계 최초의 GDR은 1990년에 씨티은행이 우리나라의 삼성물산을 위해 발행했던 것이다.

ADR은 씨티은행과 같은 미국의 예탁기관이 발행하는 미국법상의 유가증권이다. 따라서, 미국의 투자자가 외국기업이 발행한 외국의 주식을 사야 하는 데서 발생하는 온갖 불편함에서 자유로울 수 있다. 미국의 투자자는 외국의 주식을 사는 것과 거의 같은 목적을 달성할 수 있다. 그야말로 누이 좋고 매부 좋은 유용한 도구가 아닐 수 없다. 특히, 미국의 일부 기관투자자들은 외국통화로 표시된 외국의 주식에 투자하는 것이 금지되어 있는데 ADR은 그 문제도 해결해 준다. 또, 발행회사는 예탁기관만 상대하면 되고 그로써 법률상의 의무를 다하기 때문에 주식 관련 사무의 부담을 덜 수가 있고 나아가 의결권의 행사에는 별 관심이 없는 주주들의 수가 늘어남에 따른 경영권의 안정을 위한 반사적 이익도 기대할 수 있다. ADR의 단점이라면 발행회사와 주주 간에 예탁기관이라는 경우에 따라서는 번거로운 중간적인 존재가 개입된다는 것이다. 즉, 주주권의 직접적인 행사가 불가능하다. 경우에 따라서는 공개매수나 유상증자 대상에서 제외될 수도 있다. 그리고, ADR과 주식 간의 전환에 수수료가 따르게 된다. 일반 주주들에게 이는 큰 비용이 아닐 수 있지만 기관투자자나 발행회사에게는 상당한 비용이 될 수가 있다.

DR은 주식을 사용한 대규모의 국제적 M&A에서 금융방법이기도 하다. 보다폰의 에어터치 인수, 다이믈러-벤츠의 크라이슬러 인수, 브리티시 페트로리엄의 아모코 인수 등 미국기업을 대상으로 한 대형 국제적 M&A는 모두 ADR을 금융수단으로 사용한 것이다. 주식을 사용한 대규모의 국제적 M&A는 미국회사가 당사자인 경우 ADR 없이는 실행하기가 거의 불가능하다. 1998년 이후 약 300만 명 이상의 일반 미국투자자들이 국제적 M&A로 인해 ADR을 소유하게 되었다고 한다. 독자가 미국회사의 주주인데 내 회사와 스위스 회사가 합병하기로 했다. 다 좋은데, 독자가 가진 미국주식을 불어, 독일어, 이탈리아어 3개 국어가 동시에 쓰여진 스위스 회사 주식으로 바꾸어 준다는 것이다. 이렇게 되면 독자는 합병 자체에 대해 반대할 가능성이 높다. 그런데, 스위스 회사 주식이 아니라 스위스 회사가 뉴욕증권거래소에 상장시킨 ADR을 준다고 하면? 생각이 달라질 것이다.

VI. 타인자본에 의한 기업금융

1. 은행차입과 회사채 발행

타인자본에 의한 기업금융은 회사가 은행 등의 금융기관으로부터 자금을 조달하는 것이다. 이는 원칙적으로 민법의 규율 영역이다. 타인자본에 의한 금융이 회사법에서 문제되는 것은 주로 회사가 주주들로부터 자금을 차입하는 거래를 행하는 때이다. 주주도 회사에 자금을 대여할 때는 원칙적으로 은행과 마찬가지의 제 3 자이며 법률상 다른 대주(貸主)들과의 관계에서 우월적인 지위를 인정받지 않는다. 다만, 주주의 지위에서 발생하는 약간의 특수한 문제들이 있다. 회사에 자금을 대여하는 주주는 거의 대부분의 경우 대주주이며 대주주는 거의 대부분의 경우 회사의 이사의 지위에 있으므로 회사의 주주로부터의 금융은 이사의 자기거래 문제를 발생시킨다.

타인자본에 의한 기업금융의 또 다른 방식은 회사채의 발행을 통한 금융이다. 회사채의 발행을 통한 금융도 채권자와 채무자인 회사 간의 계약에 의해 조건과 작동 메커니즘이 결정되지만 회사채의 발행은 고도로 회사법의 규율을 받는다(제469조 내지 제516조의11). 특히, 전환사채나 신주인수권부사채 등은 회사의 주식으로의 전환이나 신주인수권 행사를 통해 회사의 자기자본으로 변신하고 그로부터 지배구조상의 고려를 발생시키므로 주식과 일반 회사채의 중간적인 영역에 있다고 설명되며 타인자본에 의한 금융방법이 지배구조에 잠재적으로 직접적인 영향을 미치게 한다. 앞에서 본 바와 같이 전환사채는 주식으로서의 잠재적 속성 때문에 낮은 금리로 발행할 수 있는 동시에 사채로 있는 동안에는 사채권자가 지배구조에 참여하지 않기 때문에 회사의 입장에서는 매력적인 금융방법이 된다. 전환사채는 금융방법으로서 보다는 지배구조에 영향을 미치기 위해 발행되는 경우가 많았고 위에서 언급한 에버랜드 사건을 포함하여 그로부터 다수의 분쟁이 발생하였다. 신주인수권부사채는 신주인수권이 부착된 사채인데 전환사채와는 달리 주식의 인수로 사채가 소멸하지 않는다. 상법 제 516조의2 이하에서 규율한다.

2. 하이브리드 증권

휘발유와 전기를 같이 쓰는 자동차를 하이브리드 자동차라고 하듯이 주식과 회사채의 성질을 동시에 가지는, 따라서 분류가 어려운 증권이 하이브리드 증권이다. 하이브리드 증권은 통상 회사채에 주식의 성격이 가미된 형태로 설계된다. 따라서, 전환사채나 교환사채 등도 하이브리드 증권의 일종이지만 실제로는 보다 진화된 형태의 증권만 하이브리드 증권이라고 부른다. 회계처리나 조세적 측면에서의 이점 때문에 이용된다. 신종자본증권이라고도 한다. 은행에만 발행이 허용되다가 일반 기업도 발행이 허용되었다. 해외에서는 선순위 영구채권이 자본으로 인정된 사례들이 이미 있었는데 국내에서는 2012년 10월에 두산인프라코어가 5억 달러 규모의 신종자본증권을 발행해서 싱가포르증권거래소에 상장하면서 하이브리드 증권이 관심 대상으로 부각되었다. 이 증권은 차환가능한 만기가 30년, 즉 사실상 영구적이고 발행회사와 투자자가 5년마다 각각 콜옵션과 풋옵션을 행사할 수 있다. 이자/배당의 지급이 임의적이고 금리 상향조건도 부착되어 있다.

그런데 이 증권은 회계처리에 대한 논란을 발생시켰다. 금융감독원은 이 증권을 자본으로 분류할 수 있다고 보았으나 금융위원회는 채권에 가깝고 회계 처리 방식은 금융감독원이 아닌 회계기준원이 결정할 문제라고 보았다. 국제회계기준은 만기가 영구적이고 이자/배당의 지급이 임의적이며 발행사가 콜옵션을 가지는 경우 자본으로 본다. 두산 영구채는 이와 같은 조건을 모두 충족시킨다. 반면, 후순위 조건이 없고 금리상향 조건이 과도하여 사실상 5년 만기 회사채에 가깝다고 보는 시각은 이 증권은 자본이 아닌 부채로 회계처리되어야 한다고 한다. 물론, 하이브리드 증권 발행을 통한 발행회사의 재무개선 효과는 신용평가사들의 별도기준에 따라 결정된다.

한편, 개정 자본시장법이 도입한 조건부자본증권은 사채의 발행 당시 객관적이고 합리적인 기준에 따라 미리 정하는 사유가 발생하는 경우 주식으로 전환되거나 그 사채의 상환과 이자지급 의무가 감면된다는 조건이 붙은 사채를 말한다(자본시장법 제165조의11). 글로벌 금융위기 이후 각국 정부가 대대적으로 금융기관에 구제금융을 해 준 여파로 논의되기 시작하였던 조건부자본(Contingent Capital) 개념이 입법화된 것이다.

3. 자본시장에서의 회사채 발행

우리나라 기업들의 자금조달은 은행대출을 제외하면(80% 이상) 주로 회사채시장에서 이루어진다. 2011년의 경우에도 주식과 회사채의 비율은 각각 1.2%와 14%였다. 3년 만기물이 가장 많고 그 다음이 5년 만기물이다. 해외에서 발행되는 회사채(Korean Paper)는 4－5년 만기물이 주종을 이룬다. 흔히 회사채가 주식보다 안전성이 뛰어난 증권이라고 인식하지만 반드시 그런 것은 아니다. 발행회사가 도산하면 무담보 회사채는 실질적으로 주식과 다름이 없다. 도산까지 가지 않더라도 발행회사의 자금사정이 악화되면 만기가 도래해도 회사채를 상환받기 어렵다. 그래서 회사채의 발행과 인수 과정도 주식 못지 않은 신중한 절차에 의해야 옳다. 그러나, 종래 국내에서의 회사채 발행 실무는 표준적인 내용과는 거리가 멀었다. 발행회사가 실질적인 주관사 역할을 했다. 즉, 발행회사가 희망하는 금리를 제시하는 증권회사에 주관사 역할을 맡기는 것이 보통이었다. 증권신고서 제출 후에 북빌딩이 가능하지만 그 전에 이미 금리, 물량, 투자자별 배정까지 결정되는 것이 보통이어서 거의 위법 수준의 관행이 형성되어 있었다.

회사채 발행시장을 정상화하기 위해 2012년에 큰 폭의 제도 정비가 이루어졌다. 이제 회사채 발행 시 발행회사는 대표주관회사와 발행계약을 의무적으로 체결해야 한다. 그리고 계약 내용에 기업실사에 관한 사항을 포함시켜야 한다. 그리고 주관회사는 기업실사 내용을 증권신고서에 기재하도록 의무화되었다. 그리고 기업실사의 실효성을 제고하기 위해 기업실사의 표준 절차를 제시하는 기업실사 모범규준이 금융감독원에 의해 제정되었다. 보다 많은 기업정보가 회사채 투자자들에게 제공되게 된 것이다. 모범규준에 의하면 수요예측 전에 발행금리를 확약하거나 이면합의로 약정된 금리로 수요예측에 참여하는 것이 금지된다. 수요예측이 진행되는 동안 경쟁률을 공개할 수도 없다. 아울러, 회사채 공모 시 금리를 결정하는데 수요예측 결과를 반영하고 증권신고서에 공모가격 결정에 관한 사항을 기재하도록 의무화되었다.

4. 신용평가

　기업이 자본시장에서 자금을 조달할 때 신용평가를 받게 된다. 이 신용평가는 회사채의 금리를 좌우하므로 실무적으로 대단히 중요한 의미를 갖는다. 국내에도 기업신용평가기관들이 있으나 글로벌 금융시장에서 자금을 조달하거나 글로벌 투자자를 유치하기 위해서는 글로벌 신용평가기관으로부터 신용평가를 받아야 한다. 현재 세계 3대 신용평가기관은 피치(Fitch Group), 무디스(Moody's Corporation), 스탠더드앤푸어스(Standard & Poor's: S&P) 등이다. 이들 중 하나인 S&P는 1860년에 설립된 것이다. 23개국에서 일하는 약 1,400명의 애널리스트가 2011년의 경우 총 3.5조 달러 규모의 회사채에 대한 신용을 평가하였다. 신용등급은 AAA에서 BBB-까지인 투자등급과 BB+에서 D까지인 투기등급으로 나누어 부여된다.

　신용등급이란 차주가 자신의 채무를 기한 내에 완전히 변제하고자 하는 의지와 그 능력에 대한 신용평가기관의 의견을 말한다. 신용등급은 따라서 투자가치를 의미하지 않으며 부도율에 대한 절대적인 측정도 아니다. 이 신용등급은 글로벌 금융위기 이후 열린 미국 의회의 청문회에서 신용평가회사 대표들이 누차 강조한 바와 같이 신용평가회사의 '의견'임에도 불구하고 1936년에 미국 정부가 은행들에게 투기등급 회사채에 대한 투자를 금지하면서 제3자에 의한 사실상의 안전성 판단으로 인정받게 되었다. 그 후, 보험감독당국과 연기금 규제당국이 유사한 조치를 취하면서 신용평가회사들의 지위는 크게 변화하였다. 그리고 1975년에는 SEC가 유수의 신용평가기관들에게 NRSRO(Nationally Recognized Statistical Rating Organization)이라는 지위를 인정하였다. 이는 증권회사나 뮤추얼펀드가 규제법령상의 요건을 충족시키는 데 있어서 자신들의 신용등급에 의존하는 것을 허용하는 조치의 일환이다. 이 제도는 2006년에 정비되면서 NRSRO로 지정되기 위한 조건이 강화되었다. 현재 10개의 신용평가기관이 이에 해당한다.

　신용평가기관들은 글로벌 금융위기 이후 많은 비난을 받은 바 있다. CDO, RMBS 등과 같은 서브프라임 관련 금융상품들에 대한 평가가 부실했던 것이 드러났기 때문이다. 많은 투자자들이 그 상품들의 신용등급에 의존해서 투자결정을 내렸으나 결국은 거액의 손실을 입었다. CDO, RMBS의 신용등급은 AAA였는데 2007년 7월부터 갑자기 정크본드 수준으로 하락하였던 것이다. 이것이 금융위기를 촉발시킨 원인들 중 하나로 평가된다. AA등급의 경우 약 절반, BBB등급의 경우 무려 90% 정도가 부도처리되었다. 이와 같은 일이 일어나게 된 이유 중 하나로 회사채 발행기업이 신용평가 비용을 지불하는 구조가 지적된다. 여기서 이해상충이 발생했다는 것이다. 2010년 금융규제개혁법은 NRSRO에 대한 규제와 감독을 강화하는 내용도 포함하고 있다.

2013년 개정 자본시장법은 금융투자상품 등에 대해 공정한 신용평가를 함으로써 보다 신뢰성 있는 투자자 보호가 이루어지도록 신용평가회사에 관한 규제를 신용정보의 보호 및 이용에 관한 법률에서 자본시장법으로 이관하고 신용평가회사의 평가방법 및 신용평가서 등의 투자자에 대한 공시의무를 확대하였다(제335조의2 이하). 자본시장법 제335조의3 제2항 제7호는 신용평가회사와 투자자 또는 발행인 사이의 이해상충을 방지하기 위한 체계를 갖출 것을 신용평가업 인가 요건의 하나로 하고 있으며, 제335조의8 제2항은 신용평가회사는 그 임직원이 직무를 수행함에 있어서 준수하여야 할 적절한 기준 및 절차로서 평가조직과 영업조직의 분리에 관한 사항, 이해상충방지체계에 관한 사항 등을 포함하는 신용평가내부통제기준을 정하도록 한다.

5. 채권자보호

회사채의 보유자들도 은행 등 금융기관인 채권자들과 원칙적으로 같은 지위에 있다. 즉, 회사채 보유자들도 다른 채권자들과 같은 위험을 부담한다. 채무자인 회사는 자금의 조달을 위해 수입과 자산의 가치에 대해 허위의 사실을 제시할 수 있으며 채무를 부담한 후에는 부실한 사업운영이나 자산의 은닉 등을 통해 채권을 담보하는 자산의 가치를 희석시킬 수 있다. 회사는 담보부 채무를 새로 부담함으로써 무담보 채권자의 지위를 열악하게 할 수 있으며 투자정책을 포함한 사업운영의 패턴을 변경시킴으로써 위험을 증가시키고 채권회수의 가능성을 하락시키기도 한다.

이러한 다양한 위험에 처하여 회사채 보유자는 계약과 민법의 일반 원칙에 따른 보호를 구할 수 있으나 회사법은 그에 더하여 회사채 보유자를 보호하기 위한 노력을 기울이고 있다. 회사법이 유독 다른 이해관계자들을 제외한 회사채권자에게만 특별한 보호를 제공하는 것은 회사법의 근간이 되는 원칙들 중 하나인 주주유한책임의 원칙이 통상적인 채권채무관계보다 회사채권채무관계를 훨씬 위험하게 한다고 보기 때문이다. 회사법이 채권자를 보호하는 방법은 회사법과 자본시장법에 의한 공시 강제와 최소자본금 요건을 포함한 회사 자본에 대한 규제, 배당 제한, 이사와 회계감사인의 책임 규정 등이며 법인격부인론도 회사채권자를 보호하는 장치이다.

그러나, 이들 중 자본에 대한 규제는 채권자보호 방법으로서의 위력을 상실하고 있다. 이는 최소자본금 요건이나 자본충실의 원칙 등을 전통적으로 알지 못하는 미국법의 영향력이 확대되면서 부각되는 현상이며, 현대의 자본시장과 기업들의 사업이 상대적으로 위험성이 높아진 데도 기인한다. 회사의 자본에 대한 규제를 선호해 온 유럽의 국가들도 금융시장의 중심이 보수적인 은행에서 역동적인 증권시장으로 변화함에 따라 자본에 대한 규제를 금융거래에 대한 부담으로 인식하기 시작하였다. 실제로, 회사의 납입자본금은 회사의 유무형 자산 구입과 운영자금으로 사용되기 때문에 장부상으로 계상되어 있는 숫자가 과연 얼마나 채권자들의 안전으로 연결되는지는 불분명하다. 상술한 바와 같이 상법은 최소자본금 요건을 폐지하고 무액면주식을 도입하였으며 자기주식의 취득 제한도 대폭 완화하였다.

VII. 회사의 회계와 이익의 배당

1. 회   계

사업을 하는 모든 상인은 자기 사업의 현황을 파악해야 한다. 조그만 가게 주인의 경우도 같다. 독자들이 초중고생들이 자주 찾는 동네의 문방구점을 들어가 보면 무수히 많은 종류의 온갖 물건들이 가게 안에 복잡하게 놓여 있는 것을 볼 수 있을 것이다. 그런데, 가게 주인은 무슨 물건을 물어도 신속, 정확히 찾아내서 건네준다. 내가 무슨 물건을 얼마나, 어디에 가지고 있는지 알지 못하면 영업을 할 수가 없다. 물건의 현황뿐만 아니다. 어떤 물건이 언제 얼마나 들어오게 되어 있는지, 가격은 얼마로 하기로 했는지, 돈을 바로 주기로 했는지, 외상으로 받기로 했는지, 불량품은 언제 어떻게 어떤 조건으로 반품하기로 했는지를 정확히 알고 있어야 한다. 은행에서 대출 받은 것도 마찬가지다. 언제 얼마를 이자 몇 %에 빌렸는지, 언제 갚아야 하는지 알고 있어야 하고 혹시 다른 은행에서 더 싸게 돈을 얻을 수 있는지도 항상 관심을 가지고 알아보아야 한다. 이 모든 것은 영업소의 한가운데 앉아서 한번 주위를 둘러보면 모든 것이 눈에 들어오는 작은 상점의 경우 큰 어려움이 없다. 그런데, 독자가 직원의 수가 2만 명이고 공장이 30군데 있으며 사무실이 20군데 있는 대기업의 주인이라고 생각해 보자. 도대체 어떻게 내 사업의 모든 면을 정확히 알 수 있을까? 심지어 삼성전자의 최고경영자라면? 너무나 어렵다. 그러나, 대강 넘어갈 수 없는 문제다.

　　종이 한 장만 들여다보면 이 모든 문제가 해결된다면? 이것도 일종의 마술이다. 이 마술이 회계학이다. 회계학은 종이 한 장으로 회사의 상태를 알려준다. 상법 제29조 제 1 항의 "대차대조표"이다. 이 종이 한 장이 만들어지는 모든 과정은 고도의 전문성을 필요로 하지만, 일단 만들어지면 상인은 책상머리에 앉아서 내 사업의 전모를 알 수 있고 계획을 세울 수 있으며 문제가 발생하면 해결책을 찾을 수 있다. 나뿐만 아니라 회사에 투자하려고 하는 투자자들, 돈을 빌려 주려고 하는 채권자들에게도 몇 박 며칠 걸려서 회사 전부를 보여 줄 것 없이 급하면 이 종이 한 장을 보여 주고 결정할 수 있게 해 준다. 여기서 알 수 있듯이 회계는 대단히 편리한 수단이지만 만일 서류를 잘못 작성하면 그것만 믿고 투자나 대출을 한 제 3 자들이 큰 손해를 입을 수도 있다. 따라서, 법률이 개입한다. 고의적으로, 또는 큰 실수로 회계서류를 잘못 작성해서 제 3 자에게 보인 사람들은 벌을 받는다.

　　그런데, 이 회계라는 마술은 서류가 정확히 작성된 경우라 해도 상인이나 거래상대방을 함정에 빠뜨릴 수 있다. 우선 숫자로 표시된 회사의 현황은 이미 지나간 일이다. 지나간 일을 조사해서 서류로 정리한 것이다. 앞으로 회사가 어떻게 될 것인지를 보여 주지 않는다. 만일 현재 상태는 양호하지만 장래성이 없는 회사라면, 그 회사에 투자하거나 돈을 빌려 주면 안 될 텐데 회계서류는 착시현상을 일으킨다. 사업 주체인 상인도 마찬가지다. 우리 회사가 아주 좋구나 하고 방심할 수 있다. 사업은 주체나 투자자나 채권자나 과거나 현재보다는 장래가 더 중요한 것이다. 그래서, 회계서류를 기초로 하되 사업장, 공장을 직접 내 눈으로 보고, 사람들이 일하는 모습을 보고, 사람들과 만나서 대화를 나누어 보아야 한다. 돈을 빌려 주는 은행들도 서류만으로 대출심사를 하지 않는다. 무엇보다도 돈을 빌리려는 사람을 만나보아야 한다. 그 상인이 운영하는 영업을 직접 느껴보아야 한다. 학교에서도 시험성적으로만 사람을 선발하지 않고 반드시 '면접'을 거치지 않는가?

그리고, 회계는 일정한 기준에 의하게 되어 있다. 또, 한번 어떤 기준을 정해서 사용하면 특별한 사정이 없으면 계속해서 같은 기준을 사용해야 한다. 독자들이 누구에게 돈을 빌려 준다고 생각해 보자. 빌려달라는 사람이 재산이 얼마가 있는지, 다른 사람들에게는 얼마나 빚을 지고 있는지 등을 알아야 돈을 빌려 줄 것인지, 이자를 어떻게 할 것인지, 담보나 보증을 요구할 것인지를 결정한다. 이 사람이 재작년에 1억 원을 주고 산 부동산을 재산으로 가지고 있다고 서류에 그렇게 나온다. 그러면, 지금 시세는 다른데 1억 원의 재산이 있는 것으로 봐주어야 하는가? 누구한테서 5,000만 원 돈 받을 것이 있다고 나온다. 그러면 5,000만 원의 재산이 있는 것으로 봐주어야 하는가? 대한항공 보너스 마일리지를 10만 마일 가지고 있다고 한다. 이것은 어떻게 취급해서 내 의사결정에 반영해야 하는가? 이런 것들을 회계기준이 알려주는 것이다. 자산을 시가를 기준으로 평가하는 것을 시가평가, 공정가치회계로 부른다. 회계기준이 공정가치평가를 도입하면 경제 전체의 그림이 달라보이게 되는 것이다. 그리고, 현대의 대기업들은 국제적으로 활동하고 투자자들도 국제적으로 투자하는데, 나라마다 회계기준이 다르면 기업의 가치에 대한 비교평가가 어렵다. 그래서, 국제재무보고기준(International Financial Reporting Standards: IFRS ― 국제회계기준이라고도 한다)이라는 것이 만들어졌고 우리나라도 이 기준을 도입하였다.

주식회사의 재무제표는 회계규칙에 따라 작성된다. "일반적으로 공정하고 타당한 회계관행" 개념을 도입한 제446조의2는 회계의 원칙 규정이다. 상법은 국제회계기준과 상법 간의 유리를 해소하기 위한 새로운 규정들을 두는데, 예컨대, 제447조 제 2 항은 연결재무제표의 개념을 도입하고 있다. 상법은 상법의 회계관련 규정들과 기업회계기준 사이의 충돌 문제를 기업회계기준을 기준으로 회계 규칙을 일원화하는 방향으로 해결하기로 하고 상법과 국제회계기준과의 정합성을 추구하고 있다.

2. 결산과 재무제표의 승인

상법이 규율하는 주식회사의 재무는 결산에서 출발한다. 계속기업의 재무
상태는 매 회계연도가 종결되는 시점을 기준으로 확인되고 확정되는데 다음 회
계연도의 종결시점까지 해당 기업의 재무를 좌우하는 것이 바로 결산이다. 기
업은 매월말, 분기말, 반기말 등 다양한 시점을 선택해서 결산을 행하고 그를
기초로 경영전략을 수정하거나 사업목표를 변경하기도 한다. 그러나, 상법은
주식회사의 재무를 규율함에 있어서 원칙적으로 1년에 1회 행해지는 결산과 그
결과 현출되는 재무제표를 기초로 주식회사의 재무활동을 제한하고 있다.

현대의 대규모 주식회사가 역동적인 자본시장에서 재무관리를 함에 있어
서 1년이라는 시간은 지나치게 긴 시간이며 기업이 실제로 1년을 단위로 재무
를 관리하고 이사회가 경영을 수행할 것을 기대하는 것은 비현실적이다. 기업
의 실무는 매월, 매분기, 반기별로 결산을 해 보는 것이다. 반면, 기업의 지배구
조를 총괄하고 이사회가 수행한 모든 업무집행에 최종적인 법률적 정당성을 부
여하는 주주총회가 1년에 1회 개최된다는 점 또한 무시할 수 없다. 상법과 기
업재무 현실과의 이러한 괴리를 극복하기 위해 상법은 1년 단위라는 기본적인
규칙을 유지하면서도 곳곳에서 여러 가지 규정을 통해 이로부터 발생하는 문제
를 다룬다.

이사는 결산기마다 대차대조표, 손익계산서, 그 밖에 회사의 재무상태와 경
영성과를 표시하는 것으로서 대통령령으로 정하는 서류, 대통령령으로 정하는
회사의 경우 연결재무제표를 작성하여 이사회의 승인을 받아야 한다(제447조).
이는 이사의 재무제표 작성 의무다. 대차대조표는 일정한 시기에 있어서 회사의
총재산을 자산(차변; 借邊)과 부채 및 자본(대변; 貸邊)으로 나누어 기재하여 회사
의 재산상태를 보이는 상업장부다. 손익계산서는 회계연도의 비용과 수익을 대
응시켜 그 기간의 회사의 손익, 즉, 영업성적을 표시한다. 재무제표는 정기주주
총회에서 승인된다(제449조). 그런데, 상법은 제449조의2에서 회사가 정관으로
정하는 바에 따라 일정한 요건을 — 대차대조표, 손익계산서 등이 법령 및 정관
에 따라 회사의 재무상태 및 경영성과를 적정하게 표시하고 있다는 외부감사인

의 의견과 감사 또는 감사위원회 위원 전원의 동의 — 갖추어 이사회의 결의로 재무제표를 승인할 수 있는 길을 열어 주고 있다. 이 규정은 주주총회가 배당액을 결정하는 현행의 제도에 의할 때 배당기준일인 사업연도말일부터 정기주주총회까지 배당액이 확정되지 않아 투자자들이 주식의 가치를 평가하기 어렵다는 문제를 해결하기 위해 마련된 것이다.

3. 준비금

주식회사의 준비금에는 제458조의 이익준비금과 제459조의 자본준비금이 있는데 이를 합하여 법정준비금이라고 부른다. 제458조에 의하면 회사는 그 자본금의 2분의 1이 될 때까지 매 결산기 이익배당액의 10분의 1 이상을 이익준비금으로 적립하여야 한다. 이익준비금은 회사의 영업거래에서 발생하는 이익을 그 재원으로 한다. 반면, 제459조의 자본준비금은 영업거래에서 발생하는 이익 이외의 이익을 그 재원으로 한다. 즉, 자본거래에서 발생한 잉여금인 자본잉여금에서 적립하는 것이다(제1항). 액면가 5,000원인 주식을 발행한 회사가 주당 10,000원에 신주를 발행하면 주당 5,000원의 주식발행초과금이 생기는데 여기서 주당 5,000원의 자본잉여금이 발생한다. 이 법정준비금은 자본금의 결손 보전에 충당하는 경우(제460조)와 자본금에 전입하는 경우 외에는 처분하지 못한다.

회사의 영업이 잘 되고 주가가 높아 이익잉여금, 자본잉여금이 많이 쌓이게 되면 그로부터 적립된 준비금의 전부나 일부를 자본으로 전환할 필요가 생긴다. 준비금이 과다해지면 배당가능이익을 산출하는 것이 곤란해지기도 한다. 준비금을 자본으로 전입하면 주식이 발행되는데 이 주식은 주주들에게 지분비율대로 무상으로 나누어준다. 유상증자에 대비하여 무상증자라고 한다. 주식회사는 정관으로 주주총회에서 결정하기로 정한 경우 외에는 이사회의 결의에 의해 준비금의 전부 또는 일부를 자본금에 전입할 수 있다(제461조 제1항).

4. 이익배당

주주가 원금과 이자를 요구할 수 없는 주주의 지위를 선택하는 것은 주식

양도자유의 원칙에 따라 필요시에 주식을 타인에게 매도할 수 있기 때문이기도 하지만 회사의 사업이 잘되면 그 이익으로부터 배당금을 받을 수 있기 때문이다. 상법 제462조는 회사에 배당가능이익이 발생하면 주주총회나 이사회의 결의로 이익배당을 할 수 있다고 규정한다. 배당가능이익은 회사 대차대조표의 순자산액으로부터 자본금, 결산기까지 적립된 자본준비금과 이익준비금의 합계액, 그 결산기에 적립하여야 할 이익준비금 등을 공제한 잔액이다. 회사가 결산을 하고 대차대조표가 확정되면 이익잉여금처분계산서가 작성되는데 이는 주주총회의 승인을 받아야 한다. 상법 제464조의2는 배당금지급시기를 주주총회 결의일로부터 1개월 이내로 규정한다. 상법은 주식배당(제462조의2)과 금전 외의 재산인 현물로 배당하는 것을 허용한다(제462조의4). 그러나, 배당가능이익이 있다고 해서 반드시 배당을 해야 하는 것은 아니고, 주주가 배당을 청구할 수 있는 것도 아니다(서울고등법원 1976. 6. 11. 선고 75나1555 판결). 이익배당을 하는 경우에는 이익배당에 관한 종류주식을 발행한 경우가 아니라면 각 주주가 가진 주식의 수에 따라 한다(제464조).

　회사는 정기주주총회 후의 배당 외에도 중간배당을 할 수 있다. 중간배당에 관한 상법 제462조의3은 회사의 직전결산기 재무제표에 의한 이익잉여금처분계산서에 기재되어 주주총회의 승인을 받지 아니한 경우에도, 이익잉여금을 처분한 후 미처분 이익이 있다면 그를 재원으로 하여 중간배당을 실시할 수 있게 한다. 다만, 이 경우에 해당 잔액을 배당재원으로 사용하지 않고 차기로 이월시켰다면 회사의 재무상태가 악화되어도 다음 결산기에 결손이 발생하지 않을 수 있는데 배당재원으로 사용함으로써 결과적으로 결손의 발생을 막지 못하는 결과를 초래하므로, 중간배당은 그러한 불행한 결과가 발생하지 않을 것으로 이사회가 확신하는 경우에만 허용한다. 즉, 중간배당을 실시하는 시점을 기준으로 한 회사의 재무상태와 그 후 사업의 전망 등이 종합적으로 이사회의 판단 기준이 되어야 한다. 동조 제3항이 회사는 당해 결산기의 대차대조표상의 순자산액이 상법 제462조 제1항 각호의 금액의 합계액에 미치지 못할 우려가 있는 때에는 중간배당을 하여서는 아니 된다고 규정하고 있는 이유다. 그리고 동조 제4항은 당해 결산기 대차대조표상의 순자산액이 제462조 제1항 각호의 금액의 합계액에 미치지 못함에도 불구하고 중간배당을 한 경우 이사는 회사에 대하여 연대하여 그 차액(배당액이 그 차액보다 적을 경우에는 배당액)을 배상할 책임이 있고 이사가 제 3 항의 우려가 없다고 판단함에 있어 주의를 게을리 하지 아니하였음을 증명한 때에만 면책되게 한다.

한편, 자본시장법 제165조의12(이익배당의 특례)는 일반 회사보다 더 재무관리의 유연성을 필요로 하는 상장회사를 위해 분기배당을 허용한다. 이 제도는 1998년에 구 증권거래법에 중간배당제도가 도입되었던 것이 2003년에 분기배당제도로 진화되어 현재의 자본시장법에 위치하고 있는 것이다. 이 규정의 구조도 상법의 중간배당에 관한 규정과 같다. 중간배당과 분기배당은 직전 회계연도의 결산 결과 작성되고 정기주주총회에서 승인된 결산재무제표에 따라 회사가 재무적인 의사결정을 하고 집행한다는 원칙에 대한 대표적인 예외다. 이는 소액주주의 이익을 존중하고 투자자들의 투자결정에 배당이라는 요인이 큰 비중을 차지하도록 유도하는 역할을 한다.

商法入門

제1장 증권법과 증권이론

자본시장을 통한 기업의 자금조달에 증권법이라는 법역이 개입한다고 앞서 설명하였다. 우리나라에서는 종래 증권거래법이라고 불렸던 자본시장법(「자본시장과 금융투자업에 관한 법률」)이 그것이다. 2007년 8월 3일에 제정되고 2009년 2월 4일에 시행되었다. 모두 529개의 조문으로 구성된다. 자본시장법은 크게 세 가지 측면에서 기업의 자금조달을 규율한다. 첫째, 증권의 발행에 관한 사항을 규율한다. 둘째, 발행되어서 시장에서 유통되는 증권의 거래를 규율한다. 셋째, 증권을 발행한 회사의 사업에 대한 공시를 규율한다. 자본시장법은 그 외에도 금융투자회사의 영업행위와(예컨대, 자본시장법 제71조의 불건전 영업행위의 금지) 증권거래소와 금융투자협회, 예탁결제원 등 증권시장의 인프라, 자본시장에 대한 감독 등에 대해서도 규율하지만 증권법으로서의 자본시장법의 핵심 내용은 위 세 가지다. 구 증권거래법은 상장회사의 지배구조에 대해서도 본격적인 규율을 행하였는데 자본시장법으로 재편되면서 상장회사의 지배구조에 관한 규정들은 상법으로 이전되었다. 자본시장법은 그 자체로 방대한 법역이므로 상법입문서인 이 책에서는 위 세 가지 측면에 대해서만 소개한다.

시작에 앞서 먼저 자본시장법의 입법목적에 대해 언급한다. 자본시장법은 그 제 1 조(목적)에서 "이 법은 자본시장에서의 금융혁신과 공정한 경쟁을 촉진하고 투자자를 보호하며 금융투자업을 건전하게 육성함으로써 자본시장의 공정성·신뢰성 및 효율성을 높여 국민경제의 발전에 이바지함을 목적으로 한다"고 규정한다. 통상 자본시장법의 궁극적인 목적이 투자자보호에 있다고 생각되지만 이 제 1 조의 문언은 투자자보호를 자본시장의 효율성을 담보하기 위한 방법론의 하나로 두고 있는 것처럼 보인다. 따라서, 자본시장법은 자본시장 및 금융투자업의 발전과 투자자보호 사이에서 균형 잡힌 입장을 취해야 한다. 자본시장법이 지나치게 소비자보호법화 하는 것은 그 입법취지에 맞지 않는다는 점을 잊지 말아야 할 것이다.

Ⅰ. 증 권 법

19세기 말 미국 금융시장의 상태는 거의 무법천지라 해도 좋을 만큼 위법과 사기가 횡행하였다. 그런데 20세기 초 캔사스주에서 역사적인 일이 일어난다. 청과상으로 은퇴하여 캔사스주의 은행감독위원으로 있던 돌리(J.N. Dolley)가 캔사스주 의회에 요청한 법이 제정된 것이다. 돌리는 당시 자본시장에서 유령회사와 부실회사 주식들이 팔리는 것을 보고 사기꾼들이 '푸른 하늘의 건축부지를 팔아먹는다'고 비난하며 투자자 보호를 위한 법이 필요하다고 역설하였다. 우리나라 옛 얘기인 봉이 김선달이 연상된다. 여기서 이후 블루스카이법(Blue Sky Law)이라고 불리는 증권법이 탄생하였다. 이 법에 의하면 정부가 그 사업 내용이 의심스러운 것으로 판단되는 회사의 증권에 대해서는 발행을 허가하지 않을 수 있는 권한을 보유하였다. 심지어 주 정부가 어떤 증권이 투자자들에게 공정한 수익을 보장해 주지 않을 것으로 판단하면 그 회사를 캔사스주에서 추방할 수도 있었다.

이 법은 오늘날의 관점에서 보면 재산권의 행사를 크게 제약하는 성질의 것이었으나 당시 대단한 인기를 끌었던 것 같다. 캔사스주가 이 블루스카이법을 제정하고 2년 안에 23개의 주가 같거나 유사한 내용의 법률을 제정하였다. 1917년에 캔사스주법이 연방대법원에서 합헌판결을 받자 그 확산 속도는 더 빨라졌는데 1933년을 기준으로 네바다주를 제외한 모든 주가 블루스카이법을 보유하게 되었다. 그러나, 블루스카이법의 실제 집행상태는 대단히 열악하였으며 여전히 사기적인 증권 발행이 횡행하였다. 미국의 증권시장이 효율적이고 강력한 감독기관인 연방증권감독위원회(Securities and Exchange Commission: SEC — 케네디 대통령의 부친이 초대 위원장이었다)에 의해 비로소 질서를 잡게 된 것은 대공황을 거치면서 1933년과 1934년에 연방법으로 각각 제정된 증권법(Securities Act)과 증권거래법(Securities Exchange Act)에 의해서였다. 이 법들은 증권의 가치에 대해서는 정부가 평가하지 않고 증권 발행회사에게 강력한 공시의무만을 부과한다. 그러나 각 주의 블루스카이법은 아직도 남아 있다.

증권법은 증권의 발행과 유통에 있어서 사기적인 행위를 규율하는데 여기에는 불법행위법의 특칙들이 중심적인 역할을 수행한다. 증권의 거래는 일반적인 물건의 거래와는 그 성질이 많이 다르고 거래되는 시장의 구조도 비대면거래인 시장거래 위주로 만들어져 있다. 증권의 거래에 사기와 기망을 규율하는 일반 불법행위법을 그대로 적용한다면 위법행위에 대한 규제와 손해에 대한 구제가 쉽지 않을 것이다. 보통법(common law)상 물건의 매도인이 물건의 하자에 대해 매수인에게 단순히 알려주지 않는 것만으로는 사기가 구성되지 않는다. 사기가 성립되려면 매도인의 적극적인 기망행위가 있었고 매수인이 매도인의 거짓을 신뢰하여 물건을 매수했어야 한다. 증권시장에서의 증권의 매매거래에 이 규칙이 그대로 적용될 수는 없는 것이다. 불법행위법에 대한 특칙들을 증권시장에서의 사기적 행위에 적용하는 과정에서 증권법 특유의 새로운 법리들이 많이 생성되고 발달하였고 그로부터 증권법은 독립적이고 방대한 법체계를 형성하게 되었다.

II. 증권법리의 기본구조

민사거래나 상거래에 있어서 계약체결상 거래상대방에게 어느 정도까지의 정보를 제공해야 하는지, 거래의 조건, 목적물에 관한 중요한 정보에 대해 침묵하는 것이나 거짓의 진술을 행하는 것이 어디까지 허용되는지, 중요한 정보를 감추기 위해 기술적으로는 거짓이 아닌 다른 정보를 제공하는 행위가 기망행위에 해당하는지, 그리고 이 모든 종류의 행동이 발생시키는 법률적 효과는 무엇인지 등은 계약법과 불법행위법(그리고 보험법)의 어려운 문제들 중 하나이다. 그리고, 이 어려운 문제는 대면거래가 아닌 비대면 시장거래가 주종을 이루는 증권의 매매거래와 관련하여서는 한층 더 어려운 문제가 된다.

우선 우리 민법 상 일정한 사실을 거래상대방에게 고지하지 않는 등의 부작위도 신의칙상 이를 고지할 의무가 인정되는 경우 사기를 성립시키는 고의의 위법한 기망행위가 될 수 있다. 그러나, 침묵을 기망행위로 인정하는 것은 허위사실의 진술을 기망행위로 인정하는 것에 비해 대단히 신중해야 한다. 민사거래는 물론이고 경제적 이익의 추구를 그 본질로 하는 상거래가 상인들 간에 준비되는 경우 거래의 당사자들은 의사의 결정에 필요한 거래 상대방이나 거래 목적물에 대한 정보를 스스로 수집하여 분석해야 한다. 이 경우 쌍방은 거래 상대방이 거래의 조건과 목적물에 대한 모든 정보를 공개하지 않을 것으로 예상하면서 각자의 역량으로 최선의 결과를 도출하려고 노력하게 된다. 특히, 협상의 과정에서 자신에게 불리한 정보를 상대방에게 고지하는 경우는 별로 많지 않은데 그를 사기로 바로 인정할 수는 없는 것이다. 판례도 "당사자 일방이 알고 있는 정보를 상대방에게 사실대로 고지하여야 할 신의칙상의 주의의무가 인정된다고 볼 만한 특별한 사정"이 있는 경우에만 상대방에 대한 고지의무가 발생하고 그렇지 않은 경우라면 거래 목적물의 시가에 대한 묵비가 거래상대방의 의사결정에 불법적으로 간섭한 것이라고 보지 않는다(대법원 2002. 9. 4. 선고 2000다54406 판결). 허위사실의 진술에 있어서와 마찬가지로 부작위로 인한 기망행위가 성립하기 위해서는 법질서 전체의 입장에서 허용되는 범위를 넘는 위법성이 인정되어야 한다.

미국 보통법의 내용도 우리법과 크게 다르지 않다. 거래 당사자들 간에 신뢰관계가 있는 경우에만 침묵이 사기를 구성할 수 있다. 그런데, 문제는 이러한 법리를 비대면 시장거래가 주종을 이루는 증권의 매매거래에 적용하게 되면 부당한 결과가 발생하게 된다는 것이다. 증권은 그 자체 가치를 갖지 못하고 그 증권이 표창하는 기업의 가치를 반영하는 것인데 증권의 매수인이 그 증권의 가치에 중요한 의미를 갖는 정보를 모두 수집하는 것은 용이하지 않다. 그래서 증권법리의 기본 구조는 매도인에게 이른바 '말할 의무'를 부과하는 것이다. 즉, 침묵이 협상의 도구로 사용될 수 없게 한다. 이 말할 의무인 공시의무를 다하지 않으면 위법이 발생하고, 의무를 이행하였으나 거짓을 행하면 사기가 된다. 물론, 증권법이 명시적으로 말할 의무를 부과하지 않는 경우에는 거래 당사자들 간에 신뢰관계가 있는 경우에만 침묵이 사기를 구성할 수 있고 거래 당사자들 간에 그러한 관계가 없다면 보통법의 원칙과 마찬가지로 단순한 침묵은 사기를 구성하지 않는다. 실제로 기업이 영업비밀을 포함한 모든 것을 시장에 알린다면 경쟁에서 살아남을 수 없을 것이다. 자본시장법은 경영상 비밀유지를 고려한 공시유보에 관한 근거 규정을 두고 있기도 하다(제391조 제 2 항 제 4 호).

나아가, 거짓과 침묵의 중간 형태로서 통상 중요한 사항의 누락의 일종으로 여겨지고 있는 이른바 '절반의 진실'(half-truth) 고지도 규제의 대상이다. 절반의 진실이란 그 자체 기술적으로 거짓이 아니지만 중요한 사항을 누락하고 있는 오인표시를 말한다. 예컨대, 세 군데 하자가 있는 중고 자동차의 매도인이 두 군데의 하자만 매수인에게 고지하거나 세 건의 특허소송을 당하고 있는 상장회사가 두 건의 특허소송에 대해서만 표시하는 행위다. 그리고 이렇게 증권거래의 특성을 고려한 법리를 도입했다 해도 실제 불법행위를 이유로 한 소송에서는 입증의 어려움이 있기 때문에 증권법은 불법행위법의 여러 가지 특칙을 마련해 두고 있기도 하다.

증권의 매매거래에 있어서 또 한 가지 특이한 점은 이 말할 의무를 지는 당사자가 반드시 증권의 매도인일 필요는 없다는 점이다. 증권이 처음 발행될 때는 매도인이 발행회사이다. 그러나, 일단 발행이 완료되어 유통에 들어가게 되면 매수인은 발행회사가 아닌 제3자로부터 증권을 매수하게 된다. 그런데도 발행회사는 계속해서 말할 의무를 지며, 거짓이나 누락이 발생해서 매수인이 손해를 입게 되면 발행회사는 매도인도 아니었음에도 불구하고 매수인에게 그로 인한 손해배상의 책임을 지게 된다.

미국법의 말할 의무

미국의 보통법상 거래당사자들 간에 공정하고 선의에 의한 행동기준이 적용되거나 신뢰관계(fiduciary relationship)가 존재하지 않는 한 원칙적으로 말할 의무는 발생하지 않는다. 즉, 침묵 그 자체는 법률적 책임을 발생시키는 은폐가 아니다. 매수인에게는 매도인이 보유하고 있지 않은 정보를 보유함으로써 협상에서의 우위에 서는 것이 허용된다. 모든 종류의 거래에서는 보다 정확하고 많은 정보를 보유한 쪽이 좋은 가격과 유리한 조건에 거래를 성사시킬 수 있다. 따라서, 정보의 확보 못지않게 정보의 유출방지도 유리한 거래를 이끈다.

이러한 원칙의 '가혹성'은 원칙에 한계를 설정함으로써 완화되어 왔는데 원칙을 상당히 잠식하는 수준에 이르렀다는 시각도 있다. 매도인이 물건의 하자를 은폐하기 위해 도색을 하는 등의 행위를 했거나 매수인의 물건에 대한 검사를 방해하였다면 이는 단순한 침묵에 해당하지 않기 때문에 기망행위이다. 미국 각 주의 법원이 예외적으로 거래상대방에 대한 정보의 제공의무를 인정해 온 분야는 주로 부동산의 거래이다. 통상적인 수준의 조사에 의해서는 알 수 없는 중대한 하자에 대해서는 매도인이 매수인에 대해 고지의무를 진다는 것이다. 이 계열의 판례에는 상인과의 거래에는 그러한 의무가 존재하지 않는다는 것도 있고 정부의 토지 수용계획과 같이 매수인이 접근할 수 있는 정보에 대해서는 고지의무가 없다는 것도 있다.

그런데 이 분야의 미국 판례법을 이해하는 데 있어서 중요한 것은 판사의 도덕 관념이 판결에 투영되는 경우가 많다는 것이다. 가장 많이 인용되는 짐펠사건에서 (Zimpel v. Trawick, 679 F. Supp. 1502 [W.D. Ark. 1988]) 피고는 병으로 죽어가는 원고의 피상속인에게 피상속인 소유의 토지에 인접한 땅에서 유정이 발견되었다는 사실을 알리지 않은 채 헐값에 당해 토지를 매수하였다. 이 사건 피상속인은 병약하고 빈한하며 독거상태로 사망하면서 의료비 채무를 남기고 싶지 않다는 희망에서 피고에게 토지의 매매를 의뢰하였던 것이다. 법원은 피고의 행위를 맹렬히 비난하면서 피고의 행위가 사기를 성립시킨다고 판결하였다. 그러나, 이 판결은 구체적으로 타당하지만 피고의 행위가 왜 위법한지에 대한 설시는 부족한 것으로 평가된다. 이 사건에서 피고가 한 행위는 모든 경제주체들이 거래에 나설 때 통상하는 행위와 동일한 성질의 것이기 때문이다. 즉, 가치를 인정 또는 인식 받지 못하는 물건을 찾아내서 매수한 후 가치를 인정 또는 인식하는 상대에게 이익을 붙여 매도하는 것이다. 그러나, 이 사건과 같은 사실관계하에서 법원이 피고의 손을 들어주는 것은 사실상 기대하기 어렵다. 거짓말과 침묵에 관한 사건은 언제나 도덕적인 평가와 혼합되기 때문에 법원은 진퇴양난격인 상황에 처하기 쉽고 그로부터 짐펠판결과 같은 결론이 도출되기도 한다.

Ⅲ. 증권이론

증권거래법이 제정된 1934년은 컬럼비아대학의 교수였던 그래함(Benjamin Graham)과 다드(David Dodd)의 공저 *Security Analysis* (McGraw-Hill)가 출간된 해이기도 하다. 이 책은 바로 투자은행업계와 증권시장에서 바이블이 된다. 로버트 루빈도 자서전에서 이 책의 영향을 많이 받았다고 기술하고 있다. 이 책은 주식의 가치평가에 있어서 배당보다는 수익에 초점을 맞출 것을 가르치며 주식과 증권시장에 지적인 기초를 제공하였고 투자은행업계 종사자들을 하나의 전문가 그룹으로 정립하는 데 결정적인 기여를 하였다. 증권시장은 단기적으로는 감정과 유행에 좌우되는 투표기계처럼 보이지만 장기적으로는 회사의 수익전망과 자산가치, 위험 등 근본적인 변수들을 반영하는 저울처럼 움직이므로 주식에 대한 투자는 장기적으로, 근본적인 변수들에 비추어 볼 때 저평가되어 있는 경우에만 의미가 있다는 것이다.

그래함과 다드가 출발시킨 증권이론은 그 후 하나의 독립된 학문 분야가 되었고 발전을 거듭하였으며, 오늘날 세계 모든 나라의 경영대학에서 미래의 투자은행가들에게 교육된다. 그리고, 증권이론은 세계적으로 보편적인 내용을 가지고 있기 때문에 경영대학의 교육이 세계의 자본시장을 통합하는 기능마저 발휘하고 있으며 투자은행들은 동일한 지적인 기초 위에서 활동을 전개한다고 보아도 좋을 것이다. 또, CFA(Chartered Financial Analyst)와 같은 세계적으로 공통된 내용을 테스트하는 시험을 통해 취득할 수 있는 전문자격도 증권시장과 업계의 세계화에 기여하고 있다 ― 독자들이 CFA 자격시험에 도전하고 싶다면 3년의 계획을 세워야 한다. 1년에 한 단계씩 통과시켜 준다. 그런데 각 단계마다 윤리(Ethics) 시험이 상당한 비중으로 테스트 된다. 윤리시험은 일종의 법률시험이다.

Ⅳ. 자본시장법과 회사법

원래 기업 내부자의 내부거래를 통제하고 기업내용의 공시를 규율하는 법은 상법 중 회사법이다. 회사법은 앞에서 본 바와 같이 회사 경영진의 선관의무, 충실의무 등과 같은 실체적 개념들과 주주대표소송 장치를 제공하며 상업등기, 재무제표의 작성과 공고, 주주총회 관련 정보의 제공, 소수주주권 등 다양한 경영진 통제장치와 공시기구를 마련하고 있다. 그러나 증권의 발행과 유통에 관한 공법적 규제인 자본시장법은 공개회사의 자금조달과 유가증권의 거래, 공개매수 등에 관한 별도의 규제체제를 통해 회사법이 달성하고자 하는 입법 목적을 훨씬 더 강력하게 추구하고 있다. 그리고 공법적 규제답게 형사처벌을 포함한 다양한 제재수단과 민사구제수단도 제공한다. 이는 법제도 발달의 역사에 있어서 흥미 있고 중요한 모습이다. 즉, 회사의 내부거래를 통제하고 기업공시 의무를 부과하여 주주들과 채권자들의 권리를 보호하는 장치가 공개기업의 자금조달 과정에 대한 규제를 통해 훨씬 더 효과적으로 가능해졌기 때문이다.

　기업지배구조를 개선하기 위한 여러 가지 장치인 사외이사제도, 주주대표소송, 집중투표제, 감사위원회 등의 여러 가지 장치는 나름대로의 한계를 갖지만 증권의 발행과 유통과정의 정보 공급을 규제하고 그 기능을 벌칙과 특별한 민사구제를 통해 담보하는 자본시장법의 기업가치 제고 기능은 회사법상의 그러한 장치에 비해 훨씬 더 효과적이다. 더구나, 사법인 회사법은 각국의 고유한 사회적, 정치적, 역사적 발전 과정의 산물이기 때문에 국제화되거나 국제적 정합성을 갖추는 것이 용이하지 않지만 국제화를 속성의 하나로 하는 금융시장 규제 규범인 증권법은 그와 다르다. 외국의 제도로부터 영향을 받는 정도도 증권법의 경우 회사법보다 더 높은 것으로 볼 수 있으며 이 때문에 세계 각국의 회사법보다는 증권법이 더 빠른 속도로 수렴할 것이라고 예측되기도 한다. 증권법이 수렴한다면 세계 각국 기업들의 금융 패턴도 수렴할 것이고 그는 결국 회사지배구조의 수렴을 촉진할 것이다.

　우리나라의 구 증권거래법은 조금 단순화해서 표현하면 미국의 1933년 증권법과 1934년 증권거래법을 합체하고 뉴욕증권거래소의 상장공시규정을 더해 놓은 모양을 하고 있었다. 미국의 경우 증권법들은 연방법이며 회사의 지배구조에 관한 규정들은 주(州) 법인 회사법의 영역인데, 이는 미국이 연방국가라는 데도 그 큰 이유가 있다. 일부 학자들이 회사법의 연방법화를 주장해 오고는 있으나 미국의 연방제도는 독일이나 그 밖의 연방국가들과는 달리 대단히 유서 깊고 그 정치적 전통이 강력하기 때문에 성사는 거의 불가능해 보인다. 그러나, 뉴욕증권거래소와 그 밖의 증권거래소들의 상장공시규정들이 이 문제에 어느 정도 개입하여 사실상 연방 회사법의 역할을 하고 있는 것이 현실이다. 이러한 현상은 기업공시를 중심으로 한 기업지배구조 차원에서는 상당히 긍정적으로 평가될 수 있으며 우리나라의 경우 우리가 그를 의도한 바는 아니었으나 구 증권거래법이 지금은 상법으로 이관된 상장회사 특례규정들을 통해 회사법의 공법화를 성취했었다는 것이 기억되어야 할 것이다.

　실제로 기업공시와 사기행위 금지를 양대 축으로 하는 미국 증권법은 그 기원을 1844년의 영국 회사법(Companies Act)에 둔다고 한다. 이 법에는 역사상 최초로 사업설명서의 작성에 관한 규정이 포함되었다. 이 법은 수차례 개정되었는데, 1929년 버전이 1933년 증권법을 작성한 프랑크푸르터 (후일) 연방대법관 팀의 작업 기초가 되었다. 특히 1929년 버전은 완전한 기업공시와 그에 대한 증권발행회사, 발행회사의 이사 및 임원, 관련 전문가 등의 책임에 관한 1933년 미국 증권법 규정들의 모태가 되었다고 한다. 이러한 역사적 사실이 말해 주는 바는 아주 명료하다. 미국 증권법의 핵심이 되는 부분들이 같은 시기 영국 회사법의 핵심적인 내용이었다는 것이다. 실제로 미국의 판례에는 연방증권법과 미국 각 주의 회사법 간의 경계를 획정하는 문제를 다룬 것들이 상당수 있는데, 이 판례들은 특정한 사실관계에 연방 증권법이 주의 회사법에 우선하여 적용될 것인가 하는 것을 쟁점으로 하였다. 그러나 이들 판례는 일반적인 효력을 갖는 법원칙을 생성하지는 못하였고 아직도 이 문제는 미정리 영역에 속하는 문제로 남아 있다. 연방 증권법은 기업지배구조에 관한 고도로 풍부한 내용을 가지고 있으며 위임장에 의한 의결권의 행사에 관한 규칙, 공개매수에 관한 규칙 등은 그 좋은 예이다. 미국 학자들은 연방 증권법이 새로운 회사법으로 등장하였다고 하면서 각 주 회사법상의 이사의 충실의무, 선관의무에 관한 기준이 점차 완화되어 가고 있는 반면 증권법은 그러한 문제를 별개의 메커니즘을 통해 보완해 주는 역할을 하고 있음을 지적한다. 회사법과 증권법은 고도의 상호 보완관계에 있는 것으로 보아야 할 것이다.

증권법을 특수한 법역의 하나로 여기고 그에 대한 교육과 연구를 상대적으로 소홀히 하는 우리나라의 전통적인 법학교육 체계는 이에 비추어 보면 잘못된 것이다. 증권법은 기업의 자금조달과 증권시장에서의 증권거래, 증권시장을 규율하는 데 그치는 법이며 따라서 제한된 범위의 전문가들에게만 필요한 법역이라는 생각은 불식되어야 한다. 증권법은 기업의 지배구조에 관한 법이며 우리나라의 산업과 경제 전반을 커버한다. 그리고 증권법은 그 때문에 기업 가치의 제고와 자본시장의 발달에 견인차 역할을 할 수 있다. 즉, 단순한 규제와 분쟁해결 규범에 그치지 않는다. 또, 법률이 우리나라 경제와 사회의 국제화에 기여할 수 있다면 증권법(자본시장법)이 그 대표격이 될 것이다.

V. 증권의 개념

자본시장법은 증권의 발행과 유통을 규율하는 것을 핵심적인 과제로 한다

고 할 때, 그러면 구체적으로 증권의 개념이 무엇인지 따져 볼 필요가 있다. 회
사법에서 거론한 주식과 회사채가 증권 아닌가? 그렇다. 주식과 회사채가 자본
시장법이 관심을 가지는 가장 중요한 증권들이다. 그러나, 자본시장에는 그 외
에도 다양한 금융상품들이 증권의 형태로 유통되고 있고 자본시장법은 그 모든
것들을 커버해야 한다.

1. 금융투자상품

자본시장법은 금융투자상품을 증권과 파생상품으로 구분한다. 즉, 금융투
자상품은 증권의 상위 개념이다. 증권은 (가장 중요한) 금융투자상품이다. 자본
시장법 제 3 조가 금융투자상품의 개념을 규정한다. "금융투자상품"이란 이익을
얻거나 손실을 회피할 목적으로 현재 또는 장래의 특정 시점에 금전, 그 밖의
재산적 가치가 있는 것을 지급하기로 약정함으로써 취득하는 권리로서, 그 권
리를 취득하기 위하여 지급하였거나 지급하여야 할 금전등의 총액이 그 권리로
부터 회수하였거나 회수할 수 있는 금전등의 총액을 초과하게 될 위험이 있는
것을 말한다(자본시장법 제 3 조 제 1 항). 권리를 취득하기 위하여 지급하였거나
지급하여야 할 금전등의 총액이 그 권리로부터 회수하였거나 회수할 수 있는
금전등의 총액을 초과하게 될 위험이 있는 것이라 함은 간단히 말해서 원금을
보장받지 못한다는 뜻이다. 은행예금, 보험계약과의 차이다. 이를 자본시장법은
'투자성'이라고 부른다. 파생상품은 장내파생상품과 장외파생상품으로 구분한다
(제 2 항).

2. 증   권

구 증권거래법은 유가증권의 종류를 열거하고 있었다. 법률에서 유가증권
으로 인정하는 것만이 규율대상이었던 셈이다(열거주의). 그러나, 파생금융상품
을 포함해서 금융상품의 종류가 극히 다양해져서 그를 효과적으로 규제해야 하
게 되었고 금융상품의 다양성과 복잡성을 장려해야 할 필요도 있어서 자본시장
법은 포괄적으로 증권의 개념을 규정하는 이른바 포괄주의를 선택하게 되었다.

자본시장법 제 4 조 제 1 항은 "증권"이란 내국인 또는 외국인이 발행한 금

융투자상품으로서 투자자가 취득과 동시에 지급한 금전등 외에 어떠한 명목으로든지 추가로 지급의무를 부담하지 아니하는 것을 말한다고 규정하고, 제2항은 증권을 채무증권, 지분증권, 수익증권, 투자계약증권, 파생결합증권, 증권예탁증권 등으로 구분한다. 우리가 주식이라고 부르는 것은 지분증권의 일종인데 제4항은 "지분증권"이란 주권, 신주인수권이 표시된 것, 법률에 의하여 직접 설립된 법인이 발행한 출자증권, 상법에 따른 합자회사·유한책임회사·유한회사·합자조합·익명조합의 출자지분, 그 밖에 이와 유사한 것으로서 출자지분 또는 출자지분을 취득할 권리가 표시된 것을 말한다고 한다. 투자계약증권은 제6항이 정의한다. "투자계약증권"이란 특정 투자자가 그 투자자와 타인 간의 공동사업에 금전등을 투자하고 주로 타인이 수행한 공동사업의 결과에 따른 손익을 귀속 받는 계약상의 권리가 표시된 것을 말한다. "파생결합증권"이란 기초자산의 가격·이자율·지표·단위 또는 이를 기초로 하는 지수 등의 변동과 연계하여 미리 정하여진 방법에 따라 지급금액 또는 회수금액이 결정되는 권리가 표시된 것을 말한다(제7항). 독자들도 ELW니, ELS니 하는 이해하기 어려운 증권들이 증권시장에서 거래된다고 들어본 일이 있을 것이다.

3. 파생상품

위 규정에서 반복해서 기초자산이라는 개념이 나온다. '기초'자산이 있기 때문에 '파생'상품이 있을 수 있는 것이다. 자본시장법 제4조 제10항에 의하면 기초자산이란 금융투자상품, 통화(외국통화 포함), 일반상품, 신용위험, 그 밖에 자연적·환경적·경제적 현상 등에 속하는 위험으로서 합리적이고 적정한 방법에 의하여 가격·이자율·지표·단위의 산출이나 평가가 가능한 것 등이다. 파생상품의 정의는 자본시장법 제5조 제1항에 규정되어 있다. 파생상품에는 ① 선도(forward)계약: 기초자산이나 기초자산의 가격·이자율·지표·단위 또는 이를 기초로 하는 지수 등에 의하여 산출된 금전등을 장래의 특정 시점에 인도할 것을 약정하는 계약 — 선도계약 중에서 표준화되어 거래소에서 거래되는 상품을 선물(futures)계약이라고 한다. ② 옵션(option)계약: 당사자 어느 한쪽의 의사표시에 의하여 기초자산이나 기초자산의 가격·이자율·지표·단위 또는 이를 기초로 하는 지수 등에 의하여 산출된 금전등을 수수하는 거래를 성립시킬 수 있는 권리를 부여하는 것을 약정하는 계약, ③ 스왑(swap)계약: 장래의 일정기간 동안 미리 정한 가격으로 기초자산이나 기초자산의 가격·이자율·지표·단위 또는 이를 기초로 하는 지수 등에 의하여 산출된 금전등을 교환할 것을 약정하는 계약 등의 3종류가 있다.

선도계약은 회사법에서 경영판단의 원칙을 설명할 때 언급하였다. 미래의 어떤 시점에서 지금 결정하는 가격으로 기초자산을 매매하기로 합의하는 것이다. 계약은 지금 체결하고 이행과 결제를 나중에 하는 점에 있어서는 통상적인 매매계약과 같으나 두 시점의 간격이 상대적으로 넓고 매매거래의 대상인 기초자산의 가격이 환율, 유가, 곡물가격 등의 경우에 있어서처럼 보통 물건보다 변동성이 심하다는 차이가 있다. 부동산이나 통상적인 동산은 몇 개월 만에 가격이 심하게 변동하지 않는다. 선도거래에서는 만기일에 기초자산의 가격이 높을수록 매수인에게 유리하고 낮을수록 매도인에게 유리하다. 문제는 아무도 만기일의 가격을 확신할 수 없다는 것이고 예측의 방향이 다른 두 당사자가 계약을 체결하게 된다. 선도거래의 반대말이 스팟거래(spot trade)다.

독자가 아는 어떤 사람이 삼성전자주식을 많이 가지고 있다. 오늘 현재 주당 130만 원이다. 그런데 삼성전자 주가가 앞으로도 오를 것 같다. 문제는 주가란 부침이 있는 것이어서 언제 얼마나 오를지 알 수 없다는 것이다. 그래서 1주를 140만 원에 살 수 있는 권리(옵션)를 보유하겠다는 약정을 그 사람과 체결할 수 있는 것이다. 150만 원이 되면 독자는 권리를 행사해서 140만 원에 150만 원짜리 주식을 인도받게 된다. 즉시 처분하면 비용을 공제하고 약 10만 원의 이익이 생긴다. 140만 원까지 오르지 않으면? 심지어 120만 원이 되면? 권리를 행사하지 않으면 그만이다. 그러면 상대방은 왜 이런 계약을 체결해 줄까? 상대방은 옵션을 무상으로 주는 것이 아니라 대가를 받기 때문이다. 예컨대, 이 계약을 체결하는 데 1만 원을 내야 한다. 다시 정리하면, 독자는 삼성전자주식이 140만 원이 되지 않으면 옵션을 행사하지 않는다. 그 대신 1만 원을 날리는 것이다. 이 1만 원은 일이 잘되면 10만 원을 벌 수 있는 기회를 위한 투자다. 상대방은 140만 원이 되지 않을 것이라고 생각하고 계약을 체결하는 것인데, 계약 한번 체결해서 1만 원을 버는 것이다. 즉, 150만 원짜리를 140만 원에 팔아야 하는 위험을 부담하는 대가가 1만 원이다. 자기가 가지고 있지 않은 주식에 대해서도 계약을 할 수 있으므로 그 경우 150만 원에 사서 140만 원에 팔아야 한다. 이렇게 물건을 살 권리를 콜옵션(call option)이라고 하고 반대로 팔 권리를 풋옵션(put option)이라고 한다. 옵션거래에서는 옵션의 가격이 대단히 중요한 역할을 한다. 특정 기초자산 가격에 대한 위험부담이 얼마의 가치를 가지는가? 위 사례에서 1만 원이 계약을 체결하도록 유도할 수 있는 가격인가? 이 가격을 결정하는 이론은 재무관리이론의 가장 중요한 부분이다.

　　스왑계약은 1981년에 IBM과 세계은행 간에 체결된 것이 시초로 알려진다. 2010년 세계 스왑시장 규모는 347조 달러에 달했다. 스왑계약은 계약 당사자들이 일정 기간 동안의 현금흐름을 교환하기로 약정하는 것이다. A는 은행으로부터 차입할 때 연 8%의 이자율을 적용 받는다. 즉, 고정금리다. 그런데, A가 생각하기에 그러지 말고 LIBOR＋0.5%의 변동금리를 적용 받으면 더 유리할 것 같다. LIBOR가 하락할 것 같기 때문이다. 그러나, A의 은행은 고정금리로만 돈을 빌려 주겠다고 한다. 한편, B는 은행으로부터 차입할 때 LIBOR＋0.5%의 변동금리를 적용 받는다. B는 이것이 마음에 안 들어서 고정금리로 하고 싶어 하지만 은행은 거절한다. 이 경우 A와 B가 만나서, 쉽게 말해 서로 은행에 이자를 대신 내주기로 약정한다. 실제로는 차액을 정산하게 될 것이다. 이 단순화한 구조의 약정을 금리스왑이라고 부른다. 통화스왑은 예컨대, 스위스회사가 스위스 프랑으로 회사채를 발행하고 미국회사가 달러로 회사채를 발행하지만 각각 상대편의 통화로 회사채를 발행한 효익을 원하는 경우 체결된다. 이 경우 두 회사가 서로 만나서, 쉽게 말해 서로 채권자에 대한 이자를 자신이 보유한 통화로 대신 내주기로 약정하는 것이다. 실제로는 확정된 환율을 적용한 정산을 하게 될 것이다. 왜 스위스회사는 달러화로 회사채를 발행하면 될 텐데 굳이 이렇게 할까? 스위스회사는 스위스 프랑으로 발행하는 시장에서 신용도가 높아서 낮은 금리로 발행할 수 있기 때문이다. 미국 회사도 마찬가지다. 각자 유리한 조건은 취하고 실제 목적은 통화스왑거래를 통해 달성한다. 통화스왑은 1970년대에 영국회사들이 영국의 외환규제 때문에 달러로 차입할 때 프리미엄을 지불해야 했는데 파운드화가 필요한 미국회사들과 스왑계약을 체결하면서 시작된 것이다.

VI. 금융투자업

자본시장법상 '금융투자업'이란 이익을 얻을 목적으로 계속적이거나 반복적인 방법으로 행하는 행위로서 1. 투자매매업, 2. 투자중개업, 3. 집합투자업, 4. 투자자문업, 5. 투자일임업, 6. 신탁업 등의 어느 하나에 해당하는 업을 말한다(자본시장법 제 6 조 제 1 항). 자본시장법의 제정취지가 우리나라에서도 서구 스타일의 대형 투자은행을 육성한다는 것이므로 금융투자업자는 투자은행과 사실상 같은 개념이라고 보면 된다. 그러나, 서구 투자은행의 업무는 크게 기업금융과 증권 트레이딩, 그리고 리서치 등의 세 부분으로 구성되며 이 중 기업금융(Corporate Finance)만을 좁은 의미에서의 투자은행업무(Investment Banking)로 부른다. 최근에는 헤지펀드에 대한 프라임브로커리지 업무가 투자은행의 큰 업무영역을 구성하게 되어 이 구분이 다소 모호해졌으나 증권의 발행과 기업인수합병(M&A)을 양대 축으로 하는 기업금융 업무가 투자은행 고유의 업무영역이다. 자본시장법은 '기업금융업무'를 인수업무, 모집·사모·매출의 주선업무, 기업의 인수 및 합병의 중개·주선 또는 대리업무, 기업의 인수·합병에 관한 조언업무, 사모투자전문회사재산의 운용업무(이 규정에 대해서는 논란이 있다), 프로젝트금융 관련 업무 등을 포함하는 것으로 정의하고 있다(자본시장법 시행령 제68조 제 2 항).

투자매매업은 누구의 명의로 하든지 자기의 계산으로 금융투자상품의 매도·매수, 증권의 발행·인수 또는 그 청약의 권유, 청약, 청약의 승낙을 영업으로 하는 것을 말하는데(자본시장법 제 6 조 제 2 항) 금융투자회사가 자신의 고유자금으로 투자하는 경우도 이에 포함된다. 투자중개업은 누구의 명의로 하든지 타인의 계산으로 금융투자상품의 매도·매수, 그 중개나 청약의 권유, 청약, 청약의 승낙 또는 증권의 발행·인수에 대한 청약의 권유, 청약, 청약의 승낙을 영업으로 하는 것을 말한다(제 3 항). 위탁매매업, 중개업 등에 해당한다. 집합투자업은 집합투자를 영업으로 하는 것을 말하며 집합투자란 2인 이상의 투자자로부터 모은 금전등 또는 국가재정법에 따른 여유자금을 투자자 또는 각 기금관리주체로부터 일상적인 운용지시를 받지 아니하면서 재산적 가치가 있는 투자대상자산을 취득·처분, 그 밖의 방법으로 운용하고 그 결과를 투자자 또는 각 기금관리주체에게 배분하여 귀속시키는 것을 말한다(제4항, 제5항). 종래 간접투자자산 운용업 또는 투자신탁업이라고 불렀던 것이다. 투자자문업은 금융투자상품, 그 밖에 대통령령으로 정하는 투자대상자산(금융투자상품등)의 가치 또는 금융투자상품등에 대한 투자판단(종류, 종목, 취득·처분, 취득·처분의 방법·수량·가격 및 시기 등에 대한 판단)에 관한 자문에 응하는 것을 영업으로 하는 것을 말하며(제6항) 투자일임업은 투자자로부터 금융투자상품등에 대한 투자판단의 전부 또는 일부를 일임 받아 투자자별로 구분하여 그 투자자의 재산상태나 투자목적 등을 고려하여 금융투자상품등을 취득·처분, 그 밖의 방법으로 운용하는 것을 영업으로 하는 것을 말하고(제7항) 신탁업이란 신탁을 영업으로 하는 것을 말한다(제8항).

2013년 4월 자본시장법 개정으로 신설된 전담중개업무란 제249조의2 제1항에 따른 전문사모집합투자기구(헤지펀드), 그 밖에 대통령령으로 정하는 투자자에 대하여 집합투자재산의 효율적인 운용에 기여하는 가능성 등을 고려하여 대통령령으로 정하는 방법에 따라 증권의 대여 또는 그 중개·주선이나 대리업무, 금전의 융자, 그 밖의 신용공여, 전문사모집합투자기구등의 재산의 보관 및 관리, 그 밖에 전문사모집합투자기구등의 효율적인 업무 수행을 지원하기 위하여 필요한 업무로서 대통령령으로 정하는 업무 등 어느 하나에 해당하는 업무를 연계하여 제공하는 업무를 말한다(제9항).

VII. 헤지펀드

독자들은 헤지펀드(hedge fund)라는 말을 들어보았을 것이고 헤지펀드가 돈을 많이 번다는 말도 들어보았을 것이다. 앞서 자본시장법상 전문사모집합투자기구다. 그런데, 구체적으로 그 사업 내용이 무엇인가? 얼마 전에 뉴욕의 미술품 경매회사에서 피카소의 작품 '꿈'이 1억 5,500만 달러에 팔리는 기록이 나왔는데 산 사람이 헤지펀드 매니저였다. 뭘 하길래 그렇게 돈이 많은가? 헤지펀드는 법률상의 용어는 아니고 위에서 거론된 집합투자업을 영위하는 금융투자회사가 설정한 투자도구다. 즉, 자산운용회사가 운용하는 펀드의 일종이다. 대체로 자산운용업은 증권시장이 활황이면 돈을 벌고 침체되면 반대가 되는 사업

인데 헤지펀드는 어떤 시장상황에서도 절대수익을 추구하는 펀드다. 즉, 보통
펀드들은 엄두를 못내는 다양한 투자전략을 사용하고 대단히 공격적으로 운용
된다. 그러기 위해서는 돈을 맡긴 투자자들이 고위험–고수익을 각오한 사람들
이어야 한다. 즉, 나쁜 결과에 대해서 크게 개의치 않는 투자자들의 돈을 굴리
는 것이다. 누가 나쁜 결과에 크게 개의치 않을까? 연기금, 보험회사 등 워낙
돈을 많이 가진 사람들이다.

1. 헤지펀드의 시대

국내에서는 2011년 말에 헤지펀드가 출범하였다. 헤지펀드는 대단히 활
발하게 증권을 거래하고 주로 기관투자자들의 돈을 운용하기 때문에 증권시
장에서 차지하는 비중이 높으며 다양한 투자전략에는 주식의 공매도와 대차
등이 포함되므로 금융투자회사들에게는 큰 고객이다. 신속한 거래와 청산, 결
제 서비스도 필요로 한다. 런던과 뉴욕증권거래소에서 일어나는 거래의 거의
절반 정도가 헤지펀드에 의한 것이라고 한다. 그래서 증권시장의 유동성 유지
에 중요한 역할을 한다. 금융투자회사들이 헤지펀드에 제공하는 서비스를 프
라임 브로커리지(prime brokerage)라고 하는데, 유수의 투자은행들의 수익이 증
권발행과 M&A에서보다 여기서 더 많이 나온다. 예컨대, UBS Investment
Bank의 홈페이지를 보면 고객그룹별 서비스의 종류에 헤지펀드가 독립적으로
분류되어 광고되고 있으며 프라임 브로커리지 서비스, 주식스왑 서비스 등이
제공되고 있다.

헤지펀드는 1949년에 알프레드 존스(Alfred Winslow Jones)라는 사람이 설립
한 것이 최초였다고 한다. 지속적으로 발전하다가 2000년대에 들어 금융위기 이
전까지 극성기를 맞이하였다. 2008년 여름 기준으로 헤지펀드의 수는 약 10,000
개, 관리 자산의 규모는 약 2조 달러였다. 헤지펀드는 영국 파운드화를 놓고 영
국 중앙은행과의 일전을 벌인 일이 있는 조지 소로스와도 그 이미지가 결부된다.
즉, 긍정적인 인상을 주는 펀드는 아니다. 특히, 헤지펀드는 공매도 전략을 많이
사용하는데 공매도는 주식의 가치가 하락할 것을 예상 또는 기대하고 주식을 매
수하는 세력이 사용하는 기법이므로 자본시장에서는 근원적으로 환영 받지 못하
는 기법이다. 나아가, 일부 공매도 세력은 주식의 가격이 하락하기를 기다리지

않고 각종 위법한 행동으로 그를 초래하기도 한다. 미국은 물론이고 우리나라에서도 금융위기가 극심했을 때 공매도(covered)가 일시적으로 금지되었다.

> 자본시장법 제180조(공매도의 제한)　① 누구든지 증권시장(다자간매매체결회사에서의 증권의 매매거래를 포함한다. 이하 이 조에서 같다)에서 상장증권(대통령령으로 정하는 증권에 한한다. 이하 이 조에서 같다)에 대하여 다음 각 호의 어느 하나에 해당하는 매도(이하 이 조에서 "공매도"라 한다)를 하거나 그 위탁 또는 수탁을 하여서는 아니 된다. 다만, 증권시장의 안정성 및 공정한 가격형성을 위하여 대통령령으로 정하는 방법에 따르는 경우에는 이를 할 수 있다. 1. 소유하지 아니한 상장증권의 매도 2. 차입한 상장증권으로 결제하고자 하는 매도 ② 제1항 본문에 불구하고 다음 각 호의 어느 하나에 해당하는 경우에는 이를 공매도로 보지 아니한다. 1. 증권시장에서 매수계약이 체결된 상장증권을 해당 수량의 범위에서 결제일 전에 매도하는 경우 2. 전환사채·교환사채·신주인수권부사채 등의 권리 행사, 유·무상증자, 주식배당 등으로 취득할 주식을 매도하는 경우로서 결제일까지 그 주식이 상장되어 결제가 가능한 경우 3. 그 밖에 결제를 이행하지 아니할 우려가 없는 경우로서 대통령령으로 정하는 경우

국내에서 2011년 말 헤지펀드의 출발이 예상보다 조심스러웠던 것은 거시경제 환경의 부담이 만들어 낸 규제 때문이다. 운용사들도 못마땅해하면서 보수적인 수익률 목표를 낸다. 학술적으로 검증되어야 하겠으나 아래에서 보듯이 헤지펀드는 시스템 리스크를 발생시킨다고 여겨진다. 이렇게 되면 정부도 신중하지 않을 수 없다. 그러나, 우리는 엄격한 규제의 틀 안에서 헤지펀드를 출범시켰기 때문에 시장의 발전을 보아가면서 점차 규제를 완화할 일만 남았다. 헤지펀드의 원래 모습을 갖추어 주지 않으면 애써 헤지펀드를 도입한 노력이 허사가 될 수 있다. 헤지펀드가 잘 안 되면 프라임 브로커리지도 없고 금융투자회사의 대형화와 국제화도 어렵게 된다는 것을 잊어서는 안 될 것이다.

2. 헤지펀드와 시스템 리스크

글로벌 금융위기 발생 시에 헤지펀드가 금융위기의 원인으로 지목되었다.

CDS(Credit Default Swap)의 약 60%가 헤지펀드에 의해 보유되었다고 한다. 그래서, 규제론이 등장했다. 헤지펀드는 상업은행이 아님에도 시스템 리스크를 발생시킨다고 여겨지고 있다. 그런데, 사실 헤지펀드가 발생시키는 시스템 리스크는 2000년 초에 롱텀캐피탈매니지먼트(Long-Term Capital Management: LTCM)라는 펀드가 도산하는 사건을 통해 이미 잘 알려진 것이다.

    LTCM은 1993년에 두 수학천재 스탠포드대학 숄즈(Myron Scholes) 교수와 하버드대학 머튼(Robert Merton) 교수가 골드만 삭스의 블랙(Fisher Black)과 함께 만든 것이다. 이들은 나중에 블랙-숄즈 모델이라고 불리는 혁명적인 옵션가격 결정이론을 개발했다. 그리고, 이 이론으로 사업을 시작하였다. 고객으로는 대형 은행인 UBS, 메릴린치 등을 확보하고 최소투자금액 1,000만 달러, 3년간 인출금지약정을 체결한 후 자신들의 보수는 펀드 금액의 2%를 수수료로 공제하고 수익의 25%로 책정하였다. 지금은 통상적인 헤지펀드들이 2%＋20% 규칙을 적용한다. 베어스턴즈가 프라임브로커로 들어왔다. 처음 2년은 성공적이었다. 투자수익율이 각각 43%와 41%였다. 여기에 힘입어 LTCM은 막대한 차입을 시작하였다. 1997년 9월 기준으로 자본이 67억 달러, 차입금이 1,264억 달러, 즉, 부채비율이 19 : 1이었다. 그러나, 약 7,600개 종목에 분산투자하였기 때문에 LTCM의 모델에 따르면 리스크는 거의 '0'이었다고 한다. 이들은 동일한 자산이나 옵션의 가격이 상이하게 드러나는 시장 간에 공격적으로 아비트라지를 집행했고 거의 무한대로 옵션을 매각하였다. 그러나, 1997년 10월에 머튼과 숄즈가 노벨 경제학상을 수상하고서 불과 5개월 후에 사고가 나기 시작한다. 분명치 않은 이유로 주식시장이 침체되기 시작한 것이다. LTCM의 부채비율은 31 : 1이 되었다가, 1998년 8월에 정치불안, 유가하락, 민영화 실패 등을 이유로 러시아가 국가부도를 내자 LTCM은 치명타를 맞게 된다.

    LTCM의 모델에 의하면 하루 4,500만 달러 이상의 손실은 불가능했으나 1998년 8월 21일 하루 동안의 손실액은 엄연히 5억 5,000만 달러였다. 수학과 금융공학이 현실을 이기지 못한 것이다. LTCM의 부채비율은 42 : 1이 되었다. 급격한 글로벌 동조화 현상도 발생하였다. LTCM은 워렌 버핏에게 원조를 요청했으나 거절당하였다. 워렌 버핏의 버크셔 주식은 LTCM이 주로 공매도하던 종목이다. 그리고 자신들과는 상극인 소로스에게도 원조를 요청한다. 소로스는 다른 투자은행들이 동참할 것을 조건으로 내세웠는데 골드만 삭스나 JP모건은 이미 수습이 어려울 것임을 파악하고 등을 돌린다. 결국 미국 정부가 14개 은행으로부터 36억 2,500만 달러를 급조해서 LTCM에게 구제금융을 제공하고 LTCM은 역사 속으로 사라졌다. LTCM은 지나치게 이상적인 세계를 상정하고 수학과 금융공학을 극단적으로 구사한 사례다. 어쨌든 이 사건으로 대형 헤지펀드가 금융시스템에 발생시키는 위험이 시장과 감독당국에 잘 인식되었다.

제2장   기업공시

상장회사가 증권을 발행해서 투자자에게 판매하려고 할 때는 회사의 사업을 비롯한 모든 중요한 사항에 대해 알려야 한다. 마치 물품을 판매하려는 상인이 손님에게 물품에 대해 상세히 설명하는 것과 같다. 차이는, 물품과 달리 증권은 그 자체가 구매 목적물이 아니라는 점이다. 증권은 증권을 발행하는 회사의 가치를 내포하고 있으며 증권 자체의 가치는 전무하다. 이 때문에 일반 물품의 판매에서와는 전혀 다른 규율, 규제가 필요한 것이다. 그리고 회사의 무엇에 대해 물어야 할지 투자자는 잘 알지 못하고, 회사가 하는 말의 진실성을 증권의 구매자가 확인하기 어렵기 때문에 자본시장법은 회사가 무엇을 알려야 하는지 상세히 규율하며, 거짓말을 하거나 알려야 할 사항을 알리지 않은 채 증권을 판매했다면 그로부터 투자자가 입은 손해를 배상하도록 함과 동시에 거짓말이나 침묵에 책임 있는 사람에게 형벌을 가한다. 또, 일단 증권이 발행된 후에도 증권의 가치는 회사의 사업 내용이 변화함에 따라 변화하는 것이고 증권시장에서 증권을 매매하는 사람들이 회사 사업 내용의 변화를 직접 확인할 수 없기 때문에 자본시장법은 증권이 발행된 후에도 회사로 하여금 정기적으로, 수시로 회사에 대해 증권시장에 알리게 한다.

한편, 비상장회사에도 적용되는 상법에 공시제도가 없는 것이 아니다. 상법도 ① 상업등기, ② 주주총회 소집통지와 공고, ③ 재무제표등의 비치 및 공고, ④ 정관, 주주명부, 주주총회 의사록, 이사회 의사록 비치 및 공고, ⑤ 회계장부열람 등을 통해 회사에 중요한 기본 정보들이 공개되도록 한다. 또, 공정거래법도 대규모 내부거래 공시, 이사회 결의 공시 등을 규율하는데 전자공시시스템을 통해 금융위원회, 공정거래위원회, 한국거래소, 금융투자협회 등이 공시정보를 공유한다.

Ⅰ. 공시의 이념

현대 증권법의 핵심적 이념은 국가가 증권을 발행하는 회사의 사업 내용에 대해 평가하지 않는다는 것이다. 사실상 그것은 불가능한 일이기도 하다. 대신, 회사는 투자자들에게 모든 중요한 정보를 알리게 하겠다는 것이다. 그러면, 현명한 투자자는 좋은 사업에 투자할 수 있을 것이고, 현명하지 못한 투자자는 좋지 않은 사업에도 투자하게 될 것이다. 그 결과는 전적으로 투자자에 달려 있는 것이다. 미국의 브랜다이스(Louis Brandeis) 대법관은 "햇빛은 가장 강력한 살균제이며, 전등은 가장 유능한 방범이다"(Sunlight is said to be the best disinfectants; electric light the most efficient policeman)라는 말로 이 이념을 표현한 바 있다. 그리고, 이 생각은 증권법뿐 아니라 회사의 지배구조에도 그대로 적용될 수 있는 것이다. 독일의 옛 수도인 본(Bonn)에서 가장 높은 건물은 독일연방우체국 건물인데 유리로 만들어진 투명한 건물이다. 엘리베이터도 유리로 만들었다. 이런 투명한 건물 안에서라면 회사의 경영자는 게으름을 부리거나 회사 돈을 훔칠 수 없다. 이 때문에 자본시장법은 예기치 않게 상장회사의 지배구조를 개선하는 역할도 수행한다. 그리고, 공시는 종이서류든 전자문서든 다량의 문서를 생산해 낸다. 즉, 문서주의를 강화하는 역할도 한다. 무엇이든 문서로 작성되고, 문서로 남는 경우에는 부정을 할 수 없다. 문서는 무한정 복사될 수 있고 무기한 돌아다닌다는 특성도 가진다. 특히, 현대는 이메일과 스마트폰의 시대다.

독자는 여기서 의문을 품을 수 있을 것이다. 투자자를 위해 회사의 모든 정보를 공개하는 것은 좋으나 그렇게 되면 회사의 중요한 영업비밀도 공개되어서 경쟁회사에게 노출되지 않을까? 투자자의 입장에서는 회사의 중요한 사업전략을 알고 싶지만, 경쟁사에게도 알려지면 투자자의 입장에서도 좋을 것 없지 않을까? 또, 반복하지만, 상장회사의 주주는 아무나 될 수 있다. 경쟁사뿐 아니라 불구대천의 원수도 우리 회사의 주주가 될 수 있는 것이다. 이를 막을 방법은 없다. 바로 이러한 이유 때문에 비상장회사로 남기를 원하는 회사들이 적지 않다.

Ⅱ. 공시의무 위반과 책임

증권을 발행할 때 회사와 사업에 대해 알리는 것을 발행공시라고 하며 증권이 발행된 후에 알리는 것을 유통공시라고 한다. 유통공시는 정기공시, 수시공시, 특수공시 등으로 나누어진다. 자본시장법은 증권을 발행하고자 하거나 발행한 회사에 대해 이러한 다양한 종류의 공시의무를 부과하며 그 위반에 대해서는 크고 작은 민·형사책임을 부과한다. 상장회사의 공시내용은 일반투자자들이 금융감독원의 전자공시시스템에 접속하면 볼 수 있다. 또, 공시는 적법하게 수행되는 것도 중요하지만 공시 대상인 정보를 포함하고 있는 자료가 충실하게 만들어지는 것이 우선이다. 따라서 재무정보가 작성되어 취합되는 기업 내부의 프로세스가 정비되어야 하고 감사위원회와 준법감시를 포함하는 내부통제시스템이 그를 뒷받침하게 된다. 기업지배구조에 관한 모든 제도와 논의가 적법한 기업공시를 담보하는 문제에 관련되는 것이다.

1. 책임의 구조

자본시장법 제125조 제 1 항에 의하면 증권신고서, 투자설명서 등의 중요사항에 관하여 거짓의 기재 또는 표시가 있거나 중요사항이 기재 또는 표시되지 아니함으로써 증권의 취득자가 손해를 입은 경우에는 ① 증권신고서의 신고인과 신고 당시의 발행인의 이사, ② 상법 제401조의2 제 1 항 각 호의 업무집행지시자로서 그 증권신고서의 작성을 지시하거나 집행한 자, ③ 그 증권신고서의 기재사항 또는 그 첨부서류가 진실 또는 정확하다고 증명하여 서명한 공인회계사·감정인 또는 신용평가를 전문으로 하는 자, ④ 그 증권신고서의 기재사항 또는 그 첨부서류에 자기의 평가·분석·확인 의견이 기재되는 것에 대하여 동의하고 그 기재내용을 확인한 자, ⑤ 그 증권의 인수계약을 체결한 자, ⑥ 그 투자설명서를 작성하거나 교부한 자, ⑦ 매출의 방법에 의한 경우 매출신고 당시의 그 매출되는 증권의 소유자 등은 그 손해에 관하여 배상의 책임을 진다. 다만, 배상의 책임을 질 자가 상당한 주의를 하였음에도 불구하고 이를 알 수 없었음을 증명하거나 그 증권의 취득자가 취득의 청약을 할 때에 그 사

실을 안 경우에는 배상의 책임을 지지 아니한다고 규정한다. 이 규정은 자본시
장법의 핵심 규정이다. 자본시장법 제162조는 사업보고서·반기보고서·분기보
고서·주요사항보고서 및 그 첨부서류에 관해 유사한 규정을 두고 있다.

　　이 의무에 위반하여 허위기재 또는 기재누락이 발생하고 투자자가 손해를
입은 경우 투자자는 책임이 있는 자에게 손해배상을 청구하는 소송을 제기할
수 있는데 이를 증권소송이라고 한다. 대개의 경우 투자자가 손해를 입게 되는
때는 회사가 부실해져서 주가가 하락했거나 도산한 때다. 그런 회사나 그런 회
사의 이사에게 소송을 제기해도 손해를 배상 받기 어려우므로 공시의무위반의
책임이 있는 회계법인과 증권회사가 주요 타겟이 된다. 배상할 금액은 청구권
자가 해당 증권을 취득함에 있어서 실제로 지급한 금액에서 손해배상을 청구하
는 소송의 변론이 종결될 때의 그 증권의 시장가격(시장가격이 없는 경우에는 추
정처분가격) 또는 변론종결 전에 그 증권을 처분한 경우에는 그 처분가격의 어
느 하나에 해당하는 금액을 뺀 금액으로 추정한다(자본시장법 제126조 제 1 항).
배상책임을 질 자는 청구권자가 입은 손해액의 전부 또는 일부가 중요사항에
관하여 거짓의 기재 또는 표시가 있거나 중요사항이 기재 또는 표시되지 아니
함으로써 발생한 것이 아님을 증명한 경우에는 그 부분에 대하여 배상책임을
지지 않는다(제 2 항).

　　그러나, 공시의무위반에 책임이 있는 자에게 소송을 제기하여 구제 받는
것보다는 그런 공시의무위반이 아예 발생하지 않는 것이 더 중요하므로 자본
시장법은 공시의무위반에 대해 엄격한 형벌을 규정하고 있다. 자본시장법 제
444조(벌칙)는 공시서류 중 중요사항에 관하여 거짓의 기재 또는 표시를 하거
나 중요사항을 기재 또는 표시하지 아니한 자 및 그 중요사항에 관하여 거짓
의 기재 또는 표시가 있거나 중요사항의 기재 또는 표시가 누락되어 있는 사
실을 알고도 자본시장법 제119조 제 5 항에 따른 서명을 한 자에게 형사처벌을
가한다. 제119조 제 5 항은 증권신고서를 제출하는 경우 신고 당시 해당 발행
인의 대표이사 및 신고업무를 담당하는 이사(대표이사 및 신고업무를 담당하는 이
사가 없는 경우 이에 준하는 자)는 그 증권신고서의 기재사항 중 중요사항에 관하
여 거짓의 기재 또는 표시가 있거나 중요사항의 기재 또는 표시가 누락되어
있지 아니하다는 사실 등 대통령령으로 정하는 사항을 확인·검토하고 이에
각각 서명하여야 한다는 규정이다.

2. 손해배상책임

증권신고서, 투자설명서 등의 허위기재 또는 중요한 사항의 누락을 부실표시라고 부른다. 위 법 제125조(제162조도 같다)는 부실표시에 의해 손해를 입은 투자자로 하여금 손해배상을 구할 수 있게 하는 규정이다. 투자자가 민법상 불법행위에 의한 손해배상책임을 물을 수 있음에도 불구하고 이런 규정이 따로 마련되어 있는 것은 자본시장에서 이루어지는 증권거래의 특징을 반영한 것이다. 민법에 의한 책임을 묻기 위해서는 소송의 원고가 피고의 고의·과실, 손해액, 피고의 행위와 손해 간의 인과관계 등을 모두 증명해야 하는데 자본시장에서의 증권거래로 발생한 손해를 배상받는데 그와 같은 증명을 다 하도록 한다면 충분한 권리구제와 가해자에 대한 책임의 추궁이 어렵다는 이유에서 자본시장법은 민법의 원칙을 수정한 규정을 두고 있는 것이다. 물론, 투자자는 그럼에도 불구하고 민법을 택해서 손해배상청구소송을 제기할 수 있고 실제로 그렇게 하기도 한다(민법 제766조의 소멸시효기간이 더 장기이다). 여기서는 증권소송의 특성이 가장 잘 드러나는 인과관계에 관해 자본시장법이 어떻게 다른 취급을 하고 있는지만 보기로 한다.

불법행위로 인한 손해배상책임 추궁에서 원고는 인과관계를 입증해야 한다. 두 가지다. 첫째, 위법한 행위와 문제가 된 거래행위 간에 인과관계가 있음을 입증해야 한다. 이를 거래인과관계라고 부른다. 둘째, 위법행위와 손해 간에 인과관계가 있음을 입증해야 한다. 이를 손해인과관계라고 부른다. 부실표시에 의해 증권을 사서 손해를 본 투자자는, 즉 허위공시로 주가가 잘못 올랐을 때 그 가격에 주식을 잘못 사고 진실이 밝혀진 후 주가가 다시 하락해서 손해를 본 투자자는 원칙적으로 내가 부실표시를 보고 증권을 샀다는 사실, 내가 입은 손해는 다른 이유가 아니라 바로 그 부실표시 때문에 발생한 것이라는 사실을 입증해야 하는 것이다. 이게 쉬울까? 어렵기 때문에 자본시장법이 특별 배려를 해 주고 있는 것이다.

우선 위 조문을 잘 들여다 보면 거래인과관계에 관한 언급이 아예 없다. 즉, 부실표시를 '신뢰'해서 증권을 샀어야 한다는 등의 언급이 없다. 증권을 사서 손해를 본 투자자는 일단 부실표시를 보고 증권을 산 것으로 보고 있는 것이다. 이 규정의 배경은 자본시장의 특이한 메커니즘이다. 우리가 증권에 투자할 때는 증권을 발행한 회사가 내놓는 모든 정보를 세세히 보고 평가해서 투자 결정을 내리는 것이 아니다. 회사가 내놓는 모든 정보는 누군가가(특히 전문가들) 보고 평가하고 그에 의거해서 행동한 결과인 증권의 시장가격에 반영되게 되는데 투자자는 그 가격을 신뢰하고 투자결정을 내리게 된다. 인터넷에서 맛집에 가보고 리뷰를 올리는 사람은 몇 안되지만 그 몇 안되는 사람들 때문에 맛집들은 열심히 음식을 만들고 사람들은 경쟁체제의 효익을 누리게 되는 것과 이치가 같다. 시장가격은 정보를 반영하기 때문에 가격을 믿고 투자를 했다면 부실표시를 포함한 모든 정보를 보고 투자했다고 보자는 것이다. 사실 이 규정이 없다면 증권소송은 사실상 거의 불가능해진다. 내가 어떤 부실표시를 보고 증권을 거래했다는 입증은 대단히 어렵기 때문이다.

손해인과관계에 관해서도 자본시장법은 입증책임을 전환해서 원고에게 유리한 구조로 되어 있다. 즉, 원고가 입증을 하는 것이 아니라 피고가 부실표시와 손해 간에 인과관계가 없음을 입증해야 한다. 예컨대, 피고가 산 증권의 가격이 하락해서 피고가 손해를 본 것은 회사가 한 허위공시 때문이 아니라 9.11 사건이 발생했기 때문이라는 식의 입증을 해야 하는 것이다. 따라서, 증권소송의 원고는 피고가 부실표시를 했다는 사실과 자신이 손해를 입었다는 사실만 증명하면 된다.

시장사기이론

자본시장법이 거래인과관계를 요구하지 않는 이유는 이른바 시장사기이론의 영향을 받았기 때문이다. 우리 대법원도 "주식투자를 하는 일반투자자로서는 그 대상 기업의 재무 상태를 가장 잘 나타내는 사업보고서의 재무제표와 이에 대한 감사보고서가 정당하게 작성되어 공표된 것으로 믿고 주가가 당연히 그에 바탕을 두고 형성되었으리라는 생각 아래 대상 기업의 주식을 거래한 것으로 보아야 한다"고 하여 시장사기이론을 채택한 것으로 이해되고 있다(대법원 2007. 10. 25. 선고 2006다16758, 16765 판결). 나아가 대법원은 민법상의 불법행위를 청구원인으로 하는 소송에서조차도 시장사기이론을 채택하여 거래인과관계를 인정한다. 이 이론이 무엇이길래?

시장사기이론(Fraud-on-the-Market Theory)에 의하면 잘 발달된 시장에서 거래되는 증권의 가격은 모든 공개된 정보를 바로 반영하며 따라서 부실표시의 내용도

바로 반영한다. 보통의 투자자는 회사가 제공하는 모든 정보를 면밀히 검토하기
보다는 증권의 가격이 회사에 대한 공개된 모든 중요정보를 반영하고 있다는 '가
격의 정직성'에 의존하여 증권을 취득하고 처분하는 것이다. 따라서, 어떤 투자자
가 시장에서 형성된 가격에 증권을 취득하거나 처분하였다면 그 투자자는 손해배
상청구의 맥락에서 부실표시를 포함한 모든 중요정보에 의존하였다는 사실이 추
정되는 것이다. 이 이론은 베이직판결(Basic Inc. v. Levinson, 485 U.S. 224 [1988])
에서 미국 연방대법원이 채택한 이래 아직까지도 통용되고 있는 원칙이다.

시장사기이론의 기초가 된 경제학 이론은 '자본시장 효율성의 가설'(Efficient
Capital Market Hypothesis)이다. 그런데, 2014년 미국 연방대법원에서는 베이직 판
결의 판례변경을 청구하는 할리버튼(Halliburton)소송이 법조계, 경제계의 지대한
관심하에 진행된 바 있고 우연하게도 스웨덴의 노벨위원회는 자본시장의 효율성
에 관해 상반된 시각을 가진 두 경제학자 유진 파마(Eugene Fama)와 로버트 쉴러
(Robert Shiller)를 2013년 노벨경제학상 공동수상자로 선정하였다. 할리버튼사건에
서는 자본시장 효율성의 가설이 아직도 타당한 이론인지에 대한 공방이 벌어졌으
나 2014년 6월 23일 연방대법원은 아직 판례를 변경할 정도의 변화는 인정하기 어
렵다고 하면서 베이직판결 판례를 그대로 유지하기로 결정하였다. 그러나 몇몇 대
법관이 자본시장효율성의 가설과 시장사기이론에 비판적인 의견을 내는 등 향후
법리의 변화가 예상되게 한 바 있다.

Ⅲ. 수시공시와 예측정보공시

투자자의 입장에서는 아무리 훌륭한 공시정보를 얻더라도 그 정보는 이미
일어난 일에 대한 정보다. 정보가 없는 것보다는 좋지만 사실은 투자자가 가장
원하는 정보는 회사가 앞으로 어떻게 될 것이라는 정보다. 사업이 잘될 것이면
주가가 올라갈 것이므로 주식을 사야 된다. 반대면 팔아야 된다. 그런데, 아무도
회사가 앞으로 어떻게 될 것인지 알 수 없다는 문제가 있다. 그래서 최소한 실시
간으로 회사에 대한 정보를 얻고 싶어 한다. 수시공시가 이 문제를 어느 정도 해
결해 준다. 독자들이 증권시장에서의 공시라 하면 연상하는 것이 대개 이 수시공
시이다.

1. 수시공시

수시공시(ad hoc disclosure)는 자본시장법 제161조(주요사항보고서의 제출)의 규정에 기초하여 상장회사들에게 부과되는 정보공개의무이다. 동 규정은 상장회사가 투자자들에게 정보를 공개해야 하는 사안을 열거하고 있으나 동조 제1항 제9호가 규정하고 있는 것처럼 법인의 경영, 재산 등에 관해 중대한 영향을 미칠 사항으로서 대통령령으로 정하는 사실이 발생하면 위 규정이 열거하고 있는지의 여부에 관계없이 그를 지체 없이 공시하여야 한다. 자본시장법이 마련하고 있는 상장회사의 수시공시제도는 회사의 경영진과 투자자 사이의 효과적인 커뮤니케이션 도구이다. 중요한 정보의 지체 없는 공시를 통해 시장은 회사에 대한 평가를 행하게 되고 그 평가는 주가에 반영되게 된다. 또, 이 수시공시를 통해 회사의 내부자와 외부의 투자자들 간에 발생하는 정보의 비대칭성이 해소되며 수시공시는 회사 내부자들의 위법한 내부거래 가능성을 감소시킨다. 실제로 수시공시의 정보 비대칭성 감축 효과는 수시공시가 수일의 기간 동안 회사의 주가에 영향을 미치며 나아가 당일에도 회사의 주가에 영향을 미친다는 실증연구들을 통해 입증되고 있다.

2. 예측정보의 공시

그런데 수시공시의 한계는 아무래도 실시간 정보의 제공은 아니라는 것이다. 수시공시의 대상이 되는 사건의 발생이나 이사회의 결의는 이미 확정된 사실이나 결정이다. 투자자들은 이러한 정보에 의한 도움을 받지만 중장기 투자판단에 더 요긴한 것은 회사의 장래에 대한 정보이다. 회사의 장래에 대한 정보는 회사의 내부자들과 회사와 가까운 위치에 있는 경제주체들만이 회사와 공유할 수 있는데 그러한 정보들은 어느 시점에서는 수시공시 대상이 되므로 이로부터 모종의 정보비대칭이 발생한다. 주식에 대한 투자는 기업의 미래가치에 대한 투자이다. 즉, 투자자에게는 역사적 정보보다는 미래정보가 중요한 것이다. 그러나, 기업의 미래에 관한 정보는 정확성을 담보할 수 없어 위험한 정보이기도 하다. 또, 해당 회사와 내부자들에 의해 남용, 악용될 가능성도 상존한다. 이런 점들을 모두 감안하여 미국에서는 1973년부터, 우리나라에서는 1999

년부터 상장회사에 의한 예측정보의 공시를 허용하고 있다.

자본시장법은 제119조 제3항에서 증권신고서에는 발행인의 미래의 재무상태나 영업실적 등에 대한 예측 또는 전망에 관한 사항으로서, 매출규모, 이익규모 등 발행인의 영업실적 기타 경영성과에 대한 예측 또는 전망에 관한 사항, 자본금규모, 자금흐름 등 발행인의 재무상태에 대한 예측 또는 전망에 관한 사항, 특정한 사실의 발생 또는 특정한 계획의 수립으로 인한 발행인의 경영성과 또는 재무상태의 변동 및 일정시점에서의 목표수준에 관한 사항, 그 밖에 발행인의 미래에 대한 예측 또는 전망에 관한 사항으로서 대통령령으로 정하는 사항 등을 기재 또는 표시할 수 있다고 규정하는데 이와 같은 사항들을 예측정보라고 한다. 문제는 예측정보는 어디까지나 발생가능성이 불확실한 미래에 대한 것이라는 데 있다. 만일 예측정보를 공시하였는데 결국 틀린 정보로 결론난다면 회사는 그를 믿고 투자한 투자자에게 손해배상책임을 져야 하는가? 만일 그렇다면 아무도 예측정보를 공시하려 하지 않을 것이다. 그래서 자본시장법은 예측정보의 공시가 공시방법만 잘 준수하면 된다고 규정한다. 예측정보의 공시방법은 자본시장법 제125조 제2항이 규정하고 있는데, 동 규정에 의하면 그 기재 또는 표시가 예측정보라는 사실이 밝혀져 있고, 예측 또는 전망과 관련된 가정 또는 판단의 근거가 밝혀져 있으며, 그 기재 또는 표시가 합리적 근거나 가정에 기초하여 성실하게 행해졌고, 그 기재 또는 표시에 관하여 예측치와 실제 결과치가 다를 수 있다는 주의문구가 밝혀져 있는 경우 자본시장법상의 손해배상책임의무가 발생하지 않는다.

IV. 증권집단소송

증권(집단)소송은 증권을 '속아서 산' 주주가 자신을 속인 상대를 대상으로 하는 소송이다. 즉, 주주인 내가 입은 손해를 직접 내가 배상 받겠다는 소송이다. 앞에서 본 주주대표소송과는 달리 주주가 소송을 제기할 충분한 인센티브가 있다. 그런데, 300만 원 손해 본 데 대해 소송을 제기하려고 했더니 변호사 비용만 500만 원이 든다면 갑갑하지만 그냥 넘어가는 것이 현명하다. 그러나 손해 본 주주가 그냥 넘어가는 것은 그 주주의 문제지만 모든 주주들이 이런 문제로 그냥 넘어가면 가해자가 희희낙락하게 되고 계속해서 속이는 행동을 하기 쉽다. 이는 주주 개개인의 문제가 아니라 사회적인 문제가 된다. 증권소송을 집단으로 할 수 있게 해 주는 것이 증권집단소송제도다.

「증권관련 집단소송법」은 2007년 1월 1일자로 전면 발효하였다. 소송이 제기된 사례가 없다가 진성티이씨가 2009년 4월 13일 최초로 이 소송을 당했다. 통화옵션거래상품 키코(KIKO)의 손실을 감추고 실적을 발표했다는 이유다. 이 소송은 2010년 1월 21일 수원지방법원에서 소송허가결정을 받은 바 있다. 증권집단소송으로 인해 기존의 증권소송 체계에 근본적인 변화가 발생하지는 않는다. 「증권관련 집단소송법」은 민사소송법에 대한 특례를 정하는 것을 목적으로 한다. 증권관련 집단소송의 소는 기존의 증권소송의 경우와 같이 자본시장법 제125조의 규정에 의한 손해배상청구 등을 위해 제기될 수 있다. 다만, 다수인에게 피해가 발생한 경우 그중의 1인 또는 수인이 대표당사자가 되어 소송을 수행할 뿐이다. 「증권관련 집단소송법」은 민사소송법의 특별법이므로 형사처벌의 가중 등 형사특례를 두고 있지는 않다. 그러나, 이 소송이 활성화되는 경우 그 경제적 파급효과는 대단히 클 것이고 법률적인 공방도 그에 따라 치열해질 것이므로 증권소송의 여러 가지 어려운 쟁점들이 새롭게 부각되어 다루어지게 될 것이다. 특히, 증권집단소송은 위에서 이사의 자본시장법상 책임이 실질적인 의미를 갖는 계기를 마련한 것이다.

증권집단소송제도는 부실공시를 억제하기 위한 제도이다. 이 제도는 또한 내부자거래를 방지하는 역할도 한다. 미국에서 제기되는 증권집단소송의 50% 정도에서 부실공시는 내부자거래 목적을 가진 기업의 임직원들에 의해 이루어진다고 한다. 또, 증권집단소송은 피해자의 권리구제를 위한 사법적인 제도라기보다는 기업의 지배구조와 공시관행을 개선하게 하는 정책적인 도구이다. 증권집단소송은 소송허가절차 단계가 주 전장(主 戰場)인데 여기서 피고가 지게 되면 보통 화해가 시도된다. 그래서 판결보다는 화해로 소송이 끝나는 경우가 압도적으로 많다. 즉, 남용될 가능성이 상존한다.

미국에서는 증권집단소송이 지난 1938년에 도입되었다. 그러나 숱한 문제들이 드러나 1995년에 증권소송개혁법(Private Securities Litigation Reform Act)이 제정되기에 이른다. 이 법의 가장 큰 목적은 소송의 남용 방지다. 미국 증권집단소송은 주가가 현저히 하락하기만 하면 이유불문하고 며칠, 심지어는 몇 시간 내에 제기되는 문제가 있었다. 즉, '준비된 원고'들이 항상 대기하고 있는 것이다. 피고가 된 기업들은 소송비용과 회사의 신용하락 우려 때문에 화해로 사건을 종결하려는 강한 유혹을 받게 된다. 소송이 진행되는 경우 회사와 회사를 돕는 주변의 증권회사, 전문가들이 주고받은 내용들이 모두 법정에서 공개되어 증거로 사용되므로 회사가 사업 내용에 대한 공시를 최대한 자제하게 되고 주변과의 커뮤니케이션도 축소시키게 되므로 이는 투자자들에게 필요한 정보의 공급을 줄이는 치명적 부작용도 낳는다.

집단소송제도의 사회적 비용

미국의 한 조용한 시골 마을에 변호사가 한 사람 이사오면서 동네가 시끄러워졌다는 것이다. "왜 권리 위에 잠자십니까?" 하면서 주민들의 '법 의식'을 고취시켰기 때문에 다툼이 빈번해졌다. 그러다가 변호사가 또 한 사람 이사오면서 동네는 소송판으로 변했다고 한다. 미국의 법대에서 흔히 듣는 '변호사 시리즈' 중 하나다. 1997년의 한 통계에 의하면 그해 미국에서는 모두 1,500만 건의 민사소송이 50개의 주 법원에 제기됐는데 이는 2초에 한 건씩 소송이 제기된 셈이다. 미국의 사법제도 유지 직접비용은 2001년의 경우 GDP의 2.04%인 2,054억 달러에 이르렀다. 우리 돈으로 약 220조 원을 상회한다.

누구나 세상을 살면서 이런 저런 피해를 당하기 마련인데 손해액수가 작으면 그냥 참고 넘어간다. 배상을 받는 데 드는 비용이 더 크기 때문이다. 그러나 액수가 작더라도 피해자가 다수이면 사회적으로 어떤 제도를 통해 그 손해를 배상 받을 수 있게 해 줘야 잠재적인 가해자가 조심하게 되므로 집단소송제도가 필요한 것이다. 이는 사회적인 제도이기 때문에 피해자 개개인은 원래 배상 받아야 할 소액을 배상 받는 데 그치게 된다. 따라서 누구에게도 일을 벌일 인센티브가 없다. 그래서 가장 큰 피해를 본 사람, 소송으로 돈을 벌 수 있는 변호사 등의 역할이 중요하며 그들의 선행투자가 다른 피해자들의 이익으로 연결된다.

이렇게 훌륭한 제도가 집단소송이지만 현실은 이상한 결과도 만들어 낸다. 가장 많이 드는 사례가 비디오대여 체인점 블록버스터 사건이다. 한 고객이 비디오 반납기일을 지키지 않는 경우 추가 요금이 부과되는 것이 부당하다면서 집단소송을 제기하였다. 이런 이상한 소송에 대해 텍사스주의 제퍼슨 카운티 법원이 승인한 화해안에 따르면 대여 기일을 준수하지 않아 추가 요금을 낸 고객들은 1인당 20달러 상당의 무료 비디오 대여 쿠폰(신작 비디오는 제외)과 1달러짜리 물품 할인구매 쿠폰을 수령할 수 있게 됐다. 블록버스터에게는 총 4억 6,000만 달러의 부담이 발생하였으나 실제로 쿠폰을 받아간 고객은 10%에도 미치지 못했다고 한다. 그러나 담당 변호사는 925만 달러의 보수를 쿠폰이 아닌 현금으로 수령하였다. '피해자'의 극히 일부가 소액의 비금전적 배상을 받고 변호사는 거액의 현금 보수를 받은 것이다. 이런 특이한 사례를 인용하면서 집단소송제도를 폄하하는 것은 곤란하다는 비판도 물론 가능할 것이다.

그러나, 사법제도의 남용이 발생하면 부당한 비용이 발생하고 그 비용은 소비자 전체에게 전가되지만 그와 동시에 사회적인 부가가치를 창출하지는 않는 일부 세력에는 혜택이 돌아간다. 왜곡된 자원의 배분을 바로잡아 소비자들을 보호할 필요가 있다. 2001년에 소송 비용으로 인한 물품가격의 상승 부담 등을 미국인들은 1인당 721달러 꼴로 부담했다. 미국의 경험은 우리가 새로운 제도를 고안하고 운영할 때 주의해야 할 점들을 가르쳐 준다. 정치적 당위성의 판단에는 사회적 비용의 예측이 반드시 수반돼야 할 것이다.

제3장　불공정거래 규제

I. 내부자거래

　　한 SF영화를 보면 미래에 일어날 일을 보여 주는 기계를 개발한다. 우리가 미래를 알 수 있다면 다른 것은 둘째치고 큰돈을 벌 수 있다. 큰 손실도 피할 수 있다. 그래서 사업가들은 항상 역술인들을 찾는다. 그러나, 현실세계에서 우리는 미래를 알지 못한다. 그런데, 증권시장에서 투자하는 사람들은 모두다 미래를 알지 못하는 사람들이다. 그래서, 미래를 알지는 못해도 남이 모르는 현실을 먼저 알면 미래를 아는 것과 결과가 같다. 증권시장이 정보의 경쟁 장소인 이유다. 문제는, 남보다 먼저 알아도 그 정보를 이용하면 안 되는 경우가 있다는 것이다.

1. 미공개중요정보 이용행위 금지

　　회사가 사업 내용의 중요한 변화에 대해 어차피 시장에 공시를 해야 하므로 시장에 공시하기 전에 해당 정보를 활용해서 주식을 사고팔면 어떨까? 좋은 소식을 알리기 전에 주식을 사면 좋은 소식이 알려진 후에 주가가 오를 것이므로 바로 팔아서 순식간에 큰 수익을 얻을 수 있다. 나쁜 소식의 경우 그 반대다. 가령, 광산회사의 사장이 인도네시아의 탐사팀으로부터 양질의 구리광맥이 발견되었다는 국제전화를 받고 전화를 끊자마자 바로 자기 회사의 주식을 산다. 그 다음날 아침 그 사실이 발표되고 주가는 폭등한다. 그 후 사장은 유유히 주식을 처분해서 단 하루만에 부자가 된다. 이렇게 하는 것을 내부자거래(insider trading)라고 부르고 자본시장법은 그런 행동을 규제하고 형사처벌한다.

자본시장법 제174조(미공개중요정보 이용행위 금지)는 제 1 항에서 "다음 각
호의 어느 하나에 해당하는 자 … 는 상장법인 … 의 업무 등과 관련된 미공개중
요정보(투자자의 투자판단에 중대한 영향을 미칠 수 있는 정보로서 대통령령으로 정하는
방법에 따라 불특정 다수인이 알 수 있도록 공개되기 전의 것을 말한다 …)를 특정증권
등의 매매, 그 밖의 거래에 이용하거나 타인에게 이용하게 하여서는 아니 된다.
1. 그 법인(그 계열회사를 포함한다 …) 및 그 법인의 임직원·대리인으로서 그 직
무와 관련하여 미공개중요정보를 알게 된 자, 2. 그 법인의 주요주주로서 그 권
리를 행사하는 과정에서 미공개중요정보를 알게 된 자, 3. 그 법인에 대하여 법
령에 따른 허가·인가·지도·감독, 그 밖의 권한을 가지는 자로서 그 권한을 행
사하는 과정에서 미공개중요정보를 알게 된 자, 4. 그 법인과 계약을 체결하고
있거나 체결을 교섭하고 있는 자로서 그 계약을 체결·교섭 또는 이행하는 과
정에서 미공개중요정보를 알게 된 자, 5. 제 2 호부터 제 4 호까지의 어느 하나
에 해당하는 자의 대리인 …사용인, 그 밖의 종업원 … 으로서 그 직무와 관련
하여 미공개중요정보를 알게 된 자, 6. 제 1 호부터 제 5 호까지의 어느 하나에
해당하는 자…로부터 미공개중요정보를 받은 자"라고 규정하고 있다.

　광산회사 사례에서 사장님이 전화를 받을 때 바로 옆에 있던 사장의 비서
가 무슨 내용인지를 파악하고 자기 자리로 돌아온 다음 바로 전 재산을 투자해
서 자기회사 주식을 사서 사장과 마찬가지로 거액을 벌어들이거나, 새로 발견
된 광맥과 관련한 계약서를 급히 작성해 달라는 부탁을 받고 회사로 들어오면
서 차 안에서 증권회사에 전화해서 대량의 회사 주식을 사들이는 변호사의 경
우도 위 규정에 의하면 처벌 대상이다. 그런데, 사장이 기분이 좋아진 나머지
그날 저녁 단골 바에서 종업원에게 내일부터 자신이 거부가 되며 회사가 승승
장구할 것이라는 자랑을 하면서 그 이유를 취중에 설명했고 그 이야기를 들은
종업원이 다음날 아침 일찍 주식시장이 개장하자마자 다량의 주식을 사들였다
면? 이 종업원을 우리는 '억세게 운 좋은 사람'이라고 부르고 법률은 그 행동을
처벌하지 않는다. 수개월 동안 회사의 동향을 열심히 추적, 파악하고 있다가 회
사가 결국 광맥을 발견할 가능성이 높다고 판단해서 고객들에게 매수 추천을
한 증권사의 애널리스트도 마찬가지로 처벌 받지 않는다.

　왜 사장의 행동, 즉, 내부자거래가 나쁜가? 주식시장이란 어차피 투자자들
사이에서 정보의 싸움이 벌어지는 곳이 아닌가? 또, 일반 물품과는 달리 주식은

증권거래소에서 매도인과 매수인이 직접 거래하지 않으므로 주식을 사는 매수인의 입장에서는 특정 매도인으로부터 주식을 사는 것이 아니라 '시장'으로부터 산다는 착각을 하게 된다. 그러나, 내부자거래 규제에 관한 한 이론에 의하면 회사의 사장이 주식을 샀을 때 누가 팔았는지를 생각해 보면 쉽게 답이 나온다. 주식의 매도자는 우리 회사의 주주님이신 것이다. 즉, 우리 회사의 주주로 하여금 사장인 나에게 주식을 팔게 한 것이다. 내가 나서지 않았으면 그 주주는 주식을 그대로 가지고 있다가 값이 올라 차익을 얻었을 것이다. 내가 팔라고 해서 팔았고 그 결과 이익을 놓친 것이다. 주식시장이 원래 그런 곳 아닌가요? 맞다. 그러나, 문제는 내가 주주의 이익을 위해 보수를 받고 일하는 회사의 사장이라는 것이다. 나는 그런 짓을 하면 안 되는 것이다. 즉, 나는 주주에 대한 관계에서 신뢰를 저버리고 주주에게 손해를 끼친 것이다. 그래서 내부자거래는 나쁜 것이다.

2. 법 집 행

재미있는 것은 증권시장에서의 내부자거래 규제가 세계적으로 그 역사가 일천하다는 사실이다. 특히 유럽의 대부분 국가들은 1980년대 후반까지 내부자거래를 규제하지 않고 있었다. 내부자거래를 규제하는 법을 가지고 있더라도 실제로 규제를 집행하는 비율은 그다지 높지 않았다. 1990년 이전의 시기에는 34개국이 내부자거래를 금지하는 법률을 가지고 있었으나 그중 26%인 9개국만이 실제로 그를 집행하였다고 한다. 여기서 집행이라 함은 형사소추를 한 사례가 단 한 건이라도 있는 경우를 말한다. 한 자료에 의하면 1998년 말 현재에는 모두 103개국이 증권거래소를 보유하였고 이들 중 84%인 87개국이 내부자거래를 규제하는 법률을 보유하였으며 이들 중 44%인 38개국이 그를 집행한 것으로 나타난다. 1934년에 내부자거래를 규제하는 증권거래법을 제정한 미국에서 조차도 1961년에야 비로소 법원이 내부자거래를 규제하기 시작하였다. 이는 아래에서 보는 시세조종을 범죄로 처단한 판결이 이미 1814년에 영국에서 나온 것에 비하면 대단히 늦은 것이다. 미국과 영국에서는 아직도 일부 학자들이 내부자거래행위가 증권시장에 해를 미치지 않는다는 시각을 가지고 있다. 우리나라의 구 증권거래법도 1956년 제정 시에 내부자거래 규제를 포함하지 않았다.

내부자거래 규제는 1976년에 처음 구 증권거래법에 들어왔고 1991년에 비로소 완전한 형태의 규제 근거가 마련되었다. 일본에서는 1988년에 내부자거래 규제가 증권거래법에 들어왔다. 중국은 1999년에 증권산업법을 제정하면서 다소 불완전한 형태로 내부자거래 규제를 시작하였다.

내부자거래는 적발하기가 쉽지 않다. 첨단의 프로그램이 있고 거래소에서 눈에 불을 켜고 감시하지만 과연 얼마나 효과적일지 알 수 없다. 그래서 자본시장법은 회사의 중요한 내부자들에게는 주식을 한 주라도 거래했으면 그 사실을 알리도록 한다(자본시장법 제173조). 그러면 귀찮아서 주식거래를 하지 않게 되고, 하더라도 일거수 일투족이 다 드러나는 셈이므로 내부자거래는 꿈도 꾸지 못하게 된다. 그리고, 자본시장법 제172조는 내부자의 단기매매차익이 회사에 반환되도록 하고 있다. 설령 내부자거래가 '무사히' 수행되었다 해도 그로부터 이익을 얻을 수 없도록 하는 규정이다. 물론, 마음먹고 하는 사람들은 가명, 차명으로 거래하기 때문에 이 또한 완전한 해결책은 아니다.

내부자거래를 포함한 불공정거래행위에 대한 조사는 대부분 증권거래소의 증권선물위원회(금융감독원) 통보로부터 시작된다. 투자자의 제보나 자체 기획에 의한 조사개시도 없지 않으나 인력부족 등의 이유에서 주로 거래소의 통보사실 추적이 조사의 주종을 이룬다. 금융감독원은 인터넷 증권범죄신고센터를 운영하고 있으며 포상제도도 실시하고 있다. 거래소는 특정 종목이 집중적으로 매집되거나 허수성 호가 또는 유통성이 낮은 주식에 대한 과도한 거래가 발생하는 경우 해당 거래가 발생한 증권회사의 지점에 예방조치를 요구한다. 그러한 요구에도 불구하고 비정상적인 매매가 중단되지 않는 경우 불공정거래 여부에 대한 감리를 실시하게 된다. 내부자거래는 거래소의 주가감시시스템을 통해 확인되며 특정인의 내부자거래 혐의가 확인되면 공식적인 조사를 위해 금융감독원에 이첩(移牒)된다.

2013년 4월에 개정된 자본시장법은 불공정거래행위에 대한 처벌을 강화하여 미공개중요정보 이용행위 금지, 다음에서 언급하는 시세조종행위 등의 금지 등 규정을 위반한 자에게 해당 행위 등으로 얻은 이익 또는 회피한 손실액 1배 이상 3배 이하에 상당하는 금액의 벌금에 처할 수 있도록 하여 벌금형의 하한선을 마련하였다(제443조 및 제447조).

3. 내부자거래 규제의 이론

증권법이 제정되기 이전에는 증권의 매매거래에 있어서도 전술한 보통법의 원칙이 적용되었으므로 증권의 매도인에게는 원칙적으로 말할 의무가 인정되지 않았고 그 때문에 증권을 매수하면서 그 가치에 대해 불안한 매수인은 매도인에게 M&A거래에서 사용되는 바와 같은 진술과 보증을 요구해야 했었다. 그런데 거래당사자들 간에 신뢰관계가 존재하는 경우에 대한 예외는 신탁의 수탁인과 수익자 간의 계약에도 인정되었기 때문에 수탁인과 수익자 간의 거래에 대하여는 완전하고 공정한 정보의 공개의무가 인정되었는데 이 요건을 충족시키지 못하는 계약은 무효로 보는 것이 19세기말 현재 보통법의 내용이었다.

당시 회사형태의 사업영위 조직이 점차 그 비중을 키워가고 있었기 때문에 같은 법리가 회사의 경영자와 주주 간에도 적용되어야 하는 것이 아닌가가 논의된 바 있는데 판례의 태도는 일정하지 않았으나 당시 다수의 견해는 회사의 이사는 회사에 대해 충실의무를 부담하며 주주에 대해서는 그러한 의무를 부담하지 않는다는 것이었으므로 주주와 증권을 거래할 때 이사는 정보의 제공의무를 부담하지 않는다는 것이었다. 연방대법원은 그러한 의무가 특별한 사실관계에서만 인정된다는 중간적인 입장을 취하였다(Strong v. Repide, 213 U.S. 419 [1909]). 그러나, 1933년 증권법과 1934년 증권거래법이 시행된 후 특별한 사실관계에서만 이사의 주주에 대한 정보제공의무가 인정된다는 대법원 판례는 각급 법원에서 강력한 도전을 받게 되었고 1975년에 연방대법원이 SEC Rule 10b-5상의 민사구제를 허용하면서 사실상 폐기되게 된다.

초기의 내부자거래 규제 이론은 정보상의 우위에 있는 거래 당사자의 거래를 일괄적으로 금지하였다. 미공개중요정보를 보유한 자는 거래 상대방에게 그 정보에 관해 말할 의무를 부담하며 말할 의무를 이행하지 않거나 할 수 없는 경우 거래가 금지된다. 즉, 보통법의 원칙보다 훨씬 강력한 법리이다. 그러나 이후 이 원칙은 1980년에 아래에서 소개하는 미국 연방대법원의 치아렐라 사건 판결을 통해 신뢰관계 이론에 자리를 내주게 되어 미공개중요정보를 보유한 거래 당사자는 신뢰관계가 존재하는 상대방에 대해서만 말할 의무를 부담하고 그 경우 말할 의무를 이행하지 않거나 할 수 없는 경우 거래가 금지된다. 이 이론을 통해 내부자거래의 강도는 보통법이 규제하는 수준과 유사한 수준으로 설정되었다. 그러나, 다시 신뢰관계의 존재라는 요건의 인정을 시장비(非)참가자와 회사와의 고용관계가 없는 행위자에게도 확장하여 적용하는 정보유용이론(misappropriation theory)이 등장하였다. 치아렐라 사건에서는 소수의견이었던 정보유용이론은 1981년에 연방제2항소법원에 의해 채택되었고 1987년의 카펜터 사건에서 대법관 의견 4 : 4의 판결로 연방대법원에서 다시 부각되었다가(Carpenter v. United States, 484 U.S. 19 [1987]) 결국 1997년의 오헤이건사건 판결에서(United States v. O'Hagan, 521 U.S. 642 [1997]) 연방대법원에 의해 채택되었다. 따라서, 현재 미국 증권법상 내부자거래 규제는 반드시 보통법상 의미에서의 신뢰관계의 존재를 요구하지 않는다는 내용으로 그 범위가 넓어진 상태이다.

내부자거래 금지는 주주평등(평등대우)의 원칙 측면에서도 이해할 수 있다. 비대면거래인 시장거래에 참여하는 자본시장의 모든 투자자들은 중요한 정보에 접근할 수 있는 평등한 권리가 존재한다는 정당한 기대를 가지고 있다고 보아야 할 것이다. 이는 공정성의 관념에 기초한다. 대법원은 내부자거래는 "내부자에게 부당한 이익을 용이하게 취득하게 하고 그로 인하여 유가증권시장에서의 거래당사자의 평등을 해치게 되어 유가증권거래의 공정성과 유가증권시장의 건전성에 대한 일반투자자들의 신뢰를 손상시킴으로써"라고 하여 평등성의 요청을 공정성과 결부시키고 있으며(대법원 1994. 4. 26. 선고 93도695 판결), 헌법재판소도 "내부자거래에 대한 규제의 목적은 증권매매에 있어 정보면에서의 평등성…투자자를 보호하고 증권시장의 공정성을 확립하여…"라고 하여 같은 입장을 취하고 있다(헌재 2002. 12. 18.자 99헌바105, 2001헌바48 결정).

4. 내부자거래 규제의 범위

내부자거래 규제는 그 범위가 지속적으로 확대되어 왔다. 예컨대, 자본시장법 제174조는 제 2 항에서 주식의 공개매수와 관련하여 제 1 항과 유사한 규제를 하고 있다. 제 6 부에서 상세히 설명할 기회가 있겠지만 주식의 공개매수는 상장회사의 주식을 증권거래소 밖에서 단기간에 대량 매수하는 것이다. 주로 적대적 M&A를 시도할 때 사용된다. 공개매수가 발생한다는 것은 해당 주식에 대한 수요가 단시간에 급증한다는 것이므로 당연히 주가는 상승하게 된다. 따라서, 어떤 회사 주식에 대해 공개매수가 발생할 것임을 미리 안다면 위

사례에서 광산을 발견한 것을 미리 아는 것처럼 큰 시세차익을 얻을 수 있게 된다. 문제는 공개매수에 대한 정보는 내부자의 입장에서는 내 회사에 대한 정보가 아니라는 것이다. 다른 회사에 대한 정보다. 그래서 전통적인 내부자거래에 해당하지 않는다. 자본시장법이 규정을 따로 두어 규제하는 이유가 여기에 있다. 미국에서 내부자거래 규제 범위의 확대는 이 공개매수와 관련하여 발생하였고 증권시장의 거래질서에 관한 중요한 법리가 형성되었다.

공개매수에 관한 정보가 사전에 유출되는 것을 막기 위해서 공개매수 공고를 신문에 내려고 할 때는 회사의 이름만 뺀 상태로 공고문안이 인쇄소에 전달된다. 그런 후에 회사 이름은 마지막 순간에 전화로 전달되어서 공고문이 완성되게 된다. 뉴욕에 이름이 치아렐라(Chiarella)라는 사람이 있었다. 이 사람은 인쇄소의 직공이었는데 공개매수 공고문안이 접수되면 회사의 이름이 빠져있음에도 불구하고 회사 이름을 알아맞히는 신묘한 능력을 가지고 있었다. 그만큼 관심이 많고 정보력이 뛰어났다는 의미다. 그래서 치아렐라는 공개매수와 관련하여 미리 대상 주식을 매입해서 돈을 꽤 벌게 되었다. 이것이 감독당국에 발각되어서 치아렐라는 형사재판을 받게 되었다. 당시 위에서 언급한 우리 자본시장법과 같은 특별 규정이 없었기 때문에 사기적 행위를 규제하는 일반 규정인 미국 연방증권거래법 Section 10(b) 위반 혐의가 적용되었다. 자, 그런데 독자들이 언뜻 생각하기에도 치아렐라는 무슨 특별한 죄를 지은 것 같지 않을 것이다. 위에서 언급한 억세게 운이 좋은 사람의 범주에 넣을 수 있지 않을까? 아니면 자신의 노력으로 정보를 알아낸 애널리스트와 같이 취급할 수 있지 않을까? 그랬다. 미국 연방대법원은 치아렐라에게 무죄를 선고했는데(Chiarella v. United States, 445 U.S. 222 [1980]) 그 이유는 다음과 같다:

"… 행정부의 유권해석과 사법부의 판례는 그에 관한 명시적인 법문이나 입법배경 등에 관한 기록이 없음에도 불구하고 증권의 매매와 관련된 침묵(silence)이 증권거래법 Section 10(b)의 규제대상인 사기적 행위를 구성할 수 있다는 원칙을 확립하였다. 그러나 그러한 행위에 근거한 책임은 거래의 당사자들 간에 신뢰관계가 존재하고 그로부터 정보를 공개할 의무가 있음이 확인되어야 비로소 발생하는 것이다. 이와 같은 거래 전의 정보공개의무는 주주들의 이익을 자신들의 이익에 앞세울 의무를 가지고 있는 회사의 내부자들이 미공개중요정보를 사기적으로 사용하여 개인적인 이익을 취하는 것을 방지하는 역할을 한다 … 금전적 측면에서 불공정한 행위라 해서 그것이 항상 Section 10(b)상의 사기적 행위를 구성하지는 않는다 … 단순한 침묵을 사기적인 행위로 규정짓는 데 필요한 정보공개의무의 존재가 이 사건에서는 발견되지 않는다. 원고[치아렐라]와 인수목표회사 주식의 매도인들 간의 관계에서는 그러한 의무가 발생할 수 없다. 왜냐하면 원고는 과거에 그들과 거래한 사실이 없기 때문이다. 원고는 그 매도인들의 대리인도 아니었고 여하한 충실의무도 지고 있지 않았다. 원고는 매도인들이 신뢰를 부여하고 그를 보유하는 그러한 지위에 있는 인물이 아니었던 것이다. 실제로 원고는 집단적인 시장거래기구를 통하여 매도인과 주식을 거래하였을 뿐인 전적인 타인(complete stranger)에 불과하였다 … 정보의 미공개로부터 사기적 행위가 인정되기 위해서는 말할 의무(duty to speak)가 존재해야만 한다. Section 10(b)상의 정보공개의무는 단순히 미공개정보를 보유하고 있다는 사실에서는 발생할 수 없는 것으로 본다 …”

이 판결이 나오자 실망한 SEC는 우리 자본시장법과 내용이 같은 특별한 규칙을 제정해서 공개매수와 관련한 내부자거래를 규제하기 시작했다. 그런데, 위 판결은 반드시 공개매수와 관련된 것만이 아니라 일반적인 내부자거래 규제의 범위에 적용되는 중요한 법리를 담고 있다. 그리고, 문제는 이 판결이 대법관 6 : 3의 의견으로 내려졌다는 것이다. 즉, 대법관 3인은 치아렐라를 유죄로 보았다는 것이다. 무슨 이유에서일까?

당시 3인의 반대의견 중에는 버거(Burger) 대법원장의 반대의견이 포함되어 있었다. 버거 대법원장은 정보유용이론에 의해 치아렐라의 행위를 비난하였다. 이 이론에 의하면, 미공개중요정보를 시장으로부터 탈취한 사람은 그를 이용해서 증권을 거래하기 전에 반드시 그를 공개할 엄격한 의무를 진다. 증권거래법의 사기행위금지 규정은 증권의 거래가 공정하게 이루어지고 특정 투자자가 부당하게 유리한 위치에 서는 일이 없도록 하려는 목적을 가진다. 치아렐라와 같이 탈취한 미공개중요정보에 의해 증권을 거래하는 자는 부당하게 유리한 위치에 서 있으며 그의 행위는 타인의 손해로 자신의 이익을 취하는 것 외에는 그 어떤 유용성도 인정받을 수 없는 행위이다. 또, 이 사건 판결에서는 블랙먼(Blackmun) 대법관도 반대의견을 냈다. 블랙먼 대법관에 의하면, 미공개중요정보에의 접근 가능성에 대한 구조적인 차이야말로 규제 대상인 내부자의 범위를 결정짓는 데 결정적인 요소가 된다고 한다. 즉, 다른 사람들이 합법적인 방법으로는 접근할 수 없는 정보에 접근할 수 있는 구조적인 이점을 가진 사람은 그 정보를 이용해서 증권을 거래해서는 안 된다는 것이다. 이 의견에 의하면 치아렐라와 같이 증권의 거래에 관련된 인쇄물을 취급하는 사람, SEC의 직원, M&A에 관련된 변호사나 회계사, 노동조합의 간부 등은 모두 특별한 의무를 가지는 사람이 될 수 있다. 이러한 사람들은 자본시장에서 고도로 정형화된 특수한 역할을 수행하는 사람들이며 그러한 역할 때문에 일반 투자자들이 합법적으로는 얻기 어려운 미공개중요정보에 접근할 수 있는 사람들이다. 그러나, 그들의 역할은 개인적인 이익을 얻는 데 도움이 되는 특별한 정보를 그들에게 제공하기 위해 마련된 것은 아니므로 이들에게 각기 고유한 역할에서 얻어지는 미공개중요정보에 의해 증권을 거래하는 것을 포기하도록 요구하는 것은 지극히 합당한 것이다. 그러한 의무의 부과는 투자자들 간의 공평한 관계를 확립하는 데 도움이 된다. 나아가, 이러한 구조적 내부자들이 시장에서 부당하게 유리한 위치에 서지 않게 하는 것은 일반 투자자들의 투자의욕을 고취시키고 시장에 대한 불신을 감소시킴으로써 경제의 효율성으로 연결될 수 있다.

치아렐라 사건에서는 소수의견이었던 정보유용이론은 1997년에 결국 연방대법원의 다수의견이 되었다. 주식의 공개매수와 관련한 정보를 자신이 일하고 있는 로펌의 다른 부서에서 입수해서 증권의 거래에 이용한 그 로펌의 파트너 변호사가 유죄판결을 받은 것이다(위 오헤이건판결).

5. 정보수령자

한편, 실제로 많은 내부자거래는 내부자 자신이 아닌 내부자로부터 미공개중요정보를 전달 받은 다른 인물에 의해 감행된다. 상기한 자본시장법 제174조 제1항은 내부자와 준내부자를 규제 범위에 포함시키고 제6호에서 내부자와 준내부자로부터 미공개중요정보를 받은 자도 마지막에 규제 대상으로 규정하고 있다. 이를 정보수령자(tippee)라고 부른다.

[대법원 2002. 1. 25. 선고 2000도90 판결]

판시사항: [1] 내부자로부터 미공개 내부정보를 전달받은 제1차 정보수령자로부터 제1차 정보수령과는 다른 기회에 미공개 내부정보를 다시 전달받은 제2차 정보수령자 이후의 사람이 유가증권의 매매 기타의 거래와 관련하여 당해 정보를 이용하거나 다른 사람에게 이용하게 하는 경우, 증권거래법 제188조의2 제1항의 위반 여부(소극) [2] 제2차 정보수령자가 제1차 정보수령자로부터 제1차 정보수령 후에 미공개 내부정보를 전달받아 이용한 경우, 제2차 정보수령자를 제1차 정보수령자의 증권거래법 제188조의2 제1항 위반죄의 공동정범으로 처벌할 수 있는지 여부(소극)

재판요지: [1] 증권거래법 제188조의2 제 1 항은 내부자로부터 미공개 내부정보를 전달받은 제1차 정보수령자가 유가증권의 매매 기타 거래와 관련하여 그 정보를 이용하거나 다른 사람으로 하여금 이를 이용하게 하는 행위만을 금지하고 있을 뿐 제1차 정보수령자로부터 미공개 내부정보를 전달받은 제2차 정보수령자 이후의 사람이 유가증권의 매매 기타 거래와 관련하여 당해 정보를 이용하거나 다른 사람으로 하여금 이를 이용하게 하는 행위를 금지하지는 아니하므로 결국 증권거래법 제188조의2 제 1 항, 제207조의2 제1호는 내부자로부터 미공개 내부정보를 전달받은 제1차 정보수령자가 유가증권의 매매 기타의 거래에 관련하여 당해 정보를 이용하거나 다른 사람에게 이를 이용하게 하는 행위만을 처벌할 뿐이고, 제1차 정보수령자로부터 제1차 정보수령과는 다른 기회에 미공개 내부정보를 다시 전달받은 제2차 정보수령자 이후의 사람이 유가증권의 매매 기타의 거래와 관련하여 전달받은 당해 정보를 이용하거나 다른 사람에게 이용하게 하는 행위는 그 규정조항에 의하여는 처벌되지 않는 취지라고 판단된다. [2] 증권거래법 제188조의2 제 1 항의 금지행위 중의 하나인 내부자로부터 미공개 내부정보를 수령한 제1차 정보수령자가 다른 사람에게 유가증권의 매매 기타 거래와 관련하여 당해 정보를 이용하게 하는 행위에 있어서는 제1차 정보수령자로부터 당해 정보를 전달받는 제2차 정보수령자의 존재가 반드시 필요하고, 제2차 정보수령자가 제1차 정보수령자와의 의사 합치하에 그로부터 미공개 내부정보를 전달받아 유가증권의 매매 기타 거래와 관련하여 당해 정보를 이용하는 행위가 당연히 예상되는바, 그와 같이 제1차 정보수령자가 미공개 내부정보를 다른 사람에게 이용하게 하는 증권거래법 제188조의2 제 1 항 위반죄가 성립하는데 당연히 예상될 뿐만 아니라,

그 범죄의 성립에 없어서는 아니되는 제2차 정보수령자의 그와 같은 관여행위에 관하여 이를 처벌하는 규정이 없는 이상 그 입법취지에 비추어 제2차 정보수령자가 제1차 정보수령자로부터 제1차 정보수령 후에 미공개 내부정보를 전달받아 이용한 행위가 일반적인 형법 총칙상의 공모, 교사, 방조에 해당된다고 하더라도 제2차 정보수령자를 제1차 정보수령자의 공범으로서 처벌할 수는 없다.

II. 정보의 중요성

내부자거래금지 규정은 미공개 '중요' 정보의 이용에만 적용된다. 증권소송의 대상이 되는 공시서류에의 허위기재 또는 기재누락도 '중요한 사항에 대한' 허위기재 또는 기재누락이라는 것이 확립된 해석이다. 그러나 중요성만큼 주관적인 개념이 없는데 어떤 기준으로 정보의 중요성을 판단할까? 스티브 잡스가 병원에 입원하게 되어서 2주간 회사 일을 못하게 된 것은 중요한 정보다. 그러나, 미안한 말이지만 박 대리가 병원에 입원하게 된 것은 중요한 정보가 아니다. 물론, 박 대리의 가족들에게는 세상 어느 일보다 중요한 일이다. 즉, 회사의 주식에 투자하는 투자자의 시각에서 보아야 한다. 그 일로 주가가 어떻게 움직일까? 그러나, 이렇게 쉽게 판단할 수 있는 사안은 그리 많지 않다. 회사에 관한 정보들 중에서 '중요성'(materiality)을 인정받을 수 있는 정보를 구별해 내는 것은 대단히 어려운 일이다. 자본시장법은 상술한 수시공시 사항을 열거하고 있다. 그런 일들은 중요한 일들이니 발생하면 공시하라는 것이다. 그러나, 열거된 수시공시 사항들은 중요성의 판단에 관한 일응의 참고 기준일 뿐, 중요성 판단의 실질적인 기준이 될 수 없다. 또, 자본시장법은 제47조 제 1 항에서 금융투자회사가 일반투자자를 상대로 투자권유를 하는 경우에는 금융투자상품의 내용, 투자에 따르는 위험 등에 대한 설명의무를 진다고 규정하면서 그 제 3 항에서 "투자자의 합리적인 투자판단 또는 해당 금융투자상품의 가치에 중대한 영향을 미칠 수 있는 사항"을 "중요사항"이라고 한다.

1. 미국 판례

1960년대 중반에 미국의 텍사스걸프설파라는 회사의 기술진이 대규모의 광맥을 발견했다. 광맥의 상업성이 확인되는 동안 회사의 임원들은 내부자거래를 감행했다. 상업성이 확인되고 광맥 발견 사실이 시장에 공시될 때까지 주가는 주당 18달러대에서 32달러대로 상승했고, 광맥 발견 사실 공시 후 약 2년간 회사의 주가는 150달러대로 추가 상승하였다. 해당 임원들은 내부자거래를 이유로 소송을 당하자 당시 광맥 발견이라는 정보는 광맥의 상업성이 확인되기 전에는 중요한 정보가 아니었고 공시할 수도 없었다고 주장했다. 즉, 만일 상업성이 없는 것으로 결론이 나면 자신들은 손실을 입게 되는데 그를 감수하고 스스로 위험을 부담했다는 것이다. 그러나 법원은 공시의무의 존재와 정보의 중요성 판단은 별개이며 임원들이 대량의 내부자거래를 한 사실 자체가 정보의 중요성을 뒷받침한다고 판결했다(SEC v. Texas Gulf Sulphur Co., 401 F. 2d 833 [2d Cir. 1968]).

1988년에는 미국연방대법원이 베이직 사건 판결을 내렸다(Basic Inc. v. Levinson, 485 U.S. 224 [1988]). 회사가 다른 회사와 합병 교섭을 진행하는 동안 증권시장에 루머가 퍼졌는데 증권거래소는 회사에 세 차례에 걸쳐 조회를 발송했고 회사는 그때마다 합병 진행 사실이 없다고 공시했다. 후에 합병교섭이 타결되고 그 사실이 공표되자 주가가 상승했는데 합병교섭이 진행되는 바 없다는 공시에 의해 저가에 주식을 매도한 주주들이 소송을 제기했다. 회사는 합병거래의 가격과 구조가 당사자들 간에 원칙적으로 합의되지 아니한 상태에서는 교섭 사실을 공표할 수 없었다고 주장했으나 연방대법원은 그를 배척하고 이른바 '개연성/비중이론'을 채택했다. 발생가능성이 불투명한 사건(event)에 있어서 정보의 중요성은 특정 시점에서 관련 사건이 실제로 일어날 개연성과 회사의 활동 전반에 비추어 그 사건이 가지게 될 비중 등 양자를 형량하여 판단된다는 것이다. 법원은 "일반적으로 어떤 사건이 발생할 개연성을 측정하기 위한 사실관계의 검토에는 최고경영진 레벨이 해당 거래에 얼마만큼의 관심을 표명하였는가를 볼 필요가 있다. 예컨대, 이사회의 결의, 투자은행과의 연락, 당사자 간의 실제협상 등이 그러한 관심을 측정하는 데 참고가 될 것이다. 거래가 회사에 미칠 영향의 비중을 측정하는 데는 쌍방 회사의 크기, 주식의 시장가격에 대한 예상

프리미엄 등을 살펴보아야 할 것이다. 그러나 이들 중 어느 한 가지 요소도 해당 합병협상을 중요한 사건으로 다루는 데 필요충분 조건이 될 수는 없다. 정보의 중요성은 합리적인 투자자가 공개되지 않았거나 잘못 공개된 정보에 부여할 수 있는 의미에 좌우된다"고 하였다.

2. 대법원 판례

우리 판례는 구 증권거래법 제188조의2 제 2 항에서 "일반인에게 공개되지 아니한 중요한 정보"라 함은 투자자의 투자판단에 중대한 영향을 미칠 수 있는 것으로서 당해 법인이 공개하기 전의 것을 말한다고 한다(대법원 1995. 6. 29. 선고 95도467 판결). 또, 판례는 중요한 정보란 "합리적인 투자자라면 그 정보의 중대성과 사실이 발생할 개연성을 비교평가하여 판단할 경우 유가증권의 거래에 관한 의사를 결정함에 있어서 중요한 가치를 지닌다고 생각하는 정보"를 말한다고 한다(대법원 1995. 6. 30. 선고 94도2792 판결). 이에 의하면 자본금이 101억여 원인 회사의 자회사에서 화재가 발생하여 약 20억 원의 손실이 발생한 것을 비롯하여 연도 말 결산 결과 약 35억 원의 적자가 발생했다는 사실은 중요한 정보다. 물론, 실무상 중요성 판단 기준은 공시의무에 관한 법령상의 기준을 참고해서 내려지고 있기는 하다. 미국에서는 계량적 판단기준이 활용되고 있는데 예컨대, 회사의 주가, 총자산, 총매출 등의 지표를 놓고 10% 이상이 관련되는 사항에 관한 정보는 중요성을 추정하고, 5% 미만이 관련되는 사항에 관한 정보는 중요하지 않은 것으로 추정한다. 5~10%는 이른바 회색지대(Grey Area)로 분류된다. 판례에 의하면 대법원은 위 미국의 텍사스걸프설파사건 판결을 채용하고 있는 것으로 보인다.

[대법원 2009. 11. 26. 선고 2008도9623 판결]

판시사항: [1] 미공개정보의 이용행위 금지에 관한 구 증권거래법 제188조의 2 제 2 항에 정한 '투자자의 투자판단에 중대한 영향을 미칠 수 있는 정보'의 의미 및 그 정보의 생성시기 [2] 특정 회사가 주가 부양 방법으로 '자사주 취득 후 이익소각'을 검토하고 있다는 정보가 구 증권거래법 제188조의 2 제 1 항에서 정한 '공개되지 아니한 중요한 정보'에 해당한다고 한 사례

판결요지: [1] 구 증권거래법 … 제188조의2 제 1 항의 '중요한 정보'의 인정 기준인 같은 조 제2항의 '투자자의 투자판단에 중대한 영향을 미칠 수 있는 정보'란 법인의 경영·재산 등에 관하여 중대한 영향을 미칠 사실들 가운데에서 합리적인 투자자가 그 정보의 중대성 및 사실이 발생할 개연성을 비교 평가하여 판단할 경우 유가증권의 거래에 관한 의사결정에서 중요한 가치를 지닌다고 생각하는 정보를 가리킨다. 한편 일반적으로 법인 내부에서 생성되는 중요정보라는 것이 갑자기 한꺼번에 완성되지 아니하고 여러 단계를 거치는 과정에서 구체화되는 것이므로, 그러한 정보가 객관적으로 명확하고 확실하게 완성된 경우에만 중요정보가 생성되었다고 할 것은 아니고, 합리적인 투자자의 입장에서 그 정보의 중대성 및 사실이 발생할 개연성을 비교 평가하여 유가증권의 거래에 관한 의사결정에서 중요한 가치를 지닌다고 생각할 정도로 구체화되었다면 중요정보가 생성된 것으로 보아야 한다. [2] 특정 회사가 주가 부양 방법으로 '자사주 취득 후 이익소각'을 검토하고 있다는 정보가, 제반 사정에 비추어 이미 현실화될 개연성이 충분히 있었고 그 정보의 중대성 역시 인정된다고 보아 구 증권거래법 … 제188조의2 제 1 항에서 정한 '공개되지 아니한 중요한 정보'에 해당한다고 한 사례.

Ⅲ. 단기매매차익반환

위법한 내부자거래가 법률로 규제된다고 해서 실제로 모든 내부자거래가 법의 처벌을 받게 되지는 않는다. 아마도 압도적인 다수의 내부자거래는 감독당국과 거래소에 의해 포착되지도 않고 그냥 넘어갈 것이다. 따라서, 처벌보다는 사전에 동기를 제거하는 것이 현명한 전략이다. 내부자거래의 유혹을 가장 많이 받는 부류의 사람들에게 주식거래 내역을 상세히 공시하게 하고 일정한 기간 동안 행한 거래로부터 얻은 이익을 회사에 반환하게 한다면 위법한 행동에 대한 동기가 많이 감소할 것이다.

자본시장법 제172조(내부자의 단기매매차익 반환)는 상장법인의 임원, 직원 또는 주요주주가 금융투자상품을 매수한 후 6개월 이내에 매도하거나 매도한 후 6개월 이내에 매수하여 이익을 얻은 경우에는 그 법인은 그 임직원 또는 주요주주에게 그 이익(단기매매차익)을 그 법인에게 반환할 것을 청구할 수 있다고 규정한다(제 1 항). 회사가 청구하지 않으면 주주가 대위하여 청구할 수 있다(제

2 항). 또, 자본시장법 제173조(임원 등의 특정증권 등 소유상황 보고)는 상장법인의 임원 또는 주요주주는 임원 또는 주요주주가 된 날부터 5일 이내에 누구의 명의로 하든지 자기의 계산으로 소유하고 있는 특정증권 등의 소유상황을, 그 특정증권 등의 소유상황에 변동이 있는 경우에는 그 변동이 있는 날부터 5일까지 그 내용을 대통령령으로 정하는 방법에 따라 각각 증권선물위원회와 거래소에 보고하도록 한다(제 1 항).

이 제도는 "주권상장법인 또는 코스닥상장법인의 내부자가 6월 이내의 단기간에 그 법인의 주식 등을 사고파는 경우 미공개 내부정보를 이용하였을 개연성이 크다는 점에서 거래 자체는 허용하되 그 대신 내부자가 실제로 미공개 내부정보를 이용하였는지나 내부자에게 미공개 내부정보를 이용하여 이득을 취하려는 의사가 있었는지를 묻지 않고 내부자로 하여금 거래로 얻은 이익을 법인에 반환하도록 하는 엄격한 책임을 인정함으로써 내부자가 미공개 내부정보를 이용하여 법인의 주식 등을 거래하는 행위를 간접적으로 규제하려는 제도"이다(대법원 2012. 1. 12. 선고 2011다80203 판결). 또, "지배주식의 양도와 함께 경영권이 주식 양도인으로부터 주식양수인에게 이전하는 경우 그와 같은 경영권의 이전은 지배주식의 양도에 따르는 부수적인 효과에 불과하고, 그 양도대금은 지배주식 전체에 대하여 지급되는 것으로서 주식 그 자체의 대가임이 분명하므로, 구 증권거래법 … 제188조 제2항에 규정된 법인의 내부자가 주식을 매수한 후 6개월 이내에 그 주식과 함께 경영권을 이전하면서 취득한 경영권 프리미엄 또한 주식의 단기매매로 인하여 얻은 이익에 해당한다"(대법원 2004. 2. 13. 선고 2001다36580 판결).

Ⅳ. 주가조작

로스차일드에 관한 이야기에서 단골로 등장하는 일화가 있다. 로스차일드는 유럽 전역에 걸쳐 구축해 둔 정보망을 가지고 있었다. 이 정보망을 통해 나폴레옹이 워털루에서 웰링턴 장군에게 패했다는 소식을 다른 사람들보다 먼저 입수했다는 것이다. 그때는 전화가 없었기 때문에 누군가가 말을 달리고 배를 타고 가서 소식을 가지고 바다를 건너왔어야 한다. 그 소식을 받은 로스차일드는 영국 국채를 대거 매도하기 시작했다. 이를 본 사람들은 영국이 전쟁에서 진 것으로 생각하고 투매를 시작했다. 그러나, 로스차일드는 공채 시세가 바닥으로 떨어지자 서서히 헐값에 다시 사 모으기 시작했고 하루쯤 후에 영국의 승전소식이 전해져서 공채가격은 폭등했다. 이 스토리는 증권시장에서 정보우위를 가지고 있는 참가자가 인위적으로 시세를 움직일 수 있음을 보여 주는 데 한 베스트셀러(쑹훙빙의 『화폐전쟁』)에도 소개되어 있다. 사실 이 이야기는 나치독일의 괴벨스가 유대인을 모략하기 위해 조작해 낸 것이다. 퍼거슨 교수가 밝혀냈다. 그래도 항상 인용된다.

사기행위는 실물시장에서도 발생하지만 증권시장에서 더 기승을 부린다. 증권의 가격은 수요와 공급의 법칙에 따라 형성되는데 이른바 '작전'을 통해 인위적으로 주식의 가격을 올리거나 내림으로써 부당한 이익을 취하는 범죄가 주가조작이다(시세조종이라고 한다). 주식의 가격이 지속적으로 상승하는 것으로 믿고 주식을 산 투자자는 작전세력이 주가가 한창 올랐을 때 대량으로 매도하고 시장을 빠져나가면 고스란히 손해를 입어야 한다. 한 판결문에 나타난 전형적인 주가조작의 형태는 다음과 같다:

"1997. 8. 20.부터 1997. 9. 29.까지 … ○○증권 동교동지점사무실에서 동 지점에 개설된 … 피고인이 관리하는 11개 계좌를 통하여 ○○정밀 주식회사 주식 398,040주를 매매하는 과정에서 … 시세변동을 위한 직전체결가 대비 고가매수주문 56회, 시세변동을 위한 상대매도호가 대비 고가매수주문 51회, 거래성황 또는 타인의 그릇된 판단을 유도하기 위한 운용계좌 상호간 매매주문 35회 등의 시세변동유도주문을 내어서 동 주식의 매매거래가 성황을 이루고 있는 듯이 잘못 알게 하거나 그 시세를 변동시키는 매매거래를 하였다."

이러한 행위는 통상 ○○파, ○○파로 불리는 세력들에 의해 주도되고 그 세력과 관계는 없으나 정보를 입수한 주변의 세력들에 의해 추종되거나 뒷받침되는 등 전개 양상은 대단히 복잡하다. 일반 투자자들도 주가의 동향이 이상한 것을 눈치채기도 하지만 경우에 따라서는 주가조작이 진행되는 것을 감지하고 눈치껏 행동하기도 한다. 첨단 장비가 동원됨은 물론이다. 최근의 한 거래에서는 728개의 증권계좌가 사용되고 33개의 서버와 100여 개의 무선 모뎀이 사용되었다.

　　시세조종은 증권시장에서 특정한 증권에 대한 수요와 공급을 인위적으로 조작함으로써 가격을 조종하는 행위이다. 시세조종은 극히 다양한 수단을 사용하여 행해지고 따라서 극히 다양한 모습으로 나타난다. '주가관리'나 '주가예측'과 같이 시세조종과의 구별이 어려운 행위들도 있다. 시세조종은 자본시장법 제176조(시세조종행위등의 금지)가 규제한다. 이 규정은 시세조종행위의 수단을 ① 위장거래, ② 현실거래, ③ 시세고정 및 안정, ④ 부실표시 등의 네 가지로 분류하고 있다.

　　위장거래는 상장증권 또는 장내파생상품의 매매에 관하여 그 매매가 성황을 이루고 있는 듯이 잘못 알게 하거나, 그 밖에 타인에게 그릇된 판단을 하게 할 목적으로 1. 자기가 매도하는 것과 같은 시기에 그와 같은 가격 또는 약정수치로 타인이 그 증권 또는 장내파생상품을 매수할 것을 사전에 그 자와 서로 짠 후 매도하는 행위, 2. 자기가 매수하는 것과 같은 시기에 그와 같은 가격 또는 약정수치로 타인이 그 증권 또는 장내파생상품을 매도할 것을 사전에 그 자와 서로 짠 후 매수하는 행위, 3. 그 증권 또는 장내파생상품의 매매를 함에 있어서 그 권리의 이전을 목적으로 하지 아니하는 거짓으로 꾸민 매매를 하는 행위 등이다(자본시장법 제176조 제 1 항). 1, 2의 행위를 통정매매라고 부르고 3의 행위를 가장매매라고 부른다. 규제 대상인 현실거래는 상장증권 또는 장내파생상품의 매매를 유인할 목적으로 그 증권 또는 장내파생상품의 매매가 성황을 이루고 있는 듯이 잘못 알게 하거나 그 시세를 변동시키는 매매 또는 그 위탁이나 수탁을 하는 행위다(제 2 항 제 1 호). 부실표시는 그 증권 또는 장내파생상품의 시세가 자기 또는 타인의 시장 조작에 의하여 변동한다는 말을 유포하는 행위(작전종목에 대한 정보 유포)와 그 증권 또는 장내파생상품의 매매를 함에 있어서 중요한 사실에 관하여 거짓의 표시 또는 오해를 유발시키는 표시를 하는 행위를 포함한다(제 2 항 제 2 호, 제 3 호).

　　이들 행위유형 중 특히 현실거래에 의한 시세조종이 가장 규제하기가 어렵다. 증권을 대량으로 단시간 내에 사고팔면 수요와 공급을 창출하게 되므로 당연히 주가가 움직이게 된다. 그러나, 실제로 증권을 사고판 행위를 처벌하자면 증권시장에서 증권을 사고판 모든 투자자가 그 대상이 되어야 한다. 요는 무슨 목적으로 그렇게 했는가이다. "매매가 성황을 이루고 있는 듯이 잘못 알게 하거나, 그 밖에 타인에게 그릇된 판단을 하게 할 목적"으로 한 것인지를 밝혀내야 하기 때문이다. 물론, 혐의를 받는 사람은 그런 목적이 없었다고 주장할 것이다. 따라서, 수사기관만이 이를 밝혀낼 수 있으며 당사자가 자백하지 않는 경우가 대부분이므로 법관은 정황에 의해 그런 목적이 있었는지를 판단해야 한다. 그 결과 사람이 감옥에 가고 안 가고가 결정되기 때문에 이는 대단히 신중을 기해야 하는 문제다. 판례는 증권의 성격과 발행된 총수, 매매의 동기와 태양, 가격 및 거래동향, 전후의 거래상황, 거래의 경제적 합리성 및 공정성 등의 간접사실을 종합적으로 고려하여 판단해야 한다고 한다.

V. 부정거래

　자본시장법 제178조는 부정거래행위를 금지하는 조문이다. 부정거래행위란 금융투자상품의 매매(증권의 경우 모집·사모·매출을 포함), 그 밖의 거래와 관련하여 ① 부정한 수단, 계획 또는 기교를 사용하는 행위, ② 중요사항에 관하여 거짓의 기재 또는 표시를 하거나 타인에게 오해를 유발시키지 아니하기 위하여 필요한 중요사항의 기재 또는 표시가 누락된 문서, 그 밖의 기재 또는 표시를 사용하여 금전, 그 밖의 재산상의 이익을 얻고자 하는 행위, ③ 금융투자상품의 매매, 그 밖의 거래를 유인할 목적으로 거짓의 시세를 이용하는 행위 등을 말한다(제 1 항). 또, 누구든지 금융투자상품의 매매, 그 밖의 거래를 할 목적이나 그 시세의 변동을 도모할 목적으로 풍문의 유포, 위계(僞計)의 사용, 폭행 또는 협박을 하여서는 아니 된다(제 2 항). 제179조는 부정거래행위의 배상책임을 규정한다.

　이 규정은 앞서 본 내부자거래행위나 시세조종행위 등의 사기적 행위 외에 그 밖의 자본시장에서의 모든 유형의 사기적 행위를 규제하기 위해 있는 것이다. 포괄적인 사기금지 규정이라고도 불린다. 내부자거래금지 규정과 시세조종행위금지 규정이 이 포괄적 사기행위금지 규정과 적용의 순서에 있어서 어떤 위치에 있는지에 대한 논의도 있으나 실질적인 의미는 없고 내부자거래나 시세조종에 관한 규정의 적용이 어떤 이유로든 곤란한 경우에 이 부정거래금지 규정이 적용되게 된다.

商法入門

제6부

기업인수합병

商法入門

제1장   시 너 지

Ⅰ. M&A와 회사법

상법은 크게 보아 기업법이며 회사법이 그 중심에 위치한다. 회사법은 살아있는 법으로서 기업인수합병을 통해 발달하고 진화해 간다. 기업인수합병에 관한 회사법은 응용회사법이라고 부를 수 있다. 저자는 우호적 M&A를 교향곡에 비유하고 적대적 M&A를 오페라에 비유한다. 그런 비유가 적절한지 모르겠으나 그만큼 모든 법률적 지식과 실무적 경험, 능력, 여러 사람들과 같이 일하는 기술 등이 집약되어서 구현되는 분야가 M&A다. 특히 적대적 M&A는 법률전문가가 접할 수 있는 가장 고난도의 일이다. 상법에 입문하는 독자들에게 이 분야를 소개하는 것은 대단히 중요하다. 결국 여기서 발생하는 어려운 문제들을 다루기 위해 상법 공부라는 긴 여정을 시작하는 것이다. 그리고 여기서 다루는 문제들을 해결하는 데 도움을 주는 직업을 택하는 것이 많은 상법 입문자들의 최종적인 목표인 경우가 많다.

기업인수합병, M&A(Mergers and Acquisitions)는 회사를 사고파는 일이며 법률적인 업무가 많이 필요하다. 로펌에서 일하는 변호사들이 하는 일들 중 가장 큰 비중을 차지하는 일이 M&A다. 지금 지구상에는 수없이 많은 M&A가 준비되거나 진행되고 있다. 한 해 동안 전 세계에서 발생하는 M&A는 무려 수천조원에 이른다. 우리 주위에서도 항상 일어나는 일이 M&A다. 경제신문을 보라. 론스타라는 미국 텍사스계 사모펀드가 외환은행을 샀다가 엄청난 값을 더 받고 되팔았다. 대우조선해양이 새 주인을 기다리고 있다. 이제는 없지만 한미은행은 씨티그룹에 넘어갔다. 미국 회사법의 경우 지배구조에 관한 법리들이 대부분 구조변경에 관한 분쟁에서 형성, 발달되었는데 우리나라에서도 그와 유사한 양상이 전개되고 있다. 분쟁은 주로 강제적 구조변경, 즉, 적대적 M&A 사건에서 발생한다. 적대적인 기업인수 사건이 발생 빈도가 극히 낮음에도 불구하고 회사법에서 차지하는 비중이 압도적으로 큰 이유가 여기에 있다. 의학이 어려운 병을 연구하고 치료하면서 발달하듯이 법학은 어려운 분쟁을 해결하면서 발달하며 회사법은 적대적 M&A를 통해 발달한다.

II. M&A의 동기

기업이 새로운 사업을 시작하거나 사업을 확장하기 위해 공장을 신설하거나 증설하려면 많은 시간이 걸린다. 그러다 보면 타이밍을 놓쳐 경쟁자들이 한 발 앞서 가 버린다. M&A는 기존의 사업을 인수하는 것이기 때문에 그런 문제를 발생시키지 않는다. 기업인수합병 또는 적대적 M&A를 하는 이유는 새로운 사업을 시작하는 동기와 근본적으로 다르지 않다. 새로운 사업을 영위하기 위해 벤처기업을 설립할 수도 있지만(greenfield start-up), 그 대신 기존 기업의 인수나 다른 기업과의 합병을 선택하는 것이기 때문이다. 동네에 빈 점포를 물색해서 가게를 차리고 판매할 물건의 공급처와 고객의 확보를 위해 부심(腐心)하는 슈퍼마켓 주인을 생각해 보자. 보다 현명한 사람이라면 이렇게 수고를 하는 대신 기존의 슈퍼마켓을 인수해서 가게가 유기적으로 보유하고 있는 모든 무형자산까지 확보하는 길을 택할 것이다. 이러한 관점에서 기업인수합병을 시간을 사는 기술이라고 표현하기도 한다. 물론 슈퍼마켓을 인수한다고 해서 관련되는 모든 무형자산을 가지고 올 수 있는 것도 아니고, 또 주인이 바뀌면 경영행태나 의사결정이 모두 달라지기 때문에 지금 잘되는 슈퍼마켓을 인수한다고 해서 미래에도 그렇게 되리라는 보장은 없다. 슈퍼마켓과 거래를 하던 모든 경제주체들은 그 경영권이 변동하게 되면 거래관계에 대해서 재검토를 해 보고, 거래의 단절, 조건의 변경, 거래의 지속 등 필요한 결정을 내리게 된다. 물론 새로운 경영자의 능력 자체도 중요한 변수가 된다. 이처럼 경영권의 변동은 그 기업의 가치를 변화시키기 때문에, 사회적인 관점에서도 매우 중요하다.

일반적으로 기업인수합병의 전략적 활용과 기업인수합병에 대한 이해를 위해서는 먼저 다음과 같은 몇 가지의 의문에 대해서 답을 할 수 있어야 한다.

① 먼저 당사자의 관점에서 왜 기업인수를 하는지 설명되어야 한다. 당사자가 어느 기업을 100원을 주고 매입한다는 것은 당연히 100원보다 더 높은 수익을 기대하기 때문이다. 그 수익은 어디서 유래하는지가 먼저 밝혀져야 할 것이다. ② 개인의 의사결정이 항상 사회적으로 바람직한 방향으로 이루어지는 것은 아니다. 따라서 이러한 기업인수를 통하여 어떠한 사회적 가치가 창출되는지 생각할 필요가 있다. A기업이 B기업을 인수하면 그 가치는 A＋B보다 커지는가? 만일 그렇다면 그 이유는 무엇인가? ③ 마지막으로 실제로 중요한 것은 이러한 가치를 당사자 사이에 어떻게 배분하는가 하는 점이다. 물론 대부분의 거래에서 당사자의 몫을 결정하는 것은 가격이지만, 기업인수는 워낙 불확실성이 크기 때문에 다양한 계약조항을 포함하고 있으며, 이러한 내용들이 모두 당사자 사이의 분배에 영향을 미친다.

Ⅲ. 시 너 지

일반적으로 M&A의 가장 중요한 동기는 시너지(synergy)의 창출이라고 알려져 있다. 그러나 시너지가 모든 인수합병의 동기는 아니고, 예를 들어 비효율적인 경영진의 교체를 통한 기업가치의 제고라든가, 사모펀드에 의한 MBO, LBO의 경우에서 보는 바와 같은 기업의 구조조정을 통한 생산성 향상과 재무적 효율성의 제고 등도 중요한 요인이라고 할 수 있다. 그 밖에 조세를 절감하려는 목적이나 기술 또는 기술자의 확보 등도 부수적 요인이라고 할 수 있다. 심지어는 경영진이나 거물 투자자의 개인적인 성취감, 경제제국의 건설과 같은 심리적 이유 등도 인수합병의 이유가 되고 있다. 특히 적대적 M&A의 경우에는 경제적으로 설명될 수 없는 다양한 인간적, 사회적 이유들이 작용한다. 경영자들간의 사적 감정이 배후에서 작용하는 경우도 의외로 많다. 물론, 그런 것은 드러내지 않는다. 그리고 어떤 산업 분야에서는 기업인수만이 신규사업으로 진출할 수 있는 유일한 방식이기도 하다. 금융업과 같이 면허를 기초로 하는 사업이나 항공운송업과 같이 사용할 수 있는 장비가 제한되어 있는 경우가 그에 해당한다.

1. 운영시너지

M&A를 기업결합이라고도 부른다. 기업결합은 크게 수평결합, 수직결합, 혼합결합으로 나누는 것이 일반적인데, 먼저 수평결합이란 동일한 업종에 종사하는 기업 간의 결합을 말한다. 두 자동차 회사가 결합하여 하나의 회사가 되는 경우가 그 좋은 예이다. 일반적으로 이러한 수평결합에서 시너지는 규모의 경제(economies of scale)로부터 발생한다고 설명한다. 규모의 경제란 생산량이 증가하면서 생산 단가를 낮출 수 있게 되어 경쟁력이 증가하고 그를 통해 시장점유율을 높일 수 있게 되는 메커니즘이다. 기업 간의 경쟁은 가격경쟁이며 동일한 품질의 제품을 싼 가격에 생산할 수 있는 기업이 승리한다. 가격을 낮추려면 원가를 낮추어야 하고 원가를 낮추는 데는 기술개선 등 여러 가지 방법을 사용할 수 있다. 규모의 경제도 한 방법이다. 이 때문에 수평적 기업결합은 독과점으로 연결되고 시장주도자로서의 가격결정력을 보유하여 소비자와 거래선에 대한 우월적 지위의 남용의 배경이 되는 등의 이유로 규제의 대상이 되기도 한다. 우리나라에서도 공정거래법이 이러한 규제를 하고 있다.

수평결합을 통하여 생산 단가를 낮출 수 있는 경로는 매우 다양하다. 예를 들어, 규모가 커졌기 때문에 안정적으로 평균적인 재고의 유지가 가능하다거나, 공동구매를 통한 비용절감, 기타 내부적인 분업을 통한 전문화 등이 모두 생산 단가를 낮추는 데 기여한다. 규모의 경제는 생산품 단위에서 추구될 수 있으며 이는 설비투자를 통한 대량생산을 통해 가능하다. 생산시설 단위의 규모의 경제도 가능한데 이는 생산공정을 통합하여 산출물의 원가를 낮춤으로써 가능하다. 그리고 규모의 경제는 회사 단위에서도 실현 가능하다. 지역적으로 넓은 범위를 커버해야 하는 영화관이나 커피점 같은 경우를 생각해 보면, 여러 곳에 분산되어 있는 생산시설들을 단일한 통제하에 두고 마케팅, 연구개발, 재무 등은 통합함으로써 비용을 줄이고 위험을 낮출 수 있다. 두 사람의 독자가 각각 원룸에 살다가 방이 두 개 있는 아파트를 빌려 같이 쓰기로 한다고 생각해 보자. 월세는 각각 100만 원을 내다가 200만 원이 못 되는 월세로 전환된다. 각각 사서 쓰던 부엌살림도 굳이 두 개씩이 필요 없어진다. 헤어드라이어도, TV도 한 개로 같이 써도 된다. 비싸서 엄두를 못 내던 HDTV는 둘이 비용을 분담해서 구입할 수 있다. 바로 이런 것이 운영시너지다. 제 1 부에서 나온 마리오가

1개가 아니라 2개 이상의 물건을 가지고 중동으로 여행하는 경우 비용은 2배가 되지 않는다. 독자들이 (인터넷) 공동구매를 하는 것을 생각해 보아도 좋다.

그러나 규모의 경제는 회사가 일정한 규모에 이르면 증가하지 않고 비효율을 발생시키기 시작한다. 공장의 대형 화재의 위험, 근로자 수의 증가로 인한 노동조합의 결성과 파업, 임금 상승, 회사 내 커뮤니케이션 수요의 증가와 잦은 업무 회의, 주문에 탄력적으로 대응하지 못하는 특수 생산설비의 증가 등 규모가 커짐으로써 발생하는 비효율은 일정한 정도까지는 조직의 효율화를 통해 통제할 수 있으나 그 이상이 되면 회사의 전체적인 가치를 하락시키게 되므로 회사의 분할이나 자산매각 등 이른바 역M&A나 구조조정을 통해 대처할 수밖에 없다 — 규모의 경제를 실현하기 위해 지하철 서울대역 부근의 20층 빌딩 전층을 사서 동양최대의 스타벅스를 개장하면 어떻게 될까? 또, 각각 원룸에 살던 때는 사실상 무한대의 자유로운 생활이 가능하지만 아파트에 누군가와 같이 살게 되면 슬슬 행동에 제약이 생긴다.

수평결합은 이처럼 완전히 같은 업종 사이에서 이루어지기도 하지만, 때로는 서로 관련된 비슷한 업종 사이에서 이루어지기도 한다. 이러한 관련 다각화는 같은 투자로 유사한 상품이나 서비스를 생산하는 것에서 발생하는 효율성 때문에 행해진다. 이를 규모의 경제와 구분하여 흔히 범위의 경제(economies of scope)라고 부르는데, 규모의 경제가 1단위의 투자로 1종류 2개의 상품을 제조하는 데서 발생하는 효율성이라면 범위의 경제는 1단위의 투자로 2종류의 상품을 1개씩 제조하는 데서 발생하는 것이다. 자동차 회사가 엔진제조 기술을 기반으로 항공기 사업에 진출하거나 동일한 판매 채널을 통해 예금, 보험, 증권, 펀드를 동시에 판매하는 유니버셜뱅킹이 그 좋은 예이다. 자동차 회사가 보험업이나 금융업에 진출하는 것은 관련 다각화의 요소도 가지고 있고 수직적 통합의 요소도 가지고 있다. 물론 이러한 범위의 경제의 경우에도 그 다각화가 너무 심해지면 비효율이 더 커진다는 점에서 규모의 경제와 비슷한 설명이 가능하다.

수직결합이란 서로 다른 업종 간의 결합이지만, 그 업종이 부품과 완성품 등과 같이 서로 수직적으로 연결되어 있는 경우를 말한다. 자동차 회사가 부품제조회사를 인수하는 경우가 좋은 예다. 통상 이러한 거래는 시장에서 장기공급계약에 의하여 이루어지는 경우가 많지만, 이러한 시장에서의 거래비용이 과다하게 되면 아예 하나의 기업으로 결합하는 것이 훨씬 저렴할 수 있다. 이는 제 1 부에서 회사가 무엇인가를 설명할 때 이미 나온 이야기다. 이처럼 수직결합은 거래비용의 내부화를 위해서 이루어지는 경우가 많지만, 거래관계의 내부화는 다른 사업기회의 상실과 유연성 저하로 인한 위험을 수반하기도 한다. 예를 들어, 펩시는 KFC 및 타코벨과 수직적으로 결합했기 때문에 맥도날드에 납품하지 못하고, 그 결과 맥도날드에서는 코카콜라만 판매했었다. 펩시가 KFC와 타코벨을 매각하자 펩시의 판로가 확대되었고 2008년에 펩시는 처음으로 코카콜라보다 큰 매출을 기록했다. 또, 부품제조회사를 인수한 자동차회사는 자동차 생산량이 감소할 때 부품제조회사를 짐으로 가지고 있어야 한다.

2. 재무시너지

규모의 경제와 범위의 경제에서 운영시너지가 발생한다면 비관련 다각화에서는 재무시너지가 발생한다. 혼합결합이란 전혀 상관없는 다른 시장의 기업을 인수하는 것을 말하며 일반적으로 비관련 다각화라고 하는 이 현상은 바로 우리나라의 재벌이 취하는 전략이기 때문에 우리에게는 매우 익숙하다고 할 수 있다. 일반적으로 혼합결합을 통하여 다른 종류의 시장에서 사업을 영위함으로써, 특정 시장에서 발생하는 변동이나 위험으로부터 큰 충격을 받지 않게 할 수 있기 때문에, 기업집단 전체의 위험은 감소된다. 이는 재무적 안정을 발생시키기 때문에 재무적 시너지라고 부른다. 이 결과 다양한 업종을 포괄하는 기업집단이 형성된다. 자동차 회사가 백화점과 영화관을 인수하거나 보험회사가 패스트푸드체인을 인수하는 것이 여기에 해당된다.

독자들이 국가시험을 공부하면서 세 과목에서는 만점을 받고 다른 과목들에서는 과락만 면하는 전략을 가지고 있다고 생각해 보자. 세 과목에는 온갖 공을 들이고 최선을 다한다. 그러면, 나머지 과목들은 소홀히 할 수밖에 없다. 운이 좋다면, 세 과목에서 잘 아는 내용의 문제가 출제되어 실제로 만점을 받고 나머지 과목들에서는 과락을 면해서 상당히 좋은 성적으로 합격한다. 그런데 만일 지성을 들인 세 과목에서 모르는 문제들이 나와 시험을 잘 못보았다면? 차라리 모든 과목을 골고루 공부하는 것이 성적은 그다지 좋지 않아도 합격을 보장하지 않을까? 기업도 마찬가지다. 한 가지 사업에 올-인한다면 운이 좋으면 큰 성공이 가능하다. 그러나, 반대로 그 산업에 불경기가 올 때는 큰 낭패를 보게 된다.

경제학자들은 오래전부터 기업집단이 경제적으로 효율적인 구조인지에 관하여 많은 연구를 해왔다. 그러나 최소한 비관련 다각화가 그 자체로는 사회적으로 효율성을 가져오지 않는다는 점에 대해서는 의견이 일치되어 있다. 예를 들어, 앞서 설명한 사업의 위험의 감소를 생각해 보자. 기업가의 입장에서는 서로 상관관계가 없는 사업을 영위함으로써 전체 사업의 위험을 감소시킨다면 이익이 된다고 할 수 있다. 이는 일반 투자자들이 증권시장에서 서로 다른 주식과 채권에 분산투자를 하는 이유와 완전히 동일하다. 따라서 기업주의 입장에서는 비관련 다각화를 통하여 사업의 위험을 감소시킬 수 있으므로 이익이다. 그런데 이러한 기업집단의 이점이 과연 사회적으로도 정당화될 것인가? 다시 말해서, 이러한 위험의 감소가 경제적 이익(economic gain)인가는 생각해 볼 여지가 있다. 왜냐하면 자본시장에서의 투자자들은 언제나 분산투자를 통해 기업집단의 분산된 포트폴리오를 쉽게 모방해 낼 수 있기 때문이다. 다시 말해서, 투자자들은 비관련 다각화를 통해 분산된 영역에서 사업을 하는 그룹의 주식을 살 수도 있지만, 특화된 영역에서 사업을 하는 여러 회사에 분산투자를 할 수도 있고, 그 결과는 투자자의 입장에서는 차이가 없다. 나아가 투자자가 분산투자를 하는 것이 사회적으로는 훨씬 저렴하다. 여기서 기업가의 개인적 효용과 사회적 이익이 서로 상충되는 것이고, 기업가는 사회적으로는 바람직하지 않은 전략을 추구하는 셈이다.

3. 금융기관

비관련 다각화와 관련하여 특히 사회적으로 쟁점이 되는 부분은 바로 금융기관에 대한 지배이다. 시너지의 창출만을 고려한다면 비관련 다각화의 경우 금융회사와 비금융회사를 구별할 필요가 없다. 오히려 금융기관이 그룹에 포함되어 있으면 여러 가지로 편리해서 시너지가 창출될 수 있다. 예컨대, 자동차를 사러 온 고객에게 돈이 필요하면 옆 건물의 은행에 가서 융자를 받아오라고 할 수 있을 것이다. 그러면 고객은 옆 건물의 은행에 가서 상담을 하고 융자를 받아오게 되는데 이야기가 잘 되어서 돌아온다는 보장이 없다. 돌아오지 않는다면, 자동차회사로서는 이미 구매결심을 한 고객을 놓치는 결과가 된다 ― 독자들이 맥도날드에 가서 햄버거를 구매하면 반드시 "또 다른 필요한 것은 없으십니까?"라거나 "프렌치 프라이도 드릴까요?"하는 질문을 받게 된다. 그렇게 하도록 직원들을 훈련시키는 것이다. 이미 확보된 고객으로부터 최대한의 구매를 끌어내는 것이 사업의 기본이다 ― 이를 염려해서 미리 그 옆 은행과 협의를 한다. 우리 회사의 고객이 오면 이러이러하게 금융을 제공해 달라. 두 회사 간의 사이가 좋아서 무리 없이 일이 진행된다. 여기서 한 걸음 더 나아갈 수 있다. 자동차를 구매하러 온 고객을 건물 밖으로 나갈 필요조차 없게 한다. 즉, 미리 금융조건까지 포함된 자동차 판매 패키지를 제시하면 된다. 이럴 때 금융기관이 같은 그룹 내의 계열사라면 모든 것이 원활하고 효율적일 수 있다. 거의 모든 자동차회사들이 금융회사를 계열회사로 하는 이유가 여기에 있다. 현대자동차나 미국의 GM이나 마찬가지다. 여기에는 내가 확보한 고객의 금융수요를 남에게 넘겨줄 이유가 없다는 생각도 들어있다. 같은 논리가 자동차보험에도 적용될 수 있을 것이다.

여기까지는 별 문제가 없다. 그런데 금융기관들 중에서도 제 1 부에서 본 상업은행이 포함된 비관련 다각화는 어떨까? 그룹 내에 은행이 있다면 사업하는 사람의 입장에서는 천군만마를 얻는 것과 다를 것이 없다. 모든 사업은 금융을 필요로 하고, 좋은 조건의 금융을 확보할 수 있으면 사업 자체의 경쟁력이 올라간다. 물론, 은행은 정부의 엄격한 감독하에 있기 때문에 다른 계열회사들처럼 내 마음대로 취급하지는 못한다. 그러나, 모든 것을 투명하고 공정하게 하더라도 은행의 경영진이 '내 사람들'이라는 사실에서 오는 여러 가지 이점은 부인할 수 없다. 금융의 조건은 어쩔 수 없다 하더라도 최소한 우선권은 확보할 수 있고 금융시장에 관한 정보를 얻기도 수월하기 때문이다. 특히 급할 때는 무리한 요구를 하게 되기 마련이다. 문제는 은행이 불특정 다수의 예금자들이 맡긴 돈으로 운영된다는 것이다. 은행을 사기업의 통제하에 둔다면 사기업이 예금자들의 돈을 활용하고 거기서 손해가 발생해서 은행이 부실해지면 정부가 국고를 동원해서 보전해야 한다. 또, 내가 통제하는 은행으로 하여금 내가 통제하고 싶은 다른 회사를 인수하게 하면 나는 추가적인 투자 없이 그룹을 확장할 수 있다. 여기서도 마찬가지의 위험이 발생한다. 그래서 사기업이 은행을 통해 사업을 확장하는 것을 막기 위해 여러 가지 제도를 마련해 두는데 이를 크게 '금산분리정책'이라고 부른다.

Ⅳ. 기타 M&A의 동기

M&A는 이와 같이 시너지를 성취하기 위해 행해지지만 실제 사례들은 M&A의 배경이 되는 다른 여러 가지 이유가 있음을 보여 준다. 즉, 시너지의 성취라는 한 가지 이유만으로 이루어지는 M&A는 오히려 드문 편이다.

우리 회사가 거액을 투자해서 수년간 신약을 개발하고 있는데 실리콘 밸리에 있는 작은 벤처기업이 유사한 기술을 개발하고 있고 우리 회사보다 앞서 가는 것을 알았다. 이 경우 그 회사와 접촉해서 해당 기술을 고가에 매수하는 것도 방법이지만 회사 전체를 사들여서 우리 회사의 일부로 만들 수도 있는 것이다. 이렇게 하면 내가 탐내는 기술자들도 같이 따라오는 효과가 있다.

나는 이미 클 만큼 큰 회사의 회장이고 사회의 존경을 받으며 가는 곳 마다 꼭 옛날 왕과 같은 대우를 받는다. 돈은 벌 만큼 벌었고 더 이상은 필요치 않다. 내 인생의 유일한 목적과 즐거움은 내가 경영하는 회사를 무한히 키워 나가는 것이다. 그를 통해 내 사회적 영향력은 커지게 되고 내가 지휘할 수 있는 사람의 수, 활동하는 산업의 분야가 늘어난다. 새로운 종류의 사업에 진출해서 공부하고 사람들을 만나며 사업장을 돌아다니면서 일하는 것은 특별한 즐거움을 준다. 이를 제국건설(Empire-Building)이라고 부르는데 실제로 많은 사업가들이 이를 즐긴다. 회사 경영에 따르는 과로와 개인적 희생, 정신적 스트레스에 대한 보상이기도 하다. 이 목적을 달성하는 데 M&A가 안성맞춤인 수단이 된다.

어떤 회사는 훌륭한 기술을 가지고 있고 훌륭한 인력을 보유하고 있으며 산업의 전망도 밝다. 그런데 이상하게도 회사의 주가가 부진을 면치 못하고 있다. 그 이유는 경영자가 무능하고 부패하기 때문이다. 이 경우 경영자가 교체되면 회사의 가치가 순식간에 올라갈 것으로 판단된다. 문제는 경영자가 그를 인정하지 않고, 따라서 물러날 생각이 전혀 없다는 데 있다. 그렇다면 주식을 매집하거나 주주총회에서 위임장 대결을 벌여 경영자를 교체하고 주가가 상승하면 주식을 매도해서 이익을 시현할 수 있을 것이다. 즉, M&A는 다른 아무런 이유 없이도 경영진의 교체만을 위해 행해지기도 한다.

1984년에 미국의 수피리어 오일(Superior Oil)이라는 석유회사의 2대 주주가 1대 주주이자 경영자인 오빠를 쫓아내기 위해 메사(Mesa)라는 석유회사와 손잡은 일이 있다. 성공했다. 여동생이 그렇게 한 이유는 오빠를 증오했기 때문이다. 왜? 어릴 때 애지중지 키우던 타조에게 오빠가 오렌지를 먹였는데 잘못되어서 타조가 죽었다. 그게 이유였다. 기업의 경영자, 주주들도 사람이기 때문에 지극히 개인적인 동기에 좌우된다. 제 5 장의 사례들에서도 잘 나타난다. M&A는 회사를 좌우하는 위치에 있는 인물들의 개인적인 감정, 개인적인 이유에서 발생하기도 한다. 물론, 표면적으로는 시너지의 성취나 기타 사업적인 이유를 내세운다.

V. 사모펀드

1. 사업모델

사모펀드(Private Equity)는 투자자들로부터 자금을 모아 재무적으로 어려운 상태에 있거나 잠재가치에 비해 저평가된 상장회사의 주식을 전량 매수해서 비상장회사로 만든 후 구조조정을 통해 회사의 가치를 높이고 5–6년 후에 다시 상장시키면서 수익을 내는 사업이다. 바이아웃(Buy-out) 펀드와 벤처캐피탈(Venture Capital)을 통칭하는데 보통 전자만을 지칭하기도 한다. 벤처캐피탈은 자기자본에 의한 금융의 제공자이지만 궁극적으로는 투자를 회수할 목적으로 모든 의사를 결정하고 기획을 하는 자금제공자이다. 또, 벤처캐피탈은 투자대상회사에 대해 경영을 지원하고 시장정보를 제공하는데 벤처캐피탈은 사모펀드의 일종이고 사모펀드와 종종 같이 취급되기도 하지만 지배구조를 통해 회사의 경영에 깊이 관여하거나 회사를 직접 경영하지는 않는다. 유능하고 리더십이 강한 경영자가 있는 회사에만 투자하는 것이 보통이다. 투자대상도 비상장, 고성장 회사에 집중되어 있다. 벤처캐피탈은 투자대상회사의 IPO나 다른 회사에 대한 매각을 통해 투자자금을 회수하게 된다.

사모펀드는 주식을 매수해서 경영권을 확보하고 기존 채권자들에게 채무를 변제하기 위해 대규모의 차입을 일으킨다. 이를 LBO(Leveraged Buy-out)기법이라고 한다. 높은 부채비율은 해당 회사의 경영진으로 하여금 회사의 실적

향상과 가치 극대화를 위해 최선의 노력을 다하게 한다. LBO거래는 참여하는 당사자의 종류와 수가 많을 뿐 아니라 발행되는 유가증권의 종류도 다양하기 때문에 대단히 복잡한 구조를 가지게 되고 방대한 분량의 서류가 작성된다. KKR의 Houdaille LBO에는 3개의 상업은행, 약 16개의 보험회사, 은행지주회사의 자회사인 약 6개의 벤처캐피탈, 그 외 약 36개의 기관투자자가 참가했고 이들은 A형 보통주, B형 보통주, 선순위 우선주, 후순위 우선주, 선순위 노트, 후순위 노트, 정크 본드 등 다양한 유가증권을 적절한 비율로 배합하여 인수하였다. 회사의 경영진과 종업원들도 참가하였다. 이 거래의 기획, Tax Planning, 실사, 진행, 금융감독당국과의 조율 및 금융감독당국에 대한 신고, 공시, 클로징에 얼마나 많은 회의, 협상, 이사회 결의, 다큐멘테이션, 법률의견이 필요하였을지는 상상하기 어렵지 않다. 회사의 거의 전 자산을 담보로 설정하는 일도 많은 일을 필요로 하고 공개매수도 마찬가지이다. 그리고 그 모든 작업이 대단히 짧은 시간 동안에 이루어져야 한다. 이 때문에 LBO에서는 투자은행, 컨설턴트의 자문료나 변호사비용도 대단히 높다.

법률이 특정 금융방법의 활용 가능성과 그에 연계된 시장의 사활을 직접적으로 결정한 좋은 사례가 우리나라에서의 LBO에 대한 평가이다. 판례가 차입매수에 대해 부정적인 태도를 확립하고 있다면 최소한 당분간 이 금융방법과 관련 시장은 우리나라에서 크게 발달할 수 없을 것이다. 판례는 LBO거래를 배임죄의 성립 가능성과 연결시켰고(대법원 2006. 11. 9. 선고 2004도7027 판결) 해당 사례가 대단히 특수한 사실관계에 기초하였음에도 불구하고 LBO거래의 활성화에는 부정적인 영향을 준 것으로 보인다.

2. HCA 사례

HCA(Hospital Corporation of America)의 바이아웃과 IPO는 사모펀드거래의 모범사례다. 뉴욕증권거래소 상장회사인 HCA는 미국 테네시 주 내시빌에 본부를 두고 있으며 약 20만 명의 종업원을 고용하고 약 300개의 의료기관을 보유하는 미국 최대의 의료서비스기업이다. 1968년에 창업하여 이듬해인 1969년에 IPO를 통해 공개기업이 되었다. HCA는 고속성장을 계속하여 1987년에는 463개의 병원을 소유하거나 운영하게 되었다. 그러나, 당시 이사회는 회사의 주식이 저평가되었다고 보고 경영진이 제안한 바이아웃 계획을 승인하였다. 바이아웃그룹은 HCA 지분의 51%를 36억 달러에 인수하였다. 이 거래는 성공적이었고 HCA는 1992년에 두 번째 IPO를 통해 다시 공개기업이 되었다. 1993년에는 콜럼비아(Columbia Hospital)와 합병하여 Columbia/HCA가 된다. 이 합병을 통해 회사는 350개의 병원과 145개의 의료원을 보유하는 미국 최대의 의료서비스회사가 되었는데 주주들은 보유 주식에 30%의 프리미엄을 시현하였고 합병후 1년 사이에 주가는 두 배 이상 상승하였다. 그러나, 1997년에 FBI와 IRS가 의료보험사기 혐의로 회사에 대한 조사에 착수하면서 HCA는 시련을 겪게 된다. 조사결과 대규모의 의료보험사기와 의사들에 대한 뇌물공여 사실 등이 드러났다. HCA의 이사회는 당시의 CEO를 사퇴시키고 상호를 Columbia/HCA에서 HCA로 변경하였다. 오랜 소송 끝에 HCA는 2002년에 정부와 의료보험에 총 20억 달러 이상을 지불하고 화해합의를 받아낸다.

2006년에 이르자 HCA는 회사를 정상화시키는 데 바이아웃이 최선의 처방이라 생각하고 허큘리스(Hercules Holding II)라는 이름의 바이아웃그룹을 조직해서 거래에 착수하였다. 베인캐피탈, KKR, 메릴린치 등이 그룹에 참여하였다. 1988년부터 1994년까지 회사의 CEO를 역임하고 2006년까지 이사회 멤버였던 프리스트가 CEO로 복귀하면서 거래를 주도하였다. 프리스트는 HCA 창업자의 2세다. 주주들의 73%가 동의한 HCA의 바이아웃은 330억 달러 규모로 306억 달러였던 RJR 나비스코 딜(1989)의 기록을 경신하였다. 주주들은 시가의 18%에 해당하는 프리미엄을 받고 허큘리스에 주식을 매도하였다. LBO를 통한 회사의 기채규모는 117억 달러였다.

바이아웃 후 저가치 자산의 매각, 비용절감, 고마진 외래진료 서비스 확대 등 구조조정을 거친 HCA는 2011년에 세 번째 IPO를 통해 다시 공개기업이 되었다. 2010년 기준 HCA의 매출액은 307억 달러에 달했다. HCA는 전국적으로 불어 닥친 비만퇴치 분위기에 힘입어 관련 서비스를 확충할 수 있었고 약 3천만 명으로 추산되는 비보험 인구의 보험혜택 향유도 회사에 호재로 작용하였다. 물론, 의료의 질과 안전성을 향상시키는 데도 성공하였다. 2011년에 닐센, 뱅크유나이티드, 킨더모건 등 기업들이 IPO에 성공한 것도 HCA의 IPO에 모멘텀으로 작용하였다. IPO 가격은 주당 30달러로 책정하였는데 개장가격 31.02달러, 초일 거래마감도 역시 31.02달러로 종결되었다. 매각 대상 주식의 총수는

1억 2,620만 주였다. HCA의 시가총액은 약 130억 달러가 되었다. 2012년에 기록적인 수익을 거둔 HCA는 주주들에게 총 10억 달러의 특별 배당금을 지급하였고 2012년 12월에 베인과 KKR은 각각 1,500만 주와 3,200만 주를 매각하였다. 회사의 주가는 지속적으로 상승해서 두 사모펀드는 2013년 초와 10월에도 추가로 HCA 주식을 매각하였다.

3. 델 사례

2013년에 업계에서 가장 큰 관심을 모았던 바이아웃거래는 델(Dell) 바이아웃이다. 공개기업이었던 델은 레노보와 휴렛‒패커드(HP)에 이어 세계 3위의 PC판매회사이고 지금은 창업자 마이클 델과 사모펀드회사 실버레이크(Silver Lake)가 같이 소유하는 비상장회사인데 세계에서 세 번째로 큰 비상장회사이기도 하다. 2012년에 델은 포스코와 같은 크기의 회사였다.

델은 고객의 주문에 의한 PC제작, 판매를 통해 유통채널을 생략하는 전략으로 성공한 회사다. 2005년에 들어서면서 PC시장의 포화로 델이 66%를 차지하던 시장의 성장이 크게 둔화되기 시작하였다. 그리고, 이듬해인 2006년에 델은 HP에게 1위 자리를 내주는 충격을 받아 대대적인 인력과 사업의 구조조정에 돌입하였다. 그러나, 델의 새 전략은 성공하지 못하였고 2011년에 레노보의 부상과 함께 업계 3위로 떨어지게 된다. 회사가 5년 연속 정체상태에 처하게 되자 2013년 초에 델은 바이아웃을 감행하여 위기를 타개하기로 결정하였다. 공개기업인 상태로는 이행하기 어려운 장기전략의 실천과 보다 과감한 구조조정을 위해서였다. 총 244억 달러 규모의 거래가 종결된 후 마이클 델은 회사가 25년 전 창업되었을 때와 비슷한 체질과 잠재력을 다시 가지게 되었다고 자평하였다. 실버레이크는 사모펀드라기 보다는 벤처캐피털과 같은 기능을 수행하게 된다.

여러 개의 사모펀드가 합작으로 딜을 하는 이른바 클럽‒딜(Club‒Deal)의 등장으로 바이아웃의 대상이 될 수 있는 회사에는 규모의 제한이 없어져버렸다. 이론상 세계에서 가장 큰 기업도 바이아웃을 통한 구조조정을 할 수 있는 것이다. 델 사례가 다시 한번 이를 보여 주었다.

제2장　합병과 분할

I. 합병과 분할

기업인수합병은 합병, 영업양수도, 자산양수도, 주식의 취득 등의 다양한 방식을 통해 이루어진다. 영업양수도에 대해서는 제2부에서 보았다. 어떤 방식을 사용하는가는 당사자들이 처한 상황이나 협상력의 차이, 해당 산업의 특성, 규제의 정도 등 무수히 많은 요인에 의해 결정된다. 기업인수합병의 여러 가지 방식들 중 법률이 조직법상의 행위에 법률적 효과를 발생시켜 주는 것이 합병(반대의 경우 분할)이다. 합병의 경우 관계 회사 자산에 대한 별도의 거래 없이 법률상의 효과로 두 회사가 하나가 되며 소멸되는 회사는 해산과 청산의 절차 없이 사라지게 된다. 상법상의 회사는 합병을 할 수 있으며(제174조 제1항) 합병을 하는 회사의 일방 또는 쌍방이 주식회사, 유한회사 또는 유한책임회사인 경우에는 합병 후 존속하는 회사나 합병으로 설립되는 회사는 주식회사, 유한회사 또는 유한책임회사이어야 한다(제2항).

1. 합　　병

합병은 두 회사가 법률에 의해 하나로 되는 것이다. 즉, 권리와 의무의 포괄적 승계가 이루어진다. 상법 제530조 제2항에 의해 주식회사에 준용되는 제235조(합병의 효과)는 합병 후 존속한 회사 또는 합병으로 인하여 설립된 회사는 합병으로 인하여 소멸된 회사의 권리의무를 승계한다고 규정한다. 상법 제522조에 의하면 회사가 합병을 함에는 합병계약서를 작성하여 주주총회의 특별결의에 의한 승인을 얻어야 한다. 회사가 합병을 하게 되면 A회사에 투자했던 주주가 B회사의 주주가 된다. 이는 주주의 입장에서는 대단히 중요한 사건이다. 주주가 반대함에도 불구하고 3분의 2의 찬성으로 회사가 합병하는 경우 반대한 주주는 억지로 B회사의 주주가 되지 않고 주식을 처분하고 회사로부터 빠져나올 수 있다. 삼성전자 주주이고자 해서 삼성전자 주식에 투자했는데 갑자기 내 의사에 반해서 K반도체가 합해진 삼성전자의 주주가 되고 싶지는 않다. 주식을 양도하면 되지만 제값에 사 줄 사람을 찾기 어려울 수도 있기 때문에 회사가 사 주어야 한다. 상법 제522조의3 제 1 항은 합병반대주주에게 주식매수청구권을 부여한다. 이에 대하여는 아래에서 자세히 본다.

    또, 합병이 이루어지면 회사의 채권자로서도 중대한 사정의 변경을 경험하게 된다. A회사의 신용을 보고 돈을 빌려 주었는데 이제 B회사로부터 돈을 받으라는 것이다. 이 또한 채권자에게 구제수단을 제공해 주어야 하는 사정이므로 상법은 회사는 주주총회의 합병승인결의가 있은 날로부터 2주 내에 채권자에 대하여 합병에 이의가 있으면 1월 이상의 기간 내에 이를 제출할 것을 공고하고 알고 있는 채권자에 대하여는 따로따로 이를 최고하여야 한다고 규정한다(제527조의5 제 1 항). 이의를 제출하는 채권자에 대해서는 채무를 변제해야 하고 이의를 제출하는 채권자가 너무 많아 거액을 일시에 변제해야 하게 되면 합병을 포기해야 한다. 채권자들 중에는 채권을 조기에 회수하고 싶어졌거나 채무자 회사의 신용에 불안을 느끼게 된 경우 합병을 좋은 뉴스로 받아들인다. 합병에 이의를 제기해서 채무를 변제 받을 수 있기 때문이다.

    이 합병이라는 메커니즘은 법률이 상술한 시너지 창출을 위한 기업인수합병을 정면으로 허용하는 전형적인 사례이다. 합병을 통해 기업들은 수평, 수직적 결합이나 관련, 비관련 다각화에서 발생하는 시너지를 모두 얻을 수 있다. 합병은 관련 회사들이 하나가 되는 절차이기 때문에 기업집단을 생성시키지는 않는다. 그러나, 규모의 경제나 범위의 경제, 다각화가 합병을 통해 이루어진다는 점은 자본 참가를 통한 기업집단 형성의 경우와 동일하다. 경제력집중에 대한 규제도 합병과 자본참가 간에 차이 없이 적용된다. 우리나라를 포함한(제522조 내지 제530조) 거의 모든 나라가 합병이라는 제도를 가지고 있다는 사실은 경제력 집중의 폐해만 발생시키지 않는다면 기업집단이 시너지 창출을 위해 활용될 수 있으며 법률이 원칙적으로 그를 허용할 뿐 아니라 촉진시키고 있다는 결론으로 연결된다고 해도 무리가 없을 것이다.

2. 간이합병과 소규모합병

합병은 회사의 일생에서 자주 발생하지 않는 중대사다. 회사의 정체성에 관한 문제이기도 하다. 주주총회의 승인을 거쳐야 한다. 그런데 삼성전자가 종업원이 50명이고 연매출이 100억 원인 소형 회사와 합병할 때도 삼성전자의 주주총회를 소집해서 결의를 해야 한다면, 그 중요성에 비해서는 번거롭고 비용이 큰 것이다. 물론, 이런 경우 합병보다는 자산의 매수 등 다른 방법을 사용하게 될 것이다. 그러나, 꼭 합병을 해야 하는 사정이 있다면 어떻게 할까?

상법 제527조의2는 간이합병을 규정한다. 합병할 회사의 일방이 합병 후 존속하는 경우에 합병으로 인하여 소멸하는 회사의 총주주의 동의가 있거나 그 회사의 발행주식총수의 100분의 90 이상을 합병 후 존속하는 회사가 소유하고 있는 때에는 합병으로 인하여 소멸하는 회사의 주주총회의 승인은 이를 이사회의 승인으로 갈음할 수 있다. 우리 회사가 다른 회사 주식의 90% 이상을 가지고 있는 주주라면 그 다른 회사는 사실상 이미 우리 회사의 일부다. 그 회사를 흡수해서 합병하는 데 구태여 다른 주주들의 승인을 얻기 위해 주주총회를 소집할 필요는 없는 것이다. 실제로 이런 일로 주주총회를 소집한다면 아마도 다른 주주들은 참석하지도 않을 것이다.

한편, 상법 제527조의3은 소규모합병을 규정한다. 합병 후 존속하는 회사가 합병으로 인하여 발행하는 신주의 총수가 그 회사의 발행주식총수의 100분의 10을 초과하지 아니하는 때에는 원칙적으로 그 존속하는 회사의 주주총회의 승인은 이를 이사회의 승인으로 갈음할 수 있다. 우리 회사가 흡수하는 회사의 규모가 대단히 작아서 우리 회사의 입장에서는 정체성 측면에서도 합병 후 거의 변화가 없는 경우 구태여 주주총회를 열 필요가 없다는 것이다. 우리 회사 주주들의 입장에서도 회사가 큰 자산 하나를 취득하는 셈이기 때문에 그런 일로 주주총회에 나갈 이유가 없다. 그러나, 흡수하는 회사의 규모가 아무리 작아도 그 회사의 사업내용이나 파급효과가 회사에 큰 변화를 발생시킬 수도 있으므로 상법은 20% 이상 보유 주주가 소규모합병절차 활용에 반대할 수 있게 한다(제527조의3 제 4 항).

3. 합병비율

합병에서 가장 중요한 쟁점은 합병비율이다. 따라서, 합병이 불공정했다고 일방당사자의 주주가 주장하는 많은 분쟁이 합병비율을 둘러싸고 발생한다. A 와 B의 합병에 있어서 합병비율이 1 : 2라면 A의 가치가 B의 가치보다 2배 크 다는 것이다. 따라서, 합병 후 A의 주주들이 회사의 주식을 2주 발행 받을 때 B의 주주들은 1주 발행 받게 된다. A가 B를 흡수하는 경우라면 B의 주주들은 보유하던 B주식 2주에 대해 A주식 1주를 받게 된다. 당연히 주주들은 이 문제 에 민감하다. 그리고, 앞서 본 바와 같이 기업가치의 평가는 어렵고 주관적이기 때문에 합병비율의 결정에는 이견과 분쟁의 소지가 내재되어 있다.

합병비율이 불공정한 경우 합병의 당사자인 각 회사의 주주·이사·감사·청 산인·파산관재인 또는 합병을 승인하지 아니한 채권자는 합병등기가 있는 날로 부터 6월 내에 소로써 합병의 무효를 주장할 수 있다(제529조). 대법원도 "합병 비율은 합병계약의 가장 중요한 내용이고, 그 합병비율은 합병할 각 회사의 재 산상태와 그에 따른 주식의 실제가치에 비추어 공정하게 정함이 원칙이며 … 현 저하게 불공정한 합병비율을 정한 합병계약은 사업관계를 지배하는 신의성실의 원칙이나 공평의 원칙 등에 비추어 무효이고, 따라서 합병비율이 현저하게 불공 정한 경우 합병할 각 회사의 주주 등은 상법 제529조에 의하여 소로써 합병의 무효를 구할 수 있다 …"고 한다(대법원 2008. 1. 10. 선고 2007다64136 판결). 각 회 사와 이해관계인들 간의 법률관계를 획일적으로 확정해야 할 필요가 있으므로 합병무효판결은 제 3 자에게도 효력이 미치며 소급효가 제한되고 장래에 향해서 만 효력이 있다(제240조, 제190조).

원래 합병비율의 결정은 쌍방 주식에 대한 가치평가를 기초로 한 쌍방의 협상과 합의에 의해 이루어지는 것이 원칙이다. 쌍방의 협상과 합의가 다분히 요식적인 계열회사 간의 합병비율 결정은 쌍방 주식에 대한 가치평가를 기초로 양사 경영진의 경영판단에 의해 결정된다. 그러나 상장회사의 합병비율은 자본 시장법이 시가를 기준으로 규칙을 정해 놓고 있다(자본시장법 제165조의4 제1항 제1호, 동 시행령 제176조의5 제1항 제1호). 자본시장법의 규정은 합병비율을 둘러 싸고 의례 발생하기 마련인 분쟁을 원천적으로 방지하는 기능을 한다고 볼 수 도 있을 것이며 계열회사 간의 합병에 지배주주의 자의적인 결정이 반영되는 것도 막아준다.

삼성물산과 제일모직의 합병

2015. 5. 26. 삼성물산과 제일모직은 합병에 관한 이사회 결의를 하고 합병계약을 체결한 후 이를 공시하였다. 보통주 합병비율은 자본시장법 시행령의 관련 규정에 의해 삼성물산의 주식을 주당 55,767원, 제일모직의 주식을 주당 159,294원으로 각각 평가하여 1:0.3500885로 산출되었다. 그러자 2015. 6. 9. 삼성물산의 의결권 있는 보통주식의 약 7.12%를 보유한 주주인 엘리엇이 총회소집통지 및 결의금지등 가처분 신청을 제기하였다. 엘리엇은 삼성물산 주식의 공정가치가 주당 100,597원 내지 114,143원이라고 보는 전제 하에, 주주총회에서 합병계약서를 승인하는 결의가 이루어지더라도 그 결의에는 취소사유 또는 무효사유가 있어 결국 이 합병은 무효에 해당한다고 주장하였다. 엘리엇은 엘리엇 전부패소를 결정한 제1심 결정(서울중앙지방법원 2015.7.1.자 2015카합80582 결정)의 취소를 구하면서 항고하였으나 항고심 재판부인 서울고등법원 제40민사부는 제1심 결정을 인용하면서 엘리엇의 항고를 기각하였다(서울고등법원 2015.7.16.자 2015라20485 결정).

법원은 합병당사자 회사의 전부 또는 일부가 주권상장법인인 경우 구 증권거래법과 그 시행령 등 관련 법령이 정한 요건과 방법 및 절차 등에 기하여 합병가액을 산정하고 그에 따라 합병비율을 정하였다면 그 합병가액 산정이 허위자료에 의한 것이라거나 터무니없는 예상 수치에 근거한 것이라는 등의 특별한 사정이 없는 한 그 합병비율이 현저하게 불공정하다고 볼 수 없다는 대법원 판례(대법원 2008.1.10. 선고 2007다64136 판결 등)를 인용하면서, 엘리엇이 자본시장법의 규정은 합병가액 산정을 위한 일응의 기준에 불과하여 그를 따랐더라도 합병가액과 합병비율이 반드시 공정하다고 볼 수 없다고 주장한 데 대해 구 증권거래법 및 그 시행령 폐지 후 시행된 자본시장법 및 그 시행령의 해석상으로도 주권상장법인 간 합병에 있어서 자본시장법 및 그 시행령에 따라 합병가액을 산정하고 그에 따라 합병비율을 정하였다면 합병가액 산정의 기준이 된 주가가 자본시장법상 시세조종행위, 부정거래행위 등에 의하여 형성된 것이라는 등의 특별한 사정이 없는 이상 그 합병비율이 현저히 불공정하다고 볼 수 없다고 하였다.

시장주가가 당해 기업의 객관적 가치를 제대로 반영하지 못하고 있거나 거래 이외의 요인에 의해 시장의 가격형성 기능이 왜곡되어 있는 경우에는 그를 기준으로 산출한 합병비율은 현저하게 불공정하여 합병계약이 무효가 되므로 삼성물산의 주가가 저평가 되어 있었던 사정을 도외시 한 채 주가만을 기준으로 합병가액과 비율을 산정한 것은 불공정한 결과를 발생시킨 것이라는 엘리엇의 주장에 대해서도 법원은 시장주가가 순자산가치나 수익가치에 기초하여 산정된 가격과 다소 차이가 난다는 사정만으로는 시장주가가 상장회사의 가치를 반영하지 못한다고 쉽게 단정할 수 없다는 대법원 판례(대법원 2011.10.13.자 2008마264 결정)를 인용하면서 그를 배척하였다.

4. 합병의 시점

합병은 경영진이 결정해서 주주총회의 승인을 받는 것이다. 경영진의 결정에는 합병 상대에 대한 결정과 합병 시점에 대한 결정이 포함된다. 그런데 합병비율을 자본시장법에 따라 시가를 기준으로 결정하게 되면 합병 시점의 결정이 합병비율의 결정이 되는 효과가 있다. 통상적으로는 경영진이 합병비율이 불리하게 산출되는 시점의 합병에 동의하지 않을 것이다. 그러나 그룹의 구조조정이나 기타 사업상의 긴박한 필요가 있을 때는 향후의 주가 전망에 관계없이 합병을 결정하기도 한다. 위 삼성물산 사건에서도 엘리엇은 사실상 합병의 시점을 문제 삼은 것이다. "왜 지금 합병을 결정하는가?"이다. 이는 결국 합병 목적에 대한 의심으로 연결된다. 엘리엇과 같은 소수주주들은 회사에 대한 정보를 가장 많이 보유한 경영진과 지배주주의 결정 때문에 원치 않거나 불리한 시점에서 투자자산의 처분에 대한 결정을 내려야 하는 경우가 있다. 합병에 반대하고 주식매수청구권을 행사한 후 다시 시장에서 주식을 취득함으로써 주주로서의 지위를 보전할 수는 있으나 그 과정에서 시간과 비용이 지출되게 된다.

그러나 합병 시점에 대한 결정은 전형적인 경영판단이다. 경영판단의 원칙의 요건을 충족하는 한 이사에게 책임은 발생하지 않는다. 이 경우 합병의 무효 원인이 발생할 가능성은 극히 낮을 것이다. 경영권은 합병을 포함한 회사의 구조조정 권한을 포함하며 업무로서 행해져 온 회사의 경영행위에는 그 목적 사업의 직접적인 수행뿐만 아니라 그 확장, 축소, 전환, 폐지 등의 행위도 정당한 경영권 행사의 일환으로서 이에 포함된다(대법원 2005. 4. 15. 선고 2004도8701 판결 참조). 더구나 합병은 경영진의 결정으로 종결되는 것이 아니고 주주들의 주주총회에서의 특별결의를 통한 승인을 받아야 하는 것이다. 법원이 주주들이 결정을 내릴 기회를 봉쇄하거나 주주들이 승인했음에도 불구하고 그 무효를 선언하는 것은 회사법의 특성상 대단히 어렵다고 보아야 한다. 또 합병의 목적이 부당한 내용으로 구성되어 있다는 합리적인 의심이 있다 하더라도 사업적 타당성을 인정 받을 수 있는 또 다른 목적이 있다면 법원이 의심을 근거로 주주총회 결의를 저지하거나 합병의 무효를 선언할 수는 없을 것이다.

엘리엇은 합병이 삼성물산과 그 주주에게는 손해만 주고, 제일모직과 그 주주에게만 이익을 주는 것이라고 주장하는 동시에 삼성물산 경영진이 삼성물산과 그 주주의 이익과 관계없이 삼성그룹 총수 일가, 즉 제일모직 및 그 대주주의 이익만을 위하여 추진된다고 주장하였는데 이는 총수 일가가 경제적 차원의 이익을 얻게 된다는 의미도 있지만 그룹전체의 지배구조가 이 합병을 통해 재편됨으로써 총수 일가가 삼성그룹 전체에 대한 지배력을 강화하게 되고 그로부터 안정적인 경영권의 승계가 이루어짐으로써 얻는 이익도 얻게 된다는 의미도 가질 것이다. 엘리엇은 이 사건에서 그러한 주장에 대한 소명을 다하지 못하였지만 설사 이 합병이 그러한 목적을 달성하려는 의도도 포함하였다 해도 과연 그것이 합병을 무효로 할만큼의 위법적인 성질의 것일지는 의문이다.

기업집단에 소속되어 있는 회사는 기업집단 전체의 성과에서 발생하는 유무형의 이익을 공유하며 기업집단 전체의 성과에 큰 이해관계를 가지는 주주들은 경영권을 보유하는 경우 기업집단 전체의 이익을 고려한 경영판단을 내리게 된다. 여기에는 기업집단 전체에 대한 지배력의 안정적 확보가 포함되는데 그를 달성하기 위한 하나의 방법으로 계열회사 간의 합병을 선택할 수 있는 것이다. 이는 물론 당해 계열회사에만 이해관계를 가지는 계열회사의 주주들이 주주총회에서 그를 승인해야만 달성될 수 있는 목표이다. 기관투자자를 포함한 주주들은 당연히 이 요소를 충분히 평가한 후에 입장을 결정하게 된다. 따라서 당해 결정이 경영판단의 원칙의 보호를 받는 것이고 주주들에 대한 정보의 공개가 충분하다면 지배주주 그룹의 이해관계를 반영한 계열사 간 합병 결정이 그 자체 위법성을 내포할 가능성은 거의 없다고 보아야 한다.

5. 분   할

분할은 한 회사가 법률에 의해 복수의 회사로 되는 것이다. 합병의 반대 사건이다. 회사는 분할에 의하여 1개 또는 수개의 회사를 설립할 수 있는데(제530조의2 제 1 항) 회사는 분할에 의하여 1개 또는 수개의 존립 중의 회사와 합병("분할합병"이라 한다)할 수도 있다(제 2 항). 분할도 합병과 마찬가지로 주주총회에서 특별결의를 얻어야 한다(제530조의3 제1, 2항). 원래 상술한 규모의 비경제에서 발생하는 비효율을 제거하기 위해 역M&A를 하려면 새로 회사를 만들어서 자산이나 영업을 이전해야 했다. 그러나, 상법이 회사분할이라는 제도를 도입함으로써 보다 신속하고 간편하게 역M&A가 가능해진 것이다.

분할은 크게 인적분할과 물적분할로 나누어진다. 인적분할은 회사를 나란히 나누는 것이다. 그 결과 기존 주주들은 두 개 회사의 주주로 변신하게 된다. 회사를 어떻게 나누는지는 전적으로 경영판단이고 주주들의 이해관계에도 영향을 미치지 않는다. 따라서, 합병의 경우에 합병비율을 둘러싸고 첨예한 대립이 벌어지는 것과 달리 분할비율이라는 것은 존재하지 않고 문제가 발생하지도 않는다. 한편, 물적분할은 회사의 일부를 떼어내서 100% 자회사로 만드는 것이다. 주주 차원에서는 아무런 변화도 일어나지 않는다. 회사가 새로 만들어진 자회사의 단독 주주가 되는 데 그친다.

회사의 분할에서 가장 중요한 법률적 문제는 분할 전 회사가 부담하던 회사채무를 어떻게 처리할 것인가이다. 회사의 채권자는 회사 전체의 자산과 사업, 경영진의 경영능력 등을 기초로 회사에 돈을 빌려 주는 것이다. 그런데 갑자기 회사가 나누어지면 그 기초에 변동이 발생하는 것이다.

제530조의9(분할 및 분할합병후의 회사의 책임)

① 분할 또는 분할합병으로 인하여 설립되는 회사 또는 존속하는 회사는 분할 또는 분할합병전의 회사채무에 관하여 연대하여 변제할 책임이 있다.

② 제1항의 규정에 불구하고 분할되는 회사가 제530조의3 제 2 항의 규정에 의한 결의로 분할에 의하여 회사를 설립히는 경우에는 설립되는 회사가 분할되는 회사의 채무중에서 출자한 재산에 관한 채무만을 부담할 것을 정할 수 있다. 이 경우 분할되는 회사가 분할후에 존속하는 때에는 분할로 인하여 설립되는 회사가 부담하지 아니하는 채무만을 부담한다.

③ 분할합병의 경우에 분할되는 회사는 제530조의3 제 2 항의 규정에 의한 결의로 분할합병에 따른 출자를 받는 존립중의 회사가 분할되는 회사의 채무중에서

출자한 재산에 관한 채무만을 부담할 것을 정할 수 있다. 이 경우에는 제2항 후단의 규정을 준용한다.

④ 제439조 제3항 및 제527조의5의 규정은 제2항의 경우에 이를 준용한다.

제530조의10(분할 또는 분할합병의 효과)

분할 또는 분할합병으로 인하여 설립되는 회사 또는 존속하는 회사는 분할하는 회사의 권리와 의무를 분할계획서 또는 분할합병계약서가 정하는 바에 따라서 승계한다.

위 상법 제530조의10에 의하면 분할로 인하여 설립되는 회사 또는 존속하는 회사는 분할하는 회사의 권리와 의무를 분할계획서 또는 분할합병계약서가 정하는 바에 따라서 승계한다. 즉, 분할 후 회사의 채무승계와 책임은 원칙적으로 분할계약서에 의한다는 기본 원칙이다. 다음으로, 상법 제530조의9는 분할로 인하여 설립되는 회사 또는 존속하는 회사는 분할 전의 회사채무에 관하여 연대하여 변제할 책임이 있다고 규정한다(제530조의9 제1항). 즉, 연대책임이다. 채권자의 입장에서는 지극히 당연한 내용이다. 물론, 분할이 이루어진 후 각자 부담한 채무는 각자의 책임이 된다.

그러나, 분할되는 회사가 제530조의3 제2항의 규정에 의한 결의로 분할에 의하여 회사를 설립하는 경우에는 설립되는 회사가 분할되는 회사의 채무중에서 출자한 재산에 관한 채무만을 부담할 것을 정할 수 있다. 이 경우 분할되는 회사가 분할 후에 존속하는 때에는 분할로 인하여 설립되는 회사가 부담하지 아니하는 채무만을 부담한다(제530조의9 제2항). 이 규정은 분할 후 책임을 제한할 수 있는 가능성을 열어 주는 규정이다. 회사의 분할은 회사 재산의 일부를 기초로 새 회사를 설립하여 이루어지는데 새 회사로 하여금 기존회사 채무 전체에 대해 연대책임을 지도록 하는 것은 지나치게 가혹하고 채권자에게도 그다지 큰 의미가 없다. 그래서 받아가지고 분가한 재산으로만 책임을 지게 하자는 것이다. 이렇게 줄을 그으면 원래의 회사는 새로 생긴 회사가 지는 책임을 제외한 나머지의 책임을 진다. 정리하면, 분할 후 회사의 책임은 원칙적으로 연대책임이지만 분할채무로 할 수 있다는 것이다. 물론, 이렇게 하는 것은 분할의 당사자들 간 약정에 불과하다. 채권자의 동의를 받지 않으면 채권자는 여전히 양 당사자에게 연대책임을 물을 수 있다.

판례는 "분할합병으로 인하여 설립되는 회사 또는 존속하는 회사(이하 '분할당사회사'라고 한다)가 상법 제530조의9 제 1 항에 의한 연대책임을 면하고 각자 분할합병계약서에 본래 부담하기로 정한 채무에 대한 변제책임만을 지는 분할채무관계를 형성하기 위해서는, 분할합병에 따른 출자를 받는 존립 중의 회사가 분할되는 회사의 채무 중에서 출자한 재산에 관한 채무만을 부담한다는 취지가 기재된 분할합병계약서를 작성하여 이에 대한 주주총회의 승인을 얻어야 하고 … 이러한 요건이 충족되었다는 점에 관한 주장·증명책임은 분할당사회사가 연대책임관계가 아닌 분할채무관계에 있음을 주장하는 측에게 있다. 단순히 분할합병계약서에 상법 제530조의6 제 1 항 제 6 호가 규정하는 '분할되는 회사가 분할합병의 상대방 회사에 이전할 재산과 그 가액'의 사항 등을 기재하여 주주총회의 승인을 얻었다는 사정만으로는 위와 같이 분할책임관계를 형성하기 위한 요건이 충족되었다고 할 수 없으므로, 분할당사회사는 각자 분할합병계약서에 본래 부담하기로 정한 채무 이외의 채무에 대하여 연대책임 면할수 없다 … 분할당사회사 … 가 상법 제530조의9 제 1 항에 의하여 각자 분할계획서나 분할합병계약서에 본래 부담하기로 정한 채무 이외의 채무에 대하여 연대책임을 지는 경우, 이는 회사분할로 인하여 채무자의 책임재산에 변동이 생기게 되어 채권 회수에 불이익한 영향을 받는 채권자를 보호하기 위하여 부과된 법정책임으로서 특별한 사정이 없는 한 그 법정 연대책임의 부담에 관하여 분할당사회사 사이에 주관적 공동관계가 있다고 보기 어려우므로, 분할당사회사는 각자 분할계획서나 분할합병계약서에 본래 부담하기로 정한 채무 이외의 채무에 대하여 부진정연대관계에 있다고 봄이 상당하다"고 한다(대법원 2010. 8. 26. 선고 2009다95769 판결).

자회사 상장

분할은 법률에 의해 회사가 분리되는 것이지만 분할의 방법을 사용하지 않고도 유사한 목적을 달성하는 기법들이 있는데 그 중 하나가 자회사 상장(Equity Carve-out)이다. 이 거래가 이루어지면 회사는 사업의 일부로 자회사를 만들고 그 자회사에 대한 지배권을 유지하면서 자회사의 IPO를 단행한다. 이로써 회사에 신규 자금이 유입되게 된다. 신규 자금이 유입된다는 점에서 분할이나 미국에서 많이 활용되는 분사(Spin−off)와 다르다. 또, 자회사 상장은 자회사를 그룹의 계열사로 유지하는 반면 분사는 지배권을 이전함으로써 해당 사업을 그룹에서 분리해 내보낸다는 점에서도 다르다. 자회사 상장에서는 앞서 IPO에서 논의했던 문제들이 그대로 다 등장한다. 즉, 구주와 신주의 비율을 결정해야 하고 투자은행이 IPO 가격과 스프레드를 계산해야 한다.

자회사 상장과 유사한 효과를 얻을 수 있는 것이 트래킹스톡(Tracking Stock)의 발행이다. 트래킹스톡은 회사의 일부 사업부의 실적에 연동되는 주식이다. 미국에서는 1980년대 중반부터 사용되었고 프랑스에서는 2000년에 알카텔(Alcatel)이, 독일에서는 2007년에 HHLA가 처음으로 발행하였다. 자회사 상장과의 차이는 주식을 발행하는 회사의 해당 사업부가 독립성이 없이 그대로 회사 내에 머문다는 것이다. 즉, 형식적인 구조조정이 없이 신규 자금을 유치할 수 있게 한다. 국내에서도 이 주식의 발행이 검토된 사례가 많으나 아직은 허용되지 않는 것으로 여겨지고 있다.

회사분할과 자사주의 마술

회사가 인적분할을 하게 되면 회사의 보유 자산인 자기주식은 경영진의 판단에 따라 존속회사 또는 신설회사에 배정되게 된다. 그런데 신설회사에 자사주를 배정하게 되면 그 자사주만큼 신설회사가 존속회사에 대해 의결권을 행사할 수 있게 된다. 회사의 지배주주는 신설회사의 주식을 발행받기 때문에 신설회사를 통해 존속회사에 대한 새로운 간접 지배력을 가지게 된다. 존속회사에 대해 원래 가지고 있던 직접적인 지배력에 더해 회사가 보유하고 있던 자사주만큼의 지배력이 늘어나는 것이다. 이 때문에 회사의 인적분할을 통해 기업집단의 사실상 지주회사를 만들고 그 지주회사를 통해 그룹 전체에 대한 지배력을 확장하는 사례가 많이 등장하고 있다. 국회에는 이를 통제하기 위한 법안들이 상정되어 있다.

6. 주식 교환과 이전

지주회사(Holding Company)는 다른 회사들을 지배관계를 통해 거느리는 회사다. 지주회사의 법률적 정의는 상법에 나오지 않고 「독점규제 및 공정거래에 관한 법률」(공정거래법)에 나온다. 동법 제 2 조 제 1 의2호에 의하면 지주회사는 주식이나 지분의 소유를 통하여 국내회사의 사업내용을 지배하는 것을 주된 사업으로 하는 회사로서 자산총액이 대통령령이 정하는 금액 이상인 회사다. 단순히 주식을 보유하기만 하는 지주회사가 있고 주식을 보유해서 다른 회사를 지배하는 외에 자신도 일정한 사업을 하는 지주회사가 있다. 전자를 순수지주회사, 후자를 사업지주회사라고 부른다. 금융회사들을 지배하는 지주회사는 따로 금융지주회사라고 부른다. 이에 대해서는 금융지주회사법이 있다.

　지주회사가 거느리는 회사들은 지주회사로부터 사업내용을 지배 당하므로 지주회사와 자회사들은 기업집단을 형성한다. 지주회사체제하에서는 모회사와 자회사의 이해관계가 상대적으로 많이 일치하고 100% 지분관계로 이루어져 있는 모자회사의 경우 완전히 일치한다. 이 때문에 모회사의 지배주주가 자회사의 소수주주들에게 해를 끼칠 가능성이 낮다. 이를 모회사의 지배주주가 경영권의 사적 이익을 취하기 위해 자회사의 소수주주들을 이용할 유인이 감소된다고 말한다(이에 대해서는 후술한다). 그리고, 지주회사구조는 병렬적이기 때문에 계열회사의 부실이 그룹 전체로 전파될 위험이 적은 것으로 이해되어 있다. 원래 지주회사의 형태를 가진 기업집단은 경제력 집중을 심화시키기 때문에 공정거래법은 지주회사의 발생을 억제하는 태도를 취하고 있었다. 그러나, 1997년 이후 기업지배구조 문제가 심각하게 대두되어 정책이 전환되었고 지금은 정부가 지주회사를 장려한다. 많은 기업집단이 지주회사체제로 전환되었으며 여기에는 SK, LG 등 한국을 대표하는 그룹들이 포함되어 있다.

　상법은 기업집단의 지주회사체제로의 전환을 쉽게 해주기 위해 주식의 포괄적 교환 제도와 주식의 포괄적 이전 제도를 둔다. 우선, 회사는 주식의 포괄적 교환에 의해 다른 회사의 발행주식의 총수를 소유하는 회사가 될 수 있다. 이 경우 그 회사들을 각각 완전모회사, 완전자회사라고 부른다(제360조의2 제 1 항). 즉, 회사가 다른 회사를 모회사로 만듦으로써 자신이 스스로 그 회사의 100% 자회사가 되는 것인데 이 경우 회사의 주주들은 보유 주식을 모회사가 되는 그 회사에 넘기고 새로 발행되는 모회사의 신주를 배정받는 것이다(제 2 항). 이 거래는 주식교환계약서가 작성되어 특별결의에 의한 주주총회의 승인을 받아야 한다(제360조의3 제 1 항, 제 2 항). 주식교환계약서에 적어야 하는 사항들은 제360조의3 제 3 항이 규정한다. 반대주주는 주식매수청구권을 행사할 수 있다(제360조의5). 완전자회사가 되는 회사의 총주주의 동의가 있거나 그 회사의 발행주식총수의 100분의 90 이상을 완전모회사가 되는 회사가 소유하고 있는 때에는 완전자회사가 되는 회사의 주주총회의 승인은 이를 이사회의 승인으로 갈음할 수 있다(제360조의9 제 1 항: 간이주식교환). 또, 완전모회사가 되는 회사가 주식교환을 위하여 발행하는 신주의 총수가 그 회사의 발행주식총수의 100분의 5를 초과하지 아니하는 경우에는 그 회사에서의 제360조의3 제 1 항의 규정에 의한 주주총회의 승인은 원칙적으로 이를 이사회의 승인으로 갈음할 수 있다(제360조의10 제 1 항: 소규모 주식교환).

주식의 포괄적 교환은 기업집단 내 기존 회사를 활용하는 것인 반면 새로 회사를 만들어 모회사로 할 수도 있는데 주식의 포괄적 이전이 여기에 활용된다. 회사는 주식의 포괄적 이전에 의해 완전모회사를 설립하고 자신은 스스로 완전자회사가 될 수 있다(제360조의15 제 1 항). 포괄적 주식이전으로 완전자회사가 되는 회사의 주주가 소유하는 그 회사의 주식은 주식이전에 의하여 설립하는 완전모회사에 이전하고, 그 완전자회사가 되는 회사의 주주는 그 완전모회사가 주식이전을 위하여 발행하는 주식의 배정을 받음으로써 그 완전모회사의 주주가 된다(제 2 항). 이 거래 또한 주식이전계획서를 작성하여 특별결의에 의한 주주총회의 승인을 받아야 한다(제360조의16 제 1 항).

II. 주식매수청구권

회사 간 합병이 이루어지는 경우, 그에 반대하는 소수주주들이 법률상의 권리를 행사하여 투자를 회수할 수 있는 장치가 주식매수청구권 제도다. 이 제도는 기업의 구조조정 과정에서 투자자들의 이익을 보호한다. 이 제도는 구 증권거래법상의 제도로 시행되어 오다가(구 증권거래법 제191조) 1995년의 상법개정으로 상법에 도입되었다(제522조의3). 상법에는 주식매수청구권에 관한 규정들이 산재되어 있으므로 독자들은 주의해서 조문을 공부해야 한다. 자본시장법도 주식매수청구권 규정을 둔다(자본시장법 제165조의5).

제522조의3(합병반대주주의 주식매수청구권)

① 제522조 제 1 항의 규정에 의한 결의사항에 관하여 이사회의 결의가 있는 때에 그 결의에 반대하는 주주는 주주총회전에 회사에 대하여 서면으로 그 결의에 반대하는 의사를 통지한 경우에는 그 총회의 결의일부터 20일 이내에 주식의 종류와 수를 기재한 서면으로 회사에 대하여 자기가 소유하고 있는 주식의 매수를 청구할 수 있다.

② 제527조의2 제 2 항의 공고 또는 통지를 한 날부터 2주내에 회사에 대하여 서면으로 합병에 반대하는 의사를 통지한 주주는 그 기간이 경과한 날부터 20일 이내에 주식의 종류와 수를 기재한 서면으로 회사에 대하여 자기가 소유하고 있는 주식의 매수를 청구할 수 있다.

1. 매수가액

상법 제522조의3과 제530조 제 2 항에 의해 준용되는 제374조의2 제 2 항 내지 제 5 항은 주식회사의 합병에 반대하는 주주에 대한 주식매수청구권을 규정하고 있다. 합병에 반대하는 주주는 이 규정들이 정하는 절차에 따라 회사에 보유 주식의 매수를 청구할 수 있으며 회사는 이를 매수하여야 하고 이는 상법 제341조 제 5 호의 규정에 의해 주식회사의 자기주식 취득 금지에 대한 예외로 인정되며 상법 제342조는 회사가 주주의 주식매수청구권 행사로 취득한 주식을 상당한 시기에 처분하도록 한다.

회사가 상법이 규정하는 바에 따라 합병반대주주로부터 주식을 취득하기 위해서는 회사와 주주 간에 해당 주식에 관한 매매계약이 성립되어야 하고 매매계약이 성립되기 위해서는 가장 중요한 요소인 매수가액이 결정되어야 한다. 주식의 매수가액에 대해 상법은 제374조의2 제 3 항 내지 제 5 항에서 모두 세 개의 규정을 두고 있다. 제374조의2 제 3 항은 매수가액이 회사와 주주 간의 협의에 의해 결정되도록 하고 있으며, 제 4 항은 협의가 이루어지지 않는 경우 회사 또는 주주가 법원에 매수가액의 결정을 청구할 수 있게 한다. 제 5 항은 법원이 그러한 청구를 받아 주식의 매수가액을 결정함에 있어서 공정한 가액으로 산정하여야 함과 "회사의 재산상태 그 밖의 사정을 참작하여" 산정하여야 한다고 산정 방법의 원칙을 규정한다.

판례는 주식매수청구권의 행사에 따른 비상장주식 평가에 있어서 "그 주식에 관하여 객관적 교환가치가 적정하게 반영된 정상적인 거래의 실례가 있으면 그 거래가격을 시가로 보아 주식의 매수가액을 정하여야 하나, 그러한 거래사례가 없으면 비상장주식의 평가에 관하여 보편적으로 인정되는 시장가치방식, 순자산가치방식, 수익가치방식 등 여러 가지 평가방법을 활용하되, 비상장주식의 평가방법을 규정한 관련 법규들은 그 제정 목적에 따라 서로 상이한 기준을 적용하고 있으므로, 어느 한 가지 평가방법이 항상 적용되어야 한다고 단정할 수 없고, 당해 회사의 상황이나 업종의 특성 등을 종합적으로 고려하여 공정한 가액을 산정하여야 한다"고 한다(대법원 2006. 11. 24.자 2004마1022 결정).

델라웨어 가중평균 방식과 와인버거 판결

미국 델라웨어주 법원과 기타 여러 주의 법원이 전통적으로 주식매수청구권과 관련하여 주식의 가치를 평가하는 데 사용하던 방법을 '델라웨어 가중평균 방식'(Delaware block method)이라고 한다. 이는 주식의 순자산가치, 시장가치, 수익가치 등을 가중평균함으로써 주식의 가치를 계산하는 방법인데 아래 와인버거 판결이 나오기 전까지 미국에서 널리 사용된 바 있고 아직도 미국 여러 주의 법원에 의해 사용되고 있다. 이 방식을 사용한 판결 중 하나인 델라웨어 마사회 사건(In re Delaware Racing Ass'n, 213 A.2d 203 [Del. 1965])을 보면, 법원은 경마장을 소유한 한 회사 주식의 가치를 경마장의 자산가치, 주식의 시장가치, 주식의 수익가치, 주식의 배당가치 등 네 가지의 기준에 다분히 임의적인 가중치를 각각 곱한 후 다시 평균하여 다음과 같이 산출하고 있다.

$$
\begin{array}{llll}
\text{자산가치} & \$\ 5{,}996.00 & \times\ 25\% = & \$\ 1{,}499.00 \\
\text{시장가치} & \$\ 1{,}305.00 & \times\ 40\% = & \$\ \ \ \ 522.00 \\
\text{수익가치} & \$\ 1{,}201.19 & \times\ 25\% = & \$\ \ \ \ 300.30 \\
\text{배당가치} & \$\ \ \ \ \ \ \ 0 & \times\ 10\% = & \$\ \ \ \ \ \ \ 0.00 \\
& & = & \$\ 2{,}321.30
\end{array}
$$

여기서 주식의 수익가치는 과거 5년간의 주당 순수익에 일정한 승수를 곱한 것이고 배당가치는 배당이 행해진 바 없다는 이유에서 0으로 설정되었다. 그러나 이와 같은 평가방식은 가중치의 설정이 자의적일 수 있다는 단점은 별론으로 하더라도 각 요소의 평가기준으로서의 타당성에 문제가 있어서 비판의 대상이 되어 왔다. 특히 주식의 시장가격은 회사에 관한 중요한 정보의 은폐나 주가조작 등 여러 가지 원인으로 왜곡되어 주식의 가치를 정확하게 반영하지 못할 가능성이 높고, 문제의 합병거래 발생 전망에 의해 영향을 받지 않을 수 없으므로, 주식매수청구에 따른 주식가치평가의 기준으로는 문제가 많다. 자산가치도 회사가 보유하고 있는 자산들의 가격을 평면적으로 합산하여 산출되는 것이므로 회사가 가까운 장래에 모든 자산을 처분할 계획을 가지고 있지 않는 한 큰 의미가 없는 기준이다. 대다수의 회사들은 자산을 계속적으로 사용할 계획을 가지고 있으며 처분할 계획을 가지고 있지는 않다. 한편 수익가치란 주당 순수익에 근거, 회사의 장래수익을 예측하고 그를 적절한 할인율 등을 사용, 현가계산함으로써 얻어지는 것인데 주당 수익력은, 예를 들어, 과거 5년간의 주당 수익력의 평균이므로 회사의 장래 수익력 예측에 사용하는 데는 문제가 있다.

델라웨어주 대법원은 1983년 와인버거 판결(Weinberger v. UOP, Inc. 457 A.2d 701 [Del. 1983])에서 이 가중평균 방식을 포기하였다. 그리고 "금융계에서 사용되는 일반적으로 인정된 모든 가치평가기법"이 고려되어야 한다는 원칙을 새로 천명하였다. 이 사건은 주식매수청구에 따른 주식평가 사건은 아니고 원고가 합병의 취소 내지는 손해배상을 청구한 사건이지만 주식매수청구 사건에 적용될 수 있는 원칙을 포함하고 있다.

배경   1974년 상장회사인 시그널(Signal Companies, Inc.)은 한 자회사를 매각하고 그로부터 발생한 여유자금을 투자할 곳을 찾던 중 뉴욕증권거래소에 상장되어 당시 주당 14달러 정도에 거래되고 있던 UOP주식에 주목하게 된다. 시그널은 공개매수를 포함, 일련의 과정을 거쳐 1975년 봄에 UOP주식의 50.5%를 주당 21달러에 매수하고 UOP의 이사회에 6인의 이사를 자기 측 인물들로 선임하였다. 그 후 시그널은 다른 투자대상을 물색하였으나 여의치 않자 1978년에 UOP지분의 나머지 49.5%를 추가로 매입하기로 결정하였다. 이 작업은 UOP의 이사직도 겸임하였던 시그널의 이사 두 사람에 의해 준비되었는데, 이들은 UOP의 주식이 주당 24달러까지의 투자가치가 있는 것으로 결론지었다. 그러나 시그널은 UOP의 주식을 주당 21달러의 가치가 있는 것으로 보는 전제에서 UOP와의 합병을 결정하였다. UOP의 이사들은 위 시그널의 자체 평가내용을 모르는 상태에서, 주당 21달러가 공정하다는 리먼 브라더스의 의견서를 근거로 합병을 결의하였고(시그널 측 이사들은 기권), 1978년 5월 UOP의 정기주주총회는 그를 승인하였다. 여기서 소수주주의

56%가 결의에 참가하여 51.9%는 찬성하였고 4.1%는 반대하였다(전체적으로는 76.2% 찬성, 2.2% 반대). 1978년 5월 26일 양사는 합병하였고 소수주주들은 주당 21달러를 수령하였다(현금합병). 그러자 이 합병에 반대한 UOP 주주의 일부가 합병의 취소 내지는 손해배상을 청구하는 소송을 제기하였다. 델라웨어주 원심법원은 위 합병이 공정하다고 보아 원고의 청구를 기각하였으나 대법원은 이 원심판결을 파기하고 새로운 원칙을 천명하였다.

이 사건의 원고들은 위 합병이 승인될 당시 UOP주식은 주당 최소한 26달러의 가치가 있었다고 주장하며 자기들이 선정한 투자분석전문가의 의견을 원용하였는데, 여기서는 10건의 동일한 형태의 거래에서 지불된 바 있는 프리미엄의 비교분석 및 DCF방식이 사용되었다. 원심법원은 이 사건이 이사들의 충실의무위반을 이유로 한 합병의 취소 내지는 손해배상을 청구하는 사건이기는 하지만, 주식매수청구로 인한 주식의 가치평가에 적용되는 방법이 그대로 적용될 수 있다고 보아 판례법상 확립된 원칙인 델라웨어 가중평균 방식에 의거하지 않은 원고들의 청구를 기각하였다. 그러나 델라웨어주 대법원은 이른바 델라웨어 가중평균 방식이 금융계 등에서 일반적으로 통용되는 기타의 평가기법을 배제하여 배타적으로 적용되는 방식으로 보기에는 명백히 시대에 뒤떨어진 방식이라고 보고, 그러한 의미에서 주식매수청구에 의한 주식의 가치평가나 기타의 절차에서 그러한 사실을 받아들이고 관련 법원칙을 시대에 맞게 변경할 시기가 되었다고 하였다. 동 법원에 의하면 원심법원이 전통적으로 채택되어 온 방식이 아니라는 이유에서 배제한 현금흐름할인 방식이야말로 UOP주식의 잠재적 수익력을 알게 해 주는 중요성을 가지는 것이며, 따라서 종래의 델라웨어 가중평균 방식은 더 이상 배타적으로 적용되어서는 안 되고, 금융계에서 사용되는 일반적으로 인정된 모든 가치평가기법이 자유롭게 사용될 수 있다고 판시하였다.

그러나 와인버거 판결 이후에도 상당수의 미국 판례들이 여전히 델라웨어방식을 사용하고 있는 것으로 알려져 있다. 해당 주의 회사법문이 와인버거 판결의 수용을 여의치 못하게 하거나, 아니면 법원이 와인버거 판결의 대단히 유연하고 선택의 여지가 큰 원칙을 채택하는 데 어려움을 느끼는 것이 그 이유이다.

2. 경제적 이해

주식매수청구권은 기업지배구조를 합리적으로 설정되게 한다. 주식매수청구권이 있기 때문에 합병거래를 추진하는 당사자들은 보다 합리적으로 행동하게 되고 그를 통해 주식매수청구권은 회사의 가치를 감소시키는 거래의 발생가능성을 제한한다. 반면, 주식매수청구권은 회사가 회사의 가치를 증가시키는 좋은 거래를 집행할 때 회사의 재원을 감소시켜 경우에 따라서는 그러한 거래를 포기시키는 부작용이 있음도 지적된다. 그리고, 경영진이 회사에 유해한 거래를 시도하는 경우 주주들이 주식매수청구권의 행사로 그를 봉쇄할 수 있는 여지도 그다지 크지 않으므로 주식매수청구권이 경영진에 대한 효과적인 견제장치가 될 수 없다는 견해도 있다. 그래서 주식매수청구권 폐지론도 지속적으로 제기되고 있다. 합병과정에서 주식매수청구권을 행사하고 시장에서 주식을 재매입하는 사례나 주가 하락기에 주식매수청구권 행사 기회가 오면 그를 행사하는 사례에서 볼 수 있듯이 이 제도는 남용가능성도 높다. 더구나 실무에서는 주주총회에 참석해서 합병에 찬성한 주주의 주식매수청구권까지 인정하고 있는 실정이다.

합병은 비상장 회사가 보통인 소형 주식회사에서는 다수주주와 소수주주 사이의 이해충돌로서의 성격이 강하지만 소유가 분산된 대규모 주식회사의 경우에는 경영진과 주주 사이의 이해충돌로 이해해야 한다. 앞서 HP 사례에서 본 바와 같다. 즉, 이는 주주총회와 이사회 간의 권한 배분에 관한 권력투쟁이 표출되는 방식의 하나이다. 합병을 다수주주와 소수주주의 이해충돌로 볼 것인지 경영진과 주주 사이의 이해충돌로 볼 것인지에 따라 주식매수청구권의 기능에 대한 이해도 달라진다. 주식매수청구권을 흔히 소수주주 보호와 결부시켜 생각한다. 주식매수청구권이 회사의 경영권을 보유한 지배주주로부터 소수주주를 보호하는 기능이 있음을 부인하기는 어려우나 주식매수청구권의 본질적인 기능은 주주 간의 이해관계 조정이라고 보아야 할 것이다. 즉, 주식매수청구권은 중립적으로, 기능적으로 이해해야 하며 회사도 주주의 권리행사에 반대되는 이해를 가진다. 주식매수청구권은 회사의 합병 시 그에 대한 사업적, 재무적 판단을 부정적으로 내린 주주가 회사의 합병 후의 사업 결과로부터 스스로 영향을 차단할 수 있게 하는 제도다. 주주가 주식매수청구권을 행사한다는 것은 합병이 회사에 부정적인 사건이라는 판단을 반영하는 것이며 회사의 사업과 합병에 찬성한 다수주주의 이해는 그러한 반대주주의 결정에 의해 일정한 영향을 받게 된다. 주식매수청구권은 반대주주에게 자신의 결정에 대한 합병 후의 책임을 면해 주는 것이며 동시에 합병에 반대했음에도 불구하고 합병으로부터 발생하는 이익을 공유하는 것을 차단하는 것이다.

다시 말하면, 주식매수청구권은 다수주주로부터 소수주주를 보호하기 위한 것이라기보다는 다수주주의 결정이 발생시키는 재무적 파급효과로부터 소수주주가 자신의 경제적 이익을 보호하기 위해 탈출(escape)하는 도구로서 준비되어 있는 것이다. 상장회사의 소수주주에게 주식매수청구권을 인정하지 않는 것은 상장회사의 주주들은 손쉬운 탈출 도구를 가지고 있기 때문이다. 즉, 다수주주의 결정으로부터 발생하는 경제적 파급효과에 대한 보호의 필요성이 거의 없다. 우리나라에서 2000년 1월부터 2004년 8월 말까지 주식매수청구권이 행사된 163개의 상장회사 합병, 영업양수도, 주식교환 등을 분석한 연구에 의하면(김근수/변진호) 누적초과수익률과 주식매수청구권 행사 비율 간에 높은 관련성이 없는 것으로 드러났다. 이는 주식매수청구권 행사의 본질적 이유가 M&A 등의 기업구조변동에 기인한 소수주주의 손실 때문은 아니라는 의미다.

한편, 주식매수청구권은 주주가 출자를 환급 받을 수 있는 극히 예외적인 장치이므로 일종의 특권으로도 볼 수 있다. 특히, 시장에서의 매각을 통해 출자를 환수할 수 있는 상장회사의 주주들과는 달리 비상장회사의 주주들에게 이 제도는 대단히 중요한 의미를 가진다. 합병 시 주식매수청구권을 인정하지 않는 법제도 많다. 독일을 포함한 유럽 국가들의 법이 대개 그렇다. 예컨대, 특정 회사의 인수 전(前) 과정에서 수개의 주요주주가 등장하고 그중 한 주주가 인수에 성공하였다면 소수주주는 출자를 회수하여 철수하고 싶어 할 것이고 지배주주도 그를 바랄 것이므로 회사가 다른 회사와 합병을 하게 하고 소수주주가 주식매수청구권을 행사, 회사로부터 철수하게 할 수 있다. 다만, 이 경우 합병의 대상이 되는 회사가 지나치게 소규모이어서는 안 될 것이다. 소규모합병의 경우 존속회사 주주의 주식매수청구권은 인정되지 않는다(제527조의3 제 5 항). 물론, 이 경우에도 정식 합병으로 구성하면 주식매수청구권을 인정할 수 있을 것이나 그에는 주주총회의 개최를 포함한 많은 비용이 수반된다.

제3장   주식의 양수도

제 4 부에서 주식양도의 일반적인 설명을 하였는데 여기서는 M&A의 맥락에서 주식의 양수도를 본다. 주식의 양수도는 주주들 사이에서 일어나는 것이므로 회사에 직접적인 영향을 주지 않는다. 회사는 새로 주주가 된 사람의 요청에 의해 주주명부에 명의개서를 해 주어야 할 뿐이다. 상법은 주주 간의 주식거래에 정관의 규정에 의한 주식양도제한으로 인해 회사가 양도상대방을 지정하는 경우(제335조의2 제 4 항, 제335조의3, 제335조의4)와 주주총회의 결의에 의해 소수주식의 강제매수가 이루어지는 경우(제360조의24 내지 제360조의26) 외에는 개입하지 않는다. 그러나, 주식에는 지배구조를 결정짓는 의결권이 부착되어 있어서 주식의 양수도는 회사의 지배구조를 변동시키며 다량의 주식양도는 경영권을 이동시키게 된다. 따라서, 주식의 양수도는 M&A의 중요한 수단이며 우리나라에서 발생하는 M&A의 가장 큰 비중을 차지하는 방법이다. 회사를 인수하고자 하는 사람은 충분한 수량의 주식을 확보하여 주주총회를 통해 자신이나 자신의 사람들로 경영진을 구성하고 경영진이 회사의 현금흐름을 통제하며 투자결정을 비롯한 사업상의 결정을 내리고 임직원들에 대한 인사권을 행사하게 된다. 물론, 공식적으로는 주식에 부착된 의결권을 통해 자신을 지지하는 이사회를 구성하는 것이 먼저이다.

Ⅰ. 가치평가

주식을 사고팔 때 가장 중요한 것이 가격이다. 1주에 얼마를 지불할 것인가? 파는 사람은 높은 가격을 원하고 사는 사람은 낮은 가격을 원한다. M&A의 핵심이 가격에 관한 합의다. 가격에 관해 합의하기 위해서는 서로 주식의 가치를 평가해 보아야 한다. 주식의 가치를 어떻게 평가할 것인지에 대해서는 경영대학에서 한 학기나 두 학기를 공부해야 하고 가치평가의 전문가인 투자은행에서 다년간의 경험을 쌓아야 한다. 그러나, 가치평가를 둘러싸고 분쟁이 발생하면 결국에 가서는 법관이 해결해야 하므로 법률전문가들도 이에 관해 이해해야 한다. 특히, 가치평가는 직접적인 M&A의 맥락이 아닌 신주의 발행 등에 관하여서도 문제가 된다. 제 4 부에서 소개한 삼성에버랜드 사건 대법원 판결이 보여 주듯이 대단히 어려운 문제다.

회사의 경영권이 수반되는 다량의 주식을 매매할 때 왜 시가와 주식의 수량을 곱한 금액을 대가로 하지 않고 이른바 컨트롤 프리미엄을 지급하는가? 회사의 주식에 대한 공개매수는 왜 시가보다 높은 가격에 행해지는 것이며, 그럼에도 불구하고 대상회사의 경영진은 그 가격이 적절하지 못한 낮은 가격이라고 응수하는가? 투자은행이 발급하는 의견(fairness opinion)은 신뢰할 수 있는 것인가? 회사의 이사회가 투자은행의 의견을 믿고 의사결정을 하면 과실이 없는 것으로 평가 받을 수 있는가? 회사의 본질적인 가치를 가장 잘 평가할 수 있는 위치에 있는 사람들은 투자은행이 아니라 그 회사의 경영진이나 이사들이 아닐까? 이사회의 기업가치에 대한 평가에 의해 결정된 합병거래에 있어서 이사들은 경영판단 원칙의 보호를 받아야 하는 것일까?

기업인수는 기업을 상품으로써 사고파는 거래라고 할 수 있다. 따라서 상품의 가격과, 금융을 포함한 기타의 거래조건에 대한 매매당사자 간의 합의가 거래의 성사에 가장 중요한 관건이 된다. 기업인수가 본질적으로는 매매거래에 불과하고, 따라서 그 대상이 되는 물건의 평가가 중요하다는 것은 기업인수의 형태에 따라 크게 달라지지는 않는다. 우호적 거래의 경우 인수대상기업은 현 경영진이 대표하며 현 경영진이 인수희망자와 거래의 조건에 대해 협상하게 된다. 적대적 거래의 경우에도 이러한 협상이 존재한다. 다만 거래의 당사자가 현 경영진이 아니라 대상기업의 전체 주주들일 따름이다. 이처럼 기업가치의 평가는 거래의 형태가 우호적이든 적대적이든 상관없이 기업인수의 가장 핵심적인 부분으로 등장하는 경우가 많은데, 이는 크게 세 가지의 맥락에서 이루어진다.

첫째는 당사자 간의 협상에 의한 주식의 매매 및 기업합병 등 우호적 방식으로 이루어지는 기업인수의 경우이다. 적대적 기업인수로 시작되었다가 상호

합의로 거래가 종결되는 경우도 이에 포함된다. 이러한 맥락에서의 기업가치평가는 처음에는 당사자 각각에 의해 독자적으로 진행되다가, 협상과정에서 상호 정보와 의사의 교환을 통해 수렴되며, 이른바 기업실사(due diligence) 과정을 통해 확인되는 절차를 거친다. 기업실사 과정에서 제공되는 정보는 상세하고 신뢰성이 높지만, 상황에 따라서는 그를 담보하기 위한 특별한 약정과 비밀유지 약정을 체결하는 관행이 M&A 업계에 형성되어 있다. 경우에 따라서는 쌍방이 공동으로 지정하는 제 3 의 전문가에게 가치평가작업이 의뢰되기도 한다. 물론 통상 이러한 의견의 구속력은 없으며, 그 결과를 받아들이거나 않거나는 당사자들에게 달려 있다. 대개의 합작투자계약이나 주주 간 협약은 그러한 제 3 자의 평가를 받아들이기로 하는 약정을 포함하고 있다.

둘째는 적대적 기업인수를 시도하려 하는 경우이다. 적대적 기업인수를 시도하기 위해서는 대상기업에 대한 정확한 가치평가가 선행되어야 하지만, 대상기업 경영진의 도움을 얻을 수 없기 때문에 상당히 제한적으로 이루어질 수밖에 없다. 경우에 따라서는 목표기업 내부에 인수시도자에게 협력하는 세력이 있어 회사에 대한 정보가 유출되기도 하며, 인수시도자는 대개의 경우 그러한 경로를 통해서라도 목표기업에 대한 신뢰할 수 있는 정보를 얻기 위해 노력하는 것이 보통이다. 물론 적대적 기업인수는 상장회사를 대상으로 행해지는 것이 보통이므로 시장에서 형성되는 대상회사 주식의 가격을 중심으로 정보를 확보하는 것이 가능하다는 생각도 할 수 있지만, 적대적 인수가 성공적이기 위해서는 시장에서 저평가된 목표기업을 찾아내야 하기 때문에 시장가격에만 의존할 수는 없다는 한계가 있다. 따라서 상장회사를 대상으로 하는 것임에도 불구하고 다른 정보를 찾는 노력을 하는 것이다. 한편, 일단 공개매수계획이 발표된 경우 대상기업의 경영진은 인수시도자의 가치평가를 나름대로 재평가하기 위해 자체적인 가치평가를 행하게 된다.

셋째는 당해 기업인수 거래에 동의하지 않는 회사의 주주들이 권리침해에 대한 법률적 구제수단을 동원하는 경우에 이루어지는 기업의 가치평가이다. 합병비율에 동의하지 않는 주주가 합병무효의 소를 제기하는 경우, 합병에 반대하는 주주가 주식매수청구권을 행사하는 경우, 특정 주식 양수도에 반대하는 주주가 거래를 일방적으로 진행시킨 다수에 대해 합작투자계약 위반이나 주주 간 협약 위반을 이유로 손해배상을 청구하는 경우 등이 이에 해당된다. 이 경

우 기업의 가치평가는 제 3 자, 종국적으로는 법원에 의해 이루어지고 그 결과
는 당사자들에게 구속력을 갖는다.

기업의 가치평가 문제는 고도로 기술적인 것으로 여겨지지만, 단순히 경제
학적인 공식에 의하여 해결될 수 있는 것은 아니고 실제로는 회사와 관련된 많
은 제도들을 전제로 한다. 기업지배구조의 개선을 위한 모든 작업이 궁극적인
목표로 하는 것이 기업가치의 증대이다. 또한 공개회사의 경우 기업의 가치는
시장에서의 주가를 기준으로 평가되므로 기업의 가치평가 문제는 자본시장의
기능과도 밀접한 관련을 가지게 되며, 기업의 가치평가에 사용되는 자료는 회
계정보를 비롯한 기업의 공시정보들이므로 기업의 가치평가는 기업의 회계와
공시의 적정성 문제와도 관련을 가진다. 실제로 특정기업의 회계정보를 신뢰할
수 없고 한 나라의 회계제도를 신뢰할 수 없다면 도대체가 기업의 가치평가가
불가능해지고 기업인수 거래는 처음부터 생각할 수 없는 것이다. 이러한 상황
에서 일어나는 기업인수는 정상적인 상거래가 아니라 도박에 가깝다.

가치평가와 리서치

투자은행은 IPO와 M&A를 위해 특정한 기업의 가치에 대해 조사하기도 하지만
고객과 일반 투자자들을 위해 주식의 가치를 평가해서 매수와 매도에 관한 의견을
내기도 한다. 이 기능이 리서치(Equity Research) 기능이며 리서치 전문가들이 애널
리스트들이다. 투자은행은 정보의 매개체이지만 이 정보는 누군가가 발굴해서 시
장에 전달되어야 한다. 물론, 투자자들은 특정 주식에 투자를 할 때 자신의 역량
범위 내에서 최선을 다해 그 주식에 대해 정보를 수집하고 수집된 정보에 의해서
투자를 결정한다. 그런데, 전문가가 자본시장에 나와 있는 기업들에 대한 정보를
시시각각으로 정리해서 알려 주는 것은 물론이고 사고파는 데 대한 권고까지 해
준다면 투자자의 입장에서는 그보다 더 편리한 것은 없을 것이다.

그러나, 자본시장 효율성의 가설(Efficient Capital Market Hypothesis)에 비추어 보
면 투자은행이 리서치라는 업무를 수행하는 것은 모순되어 보인다. 자본시장이 효
율적이라면 현재 거래되고 있는 주식의 가격이 그 주식에 대한 모든 정보를 반영
하고 있기 때문에 추가적인 리서치가 필요치 않다. 주식의 시가가 모든 정보를 반
영하고 있는 상태에서 아무리 조사를 하고 연구를 해서 새로운 정보를 얻은 후 거
래를 해도 이미 그 정보는 주식의 가격에 반영되어 있으므로 이익을 보거나 손해

를 막을 수가 없다. 문제는, 리서치가 없다면, 주식에 관한 정보가 어떻게 시가에 반영될 수 있는가이다. 이는 하나의 퍼즐(Puzzle)로 여겨진다. 월스트리트의 거리가 효율적이라면 길가에 떨어져 있는 10달러짜리 지폐를 발견하고 주우려 수고할 이유가 없다. 왜냐하면 누군가가 이미 그 지폐를 주워갔을 것이기 때문이다. 문제는, 모든 행인이 그렇게 생각하면 그 지폐는 길가에 떨어진 채로 계속 있게 된다는 것이다. 어떤 주식을 거래해서 10달러를 벌 수 있는 정보를 획득하는 순간 그 정보는 이미 주식의 가격에 반영되어 있으므로 10달러를 벌 수 있는 가치를 상실한다. 자본시장효율성의 가설에 의하면 주식의 시장가격은 시장에서 공개된 모든 정보를 완전하게 반영하는 해당 회사의 미래에 있어서의 현금흐름에 대한 왜곡되지 않은 예상치이다(이른바 semi-strong form) — 이 가설은 옵션가격결정이론과 함께 현대 재무관리론의 양대 지주를 이룬다. 이에 의하면 상장주식을 기업인수의 목적으로 프리미엄을 지불하고 매수하는 것은 첫째, 해당 기업인수가 인수회사와 피인수회사 주주들에 대한 결합된 현금흐름을 증가시키게 되거나 그러한 현금흐름에 수반되는 구조적 리스크를 감소시키게 되는 경우, 둘째, 시장에는 알려져 있지 않은 피인수회사의 예상현금흐름 또는 리스크에 대한 정보를 인수자가 보유하고 있는 경우 등 두 가지 경우 외에는 의미가 없게 된다.

리서치가 필요한 이유는 자본시장이 현실적으로는 효율적이지 않기 때문이다. 정보란 전파되는 데 시간을 필요로 하고 정보에 대한 반응은 저조하거나 과다할 수 있다. 궁극적으로는 주식의 시가가 본질가치와 일치한다고 하지만(대체로 3년 이내라고 한다) 시차 등이 두 가격에 차이를 발생시키므로 리서치를 통해 그를 시현할 수 있는 것이다. 물론, 애널리스트의 리서치 결과는 공표되는 순간 공개된 정보가 되어서 정보로서의 가치를 상실한다고도 볼 수 있다. 그래서 애널리스트의 실력은 재무제표를 분석해서 수익전망을 내거나 매수나 매도 종목을 선정해서 권고하는 데 있지 않고 산업분석 역량에 있다고 여겨진다. 애널리스트의 분석결과는 보고서로 시장에 나와 주식의 가격에 반영되기 전에 개별 면담이나 전화통화 등을 통해서 펀드매니저들에게 전달되는데 이 단계에서 정보로서의 가치가 가장 높다. 이 정보는 불공정거래를 유발하는 내부자 정보가 아니고 전문성이 창출해 내는 가치 있는 정보다.

II. 기업실사

M&A거래에 있어서 기업가치평가는 대상회사 측에서 제공하는 제반 정보에 의거해서 이루어진다. 따라서 평가기법의 선택과 그 결과가 문제되며 기업 정보 자체의 조달은 큰 장애가 되지 않는다. 그러나 매도인 측이 경영상의 어려움 등의 이유로 지분의 매각을 원하고 그에 대한 평가가 이루어지는 경우, 그러한 사실 자체가 시장에 공개되면 대상회사는 오히려 자금조달 등 여러 가지 측면에서 치명적인 타격을 입을 수가 있고 근로자들의 근로기강도 문제되므로 매도인 측은 최단기간 내에 거래를 종결시키고자 하며 기밀유지에 대한 확약을 강력하게 요구하는 것이 보통이다. 현재 M&A시장에서의 관행은 비상장 회사들의 경우 그러한 기밀유지약정과 함께 이른바 기업실사를 진행하고 그 결과에 따라 최종매매가격을 산정하는 것이다. 이후 잠정적인 거래금액에 근거한 계약금의 지불과 함께 주식의 일부가 담보로 제공되고 기업실사의 결과에 따라 계약이 해제되거나 거래금액의 정산이 이루어지는 등 기업가치의 평가와 거래의 진행이 다소 무질서하게 혼합되어 행해지고 있다. 이러한 관행은 법률적인 불확실성을 발생시키는 요인은 되지만 거래의 신속한 진행과 그에 따른 기업가치의 유지에는 도움이 되기 때문에 널리 받아들여져 있다. 이하에서는 우호적 기업인수에 필요한 절차를 중심으로 기업가치 평가의 문제를 본다.

1. 목   적

기업의 가치평가는 여러 가지 기법을 활용하면 되지만, 어떤 경우이든 가치평가의 기초가 되는 데이터와 정보가 필요하다. 데이터와 정보는 어떻게 얻을 수 있는가? 집에서 필요한 몇천 원짜리 물건을 하나 사는 데도 가정주부들은 가능한 모든 정보를 동원한다. 물건을 만져보고 옆집의 경험을 들어보기도 하며 인터넷을 검색해 보기도 한다. 그런 과정을 통해 사려고 하는 물건의 가치와 그 가격을 대비해 본 후 지출결정을 내린다. 하물며 개인적으로는 어렵게 모은 수백, 수천만 원의 지출이 필요한 회사의 주식을 사는 일이나 (금융기관에 이자를 주어야 하는) 수백, 수천억 원이 필요한 기업인수는 무엇을 근거로 결정할 것인가? 해당 회사의 제품이 소비재인 경우 어느 정도 그 회사에 대한 평가가 가능하다. 회사가 생산해 낸 컴퓨터를 사용해 볼 수도 있고 자동차를 타 볼 수도 있을 것이다. 그러나 정유회사나 반도체회사에 대해서는 어떻게 평가를 할 것인가? 회사와 공장을 방문해 볼 기회를 가지는 것이 도움이 되는가? 대상회사의 경영진을 만나보는 것은 어떤가? 회사가 남의 기술을 도용해서 물건을 만든다면 어떤가? 이런 의문들은 주식시장의 개인투자자들에게는 별 대책이 없는 것들이다. 따라서 개인투자자들에게는 기관투자자와 기타 전문가 그룹이 참여해서 형성되는 주식의 시세와 회사의 공시자료가 정확할 필요가 있다. 증권법(자본시장법)은 이러한 공시의 정확성을 담보하기 위해서 여러 가지 규제를 시행하고 있다.

그런데 기업인수는 이러한 시세나 공시자료만 가지고 판단하기에는 너무나 거액의 자금이 소요된다. 따라서 보다 정확한 평가가 요구되고, 인수희망자는 이와 같은 의문의 해소에 필요한 정보와 자료를 기업실사 과정을 통해 확보하고 그에 의거하여 가치평가를 내리게 된다. 인수희망자가 회사인 경우 해당 회사의 이사회는 기업실사를 통한 의사결정으로 주의의무를 다하게 되는 것이 보통이다. 여기서 가치평가와 관련한 이사의 의무란 지나치게 비싼 가격으로 기업을 인수하는 일이 없도록 하는 것이다.

이처럼 기업실사는 내 회사가 아닌 남의 회사의 가치를 알아내는 작업이다. 공개된 숫자정보의 정확성 평가와 회사의 미래가치, 잠재가치를 생각해 보기 위해 진행하는 작업이다. 그런데 이런 것들을 알기 위해서는 회사의 내부를 속속들이 들여다보아야 하므로 아무리 현장을 방문하고 임직원을 만나보아도 사실상 불가능한 작업이다. 따라서 매도인 측의 정보제공과 자료, 진술의 진실성에 의존할 수밖에 없다. 이러한 정보의 진실성은 무엇으로 보장하는가? 사전적으로 이를 보장하는 길은 거의 없고, 다만 최종적으로 완성되는 기업인수계약서에 그러한 정보와 진술이 진실임을 보증하는 매도인의 진술과 보증조항(Representations and Warranties)이 포함되는 정도이다. 이 조항은 영미계약법에서 유래한 것인데 아래에서 보다 자세히 본다. 여기에서는 그 정보가 잘못된 것으로 드러나는 경우 매수인이 가지는 구제수단이 규정된다. 구제수단으로는 계약의 해제, 매매대금의 조정, 손해배상 등이 있다.

2. 조사대상

기업실사에서는 무엇을 조사하는가? 거대 기업의 M&A에 수반되는 기업실사라 해도 시장에서 물건을 사는 경우와 기본적으로 같은 목적을 가진다. 즉, 내 돈을 들여서 물건을 사려고 하는 경우 그 물건에 대해 알고 싶은 것이 무엇인지를 생각해 보기만 하면 무엇을 조사해 보아야 할지가 분명해진다. 투자은행, 로펌들은 그러한 조사와 결과의 처리에 필요한 전문적인 기술과 노하우를 가지고 있다. 속아서 사는 것은 아닌지를 알아야 하며, 나아가 물건을 팔려는 사람이 혹시라도 자기가 팔려는 물건의 숨겨진 가치를 모르고 있는 점이 있는지, 즉, 숨겨진 보물이 없는지도 슬그머니 조사해 보게 된다. 예를 들어, 부실채권으로 분류되어 가치평가에 반영되지 않은 채권에 대한 금융기관의 보증서가 발견되는 경우를 들 수 있다. 이런 일은 상상하기 어려울 것 같지만 실제로 발생한다. 그러나 실사과정에서 가장 중요한 쟁점이 되는 것은 통상 부외부채(簿外負債) 문제이다. 부외부채는 장부상에 기록되지 않은 채무를 모두 지칭한다. 단순한 계약채무뿐만 아니라, 미래에 발생할지도 모르는 불법행위채무까지 모두 포함한다. ― 그러나 판례는 "진술보장의 대상은 우발채무를 포함할 수 있으나, 미래의 채무까지 포함할 경우 그 위반으로 인한 책임이 무한정 확대될 수 있으므로, 기준시점 현재 발생하여 존재하는 채무(기준시점 이전의 사건으로 인하여 향후 발생하는 일체의 채무가 아니다.)를 대상으로 한다고 봄이 상당하다"고 한다(서울고등법원 제32민사부 2011. 12. 14.선고 2011나34776판결). ― 예를 들어, 현재 소송이 진행되고 있는 경우에는 현재의 판례에 비추어 그 소송의 예상결과를 파악하는 것이 필요하고, 미래에 혹시 소송이 진행될지도 모르는 사안에 대해서는 모두 확인해 두어야 한다. 공장이 있는 경우에는 그 공장에서 환경오염으로 인하여 얼마나 소송이 일어날 가능성이 있는지까지도 확인을 한다. 이처럼 부외부채의 문제는 단순히 장부상의 기재가 누락된 외상매입금을 찾아내는 회계적인 의미가 아니라, 그 회사의 사업 전반에 따르는 위험을 총체적으로 파악하는 절차이다. 따라서 기업실사에 참여하는 투자은행과 로펌의 역할은 매우 중요하다. 그러나 이러한 절차를 모두 거치더라도, 매도인이 부담하는 채무를 매수인이 완벽하게 사전에 파악하는 것은 어렵기 때문에 매도인이 진술하지 않은 채무는 그대로 매수인이 부담하여야 한다. 따라서 매수인은 알지 못하는 채무와 함께 회사를 인수할 확률이 높다는 사실을 가치평가에 반영하는 것이 좋다. 따라서 매수인으로서는 초기에 제시한 가격보다 다소 할인된 가격을 제시하게 된다.

일반적으로 기업실사는 두 단계로 나누어 진행한다. 첫째는 비밀유지약정(confidentiality agreement)을 체결하고 본계약을 체결하기 전에 수행하는 예비실사이고, 두 번째는 본계약을 체결한 후에 수행하는 본실사이다. 예비실사는 인수가격의 범위를 가늠하는 데 필요한 작업이며 복수의 인수희망자들이 있는 경우 모두 참가하게 된다. 예비실사 결과에 따라 인수희망 회사의 수가 줄어들게 되고, 매각주간사에 의해 선정된 회사들만이 본실사에 참가할 수 있다. 2008년 미국 5대 투자은행 베어스턴즈는 금융위기의 여파를 견디지 못하고 JP모건체이스에 인수되었다. 언제라도 회사가 도산할 수 있었기 때문에 48시간 내에 실사를 완료하고 거래를 집행해야 했다. 재무제표 규모 4,000억 달러의 회사를 48시간 내에 인수한 기록이 수립되었다. 당시 전 세계에서 약 2,000명의 인원이 철야로 실사에 동원되었다고 한다.

대우조선해양사건

기업의 매도인이 팔 물건(주식)을 가장 높은 가격에 팔기 위해 경쟁 입찰에 부치는 경우가 많다. 특히, 사기업이 아닌 공기업이나 금융기관이 주식을 매도하고자 할 때는 공정성을 담보하고 책임 문제가 발생하지 않도록 공개적으로 매각 절차를 진행한다. 투자은행(매각주관사라고 한다)을 선정해서 매각 대상에 대한 자료를 작성하게 하고 그를 이용해서 매수희망자들을 모으게 된다. 매수희망자들은 자료를 검토하고 예비실사를 진행해서 입찰을 하게 되는데 여기서 성공하면 우선협상대상자가 되어 MOU(Memorandum of Understanding)를 체결하고 본격적인 실사와 매수협상에 들어가는 것이다. 그런데, 매도인의 입장에서는 이 우선협상대상자가 회사의 기밀까지 포함한 모든 정보를 받아 실사를 진행하고 결국에는 매수를 포기하거나 가격조건이 맞지 않는다는 이유로 돌아가 버리게 되면 난감해진다. 그때 가서 다른 입찰자를 찾아보아도 이미 사정이 변경되었을 수가 있다.

그래서 M&A 실무에서는 MOU의 체결과 함께 이행보증금을 납부하게 하는 것이 관행이다. 이 이행보증금은 우선협상대상자가 매수를 포기하는 경우 몰취된다. 이행보증금은 액수가 클수록 건성으로 정보나 얻기 위해 입찰하는 원매자를 쫓아

보낼 수 있는 장치이기도 하다. 산업은행은 보유하고 있는 대우조선해양을 매각하기 위해 2008년 10월에 한화그룹이 주축이 된 한화컨소시엄을 우선협상대상자로 선정했는데 예상 인수금액(입찰가)의 5%인 3,150억 원을 이행보증금으로 납부하게 했다. 그런데, 그 후 글로벌 금융위기가 발생했고 주가 하락으로 대상물에 대한 평가가 하락하였다. 컨소시엄에 참여하기로 했던 재무적 투자자들도 이탈하였다. 그러자 한화컨소시엄은 산업은행에 인수대금 조정, 분납 등을 요청했는데 산업은행은 이를 거절하였고 그렇다면 한화로서도 실사에 참여할 수 없어서 실사가 무산되었는데 산업은행은 이행보증금 전액을 몰취하였다. 한화는 2009년 6월에 법원에 조정을 신청하였으나 11월에 산업은행이 조정안을 거부, 민사소송이 개시되었다. 1심에서는 인수 무산의 책임이 한화 측에 있다고 판단되어 산업은행이 전부승소하였다. 한화는 이 사건의 제반 사정에 비추어 볼 때 이행보증금의 액수가 과다하다는 취지로 계속 다투어 대법원에 상고하였고 대법원은 위약금을 손해배상액의 예정으로 보아 파기환송하였다(대법원 2016. 7. 14. 선고 2012다65973 판결).

매매계약서상 위약금은 민법 398조 4항에 의해 손해배상액의 예정으로 추정된다. 위약금 조항은 손해의 발생사실과 손해액 증명의 곤란을 덜고, 분쟁발생을 미리 방지하여 채무이행을 확보하기 위해 마련한 손해배상액의 예정이다. 민법 제398조(배상액의 예정) ① 당사자는 채무불이행에 관한 손해배상액을 예정할 수 있다. ② 손해배상의 예정액이 부당히 과다한 경우에는 법원은 적당히 감액할 수 있다. ③ 손해배상액의 예정은 이행의 청구나 계약의 해제에 영향을 미치지 아니한다. ④ 위약금의 약정은 손해배상액의 예정으로 추정한다.

Ⅲ. 진술과 보증

1. 기   능

일반적으로 주식의 양수도나 자산 또는 영업의 양수도, 합병, 나아가 증권의 발행 등을 위한 계약에서 큰 비중을 차지하는 부분이 진술과 보증 조항이다. 우리말로 다소 표현이 이상해서 그냥 확약조항이라고 부르기도 한다. 기업의 가치평가가 M&A 협상에서 진술과 보증 조항은 가치평가의 기초가 되는 정보와 자료의 진실성을 담보하는 역할을 한다. 가치평가를 위한 기업실사는 진술과 보증 조항의 내용을 결정하기 위한 것이라 해도 과언이 아니다. 원래 진술과 보증 조항은 영미 계약법에서 사용되는 기법이었고, 우리나라 법에서는 이러한 문제를 보통 담보책임으로 해결한다. 그런데 우리나라의 담보책임은 당사자들의 추상적인 법률관계는 정할 수 있겠지만, 구체적으로 특정 사항이 책임의 원인이 되는지에 대해서는 대단히 불명확하다. 따라서 거래관행은 점차 영미식으로 계약서에 당사자가 중요하게 생각하는 사항을 모두 확인하는 조항을 두는 것으로 발전하고 있다. 영미법에서는 이러한 진술과 보증에 관한 기법이 점점 발달해서, 최근에는 사기나 대부분의 불법행위책임에 관한 사항을 진술과 보증에 모두 포함시키고 있다. 그 결과 많은 입증이 요구되는 복잡한 불법행위소송을 간단한 계약위반소송으로 만들 수 있다는 점이 진술과 보증 조항의 가장 중요한 기능이라고 본다.

2. 법률적 의의

우리나라 M&A 실무에서도 진술과 보증 조항이 널리 이용되고 있는데 1997년 외환위기 이후 발생했던 다수의 국제적 M&A거래에서 외국의 투자자들과 투자은행, 로펌들이 이를 도입한 것이 계기가 된 것으로 보인다. 그런데, 그 법률적 성질은 무엇일까? 독자들이 이미 잘 이해하고 있을 민법상의 하자담보책임과 유사해 보이기도 한다.

몇 년 전에 현대오일뱅크가 한화석유화학 등으로부터 한화에너지(추후 인천정유로 상호 변경) 및 한화프라자(추후 현대오일뱅크에 흡수합병됨)의 주식을 매수한 일이 있다. 그런데 공정거래위원회가 인천정유(구 한화에너지)가 정부입찰 과정에서 담합을 한 사실을 적발하고 약 177억 원의 과징금을 부과하였다. 또, 국가는 담합으로 인한 손해를 배상할 것을 인천정유에 청구했고 액수는 다른 담합자와 연대하여 약 809억 원이었다. 그 외에 벌금 및 소송비용이 인천정유에게 발생하였다. 현대오일뱅크가 주식매매계약서를 보니 그 제9조가 "매도인은 본 계약체결일 현재 매도인 및 에너지 및 프라자에 대하여 다음 사항을 보증한다. (중략) 에너지 및 프라자는 일체의 행정법규를 위반한 사실이 없으며, 이와 관련하여 행정기관으로부터 조사를 받고 있거나 협의를 진행하는 것은 없다"고 진술과 보증을 하고 있었다. 그래서 현대오일뱅크는 한화석유화학 등에게 계약상 손해배상을 청구했고 일부 승소하였다.

여기서 1심법원은(서울중앙지방법원 2007. 12. 18. 선고 2002가합54030 판결) "M&A 계약에서 진술과 보증조항은 기업의 매도인과 매수인 사이에 매매계약의 당사자와 그 목적물인 대상 기업의 일정한 사항을 상대방에게 진술하여 확인하고 이를 보증하는 조항으로서, 매도인 측에서 대상 기업에 대한 정보를 가지고 있고 매수인은 실사를 통하여 모든 필요한 정보에 접근하기는 어렵기 때문에 매도인으로 하여금 정보를 제공하도록 하고, 대상 기업에 하자가 있는 경우 그에 따른 경제적 위험을 매도인과 매수인 중 누가 부담할 것인지를 정하여 실질적으로 매매가격 조정의 효과를 가져오는 것이 그 역할이라 할 것"이라 하고 "M&A 계약상의 진술과 보증 제도는 영미법상 M&A 계약에서 유래한 것으로서, 우리 민법상의 하자담보책임과는 유사한 면도 있으나 단순히 이를 구체화한 것에 불과하다고 보기 어려우므로, 이를 해석함에 있어서는 우리나라 법원리에 어긋나지 않는 범위 내에서 영미법상의 해석론과 거래의 관행 등을 참고하여야 할 것이다"라고 판시하였다.

여기서 한 가지 의문이 생긴다. 위와 같은 확약조항이 있는데도 왜 피고인 매도인은 그에 따른 의무를 이행하지 않고 소송까지 하며 매수인에게 대항한 것일까? 그 이유는 매수인이 제 9 조가 커버하는 사실의 존재를 인식하고 있었다는 것이다(한화도 담합의 당사자였다). 위반사실을 인식하고 있었으므로 민법 제580조 제1항에 따라 매도인의 하자담보책임이 배제된다는 것이다. 위 판결이 영미법을 거론하면서 확약조항이 우리 민법상의 하자담보책임을 구체화한 것으로 보기 어렵다고 하고 확약조항의 경제적 기능을 강조한 배경을 여기서 이해할 수 있다. 확약조항의 위반을 이유로 한 매수인의 권리행사는 계약상의 권리행사이므로 매수인의 사실인식은 매도인의 책임에 원칙적으로 영향을 미칠 수 없다는 생각이 그 근저에 자리한다.

그러나, 이 사건 항소심은(서울고등법원 제16민사부 2012. 6. 21. 판결 2008나19678) "진술 및 보증 조항의 기능 및 역할 중의 하나인 '계약 체결 당시 당사자 모두 고려하지 않았던 사정이 존재하거나 발생함으로 인하여 야기되는 위험 분배 및 가격조정의 문제'는 이에 대한 인식이나 귀책사유가 없는 매도인에게 진술 및 보증 조항 위반에 따른 책임을 인정함으로써 충분히 달성되는 것이고 나아가 그러한 사정을 알고 있었던 매수인에게까지 이에 대한 청구를 허용하여야 할 합리적 근거가 없는 점, 진술 및 보증 조항이 오래전부터 활성화되어 있는 미국에서도 악의의 매수인에게도 당연히 손해배상 내지 보상청구가 허용되는지에 대하여는 학설이나 판례가 명확히 확립되어 있지 않고, 현재 거래실무에서도 이러한 점을 고려하여 매수인의 인식 여부와는 무관하게 손해배상청구가 가능하다는 조항을 별도로 추가함으로써 이를 명확히 하는 경우도 있는 점 등에 비추어 보면, 거래의 신속성 및 사후 분쟁의 최소화가 요구되는 M&A 계약 자체의 특수성이나 진술 및 보증 조항의 연혁적 배경, 그리고 위험분배 및 가격조정이라는 진술 및 보증 조항의 기능 및 역할 등을 모두 고려하더라도 진술 및 보증 위반사실을 이미 알고 있는 악의의 매수인이 계약협상 및 가격산정 시 드러내지는 않았지만 이를 반영하였거나 충분히 반영할 수 있었음에도 방치하였다가 이후 위반사실이 존재한다는 사정을 들어 뒤늦게 매도인에게 위반에 대하여 책임을 묻는 것은 공평의 이념 및 신의칙상 허용될 수 없다고 봄이 상당하다"고 판결하였다.

그러나 다시 대법원은 다음과 같이 판결하여 원심을 파기하였다(대법원 2015. 10. 15.자 2012다64253 판결).

(1) 계약당사자 사이에 어떠한 계약내용을 처분문서인 서면으로 작성한 경우에 문언의 객관적인 의미가 명확하다면 특별한 사정이 없는 한 문언대로의 의사표시의 존재와 내용을 인정하여야 하며, 문언의 객관적 의미와 달리 해석함으로써 당사자 사이의 법률관계에 중대한 영향을 초래하게 되는 경우에는 그 문언의 내용을 더욱 엄격하게 해석하여야 한다(대법원 2010. 11. 11. 선고 2010다26769 판결, 대법원 2011. 12. 8. 선고 2011다78958 판결 참조). 그리고 채권자의 권리행사가 신의칙에 비추어 용납할 수 없는 것인 때에는 이를 부정하는 것이 예외적으로 허용될 수 있을 것이나, 일단 유효하게 성립한 계약상의 책임을 공평의 이념 및 신의칙과 같은 일반원칙에 의하여 제한하는 것은 자칫하면 사적 자치의 원칙이나 법적 안정성에 대한 중대한 위협이 될 수 있으므로 신중을 기하여 극히 예외적으로 인정하여야 한다(대법원 2004. 1. 27. 선고 2003다45410 판결, 대법원 2013. 7. 12. 선고 2011다66252 판결 참조).

.. (3) 원심이 인정한 사실관계와 위와 같은 사실관계로부터 알 수 있는 다음과 같은 사정들, 즉, ① 이 사건 주식양수도계약서에는 원고가 계약체결 당시 이

사건 진술 및 보증 조항의 위반사실을 알고 있는 경우에는 위 손해배상책임 등이 배제된다는 내용은 없는 점, ② 원고와 피고들이 이 사건 주식양수도계약서에 이 사건 진술 및 보증 조항을 둔 것은, 이 사건 주식양수도계약이 이행된 후에 피고들이 원고에게 진술 및 보증하였던 내용과 다른 사실이 발견되어 원고 등에게 손해가 발생한 경우에 피고들로 하여금 원고에 500억 원을 초과하지 않는 범위 내에서 그 손해를 배상하게 함으로써 원고와 피고들 사이에 불확실한 상황에 관한 경제적 위험을 배분시키고, 사후에 현실화된 손해를 감안하여 주식양수도대금을 조정할 수 있게 하는 데 그 목적이 있는 것으로 보이는데, 이러한 경제적 위험의 배분과 주식양수도대금의 사후 조정의 필요성은 원고가 피고들이 진술 및 보증한 내용에 사실과 다른 부분이 있음을 알고 있었던 경우에도 여전히 인정된다고 할 것인 점 등에 비추어 보면, 이 사건 주식양수도계약서에 나타난 당사자의 의사는, 이 사건 주식양수도계약의 양수도 실행일 이후에 이 사건 진술 및 보증 조항의 위반사항이 발견되고 그로 인하여 손해가 발생하면, 원고가 그 위반사항을 계약체결 당시 알았는지 여부와 관계없이, 피고들이 원고에게 그 위반사항과 상당인과관계 있는 손해를 배상하기로 하는 합의를 한 것으로 봄이 상당하다.

그리고 공정거래위원회가 이 사건 담합행위에 대한 조사를 개시한 것은 이 사건 주식양수도계약의 양수도 실행일 이후여서, 원고가 이 사건 주식양수도계약을 체결할 당시 공정거래위원회가 인천정유에 이 사건 담합행위를 이유로 거액의 과징금 등을 부과할 가능성을 예상하고 있었을 것으로 보기는 어렵다.

따라서 원고가 이 사건 담합행위를 알고 있었고 이 사건 담합행위로 인한 공정거래위원회의 제재 가능성 등을 이 사건 주식양수도대금 산정에 반영할 기회를 가지고 있었다고 하더라도, 특별한 사정이 없는 한 그러한 점만으로 이 사건 주식양수도계약 제11조에 따른 원고의 손해배상청구가 공평의 이념 및 신의칙에 반하여 허용될 수 없다고 보기는 어렵다고 할 것이다.

(4) 그럼에도 원심은 그 판시와 같은 이유만으로, 원고가 피고들에 대하여 이 사건 주식양수도계약 제11조에 따른 책임을 묻는 것이 공평의 이념 및 신의칙상 허용될 수 없다고 판단하고 말았으니, 이러한 원심의 판단에는 처분문서의 해석이나 신의칙 등에 관한 법리를 오해하여 판결에 영향을 미친 위법이 있다.

3. 내   용

진술과 보증조항은 각 조항이 원용하는 별첨 목록(Schedule)에 기재된 재무와 회계를 중심으로 하는 회사에 관한 정보가 정확하고 중요한 부분에 있어서 누락된 것이 없음을 매도인 측이 매수인 측에게 보증하는 것이다. 매수인도 일정한 범위 내에서 진술과 보증을 하지만, 기업인수에 있어서는 매도인의 진술과 보증이 더 중요함은 상론을 요하지 않는다. 재무와 회계에 관한 정보는 다소의 시차를 발생시키기 때문에 진술과 보증에는 이른바 MAC(Material Adverse Change)에 관한 조항이 보완된다. 매도인은 재무와 회계 서류가 작성된 이후 계약서가 서명되기까지 재무와 회계 서류에 나타나는 내용 이외에 중요한 변동이 없음을 추가로 보증해야 한다. 거래가 이루어지고 후일 관련 정보가 정확하지 않은 것으로 드러나면 매도인은 바로 계약위반에 대한 책임을 지게 된다. 그러나 대기업의 경우 회사에 대한 모든 정보를 별첨 목록에 기재하는 것은 사실상 기대하기 어렵고 지나치게 시간을 많이 필요로 하기 때문에 신속히 거래를 진행해야 하는 매수인의 입장에서도 바람직하지 못한 것이므로 어느 정도의 규모와 범위에서 정보를 기재할 것인가에 대한 협상이 이루어진다. 그 내용은 당사자들의 협상력과 상호 간의 신뢰도, 양측 경영진의 성격 등에도 영향을 받는다. 진술과 보증이 상세하고 종류가 많을수록 거래를 종결할 때 가격에 관한 유리한 조정을 할 여지가 많은 것으로 여겨지고 있다.

진술과 보증을 제시할 때 매도인은 중요성 기준을 추가하여 진술과 보증의 일반적인 범위를 축소시키고자 하는 경향이 있으며 나아가 인식하지 못한 사항에 대해서는 진술과 보증의 효력을 차단시키기 위해 'To the knowledge of the Seller' 또는 'To the best knowledge of the Seller'와 같은 유보를 고집하기도 한다. 이러한 유보조항은 진술과 보증조항의 이후 소송에서의 가치를 결정적으로 감소시키기 때문에 당사자 간에 첨예한 협상의 대상이 되는 것이 일반적이다. 또한 매수인이 의존한 자료와 정보의 범위를 계약서상의 것에 한정하려는 매도인의 노력도 기울여진다. 진술과 보증의 효력 기간을 둘러싸고도 무한의 효력과 거래의 종결 시까지만의 효력을 주장하는 쌍방의 이해가 대립되며, 통상 거래의 종결 후 6개월 또는 1년 정도에서 타협이 이루어지곤 한다. 조세채권이나 환경오염 책임 등 제3자의 행동이 연관되는 사안에 대해서는 보다 더 장기간의 효력이 약정되는 것이 일반적이다. 이처럼 진술과 보증조항은 단순히 사실을 기록하는 것이 아니라 미래의 분쟁상황을 염두에 둔 당사자 간의 협상을 반영한다.

약   정

　계약서가 서명되고 거래가 종결될 때까지의 기간 동안 회사의 가치가 급격히 하락하게 되는 것을 방지하기 위해 약정(covenants)이 설치된다. 계약과 거래의 종결 사이의 기간은 여러 가지 측면에서 가급적이면 짧은 것이 좋으나 대규모 실사가 이루어져야 하고 정부의 인허가 등이 필요한 거래에서는 부득이 장기간이 된다. 약정의 예를 들면, 일정 금액 이상의 지출은 매수인의 동의를 받아야만 한다는 것, 신규 종업원 채용을 하지 않는다는 것, 중요한 자산의 매각은 매수인의 동의를 받아서 해야 한다는 것 등이다. 실사를 진행하고 있는데 예컨대, 현 경영진이 임직원들에게 작별선물로 1,000% 특별보너스를 지급한다든지 '고용창출에 기여하기 위해' 신입사원 1,000명을 채용한다든지 하면 M&A 진행과정에 큰 부담을 발생시키고 매수하려는 측은 M&A를 재고하거나 가격조정을 요구할 것이다. 약정은 거래의 종결 이후를 커버하는 성질의 것도 포함하는데, 예를 들어, 경쟁금지약정, 기밀유지약정 등이 그에 해당한다.

4. 면   책

　진술과 보증조항과 불가분의 관계를 갖는 조항이 손해배상 또는 면책(indemnification)조항이다. 진술과 보증조항에 대한 위반이 발생하면 매도인 측은 매수인에게 손해배상 책임을 지게 되는데 그 규모와 범위를 두고도 협상이 벌어지게 된다. 사소한 위반을 들어 거래를 취소하거나 가격 협상을 재개하는 것은 타당하지 못하고, 추후 발생할 손해의 규모에 관계없이 매도인 측이 배상책임을 부담할 수는 없기 때문에, 어느 정도의 범위에서 면책을 인정할 것인지도 역시 중요한 협상 포인트이다. 매수인이 회사를 인수한 후 엄청난 액수의 환경오염 책임을 지는 경우 그를 모두 매도인 측에게 청구할 수 있는가? 종종 매도인도 회사에 관해 100% 알고 있지 못한 경우가 많으므로 책임의 제한은 합리적인 범위 내에서 약정되게 된다.

　손해배상과 면책조항은 매도인의 자력을 전제로 하기 때문에 매도인이 거래 후 무자력이 되는 경우에 대비하기 위해 에스크로(escrow)를 이용하거나 매매대금의 일부를 일정 기간 동안 지불유예하는 방법이 사용된다. 주식을 산 지 3년이 지난 어느 날, 알지 못하던 100억짜리 채권자가 나타난다면? 계약에 의해 주식을 판 매도인에게 면책을 청구할 수 있으므로 걱정할 것이 없을까? 새로 나타난 채권자에게 100억 원을 물어주고 난 다음 매도인을 찾아갔더니 이미 사업이 망해서 물어 줄 돈이 없다면? 이런 경우를 대비해서 주식 매매대금의 일부를 3년 후에 주기로 하는 방법을 사용할 수 있을 것이다. 그런데, 이제는 매도인 쪽에서 문제가 생긴다. 그렇게 하는 것은 좋은데 3년을 기다렸다가 돈을 받으러 갔더니 매수인이 돈이 없게 되어 있다면? 그래서, 대금을 거래 시에 지급하되 제 3 자인 금융기관에 맡기면서 3년 후에 아무런 일이 없으면 금융기관이 매도인에게 돈을 지급하도록 할 수 있는 것이다. 이 모든 것은 매도인과 매수인 사이의 역학관계와 상호 신뢰수준에 따라 결정된다.

Ⅳ. 경영권과 경영권 프리미엄

회사에 따라 정도의 차이가 있기는 하지만 일정한 수량 이상의 주식을 보유한 주주는 회사에 대한 경영지배권을 가진다. 이는 통상 주주총회에서의 이사회 구성을 통해 실현되지만 이사회에 대한 사실상의 영향력 행사나 경영진 측의 해당 주주 의사 존중을 통해 실현되기도 한다. 이렇게 회사에 대한 경영지배권을 가진 주주를 지배주주라고 부르며 그 주주가 경영권을 보유하고 행사한다고 하고, 지배주주가 보유 주식을 타인에게 양도할 때는 주식의 시가에 할증료를 붙인 경영권 프리미엄이 인정되고 있다.

1. 경 영 권

기업의 경영권은 경제적, 사회적 측면에서는 기업의 대표권, 인사권, 현금흐름의 처분권, 투자 및 사업 내용의 구성에 관한 결정권 등을 그 중요 요소로 한다. 기업의 구조조정을 계획하고 집행하는 권한도 포함한다. 경영권은 법률적 측면에서는 주주총회 결의의 통제권, 이사선임을 통한 이사회 구성권, 이사회 결의에 대한 통제권, 주주총회 또는 이사회를 통한 대표이사 선임권, 대표이사의 권한을 통한 회사의 업무집행권 등을 포함한다. 경영권이란 그 어휘가 발생시키는 인상과는 달리 기업의 운영상태와 그로부터 발생되는 금전적, 비금전적 가치의 궁극적인 역학적 근원을 지칭하는 것이다. 헌법재판소도 "지배주주의 회사지배권이란 특정한 주주가 보유하는, 이사의 선임을 통하여 경영진에 영향력을 행사하거나 또는 주주총회에서의 직접결의에 의하여 회사의 기본정책을 결정할 수 있는 힘을 말한다"고 하여 경영권의 개념을 설명한 바 있다(헌법재판소 2003. 1. 30.자 2002헌바65 결정).

경영권은 법률상의 개념이 아니고 더구나 '권리'는 아니므로 관념상 특정인에게 배타적, 종국적으로 귀속시키기는 대단히 어려운 특징을 가진다. 특정인이 경영권이 행사되는 일정한 조직질서의 중심에 위치하거나 계약적 관계의 핵심적인 역할을 할 수는 있겠으나 실제로 특정 기업과 관련하여 '누가 경영권을 보유한다'고 말하기는 어려운 것이다. 대개 기업의 경영판단을 주도할 수 있고 경영판단을 구체적으로 집행하는 데 필요한 위계질서상의 최고위에 위치한 인사가 경영권을 보유하는 것으로 본다.

2. 경영권 프리미엄

기업의 경영권 이동이 수반되는 주식양수도거래에는 통상 경영권 프리미엄이 산정되어 주식의 매도인에게 지불된다. 판례는 회사의 발행주식을 회사의 경영권과 함께 양도하는 경우 그 거래가격은 주식만을 양도하는 경우의 객관적 교환가치를 반영하는 일반적인 시가로 볼 수는 없다고 일관되게 판시하고 있다(예컨대, 대법원 2007. 8. 23. 선고 2005두10071 판결). 주식의 매수자가 경영권 프리미엄을 지불하는 이유는 기업의 경영권을 확보하기 때문이다. 이론적으로 경영권은 경영권의 사적 이익을 가져다주며 이 경영권의 사적 이익이 경영권 프리미엄이 존재하는 경제학적 이유다. 그 외, 경영권 프리미엄은 매수인이 우수한 경영전략과 사업계획을 가지고 있기 때문에 존재한다는 설명과 단순히 수요와 공급의 법칙이 지배하는 주식시장의 기능이라는 설명도 있다. 미국 M&A 시장에서 2009년의 경우 경영권 프리미엄의 규모는 50%를 약간 상회하였다.

구체적으로, 경영권 프리미엄이란 회사의 경영권을 장악하는 데 필요한 주식 지분에 주식의 평가가치를 상회하는 할증액을 의미한다. 판례는 지배주주가 소유한 주식의 가치에 부가된 회사의 지배가치를 의미한다고 한다. 따라서, 프리미엄은 회사마다 달라질 수 있고 주식의 가치평가가 고도로 주관적인 것과 마찬가지로 당사자들 간의 협상에 의해 결정되는 가변적인 성질의 액수다. 경영권 프리미엄은 권리행사의 대상이 아니며 지배주주가 보유하고 있는 지분에 내재되어 있는 당연한 가치가 아니라 주식을 매수하는 매수인이 주관적으로 판단하여 협상에 의해 지불을 결정하게 되는 고도로 상대적인 성질의 것이다. 판례는 "경영권 프리미엄의 가치는 통상 회사의 현재 및 미래 가치, 경영권 획득으로 인한 파급효과, 경영권 확보에 필요한 주식을 공개시장에서 매수할 경우의 필요비용 등을 고려하여 결정되는 것이지만 궁극적으로는 거래 상대방과의 교섭조건, 교섭능력 등에 따라 구체화될 수밖에 없는 것"이라고 하여 상대적인 성질의 것임을 인정하고 있다(대법원 2009. 10. 29. 선고 2008도11036 판결).

3. 소수주주의 매각동참권

지배주주가 주식을 매각하고자 할 때 다른 주주들에게 통지하고 매각에 동참할 기회를 주어야 한다고 계약으로 규정할 수 있다. 그렇게 하면 경영권 프리미엄이 나누어지게 된다. 그러나, 이는 당사자들 간에 채권적 효력만 갖는다. 이에 위반하여 지배주주가 주식을 매각한 경우 매수인이 매수한 주식에 기초하여 경영권의 행사에 필요한 회사법상의 이익을 향유하는 데는 아무런 문제가 없다. 반복하지만 상법은 주식양도제한은 정관의 규정에 의한 이사회 승인 단 한 가지 방법에 의해서만 제한될 수 있게 한다(제335조 제 1 항 단서). 그러나, 유럽의 여러 나라에서는 지배주주가 지배주식을 매각할 때, 같은 조건으로 소수주주들이 주식을 같이 매각할 수 있는 권리를 인정하고 있다. 이는 경영권 프리미엄이란 지배주주가 단독으로 향유할 수 있는 것이 아니라는 생각에 기초한다. 벱척(Bebchuk) 교수는 미국법상 통용되는 원칙을 시장원칙(market rule)이라고 부르고 소수주주들에게 지배주식 매각에 동참할 기회를 주는 나라에서 통용되는 원칙을 기회균등의 원칙(equal opportunity rule)이라고 부르는 유명한 이분법을 제안하였다. 우리나라는 시장원칙을 따르므로 소수주주가 매각에 동참할 법률상의 권리를 갖지 않는다. 뱁척 교수의 경제학적 분석에 의하면 전자는 효율적인 경영권 이동을 촉진하는 데는 후자보다 우수한 원칙이지만 비효율적인 경영권 이동을 제어하는 데는 후자보다 열등한 원칙이다. 학설상으로는 두 방향의 견해가 심각하게 대립하고 있다.

제4장 적대적 M&A와 경영권 방어

I. 적대적 M&A

내 회사를 경영하면서 꼭 같이하고 싶은 회사가 나타났다. 저 회사를 손에 넣으면 1＋1＝3이 될 것 같다. 이렇게 판단이 서면 그 회사의 경영진에게 접촉한다. '우리 같이 한번 해 봅시다'. 그러나, 유감스럽게도 상대방의 생각은 다르다. 같이해서 좋을 것이 없다고 생각하거나, 상대의 판단이 잘못되었다고 생각하거나, 합하면 내가 경영자의 자리에서 물러나야 될 것 같거나 등 이유는 많다. 이렇게 되면 일을 시작한 측은 단념하고 다른 상대를 찾거나, 아니면 반대하는 경영자를 쫓아내고 기어이 목적을 달성하려 하거나 둘 중의 하나가 된다. 후자를 적대적 M&A라고 부른다. 남의 회사를 강제로 빼앗는 것이다. 남의 회사를 강제로 뺏는다고는 하지만 사실은 그 회사의 모든 주주, 모든 임직원이 반대하는 것은 아니므로(언제나 기억해야 하는 것이 있다. 침략자도 대개 회사의 주주이다. 회사의 주주들이 언제나 '한편'인 것은 아니며 경쟁회사가 주주가 되는 것을 막을 방법도 없다) 적대적 M&A란 '걸림돌'인 상대 회사의 경영진을 제거하는 과정이다. 당연히 싸움이 난다. 적대적 M&A는 일종의 전쟁이기 때문에 역시 전문가들이 개입된다. 법정 투쟁이 반드시 수반되므로 변호사들의 역할이 크다. 목적을 달성하려는 측, 저지하려는 측 공히 법률전문가들을 동원해서 법과 법원에 호소한다.

원치 않는 상대가 목적을 달성하기 위해 나를 경영자의 자리에서 쫓아내려고 한다면? 그리고, 그 상대의 생각이 잘못된 것이라는 확신을 내가 가지고 있다면? 사정이 이러함에도 불구하고 상대가 성공해서 내 회사의 주인이 된다면? 그렇게 되면 회사와 주주들과 경제에 큰 타격이 올 것이다. 따라서 그런 일이 일어나는 것을 막아야 한다. 이를 '경영권 방어'라는 용어로 부른다. 가장 확실한 방어방법은 주식을 많이 가지는 것이다. 그런데 여기에는 돈이 많이 들어간다. 싸움이 벌어지면 주식의 값은 오르는 것이 보통이므로 더 많은 돈이 들어간다. 설사 돈이 충분히 있더라도 회사의 주식이 거액을 묶어 두는 것은 돈을 현명하게 사용하는 방법이 아니다.

돈을 많이 들이지 않고도 경영권 방어에 성공하는 방법이 있을까? 이 질문에 대해 변호사들이 답을 준다. 법률전문가이고, 법원에 호소하는 방법을 알기 때문이다. 이 문제에 관한 전설적인 변호사는 미국의 마틴 립튼(Martin Lipton)이다. 립튼은 미국 대기업 경영자들이 외부로부터 공격을 받게 되면 가장 먼저 전화를 연결하게 하는 인물이라는 평을 받는다. 별명이 '경영권 방어의 학장'(Dean of Take-over Defense)이다. 우리나라를 포함해서 전 세계의 법률전문가들은 투자은행들과 협력해서 회사가 적대적인 M&A를 당하지 않는 방법을 연구하고 그 결과를 고객들에게 자문해 준다. 물론, 정반대의 입장에서 남의 회사를 억지로 인수하는 문제를 연구하고 자문하기도 한다. 아래에서는 적대적 M&A로부터 회사를 방어하는 데 흔히 사용되는 몇 가지 기법들을 소개하는 데 그치기로 한다.

적대적 M&A가 발생 빈도가 낮음에도 불구하고 중요성을 인정받는 이유는 앞에서 언급한 바와 같다. 그 밖에도 사람들 사이에서 성격과 개성이 확연히 드러날 때가 서로 갈등이 발생해서 다툼이 일어날 때인 것과 마찬가지로 기업도 장단점과 개성이 분쟁과정, 특히 적대적 M&A 과정에서 드러나는 경우가 많다. 적대적 M&A는 내 기업과 경쟁기업을 공부하는 데 더없이 좋은 계기를 제공한다. 이 과정에서 자발적이든 강제적이든 경영전략을 재검토하고 사업을 추스르게 되며 주주들과 임직원들의 뜻을 재점검하게 된다.

원래 남의 회사를 이기적인 목적에서 강제로 뺏는 행동은 사회적으로 비난 받을 행동이다. 미국에서도 그랬고 일본에서는 아직도 그렇다고 한다. 왜냐하면 회사란 많은 사업가들에게 단순한 생산수단이 아닌 자신의 인격과 가치관, 인생관이 투영된 살아있는 존재이고 인생의 목적 자체이기 때문이다. 국영기업을 민영화하는 경우를 제외하면, 기업이란 누군가가 조그마하게 어렵게 창업해서 온갖 고초를 겪으면서 성장시키는 것이다. 기술개발에 노심초사하고 같이 일할 사람들과 씨름해야 하며 경쟁자들과 신경전을 벌여야 한다. 은행과 채권자들에게 머리를 조아려야 하고 공무원과 기자들의 눈치를 보아야 한다. 공

장에서 사고라도 나면 온갖 곳에 불려 다니며 죄인행세를 해야 한다. 이 산전
수전을 겪고 성공한 사람들이 창업자들이다. 그것을 억지로 뺏는 행동은 당하
는 사람에게는 거의 범죄행위처럼 보일 것이다. 그런데 문제는 이런 적대적
M&A가 많이 일어나야 경제에 도움이 된다는 것이 경제학자들의 연구에 의해
입증이 되었다는 사실이다. 지금 우리나라의 제도는 적대적 M&A를 장려하는
방향으로 만들어져 있다.

강제로 남의 회사를 뺏는 경우라 해도 결국에는 합의에 의해 거래가 이루
어지는 모양을 취하기 위해 애쓴다. 왜냐하면 회사는 뺏는 것이 능사가 아니고
그 후 내가 경영해야 하기 때문이다. 기업인수 후에 두 회사를 융화시키는 작업
을 PMI라고 부른다. PMI가 성공적이지 못하면 기업인수도 의미가 없다. 이런
마당에 한쪽이 다른 한쪽을 때려 눕히고 시작하는 것은 실패의 위험을 높이는
것이다. 서로 속마음은 원수지간일 수 있어도 회사 차원에서는 원만하게 거래가
종결된 것으로 만들어야 한다. 이 때문에 상대를 공격할 때도 선을 넘지 않도록
주의해야 한다. 사람은 묘한 존재여서 어느 정도 이상이 되면 합리성을 포기하
는 일이 있다. 그렇게 되면 실제로 누가 회사를 경영하는지와 별 관련이 없는
회사 내의 무수히 많은 사람들까지 불행해진다.

II. 경영권 방어 장치의 의의

우수한 기술을 가진 신생기업들이 성장하고 그 상장이 활성화되어서 자본
시장이 발달하려면 유망한 중소기업과 벤처기업들이 독립성을 유지하는 데 불
안함이 없이 시장에 나올 수 있어야 한다. 그러나, 기존의 상장회사들과 투자자
들은 자신의 자산가치를 증대시키기 위해 항상 우량한 M&A 대상을 찾고 있다.
새로 상장되는 우수 기업이야말로 이들에게는 가장 매력적인 대상이 된다. 적
대적 M&A가 기업들의 경쟁력을 높이는 데 중요한 역할을 함이 이제 세계적으
로 인정되고 있지만 적대적 M&A에 대한 경영권 방어는 개별 상장회사의 경영
자에게는 숙명적으로 주어지는 숙제이다. 어떤 기업가도 원치 않는 조건과 시
점에 회사를 남에게 넘기기 위해 창업을 하고 발전에 진력하지 않는다. 1997년
이전에 구 증권거래법이 상장회사 지분의 10% 이상을 취득하지 못하게 제한하

고 있었던 이유가 바로 기업가의 경영권 상실 우려로 인한 기업공개의 주저를
염려해서였다. 이 제도는 주식 거래에 대한 제약으로 작용해서 폐지되었으나
그 취지는 여전히 참고할 만하다. 즉, 경영권 보호를 위해 기업 전체를 커버하
는 주식 취득 제한 같은 것은 그 비용이 너무나 크기 때문에 유지할 수 없으나
개별 기업들이 필요에 의해 활용할 수 있는 경영권 보호 장치는 여전히 그 수
요가 존재한다.

　　지나친 경영권 방어는 회사 자산의 비효율적인 사용과 경영진의 긴장저하
를 발생시켜 기업지배구조를 악화시키고 투자자들의 이익보호에 반하지만, 반
대로 지나치게 허술한 경영권은 이른바 '헐값 매각'을 가능하게 하고 증권시장
에서의 불공정거래를 유발함으로써 마찬가지로 투자자보호에 문제를 발생시킬
수 있다. 미국에서의 최근 한 연구는 강력한 경영권 방어 장치가 일정 산업 내
상품시장의 경쟁강도와 상관관계를 가진다고 보고한다. 따라서, 우리나라 상장
회사들의 소유지배구조가 변화하는 내용에 맞추어서 글로벌 비교의 도움을 받
아, 항상 균형잡힌 제도를 만들어 내고, 정비하고, 상황의 변화에 따라서는 다
시 폐기하는 노력이 있어야 한다.

　　상장회사들의 자기주식 취득을 예로 들어 생각해 보자. 개별 기업의 입장
에서는 비용이 얼마가 들든 경영권 방어를 위해 재원을 쏟아 부으면서 자기주
식을 취득할 충분한 이유가 있다. 그러나, 한 기업이 적대적 M&A의 위협을 당
하게 될 가능성은 아마 1%도 안 될 것이다. 즉, 사회 전체로 보면 경영권 방어
를 위해 과도한 재원이 사용되고 있다는 결론이 된다. 상장회사의 자기주식 취
득을 어차피 규제할 수 없는 것이라면, 다른 저비용의 경영권 방어방법을 사용
할 수 있게 해 주어서 이렇게 99% 결과적으로 무의미한 목적에 사용되는 재원
을 다른 분야로 전환되게 해 주어야 할 것이다. 한편, 상장회사들도 제도적인
경영권 방어장치에 의존하려는 것이 위험한 일임을 잘 알 것이다. 어떤 방어장
치도 탁월한 경영실적과 높은 주가에 필적할 수 없다는 것은 상식이다. 경영실
적과 주가는 주주들의 현 경영진에 대한 신뢰를 가져다주고 회사의 가치가 주
가에 잘 반영되어 있다면 누구도 그 회사의 M&A를 통해 추가적인 이익을 기
대할 수 없기 때문에 적대적인 방법을 동원한 M&A를 시도할 이유가 없다.

Ⅲ. 포이즌 필

포이즌 필(poison pill)은 경영권 방어 장치의 상징적 존재다. 용어가 주는 인상과는 달리(무슨 알약을 연상시킨다) 한 건의 계약서이다. 경영권 방어의 필요를 가지고 있는 회사와 신주발행 등에 필요한 업무를 대리하는 대행회사 간에 체결되는 문서이다. 이 문서에 의하면 포이즌 필의 내용은 다음과 같으며 미국의 판례법은 포이즌 필을 원칙적으로 유효하다고 본다. 그러나, 포이즌 필은 우리나라에서도 그렇지만 미국에서조차도 그 '난공불락'의 이미지로 인해 많은 경영자들이 원칙적으로 위법한 것으로 잘못 알고 있다고 한다.

1. 내용과 기능

포이즌 필은 일반적으로 대상회사의 경영진이 그 주주들에게, 대상회사의 신주 또는 이후 합병하는 회사의 신주를 매입할 수 있는 내용의 콜옵션을 지급하는 것을 말한다. 공식적으로는 shareholder rights plan이라는 용어가 사용되며 일반적으로 콜옵션을 주주에게 배당하는 형태를 취한다. 포이즌 필은 원칙적으로 주식과 분리하여 거래되거나 이전될 수 없으며, 일정한 사건이 발생하지 않는 한 콜옵션을 행사하는 것도 금지된다. 오직 증권상 정해진 사건, 다시 말해서 발행회사가 적대적 인수의 대상이 되는 경우에만 주식과 분리하여 거래될 수 있고 콜옵션의 행사도 가능하다. 포이즌 필, 즉, 콜옵션을 작동시키는 사건을 흔히 triggering event라고 부르는데, 통상 대상회사가 합병되거나 또는 인수를 시도하는 회사가 대상회사의 이사회의 동의를 얻지 않고 일정 지분 이상을 취득하는 경우 등이다. 포이즌 필은 존속기간도 보통 10년 또는 20년 정도로 정해져 있다. 포이즌 필의 채택은 해당 회사의 실적에 부정적인 영향을 미치지 않는다는 연구가 있다.

인수자가 대상회사의 지배권을 취득하게 되면 인수자가 회사인 경우 그 회사, 또는 대상회사의 의결권이 엄청난 규모로 희석되기 때문에 포이즌 필은 효과적인 경영권 방어방법이다. 예를 들어, 현재 100만 주의 보통주를 발행하고 있는 회사의 보통주 25만 주에 대해 공개매수가 선언된 경우, 대상회사의 이사회는 이에 대항하여 대상회사의 보통주 2주씩을 매입할 수 있는 콜옵션을 발행할 수 있을 것이다. 인수자가 예정대로 25만 주를 취득하는 순간 콜옵션이 행사되면 인수자가 보유하는 25만 주의 주식을 제외한 나머지 75만 주의 주식이 콜옵션을 행사할 수 있고, 그 결과 주당 2주씩 신주가 발행된다. 따라서 추가적으로 150만 주의 주식이 늘어나기 때문에, 결과적으로 인수자의 지분은 당초 목적한 25%가 아니라, 전체 250만 주 중에서 25만 주 즉, 10%로 줄어들게 되는 것이다. 대부분의 경우 콜옵션의 행사가격은 주식의 실제가치에 미치치 못하는 미미한 것이기 때문에, 인수자로서는 의결권 희석화로 인한 불이익뿐만 아니라 자산가치의 희석화 문제까지도 함께 겪게 된다. 따라서 이러한 결과를 예상하고 일방적으로 대상회사의 인수에 착수할 수는 없다는 것이다.

2. 주주평등 원칙

이 장치는 주주평등의 원칙에 반하지 않는 것으로 이해된다. 주주는 누구나 잠재적으로 콜옵션을 받을 권리를 가지기 때문이다. 일단 triggering event가 발생해서 콜옵션이 배당으로 지급되는 경우 적대세력은 그에서 제외되지만 triggering event는 어느 주주나 발생시킬 수 있기 때문에 해당 주주만을 배당 지급 대상에서 제외하는 것이 주주평등 원칙에 대한 위반이라고 볼 수 없다는 것이다. 우리나라에서는 주주가 주식을 매입할 수 있는 콜옵션─이를 워런트(warrant)라고 한다─의 발행이 불가능할 뿐만 아니라, 현물배당이 되지 않기 때문에 이러한 권리를 주주에게 배당할 수 없었고, 따라서 포이즌 필의 사용이 불가능하였다. 개정상법은 현물배당을 인정하고 있기 때문에(제462조의4), 결국 포이즌 필의 도입문제는 워런트의 인정 여부와 밀접하게 관련되게 되었다. 일본에서는 최근 상법개정을 통하여 워런트를 신주예약권이라는 이름으로 도입하였고, 이에 따라 포이즌 필을 어느 정도까지 허용할 것인지 여부가 본격적으로 논의되고 있다. 그리고 2007년에는 실제로 포이즌 필이 사용된 사례가 출현하였는데 이는 법률적 다툼으로 이어져 일본 최고재판소의 판례가 탄생하였다. 일본 최고재판소는 회사의 주주총회가 83.4% 주주의 찬성으로 적정한 절차에 의해 결의한 포이즌 필의 사용은 회사의 이익, 나아가 주주공동의 이익을 해하는 특정 주주를 차별적으로 취급하는 결과를 가져오더라도 그 차별적 취급이 형평의 이념에 반하여 상당성을 결하지 않는 한 주주평등의 원칙 위반으로 볼 수 없다고 판결하였다.

3. 남용 문제

포이즌 필이 우리나라에서 가능해진다고 해도 그 도입을 원하는 회사의 정관에 필요한 규정이 마련되어야 한다. 기관투자자 등 경영권 방어장치에 일반적으로 호의적이지 않은 주주들이 그에 찬성하지 않을 것이라고 보면 삼성을 비롯한 대기업들이 이 제도를 활용할 가능성은 사실상 없다고 보아야 한다. 이 제도의 효용은 신규로 상장을 하려고 하는 신생 공개기업들이 될 것이다. 물론, 이 기업들이 상장 후 10년, 20년이 지난 후에 현재의 일부 재벌기업들이 보이는 것과 같은 투자자보호 경시 경향을 보인다면 어떻게 할 것인지의 문제가 있다. 그러나, 그 정도의 시간이 경과하면 전체적으로 우리나라 기업들의 소유가 지금보다는 더 분산되어 있을 가능성이 높다. 포이즌 필은 전문경영인에 의해 남용될 가능성이 낮은 장치이다. 또, 후술하는 바와 같이 기업을 공개할 때 특정 경영권 방어장치가 한시적인 효력만을 갖는 것으로 정관에 규정을 두는 방법도 생각할 수 있을 것이다.

포이즌 필에 대한 가장 흔한 오해는 이것이 경영권을 영구히 고착시키는 데 사용되는 장치라는 것이다. 즉, 현 경영진의 지배력을 확대, 유지하는 데 사용된다는 것이다. 그럴 수도 있다. 그러나, 독약증권(포이즌 필)은 원래 적대세력과의 관계에서 회사의 협상력을 높이는 데 사용되는 것을 목적으로 고안되었다. 포이즌 필은 1982년에 립튼(Lipton) 변호사에 의해 고안되었는데 19세기 말 록펠러가문을 위해 고안되었던 신탁제도와 함께 미국 기업사의 2대 발명품으로 불린다. 포이즌 필이 있기 때문에 회사의 이사회는 회사와 주주들에게 해로울 것으로 보이는 M&A를 거절할 수 있으며, 회사와 주주들에게 도움이 될 M&A에 당면해서는 협상력을 극대화하여 조건에 합의 한 후 독약증권을 폐지하고 거래를 성사시킨다. 독일에서는 독약증권을 '쓴약증권'(Bittere Pille)이라고 번역한다. 즉, 먹어도 죽지는 않는다는 것이다. 한 조사에 의하면 포이즌 필을 갖춘 기업의 주주들이 그렇지 못한 기업의 주주들에 비해 약 10%가 넘는 추가적인 프리미엄을 받고 경영권을 양도하였다. 또, 1988년과 1997년 사이에 발생한 모든 적대적 M&A에 있어서 이 장치를 갖춘 기업의 주주들은 그렇지 못한 기업의 주주들에 비해 약 14%가 넘는 추가적인 프리미엄을 받은 것으로 나타났다.

4. 정　　책

저자는 포이즌 필을 핵무기에 종종 비유한다. 이웃 나라의 군비가 부실하다는 정보를 확보하면 침략 국가는 그 나라를 쉽게 침공하게 된다. 반대로, 정보기관에서 상당한 수준의 군비가 있다는 보고를 받는다면 침략국의 수뇌부는 쉽게 침공을 감행할 수 없다. 이길 것이 확실하다 해도 마찬가지다. 우리 측에 손실이 발생하기 때문이다. 이렇게 나의 힘은 상대가 아무리 강하다 해도 상대로 하여금 우선 협상과 대화를 하게 한다. 아무런 군비도 없는 나라를 침략국이 침공하려고 한다. 거저먹기로 생각되었다. 그런데, 갑자기 상대국이 핵무기를 가지고 있다는 것을 알게 되면 어떻게 될까? 마찬가지 현상이 일어날 것이다. 침공할 수 없게 되고, 필요한 것이 있으면 대화와 협상을 하는 수밖에 없게 된다. 핵무기로 누군가를 공격하기 위해 핵무기를 개발하는 나라는 없다고 가정하자. 그러면 핵무기는 강력한 방어장치가 된다. 양측 모두 핵무기가 결코 사용될 수 없다고 믿는 경우에도 핵무기의 위력은 여전하다.

양육강식의 기업의 세계에서는 핵무기는 물론이고 재래식 무기도 전혀 갖추지 못한 회사는 공격에 취약한 것은 당연하고 상대회사에게 공격의 유혹을 불러일으킨다. 성장하지 못하면 도태되는 것이 기업의 세계다. 기술개발이 한계에 부딪히면 일단은 M&A를 통해서라도 성장해야 한다. 아무런 방비도 갖추지 못한 기업이 목표물이 되는 것은 자연스러운 일이다. 오래전에 국내에 나와 있는 외국인 투자자들 사이에 이메일 하나가 돌아다니는 것을 알게 되었다. 요즘 '발없는 이메일이 천리를 간다.' 그 이메일에는 한국기업들이 얼마나 취약한지가 잘 정리되어 있었고 이를 자산운용에 참고하라고 권하는 내용이 들어 있었다. 이는 매우 진지한 전문가들 사이에 돌아다니는 메일이었는데 이런 것을 우연히 접하게 되는 지구 어디 한 편의 투기적 자본이 있다면 당연히 우리나라에 관심을 가지게 될 것이라는 생각이 들었다. "그리고 한국기업들은 가장 손쉬운 먹잇감(prey)이다"라는 따위의 말은 악의는 없었어도 읽기에 불쾌한 것이었다.

5. 상법개정안

지금은 폐기된 상법개정안은 제432조의2 이하에서 규정을 신설하여 포이즌 필을 도입하려고 하였다. 이 상법개정안은 포이즌 필을 신주인수선택권이라고 부른다. 상법개정안은 지극히 중립적인 태도를 취하고 있다. 경영권 방어 장치로서 포이즌 필의 기능을 보장하되 그 궁극적인 도입 결정에 주주들이 직접 개입할 수 있게 한다. 상법개정안은 회사 정관에 근거규정이 있어야만 제도 도입이 가능하다고 규정하면서 일단, 정관에 신주인수선택권이 도입된 이후에는 적대적 M&A 상황에 신속하고 효율적으로 대처할 수 있도록 이사회 결의만으로 신주인수선택권을 부여할 수 있게 한다. 상법개정안은 신주인수선택권의 행사기간이 개시되기 이전에는 주주총회의 결의 또는 이사회 결의로써 무상으로 신주인수선택권 전부를 소각할 수 있게 하며 회사의 가치 및 주주 일반의 이익을 유지 또는 증진시키기 위하여 반드시 필요한 경우 일부 주주에게 신주인수선택권의 행사를 제한하거나 상환 조건 등을 차별할 수 있도록 정할 수 있다. 포이즌 필에 대한 다양한 시각을 고려할 때 이러한 상법개정안의 태도는 불가피한 것으로 보인다. 특히, 이 장치의 향후 작동 형태에 대해 예측하기 어려운 상황에서 지나치게 경영권 방어 장치로서의 기능을 강조하는 입법은 어려울 것이다. 오히려 중립적인 색채의 입법을 통해 일단 포이즌 필을 도입하고 그 운영과 작동 모양을 지켜보는 것이 신중한 입법 태도일 수 있다는 점에서 상법개정안은 긍정적으로 평가된다.

Ⅳ. 차등의결권제도

미국의 투자은행 라자드(Lazard)는 기업공개를 하면서 단 1주가 6,250만 개의 의결권(62.5%)을 보유하게 한 바 있다. 이렇게 보통주식에 부착된 의결권의 수를 가변적으로 할 수 있게 하는 제도가 차등의결권제도이다. 이 제도하에서는 경영권에 관심이 큰 주주들이 저배당(통상 10% 정도 적다)을 감수하고 의결권의 수가 많은 주식을 보유하게 된다. 의결권의 수가 많은 복수의결권 주식에 대해서는 양도를 제한하는 경우가 많다.

차등의결권 주식은 우리나라 상법 제369조 제 1 항이 규정하고 있는 1주 1 의결권 원칙에 대한 예외가 되기 때문에 우리나라에서는 아직 인정되지 않는다고 본다. 과거 무의결권 우선주에 보통주보다 1% 더 배당을 하는 방식으로 우선주가 발행된 경우가 있었는데, 이후 이러한 형태는 우선주가 아니라는 지적이 있었다. 그러나, 이러한 1% 우선주는 결국 의결권을 없애는 대신 배당률을 보통주보다 높이고 있기 때문에 차등의결권의 원시적 형태라고 할 여지가 있다. 상법개정안은 일본의 예를 받아들여 종류주식을 매우 다양화하고 있는데, 이와 관련하여 차등의결권의 본격적인 도입에 관하여 논의가 많이 이루어지고 있다.

복수의결권 주식을 발행하기 위해서는 상법의 개정 또는 특별법상의 근거가 필요하다. OECD 기업지배구조원칙 등을 비롯한 대부분의 국제기준에서는 1주 1의결권 원칙을 지배구조의 측면에서 보다 바람직한 것으로 이해하고 있으나 차등의결권을 지배구조의 측면에서 금지시키는 것이 과연 기업가치를 증대시키는 것인지에 대해서는 의문도 많다. 제 3 장에서 본 바와 같이 현재 차등의결권을 인정하고 있지 않음에도 불구하고 재벌기업들은 순환출자나 피라미드를 통하여 현금흐름에 대한 권리와 기업에 대한 지배권을 충분히 서로 분리시키고 있는데 이러한 구조는 투자자들의 입장에서 기업의 현금흐름에 대한 권리와 지배권이 분리되고 있음이 분명하게 드러나지 않기 때문에, 소유구조의 효율성이 주가에 쉽게 반영되기 어렵게 된다. 차등의결권을 도입하는 경우에는 최소한 회사의 소유구조가 보다 명확해지기 때문에 시장에서 개별 기업의 소유구조에 대한 평가가 용이하게 된다는 장점이 있다. 또, 우리나라와 같이 지배주주가 누리는 유형 또는 무형의 이익이 많은 이상, 현실적으로 지배주주는 결코 경영권을 포기하려 하지 않기 때문에 1주 1의결권 원칙에의 집착은 지배주주들로 하여금 가능한 한 많은 지분을 확보하려는 노력을 기울이게 할 것이고 그렇게 되면 지배주주가 위험을 분산시키지 못하게 된다. 이는 해당 회사에 특유한 위험을 기피하게 만드는 이유가 되어 위험성은 높으나 현재가치가 큰 프로젝트를 선택하기보다는 회사 내부에서의 헤징(hedging)에 집착하게 하는 문제가 있다. 실제로 많은 기업들과 주주들이 첨단금융기법을 사용해서 지분 집중에서 발생하는 위험을 헤지(hedge)하거나 의결권의 수를 인위적으로 늘리고 있다.

차등의결권제도 중에서도 주식의 보유기간에 따른 차등을 생각할 수 있다. 이 문제는 최근 기업지배구조펀드나 헤지펀드의 활동이 활발해지면서 더 민감하게 다루어진다. 왜 현행의 주식회사제도는 회사에 아무런 기여를 한 바도 없고 관심도 없었던 세력이 어느 날 갑자기 투자만으로 회사의 주인이 될 수 있게 하는가? 하는 의문이 많이 발생한다. 프랑스를 포함하여 서구제국에서는 주식의 보유 기간에 따른 의결권 차별을 허용하는 사례가 많다.

우리는 한 가지 일을 오래 했거나 한 조직에서 오래 일한 사람을 사회적으로 높이 평가한다. "이 회사에서 30년째다," "이 일을 35년째 하고 있다" 같은 말을 들으면 박수를 친다. 서양에서도 마찬가지다. 미국의 한 우체국에서 40년을 근속하고 심지어는 개근을 한 할머니의 은퇴 소식이 TV에 나오는 것을 본 일이 있다. 이렇게 되는 이유는 뭔가에 충성도가 높다는 것이 사람들 사이에서는 덕목으로 여겨지기 때문이기도 하고 오래 되었다는 것은 전문성의 징표이기 때문이기도 하다.

주식회사의 장기투자자인 장기근속주주는 어떤가? 통상적인 시각은 단기투자자는 기업가치에 반하는 행동을 할 가능성이 높기 때문에 장기투자를 장려해야 한다는 것이다. 즉, 여기서는 단순히 심정적으로 충성도를 평가하는 것이 아니라 경제적 효율성을 기초로 장기주주를 호의적으로 본다. 경영자의 의무는 단기적인 주가상승이 아니라 장기적인 투자수익의 시현이라는 것이다. 단기주주를 세입자에 비유하고 장기주주를 집주인에 비유해서 세입자는 집의 가치에 별 관심이 없다는 지적을 하기도 한다. 서머즈가 한 유명한 말 "렌트카 세차하는 사람은 없다"와 유사한 생각이다.

장기투자 주주에게 배당을 높게 해 주거나 신주를 인수할 수 있는 옵션, 워런트를 주는 것이 유럽에서 증가하고 있다. 프랑스에서는 로레알을 포함한 몇몇 회사들이 장기주주들에 대한 추가배당 제도를 도입했다. 신주를 발행해 주는 회사도 있다. 네덜란드와 미국에서도 이런 기업들이 나타나고 있다고 한다. 장기주주가 주식을 처분할 때 세제우대를 해 주자는 제안도 속출한다.

장기투자 주주에게 주주총회에서 많은 의결권을 주자는 제안은 이미 오래 전에 나온 것이고 실제로 이를 시행하는 회사도 있다. 미국의 판례에는 3년간 계속해서 주식을 보유한 주주에게 많은 의결권을 준다는 회사의 정관이 적법하다고 한 것도 있다. 주주평등의 원칙에 반하지 않는다는 것이다. 회사의 이사를 선임할 때 회사가 장기주주들과 협의할 것을 권고하는 제안도 있다. 장기주주 우대는 미국변호사협회도 이를 지지하고 있고 미국 정부도 호의적이다.

장기투자자를 우대하자고 하면 우리나라에서는 재벌총수와 가족들을 우대하자는 것으로 들려서 부정적으로 보기도 한다. 실제로 장기투자자를 우대하자는 서구의 논의는 주로 연기금, 보험회사인 기관투자자들이 장기투자자들이기 때문이다. 미국에서 기관투자자의 비중이 50%를 훨씬 넘어선 것이 오래 전이다. 일부 재벌 총수들이 대주주와 회사 경영자의 지위를 겸하고 있어서 회사를 통해 사익을 추구하는 행위가 있지만 그를 제외하고 본다면 회사의 상기적인 가치에 자신의 재산이 걸려있다는 점은 기관투자자들과 같다. 또 우리나라에서도 은행을 위시해서 오너가 없는 대형 상장회사들이 늘어나고 있기 때문에 기관투자자들에 대한 합당한 우대 문제는 먼 나라의 문제만은 아니다.

대우조선해양 사태는 우리나라에서 오너가 없는 회사의 지배구조가 어디까지 황폐해질 수 있는지 잘 보여준 바 있다. 종래의 오너들이 마음에 들지 않는다면 기관투자자라는 새로운 오너의 부상을 제도가 도와줄 수 있을 것이다. 기관들 중에서 장기투자라는 충성도 테스트를 통과한 기관들에게 정치적, 재무적 인센티브를 부여하는 방안을 도입해야 한다. 기관들이 주주총회와 기업지배구조에 상대적으로 무관심한 경향도 고쳐질 수 있다. 경영자의 단기실적주의와 그를 압박하는 단기투자는 주가를 올릴 수는 있지만 해당 기업의 혁신에는 해롭다는 연구도 있고 단기실적주의는 종업원, 협력업체 등 이해관계자로부터 주주들에게로 부의 이전을 발생시킨다는 연구도 있다. 기관들은 단기실적주의자이기 쉬운데 장기투자 주주 우대는 그 문제도 바로 잡을 수 있다. 재계에서 주장하는 경영권 방어장치로서의 효용도 있다. 헤지펀드나 단기투자 투기자본이 불리해지기 때문이다. 상법개정 논의에서 이 문제를 꼭 다루어야 한다.

V. 제 3 자 배정 유상증자

주주의 신주인수권이 인정되지 않는 법제에서는 우호세력에게 신주를 발행해서 경영권을 방어하는 데 활용할 수 있다. 그러나, 상법 제418조 제 1 항은 미국이나 일본과 달리 주주의 신주인수권(pre-emptive right)을 엄격하게 인정하고 있기 때문에 적대적 기업인수의 방어 목적으로 제 3 자 배정 신주발행을 이용할 수 있는지는 항상 논란의 대상이다. 대부분의 공개회사는 상법 제418조 제 2 항에 근거하여 제 3 자 배정을 통한 신주발행의 근거를 정관에 마련해 두는 경우가 대부분이다. 따라서 정관의 규정이 있어야 하는 점은 거의 문제가 되지 않는다. 문제는 적대적 기업인수에 대항하여 신주의 제 3 자 배정으로 우호적 주주 또는 제 3 자에게 차별적으로 신주를 발행하는 것이 제418조 제 2 항의 회사의 경영상 목적을 달성하기 위하여 필요한 경우에 포함되는가 여부이다. 이 규정은 전환사채 발행의 경우 제513조 제 3 항, 신주인수권 발행의 경우 제516조의2 제 4 항에서 각각 준용되고 있다. 일반적으로 위 단서규정의 도입은 제 3 자 배정의 합리성을 요구하기 위한 것으로 이해되고 있기 때문에, 제 3 자 배정을 합리화할 수 있는 사유로서 상법이 예시하고 있는 것 이외에 외국자본의 도입, 전후방 연계시장의 확보 등 회사의 발전을 위해 필요하고 주주배정에 의해서는 같은 목적을 달성할 수 없다고 인정되는 경우에 한한다고 해석된다.

　적대적 기업인수에 대항하여 신주의 제 3 자 배정으로 우호적 주주 또는 제 3 자에게 신주를 발행하는 것이 제418조 제 2 항의 신기술의 도입, 재무구조의 개선 등 회사의 경영상 목적을 달성하기 위하여 필요한 경우에 포함되는지에 대해 판례는 아직 명확한 가이드라인을 제시하고 있지 않으며, 이와 관련된 하급심 판결에는 다소의 혼선이 있다. 예를 들어, 위 단서규정 신설 이전의 판결인 서울고등법원 1997. 5. 13.자 97라36 결정 한화종금사건에서는 경영권 방어목적으로 전환사채를 발행하는 것은 허용될 수 없다고 한 반면, 수원지방법원 여주지원 2003. 12. 12. 선고 2003카합369 판결 현대엘리베이터 사건에서는 대상회사와 일반 주주의 이익이 객관적으로 입증되는 경우에는 경영권 보호목적도 위 제418조 제 2 항의 회사의 경영상 목적에 포함된다고 판시하고 있다. 이 판결은 경영권 방어가 회사의 경영상 목적이 될 수 있는 경우로서, 대상회사와 일반 주주의 이익이 객관적으로 입증되어야 할 뿐만 아니라, 의사결정과정이 합리적으로 이루어질 것을 요구하고 있는데, 이는 미국에서 이사의 경영권 방어에 관한 강력한 권한을 인정한 기념비적 판결인 유노칼 판결(Unocal Corp. v. Mesa Petroleum Co., 493 A. 2d 946 [Del. 1985])과 그 맥을 같이한다.

　구체적으로 이 사건에서 법원은, 신주발행의 적법성을 판단하기 위해서는 직접적인 법령 또는 정관의 규제 규정이 없는 경우에는 구체적인 해당 경영권 방어행위의 동기나 목적, 방어 수단의 합리성 등을 종합하여 그 허용 여부가 결정되어야 하고, 이러한 결정에는 그 방어행위로 추구하는 회사 또는 주주의 이익의 내용, 방어행위 실행의 결정과정이 적정한 절차를 거쳐 상당한 근거를 가지고 이루어졌는지 여부가 중요한 요소로 고려되어야 할 것이라고 하고 있다. 그러면서 신주발행의 주요목적이 기존 지배주주의 대상회사에 대한 지배권 및 현 이사회의 경영권 방어에 있고, 회사의 경영을 위한 기동성 있는 자금조달의 필요성 및 이를 위한 적합성을 인정하기 어려운 경우라도 적대적으로 기업취득을 시도하는 자본의 성격과 기업취득 의도, 기존 지배주주 및 현 경영진의 경영전략, 대상회사의 기업문화 및 종래 대상회사의 사업내용이 사회경제적으로 차지하는 중요성과 기업취득으로 인한 종래의 사업의 지속 전망 등에 비추어 기존 지배주주의 지배권 또는 현 경영진의 경영권이 유지되는 것이 대상회사와 일반 주주에게 이익이 되거나 특별한 사회적 필요가 있다고 인정되고, 한편, 이러한 신주발행행위가 그 결의 당시의 객관적 사정에 의하여 뒷받침되고, 그 결의에 이르기까지의 과정에 대상회사의 경영권 분쟁 당사자인 기존 지배주주가 아닌 일반 주주의 의견과 중립적인 전문가의 조언을 듣는 절차를 거치는 등 합리성이 있는 경우라면 상법 제418조 제 2 항 및 이와 동일한 내용의 규정을 둔 대상회사의 정관규정이 정하는 회사의 경영상 목적을 달성하기 위하여 필요한 경우에 해당한다고 보아 허용되어야 할 것이라고 판시하였다. 그러나, 대법원은 경영권 방어의 목적은 경영상 목적에 포함되지 않는다고 한다.

[대법원 2009. 1. 30. 선고 2008다50776 판결]

판시사항: [1] 주식회사가 신주를 발행하면서 경영진의 경영권이나 지배권 방어의 목적으로 제 3 자에게 신주를 배정한 경우, 기존 주주의 신주인수권을 침해하는지 여부(적극) [2] 신주발행무효의 소에서 무효 판단 기준

재판요지: [1] 상법 제418조 제 1 항, 제 2 항의 규정은 주식회사가 신주를 발행하면서 주주 아닌 제 3 자에게 신주를 배정할 경우 기존 주주에게 보유 주식의 가치 하락이나 회사에 대한 지배권 상실 등 불이익을 끼칠 우려가 있다는 점을 감안하여, 신주를 발행할 경우 원칙적으로 기존 주주에게 이를 배정하고 제 3 자에 대한 신주배정은 정관이 정한 바에 따라서만 가능하도록 하면서, 그 사유도 신기술의 도입이나 재무구조 개선 등 기업 경영의 필요상 부득이한 예외적인 경우로 제한함으로써 기존 주주의 신주인수권에 대한 보호를 강화하고자 하는 데 그 취지가 있다. 따라서 주식회사가 신주를 발행함에 있어 신기술의 도입, 재무구조의 개선 등 회사의 경영상 목적을 달성하기 위하여 필요한 범위 안에서 정관이 정한 사유가 없는데도, 회사의 경영권 분쟁이 현실화된 상황에서 경영진의 경영권이나

지배권 방어라는 목적을 달성하기 위하여 제3자에게 신주를 배정하는 것은 상법 제418조 제 2 항을 위반하여 주주의 신주인수권을 침해하는 것이다. [2] 신주발행을 사후에 무효로 하는 경우 거래의 안전과 법적 안정성을 해할 우려가 큰 점을 고려할 때 신주발행무효의 소에서 그 무효원인은 가급적 엄격하게 해석하여야 한다. 그러나 신주발행에 법령이나 정관의 위반이 있고 그것이 주식회사의 본질 또는 회사법의 기본원칙에 반하거나 기존 주주들의 이익과 회사의 경영권 내지 지배권에 중대한 영향을 미치는 경우로서 주식에 관련된 거래의 안전, 주주 기타 이해관계인의 이익 등을 고려하더라도 도저히 묵과할 수 없는 정도라고 평가되는 경우에는 그 신주의 발행을 무효라고 보지 않을 수 없다.

이와 관련하여, 우리 상법이 금과옥조로 여기는 주주의 신주인수권을 최소한 상장회사들에 대해서는 지금보다 더 완화해야 할 필요가 있는지 본격적인 검토가 있어야 할 것이다. 미국의 보통법은 주주의 신주인수권을 보호하고 있으나 현재 미국 각 주의 회사법전은 주주의 신주인수권에 대해 신축성 있는 태도를 취하고 있다. 정관으로 주주의 신주인수권을 배제할 수 있도록 하는 주들이 있으며(뉴욕주가 여기 포함된다), 정관에 주주의 신주인수권을 보호하는 규정이 없으면 신주인수권을 인정하지 않는 주들이 있다(델라웨어주가 여기 포함된다). 주주의 신주인수권을 인정하는 주들도 신주인수권의 적용 범위를 다양한 형태로 제한하고 있다. 미국의 많은 주들이 이렇게 주주의 신주인수권을 인정하지 않거나 제한하는 가장 큰 이유는 자금조달에 있어서의 기동성 제고이다. 이것이 상장회사들에게 대단히 중요한 의미를 가짐은 재언을 요하지 않는다. 상장회사 주주의 신주인수권이 법령에 의해 취급 받는 내용이 달라짐에 따라 후술하는 전환사채의 발행이나 자기주식의 처분에도 그에 상응하는 변화가 주어지게 된다.

VI. 시차임기제 이사회

1. 기능과 해외 현황

이사별로 임기만료 시점을 달리해서 일시에 다수의 이사가 임기를 다하는 일이 발생하지 않게 하는 것이 시차임기제(staggered board)이다. 이는 이사 전원을 한꺼번에 임명하지 아니하고, 매년 그 일부만 임명할 수 있도록 하는 제도로서, 적대세력이 회사의 지배권을 취득하는 데 많은 시간이 소모되게끔 만들뿐만 아니라, 인수자가 한 번의 전쟁에서 승리하면 되는 것이 아니라 2년에 걸쳐 두 번의 전쟁을 치러 이사의 과반수를 교체해야 하는 부담을 발생시킨다. 이사의 임기는 상법상의 상한인 3년으로 정해지는 것이 일반적이므로, 시차임기제를 둔 경우에도 일반적으로 매년 이사 총원의 3분의 1씩을 선임하는 것으로 규정을 만들게 되고 그 결과 이사의 과반수를 확보하는 데 2년이 소요된다. 시차임기제하에서는 이사들이 순차적으로 교체되기 때문에 이사회 업무의 연속성을 보장해 주므로 바람직한 제도라는 명분도 있다.

현재 미국에서는 50% 이상의 공개회사 및 70% 이상의 신규 공개회사가 채택하고 있을 정도로 시차임기이사회제도는 대중적이다. 나아가 매사추세츠주를 비롯한 몇몇 주에서는 주의 법률로 모든 회사에 시차임기제를 강제하고 있다. 실증적 연구에 의하면 미국에서는 포이즌 필과 결합된 시차임기제가 가장 효과적인 경영권 방어 장치라고 한다. 물론, 시차임기이사회가 기업의 가치를 저하시킨다는 실증 연구도 있다. 그러나, 1988년에서 1992년 사이에 IPO를 행한 1,019개 미국 기업들 중 34.7%가 시차임기이사회제도를 채택하였다. 한편, 최근 미국에서는 기관투자자들이 시차임기이사회가 적대적 M&A를 어렵게 하기 때문에 반대하는 일이 증가하여 시차임기이사회의 채택이 차츰 감소하고 있다고 한다. 그러나 IPO 시 시차임기이사회의 채택은 여전히 널리 행해지고 있는데 IPO 시에도 주요 투자자들은 기관투자자들이므로 이는 이해하기 어려운 현상으로 여겨지고 있다.

2. 한 계

시차임기이사회는 우리나라에서도 차츰 그 인식이 높아져 가고 있을 뿐만 아니라, 많은 기업들이 정관에서 시차임기제를 규정하거나 실제로 이사회를 시차임기로 구성한다. 우리나라의 상장회사들도 이 제도에 대한 관심을 높이고 있는데 2007년 4월 1일 현재 주권상장법인 679개사 중에서 시차임기이사회제도를 정관에 도입한 회사의 수는 기아자동차, 현대중공업, KT 등을 포함하여 19개(2.8%)였다. 그러나, 상법의 해석에 의하면 설사 이사의 임기가 정해져 있다고 하더라도 주주총회 특별결의로 언제든지 이사를 해임할 수 있으며(제385조

제1항), 이는 정관으로도 달리 정할 수 없다. 해임의 정당한 이유는 다만 이사가 회사에 잔여 임기 동안의 보수인 손해배상을 청구하기 위한 요건에 불과하다(제385조 제1항 단서). 결국 정관으로 시차임기제를 규정하더라도 적대세력이 지배권을 취득하여 기존의 이사를 전부 해임하고 새로운 이사회를 구성하는 것을 막을 방법은 없으며, 따라서 단순히 정관에서 3분의 1씩 이사를 교체한다는 시차임기제를 규정하는 것만으로는 경영권보호에 별다른 도움이 되지 못한다고 볼 수도 있다. 이사의 해임에는 주주총회 특별결의가 필요하므로, 과반수 의결권은 넘었으나 특별결의에 필요한 의결권을 획득하지 못하여 이사회를 새로 구성할 수 없는 경우 정도만 방어수단으로 의미를 가진다고 할 것이다.

VII. 한시적 경영권 방어 장치

미국기업들을 대상으로 기업공개(IPO) 시 경영권 방어 장치의 사용 실태와 기업공개 후 경영권 방어 장치의 사용 실태를 비교 연구하고 왜 기업들이 기업공개 시에는 기업의 가치를 감소시킬 수도 있는 경영권 방어 장치를 집중적으로 활용하는지를 설명한 하버드대학 법대 벱척 교수는 상장회사가 기업공개 시를 포함하여 여하한 경영권 방어 장치를 도입하더라도 그 장치의 수명을 정하는 것이 효율적이라고 한다. 이를 'Sunset Arrangement'라고 부른다. 이에 의하면 예컨대, 포이즌 필을 도입하면서 해당 정관 규정은 5년 후에 실효되도록 하는 것이다. 5년 후 포이즌 필을 가능하게 하는 정관의 규정이 효력을 상실하면 그 시점의 주주들이 다시 그 채택 여부에 관해 결의를 하게 된다.

상장회사의 특징은 주주의 수와 구성이 지속적으로 변화한다는 것이다. 따라서, 특정 시점(IPO 시점이 대표적이다)에 발생한 경영권 방어 장치의 필요성과 그 강도는 시간이 경과함에 따라 다른 요인들에 의해 좌우될 가능성이 높고 그에 영향을 받는 주주들도 그 성격이 변화되어 있을 가능성이 높다. 주주들이 주주총회를 통해 정관의 규정을 개정하는 것은 대단히 어려우므로 애당초 정관을 작성하거나 개정할 때 그 유효기간을 정해 놓는다면 일정한 기간의 경과 후 새로운 소유구조하의 주주들이 그 계속적인 채택 여부를 결정하기가 쉬울 것이다. 위에서 논의한 경영권 방어 장치를 도입할 수 있게 되고 실제로 도입하는 경우 이와 같이 한시적인 장치로 구성해서 도입하는 것을 고려해야 한다. 이 방안은 경영권 방어 장치가 상장회사의 규모가 커짐에도 불구하고 고착되어서 기업의 가치를 제고시키고 기업지배구조를 개선하는 효과를 가지는 적대적 M&A 가능성을 차단할 우려를 불식시킬 수 있을 것이다.

VIII.   회계장부열람

적대적 기업인수에서는 거의 언제나 반대주주에 의한 회계장부의 열람이 청구된다. 이는 회사에 대한 정보의 확보 차원에서 행해지기도 하지만 현 경영진에 대한 공격자료의 확보 내지는 자료의 확보에 이르지는 않더라도 현 경영진의 경영실책을 거론하는 압박 수단으로 활용된다. 현행법상 주주가 소수주주권으로서 회계장부 열람등사청구권을 행사하기 위하여는 일정비율 이상의 주식을 보유하여야 하는데, 상법은 발행주식 총수의 3% 이상에 해당하는 주식을 가질 것을 규정하고 있고, 상장법인에 대하여는 6월 전부터 계속하여 발행주식 총수의 0.1%(최근사업연도말 자본금이 1천억 원 이상인 법인인 경우에는 0.05%) 이상에 해당하는 주식을 가질 것을 규정하고 있다. 문제는 이러한 적대세력의 요구에 대해서 현 경영진이나 지배주주 입장에서는 항상 거부하고자 한다는 것이다. 따라서 회계장부의 열람을 둘러싸고 어느 정도까지 회사가 거부할 수 있는지와 관련하여 많은 분쟁이 발생하고 있다.

상법 제466조 제 2 항에 의하면 회사는 주주의 회계장부 열람등사청구가 부당함을 증명하지 아니하면 이를 거부하지 못한다. 실제로 회계장부 열람등사청구의 실제사례에 있어서는 주주가 회계장부 열람등사를 청구하면 회사는 일단 여러 가지 이유를 들어서 거부하고 주주가 다시 회계장부 열람등사청구권을 피보전권리로 하여 가처분을 신청하는 것이 통상적인 진행순서이다. 이 과정에 핵심적인 문제는 역시 청구의 "부당성"이 인정되는지 여부인데, 상법의 규정은 거의 동어반복 비슷한 문구라 실제로 어떠한 경우가 "부당"한지에 대해서는 아무런 지침을 주지 못하고 있다.

[대법원 2004. 12. 24. 선고 2003마1575 판결]

"상법 제391조의3 제 3 항, 제466조 제 1 항에서 규정하고 있는 주주의 이사회의 의사록 또는 회계의 장부와 서류 등에 대한 열람·등사청구가 있는 경우, 회사는 그 청구가 부당함을 증명하여 이를 거부할 수 있는바, 주주의 열람·등사권 행사가 부당한 것인지 여부는 그 행사에 이르게 된 경위, 행사의 목적, 악의성 유무 등 제반 사정을 종합적으로 고려하여 판단하여야 할 것이고, 특히 주주의 이와 같은 열람·등사권의 행사가 회사업무의 운영 또는 주주 공동의 이익을 해치거나 주주가 회사의 경쟁자로서 그 취득한 정보를 경업에 이용할 우려가 있거나, 또는 회사에 지나치게 불리한 시기를 택하여 행사하는 경우 등에는 정당한 목적을 결하여 부당한 것이라고 보아야 할 것이다 … 원심결정 이유에 의하면, 원심은 기록에 의하여 판시와 같은 사실이 소명된다고 한 다음, 재항고인과 상대방은 모두 부산·경남 지역에 영업기반을 두고 오랜 기간 경쟁관계를 유지해 오고 있는 점, 재항고인은 상대방이 139억 원 남짓의 자본금을 33억 원 남짓으로 대폭 감자한 후 비로소 상대방의 주식을 매입하기 시작하였고, 더구나 상대방의 계속된 자본전액 잠식으로 인하여 대부분의 보통주가 상장폐지 되었음에도 액면의 5배에 달하는 가격으로 그 주식을 매입하여 그 주주가 되었으므로, 재항고인의 주식 취득은 그 본래의 목적인 회사의 경영성과를 분배받고자 하는 데 있지 않음이 분명한 점, 재항고인이 상대방의 주식 취득과 때를 같이하여 공개적으로 상대방의 경영권 인수를 표방하면서 50% 이상의 주식 취득을 위한 주식 공개매수에 착수함과 아울러 이미 재항고인의 주식 취득 이전에 드러난 상대방 전 대표이사 최○○의 부정행위, 미수금 채권관계, 상장폐지건 등을 내세워 이 사건과 같은 회계장부 열람청구 외에도 임원 해임 요구, 손해배상청구 등을 통하여 상대방의 경영진을 압박하는 한편, 상대방의 주주 및 채권자들을 상대로 한 설득작업을 통하여 상대방의 경영권 인수를 시도하고 있는 점 등 두 회사의 관계, 재항고인이 상대방의 주식을 취득한 시기 및 경위, 주식 취득 이후에 취한 재항고인의 행동, 상대방의 현재 상황 등 제반 사정을 고려할 때, 재항고인이 주주로서 부실경영에 책임이 있다는 상대방의 현 경영진에 대한 해임청구 내지는 손해배상청구의 대표소송을 위한 사실관계 확인 등 상대방의 경영감독을 위하여 이 사건 서류들에 대한 열람·등사를 구하는 것이 아니라, 주주라는 지위를 내세워 상대방을 압박함으로써 궁극적으로는 자신의 목적인 경영권 인수(적대적 M&A)를 용이하게 하기 위하여 위 서류들에 대한 열람·등사권을 행사하는 것이라고 보아야 할 것이고, 나아가 두 회사가 경업관계에 있기 때문에 이 사건 열람·등사 청구를 통하여 얻은 상대방의 영업상 비밀이 재항고인의 구체적인 의도와는 무관하게 경업에 악용될 우려가 있다고 보지 않을 수 없으므로, 결국 재항고인의 이 사건 열람·등사 청구는 정당한 목적을 결한 것이라고 판단하였다. 위에서 본 법리와 기록에 비추어 살펴보면, 원심의 위와 같은 사실인정과 판단은 정당한 것으로 수긍이 가고, 거기에 재항고이유 제1, 2섬의 주장과 같이 심리를 다하지 아니하였다거나 채증법칙 위배 또는 법리오해 등의 위법이 없다."

실제 사례: A회사에 경영권 분쟁이 발생하였다. B회사는 A회사의 회계장부열람을 청구한다. A는 당연히 협조하지 않는다. B는 법원에 회계장부열람을 청구해서 결정을 받아낸다. 그러나, 결정문을 제시해도 A는 협조하지 않는다. 그러자 B는 법원에 간접강제를 신청해서 A가 법원의 결정문에 따라 회계장부를 B에게 보여줄 때까지 하루에 1억 원을 지급하게 하는 결정을 얻어낸다. 그래도 B는 협조하지 않는다. 결국 약 2주가 경과한 후에 A가 회계장부를 보여주겠다고 A에게 연락한다. B는 회계사를 한 버스에 가득 태우고 A의 본사에 도착한다. 회계사의 수가 지나치게 많다고 승강이가 벌어진다. 결국 3명만 들어가는 것으로 합의한다. A는 회계사들을 본사 지하 1층에 있는 창문도 없고 에어컨도 없는 구석방에 안내한다. 그 곳에는 법원이 보여주라고 한 서류들이 정리도 안 된채로 아무렇게나 쌓여 있다.

그러나 대법원 2014. 7. 21. 선고 2013마657 결정은 "주주가 회사의 이사에 대하여 대표소송을 통한 책임추궁이나 유지청구, 해임청구를 하는 등 주주로서의 권리를 행사하기 위하여 이사회 의사록의 열람·등사가 필요하다고 인정되는 경우에는 특별한 사정이 없는 한 그 청구는 회사의 경영을 감독하여 회사와 주주의 이익을 보호하기 위한 것이라고 할 것이므로, 이를 청구하는 주주가 적대적 인수·합병을 시도하고 있다는 사정만으로 그 청구가 정당한 목적을 결하여 부당한 것이라고 볼 수 없고, 주주가 회사의 경쟁자로서 그 취득한 정보를 경업에 이용할 우려가 있거나 또는 회사에 지나치게 불리한 시기를 택하여 행사하는 등의 경우가 아닌 한 허용되어야 한다"고 한다.

제5장   M&A와 로펌 변호사

Ⅰ. M&A와 법률전문가

M&A를 주도하는 전문가들은 투자은행에 있다. 변호사들은 이들과 보조를 같이해서 M&A를 법률적인 측면에서 지원한다. M&A는 국내외 대형 로펌의 가장 비중이 큰 업무 분야이고 회사, 조세, 공정거래, 노동법 등 모든 분야가 관련되기 때문에 업무적 파급효과가 가장 크다. 이 때문에 로펌의 랭킹을 M&A 업무 수행 실적을 기준으로 내기도 한다. 좀 과장해서 말하면 로스쿨을 거쳐 대형 로펌의 변호사를 꿈꾸는 법학도들은 훗날 거의 모두 이 M&A 분야에서 일하게 된다. 따라서, 학교 교육의 내용도 직접, 간접으로 M&A를 의식하게 되는 것이다. 회사법, 조세법, 노동법, 경제법 등 수많은 과목들이 이에 관련된다.

또, M&A는 기업이 주체가 되는 가장 극적이고 규모가 큰 경제현상이다. 즉, 경제와 기업의 경영에 대한 이해가 있어야 잘 이해하고 효과적으로 법률자문을 할 수 있는 분야인 것이다. 투자은행이 하는 가장 중요한 역할은 매매 대상인 기업 즉, 주식의 가치평가와 가격협상이므로 그 과정에서 역할을 제대로 하려는 변호사는 역시 그 과정을 잘 이해해야 한다. 가치평가와 가격협상은 회계자료를 기초로 하므로 회계에 대한 이해도 필수다. 우리의 구 법학교육 시스템은 이에 필요한 인재를 양성할 수 없다고 여겨져 왔다. 물론, 법학교육의 목표가 M&A 전문가, 나아가 기업법 전문가를 키우는 데 있지만은 않다고 보면 크게 문제될 일은 아니다. 그러나, 이제 시류가 변하고 있어서 많은 미래의 변호사들이 이 영역에 관심을 가지게 되었고 교육에 대한 압력도 증가하고 있다.

흔히 로스쿨을 졸업하고 사회에 진출하게 되면 그동안 배운 법률지식을 발휘하는 생활을 하게 되리라고 생각한다. 그러나, 현실은 그렇지 않다. 법률이란 사회현상을 설명하고 그로부터 발생하는 분쟁을 해결하고, 방지하는 것이기 때문에 대상이 되는 사회현상을 도외시한다면 의미가 없다. 그리고, 법원에서 분쟁이 전개되면 그야말로 정교한 법리의 공방이 벌어지지만 99%의 일들은 분쟁이 없이 진행된다. 대상이 되는 사회현상에 대한 이해가 더 필요한 이유가 여기에 있다. 국제금융시장에서 활약하는 법률가가 되고 싶다면 국제금융에 정통해야 하는 것이다. 파생금융상품이 무엇이고 헤지펀드가 무엇인지 모르는 상태에서 그 분야 전문가들과 함께 일할 수는 없는 것이다. 요상하게도 그 전문가들은 법률전문가들에게 법률이 아닌 자신들의 전문 분야에 대한 '전문적 의견'을 기대하기도 한다. 법률만 아는 법률가는 물론 그 기대를 충족시킬 수 없다. '왜 나한테 그런 것을 기대하느냐? 나는 변호사이다'라고 말하는 것은 자유이다. 그러나, 그러면 사람들은 그런 말을 하지 않는 변호사를 찾아가 버린다.

　　종래 우리나라의 법학교육시스템은 이런 문제를 해결하기가 어려웠다. 따라서, 국적이 없는 국제금융시장에서는 미국, 영국의 법률전문가들이 절대적으로 유리했다. 영어 문제도 있지만 결국은 전문 지식과 경험의 문제다. 그렇지만 로스쿨에서는 법률을 교육하는 것만으로도 시간이 부족하다. 학생들이 다른 전문 지식은 스스로 쌓는 것이 좋다. 이것은 말이 쉽다. 로스쿨 제도의 장점은 로스쿨에 오기 전에 다른 분야의 공부를 하고, 가능하면 현장 경험도 쌓게 하는 것이다. 제 5 장에서 미디어 산업 내에서 벌어지는 M&A를 소개한 이유도 이 메시지를 전달하기 위해서다. 미디어 기업들이 어떤 사업을 하는지 어떤 문제를 가지고 있으며 그를 해결하기 위해 어떤 전략을 구상하고 실천에 옮기는지를 알지 못하면 그들 사이의 M&A를 창의적인 방식으로 도울 수가 없다. 그러나, 법률 공부도 힘에 부치는데 어떻게 미디어산업 전문가 수준의 실력을 갖출 수 있을 것인가? 답은 매번 진행되는 프로젝트를 철저하게 공부하는 자세로 다루는 것이다. 그렇게 경험이 쌓이면 해당 업계의 많은 사람들을 알게 되고 지식과 정보가 늘어난다. 저자의 지론이 바로 그것이다. 변호사는 일과 같이 일하는 사람, 심지어는 적군을 통해서 가장 효율적으로 배운다. 따라서, 학교에서는 그에 필요한 기초적인 역량을 쌓는 이론교육에 치중해야 한다. 오래전에 미국 하버드대학 로스쿨의 교수진은 학교가 실무교육을 어느 정도 해야 할 것인가에 대해 길고도 깊은 논의를 했다는 것이다. 결론은, 학교는 이론교육에 치중해야 하고 따라서, 학술논문의 작성이 큰 비중을 차지해야 한다는 것이었다고 한다.

교수들의 오랜 경험에 비추어 볼 때, 이론에 강하고 창의적인 졸업생이 실무에서도 크게 성공하더라는 것이 그 이유이다.

II. 듀-딜리전스

지금도 그런지는 모르지만 로펌 변호사들에게 듀-딜리전스(Due-Diligence)라는 말이 공포스러운 말인 때가 있었다. 한번 시작되면 몇 주를 잠도 제대로 자지 못하고 집에도 들어가지 못하고 죽도록 일해야 하는 정신적, 육체적으로 극한을 시험하는 사건이 바로 듀-딜리전스다. 기업실사에 대해서는 위에서 설명하였다.

우리가 쓰는 물건 하나를 살 때 어떻게 하는가? 가격이 제시된다. 그러면 어렵게 번 돈을 지출하기 위한 결정을 내려야 하는 소비자의 입장에서 눈앞에 제시된 물건을 구매할 것인지, 한다면 그 가격에 할 것인지를 결정해야 한다. 이 결정은 경우에 따라서는 어렵다. 물건에 대한 정보가 없기 때문이다. 주위에 같은 물건을 가진 사람에게 물어본다. 소비자 정보를 제공하는 인터넷 사이트를 검색한다. 컴퓨터라면 한번 켜 본다. 자동차라면 한번 타 본다. 무슨 물건이든, 최소한 한번 손에 닿게 해 본다.

그러나, 회사를 살 때는 어찌해야 하는가? 회사가 가지고 있는 모든 재산에 대해서 위와 같은 작업을 해 보면 되는가? 회사를 산다고 함은 사실은 종이 쪽지에 불과한 주식을 사는 것이다. 무슨 용기로, 종이 쪽지 수십 장을 수백, 수천억 원을 주고 사는가? 사려고 하는 회사가 살 가치가 있는지, 파는 사람이 부르는 가격이 맞는지를 평가하는 작업을 기업실사 즉, 듀-딜리전스라고 한다. 회사의 가치를 평가하기 위해 자료를 수집하고 분석하고 검토하는 작업이다. 이 작업은 엄청난 작업이다. 무엇을 어디까지 수집하고 조사해야 할지 알 수 없기 때문이다. 그래서, 전문가가 필요하다. 그 전문가들이 바로 투자은행 사람들이다. 이들은 회사의 가치를 평가하는 데 필요한 고도로 발달된 노하우와 경험을 가지고 있다. 방대한 데이터도 보유하고 있다. 돈이 모자라는 원매자에게 자금을 빌려 주거나 알선하기도 한다. 심지어는 자신들이 직접 회사를 사서 되팔기도 한다.

이 투자은행이 하는 일을 회계사와 변호사, 그리고 경우에 따라서는 기술 컨설턴트들이 돕는 것이다. 기술컨설턴트들은 회사가 가지고 있는 기술과 공장 설비 같은 것들을 본다. 국제적 M&A 거래가 있으면 조사할 일이 국제적으로 있다. 어떤 회사를 인수하고자 하는데 두바이에 지사가 있다. 중국에 큰 공장이 있다. 리비아에서 대형 토목공사가 진행중이다 등 일일이 다 조사하지 않으면 안 된다. 외국 투자자들이 우리나라 기업을 인수하기 위해 우리나라에 찾아와 서 일하고 가는 것과 같다. 이 때문에 이 분야의 전문가들의 생활은 '국제적'이 된다. 외국인을 위해서 일할 때는 물론 모든 과정이 영어로 진행된다.

변호사들은 회사의 제반사정을 조사해서 법률적인 문제가 없는지를 평가 한다. 회사가 지금 당하고 있는 특허소송이 어떻게 될까? 패소한다면 회사에 미 치는 영향은 얼마인가? 회사가 가지고 있다고 서류에 나오는 부동산이 '깨끗한' 물건인가? 회사가 종업원들에 뭘 잘못해서 노동법 위반으로 고소 당할 일이 있 는가? 등을 검토해서 보고서를 작성해야 하는 것이 변호사들의 일이다. 이 일들 은 보통의 양이 아니다. 그리고 단시간 내에 마쳐야 한다. 투자은행들과 마찬가 지로 변호사들도 이 일을 처리하는 고도의 전문 지식과 기법을 가지고 있다.

실사 결과가 나오면 그 결과를 놓고 양측 간에 밀고 당기기가 시작된다. '너무 비싸다'와 '그렇지 않다'의 공방이다. 즉, 사는 측에서 하는 실사는 값을 깎을 구실을 찾는 작업이다. 회사의 중요한 자산 하나가 1,000억 원의 값이 매 겨져 있다. 그런데, 조사를 해 보니 그 소유권이 다투어지고 있다. 제 3 자가 제 기한 소송에서 회사가 패소한다면 1,000억 원의 재산이 줄어들 것이다. 회사를 사려는 사람은 이 1,000억 원을 어떻게 취급해야 하는가? 매도인 측은 아무 문 제없는 소송이라고 주장한다. 1,000억 원을 다 쳐달라는 것이다. 매수인은 변호 사에게 이 소송의 결과에 대한 예측을 의뢰한다. 그러자 패소가능성이 높은 것 으로 나타났다. 1,000억 원은 고사하고 1,000원도 쳐주기 곤란해진다. 매도인은 자기 측 변호사가 승소 가능성이 80%가 넘는다고 쓴 의견서를 보여 준다. 어떤 변호사의 예측을 신뢰해야 하는가? 판사의 마음속에 들어가 본 변호사가 있다 면 그 변호사의 의견이 믿을 만할 것이다. 그런데, 판사의 마음속에 들어가 보 지 않고 비슷하게 그 마음을 읽을 수 있는 사람들이 있다. 바로 오랫동안 판사 를 한 경험이 있는 변호사들이다.

이 과정이 끝나고 가격에 대한 합의가 이루어지면 그 내용과 회사를 넘기는 제반 기술적인 문제를 문서로 작성하는 일이 기다리고 있다. 이 또한 변호사들의 몫이다. 사고팔기로 합의가 이루어지고, 가격까지 합의되면 사는 사람은 하루라도 빨리 회사를 경영하고 싶어하고, 파는 사람은 하루라도 빨리 돈을 손에 넣고 싶어 한다. 문서작성은 밤을 새워서 해치워야 하는 일이 되어 버린다.

Ⅲ. 로펌 변호사의 성격

흔히 대형 로펌의 변호사들이 일을 많이 한다는 것은 알고 있으나 그 실상을 밖에서 알기는 어렵다. M&A 거래에서의 법률실사와 같은 작업은 단기간 내에 많은 양의 서류와 정보를 처리해서 보고서와 문건을 만들어 내야 하기 때문에 어쩔 수 없이 밤낮없이 일을 해야 한다. 그런데, 사실 대형 로펌의 변호사들이 일을 많이 하는 궁극적인 이유는 보수가 높기 때문이다. 높은 보수가 가능하기 위해서는 생산성이 높아야 한다. 그리고, 높은 보수는 결국 고객들에게서 나오므로 높은 보수를 지불하는 고객들은 고도의 효율성을 요구한다. 사정이 이렇기 때문에 우리나라에서도 마찬가지지만 미국의 일급 로펌에서 변호사들은 거의 휴일과 휴가 없이 일을 해야 한다. 그래서 선배들로부터 인정을 받아야 하고 인정을 받으면 회사의 주주격인 파트너가 된다. 파트너가 되면 로펌의 이익배당에 참여할 수 있으므로 형편이 더 좋아진다. 그러나, 일을 많이 해야 하기는 마찬가지다. 미국 로펌들은 1년에 일하는 시간으로 예컨대, 2,000시간, 2,400시간 등과 같은 시간적 기준(billing hours)을 설정해 둔다. 2,400시간이라면 한 달에 200시간이라는 얘기다. 한 달에 200시간이라는 것이 할 만한 것으로 여겨질 수도 있으나, 변호사의 시간은 고객이 보수를 지불할 용의가 있는 순도 높은 시간이다. 나는 학생들에게 시험공부를 할 때나 심지어는 시험을 볼 때만큼 집중해야 하는 강도의 업무 시간이라고 비유해 설명해 준다. 우리나라의 1급 로펌에서 변호사들은 한 달에 220시간, 240시간 정도를 일한다고 보면 될 것이다.

일의 성격과 그에 대한 평가가 이렇게 정량적으로 이루어지기 때문에 지나치게 창의적이거나 성격이 자유분방한 사람은 적성에 잘 맞지 않는 것이다. 고객에게 수백억원이 왔다갔다하는 어려운 문제를 번뜩이는 아이디어 하나로 해결했다면 1시간을 일한 것으로 할 것인가 2시간으로 일한 것으로 할 것인가?

수천 시간의 보수를 절약해 준 공은 잘 인정되지 않는다. 이 분야는 평균 이상의 우수성과 뛰어난 체력을 갖추고 성실한 성격의 사람이 성공할 가능성이 높은 분야다. 특히, 금융분야에는 지나칠 정도로 세부적인 문제에 집중력을 오래 발휘할 수 있는 사람이 가장 적합하다는 것이 정설이다.

   듀-딜리전스가 포함되는 M&A 같은 대형 프로젝트는 혼자 또는 몇 사람이 할 수 없다. 많은 사람들이 효율적으로 팀 작업을 해야 한다. 외부에서 같이 일하는 사람들도 수십 명이다. 여기서는 리더십과 조직력이 요구된다. 팀의 구성원들에게는 독불장군이 아닌 조화적인 성격이 요구된다. 그러나, 개성이 강하고 자부심이 강한 전문가들의 세계에서 이는 말처럼 쉽지 않다. 특히, 고객들과 직접 접촉하는 선배 변호사들은 후배들의 실수를 뒤집어 쓸 줄도 알아야 하고 고객의 과도한 요구로부터 후배들을 보호할 줄도 알아야 한다. 어릴 때부터 주위의 칭찬만 듣고 살아온 최고 엘리트들에게 이것은 쉽지 않은 일이다. 그리고, 이기적인 드라이브는 신망을 상실하게 하기 십상이다.

   그래서 진로를 설계할 때는 가장 먼저 자신의 성격을 잘 진단해야 한다. 솔로 스타일은 M&A와 같은 대형 프로젝트보다는 조세사건에 관한 법률자문이나 소송 같은 분야에서 더 실력을 발휘할 수 있을 것이고, 보다 '법률'전문가적인 삶을 살게 된다. 반면 조직의 리더십을 발휘하는 사람은 법률전문가라기 보다는 프로젝트 리더로서의 역량을 발휘한다. M&A가 제격이다. 대형 로펌은 전문 분야도 각양각색이고 성격과 장단점이 천차만별인 많은 사람들이 같이 일하는 종합병원 같은 곳이다. 이런 조직은 현금흐름이 안정적이고 고객들에게 신뢰를 주기 때문에 사업조직으로서 큰 강점을 가지고 있다. 그런 조직의 일원이 되는 것은 보다 안정된 전문가적 삶을 영위하는 데 대단히 유리하다. 주어진 일이 성격에 맞지 않으면 다른 분야에서 다시 발전을 시도해 볼 수 있는 기회가 많이 있다. 물론, 그런 복잡한 전문회사의 지배구조와 금융에서 발생하는 골치 아픈 문제들을 해결하는 것은 전혀 별개의 이슈다. 사업조직 형태로서의 전문가 집단기업인 로펌, 병원, 회계법인은 회사의 조직을 연구하는 저자와 같은 연구자에게 아직 미지의 세계로 남아 있다.

Ⅳ. 클 로 징

모든 문서 작업과 그 밖의 준비가 끝나면 주식과 돈을 교환하는 절차가 기다리고 있다. 이를 클로징(Closing)이라고 한다. 큰 M&A 한 건에는 수천 페이지의 서류가 준비되고 작성된다. 수십 건의 계약서에 사인이 되어야 한다. 저자는 앞에서 언급한 스위스회사를 인수하는 데 취리히의 한 로펌에서 2시간 동안 사인을 한 일이 있다. 매 페이지마다 이른바 이니셜(initial)을 해야 하기 때문이다. 이러다 보면 막상 홍보 효과가 떨어진다. 그래서 변호사들이 하루 전에 필요한 일들을 다 처리하고 클로징 당일에는 마지막 한 페이지씩만 서명을 하는 행사를 가지는 일이 많다. 기자들을 대거 초청해서 사진을 찍느라 분주해진다. '우리가 이 회사를 인수했다. 새 주인이다'라고 알려야 한다.

그런데, 이 중요한 행사를 진행하는데 꼭 필요한 서류가 하나 빠졌다면 어떻게 될까? 경우에 따라서는 행사를 연기해야 한다. 당연히 돈도 하루, 이틀 늦게 들어온다. 1조 원의 하루 이자가 얼마일까? 며칠 사이에 회사의 주가가 폭락하는 일이 일어난다면? 만일 일이 그렇게 된 데 대한 책임이 변호사에게 있다면? 그 손해에 대해 책임을 져야 할지도 모른다. 그래서 구미에서는 변호사들이 책임보험에 가입하고 있다.

클로징을 마지막으로 한 딜이 종결되어도 담당 변호사에게는 숙제가 남아 있다. 그 딜에서 주고받았고 서로 합의된 모든 자료와 문건을 체계적으로 정리한 책자를 제작하는 일이다. 보통 3-4개월씩 걸렸고 예컨대, 관여한 당사자가 10개 회사와 은행이 넘어간 딜은 엄청난 양의 자료와 문서를 만들어 낸다. 특히, 적대적 M&A의 경우 소송서류들이 추가되므로 책자 제작은 보통 일이 아니다. 이 책자를 바이블(Bible)이라고 부르는데, 다음 딜에 참고하거나 후배 변호사 교육용으로도 사용되지만 변호사 스스로의 실적을 나타내기 때문에 중요하다. 마치 투자은행 사람들이 크리스탈이나 아크릴로 딜마다 기념패를 만들어 사무실에 전시해 두는 것과 같다. 클로징이 끝나고 이 바이블이 만들어지는 데는 길면 수주가 걸리기도 한다. 그런데, 미국 유수의 로펌인 크라바스(Cravath Swaine&Moore)의 경영파트너를 역임했고 별명이 'Mr. Friendly Deal'이었던 저명한 샘 버틀러(Samuel Butler) 변호사가 남긴 전설이 있다. 버틀러 변호사는 1년차 변호사 때 큰 딜의 클로징 테이블에 바로 그 딜의 바이블을 가지고 나타났다는 것이다.

V. 적대적 M&A

적대적 M&A의 본질이 분쟁이라고 함은 앞에서 말한 바와 같다. 분쟁은 언론을 통한 말싸움으로 끝나는 것이 아니고 각종 신청사건을 포함한 법원에서의 소송으로 전개된다. 소송 일반과 마찬가지로 당사자는 반드시 이겨야 한다. 적대적 M&A와 관련한 소송에서 공격 측은 이기지 못하면 M&A가 실패로 돌아갈 가능성이 높아지고 실패로 돌아가면 막대한 재정지출의 후유증과 책임논란이 기다린다. 소송에서 이기고 적대적 M&A가 성공하면 경영전략상 의도했던 바를 달성하거나 기타 일을 시작한 목적이 달성되어서 여러 가지 좋은 일이 기다린다. 방어 측도 사정은 마찬가지이다. 지면 회사를 넘겨주어야 하고 고위 경영진은 물러나야 한다. 무엇보다도 자존심이 걸려 있다. 이러다 보니 비용을 아끼지 않고 소송에 임하는데 여기에 당사자 간의 감정싸움까지 결부되면 거의 걷잡을 수 없을 정도가 될 수 있다. 1999년 독일 만네스만의 경영진이 보다폰의 적대적 M&A를 저지하기 위해 지출한 방어비용이 총 1억 7,000만 유로에 달했다. 이 비용의 큰 부분은 투자은행에 지출된 것이지만 변호사들에게 지출된 비용도 상당했을 것이다. 로펌의 고객은 변호사에게 이기기 위해서라면 무슨 수단이든 강구해 줄 것을 요구할 수도 있다. 따라서 소송이 남발될 위험이 발생한다.

흔하지는 않지만, 적대적 M&A와 경영권 분쟁 와중에 발생하는 각종 소송이나 비송사건에 있어서 관할법원을 유리하다고 여겨지는 곳으로 하기 위하여 공격적인 소송전략이 검토되는 경우도 있다. 그러한 전략도 일종의 방어소송이라고 볼 수 있을 것이다. 그러나 M&A의 와중에 순수히 상대방을 곤혹스럽게 하거나 특정인에게 상처를 주기 위한 목적으로만 소송을 제기하는 것은 법조윤리에 어긋나는 행동이 될 수도 있다. 물론 이것은 완전한 실체법적인 근거를 확인하고 준비가 되어 있는 경우에만 소송을 제기할 수 있다는 의미는 아니며 특히 적대적 기업인수나 경영권 분쟁의 과정에서는 시간다툼이 치열하므로 가급적이면 많은 소송을 제기하여 유리한 위치에 서고자 할 수가 있음을 부정하는 것도 아니다. 그러나 변호사에게는 고객의 요청에 의해 최선을 다해 업무를 수행해야 할 의무도 있는 동시에 사법제도를 악용하지 않아야 할 의무도 있음을 항상 유념해야 한다.

商法入門

제1장 위험과 보험

I. 위 험

영어로 리스크(Risk)인 위험은 상인의 숙명이다. 리스크에 대해서는 앞에서 금융업과 은행이사의 책임을 논할 때 언급하였다. 상인은 사업의 영위 과정에서 온갖 위험에 노출되고, 실제로 부딪히게 된다. 마리오의 배가 난파할 위험, 해적을 만나 물건을 도둑맞을 위험, 유가가 폭등할 위험, 환율이 급등할 위험, 채무자가 돈을 갚지 않을 위험, 채무자가 돈을 갚지 못할 위험, 채무자가 도산할 위험, 담보물 도난이나 멸실 위험, 주가가 폭락할 위험, 전쟁이나 혁명, 폭풍의 위험 등 리스크를 나열하자면 한이 없다. 상인은 이런 리스크들에 대해 항상 예민한 상태를 유지하면서 그를 피하거나 감소시켜야 한다. 리스크를 통계적으로 예견하고 그에 대처하는 방법도 있는데 이를 헤징(hedging)이라고 부른다. 회사법에서 은행이사의 책임을 논할 때 간단히 소개한 것이다. 헤징이 가능한 이유는 리스크를 기초로 사업을 하는 상인도 있기 때문이다. 상인 A가 리스크가 우려되어서 그 리스크가 실제로 발생해서 타격을 입을 경우 그 피해를 상인 B가 감당해 주기로 약속한다. 그러나 이에 대해서는 물론 A가 B에게 대가를 지불해야 한다. 다행히도 예상했던 리스크가 현실화하지 않으면 A는 상대적으로 소액의 지출을 했을 뿐이고 B는 위험을 대신 부담해 준 대가로 수입이 생긴 것이다. 리스크를 사고팔 수도 있는데 B가 떠안은 A의 리스크를 C에게 되팔 수도 있는 것이다. 리스크가 시장에서 거래되는 가격은 실제로 해당 리스크가 발생할 가능성이 얼마나 높은가에 달려 있다. 따라서, 예컨대 폭풍우에 관한 리스크를 거래하는 시장에서는 기상전문가들이 활약하게 된다.

상인들이 리스크를 피하고자 헤징을 하기 때문에 그를 위해 다양한 파생금융상품들이 개발되었다. 선물, 옵션, 스왑 같은 것들이다. 이런 상품들에 대해 독자들은 금융법, 금융규제법을 공부하면서 자세히 배울 기회가 있을 것이다. 최근 세계에서 가장 유명한(악명 높은) 파생금융상품은 앞에서 여러 번 언급된 CDS(Credit Default Swap)라고 불리는 것이다. 회사나 정부에 돈을 빌려 준 채권자가 채무자의 도산위험을 고려해서 보험회사 등 금융기관으로부터 증권을 매입하는 것이다. 2008년 리먼 브라더스가 도산했을 때 세계 최대의 보험회사 중 하나인 AIG도 비슷한 위기에 처했다. 그런데 CDS를 비롯해서 AIG가 외부와 체결하고 있는 파생금융계약의 규모가 약 3,000조 원이 넘는 것으로 드러났다. AIG가 도산하면 그 많은 거래당사자들이 모두 피해를 입게 된다. 그리고 그들 중 상당수는 역시 금융기관이므로 다시 파급효과가 발생할 것이고, 그렇게 되면 세계 금융시장 전체가 붕괴할 위험이 있다고 생각되어서(AIG가 도산하면 비행기가 뜰 수 없다는 것도 이유였다. 금융뿐 아니라 물류가 마비된다) 할 수 없이 미국 정부가 공적자금(세금)으로 AIG를 구제했다. 모든 상인이 리스크를 회피하려 하고, 그 덕분에 리스크 장사를 한 상인이 지나치게 많아져서 결국 모두 더 큰 리스크에 노출된 역설적인 상황이 연출되었다.

II. 보   험

상인이 가장 간단하게 리스크에 대처하는 방법은 보험에 가입하는 것이다. 물론, 상인이 아닌 개인도 보험에 가입할 수 있다. 생명과 재산에 대한 위험은 개인에게도 발생한다. 보험회사(보험자)는 해당 리스크가 실제로 현실화할 가능성을 전문적으로 평가해서 보험료를 산정한다. 그리고, 실제로 사고가 발생하면 보험금이 지급된다.

안토니오는 샤일록에게 보증채무를 이행하지 못해서 죽게 될 위험에 처하게 되었다. 배가 난파해서 돈이 없게 되었고, 즉, 보유한 선박의 조난위험을 헤지하지 못했고, 그렇게 된 사람에게 돈을 빌려 줄 사람이 없었기 때문이다. 셰익스피어의 이 희곡을 보면 안토니오가 보험에 들었다는 말이 없다. 보험에 들지 않았기 때문에 험한 일을 당한 것이다. 왜 노련한 상인인 안토니오가 보험에 들지 않았을까? 답은 간단하다. 셰익스피어가 보험이라는 것을 몰랐기 때문일 것이다. 왜? 당시에는 보험이라는 것이 일반인들도 알 만큼 널리 활용되지 못하고 있었다. 보험은 1350년대에 이미 출현했지만 보험이 산업으로 태동하기 시작한 것은 1666년 런던 대화재 이후다. 퍼거슨 교수는 보험이 새로운 차원으로 발전하게 된 것은 1660년경에 파스칼과 페르마의 확률이론과 사회통계학자들에 의한 인간의 평균수명에 대한 연구가 출현한 이후라고 말한다. 수학자들이 지적인 토대를 마련해 주었고 1744년에 교회의 목사가 사망할 경우 미망인과 자녀들이 가난에 시달려야 하는 현실을 개선하기 위해 정교한 계산에 의한 기금 마련 장치가 스코틀랜드에서 고안되었다. 영국은 보험 가입률이 가장 높은 나라다.

오늘날 보험은 상인이 당면하는 다양한 위험을 헤지하는 대표적인 장치다. 상인이 당면하는 위험이 현실화하면, 즉, 손해를 입게 되면, 소송 등 법률적인 장치를 통해 구제를 도모하지만 실제로 구제를 받을 수 있다는 보장이 없고 막대한 시간이 소요된다. 국제 비즈니스에서는 더 그렇다. 사업 규모가 클수록 보험 없이는 아무것도 움직일 수가 없게 된다. 상술한 바와 같이 AIG가 도산하였다면 비행기나 배가 멈출 것이므로 보험 없이는 물류가 마비된다. 자동차도 마찬가지다. 우리나라가 이란으로부터 석유를 수입하는 것을 미국이 양해하더라도 미국과 유럽의 큰 보험회사들이 원유를 수송하는 탱커들에게 보험가입을 거부한다면 결국 원유는 수입될 수 없다. 2012년 7월에 러시아가 시리아 정부에 제공할 헬기 등 방공 무기를 싣고 칼리닌그라드를 출발해 시리아로 향하던 선박은 미국의 요청을 받은 영국의 해상보험사가 보험계약을 해제하자 항해를 멈춘 뒤 러시아로 회항했다.

Ⅲ. 보험의 종류

상법은 보험을 화재보험, 운송보험, 해상보험, 책임보험, 자동차보험 등을 포함하는 손해보험(제665조 내지 제726조의4)과 생명보험, 상해보험 등을 포함하는 인보험(제727조 내지 제739조)으로 나누어 규율하고 있다. 보험업법은 보험을 좀 달리 분류한다. 손해보험과 인보험으로 보험을 분류하는 상법과 달리 보험업법은 생명보험, 손해보험, 제 3 보험으로 보험을 분류한다. 손해보험에는 화재보험, 해상보험(항공·운송보험 포함), 자동차보험, 보증보험, 재보험, 책임보험, 기술보험, 권리보험, 도난보험, 유리보험, 동물보험, 원자력보험, 비용보험, 날씨보험 등이 포함되며 제 3 보험에는 상해보험, 질병보험, 간병보험 등이 포함된다(보험업법 제 2 조 제 1 호 및 동 시행령 제 1 조의2 제 3 항, 제 4 항).

　　의사라고 해서 병에 안 걸리지 않는 것처럼 보험회사라고 해서 안전하지는 않다. 보험회사도 상인이기는 마찬가지다. 보험회사는 보험가입자로부터 징수한 보험료와 보험료를 투자해서 발생하는 투자수익에서 보험사고 발생으로 지급되는 보험금과 영업비용을 공제한 금액을 수익으로 하는 사업이다. 보험료는 경쟁업체들과 정부규제 때문에 지나치게 많이 받을 수 없지만 보험금 총액은 예측이 불가능하다. 그래서 보험회사도 재보험이라고 불리는 보험에 든다. 재보험은 1842년 독일 함부르크 대화재를 계기로 출현했다. 독일의 Munich Re와 스위스의 Swiss Re가 세계에서 가장 큰 재보험회사들이다. 런던에 가면 타원형의 캡슐처럼 생긴 특이한 건물이 있는데 스위스재보험회사의 영국본부 건물이다. 재보험은 손해보험의 일종으로서 보험회사(원보험자)가 피보험자가 되고 재보험회사가 보험자가 되는 보험이다. 보험회사는 보험업의 영위 과정에서 발생하는 리스크를 관리하기 위해 재보험회사와 재보험계약을 체결하고 보험계약상 책임의 일부를 재보험자에게 인수시킨다. 이 재보험계약은 원보험계약과는 무관한 별개의 보험계약이므로 원보험계약의 효력에 영향을 미치지 않는다(제661조). 재보험은 위험의 이전을 위해 성립되는 것이 보통이지만 보험회사의 아비트라지 목적으로도 활용된다. 즉, 보험회사는 자신의 보험료율이 재보험회사의 보험료율보다 높은 경우 보험계약을 체결하는 즉시 재보험계약을 체결함으로써 차익을 시현할 수 있다. 이 경우 결과적으로는 보험회사가 차익만큼의 중개료를 받는 중개인 역할을 한 셈이 된다.

보험과 복지국가

　　수명은 늘어나는데 세상은 점점 더 위험한 곳으로 변해간다. 불확실성을 본질로 하는 미래가 더 길어지고 세상살이에서 생기는 위험이 커져만 간다. 보험에 들 수 없는 빈곤층은 어떻게 대처할까. 여기서 영국이 원조로 알려져 있는 복지국가 이념이 나온다. 그런데 사실은 독일이 영국에 한 20년 앞섰다. 철혈재상 비스마르크는 이미 1880년에 '노령연금이 있는 사람은 없는 사람보다 훨씬 다루기가 쉽다'라든가 '일반 국민이 무산자(無産者)를 책임지고 지원해야 한다'는 말을 했다. 그리고 '이 이치를 포용하는 자가 권력을 잡는다'고 했다. 우리나라 정치인들이 비스마르크의 가르침을 받는지 아니면 정치인의 본능으로 이 점을 알아차렸는지는 모르겠으나 비스마르크의 말이 국내에서 실현되고 있다. 복지 논쟁이 가장 큰 사회적 이슈고 선거쟁점이다.

복지국가 개념은 사회주의나 자유주의에서 나온 것이 아니고 좌파가 만든 것도 아니다. 보수정당이 복지 논쟁에서 공연히 어색해 할 필요는 없다. 복지국가 개념은 공동체 내에 보험에 가입할 수 없는 극단적으로 희망이 없는 무산자가 있게 해서는 안 된다는, 사람에 대한 최소한의 측은지심(惻隱之心)과 정치인들의 정치적 목표 추구가 결합돼 탄생한 것이다.

그 후 세계는 양차 대전을 겪었고 복지국가 개념은 전 세계적으로 확산됐다. 무산자를 구휼(救恤)한다는 차원에서 국가가 모든 것을 책임진다는 만능보험 차원으로 변화가 일어났다. 특히 일본은 이상적인 복지국가의 상징이 됐다. 그러나 어느 시점에서 복지국가는 인간의 본성과 관련이 있는 '노력과 보상, 기여와 혜택과의 관계'를 단절시키는 지경에 이르렀다. 세계적인 스태그플레이션이 뒤따랐다. 복지국가는 해체되기 시작했다. 그런데 갑자기 인간의 수명이 늘어나기 시작했다. 불행하게도 현재 세계 각국은 재정위기를 맞고 있다. 복지 문제는 이제 인류가 당면한 가장 해결이 어려운 문제들 중 하나다. 재정 문제와 정치적 대립 때문에 국내에서는 '복지포퓰리즘'이라는 말이 부정적인 느낌으로 언급되기 시작했다.

그러나 세상이 어떻게 변해도 무력한 이웃에 대한 최소한의 측은지심을 버릴 필요는 없다. 노력과 보상 사이의 연결고리를 끊지 않으면 그에 필요한 재원을 마련할 수 있다. 민간이 할 수 없는 영역에서 국가가 시행하는 보험은 국가적 차원의 규모의 경제에 기초하기 때문이다. 보통사람들은 어떻게 할까? 국가에 의존할 생각을 줄이고 보험을 찾는 것이 현명하다고 역사는 가르쳐 준다. 그리고 동서고금을 막론하고 가장 든든한 위험 헤징 수단은 근검절약하는 생활 습관과 저축이다. 국가도 같다. 재정위기가 아니더라도 정부부터 근검절약하는 것이 복지국가를 만드는 첫걸음이다.

IV. 상호보험회사

독자들이 아는 보험회사들은 다 주식회사다. 그런데 외국에 나가보면 보험회사가 상호보험회사(mutual insurance company)라는 명칭으로 불리는 것들이 많이 있다. Liberty Mutual이라는 회사처럼 명칭에 표시되는 것도 있고, New York Life처럼 겉보기로는 잘 알 수 없는 것도 있다. 일본생명(日本生命保險相互会社)은 영문상호를 Nippon Life Insurance Company라고 쓴다. 상호보험회사는 상호회사 형태의 보험회사다. 상호회사는 회사의 고객이 주인인 회사이므로 상호보험회사는 보험계약자들이 회사의 주인인 보험회사다. 보험관계를 전제로 사원관계가 설정된다. 사회성, 공공성, 상호성 등이 보험사업의 특성이므로 보험회사는 이념적으로는 상호회사 형태가 더 적합하다. 보험업법은 제34조 이하에서 이에 대해 규율하는데 문제는 아직 국내에는 상호보험회사가 없다는 것이다.

보험업법 제46조는 제목이 "간접책임"이다. 상호회사의 사원은 회사의 채권자에 대하여 직접적인 의무를 지지 아니한다고 규정한다. 보험업법 제47조는 제목이 "유한책임"인데 상호회사의 채무에 관한 사원의 책임은 보험료를 한도로 한다고 규정한다. 상호보험회사는 조직, 운영 등이 모두 주식회사 형태의 보험회사와 비슷하며 실제로 상법의 주식회사편의 많은 규정들이 준용된다. 다만 회사의 수익이 보험가입자들에게 배당되거나 보험료 할인으로 이어지는 점에 차이가 있다. 국내에서 삼성생명 등 생명보험회사들이 기업을 공개할 때 시민단체에서는 국내 생명보험회사들이 형식적으로는 주식회사지만 상호회사처럼 운영되어 왔다고 보아 상장차익을 주주들만이 분배 받을 것이 아니라 계약자들에게도 배분해야 한다고 주장한 바 있다. 그러나 정부는 생명보험회사의 보험계약자들은 주주가 아닌 채권자의 지위를 가진다고 해석했다.

제2장   보험법 통칙

Ⅰ. 보험계약

1930년에 독일의 한 학자는 보험을 "확률계산이 가능한 사건에서 수요 발생 시 기금을 공급할 목적으로 상호성의 원리에 따라 만든 경제제도"라고 정의했는데 이 정의는 지금도 통용된다. 상법은 제638조에서 "보험계약은 당사자 일방이 약정한 보험료를 지급하고 상대방이 재산 또는 생명이나 신체에 관하여 불확정한 사고가 생길 경우에 일정한 보험금액 기타의 급여를 지급할 것을 약정함으로써 효력이 생긴다"고 규정한다. 그런데, 독자가 보험에 가입해 본 적이 있다면, 깨알 같은 글씨로 씌여진 문서를 제시 받은 기억이 있을 것이다. 실제로 보험계약은 보험자가 미리 정형적으로 작성한 그러한 약관에 의해 체결된다. 즉, 대표적인 부합계약이다. 보험자는 보험계약을 체결할 때에 보험계약자에게 보험약관을 교부하고 그 약관의 중요한 내용을 설명하여야 한다(제638조의3 제1항). 보험자가 이 교부·설명의무를 위반한 경우 보험계약자는 보험계약이 성립한 날부터 3개월 이내에 그 계약을 취소할 수 있다(동 제2항).

1. 보험계약과 효력

보험계약은 보험자와 보험계약자 간에 체결되어 성립되는 것이 원칙이다(제638조의2). 보험약관이 교부되고(제638조의3) 보험증권이 교부된다(제640조). 그런데 보험계약은 타인을 위해 성립될 수도 있으며 심지어 해당 타인의 위임 없이도 성립될 수 있다. 상법 제639조 제1항에 의하면 보험계약자는 위임을

받거나 위임을 받지 아니하고 특정 또는 불특정의 타인을 위하여 보험계약을
체결할 수 있다. 그 타인은 당연히 그 계약의 이익을 받는다(제639조 제 2 항). 이
는 민법상의 제 3 자를 위한 계약이다. 그래서 손해보험은 자기를 위한 손해보
험과 타인을 위한 손해보험으로 나누어진다. 여기서는 자기든 타인이든 보험사
고가 발생하면 보험금을 지급 받게 되며 공히 피보험자라고 부른다. 한편, 생명
보험의 경우에는 보험사고가 발생한 경우 보험금을 지급 받을 자로 누군가를
지정하게 되는데 그 자를 보험수익자라고 부른다. A가 자신이 사망할 경우 보
험금이 배우자에게 지급되도록 하는 보험계약을 체결했다면 A는 피보험자이고
그 배우자는 보험수익자다.

보험자의 책임은 당사자 간에 다른 약정이 없으면 최초의 보험료의 지급
을 받은 때로부터 개시하며(제656조) 보험계약자 또는 피보험자나 보험수익자는
보험사고의 발생을 안 때에는 지체없이 보험자에게 그 통지를 발송하여야 하고
(제657조 제 1 항) 보험계약자 또는 피보험자나 보험수익자가 제657조 제 1 항의
통지의무를 해태함으로 인하여 손해가 증가된 때에는 보험자는 그 증가된 손해
를 보상할 책임이 없다(제 2 항). 보험자는 보험금액의 지급에 관하여 약정기간
이 있는 경우에는 그 기간 내에 약정기간이 없는 경우에는 제657조 제 1 항의
통지를 받은 후 지체없이 지급할 보험금액을 정하고 그 정하여진 날부터 10일
내에 피보험자 또는 보험수익자에게 보험금액을 지급하여야 한다(제658조). 보
험사고가 보험계약자 또는 피보험자나 보험수익자의 고의 또는 중대한 과실로
인하여 생긴 때에는 보험자는 보험금액을 지급할 책임이 없고(제659조). 보험사
고가 전쟁 기타의 변란으로 인하여 생긴 때에는 당사자 간에 다른 약정이 없으
면 보험자는 보험금액을 지급할 책임이 없다(제660조). 이 경우 대개 보험약관
에 그러한 면책사유를 규정하는데 면책요건 충족여부는 엄격히 해석한다.

대법원 1994. 11. 22. 선고 93다55975 판결 재판요지   [1] 화재보험보통약관에서
'지진, 분화, 해일, 전쟁, 외국의 무력행사, 혁명, 내란, 사변, 폭동, 소요, 기타 이
들과 유사한 사태'를 보험자의 면책사유로 규정하고 있다면, 이러한 규정의 취지
는 위와 같은 사태하에서는 보험사고 발생의 빈도나 그 손해정도를 통계적으로
예측하는 것이 거의 불가능하여 타당한 보험료를 산정하기 어려울 뿐만 아니라
사고발생 시에는 사고의 대형화와 손해액의 누적적인 증대로 보험자의 인수능력

을 초과할 우려가 있다는 데에 있는바, 본래 보험제도 자체가 쉽게 예측하기 어려운 장래의 우연적, 돌발적 사고로 인한 손해를 담보하기 위한 것이므로 앞서 같은 사고발생의 예측 곤란과 피해 극대화를 이유로 한 면책사유의 요건은 이를 엄격하게 해석하여야 할 것이고, 따라서 위 조항에 열거된 면책사유 중 소요는 폭동에는 이르지 아니하나 한 지방에서의 공공의 평화 내지 평온을 해할 정도로 다수의 군중이 집합하여 폭행, 협박 또는 손괴 등 폭력을 행사하는 상태를 말하는 것으로 보아야 할 것이다. [2] 화재 당시 대학생들이 단순히 범민족대회 참가를 봉쇄하려는 경찰의 저지선을 뚫기 위하여 화염병을 투척하기에 이르렀고, 그 폭력 행사의 정도도 경찰에 대하여서만 화염병을 투척하였을 뿐이고 인근의 다른 상가나 행인에 대하여는 아무런 폭행이나 협박 또는 손괴 등을 하지 아니하였으며, 그 시위장소 또한 지하철 역에서 대학교 정문에 이르는 도로에 한정되었고 다른 지역으로는 확산되지 아니하였음이 분명하다면, '[1]'항의 보험약관상 면책사유요건의 엄격해석의 원칙을 참작하여 그 대학생들의 폭력사태는 발생경위와 장소 및 당시에 있어서의 폭력행사의 정도 등에 비추어 한 지방의 평화 내지 평온을 해할 정도의 소요 기타 유사한 상태에 해당하는 것으로 보기 어렵다고 한 사례.

2. 보험의 모집

보험자는 보험계약을 체결하기 위해 보험을 모집하게 된다. 보험회사만이 보험계약을 체결할 수 있듯이(보험업법 제3조) 보험의 모집도 아무나 할 수 있는 것은 아니다. 보험업법 제83조 제1항은 보험의 모집은 보험설계사, 보험대리점, 보험중개사, 보험회사의 임원 또는 직원 등만이 모집을 할 수 있게 한다.

여기서 소비자들과 가장 가까운 위치에 있는 사람들이 보험설계사들이다. 과거에는 보험모집인이라고 불렸는데 자기가 소속된 보험회사를 위해 보험계약의 체결을 중개하나 보험계약을 체결할 권한은 가지지 않는다. 생명보험협회와 손해보험협회가 주관하는 보험설계사 자격시험에 합격하여야 하며, 생명보험·손해보험·제3보험의 구분에 따라 각각 금융위원회가 정하는 연수과정을 이수하고 실무경력을 갖추어야 한다. 법정의 결격사유가 없어야 하고 금융위원회에 등록된다(보험업법 제84조). 보험설계사는 보험의 모집 외에도 절세 방법과 보험상품과 연계한 재무상담, 가계대출 등에 대해 고객에게 자문을 제공한다.

개정 상법은 특정한 보험자를 위하여 계속적으로 보험계약의 체결을 중개하는 자(특정 보험회사와 위촉계약을 체결한 개인 보험설계사)에게 보험료 수령권(보험자가 작성한 영수증을 교부하는 경우만 해당)과 보험증권 교부권을 인정하고 있다(제646조의2 제 3 항).

보험대리점은 보험업법 제87조에 따라 금융위원회에 등록된다. 개인이 보험대리점 등록을 하는 경우 보험설계사와의 차이는 보험대리점은 독립적인 상인이므로 주로 전속성 여부에 있다. 보험설계사가 경력이 쌓이면 보험대리점이 되는 것이 통례다. 물론, 보험대리점이 한 보험회사와 전속적으로 업무위탁계약을 체결할 수도 있다. 금융기관도 보험대리점이 될 수 있는데 보험업법 제91조의 규정에 의한다. 보험대리점은 보험계약을 체결할 권한을 가지는 경우도 있고 가지지 않는 경우도 있다. 전자는 대리상이고 손해보험에 주로 활용되며 후자는 중개업이고 인보험에 주로 활용된다. 개정 상법은 보험업법상의 보험대리점을 의미하는 보험대리상 등의 권한에 대해 규정하는데 보험대리상은 보험계약자로부터 보험료를 수령할 수 있는 권한, 보험자가 작성한 보험증권을 보험계약자에게 교부할 수 있는 권한, 보험계약자로부터 청약, 고지, 통지, 해지, 취소 등 보험계약에 관한 의사표시를 수령할 수 있는 권한, 보험계약자에게 보험계약의 체결, 변경, 해지 등 보험계약에 관한 의사표시를 할 수 있는 권한 등을 보유한다(제646조의2 제 1 항). 그러나 보험자와 보험대리상 간의 권한에 관한 내부적 제한은 선의의 보험계약자에게 대항할 수 없다(제 2 항).

보험중개사는 중개업인 보험대리점과 비슷하지만 다수의 보험자를 위해 중개업을 영위하므로 다른 것이다. 보험중개사는 특정 보험회사에 종속되지 못한다(보험업법 제92조 제 2 항). 보험중개사는 중개인이므로 보험자를 위해 아무런 권한도 가지지 않는다. 즉, 보험회사를 위해 계약을 체결하거나 보험료를 수령할 수 없다.

Ⅱ. 위험과 불확실성

상법은 제46조 제17호에서 보험을 상행위의 하나로 열거하고 있으며 보험을 영업으로 하는 대표적인 상인인 보험회사는 보험업법 제 2 조가 규정한다.

이에 따르면 보험업은 "사람의 생사에 관하여 약정한 급여의 제공을 약속하거나 우연한 사고로 인하여 발생하는 손해의 보상을 약속하고 금전을 수수하는 것을 업으로 행하는 것"으로 규정된다. 즉, 보험은 위험을 전제로 한다. 그리고 위험은 불확실성을 그 본질로 한다. 상법 제644조 전단은 보험계약 당시에 보험사고가 이미 발생하였거나 또는 발생할 수 없는 것인 때에는 그 계약은 무효로 한다고 하여 이를 분명히 하고 있다. 이미 난파한 배에 보험을 들 수는 없는 것이다. 그런데 상법 제643조는 보험계약은 그 계약 전의 어느 시기를 보험기간의 시기로 할 수 있다고 한다. 이를 소급보험이라고 한다. 제644조 전단과 모순되는 것처럼 보인다. 그러나, 제644조 후단은 보험사고가 객관적으로 확정되었더라도 당사자 쌍방과 피보험자가 이를 알지 못한 때에는 보험계약이 무효가 아니라고 규정한다. 위험성은 보험계약당사자의 주관적 사정에 의해 결정된다.

Ⅲ. 고지의무

　보험계약은 고도의 선의성(utmost good faith)에 기초를 둔다고 한다. 보험자는 피보험자나 피보험자의 재산 등에 대해 그다지 많은 것을 알지 못하고 피보험자가 제공하는 정보에만 의존해서 계약을 체결하고 계약내용에 따른 책임을 지는 위치에 있다. 이 때문에 법률은 피보험자에게 중요한 사실에 관한 정보를 보험자에게 제공하도록 한다.

　보험계약자 또는 피보험자는 보험계약을 체결할 때 보험자에게 중요한 사항을 고지해야 할 의무를 진다. 실무상 이 의무의 위반을 둘러싸고 많은 분쟁이 발생하고 있다. 독자가 보험에 가입해 본 적이 있다면, 정신없이 질문표의 여기저기 체크박스에 '예', '아니오' 형식의 표기를 한 기억이 있을 것이다. 고지의무를 이행하는 방법의 하나이다. 물론, 질문표에 다 체크했다고 해서 고지의무를 완전히 이행한 것은 아니다. 실제로 사기적인 의도로 보험에 가입하는 사람은 이 대목에서 보험회사를 속인다. 얼마 전에 큰 병으로 수술을 받은 일이 있는 데도 완벽하게 건강하고 병원 근처에는 가 본 적도 없다고 말한다. 상법 제651조에 의하면 보험계약 당시에 보험계약자 또는 피보험자가 고의 또는 중대한 과실로 인하여 중요한 사항을 고지하지 아니하거나 부실의 고지를 한 때에는 보험자는 그 사실을 안 날로부터 1월 내에, 계약을 체결한 날로부터 3년 내에 한하여 계약을 해지할 수 있다. 특정한 사실이 중요한 사항인지의 여부는 다투어질 수 있다. 생명보험의 경우 심각한 질병의 존재와 같이 명확한 것도 있지만 화재보험, 자동차보험에서는 판단이 쉽지 않은 사실들이 많이 등장한다. 운전자의 교통사고 전력이 그에 해당한다. 대법원은 객관적으로 보아 고지사항을 보험자가 알았더라면 보험계약을 체결하지 않았거나 또는 체결하였더라도 보험료나 보험금의 내용이 달라졌을 것으로 판단되는 사항을 말한다고 한다(아래 대법원 2001. 11. 27. 선고 99다33311 판결). 상법 제651조의2는 보험자가 질문표 등 서면으로 질문한 사항은 중요한 사항으로 추정한다.

대법원 2001. 11. 27. 선고 99다33311 판결   보험계약자나 피보험자가 보험계약 당시에 보험자에게 고지할 의무를 지는 상법 제651조에서 정한 '중요한 사항'이란, 보험자가 보험사고의 발생과 그로 인한 책임부담의 개연율을 측정하여 보험계약의 체결 여부 또는 보험료나 특별한 면책조항의 부가와 같은 보험계약의 내용을 결정하기 위한 표준이 되는 사항으로서, 객관적으로 보험자가 그 사실을 안다면 그 계약을 체결하지 않든가 또는 적어도 동일한 조건으로는 계약을 체결하지 않으리라고 생각되는 사항을 말하고, 어떠한 사실이 이에 해당하는가는 보험의 종류에 따라 달라질 수밖에 없는 사실인정의 문제로서 보험의 기술에 비추어 객관적으로 관찰하여 판단되어야 한다.

한편, 보험자가 생명보험계약을 체결함에 있어 다른 보험계약의 존재 여부를 청약서에 기재하여 질문하였다면 이는 그러한 사정을 보험계약을 체결할 것인지의 여부에 관한 판단자료로 삼겠다는 의사를 명백히 한 것으로 볼 수 있고, 그러한 경우에는 다른 보험계약의 존재 여부가 고지의무의 대상이 된다고 할 것이다. 그러나 그러한 경우에도 보험자가 다른 보험계약의 존재 여부에 관한 고지의무위반을 이유로 보험계약을 해지하기 위하여는 보험계약자 또는 피보험자가 그러한 사항에 관한 고지의무의 존재와 다른 보험계약의 존재에 관하여 이를 알고도 고의로, 또는 중대한 과실로 인하여 이를 알지 못하여, 고지의무를 다하지 않은 사실이 입증되어야 할 것이다.

기록에 의하면, ○○○이 피고 현대해상화재보험 주식회사(이하 '피고 현대해상'이라고 한다)와 원심 판시의 보험계약을 체결할 때 작성된 청약서에는 다른 보험계약사항을 기재하도록 되어 있고(기록 제164, 166, 167정), ○○○이 이를 기재하지 않은 사실은 인정되나, 나아가 OOO이 위와 같은 고의 또는 중과실로 피고 현대해상에게 다른 보험계약의 체결 사실을 알리지 않았다고 볼 만한 증거는 찾을 수 없으므로 피고 현대해상은 그와 같은 고지의무위반을 이유로 보험계약을 해지할 수 없다고 할 것이다. 같은 취지에서 피고 현대해상의 고지의무위반 주장을 배척한 원심 판단은 정당하고, 거기에 어떠한 위법이 있다고 할 수 없다. 이 점에 관한 피고 현대해상의 상고이유의 주장은 받아들일 수 없다.

대법원 2012. 11. 29. 선고 2010다38663 판결 재판요지 [1] 보험계약에서 고지의무 위반이 성립하기 위하여는 고지의무자에게 고의 또는 중대한 과실이 있어야 하고, 여기서 말하는 중대한 과실이란 고지하여야 할 사실은 알고 있었지만 현저한 부주의로 인하여 그 사실의 중요성의 판단을 잘못하거나 그 사실이 고지하여야 할 중요한 사실이라는 것을 알지 못하는 것을 말한다. [2] 甲이 손해보험업을 영위하는 乙주식회사와 냉동창고 건물에 관한 보험계약을 체결하였는데, 체결 당시 보험의 목적인 건물이 완성되지 않아 잔여공사를 계속하여야 한다는 사정을 乙회사에 고지하지 않은 사안에서, 위 냉동창고 건물은 형식적 사용승인에도 불구하고 냉동설비공사 등 주요 공사가 완료되지 아니하여 잔여공사를 계속하여야 할 상황이었고, 이러한 공사로 인하여 완성된 냉동창고 건물에 비하여 현저히 높은 화재 위험에 노출되어 있었으며, 위험의 정도나 중요성에 비추어 甲은 보험계약을 체결할 때 이러한 사정을 고지하여야 함을 충분히 알고 있었거나 적어도 현저한 부주의로 인하여 이를 알지 못하였다고 봄이 타당하다는 이유로, 이와 달리 본 원심판결에 고지의무 위반에 관한 법리오해의 위법이 있다고 한 사례.

일단 계약이 체결되어 성립된 후에도 위험이 변경되거나 증가되면 통지할 의무가 인정된다. 상법 제652조 제 1 항은 보험기간 중에 보험계약자 또는 피보험자가 사고발생의 위험이 현저하게 변경 또는 증가된 사실을 안 때에는 지체 없이 보험자에게 통지하여야 한다고 규정하며 이를 해태한 때에는 보험자는 그 사실을 안 날로부터 1월 내에 한하여 계약을 해지할 수 있다고 한다. 동조 제 2 항에 의하면 보험자가 제 1 항의 위험변경증가의 통지를 받은 때에는 1월 내에 보험료의 증액을 청구하거나 계약을 해지할 수 있다. 또, 제653조에 의하면 보험기간 중에 보험계약자, 피보험자 또는 보험수익자의 고의 또는 중대한 과실로 인하여 사고발생의 위험이 현저하게 변경 또는 증가된 때에는 보험자는 그 사실을 안 날부터 1월 내에 보험료의 증액을 청구하거나 계약을 해지할 수 있다.

보험설계사에게 고지, 통지한 경우는 보험자에게 고지, 통지한 것으로 인정되지 않는다. 즉, 보험설계사에게는 고지수령권, 통지수령권이 없다. 우리나라에서는 보험설계사의 활동이 생명보험과 상해보험인 인보험을 중심으로 하고 독자들도 익히 알다시피 인적인 연고에 주로 의존한다. 보험에 들면서 질병이 있다는 것을 보험설계사에게 말하더라도 보험설계사는 애써 그를 대수롭지 않은 것으로 취급할 가능성이 있고 심지어는 양자가 공모해서 보험계약이 체결될 수도 있는 것이다. 이런 상황에서 보험설계사에게 고지, 통지수령권을 인정하면 보험회사에 피해가 발생할 가능성이 높다. 만일 상법을 개정해서 보험설계사에게 그런 권한을 인정하려는 움직임이 발생한다면 막강한 보험회사들이 가만있지 않을 것이다.

Ⅳ. CDS와 합성CDO

위에서 잠시 언급한 CDS는 보험인가? CDS계약은 자신이 보유하고 있는 회사채의 가치가 하락할 위험에 대비해서 회사채 보유자가 계약의 상대방에게 회사채의 가치가 하락하면 그 평가금액을 자신에게 지급하라고 하는 약정이다. 물론, 상대방에게 프리미엄을 지불한다. 실제로 회사채 발행회사가 도산해서 회사채의 가치가 하락하거나 가치가 전혀 없어지게 되면 회사채 보유자는 계약의 상대방으로부터 약정한 금액을 수령하고 회사채를 상대방에게 넘긴다. CDS는 외관이 보험계약과 유사할 뿐 아니라 판매자가 보험회사인 경우가 많아 보험계약과 혼동되는 일이 많다. 그러나, CDS계약은 보험계약이 아니다.

CDS계약은 회사채 보유자들을 위해 고안된 것이었는데 실제로는 회사채 보유 여부와 무관하게 임의의 회사채를 대상으로 체결되기도 한다. 즉, CDS계약은 회사채를 보유하지 않아도 체결할 수 있으므로 실제로 특정한 사실이 발생해서 손실을 입게 될 위치에 있지 않은 당사자도 계약을 체결할 수 있다. 대학생인 독자 A가 대학생인 독자 B와 삼성전자가 발행한 회사채를 대상으로 CDS계약을 체결할 수 있고 A는 CDS계약상의 권리를 독자 C에게 양도할 수도 있다. A는 삼성전자 회사채를 가지고 있는 것이 없다. 여기서는 아래에서 설명하는 피보험이익이 없는 것이다. CDS가 시장에서 거래될 수 있는 이유다. 또, CDS를 판매하는 상대방은 B처럼 정부의 규제를 받지 않는 당사자여도 무방하다. 그래서, 자본금 요건 등 변제자력에 관한 규제가 전혀 없다. 보험회사는 대수(大數)의 법칙에 기초해서 손실충당금을 정하고 그를 통해 리스크를 관리하지만 CDS 판매자는 해당 채권시장에서 다른 거래자들과의 헤징을 통해 리스크를 관리한다. 그 외에도 여러 가지 차이가 있으나 가장 중요한 차이는 보험계약은 각 피보험자에게 실손해액을 보전해 주지만 CDS는 보유자들에게 사전에 약정된 방식에 따라 계산된 균일한 금액을 지불한다는 것이다. CDS계약에는 물론 고지의무도 없다.

 이 CDS를 활용해서 신용위험만 분리해 내는 기법이 합성CDO(Synthetic CDO)다. CDO에 대해서는 제3부에서 이미 설명하였다. 합성CDO는 통상적인 CDO에서 한 단계 더 진화한 상품이다. 궁극적인 준거자산인 채권을 보유한 금융회사는 SPV와 CDS계약을 체결한다. SPV는 그로부터 CDS 프리미엄을 수령하는데 그 프리미엄을 기초로 노트를 발행해서 투자자들에게 매도하는 것이다. CDS 프리미엄의 액수는 금융회사가 준거자산인 채권에서 수령하는 이자를 기준으로 결정된다. 즉, 준거자산은 금융회사의 장부에 그대로 남겨두고 신용위험만 분리해서 유동화함으로써 신용위험을 다수의 투자자들에게 이전시키는 역할을 한다. SPV는 투자자들에게 노트를 발행할 때 만일 SPV가 금융회사에 실제로 CDS계약에 의한 의무를 이행해야 하는 사건이 발생하면 노트의 원금이 감액되는 것으로 약정한다. SPV는 투자자들에게 노트를 발행해서 수령한 돈을 국채 등 안전자산에 투자하는데 대개 SPV와 CDS거래를 한 바로 그 금융회사에서 이 안전자산을 매수한다. 금융회사는 안전자산을 매도하면서 자신이 보유하는 CDS계약상의 권리를 담보하기 위해 바로 그 안전자산에 대한 담보권을 보유하게 된다. SPV가 발행한 노트의 투자자들은 후순위 담보권자가 되고 이 안전자산에서 발생하는 이자에서 노트이자를 받게 된다. 원금은 만기에 SPV가 안전자산을 매각해서 변제하게 된다. 쉽게 말하면, 합성CDO는 채권을 보유한 금융회사로 하여금 SPV에 일종의 보험을 들게 하고 SPV로 하여금 노트투자자들에게 재보험에 들게 하는 것이다. 물론, 이 구도하에서는 금융회사로 직접 유입되는 자금은 없다. 금융회사는 자본을 조달할 수는 없고 위험만 분리해서 외부로 내보낸 것이다. 따라서, SPV가 발행하는 노트의 규모는 금융회사가 보유하는 궁극적인 준거자산의 10% 정도에 그치게 된다.

SPV는 위험수준에 따라 구분된 증권을 투자자들에게 발행하게 된다. 그러면 투자자들은 이들 증권을 다시 풀링해서 새로운 증권을 만드는데 그를 'CDO-Squared', 'CDO-Tripled' 등의 이름으로 부른다. 나아가, 합성CDO를 보유하게 된 투자자는 합성CDO에서 신용위험을 분리하여 CDS계약을 통해 또 다른 SPV에게 넘긴 후 새로운 증권을 발행해서 판매할 수 있다. 이 합성CDO거래는 진정한 매매에 수반되는 비용과 번거로움을 생략할 수 있게 한다. 채권양도에 채무자의 승낙이나 채무자에 대한 통지를 필요로 하는 법제에서는 이 방법이 대단히 매력적이다. 조세부담도 피할 수 있고 무엇보다도 해당 금융회사에게는 양도대상인 채권의 채무자가 고객들인 경우가 많으므로 고객관리에 해가 되지 않는다.

아바커스사건

2008년 글로벌 금융위기의 여파로 무수히 많은 투자자들이 투자손실을 입었고 RMBS와 CDO 등과 같은 파생금융상품이 그 중요한 원인이 되었다. 파생금융상품은 투자은행들이 설계해서 판매한 것들이다. 2007년에 골드만삭스는 아바커스(ABACUS 2007-AC1)이라는 이름의 합성CDO를 판매한 일이 있는데 여기서 큰 소송이 발생하였다.

아바커스는 90개의 RMBS(Residential MBS)를 준거자산으로 하는 20억 달러 규모의 합성CDO를 발행해서 투자자들에게 판매한 케이만제도 소재 SPV의 이름이다. 골드만삭스의 Fabrice Tourre라는 사람이 설계했다. 그런데 골드만삭스가 아바커스를 설계한 계기는 유명한 헤지펀드 운영자인 폴슨(John Paulson)의 제안이었다. 폴슨은 골드만삭스에게 RMBS 시장이 붕괴할 것이므로 CDO를 만들어 RMBS를 공매도하자고 제안하였던 것이다. 골드만삭스는 폴슨의 제안(input)에 기초하여 준거자산 풀의 구성을 ACA Management라는 자산관리회사에 의뢰하였는데 ACA가 알지 못하는 상태에서(SEC는 ACA가 기망 당하였던 것으로 본다) 폴슨은 준거자산인 RMBS를 공매도하였다. 폴슨과 아바커스는 각각 골드만삭스와 CDS계약을 체결하였다. 금융위기로 이 아바커스 CDO에 투자하였던 네덜란드의 ABN Amro와 독일의 IKB(IKB Deutsche Industriebank)가 각각 8억 5천만 달러와 1억 5천만 달러의 손실을 입고 폴슨은 10억 달러의 이익을 시현한다. 2007년에 ABN Amro를 710억

유로에 인수하였던 RBS는 이 사건의 여파로 2008년 상반기에만 약 7억 파운드의 세전손실을 기록하였고 영국정부의 구제금융을 받게 되었다. IKB도 독일에서 가장 먼저 구제금융을 받는 금융기관이 되었다.

 이 사건으로 SEC는 골드만삭스와 Tourre에게 증권거래법상의 사기혐의로 소송을 제기하였다. ACA가 합성CDO의 준거자산을 선별할 때 폴슨이 개입하여 부실한 자산의 풀링이 되도록 유도하였고 골드만삭스는 그로 인해 고객에게 손해가 발생할 것을 알면서도 거래를 중개하였다는 것이 이유다. 골드만삭스는 책임을 부인하다가 2010년 7월 15일자로 결국 화해에 합의하였다. 골드만삭스는 5억 5천만 달러의 화해금액을 지불하였다. 이 금액은 골드만삭스의 15일치 수익에 불과하였으나 SEC에 지불된 역사상 최고금액의 기록을 세운다. 여기서 골드만삭스는 아바커스 마케팅 자료가 준거자산의 선정에 폴슨이 개입되어 있었다는 사실과 폴슨의 경제적 이해관계가 CDO 투자자들의 경제적 이해관계와 상충되는 것이었다는 사실을 누락하는 실수로 부실한 정보를 포함하고 있었음만을 시인하고 그에 대해 유감을 표명하는 선에서 화해하였다.

제3장   손해보험과 인보험

Ⅰ. 손해보험 통칙

1. 피보험이익

손해보험계약의 보험자는 보험사고로 인하여 생길 피보험자의 재산상의 손해를 보상할 책임이 있다(제665조). 상법 제668조는 보험계약은 금전으로 산정할 수 있는 이익에 한하여 보험계약의 목적으로 할 수 있다고 규정한다. 이 '보험계약의 목적'을 피보험이익이라고 한다. 피보험이익이 없는 보험계약은 무효다. 피보험자는 보험사고가 발생하는 경우 직접 경제적 손실을 입는 위치에 있어야 한다. 예컨대, 건물의 임차인은 건물에 대한 화재보험의 피보험이익이 없다. ― 2005년 사법시험에는 "甲은 건물의 소유자이고 乙은 그 임차인이다. 이 건물이 화재로 인하여 소실될 경우에 대비하여 甲과 乙이 각각 체결할 수 있는 보험계약에 대하여 설명하시오"라는 문제가 출제된 바 있다. ― 상인은 상업사용인의 생명에 대한 생명보험의 피보험이익이 없는 반면, 결혼한 부부는 상호 배우자의 생명에 대한 피보험이익이 있다. 동산 양도담보설정자는 담보목적물에 대한 사용, 수익권을 가지고 채권의 변제기에 이르러서는 채무를 변제하고 소유권을 회복할 수 있으므로 그 물건에 대한 보험사고가 발생하는 경우 경제적 손실을 고스란히 입게 되므로 양도담보 설정자에게는 그 목적물에 관하여 체결한 화재보험계약의 피보험이익이 있다(대법원 2009. 11. 26. 선고 2006다37106).

이 피보험이익 개념은 보험법의 근간을 구성하는 대단히 중요한 개념이다.

이 개념이 없다면 손해보험계약과 도박계약은 구별하기 어려워질 것이고 사회는 위험한 곳으로 변할지도 모른다. 남의 자동차에 대해 자동차보험을 드는 경우를 생각해 보라. 17-18세기 영국에서는 자기와 전혀 무관한 사람의 생명을 대상으로 보험계약을 체결하는 일이 성행하였다. 주로 유명인사의 생명이 대상이 되었는데 당시의 유명인사들이 밤길을 어떻게 걸었는지 알 수 없다.

2. 보험가액과 보험금액

상법 제668조 규정의 "금전으로 산정할 수 있는 이익"을 보험가액이라고 하는데 이는 보험사고가 발생했을 때 지급될 보험금의 최고한도액이다. 손해보험은 손해보험으로 인해 피보험자가 재산상의 이익을 얻는 것을 허용하지 않으며 실제로 발생한 손해만을 보상받게 한다(이득금지의 원칙). 상법 제667조는 보험사고로 인하여 상실된 피보험자가 얻을 이익이나 보수는 당사자 간에 다른 약정이 없으면 보험자가 보상할 손해액에 산입하지 아니한다고 규정하고 있기도 하다. 그러나, 계약을 체결하면서 당사자들은 보험사고가 발생했을 때 지급될 금액의 최고한도액을 약정할 수 있고 이를 보험금액이라고 한다.

보험가액과 보험금액은 일치할 수 있고(전부보험) 일치하지 않을 수도 있다(초과보험과 일부보험). 보험금액이 보험계약의 목적의 가액을 현저하게 초과한 때에는 보험자 또는 보험계약자는 보험료와 보험금액의 감액을 청구할 수 있다(제669조 제 1 항 본문). 보험가액의 일부를 보험에 붙인 경우에는 보험자는 보험금액의 보험가액에 대한 비율에 따라 보상할 책임을 진다. 그러나, 당사자 간에 다른 약정이 있는 때에는 보험자는 보험금액의 한도 내에서 그 손해를 보상할 책임을 진다(제674조). 동일한 보험계약의 목적과 동일한 사고에 관하여 수개의 보험계약이 동시에 또는 순차로 체결된 경우에(중복보험) 그 보험금액의 총액이 보험가액을 초과한 때에는 보험자는 각자의 보험금액의 한도에서 연대책임을 진다. 이 경우에는 각 보험자의 보상책임은 각자의 보험금액의 비율에 따른다(제672조 제 1 항).

3. 손해방지 · 경감의무

손해보험의 보험계약자와 피보험자는 손해의 방지와 경감을 위해 노력할 의무를 진다(제680조 제 1 항 본문). 공장에 화재가 발생했을 때 좋은 화재보험에 가입했다고 해서 수수방관하지 말고 불을 끄기 위해 여러 가지로 노력해야 한다는 의미다. 위에서 언급한 보험계약의 고도의 선의성에서 나오는 의무다. 그런데, 왜 피보험자도 이 의무를 부담하는가? 그래서 계약상의 의무가 아닌 법정의무로 새긴다. 이 의무에 위반하면 어떻게 되는가? 상법은 아무 말도 하지 않는다. 법률적 효과에 대해 법률이 아무 말도 않는 경우 당연히 분쟁이 많이 발생한다. 보험약관에는 의무위반으로 손해가 늘어난 경우 그만큼 보험금에서 공제하는 것으로 되어 있는 경우가 많다. 상법개정안은 이를 둘로 나누어 중과실로 의무를 위반한 경우에는 보험금에서 공제하고, 고의로 의무를 위반한 경우에는 아예 보험금지급 책임이 소멸하는 것으로 규정한다. 고의로 이 의무를 위반한다 함은 예컨대, 어차피 공장이 노후화되었다고 생각해서 쉽게 불을 끌 수 있는 데도 화재를 방치하는 경우를 생각해 볼 수 있을 것이다. 이는 노후화된 공장을 쉽게 현금으로 만든다는 의미가 된다. 허용될 수 없다.

　　손해를 방지, 경감하기 위해 비용이 드는 경우가 있다. 가령, 교통사고가 발생하고 병원비용이 지출되었다. 이 비용은 누가 부담해야 할까? 상법 제680조 제 1 항 단서는 보험금액과 무관하게 보험자의 부담으로 하고 있다. 비용이 보험금액보다 큰 경우에도 보험자가 부담한다는 의미다. 상법개정안은 원칙적으로 보험금액의 범위 내에서만 보험자가 비용을 부담하게 하고 있다. 물론, 보험자가 손해방지, 경감을 위해 보험계약자에게 구체적으로 지시를 한 경우는 예외가 될 것이다. 판례에 의하면 "상법 제680조 제 1 항 … 이 규정한 손해방지비용이라 함은 보험자가 담보하고 있는 보험사고가 발생한 경우에 보험사고로 인한 손해의 발생을 방지하거나 손해의 확대를 방지함은 물론 손해를 경감할 목적으로 행하는 행위에 필요하거나 유익하였던 비용을 말하는 것으로서, 이는 원칙적으로 보험사고의 발생을 전제로 하는 것이나, 보험사고가 발생한 것과 같게 볼 수 있는 상태가 생겼을 때에도 그 때부터 피보험자의 손해방지의무는 생겨난다고 보아야 한다. 보험사고 발생시 또는 보험사고가 발생한 것과 같게 볼 수 있는 경우에 피보험자의 법률상 책임 여부가 판명되지 아니한 상태에서 피보험자가 손해확대방지를 위한 긴급한 행위를 하였다면 이로 인하여 발생한 필요·유익한 비용도 상법 제680조 제 1 항의 규정에 따라 보험자가 부담하여야 한다"(대법원 2003. 6. 27. 선고 2003다6958 판결).

II. 손해보험

1. 화재보험

화재보험계약의 보험자는 화재로 인하여 생길 손해를 보상할 책임이 있고(제683조) 보험자는 화재의 소방 또는 손해의 감소에 필요한 조치로 인하여 생긴 손해를 보상할 책임이 있다(제684조). 집합된 물건을 일괄하여 보험의 목적으로 한 때에는 피보험자의 가족과 사용인의 물건도 보험의 목적에 포함된 것으로 하는데 이 경우에는 그 보험은 그 가족 또는 사용인을 위하여서도 체결한 것으로 본다(제686조). 집합된 물건을 일괄하여 보험의 목적으로 한 때에는 그 목적에 속한 물건이 보험기간 중에 수시로 교체된 경우에도 보험사고의 발생 시에 현존한 물건은 보험의 목적에 포함된 것으로 한다(제687조).

화재보험을 포함한 손해보험에서는 보험대위제도가 있다. 즉, 보험의 목적의 전부가 멸실한 경우에 보험금액의 전부를 지급한 보험자는 그 목적에 대한 피보험자의 권리를 취득한다(제681조 본문). 손해가 제 3 자의 행위로 인하여 생긴 경우에 보험금액을 지급한 보험자는 그 지급한 금액의 한도에서 그 제 3 자에 대한 보험계약자 또는 피보험자의 권리를 취득한다(제682조 제 1 항). 화재보험 자체에 대해서는 특별히 여기서 논의할 것이 없으므로 보험자대위에 관한 2010년 사법시험 문제를 한번 보는 것이 좋은 공부가 되겠다:

> 甲은 본인 소유의 건물에 대하여 乙보험회사와 보험금액 1억 원의 화재보험계약을 체결하였다. 그런데 丙이 위 건물을 임차하여 사용하던 중에 丙의 부주의로 화재가 발생하여 위 건물이 전소(全燒)되었다. 甲과 丙은 丙이 甲에게 5천만 원을 지급하면 나머지 손해배상책임을 면제하기로 합의하였고, 그에 따라 丙은 甲에게 5천만 원을 지급하였다. 그 후 甲은 乙보험회사로부터 1억 원의 보험금을 수령하였다.
>
>   1. 乙보험회사는 丙에게 어떠한 권리를 행사할 수 있는가?
>   2. 乙보험회사는 甲에게 이미 지급한 보험금의 반환을 청구할 수 있는가?

이 사건에서는 丙의 귀책사유로 甲에게 손해가 발생하였는데 이에 관하여는 다툼이 없는 것으로 보이므로 甲은 丙에 대해 손해배상청구권을 가진다. 그 금액이 얼마인지는 분명치 않으나 1억 원의 화재보험계약이 체결되어 있는 것으로 보아 최소한 1억 원이 될 것 같다. 그런데 여기서 자비로운 건물주인인 甲은 5천만 원만 받으면 손해배상책임을 면제해 주기로 한다. 그리고 丙은 5천만 원을 지급하였다. 즉, 그로써 丙의 甲에 대한 채무는 소멸된 것이다. 자, 그런데 甲이 보험회사 乙로부터 보험금을 수령했다는 것이다. 아마도 이렇게 할 것이기 때문에 甲은 불쌍한 丙의 채무를 너그럽게 면제해 준 것 같다. 어쨌든 乙은 보험금을 지급했으므로 상법 제682조 본문에 의해 丙에게 대위권을 행사하려고 한다. 1억 원. 여기서 丙은 요즘 유행하는 말을 쓰면 '멘붕' 상태가 되었을 것이다.

다행히 보험자 乙이 甲을 대위하여 丙에게 권리를 행사할 여지는 없다. 권리를 대위행사하기 위해서는 먼저 권리가 존재해야 함은 당연한 일이다. 여기서는 甲이 丙으로부터 5천만 원을 받은 후 채무를 면제해 버렸다. 즉, 대위권을 행사할 권리가 소멸해 버린 것이다. 그리고 丙의 손해배상채무 일부변제와 甲의 잔존채무 면제에 의해 甲의 乙에 대한 보험금 청구권도 소멸한 것이다. 그럼에도 불구하고 甲은 보험금을 수령함으로써 부당이득을 얻었다. 乙은 甲에게 1억 원의 반환을 청구할 수 있다(대법원 1981. 7. 7. 선고 80다1643 판결을 참조할 것).

개정 상법은 제3자에 대한 보험대위에 관한 제682조에 제2항을 신설하여 보험회사의 가족에 대한 보험대위 금지를 규정한다. 보험계약자나 피보험자의 대위권이 그와 생계를 같이 하는 가족에 대한 것인 경우 손해가 그 가족의 고의로 인하여 발생한 경우가 아니라면 보험자는 그 권리를 취득하지 못한다. 보험계약자 또는 피보험자의 가족은 보험의 이익을 법률상 또는 사실상 함께 향유하는 주체이므로 보험회사의 대위권 행사를 허용한다면 보험계약자 또는 피보험자가 사실상 보험계약에 따른 보호를 받지 못하게 되는 문제가 있는데 이를 해결하는 규정이다.

2. 운송보험

운송보험계약의 보험자는 다른 약정이 없으면 운송인이 운송물을 수령한 때로부터 수하인에게 인도할 때까지 생길 손해를 보상할 책임이 있다고 규정하는 상법 제688조 이하는 육상운송에서 운송물에 대한 사고로 발생한 손해를 보상하는 보험에 대한 규정이다. 보험사고가 발생할 가능성이 상대적으로 높은 해상운송과 항공운송에 대해서는 별도로 보험이 존재한다.

운송물의 보험에 있어서는 발송한 때와 곳의 가액과 도착지까지의 운임 기타의 비용을 보험가액으로 하는데 운송물의 도착으로 인하여 얻을 이익은 약정이 있는 때에 한하여 보험가액 중에 산입한다(제689조). 상법 제692조는 보험사고가 송하인 또는 수하인의 고의 또는 중대한 과실로 인하여 발생한 때에는 보험자는 이로 인하여 생긴 손해를 보상할 책임이 없다고 하여 운송보조자의 고의, 중과실과 보험자의 면책에 대해 규정한다.

3. 해상보험

해상보험은 가장 기원이 오래된 보험이며 그리스, 로마시대에 그 원형이 형성되었고 14세기에 이탈리아에서 발달되어 전 유럽으로 확산되었다. 17세기 후반에 런던의 로이드 소유 커피집(Lloyd's)에서 해상기업가, 금융인들이 정기적으로 모여 합의한 내용이 현대적 의미에서의 해상보험의 기원이다. 우리나라의 해상보험회사들도 영국에서 유래되어 발달된 보험약관을 사용하고 있으며 우리 상법도 영국법을 많이 계수한 것이다. 해상보험은 독자적인 법역을 발달시켰으나 기본적으로는 보험법 일반의 적용을 받는다.

해상보험계약의 보험자는 해상사업에 관한 사고로 인하여 생길 손해를 보상할 책임이 있다(제693조). 해상보험에는 상법 제696조가 규정하는 선박보험, 제697조가 규정하는 적하보험, 제698조가 규정하는 희망이익보험 등이 있다. 희망이익보험은 적하의 도착으로 인하여 얻을 이익 또는 보수의 보험이다. 상법에 명문의 규정은 없으나 선주책임상호보험(Protection and Indemnity Insurance: P&I)도 많이 이용된다. P&I는 선박보험증권에 의해 보호되지 않는 위험을 인수한다. P&I는 특히 원유운반선의 경우 사고 시 대규모의 해상오염을 유발할 수 있어서 가입이 필수다. 서방의 이란에 대한 제재는 유조선에 대해 P&I 보험을 끊어버리는 방법으로 집행된 바 있다. 2012년 1월에 발생한 이탈리아 크루즈선 코스타 콩코르디아호 좌초 사건에서는 선박이 전손처리되어 P&I 손해금액이 약 3억 5,000만 불에 이른 바 있다(선박건조비용은 5억 7,000만 불). 손해금액이 크기 때문에 P&I는 클럽 형태로 운용된다.

해상보험에서는 운송물이 어디에서 선적되고 어디에서 양륙되는지, 선박이 어떤 항로를 따라 운항하는지(폭풍이 잦거나 해적 출몰지역) 등의 정보가 보험자의 위험계산과 보험료 산정에 영향을 미치므로 약정된 것과 다른 상황이 발생하면 보험자에게 책임이 없어야 한다. 선박이 보험계약에서 정하여진 발항항이 아닌 다른 항에서 출항한 때, 선박이 보험계약에서 정하여진 도착항이 아닌 다른 항을 향하여 출항한 때는 항해변경의 효과로 보험자는 책임을 지지 않는다(제701조 제1, 2항). 보험자의 책임이 개시된 후에 보험계약에서 정해진 도착항이 변경된 경우에는 보험자는 그 항해의 변경이 결정된 때부터 책임을 지지 않는다(제3항). 선박이 정당한 사유없이 보험계약에서 정하여진 선로를 이탈한 경우에는 보험자는 그때부터 책임을 지지 않으며 이는 선박이 손해발생 전에 원항로로 돌아온 경우에도 같다(제701조의2). 피보험자가 정당한 사유없이 발항 또는 항해를 지연한 때에는 보험자는 발항 또는 항해를 지체한 이후의 사고에 대해 책임을 지지 않는다(제702조).

항해에 관한 사항들과 마찬가지로 선박에 관한 사항도 보험자에게는 중대한 이해관계상의 고려 요소다. 첨단기술로 건조된 최신형 선박이 나이가 20년된 고령선박보다 사고의 발생가능성이 낮을 것임은 자명하고 운임은 비쌀 것이므로, 보험계약을 체결한 후에 선박에 관한 사항이 변경되면 보험자의 책임도 달라진다. 운송적하를 보험에 붙인 경우에 보험계약자 또는 피보험자의 책임있는 사유로 인하여 선박을 변경한 때에는 그 변경 후의 사고에 대하여 보험자가 책임을 지지 않는다(제703조). 선박을 보험에 붙인 경우에 선박을 양도하거나 선박의 선급을 변경한 때, 선박을 새로운 관리로 옮긴 때 등의 사유가 있을 때에는 보험계약은 종료한다. 물론, 보험자의 동의가 있는 때에는 그러하지 아니하다(제703조의2).

해상보험에서는 보험위부(委付)의 개념을 이해하는 것이 중요하다. 선박이나 적하가 해상에서 발생한 사고로 인해 전부 멸실되어 손해가 발생하면 이를 전손이라고 부른다. 피보험이익의 전부가 손해를 입은 것이다. 상법 제711조는 선박의 존부가 2월간 분명하지 아니한 때에는 그 선박의 행방이 불명한 것으로 하고 전손으로 추정한다. 전손은 현실전손과 추정전손으로 나누어지는데 현실전손은 실제로 전손이 입증된 경우를 가리키며, 추정전손은 피보험자가 경제적 이익을 전부 상실하였으나 현실전손을 입증하지 못하는 경우에 인정되는 것이다. 공해상에서 선박이 악천후로 침몰한 경우를 생각해 보면 된다. 추정전손에 어떤 법률적 효과를 인정할 것인가? 추정전손은 단순히 전손을 추정하는 제도와 확정적으로 전손으로 취급하는 제도가 있으며 후자를 위부주의라고 한다. 우리 상법은 위부주의를 채택하고 있다. 상법 제710조에 의하면 1. 피보험자가 보험사고로 인하여 자기의 선박 또는 적하의 점유를 상실하여 이를 회복할 가능성이 없거나 회복하기 위한 비용이 회복하였을 때의 가액을 초과하리라고 예상될 경우, 2. 선박이 보험사고로 인하여 심하게 훼손되어 이를 수선하기 위한 비용이 수선하였을 때의 가액을 초과하리라고 예상될 경우, 3. 적하가 보험사고로 인하여 심하게 훼손되어서 이를 수선하기 위한 비용과 그 적하를 목적지까지 운송하기 위한 비용과의 합계액이 도착하는 때의 적하의 가액을 초과하리라고 예상될 경우 등에는 피보험자는 보험의 목적을 보험자에게 위부하고 보험금액의 전부를 청구할 수 있다고 규정한다. 보험자는 위부로 인하여 그 보험의 목적에 관한 피보험자의 모든 권리를 취득한다(제718조 제 1 항).

4. 책임보험과 자동차보험

책임보험계약의 보험자는 피보험자가 보험기간 중의 사고로 인하여 제 3 자에게 배상할 책임을 진 경우에 이를 보상할 책임이 있다(제719조). 주식회사의 이사가 회사에 대해 손해배상책임을 지게 되는 경우를 대비해서 가입하는 임원책임보험의 한 예다. 변호사나 의사가 과실로 환자나 고객에게 손해를 입혔을 때를 대비한 보험도 있다. 책임보험은 피보험자가 제 3 자에게 지는 책임을 커버하는 것이기 때문에 보험가액이 있을 수 없고 따라서 계약체결 시에 한도액이 결정되게 된다.

책임보험은 피보험자가 제 3 자에게 손해를 배상하고 난 후에 피보험자에 대해 보험금을 지급하는 것이다. 보험자는 피보험자가 책임을 질 사고로 인하여 생긴 손해에 대하여 제 3 자가 그 배상을 받기 전에는 보험금액의 전부 또는 일부를 피보험자에게 지급하지 못한다(제724조 제 1 항). 그러나, 제 3 자는 피보험자가 책임을 질 사고로 입은 손해에 대하여 보험금액의 한도 내에서 보험자에게 직접 보상을 청구할 수 있다. 물론, 보험자는 피보험자가 그 사고에 관하여 가지는 항변으로써 제 3 자에게 대항할 수 있다(제 2 항).

책임보험은 피보험자와 제 3 자 간의 법률관계를 전제로 하는 보험이다. 즉, 피보험자가 제 3 자에게 지는 책임의 내용이 우선 확정되어야 한다. 그래서, 보험자로서는 피보험자가 책임보험을 믿고 덜컥 제 3 자에게 유리한 내용으로 법률관계를 확정시켜 버릴 위험을 우려해야 한다. 보험회사에서 다 처리해 줄 텐데 내가 구태여 제 3 자와 얼굴 붉히면서 책임액을 줄이려고 노력할 필요가 있는가? 그렇지 않아도 미안한데. 상법 제723조 제 3 항은 피보험자의 협의의무를 규정한다. 피보험자는 제 3 자에 대한 채무를 확정함에 있어서 보험자와 협의를 해야 한다는 것이다. 피보험자가 보험자의 동의 없이 제 3 자에 대하여 변제, 승인 또는 화해를 한 경우, 그 행위가 현저하게 부당한 것이면 보험자는 보상할 책임을 일부 면한다.

한편, 자동차보험계약의 보험자는 피보험자가 자동차를 소유, 사용 또는 관리하는 동안에 발생한 사고로 인하여 생긴 손해를 보상할 책임이 있다(제726조의2). 자동차보험은 책임보험의 성질도 가지고 있지만 예컨대 자손, 자차 등도 구성요소로 하고 있으므로 책임보험과 일치하지는 않는다. 상법은 자동차보험에 관해 상세한 규정을 두고 있지 않으며 자동차보험계약관계는 주로 자동차보험약관에 의해 규율되고 있다. 자동차보험은 책임보험으로서는 의무적인 보험이며 자동차손해배상보장법 제 5 조 제 1 항은 자동차보유자는 자동차의 운행으로 다른 사람이 사망하거나 부상한 경우에 피해자(피해자가 사망한 경우에는 손해배상을 받을 권리를 가진 자)에게 대통령령으로 정하는 금액을 지급할 책임을 지는 책임보험에 가입하도록 한다. 이 의무보험에 가입하지 않은 자동차는 도로를 운행할 수 없고(동법 제 8 조) 보험회사는 의무보험의 가입을 거부할 수 없다. 즉, 계약체결의 의무를 진다(동법 제24조 제 1 항).

5. 보증보험

보증보험은 매매, 고용, 도급 등 계약에서 채권자 A가 채무자 B의 채무불이행으로 입은 손해를 보험자가 커버해 주는 것이다. 취업 시에 종종 요구되는 신원보증보험도 보증보험의 일종이다. 법원에 가압류나 가처분을 신청할 때 공탁금을 공탁해야 하는데 이 공탁금도 보증보험증권으로 대체할 수 있어서 현금 납입의 불편이 덜어진다. 독자가 후일 변호사가 되어서 소송업무를 하게 되면 가처분신청을 담당하게 될 것이다. 법원에서 보증보험증권을 제출하라는 연락 이 오면 가처분신청이 인용되었다는 신호다.

보증보험은 채무자 B가 보험계약자이므로 전형적인 타인(A)을 위한 보험 이다. 보험자가 A에게 보험금을 지불하는 것이고 손해를 보상해 주는 것이 아 니므로 책임보험과는 성격을 달리한다. 보증보험은 손해보험인 동시에 보증의 성격도 가지므로 민법의 보증채무에 관한 규정들이 준용되어야 한다. 민법상의 보증제도는 보증인의 자력이 부족한 경우 활용될 수 없으므로 보증보험제도가 그 공백을 메워 준다. 보증보험이 보증의 성격도 가진다고 해서 민법상의 보증 계약이라는 의미는 아니다. 따라서, 보증보험계약이 무효이면 그로써 끝난다. 보 증계약으로나마 유효하다고 할 수는 없다(대법원 2010. 4. 15. 선고 2009다81623판결).

개정 전 상법은 보증보험의 근거규정을 두지 않았고 보증보험이 갖는 보 증 및 보험의 양면성으로 인해 그 법률관계가 불명확한 문제가 있었는데 개정 상법은 보증보험 관련 3개의 규정을 신설하였다. 제726조의5는 보증보험자의 책임에 관한 일반규정으로서 보증보험계약의 보험자는 보험계약자가 피보험자 에게 계약상의 채무불이행 또는 법령상의 의무불이행으로 입힌 손해를 보상할 책임이 있다고 규정한다. 상법 보험편 규정 중 보증보험의 성질상 적용이 부적 절한 규정의 적용은 배제되고(제726조의6) 보증보험계약에 관하여는 그 성질에 반하지 아니하는 범위에서 보증채무에 관한 민법 규정을 준용하도록 명시하였 다(제726조의7).

상법 제659조 제1항에 의하면 보험사고가 보험계약자 또는 피보험자나 보 험수익자의 고의 또는 중대한 과실로 인하여 생긴 때에는 보험자는 보험금액을 지급할 책임이 없다. 그런데 보증보험의 보험사고는 보험계약자인 채무자의 채무 불이행이다. 즉, 보험사고가 발생했다 함은 보험계약자의 고의 또는 중대한 과실 이 이미 존재한다는 의미다. 따라서, 이 면책조항은 보증보험에는 적용될 수가 없다. 한편, 보증보험에서는 민법의 보증에 관한 규정이 준용되는 결과 보험금을 지급한 보험자는 민법 제441조 이하의 규정에 따라 구상권을 행사할 수 있다(대 법원 1997. 10. 10. 선고 95다46265판결).

상금보상보험

축구, 야구, 골프 등 특정 경기에서 우승하는 경우, 특정 일자에 기준 이상의 눈 또는 비가 오는 경우, 또는 복권 당첨식 경품행사의 경우 일정한 상금을 지급하기로 한 행사주관자가 고객에게 부담하게 되는 비용을 보상하는 보험을 상금보상보험이라고 한다. 기업이 자사 상품의 판매촉진, 고객확보 등을 위한 프로모션의 일환으로 사용할 수 있는 보험으로 불확실한 사건이 실제로 일어나는 경우 기업이 고객에게 약속한 경품 및 상금을 지급함으로써 생기는 경제적 손실을 보상하는 보험이다(현대해상 안내문 인용). 컨틴전시보험(contingency insurance)의 일종이다. 컨틴전시보험은 통상적인 보험상품이 커버하지 않는 지진, 홍수 등의 리스크를 커버하는 보험이다.

LIG손해보험은 런던올림픽을 앞두고 LG전자와 상금보상보험계약을 체결했다. LG전자는 신제품 에어컨을 사는 고객을 대상으로 손연재 선수가 리듬체조 부문에서 동메달 이상을 획득하면 1인당 50만 원을 지급하기로 했고 3,000여 명이 에어컨을 구입했다. 손연재 선수가 동메달을 땄다면 LIG손보가 약 15억 원을 LG전자에 보상해야 했을 것이다. 롯데손해보험은 올림픽을 앞두고 롯데계열사들과 상금보상보험계약을 했다. 롯데슈퍼와 롯데면세점은 한국대표팀이 금메달 13개 이상을 따면 기아자동차 레이 10대와 메달 수에 비례해 금메달(10돈)을 지급하기로 했다. 보험사고가 발생했다. 삼성계열사들과 계약을 체결한 삼성화재도 비슷한 상황이다. 물론 이들 보험사는 재보험에 가입했을 것이다. 상금보상보험은 사행성이 있다고 해서 고도로 규제된다.

Ⅲ. 인 보 험

1. 생명보험과 상해보험

생명보험과 상해보험을 포함하는 인보험계약의 보험자는 생명 또는 신체에 관하여 보험사고가 생길 경우에 보험계약의 정하는 바에 따라 보험금액 기타의 급여를 할 책임이 있다(제727조). 세계에서 가장 큰 생명보험 시장은 EU이며 미국과 일본이 그 뒤를 따른다. 생명보험계약의 보험자는 피보험자의 생명에 관한 보험사고가 생길 경우에 약정한 보험금액을 지급할 책임이 있으며(제730조) 상해보험계약의 보험자는 신체의 상해에 관한 보험사고가 생길 경우에 보험금액 기타의 급여를 할 책임이 있다(제737조). 사람의 생명과 신체는 가치를 평가하기 어렵기 때문에 인보험에서는 피보험이익의 개념이 인정되지 않으며 보험가액의 개념도 없다. 그 결과 초과보험, 일부보험, 중복보험 문제도 없어서, 예컨대, 여러 개의 보험회사와 생명보험이 체결된 경우 보험자들은 모두 각자의 약정에 따라 보험금을 지급해야 한다. 또, 인보험은 손해보험과 달리 계약기간이 장기인 경우가 많다.

위에서 본 바와 같이 손해보험에서는 보험대위제도가 있으나 인보험에서는 제3자에 대한 보험대위가 금지된다. 보험자는 보험사고로 인하여 생긴 보험계약자 또는 보험수익자의 제3자에 대한 권리를 대위하여 행사하지 못한다. 상해보험계약의 경우에만 당사자 간에 다른 약정이 있는 때 보험자가 피보험자의 권리를 해하지 아니하는 범위 안에서 그 권리를 대위하여 행사할 수 있을뿐이다(제729조). 생명보험은 정액보험이므로 피보험자가 보험사고에 책임이 있는 제3자로부터 손해배상을 받더라도 그를 이득으로 보지 않기 때문이다. 또, 생명보험에서 둘 이상의 보험수익자 중 일부가 고의로 피보험자를 사망하게 한 경우 다른 보험수익자에 대한 보험자의 책임문제에 관하여는 종래 상법에 명문의 규정이 없어 논란이 있었으나, 개정 상법은 제732조의2를 신설하여 둘 이상의 보험수익자 중 일부가 피보험자를 사망하게 한 경우 보험자는 다른 보험수익자에 대하여 책임을 지도록 명확하게 규정하여 생명보험에서의 보험자 면책사유를 구체화하였다.

상해보험은 사람이 신체에 상해를 입었을 때 발생하는 손해를 커버하는 보험이므로 사실은 손해보험의 성질을 가지는 것이다. 보험사고가 사람의 신체에 발생하는 것이기 때문에 생명보험과 함께 인보험에 규정되어 있을 뿐이다. 그래서 전술한 바와 같이 보험업법은 손해보험과 인보험으로 보험을 분류하는 상법과 달리 생명보험, 손해보험, 제3보험으로 분류한다. 상해보험은 질병보험과 함께 제3보험에 포함되어 있다.

2. 타인의 생명과 생명보험

생명보험계약은 타인의 사망을 보험사고로 하여 체결될 수 있다. 미국의 남북전쟁 이전에는 남부의 농장주들이 노예의 생명에 대해 생명보험을 드는 사례가 많았다고 한다. 그러나, 타인의 사망을 보험사고로 하는 보험계약에는 보험계약 체결 시에 그 타인의 서면에 의한 동의를 얻어야 한다(제731조 제1항). 이 동의가 없는 계약은 무효이다(아래 대법원 1989. 11. 28. 선고 88다카33367 판결). 이 법리가 없다면 사회가 좀 더 위험한 곳이 될 수도 있다. 실제로 미디어의 가장 많은 주목을 받는 사고가 생명보험사기 사건들이다. 다만, 최근 급증하고 있는 단체보험에서는 이 법리가 배제된다. 상법 제735조의3 제1항은 단체가 규약에 따라 구성원의 전부 또는 일부를 피보험자로 하는 생명보험계약을 체결하는 경우에는 제731조를 적용하지 아니한다고 하고 있다.

대법원 1989. 11. 28. 선고 88다카33367 판결   타인의 사망을 보험사고로 하는 보험계약에는 피보험자의 동의를 얻어야 함은 상법 제731조 제1항에 의하여 명백한 바 이 규정은 강행법규로 보아야 하므로 피보험자의 동의는 방식이야 어떻든 당해 보험계약의 효력발생 요건이 되는 것이다.

그런데 이 사건 단체대형보장 보험약관에는 피보험자의 서면에 의한 동의를 요구하고 있는 바 이에 대하여 원심은 판단하기를 타인의 사망보험에 대하여 피보험자의 동의를 요하게 한 것은 도박보험의 위험성과 피보험자 살해의 위험성 등을 배제하기 위함인 것인데 단체대형 보장보험의 경우에는 그 단체의 대표자 내지 사용자가 일괄적으로 그 구성원을 피보험자로 하여 보험계약을 체결하는 것이어서 위와 같은 우려가 없어 피보험자의 개별적인 명시적 동의를 요하지 아니하고 묵시적 동의 내지 추정적 동의의사만으로 족하다 할 것인데 피고 회사가 위 보험약관으로 피보험자의 서면동의까지 요구한 것은 보험청약자 내지 보험계약자의 형식이나 요건에 대하여 부당하게 엄격하게 제한을 가한 것이므로 신의칙 내지 공평의 원칙에 비추어 무효라 할 것이라고 설시한 다음 따라서 원고가 피보험자인 선원들의 묵시적 승낙하에 위 단체대형보장 보험을 청약한 이상 피고로서는 그 보험금을 지급할 의무가 있는 것이라고 하였다.

그러나 위에서 본 상법 제731조 제1항의 입법취지는 원심이 밝힌 위험성 외에도 인격적 침해의 위험성 즉 일반사회의 윤리에 비추어 피해자의 동의를 얻지 아니하고 타인의 사망을 이른바 사행계약상의 조건으로 삼는 데서 오는 공서약속침해의 위험성을 배제하기 위한 것도 들어 있다 할 것이고 더욱이 위와 같은 위험성들은 언제나 똑같은 비중으로 취급될 수는 없다 할 것이나 그렇다고 해서 원심설시와 같은 이유만으로는 이 사건 단체대형보장보험의 위와 같은 약관의 통용성을 부정할 수는 없다고 봄이 타당하다.

단체보험은 성질상 타인의 생명보험계약임에도 불구하고 그 타인의 서면동의를 받도록 하는 규정의 적용이 배제 되어 단체가 자신을 보험수익자로 지정하는 경우에 피보험자인 구성원의 동의가 필요한지 여부에 관하여 해석상 논란이 있었으나, 개정 상법은 제735조의3 제 3 항을 신설하여 단체보험에서 보험계약자가 피보험자(그 상속인을 포함)가 아닌 자를 보험수익자로 지정하는 경우에는 단체의 규약에 명시적으로 정하지 아니하는 한 피보험자 본인의 서면에 의한 동의를 받도록 명시적으로 규정하고 있다.

앞에서 설명한 바와 같이 보험계약자 또는 피보험자는 중요한 사항에 대한 고지의무를 진다. 이 고지의무는 생명보험계약의 체결에서 특히 중요하다. 2007년 사법시험 문제를 보자:

甲은 아들인 乙(21세)을 피보험자로 하고 자신을 보험수익자로 하여, 乙의 서면에 의한 동의를 얻어 생명보험에 가입하였다. 이때 甲은 보험중개인인 丙이 제시한 질문표에 답할 때 선천성 심장질환이 있는 乙의 병력을 밝히지 않았으나 그 병력을 丙에게 알려 주기는 하였다. 丙은 甲에게 고지의무에 관하여 규정한 보험약관을 교부하거나 그 내용을 설명한 바 없으며, 혹 보험인수가 거부될까 염려하여 보험회사 丁에는 자신이 甲에게서 들은 乙의 병력에 관하여 아무런 보고도 하지 않았다. 乙은 보험가입 1년 후 그 선천성 심장질환으로 인한 심장수술을 받다가 사망하였다. 위 사례에서 甲이 보험금을 청구할 수 있는지에 관하여 근거를 제시하여 논하시오.

여기서는 상법 제651조상 중요한 사항의 고지의무 위반으로 인한 계약해지가 쟁점이다. 제651조의2에 의하면 보험자가 서면으로 질문한 사항은 중요한 사항으로 추정하고 여기서는 질문표가 사용되었으므로 서면질문이 있은 것이며

甲이 乙의 병력을 밝히지 않은 것은 고지의무 위반이 된다. 제651조에 의하면 보험자인 丁은 乙의 사망으로 乙이 중대한 질환이 있었음을 알게 될 것이고 안 날로부터 1월 내에, 계약을 체결한 날로부터 3년 내에 계약을 해지할 수 있으므로 丁이 그렇게 한다면 甲은 보험금을 청구할 수 없게 된다. 그런데, 여기서는 두 가지 요인이 개입된다. 첫째, 丙은 중요한 사항을 고지 받았다는 것이다. 둘째, 丙은 甲에게 고지의무에 관하여 규정한 보험약관을 교부하거나 그 내용을 설명한 바 없다는 것이다. 이것이 丁의 계약해지권에 영향을 미치는가?

우선, 보험중개인인 丙은 보험자인 丁을 대리하여 보험계약을 체결하는 것이 아니라 보험계약의 체결을 중개하는 데 불과하므로 丁이 특별히 丙에게 대리권을 수여한 사실이 없다면 丙에게 고지한 것은 甲의 고지의무 이행으로 볼 수 없다. 반면, 제638조의3의 보험약관의 교부·명시의무 위반과 제651조의 고지의무 위반과의 관계에 대해 판례는 보험자 또는 보험모집에 종사하는 자가 명시, 설명의무에 위반하여 보험계약을 체결한 때에는 그 약관의 내용을 보험계약의 내용으로 주장할 수 없다고 할 것이므로, 보험계약자나 그 대리인이 그 약관에 규정된 고지의무를 위반하였다 하더라도 이를 이유로 보험계약을 해지할 수 없다고 판시하였다(대법원 1997. 9. 20. 선고 97다4494 판결). 따라서, 丁은 계약을 해지할 수 없고 甲은 보험금을 청구할 수 있다.

商法入門

제8부

해상법

제1장 해양과 해상법

I. 해양과 상거래

　바다(海洋)는 통상 '위험한 곳'으로 인식되어 있다. 선박이나 그 밖의 도구가 없이는 사람이 바다에서 생존할 수가 없기 때문이다. 그리고, 악천후와 좌초 등에 의한 선박에 대한 위험도 일반적으로 바다를 위험한 곳으로 인식하게 한다. 바다에는 사람이 살지 않기 때문에 사고가 발생하면 도움을 받기가 여의치 않고 육지와는 달리 사고가 바로 파국으로 연결된다. 그러나, 사람과 물건의 운반이라는 측면에서 보면, 바다가 상대적으로 안전한 곳이 될 수도 있다. 가끔 나타나는 해적이 있지만 사람이나 물건이 육지를 이동할 때에 비하면 생명이나 신체, 그리고 재산적 위험을 덜 겪게 된다. 야간이동도 육상보다 해상에서 더 안전하다. 배로 이동할 때 사람이나 물건은 별도의 숙박시설이나 창고가 필요치 않다. 선박은 운송의 도구인 동시에 임시 주거지도 되고 물건의 보관시설도 된다. 더구나 바다는 대단히 효율적인 운송 환경을 제공한다. 해양에는 원칙적으로 아무런 장애물이 없으므로 길을 돌아가거나 경사를 올라가야 할 일이 없다. 바다는 지각에 비해 마찰에 의한 저항이 현저히 낮아 운송수단이 경제적으로 움직일 수 있다. 해상의 이러한 장점은 여행, 운송의 거리가 멀수록, 운송물의 규모가 클수록 더 커진다. 항공여행과 운송은 해상의 그것보다 훨씬 더 효율적이고 위험도 더 낮으나 비용이 과하기 때문에 전체적으로 보아 해상여행, 운송과 경쟁할 수 없다. 대형 컨테이너 1개에 20톤의 화물을 실어 아시아에서 유럽까지 운송하는 비용은 같은 노선 이코노미클래스 비행기표 값과 비슷하다.
　인간이 무엇인가를 생산하기 시작한 이후부터 교통과 운송이 필요하였다. 생산물의 규모가 늘어나면서 상거래와 무역이 발생하였는데 그로부터 교통과 운송도 독자적인 의미를 가지는 상업활동이 되었다. 그리고, 원거리 상거래의 필요가 발생하여 해상운송을 중심으로 해양산업이 등장하게 된 것이다. 지리상의 발견 시대 이후 글로벌 상거래 시장이 형성되었고 항공기가 만들어지기 전까지 해양산업이 글로벌 상거래 시장의 거의 유일한 운활유 역할을 하였다. 항공운송수단이 발달한 지금도 해상운송수단은 국제무역거래의 중심적인 위치를 차지한다. 국제교역의 90%가 약 10만 척의 선박에 의한 해상운송으로 이루어지고 있다. 특히, 지구상에서 가장 큰 단일 거래품목인 석유는 항공기나 기차, 트럭이 운반할 수 없다. 초기 석유산업은 운송수단으로 철도에 의존하였으나 국제화가 진행되면서 이제는 물류산업 내에서 에너지 산업과 가장 밀접한 관련을 맺고 있는 산업은 파이프라인 설비산업과 해운산업이다. 심지어 거대 에너지 기업들은 자체 운송수단을 보유하고 있거나 계열회사로 해운회사를 보유하고 있으므로 해운산업은 보기에 따라서는 일부 에너지 산업에 귀속되어 있는 셈이다. 석유산업 초기에는 원유가 취급이 대단히 까다롭고 위험한 운송물이어서 해상운송에 어려움이 많았으나 선박 건조기술의 발달과 중동 석유시장의 비중 증가로 이제는 원유의 해상운송이 주류를 이룬다.

II. 해양과 상법

1. 해 상 법

상법에서 바다는 대단히 특별한 의미를 갖는다. 이 책의 독자들에게 낭만의 대상인 바다를 법률이 특별히 취급하는 경우는 상법을 제외하고는 그다지 많지 않다. 상법은 육지에서의 거래와 해양에서의 거래를 달리 취급하며, 육지에서 활동하는 상인과 해양에서 활동하는 상인을 달리 취급한다. 그래서 상법은 해상(海商)편을 별도로 마련하고 있기까지 하다(제740조 내지 제895조). 해상법의 중요성은 옛날에 비해서는 많이 감소하였다. 상법의 역사에서 쉽게 알 수 있듯이 초기의 상법은 해양을 통한 상거래를 규율하는 규범이었다. 해상법의 상대적 중요성이 감소한 이유는 해양기술의 발달 때문이다. 법률이 발달하려면 분쟁이 많이 발생해야 하고 사고가 많이 나야 한다. 법률과 법학은 사람의 질병과 사고가 의술과 의학을 발달시키는 것과 마찬가지로 분쟁과 사고에 기초한다. 기상관측 기술의 발달, 항해술의 발달, 선박제조기술의 발달, 긴급구난 시스템의 정비, 통신기술의 발달 등 모든 것이 해양을 옛날보다 안전한 곳으로 만들었다.

그러나, 아무리 선박이 개량되고 다른 기술이 발달해도 그 혜택을 받지 못하는 바다사람들은 항상 존재한다. 그리고, 사고와 분쟁의 발생 빈도는 줄어들었을지 몰라도 일단 발생하면 대형이다. 서해의 태안 앞바다에서 발생한 오염사고를 독자들도 잘 기억할 것이다. 요즘 제작되는 초대형 컨테이너선은 15,000TEU급이다(1TEU＝6m 길이 컨테이너 1개). 해상법을 소홀히 할 수 없는 이유가 여기에 있다. 또, 분쟁, 사고와는 별도로 위에서 본 바와 같이 지구상의 물품은 해양을 통해 항상 움직인다. 관련된 경제주체들은 행위규범을 필요로 한다. 배를 움직이는 선장과 선원에 관한 규칙도 필요하다. 해상보험은 보험편에 규정되어 있다(제693조 내지 제718조). 해상사건에 관한 법률실무는 크게 선박의 사고와 관련된 소송과(wet case) 해상운송계약에 관련된 소송으로(dry case) 나누어진다.

2. 해상법의 국제적 성격

바다를 이용하는 상거래는 원칙적으로 국제적인 거래다. 앞서 상법의 역사에서도 언급하였듯이 해상법은 그 출발부터가 국제적인 성격을 가지는 법이었다. 또, 해상법이 적용되는 계약과 분쟁은 대형일수록 국제적이다. 따라서, 국제거래 일반과 마찬가지로 준거법과 분쟁해결 방식 및 법정지의 선택이 중요성을 가진다. 국내 업계의 현실은 영국법을 준거법으로 하고 분쟁이 발생하는 경우 영국의 법원이나 영국에서의 중재재판에 부치는 것이다. 이는 오랜 국제적 관습에 의한 것이기도 하지만 우리나라의 해상법 내용이 국제적으로 인정받을 만한 수준에 오르지 못했다는 의미도 된다. 우리나라의 해양산업이 세계 10위권인 점에 비추어 이는 잘못된 것이다. 준거법으로 선택되지 못하고 판례가 축적되지 못하면 현실은 크게 달라지지 못하게 된다. 해상법 전문가로서의 진로가 밝지 못하면 공부하려는 사람도 줄게 되고, 이는 다시 강의와 연구의 퇴조로 이어지는 악순환을 발생시킨다. 영국은 해사분쟁의 해결에 관한 강력한 지적 자산을 가지고 있지만 정작 해양산업 자체는 부진한 약점을 가진 나라다.

선조들이 쌓아 놓은 것으로 유지하는 나라라 해도 과언이 아닐 것이다. 우리나라는 해양산업이 튼튼하므로 법률적 기초와 지원을 보완하는 작업이 있어야 한다.

해상법의 국제적 특성으로 인해 해상법에서는 국제규범과 통일법의 중요성이 부각된다. UN 산하의 전문기구로 국제해사기구(International Maritime Organi-zation: IMO)가 1948년에 탄생하였다. 우리나라는 1961년에 가입했다. IMO의 본부는 영국 런던에 있다. 이 기구의 주요 활동목적은 해상거래에 관한 포괄적인 규제환경을 정비하는 것이다. 그 외, 해상안전, 환경보호, 170개 회원국 간 기술적 협조, 해상운송의 안전과 효율성 제고 등에 관해 활동한다. IMO는 지금까지 약 60개의 국제조약과 의정서를 탄생시켰다.

III. 해양산업

1. 해운업

근대적 의미에서의 해운은 타이타닉호와 같은 대형 여객선으로부터 시작되었다. 여객선은 주로 유럽에서 미국으로 이민자들을 실어 나르면서 같이 화물을 수송하였다. 여객선이 화물선이었던 셈이다. 그 후 대형 여객선의 시대가 저물고 본격적으로 화물선의 시대가 도래했다. 화물선은 벌크선에서 컨테이너선으로 진화해서 오늘에 이른다. 해운산업은 필연적으로 해운산업이 속해 있는 국가의 경제활동과 비례관계를 가진다. 국가기간산업에 속하기도 하므로 일부 국가에서는 국영기업들이 사업을 영위한다.

해운회사들도 다른 산업의 기업들과 마찬가지로 M&A를 통해 시너지를 창출한다. 적대적 M&A도 발생한다. 우리나라에서는 노르웨이의 골라LNG가 대한해운을 적대적으로 인수하려고 시도한 일도 있었다. 해운산업의 특징은 M&A 외에도 해운동맹을 활발히 결성한다는 것이다. 전략적 제휴다. 과당경쟁을 피하고 상호 건설적으로 협력하기 위한 것이다. 항로에 관한 기술적 정보를 공유하고 항만시설을 공동으로 사용하며 동일한 항로에 여러 선사의 배를 투입하기도 한다. 독자들이 실감이 나지 않으면 항공사들이 하는 제휴와 비교해 보면 이해가 쉬울 것이다. 우리나라 항공사들도 같은 노선에 외국 항공사와 공동으로 취항한다. 해운회사들 간의 제휴는 카르텔 금지로부터 제외되는 것이 보통 인데 우리나라에서는 해운법이 그에 관해 규정한다.

2. 항만산업

인간이 생산해서 교역하는 물품은 거의 대부분 육지에서 소비된다. 바다는 교역의 통로를 제공할 뿐이다. 육지와 바다를 연결해 주는 접점이 항만이다. 선 박이 대형화하고 움직이는 물품의 양이 많아지면서 항만도 전문적인 산업으로 성장하였다. 예를 들면, 15,000개의 컨테이너를 실은 선박이 제한된 시간에 일 부 컨테이너를 내리고 일부 컨테이너를 실은 후 다시 떠나는 작업은 컴퓨터를 활용한 고도의 전문적인 기술을 필요로 한다. 가장 많은 컨테이너를 처리하는 항만은 중국의 상하이와 싱가포르, 홍콩의 순이다. 우리나라의 부산항은 5위다. 중국의 항만들은 10위권에 6개가 들어 있다.

항만은 국가경제적 이익과 안보의 측면에서도 중요성을 가진다. 해운도 국 경 밖에서 여객과 화물을 국내로 이동시킨다는 점에서 국가안보를 비롯한 민감 한 고려 요소가 작용하는 산업이지만 해상운송을 육상운송으로, 육상운송을 해상 운송으로 전환하는 접점인 항만시설을 운영하는 사업도 마찬가지다. 항공운송이 나 육상운송은 그 성질상 기술적으로 통제가 용이하지만 해상과 항만은 막대한 인적, 물적 자원을 동원하지 않고는 만족스럽게 통제하기가 어렵다. 특히, 미국 과 같이 방대한 해안선을 보유하고 가항수로가 내륙 깊은 곳까지 연결되어 있는 국가에서 외국기업이 해운과 항만을 운영하는 경우 어려운 문제를 발생시킨다.

2006년에 아랍에미리트 회사인 두바이포트월드(DPW)사가 미국 동해안의 주요 6개 항만 운영권을 가진 영국회사 페닌슐라앤드오리엔탈스팀(P&O)사를 68억 달러에 인수하려 하는 사건이 발생했다. 그러자 미국 의회가 제동을 걸고 나섰다. 아랍계 국가의 기업이 미국 주요 항만의 운영권을 보유하게 되는 경우 테러와의 전쟁에 차질이 발생할 뿐 아니라 미국의 안보에 심각한 위협이 발생 할 우려가 있다는 것이다. 특히, 아랍에미리트는 9.11사건 당시 테러리스트들이 경유했던 국가이며 알카에다의 금융거래도 이루어지는 것으로 알려졌다. 부시 대통령은 아랍에미리트가 사우디아라비아와 같이 미국에 가장 협조적인 아랍 국가이며 테러와의 전쟁에 있어서 중요한 원조자임을 강조하면서 이 거래를 승인하려 하였으나 힐러리 클린턴 의원이 이끄는 민주당 의원들은 물론이고 대통령과 소속이 같은 일부 공화당 의원들조차 이를 반대하였다. 미국 전역에서 반대 시위도 발생하였다. 또, 해당 항만을 구성하는 부동산의 소유권은 각 주 정부에 있으므로 각 주 정부는 이 거래가 성사되는 경우 임대차계약의 위반을 발생시킨다고 주장하면서 P&O를 상대로 소송을 제기하기도 했다. 결국 DPW는 P&O의 인수를 사실상 포기했다.

제2장 해상기업조직

Ⅰ. 선박과 선장

상법에서 선박은 상행위나 그 밖의 영리를 목적으로 항해에 사용하는 선박을 말한다(제740조). 선박은 크게 상선과 어선, 특수작업선, 함정으로 분류되는데 상선은 탱커, 겸용선, 건화물선(벌크선, 컨테이너, 자동차운반선), 여객선 등을 포함한다. 함정은 영리를 목적으로 하지 않으므로 상법상의 선박이 아니며, 해저유전탐사를 위한 고정된 시추선은 항해에 사용되지 않으므로 상법상의 선박이 아니지만 드릴쉽(drillship)은 항해하므로 선박이다. 상업용 선박은 조선소에서 건조되어 진수한 후 평균 25년 정도를 항해하고 해체조선소에서 임무를 마감하게 된다. 선령이 30년을 넘으면 노후선박이라고 한다. 인류 역사상 가장 큰 선박은 2011년에 건조된 크루즈선 Allure of the Seas다. 톤수가 22만 5,282톤이다. 100년 앞서 1912년에 건조되었던 타이타닉호가 4만 6,329톤이었다.

선박은 동산이다. 선박에 관한 권리와 의무는 동산에 대한 법률적 규율에 따르는 것을 원칙으로 한다. 그러나 선박은 일반적인 동산과는 다른 여러 가지 특성을 가지고 있어서 특별한 취급을 받기도 한다. 후술하는 등기, 강제집행, 경매 등에 있어서 그러하다. 선박에 침입하면 (항공기에서와 마찬가지로) 주거침입이 되기도 한다(형법 제319조 제1항). 선박은 단독소유와 공유의 형태로 소유될 수 있는데 공유는 선박의 가격이 비싸기 때문에 많이 이용되었다. 상법도 선박의 공유에 관한 규정들을 둔다. 그러나, 현대의 해상기업은 주식회사의 형태로 주주들로부터 자본을 조달하기 때문에 투자자들이 선박을 직접 공유할 필요성은 많이 감소되었고 선박공유에 관한 상법의 조문들은 거의 사문화되어 있다. 등기 및 등록할 수 있는 선박의 경우 그 소유권의 이전은 당사자 사이의 합의만으로 그 효력이 생긴다. 다만, 이를 등기하고 선박국적증서에 기재하지 아니하면 제 3 자에게 대항하지 못한다(제743조).

선장은 해상기업의 보조자로서 상업사용인에 해당한다. 해상기업의 지배인으로 이해하면 된다. 상법 제749조 제 1 항에 의하면 선적항 외에서는 선장은 항해에 필요한 재판상 또는 재판 외의 모든 행위를 할 권한이 있다. 상법 제751조는 선장의 대리권에 대한 제한은 선의의 제 3 자에게 대항하지 못한다고 규정한다. 즉, 선장은 당해 항해에 관하여 포괄적인 법정대리권을 가진다. 선장은 항해에 관한 중요한 사항을 지체 없이 선박소유자에게 보고하여야 하고 매 항해를 종료한 때에는 그 항해에 관한 계산서를 지체 없이 선박소유자에게 제출하여 그 승인을 받아야 하며 선박소유자의 청구가 있을 때에는 언제든지 항해에 관한 사항과 계산의 보고를 하여야 한다(제755조).

배에서 일하는 사람들을 기능적으로 규율하는 법은 상법이 아니라 선원법이다. 선원은 선장과 해원으로 구별된다. 선장은 해원을 지휘·감독하며 선박의 운항관리에 대하여 책임을 지는 선원이며 해원은 선박 안에서 근무하는 선장이 아닌 선원이다(선원법 제 3 조 제 2 호, 제 3 호). 선원법은 해원의 선원근로계약상 권리에 관해 규정하고 있다. 해원은 통상 열악하고 척박한 인적, 물적, 환경적 근로환경하에 있는 사람들이어서 보호의 필요성이 강조된다. 역사상 해원의 지위는 노예매매 시절에는 노예의 지위보다 열악하였다는 연구도 있다. 노예는 상품가치를 유지하기 위해 '관리'가 이루어졌지만 해원은 그렇지 못하였기 때문이다.

드 릴 쉽

육상에 있는 유전으로부터 원유나 천연가스를 운송하기 위해서는 해안까지 운송하는 번거롭고 고비용인 단계를 거쳐야 하지만 해저유전은 그 단계를 생략할 수 있게 해 준다. 드릴쉽은 해저 유전의 탐사, 원유채굴이나 과학적 조사 등에 사용되는 특수선박이다. 독자들이 영화에서 자주 보는 원유시추장비는 반잠수식 시추선(semi-submersible)이라고 부르며 바다 위에 설치된 구조물처럼 보이는 반면, 드릴쉽은 배와 모습이 같다. 드릴쉽은 수심 2,500미터까지를 커버한다. 독자적인 선박이기 때문에 이동이 자유롭고 단 시간 내에 여러 곳을 시추할 수 있다. 첨단기술 장비이므로 고부가가치 제품이다. 조류가 강하고 파도가 심해도 안정적으로 위치를 잡아야 하고 친환경적으로 설계, 제작되어야 한다. 전 세계에 약 80척이 있다. 우리나라 한 조선사가 최근에 수주한 드릴쉽은 7억 달러 규모이고, 건조에 3년이나 걸린다.

II. 선박소유자의 책임제한

선박소유자의 입장에서는 지나치게 큰 위험에 노출되는 것이 항상 걱정이다. 예컨대, 대형 유조선이나 승객과 승무원을 합해 한꺼번에 5천 명 이상이 타는 초대형 크루즈선을 생각해 보면 사고가 났을 때 선박소유자가 어느 정도로 큰 책임을 지게 될지 상상하기 어렵지 않다. 또, 선박소유자는 선박이 항해에 나서면 그때부터는 선장과 선원들을 효과적으로 통제할 수가 없다. 그래서 상법은 선박소유자의 책임제한제도를 통해 선박소유자를 배려한다(제769조 이하). 해상운송계약상으로도 책임이 제한될 수 있지만 상법은 총체적으로 책임이 제한될 수 있게 배려하고 있는 것이다. 책임이 제한되면 보험료가 천문학적으로 상승하는 것을 막을 수 있다. 선박소유자의 책임보험자도 책임제한의 혜택을 받을 수 있다(아래 판례 참조).

선박소유자의 책임제한제도는 16, 17세기에 이미 널리 활용된 것으로 알려지는데 1734년에 영국에서 성문법령이 제정되었다. 1848년에 미국에서 렉싱턴호라는 배가 화재로 당시 돈으로 1만 8,000달러라는 거액의 적하손실을 입었는데 화주가 렉싱턴호의 소유자에게 소송을 제기하였다. 소유자는 책임제한을 원용했으나 미국 연방대법원은 선박소유자측의 귀책사유가 인정된다고 보아 책임제한을 불허했다(46 U.S. [6 Howe] 344 [1848]). 이 사건을 계기로 미국은 1851년에 연방법을 만들었다. 선박소유자의 책임제한제도는 이처럼 오랜 역사를 가지고 있으며 지금은 국제협약에 기초해서 세계 각국이 성문법을 보유한다.

상법 제769조에 의하면 선박소유자는 청구원인의 여하에 불구하고 1. 선박에서 또는 선박의 운항에 직접 관련하여 발생한 사람의 사망, 신체의 상해 또는 그 선박 외의 물건의 멸실 또는 훼손으로 인하여 생긴 손해에 관한 채권, 2. 운송물, 여객 또는 수하물의 운송의 지연으로 인하여 생긴 손해에 관한 채권, 3. 제 1 호 및 제 2 호 외에 선박의 운항에 직접 관련하여 발생한 계약상의 권리

외의 타인의 권리의 침해로 인하여 생긴 손해에 관한 채권, 4. 제 1 호부터 제 3 호까지의 채권의 원인이 된 손해를 방지 또는 경감하기 위한 조치에 관한 채권 또는 그 조치의 결과로 인하여 생긴 손해에 관한 채권 등의 채권에 대하여 제 770조에 따른 금액의 한도로 그 책임을 제한할 수 있다. 제770조는 책임의 한 도액에 관한 상세한 규정이다. 예컨대, 제 1 항 제 1 호에 의하면 선박소유자가 제한할 수 있는 책임의 한도액은 여객의 사망 또는 신체의 상해로 인한 손해에 관한 채권에 대한 책임은 그 선박의 선박검사증서에 기재된 여객의 정원에 17 만 5천 계산단위(국제통화기금의 1 특별인출권(SDR)에 상당하는 금액)를 곱하여 얻은 금액이다.

채권이 선박소유자 자신의 고의 또는 손해발생의 염려가 있음을 인식하면 서 무모하게 한 작위 또는 부작위로 인하여 생긴 손해에 관한 것인 때에는 책 임을 제한할 수 없다(제769조 본문 단서). 그러나, 이에 관한 입증책임은 청구자 가 부담한다. 선박소유자의 책임제한에 관한 법리는 국제적으로 대단히 강력한 것이어서 책임제한이 배제되는 사례는 거의 없는 것으로 알려진다.

> 대법원 2009. 11. 26. 선고 2009다58470 판결 재판요지   [1] 구 상법(2007. 8. 3. 법률 제8581호로 개정되기 전의 것) 제750조 제 1 항에 선박소유자의 경우와 동일 하게 책임을 제한할 수 있는 자로 선박소유자의 책임보험자가 규정되어 있지는 않으나, 같은 법 제724조 제 2 항에서 "제 3 자는 피보험자가 책임을 질 사고로 입은 손해에 대하여 보험금액의 한도 내에서 보험자에게 직접 보상을 청구할 수 있 다. 그러나 보험자는 피보험자가 그 사고에 관하여 가지는 항변으로써 제 3 자에게 대항할 수 있다"고 규정하고 있을 뿐 아니라, 책임보험자는 피보험자의 책임범위 내에서만 책임을 부담하는 것이 보험법의 일반원리에도 충실하고, 같은 피해자라 도 상대방이 보험에 가입하였느냐 여부 및 선박소유자 또는 보험자 어느 쪽에 대 하여 청구권을 행사하느냐에 따라 그 손해전보의 범위가 달라지는 것은 합리적이 지 못하며, 해상사고의 대규모성에 비추어 해상보험자에 대하여만 그 보호를 포기 할 이유가 없다는 점 등을 고려하여 보면, 책임보험자도 피보험자인 선박소유자 등의 책임제한의 항변을 원용하여 책임제한을 주장할 수 있다. [2] 책임보험자가 선박소유자 등의 책임제한절차에 관한 법률에서 규정한 책임제한절차 외에서 선 박소유자의 책임제한 항변을 원용하는 경우 법원으로서는 책임제한절차의 폐지

또는 책임제한절차 개시결정의 취소를 조건으로 제한채권자의 청구를 인용할 수 있다.

대법원 2012. 4. 17. 자 2010마222 결정 재판요지   [4] 구 상법(2007. 8. 3. 법률 제8581호로 개정되기 전의 것, 이하 '구 상법'이라고 한다) 제746조 단서는 '채권이 선박소유자 자신의 고의 또는 손해발생의 염려가 있음을 인식하면서 무모하게 한 작위 또는 부작위로 인하여 생긴 손해에 관한 것인 때'에는 선박소유자의 책임을 제한할 수 없도록 규정하고 있다. 따라서 위 규정에 의하여 책임제한이 배제되기 위하여는 책임제한 주체가 선박소유자인 경우에는 선박소유자 본인의 '고의 또는 손해발생의 염려가 있음을 인식하면서 무모하게 한 작위 또는 부작위'가 있어야 하고, 선장 등과 같은 선박소유자의 피용자에게 무모한 행위가 있었다는 이유만으로는 구 상법 제746조 본문에 의한 선박소유자의 책임제한이 배제된다고 할 수 없다. 또한 구 상법 제750조 제 1 항 제 1 호에 의하여 선박임차인 또는 선박운항자가 책임제한 주체인 경우에도 선박임차인 또는 선박운항자 자신에게 무모한 행위가 없는 한 피용자에게 무모한 행위가 있다는 이유만으로 책임제한이 배제된다고 할 것은 아니다. 그러나 선박소유자 등 책임제한 주체가 법인인 경우에 대표기관의 무모한 행위만을 법인의 무모한 행위로 한정한다면 법인 규모가 클수록 선박의 관리·운항에 관한 실질적 권한이 하부구성원에게 이양된다는 점을 감안할 때 위 단서조항의 배제사유는 사실상 사문화되고 당해 법인이 책임제한의 이익을 부당하게 향유할 염려가 있다. 따라서 법인의 대표기관뿐만 아니라 적어도 법인의 내부적 업무분장에 따라 당해 법인의 관리 업무 전부 또는 특정 부분에 관하여 대표기관에 갈음하여 사실상 회사의 의사결정 등 권한을 행사하는 사람의 행위는 그가 이사회의 구성원 또는 임원이 아니더라도 선박소유자 등 책임제한 배제 규정을 적용할 때 책임제한 주체 자신의 행위로 보아야 한다. [6] 구 상법(2007. 8. 3. 법률 제8581호로 개정되기 전의 것) 제746조 단서가 선박소유자 책임제한이 배제되는 사유로 정한 '손해발생의 염려가 있음을 인식하면서 무모하게 한 작위 또는 부작위'란 손해발생의 개연성이 있다는 것을 알면서도 이를 무시하거나 손해가 발생하지 않을 수도 있다고 판단하였지만 판단 자체가 무모한 경우를 의미하므로, 단지 선박소유자 등의 과실이 무겁다는 정도만으로는 무모한 행위로 평가할 수 없다.

III. 선박금융

1. 선박금융과 선박담보

선박은 인간이 만들어 내는 물건들 중 가장 큰 움직이는 물건이며 그 값이 비싸다. 큰 것들은 수천억 원이다. 그래서 빌려서 쓰거나 빌려서 사업을 하는 경우가 많다. 가치가 높기 때문에 담보물로도 매력적이다. 대형 선박은 가격이 비싸서 구입할 때 자기 돈으로 살 수 없고 은행에서 빌려서 산다. 더 정확히 말하면, 돈을 빌려서 만든다. 은행이 선박소유자에게 돈을 빌려 주는 것을 선박금융이라고 하고, 은행은 선박을 담보물로 잡는다. 선박을 담보물로 잡을 수 있어야 돈을 빌려 줄 수가 있고, 돈을 빌려야 선박을 건조할 수 있으므로 선박담보는 선박 건조의 필수 요소다. 상법은 선박저당권(제787조 이하)제도를 마련해서 채권자를 보호한다.

선박은 아무리 커도 동산이므로 질권의 목적이 될 수 있을 뿐인데 질권을 설정하면 선박의 점유를 채권자에게 이전해야 하는 문제가 있다. 은행이 선박을 점유할 수도 없고 그럴 이유도 없으며 은행이 선박을 점유한다면 채무자로서도 선박을 운용하기 어렵게 된다. 상법은 선박등기법에 의해 등기된 선박에 한하여 민법상의 저당권과 유사한 선박저당권제도를 규정한다. 그리고, 선박은 등기가 완료되지 않은 상태인 건조 중에도 저당권의 목적물이 된다(제790조).

2. 선박펀드

선박금융을 반대편에서 본 것이 선박에 투자하는 수단인 선박펀드다. 국내에서는 2004년에 '동북아 1호'라는 1호 선박펀드가 출시된 바 있다. 선박펀드는 일반 투자자들로부터 투자자금을 모은 뒤 선박을 건조해 해운회사에 정기용선하고 장기간(예컨대, 5년)의 용선료 수입으로 현금흐름을 창출해서 이를 투자자에게 되돌려 주는 금융상품이다. 공모기간에만 투자할 수 있는 폐쇄형이지만 증권시장에 상장된다. 일정기간이 지나면 선박을 매각해서 잔여 원금을 상환한다. 선박펀드의 법률관계는 선박투자회사법의 규율을 받는다. 선박펀드 투자는 해운산업의 현황에 대한 진단과 미래예측에 기초한다. 특히 두 개의 지수가 중요하다. 첫째는, 컨테이너 화물의 운송수요와 공급이 반영된 용선지수인 HR (Howe Robinson)지수다. 둘째는, 해운시장의 수요·공급의 주요한 기준지표인 발틱해운지수(BDI)다.

3. 선박우선특권

선박우선특권을 가진 선박채권자는 상법과 그 밖의 법률의 규정에 따라 당해 선박과 부속물, 채권이 발생한 항해의 운임 등 재산에 대해 다른 채권자보다 우선변제를 받을 권리를 가진다. 이 경우 그 성질에 반하지 아니하는 한 민법의 저당권에 관한 규정이 준용된다(제777조 제2항). 저당권과 선박우선특권의 차이는 저당권은 저당권설정계약에 따라 창설되고 그 내용이 정해지지만 선박우선특권은 상법이 특별한 채권자에게 인정하는 법정담보권이라는 것이다. 선박우선특권의 피담보채권은 채권자의 공동이익을 위한 소송비용, 항해에 관하여 선박에 과한 제세금, 도선료·예선료, 최후 입항 후의 선박과 그 속구의 보존비·검사비, 선원과 그 밖의 선박사용인의 고용계약으로 인한 채권, 해난구조로 인한 선박에 대한 구조료 채권과 공동해손의 분담에 대한 채권, 선박의 충돌과 그 밖의 항해사고로 인한 손해, 항해시설·항만시설 및 항로에 대한 손해와 선원이나 여객의 생명·신체에 대한 손해의 배상채권 등을 포함한다(제777조 제1항).

문제는 채권자들 간 우선순위 결정이다. 우선, 동일항해로 인한 채권의 우선특권이 경합하는 때에는 그 우선순위는 위에 열거한 순서에 따른다(제782조 제1항). 해난구조로 인한 선박에 대한 구조료 채권과 공동해손의 분담에 대한 채권의 우선특권이 경합하는 때에는 후에 생긴 채권이 전에 생긴 채권에 우선한다. 동일한 사고로 인한 채권은 동시에 생긴 것으로 본다(제2항). 수회의 항해에 관한 채권의 우선특권이 경합하는 때에는 후의 항해에 관한 채권이 전의 항해에 관한 채권에 우선한다(제783조 제1항). 동일순위의 우선특권이 경합한 경우 각 채권액의 비율에 따라 변제한다(제784조). 선박채권자의 우선특권은 질권과 저당권에 우선한다(제788조).

대법원 2005. 10. 13. 선고 2004다26799 판결 재판요지　　선박우선특권 제도는 원래 해상기업에 수반되는 위험성으로 인하여 해사채권자에게 확실한 담보를 제공할 필요성과 선박소유자에게 책임제한을 인정하는 대신 해사채권자를 두텁게 보호해야 한다는 형평상의 요구에 의하여 생긴 제도임에 비하여, 임금우선특권 제도는 근로자의 생활안정, 특히 사용자가 파산하거나 사용자의 재산이 다른 채권자에 의해 압류되었을 경우에 사회·경제적 약자인 근로자의 최저생활보장을 확보하기 위한 사회정책적 고려에서 일반 담보물권자 등의 희생 아래 인정되어진 제도로서 그 공익적 성격이 매우 강하므로, 양 우선특권제도의 입법 취지를 비교하면 임금우선특권을 더 강하게 보호할 수밖에 없고, 나아가 상법 제861조 제2항에 의하면, 선박우선특권 있는 채권을 가진 자는 다른 채권자보다 우선변제를 받을 권리가 있되 이 경우에 그 성질에 반하지 아니하는 한 민법상의 저당권에 관한 규정을 준용하도록 되어 있는 점, 조세채권우선 원칙의 예외사유를 규정한 국세기본법 제35조 제1항 단서나 지방세법 제31조 제2항에서 임금우선특권은 그 예외사유로 규정되어 당해세보다도 우선하는 반면에 선박우선특권은 예외사유에서 빠져 있는 점, 구 근로기준법 … 제37조 제2항은 임금우선특권 있는 채권은 조세·공과금 채권에도 우선한다는 취지로 규정하고 있음에 반하여 상법에는 선박우선특권 있는 채권과 조세채권 상호 간의 순위에 관하여 아무런 규정이 없을 뿐만 아니라, 오히려 상법 제861조 제1항은 '항해에 관하여 선박에 과한 제세금'을 제1호 소정의 채권에 포함시켜 선박우선특권 내부에서 가장 앞선 순위로 규정하고 있는 점 등을 감안하면, 임금우선특권을 선박우선특권보다 우선시키는 것이 합리적인 해석이라고 할 것이다.

4. 선박의 경매

선박도 경매처분될 수 있다. 선박의 소유자가 채무를 변제하기 위해 보유 선박을 경쟁매매에 부칠 수도 있고 법률상의 임의경매나 압류 후 강제경매에 부쳐질 수도 있다. 부산, 인천, 목포 등 지방법원에서 진행된다. 등기되어 있는 선박은 부동산경매에 준하는 절차에 의하고 미등기 선박은 동산과 같이 다룬다. 총톤수 20톤 미만의 선박을 제외하면 항해의 준비를 완료한 선박과 그 속구는 압류 또는 가압류를 하지 못하므로 강제경매할 수 없다. 다만, 항해를 준비하기 위하여 생긴 채무에 대하여는 그러하지 아니하다(제744조). 항해의 준비를 완료하였다는 것은 운송물의 적재를 이미 끝냈다는 의미이므로 그 상태에서 선박을 압류한다면 송하인에게 큰 손해가 발생할 염려가 있어 강제집행을 못하게 하는 것이다. 물론, 이 제도는 강제집행의 면탈에 악용되기도 한다.

선박금융을 제공하는 여신전문금융회사(캐피탈사)들이나 다른 금융기관, 예금보험공사(부산저축은행의 파산관리인)도 선박을 보유하고 운용할 수 없기 때문에 해운회사나 그 외 선박소유자가 채무불이행에 빠지면 선박의 경매를 통해 채권을 회수하게 된다. 그러나, 경기불황으로 선박들이 다량 경매에 나오게 되면 낙찰도 잘 되지 않을 뿐 아니라 채권을 회수하지 못할 정도의 저가도 감수해야 하기 때문에 일부 캐피탈사들은 시간을 벌기 위해 아예 보유 선박을 관리할 해운사를 설립하기도 한다. 경매를 위해 항만에 장기간 묶어 놓게 되면 선박의 상태도 나빠지고 도난이나 안전사고의 위험도 높아진다.

5. 선박제작금융

선박은 고가의 물건이고 제작 기간이 길어 금융이 필수적인 요소로 작용한다. 이 책의 서두에서 물품의 거래에 있어서 금융의 중요성을 언급한 바 있듯이 아무리 좋은 기술이 있고 제때 물건을 만들어 줄 능력이 있어도 자금이 없이는 아무것도 하지 못한다. 수천억 원씩 하는 큰 배들은 2–3년에 걸쳐서 만들어지는데 다른 물건들보다 훨씬 더 금융사정이 사업을 좌우한다. 최근 세계적인 불황으로 해운산업이 고전을 면치 못하고 있다. 즉, 배가 덜 필요한 것이다. 그에 따라 조선산업도 비슷한 처지에 빠졌다. 선주들은 가급적 배를 천천히 찾아가려고 한다. 이것저것 흠 잡는 일도 많아졌다.

선박을 제작하는 데 필요한 금융을 선박제작금융이라고 부른다. 전통적으로 조선산업에서는 선금의 비중이 컸다. 그러나, 글로벌 금융위기 이후 선주들이 선박대금 중 잔금 비중을 60%대로 높이는 방식인 이른바 '헤비 테일'(Heavy Tail)을 선호하고 있어서 제작금융이 더 중요해졌다. 국내에서는 수출입은행 같은 국책 금융기관이 제작금융을 담당하지만, 유럽에서는 민간 은행이 담당하고 국책기관은 보증을 선다. 프랑스 산업개발기금, 핀란드 무역보험공사, 노르웨이 수출보증기금 등이다. 주요 경쟁국인 중국에서도 수출신용보험공사가 담당한다. 크루즈선의 경우 건조 비용의 최대 65%까지 제작금융이 가능하고, 유전개발특수선은 최고 80%까지 가능한 것으로 알려진다. 또, 상선은 60%, 해양 플랜트는 70%까지 제작금융을 지원한다. 일본은 자국 조선소 건조 선박에 대해 선가(船價)의 80%까지 지원한다.

금융 조건이 열악하면 가격 경쟁력이 떨어지는 것은 물론 수주활동 자체가 위축되게 된다. 배를 주문해도 과연 제때 납품할 수 있을지 염려되는 회사에 누가 주문을 하겠는가? 경쟁국들은 이를 십분 전략적으로 활용할 것이다. 그래서 미래의 해양정책은 안보와 해양자원뿐만 아니라 산업정책의 시각에서도 새로 정비돼야 한다. 조선이라는 매우 특수한 산업의 특성을 감안해서 산업정책과 금융정책이 준비돼야 한다. 무역보험공사의 보증업무를 확대하고 수출입은행의 제작금융 재원을 확충할 필요가 있다. 그리고 제작금융의 경우 은행법에 따른 동일인 여신한도 규제 대상에서 제외하는 방법도 있을 것이다. 해양정책은 해양자원과 환경, 조선과 해운산업을 정책금융과도 유기적으로 결합시켜 다뤄야 한다.

Ⅳ. 선박의 국적

선박의 국적은 선박이 어느 항에 등록되어 있는가에 따라 결정된다. 독일의 함부르크항에 등록된 선박은 독일 국적을 가지며 독일 국기를 게양하고 운항한다. 여기서 독일을 기국이라고 부른다. 이 선박은 소유자가 누구인가에 관계없이 독일법의 적용을 받는다. 공해상에서는 원칙적으로 기국만이 선박에 대한 민·형사관할권을 행사할 수 있다.

그런데 세금을 포함한 특정 국가의 선박에 대한 규제를 피하기 위해 규제가 약한 국가의 국적을 형식적으로 사용하는 것을 편의치적(flag of convenience)이라고 한다. 배를 엉뚱한 나라에 등록해 놓고 그 나라의 깃발을 달고 다니는 것이다. 편의치적은 1920년대에 미국의 선박소유자들이 규제강화와 선원들의 노임 상승에 불만을 품고 파나마에 선박을 등록하기 시작한 데서 유래한다. 그 전에도 상선들이 적국 해군을 속이기 위해서나 해적을 겁주기 위한 목적으로, 또는 노예수송선이 단속을 피하기 위해 연고 없는 나라의 깃발을 달고 운항한 사례들이 있었으나 이는 편의치적은 아니다. 우리나라의 경우에도 전체 선박수의 70% 정도가 편의치적을 활용하고 있다고 한다. 2002년부터 '제주특별법' 제221조에 규정된 선박등록특구는 제주도 내에 국제선박등록법에 따라 등록한 선박은 각종 세금을 면제 받을 수 있게 했는데 이 제도를 국내에서 편의치적을 허용하는 것으로 확대해야 한다는 논의가 있다.

　편의치적을 가장 많이 하는 국가는 파나마, 라이베리아, 마샬제도 등이다. 전 세계 선박의 약 40%가 이 세 나라에 등록되어 있다. 이 나라들에 이 나라 법인인 특수목적회사(SPV)를 설립해서 그 회사에 대한 출자로 건조비를 공급하거나 선박매입 대금을 마련하고 건조, 매입된 선박은 SPV의 소유로 등록한 후 용선해서 운항하게 된다. 편의치적은 해상운송기업의 경쟁력을 높여 주고 개발도상국 해원들의 고용을 촉진시켜 주는 장점은 있으나 탈세를 포함한 각종 범죄나 탈법, 위법이 발생할 경우 조사나 처벌에 불편함이 있기 때문에 비판의 대상이 되기도 한다. 국제법에 의해서나 각국의 국내법에 의해 편의치적 선박에 대한 검사와 감독이 강화되는 추세다.

　앞에서 세계 10대 해운회사에 스위스회사가 포함된 것을 보았다. MSC라는 컨테이너선사다. 스위스는 바다가 없는데? 그렇다면 스위스는 항구가 없기 때문에 스위스 국적 선박이 있을 수가 없다. 1차 대전 후 파리평화회의에서 스위스는 이 점을 문제 삼았다. 선박이 스위스 국기를 달고 항해할 수 없으면 스위스에게 해양자유의 원칙은 의미가 없고 해운산업 발전도 어렵다는 점을 주장해서 1919년의 베르사이유조약은 스위스와 같은 무해국(landlocked state)도 차별받음 없이 해양에서의 항행의 자유를 누린다고 명문으로 규정하게 하였다. 이에 따라 실제로 항은 아니지만 임의의 지점을 선정해서 그곳에서 선박 등록을 할 수 있게 되었다. 오스트리아, 카자흐스탄 등 40개국 이상이 무해국이다.

제3장　해상운송

해상법에서 가장 큰 부분을 차지하는 규정들이 해상운송계약에 관한 규정들과 용선계약에 관한 규정들일 것이다(제791조 내지 제864조). 해상사건 실무에서도 가장 많은 분쟁이 이 두 분야에서 발생한다 해도 과언이 아니다. 해상법 분야에서 전문가로 일하고자 하는 경우 업계에서 널리 사용되는 해상운송계약과 용선계약, 그리고 관련 서류들을 숙지하고 능숙하게 다룰 수 있는 능력을 기르는 것이 필수적이다.

Ⅰ. 개품운송

해상운송계약에 관하여는 육상운송계약에 관한 상법 규정들에 기초한 상세한 규정들이 마련되어 있다. 해상법은 상행위법에 규정된 여러 규정을 준용하는 규정을 두고 있다(제815조, 제826조, 제841조, 제861조 등). 상법 제791조는 개품운송계약을 운송인이 개개의 물건을 해상에서 선박으로 운송할 것을 인수하고, 송하인이 이에 대하여 운임을 지급하기로 약정함으로써 그 효력이 생긴다고 한다. 1인의 운송인이 다수의 송하인으로부터 각각 운송의 위탁을 받기 때문에 개품(個品)운송이라는 용어를 쓰게 된 것이다. 실무적으로는 계약체결 절차를 간소화하기 위해 보통 개품운송계약서는 작성하지 않고 송하인이 선복신청서를 작성해서 운송인인 해운회사에 제출하고, 해운회사가 선복예약서를 발행하면 운송계약이 체결된 것으로 간주되고 있다. 후술하는 선하증권 내의 약관이 계약의 상세한 내용을 담고 있다.

운송물의 송하인은 당사자 사이의 합의 또는 선적항의 관습에 의한 때와 곳에서 운송인에게 운송물을 제공하여야 한다. 이에 따른 때와 곳에서 송하인이 운송물을 제공하지 아니한 경우에는 계약을 해제한 것으로 보며 이 경우 선장은 즉시 발항할 수 있고, 송하인은 운임의 전액을 지급하여야 한다(제792조). 송하인은 선적기간 이내에 운송에 필요한 서류를 선장에게 교부하여야 한다(제793조). 해상운송인은 감항능력 주의의무를 진다. 운송인은 선박이 안전하게 항해를 할 수 있게 해야 하며 필요한 선원의 승선, 선박의장과 필요품을 보급해야 하고 선창·냉장실, 그 밖에 운송물을 적재할 선박의 부분을 운송물의 수령·운송과 보존을 위하여 적합한 상태에 두어야 한다. 운송인은 자기 또는 선원이나 그 밖의 선박사용인이 발항 당시 그와 같은 사항에 관하여 주의를 해태하지 아니하였음을 증명하지 아니하면 운송물의 멸실·훼손 또는 연착으로 인한 손해를 배상할 책임이 있다(제794조). 제795조는 운송물에 관한 주의의무를 규정한다. 운송인은 자기 또는 선원이나 그 밖의 선박사용인이 운송물의 수령·선적·적부(積付)·운송·보관·양륙과 인도에 관하여 주의를 해태하지 아니하였음을 증명하지 아니하면 운송물의 멸실·훼손 또는 연착으로 인한 손해를 배상할 책임이 있다(제795조 제1항). 운송인은 선장·해원·도선사, 그 밖의 선박사용인의 항해 또는 선박의 관리에 관한 행위 또는 화재로 인하여 생긴 운송물에 관한 손해를 배상할 책임을 면한다. 다만, 운송인의 고의 또는 과실로 인한 화재의 경우에는 그러하지 아니하다(제2항). 판례는 운송인의 화재면책의 범위를 넓게 인정한다(대법원 2002. 12. 10. 선고 2002다39364 판결). 컨테이너선의 경우 통상적인 방법으로 컨테이너를 선적하고 적부하였다면 운송인이 컨테이너를 열고 운송물의 상태를 살필 의무는 없다.

　　대법원 2001. 7. 10. 선고 99다58327 판결 재판요지　　[3] 해상운송 중 환적된 화학물질이 부적절한 포장과 적입에 기인한 화학반응으로 고열과 연기 및 가스를 분출하고 이로 말미암아 인접한 화물이 훼손된 사안에서, 실제운송인이 하주적입(Shipper's Load and Count)의 방법으로 위 화학물질이 적입된 컨테이너를 환적받을 당시 그 컨테이너는 외관상 아무런 이상이 없었고 또한 위 화학물질이 위험물선박운송및저장규칙이나 국제해상위험물규칙상 위험물로 분류되어 있지 아니하므로, 통상적인 방법으로 위 컨테이너를 적절하게 선적·적부하였다면, 비록 실제운송인이나 선장·선원들이 이를 받아 선적·적부하면서 컨테이너를 열고 그 안에 화물이 적절한 용기에 적절한 방법으로 포장·적입되었는지를 살피지 아니하였다고 하더라도 이를 잘못이라고 할 수 없고, 따라서 실제운송인은 위 인접 화물의 훼손에 대하여 불법행위책임을 부담하지 아니한다고 본 사례.

제796조는 해상운송인의 면책사유를 규정하고 있으며 해상운송의 특성을 반영한다. 해상이나 그 밖에 항행할 수 있는 수면에서의 위험 또는 사고, 해적행위나 그 밖에 이에 준한 행위, 해상에서의 인명이나 재산의 구조행위 또는 이로 인한 항로이탈이나 그 밖의 정당한 사유로 인한 항로이탈, 선박의 숨은 하자 등이 그에 포함된다. 상법 제810조 제1항은 해상운송계약은 1. 선박이 침몰 또는 멸실한 때, 2. 선박이 수선할 수 없게 된 때, 3. 선박이 포획된 때, 4. 운송물이 불가항력으로 인하여 멸실된 때 등에 해제될 수 있다고 규정한다.

컨테이너

해상운송의 효율성에 결정적으로 기여하는 것이 컨테이너다. 컨테이너는 1956년 미국에서 Malcolm McLean이라는 육상운송업자가 발명해서 특허출원한 것이다. 컨테이너가 출현하기 이전에 화물은 작은 나무박스에 포장되어서 선적되고 하역되었는데 1956년 당시 선적비용이 톤당 5.86달러였다고 한다. 이 비용이 컨테이너의 도입으로 톤당 0.0016달러로 낮아졌다. 컨테이너는 전 세계적으로 통일된 규격에 의해 생산된다. 컨테이너는 국제교역의 증대에 지대한 공을 세웠다. 다루기 쉽고 기계화가 가능하며 화물의 파손, 도난위험도 없다. 특수컨테이너는 움직이는 냉동고이기도 하다. 해상운송뿐 아니라 육상운송과 항공운송에 사용되며 복합운송을 획기적으로 증대시켰다. 심지어는 주택으로도 사용된다. 발명자인 McLean은 1982년에 「포춘」이 선정하는 비즈니스 명예의 전당에 올랐고 2000년에는 국제해상 명예의 전당에 '금세기의 인물'로 오른 바 있다.

II. 운송증서

1. 선하증권

육상운송에 있어서 화물상환증이 사용되듯이 해상운송에서는 선하증권이 발행, 유통된다. 화물상환증은 실제에서는 거의 활용되지 않는 반면 선하증권은 해상운송에서 필수불가결한 도구다. 영어로 Bill of Lading이어서 B/L로 통한다.

선하증권은 운송인이나 선장이 송하인에게 발행하는 유가증권으로서 그 정당한 소지인에게 운송물을 인도할 것을 약정하는 서류다. 선적 전 또는 선적 후에 발행하며 선적 전에 발행한 경우에는 선적 후에 선적 사실을 기재한다(제852조). 상법 제853조 제 1 항에는 선하증권에 기재되어야 할 법정기재사항들이 열거되어 있는데 그에 따라 선하증권이 작성되고 운송인이 기명날인 또는 서명한 경우 운송인과 송하인 사이에 선하증권에 기재된 대로 개품운송계약이 체결되고 운송물을 수령 또는 선적한 것으로 추정하며(제854조 제 1 항, 제855조 제 2 항) 선하증권을 선의로 취득한 소지인에 대하여 운송인은 선하증권에 기재된 대로 운송물을 수령 혹은 선적한 것으로 보고 선하증권에 기재된 바에 따라 운송인으로서 책임을 진다(제854조 제 2 항). 선하증권 기재의 효력이다. 선하증권은 이렇게 요식증권이지만 요식성이 어음과 같이 엄격하지는 않고 법정기재사항의 한 가지를 결하여도 선하증권으로 간주할 수 있는 경우는 유효하다. 법정기재사항에는 송하인이 서면으로 통지한 운송물의 종류, 중량 또는 용적, 포장의 종별, 개수와 기호, 운송물의 외관상태, 선적항, 양륙항, 운임 등이 포함된다.

선하증권은 기명식의 경우에도 배서금지의 뜻이 기재되지 않았다면 배서 양도할 수 있다. 즉, 법률상 당연한 지시증권이다(제861조, 제130조). 선하증권은 상환증권이므로 선하증권을 발행하였을 경우는 그와 상환하지 않으면 운송물의 인도를 청구할 수 없다(제861조, 제129조). 선하증권은 처분증권이다. 운송물의 처분에는 선하증권이 반드시 수반되어야 한다(제861조, 제132조). 선하증권의 교부는 물권적 효력을 가진다. 선하증권에 의해 운송물을 받을 수 있는 자에게 선하증권을 교부한 때에는 운송물 위에 행사하는 권리의 취득에 관하여 운송물을 인도한 것과 동일한 효력이 있다(제861조, 제133조). 선하증권의 이러한 법률적 속성을 통해 송하인은 운송물의 운송 중에 운송물을 제 3 자에게 양도할 수 있고 운송물은 안전하게 유통될 수 있다. 해상운송에는 상당한 기간이 소요되는 것이 보통이므로 선하증권의 유가증권으로서의 성질이 거래의 안전을 보장한다. 운송인은 통상적인 선하증권을 발행하는 대신에 송하인 또는 용선자의 동의를 받아 법무부장관이 지정하는 등록기관에 등록을 하는 방식으로 전자선하증권을 발행할 수 있고 이 경우 전자선하증권의 법률적 효력은 통상적인 선하증권의 법률적 효력과 동일하다(제862조 제 1 항). 전자선하증권은 관련 사무의 간편성을 제고하는 것은 물론이고 선하증권의 유통성을 증가시킬 것이다.

2. 해상화물운송장

운송인은 용선자 또는 송하인의 청구가 있으면 선하증권을 발행하는 대신 해상화물운송장을 발행할 수 있다. Seaway Bill이라고 한다. 전자식으로도 발행이 가능하다(제863조 제 1 항). 기재사항과 형식은 선하증권과 유사하다. 선하증권 대신에 이러한 운송증서가 사용되는 이유는 그 편리성 때문이다. 유가증권인 선하증권은 위에서 본 바와 같이 물권적 효력을 갖고 고도의 유통성이 있기 때문에 그 취급이 까다롭다. 따라서, 운송물이 선하증권보다 먼저 도착하는 경우가 생긴다. 이런 경우가 염려되면 운송물의 도착 후 바로 통관절차를 개시하고 그럼으로써 보관료 등도 절약하기 위해 운송계약의 증거서류인 해상화물운송장이 사용된다. 굳이 선하증권이 갖는 효력이 필요치 않은 당사자들은 해상화물운송장을 택하게 되는 것이다.

해상화물운송장의 효력에 관하여 상법은 간단한 규정만을 둔다. 해상화물운송장이 발행된 경우 운송인이 그 운송장에 기재된 대로 운송물을 수령 또는 선적한 것으로 추정한다(제864조 제 1 항). 단순한 증거서류에 그치는 것은 아니다. 또, 운송인이 운송물을 인도함에 있어서 수령인이 해상화물운송장에 기재된 수하인 또는 그 대리인이라고 믿을 만한 정당한 사유가 있는 때에는 수령인이 권리자가 아니라고 하더라도 운송인은 그 책임을 면한다(제 2 항). 운송인의 충분한 주의에 의한 면책을 인정하는 규정이다.

Ⅲ. 용   선

1. 항해용선

항해용선계약은 특정한 항해를 할 목적으로 선박소유자가 용선자에게 선원이 승무하고 항해장비를 갖춘 선박의 전부 또는 일부를 물건의 운송에 제공하기로 약정하고 용선자가 이에 대하여 운임을 지급하기로 하는 계약이다(제827조 제1항). 주로 부정기선으로 대량의 화물을 운송할 때 사용되는데 영어로 Charter Party라고 하므로 보통 C/P라 부른다. 항해용선계약은 용선계약이라는 이름을 쓰고는 있지만 단순한 운송계약이어서 용선자가 선박소유자에게 용선료가 아닌 운임을 지급한다고 한다.

운송물을 선적하거나 양륙하기 위해서는 선박이 항만에 정박해야 한다. 그런데, 항만의 사정으로(쿠데타! — 나이지리아) 항해용선계약에서 약정한 기간이 초과하는 수가 있다. 이때 용선자가 선박소유자에게 선박의 초과사용에 대해 지급하는 돈이 체선료(demurrage)다. 대개 용선계약서에 요율이 약정되어 있다. 하루 단위로 하든지 선박의 톤수 단위로 한다. 법률적 성질은 손해배상액의 예정이다. 용선자의 과실을 요하지 않는다. 판례는 체선료를 법정의 보수로 보는데 따라서 선박소유자의 과실을 참작하여 감액하거나 과실상계할 수 없다(아래 대법원 1994. 6. 14. 선고 93다58547 판결). 체선료와 반대되는 개념이 조출료(dispatch)다. 정박기간 만료 이전에 항만작업이 끝나면 용선자가 선박소유자에게 조출료를 청구할 수 있다. 여기서 보듯이 정치적으로 안정되고 첨단 장비를 갖추어서 효율적인 선적, 하역 작업이 가능한 항구가 해운산업에서 인기를 끌게 된다.

대법원 1994. 6. 14. 선고 93다58547 판결   원심은, 피고에게 정박료지급의무가 있다고 하더라도 원고가 피고와의 약정에 따라 이 사건 화물을 조속히 하역하여 정박료의 발생을 줄여야 함에도 불구하고 이를 하역하지 아니하였으므로 피고는 정박료지급의무가 없다는 피고의 주장에 대하여, 이 사건 화물의 하역지연은 원고 아닌 피고의 귀책사유에 의한 것이라고 하여 피고의 위 주장을 배척하였는바, 기록에 의하여 살펴보면 원심의 이러한 판단은 수긍이 가고 거기에 소론과 같은 과실상계주장에 대한 심리미진 및 판단유탈의 위법이 있다고 할 수 없다. 양륙기간을 약정한 용선계약에 있어서 용선자가 약정한 기간 내에 양륙작업을 완료하지 못하고 기간을 초과하여 양륙한 경우에 있어, 선박소유자가 그 초과한 기간에 대하여 용선자에게 청구할 수 있는, 소위 정박료 또는 체선료는 체선기간 중 선박소유자가 입는 선원료, 식비, 체선비용, 선박이용을 방해받음으로 인하여 상실한 이익 등의 손실을 전보하기 위한 법정의 특별보수라고 할 것이므로, 정박료 또는 체선료의 약정이 용선자의 채무불이행으로 인한 손해배상의 예정이라는 전제하에서 원고의 과실을 참작하여 약정정박료 또는 체선료를 감액하거나 아니면 과실상계를 하여야 한다는 취지의 소론의 주장은 독자적인 견해에 불과하여 받아들이기 어렵다.

2. 정기용선

제842조의 정기용선계약은 1회가 아닌 일정한 기간 동안을 커버하는 계약이다. 정기용선계약은 선박소유자가 용선자에게 선원이 승무하고 항해장비를 갖춘 선박을 일정한 기간 동안 항해에 사용하게 할 것을 약정하고 용선자가 이에 대하여 기간으로 정한 용선료를 지급하기로 약정하는 계약이다. 따라서, 선장은 선박소유자가 선임 또는 해임하는 것이지만(제745조) 정기용선에서는 선장에 대한 지휘권이 선박소유자가 아닌 용선자에게 있다(제843조 제1항). 정기용선계약의 법률적 성질에 대해서는 견해가 나누어진다. 항해용선계약과 같이 운송계약으로 보는 견해가 있고 선체용선계약과 같이 선박임대차계약으로 보는 견해가 있다.

정기용선은 해운회사가 직접 선박을 구입하는 것보다 낮은 비용으로 영업을 할 수 있게 하지만 업황의 변화에 따라서는 부담스러운 고정비용이 될 수 있다. 그래서, 용선을 대선하는 5단, 6단의 체인이 형성된다. 여기에는 투기적인 동기도 개입된다. 하루에 1만 달러로 용선을 한 해운사가 용선료 시세가 1만 2,000달러로 오르면 대선해서 2,000달러를 버는 쪽을 택한다. 1만 2,000달러로 용선한 회사는 다시 1만 4,000달러에 대선해서 2,000달러를 번다. 이쯤 되면 해운회사가 아닌 투자회사가 되는 셈이다. 문제는 경기하락으로 해운사의 운임수입이 감소하면 용선료를 지불할 수 없어 도산하는 회사가 나오고 연쇄반응이 일어난다는 데 있다. 금융위기 이후 전 세계적인 경기부진으로 세계 각지의 항구에는 계선된 선박들이 늘어나고 있고 초대형 유조선들이 원유운송이 아닌 원유저장시설로 사용되기 위해 용선되는 사례도 속출하고 있다.

3. 선체용선

나용선계약이라고 불리는 제847조의 선체용선계약은 용선자의 관리·지배하에 선박을 운항할 목적으로 선박소유자가 용선자에게 선박을 제공할 것을 약정하고 용선자가 이에 따른 용선료(대선료)를 지급하기로 약정함으로써 그 효력이 생긴다. 선박소유자가 선장과 그 밖의 해원을 공급할 의무를 지는 경우에도 용선자의 관리·지배하에서 해원이 선박을 운항하는 것을 목적으로 하면 이를 선체용선계약으로 본다. 일반적으로 판례는 특정 용선계약의 성질에 관하여 "선박의 이용계약이 선박임대차계약인지, 항해용선계약인지, 아니면 이와 유사한 성격을 가진 제3의 특수한 계약인지 여부 및 그 선박의 선장·선원에 대한 실질적인 지휘·감독권이 이용자에게 부여되어 있는지 여부는 그 계약의 취지·내용, 특히 이용기간의 장단, 사용료의 고하, 점유관계의 유무 기타 임대차조건 등을 구체적으로 검토하여 결정하여야 한다"고 한다(대법원 1999. 2. 5. 선고 97다19090판결).

선체용선계약은 선박임대차계약이므로 제848조에 따라 그 성질에 반하지 아니하는 한 민법의 임대차에 관한 규정을 준용한다. 선체용선자가 상행위나 그 밖의 영리를 목적으로 선박을 항해에 사용하는 경우에는 그 이용에 관한 사항에는 제3자에 대하여 선박소유자와 동일한 권리의무가 있다(제850조 제1항). 선박소유자의 책임제한 법리도 선체용선자에게 적용된다고 해석된다.

Ⅳ. 예선과 도선

예선(Towage)은 배가 배를 끄는 것이다. 독자가 항만을 구경한 일이 있다면 작은 배 한 척 또는 여러 척이 큰 배를 끌고 가는 광경을 보았을 것이다. 그 작은 배는 몸집과는 달리 강력한 출력을 가진 엔진을 장착하고 있는데 360도 회전이 가능하도록 선체의 중앙부에 엔진실이 있다. 주위에 두른 타이어는 비행기 바퀴에 쓰는 타이어다. 자체 동력을 보유한 선박이 다른 선박에 의해 견인되는 데는 여러 가지 이유가 있으나 가장 흔하게는 대형 선박이 항구로 들어와서 접안하거나 폭이 좁은 운하를 통과할 때 필요하다. 독자들은 공항에서도 활주로에 있는 비행기를 조그만 자동차가 끌고 가는 것을 보았을 것이다.

예선계약은 원칙적으로 도급계약이고 운송계약이 아니며 예선의 소유자는 피예선(본선)과 피예선의 적하에 대해 책임을 지지 않는다. 운송인과 달리 예선은 피예선을 점유, 보관하지 않기 때문이다. 드물게 피예선에 대한 지휘권이 예선에 있을 때만 예선계약은 운송계약이다. 도급계약이므로 보수도 운송계약에서 부르는 운임이 아니라 예선료라고 한다(제777조 제 1 항 제 1 호). 예선료에는 선박우선특권이 인정된다. 예선이 피예선과 그 적하를 구조하는 경우가 있는데 그 경우 후술하는 해난구조에 관한 규정의 적용을 받으려면 예선계약의 이행으로 볼 수 없는 특수한 노력을 제공한 것으로 인정되어야 한다(제890조).

예인선이 피예인선을 예인하면서 예선열을 이루어 운항하던 중에 상술한 선박소유자의 책임을 제한할 수 있는 채권이 발생한 경우, 예인선 소유자의 책임한도액을 어떻게 산정할 것인가? 판례는 "예인선 소유자로부터 예인선을 정기용선한 자가 임차한 피예인선(무동력 부선)은 예인선의 예인목적물에 불과하고 달리 예인선 소유자가 피예인선을 소유하거나 임차하는 등으로 피예인선에 관하여 선박소유자와 동일한 책임을 부담한다고 볼 사정이 없음에도, 예인선의 피예인선에 대한 지배적 기능에만 치중하여 예인작업을 하는 동안은 예인선 소유자가 피예인선의 재임차인 내지 그와 유사한 지위에 있다고 보아 예인선 소유자에게 피예인선의 책임한도액에 상응하는 금전까지 공탁할 의무가 있다고 한 원심의 판단에는 선박소유자의 책임 제한에 관한 법리오해의 위법이 있다"고 하였다(대법원 2010. 7. 30. 자 2010마660 결정).

도선(Pilotage)은 선박이 강, 운하, 항구에 출입하는 것을 안내하는 것이다. 도선은 도선법의 규율을 받는다. 도선사가 되기 위해서는 일정한 자격요건을 갖추고 국가시험을 거쳐 면허를 받아야 하는데 대개 베테랑 선장 출신들이 도선사가 된다. 해양 현장에서 가장 전문성을 인정받는 직업이다. 도선법은 강제도선주의를 원칙으로 한다(도선법 제20조 제 1 항). 도선사를 수로안내인이라고도 부른다. 마크 트웨인(Mark Twain)은 전직이 수로안내인이었던 것으로 유명하다. 도선사는 고도의 전문지식을 보유하고 법률상의 주의의무를 부담한다. 사실 마크 트웨인은 필명이고 본명은 따로 있다. '마크 트웨인'은 배가 지나가기에 안전한 수심인 배 밑으로부터 3.7m를 의미한다. 미시시피강의 수로안내인들은 선장이나 조타수에게 "마크 트웨인!"이라고 외쳤다고 한다. 안전하다는 뜻이다. 이렇게 도선사는 하상의 지형과 장애물의 위치 등을 상세히 파악하고 선박을 안전하게 항행하게 해야 한다. 도선사가 손해배상책임을 지는 경우 자력이 충분하지 않은 경우가 대부분이므로 도선계약은 대개 면책조항을 포함하고 있다. 물론, 형사책임은 별개이다. 판례는 "도선사는 법률에 의하여 상당히 고도의 주의의무가 부과되어, 해도에 표시된 장애물 뿐 아니라 해도에 표시되어 있지 않고 외관상 쉽게 발견되지 않는 위험물을 포함하여 지방수역에 관한 지식을 가지고 있어야 하며 이를 활용할 의무가 있고 더욱이 강제도선사는 전문지식이 있다고 판단하여 선임된 자이기 때문에 선박이 임의로 승선시킨 도선사보다 고도의 주의의무를 부담하고 있는 점을 고려하여 볼 때, 강제도선사인 피고인이 선택한 항로로 운항 중이던 유조선의 수중암초 충돌로 인한 업무상과실치상 및 해양오염방지법위반 사건에 관하여 피고인이 해도를 믿고 항행을 하였다 하여 면책될 수 없다"고 한 바 있다(대법원 1995. 4. 11. 선고 94도3302 판결).

V. 해운거래소

증권을 사고자 하는 사람과 팔고자 하는 사람이 가장 좋은 조건에 거래를 성사시키기 위해 증권거래소에 모여들듯이 해상운송을 둘러싸고 수요와 공급에 따라 거래상대방을 찾고, 원하는 조건을 성취하기 위해 해상운송과 관련된 여러 당사들이 해운거래소(shipping exchange)를 이용한다. 선주, 하주, 중개인, 보험회사, 금융기관 등 선박과 해운에 관련된 모든 당사자들이다. 해운거래소에서는 선박의 매매, 용선, 해상운송계약의 체결, 해상보험계약의 체결 등이 이루어진다. 분쟁해결과 같은 사안에서 자치적인 규칙도 협의되고 제정된다. 해상운송과 해양산업에 관한 모든 정보가 모이고 교환됨은 물론이다.

해운거래소 중에는 250년이 넘는 역사를 가진 영국 런던 소재 발틱해운거래소(Baltic Exchange)가 가장 규모가 크다. 1744년에 'Virginia and Maryland'라는 이름의 커피하우스에서 선주들과 상인들이 정기적으로 회합한 데서 출발한다. 법인회원 수는 550이다. 현대의 모든 거래소들과 마찬가지로 해운거래소도 물리적인 장소나 공간을 의미하기보다는 네트워크를 의미한다. 그래서 발틱해운거래소의 직원은 20명 남짓할 뿐이다. 컴퓨터와 인터넷, 전화 기타 커뮤니케이션 수단을 통해 정보의 교환과 거래가 이루어진다. 해운물류의 실물적 기반이 취약해진 영국이 아직도 발틱해운거래소의 명맥을 유지할 수 있는 비결은 바로 이 사이버거래소화에 있다. 발틱해운거래소는 앞에서 선박펀드를 설명할 때 언급했던 발틱해운지수(BDI)를 포함한 7종의 지수를 매일 발표한다. 우리나라에는 아직 해운거래소가 없고 부산에 있는 해운거래정보센터가 그 초기적 형태를 취하고 있다. 해운물류의 중심이 유럽에서 중국을 중심으로 한 아시아 지역으로 서서히 이동하고 있으므로 부산 등 아시아 지역에 해운거래소를 설립해야 할 필요성이 증가하고 있다.

제4장 해상위험

Ⅰ. 공동해손

선박 건조기술이 미발달 상태이고 항해기술이 크게 축적되지 않았던 역사상의 시기에는 항해 중에 선박이 직면하는 기상, 해류의 변화로 인해 적하를 바다에 버림으로써 선박과 선원을 구하는 일이 많이 발생하였다. 즉, 결과적으로 일부 적하의 소유자가 손실을 부담함으로써 선박소유자와 다른 적하소유자가 손실을 회피한 것이다. 이것이 공동해손제도(general average)의 기원이다. 그러나, 선박 건조기술과 항해기술이 발달한 이후에는 공동해손제도는 적하를 바다에 버림으로써 발생하는 손실을 커버하기보다는 항해 중에 발생하는 비용을 커버하는 데 주로 적용된다. 즉, 폭풍을 피하는 등의 목적으로 잠시 항해를 중단하고 인근의 항에 대피하는 경우 대피항에서 발생한 비용, 항해 중 선박 수리비, 선박충돌 관련 비용, 엔진실에서 발생한 폭발로 인한 손실, 해난구조비 등이 공동해손의 주요 항목이다.

공동해손은 선박과 적하의 공동위험을 면하기 위한 선장의 선박 또는 적하에 대한 처분으로 인하여 생긴 손해 또는 비용이다(제865조). 공동해손은 그 위험을 면한 선박 또는 적하의 가액과 운임의 반액과 공동해손의 액과의 비율에 따라 각 이해관계인이 이를 분담한다(제866조). 미국 연방대법원의 오래된 판례에 의하면 공동해손으로 인정되기 위해서는 첫째, 선박과 적하, 해원 모두에게 공통으로 발생한 긴급한 위험을 피하기 위한 것이어야 하며, 둘째, 그러한 위험을 피하기 위해 전체에 대한 위험을 일부에 대한 위험으로 전환하기 위한 자발적 처분행위가 있었어야 하고, 셋째, 그러한 처분이 성공적으로 그 목적을 달성하였어야 한다(Barnard v. Adams, 51 U.S. 270 [1850]).

II. 선박충돌

　　선박의 충돌이란 2척 이상의 선박이 그 운용상 작위 또는 부작위로 선박 상호 간에 다른 선박 또는 선박 내에 있는 사람 또는 물건에 손해를 생기게 하는 것을 말한다(제876조 제 2 항). 넓은 바다에서 배끼리 충돌할 가능성이 높아 보이지 않지만 배는 한정된 항로를 따라 움직이기 때문에 배의 입장에서는 바다가 그리 넓은 곳이 아닐 수도 있다. 특히, 해협에서는 사고 위험이 아주 높다. 2012년 8월에는 호르무즈 해협에서 미해군 유도미사일 구축함과 유조선이 충돌하는 사고가 일어났는데 최첨단 군사장비로 움직이는 구축함마저 충돌을 일으킬 정도다. 선박이 충돌하는 경우 일반 불법행위 법리에 따라 법률관계를 해결하면 되지만 선박의 충돌은 손해금액 측면에서 달리 취급할 필요가 있고 크기가 많이 다른 선박 간의 충돌은 인명피해도 발생시키기 때문에 상법은 일련의 규칙을 두고 있다. 또, 충돌한 선박들은 자동차와 달리 타이어자국을 남기지 않고, 안개 속이나 밤에 사고가 발생하면 도주도 쉽다. 주위에 목격자도 없고 경찰출동도 느려서 사실관계를 확인하는 것도 쉽지 않다. 무엇보다 사고 당사자들이 침몰해 버릴 수 있다.

　　우선, 선박의 충돌이 불가항력으로 인하여 발생하거나 충돌의 원인이 명백하지 아니한 때에는 피해자는 충돌로 인한 손해의 배상을 청구하지 못한다(제877조). 선박의 충돌이 일방의 선원의 과실로 인하여 발생한 때에는 그 일방의 선박소유자는 피해자에 대하여 충돌로 인한 손해를 배상할 책임이 있으며(제878조) 선박의 충돌이 쌍방의 선원의 과실로 인하여 발생한 때에는 쌍방의 과실의 경중에 따라 각 선박소유자가 손해배상의 책임을 분담한다. 이 경우 그 과실의 경중을 판정할 수 없는 때에는 손해배상의 책임을 균분하여 부담하고, 제 3 자의 사상에 대한 손해배상은 쌍방의 선박소유자가 연대하여 그 책임을 진다(제879조). 여기서 선박충돌 사고로 인한 손해배상채권은 상술한 상법 제769조 제 1 호가 규정하는 선박에서 또는 선박의 운항에 직접 관련하여 발생한 사람의 사망, 신체의 상해 또는 그 선박 외의 물건의 멸실 또는 훼손으로 인하여 생긴 손해에 관한 채권에 해당하고, 그러한 채권은 불법행위를 원인으로 하는 것이라 하여도 '청구원인의 여하에 불구하고' 책임을 제한할 수 있는 것으로 규정하고 있는 동 조 본문의 해석상 책임제한의 대상이 된다(대법원 1995. 6. 5. 자 95마

325 결정).

세계 각국은 선박충돌을 방지하기 위한 규칙을 제정하여 운용한다. 우리나라는 해상교통안전법을 제정하여 시행하고 있다. 선박충돌에 관한 분쟁은 해양안전심판원의 조사와 심판에 의한 원인규명에 따라 해결된다. 공해상에서 발생한 선박충돌에 대하여는 기국뿐 아니라 선박충돌에 책임이 있는 해원의 국적국도 관할권을 행사할 수 있다(1958년 공해협약 제11조). 공해상에서는 선박의 기국만이 민·형사관할권을 가진다는 원칙에 대한 중요한 예외다. 그러나, 기국만이 선박을 나포, 억류할 수 있다.

Ⅲ. 해난구조

상법 제882조 이하의 규정은 해난구조(salvage)에 관한 것들이다. 해난구조에 대해 보상을 하는 이유는 그렇게 하지 않는 경우 조난을 당한 선박과 적하에 대한 횡령이 예상되기 때문이다. 항해선 또는 그 적하 그 밖의 물건이 어떠한 수면에서 위난에 조우한 경우에 의무 없이 이를 구조한 자는 그 결과에 대하여 상당한 보수를 청구할 수 있다(제882조). 구조의 보수에 관한 약정이 없는 경우에 그 액에 대하여 당사자 사이에 합의가 성립하지 아니한 때에는 법원은 당사자의 청구에 의하여 구조된 선박·재산의 가액, 위난의 정도, 구조자의 노력과 비용, 구조자나 그 장비가 조우했던 위험의 정도, 구조의 효과, 환경손해방지를 위한 노력, 그 밖의 제반사정을 참작하여 그 액을 정한다(제883조). 구조의 보수액은 다른 약정이 없으면 구조된 목적물의 가액을 초과하지 못한다(제884조 제 1 항). 구조자는 우선특권을 가진다. 구조에 종사한 자의 구조료채권은 구조된 적하에 대하여 우선특권이 있다. 다만, 채무자가 그 적하를 제 3 취득자에게 인도한 후에는 그 적하에 대하여 이 권리를 행사하지 못한다(제893조 제 1 항).

그런데 상법은 왜 인명구조에 대해서는 규정을 두지 않는가? 인명구조는 도덕의 범주에 속하기 때문이다. 그에 대해 보수를 청구할 수는 없는 것으로 본다. 인명은 금전으로 가치를 평가할 수 없으므로 구조의 보수액 계산도 불가능하다. 그러나, 국제적으로는 인명에 대한 구조의무를 규정하는 법규들이 구조에 대한 보수도 규정하는 추세이다.

　　상법 제885조는 환경손해방지작업에 대한 특별보상을 규정한다. 선박 또는 그 적하로 인하여 환경손해가 발생할 우려가 있는 경우에 손해의 경감 또는 방지의 효과를 수반하는 구조작업에 종사한 구조자는 구조의 성공 여부 및 위 제884조상 보수의 한도와 상관없이 구조에 소요된 비용을 특별보상으로 청구할 수 있다(제885조 제 1 항). 대형유조선의 조난이나 폭풍우로 인한 해양 부유물의 집적, 선박충돌이나 화재, 전쟁이나 무력충돌로 파손된 선박 관련 물건들의 해양 유입 등이 이 규정의 적용 배경이 될 것이다.

제5장   해상법과 해양법

I. 해양산업과 해양법

바다에서의 인간생활을 규율하는 법률로 해상법 외에 해양법(International Law of the Sea)이 있다. 해양법은 독자들이 국제법을 공부하면서 그 일부로 접하게 된다. 해상법이 다루는 문제들은 필연적으로 국제적인 성질을 띠므로 바다의 국제공법질서인 해양법에 대한 이해도 해상법의 공부에 필요하다. 해양기업이 활동하는 영역인 내수와 항만, 영해와 해협, 배타적 경제수역, 대륙붕, 공해, 심해저 등의 개념이 모두 해양법에서 유래한다. 바다가 아닌 육지이지만 국가의 주권이 미치지 않는다는 의미에서 공해와 유사한 남극의 법률적 지위도 해양법에서 같이 다룬다.

일부 해상기업들은 어류, 해저자원을 포획, 채굴하는 것을 영업으로 하고 해상운송업은 해양에서의 통항을 영업의 수단으로 하므로 해양법의 내용을 숙지하여야 외국 정부의 규제와 재판권 행사로 인한 규제, 소송비용을 절약할 수 있다. 어족과 해저자원은 해안에서 일정 거리 내에 있는 수역에서 풍부하며 남의 나라 연해나 국제해협을 여하히 통항할 수 있는가에 따라 운송에 소요되는 시간과 비용에 큰 차이가 발생한다. 세계 각국은 안보상의 필요뿐 아니라 자국의 해상기업들을 보호함으로써 경제적 이익을 지키기 위해 해군력을 유지한다. 중국 어선들의 불법조업으로부터 국내 수산업을 보호하기 위해, 소말리아 해적으로부터 국내 해운업을 보호하기 위해 해양법에 근거한 해군력과 해양경찰력의 행사가 이루어지고 중국 선원과 소말리아 해적이 국내 법정에서 재판을 받는다.

II. 해양법 현황

해양법은 주로 관습국제법과 조약으로 구성된다. 그리고, 그를 확인, 해석하는 헤이그 소재 국제사법재판소와 함부르크 소재 국제해양법재판소 등의 사법기관이 있다. 국제법 일반과 마찬가지로 학설도 중요한 해양법의 법원이다. 조약으로는 1958년 제 1 차 UN해양법회의 결과 탄생한 4개의 조약인 영해와 접속수역에 관한 조약(영해협약), 대륙붕협약, 공해협약, 공해에서의 어업과 생물자원 보존에 관한 협약 등이 성문 해양법의 골간을 이룬다. 1982년에는 제 3 차 UN해양법회의의 결과로 UN해양법협약이 탄생했다. 가장 포괄적인 성문 해양법이고 우리나라를 포함해서 162개국이 가입했다. 그런데 이 UN해양법협약은 미국이 빠진 올림픽에 비유할 수 있다. 미국은 이 협약의 내용이 자국의 주권을 침해한다는 이유로 가입을 거부해 왔다. 그러다가 최근 강국들의 해양 경쟁이 심해지고 있는 가운데, 지난 30년 동안 결론을 내지 못하고 있는 미국의 UN해양법협약 비준 문제가 급격히 수면 위로 떠올랐다. 중국이 베트남과의 남중국해 분쟁을 통해 미국의 마음을 급하게 만든 것이다. 중국의 해양법 위반을 지적하자니 미국 스스로가 UN해양법협약에 가입하지 않고 있는 모순에 묶여 엉거주춤할 수밖에 없다.

동아시아에서는 옛날 러시아와 영국의 각축이 중국·미국의 각축으로 바뀌어 전개되는 양상이 나타나고 있다. 우주로 진출한 중국은 심해저를 포함한 해양의 강국으로 부상하기를 원하고 미국은 안보전략상 중국을 견제해야 한다. 중국의 첫 항공모함이 취역했고 미군은 서해상에서 훈련한다. 미국이 협약을 비준하면 협약은 바로 큰 동력을 갖는 규범이 된다. 세계 각지에서는 묵은 과제들이 현안으로 부상할 것이다. 우리나라와 중국, 일본과의 해양경계 획정도 실질적인 이슈로 떠오를 것이다.

III. 상선의 자유통항권

1. 영해와 국제해협

해운기업의 입장에서 가장 중요한 것은 경제적으로 가장 효율적인 항로를 따라 운항하는 것이다. 말라카 해협, 호르무즈 해협, 지브롤터 해협이나 파나마 운하, 수에즈 운하를 통항할 수 없다면 운임경쟁에서 뒤지는 것은 물론이고 시간적 불리함 때문에 아무도 거래하려 하지 않을 것이다. 해양법은 자유통항권을 보장한다. 이는 공해 자유의 원칙에 의해(1982년 UN해양법협약 제87조에도 규정되어 있다) 공해에서는 오래전부터 인정되어 온 권리이며 특정 국가의 주권영역인 영해와 국제해협에서도 확대되어 인정되어 왔다. 200해리 배타적경제수역(EEZ)에서도 자유통항권은 원칙적으로 보장된다.

상선이 남의 나라 영해를 말썽 없이 조용히 통항할 수 있는 권리를 무해통항권이라고 함은 독자들이 국제법 강의를 통해 잘 알고 있을 것이다. 해안에 가까울수록 해류의 영향을 덜 받고 사고 발생 시에도 구조 받기가 쉽다. 이 권리가 인정되지 않는다면 세계의 모든 상선들은 상대적으로 비효율적이고 위험한 항로를 따라 운항해야 할 것이다. 무해통항권은 1958년 제네바영해협약 제14조와 관습국제법에 의해 인정된다. 상선이 남의 나라 영해를 통항하는 데 통행세 같은 금전적인 요구를 받지는 않는다. 오히려 연안국은 자국의 영해를 무해통항하는 외국의 선박에게 특히 항해안전의 측면에서 필요한 편의를 제공해야 한다. 단, 선박은 연안국의 법령을 준수해야 하고 연안국의 행정권, 경찰권 행사에 복종해야 한다(1982년 협약 제21조 제4항). 연안국은 일정한 요건에 의해 자국의 영해를 무해통항 중인 외국의 선박에 대해 형사재판관할권을 행사할 수 있다. 그러나, 민사재판관할권은 원칙적으로 행사하지 못한다. 상선의 국제해협의 통과통항권은 동 협약 제16조 제4항에 규정되어 있다. 지구상에는 약 265개의 국제해협이 있다.

2. 국제운하

해상운송에 전략적인 중요성을 가지는 또 다른 지역은 수에즈 운하이다. 수에즈 운하는 1800년에 나폴레옹의 승인을 받아 처음 구상되었다가 포기된 바 있는데 1859년에 레셉스(Ferdinand de Lesseps)가 수에즈 운하 회사를 설립하여 착공되었다. 1869년 11월 17일 영국, 프랑스, 러시아 정상들이 참석한 가운데 공식개통되었다. 당시에는 중동에서 석유가 나지 않았으나 이 운하는 1900년대에 들어서면서 석유의 지정학적 측면에서 가장 중요한 위치를 차지하게 되었다. 1888년의 콘스탄티노플조약 이래 모든 나라의 상선에게 자유통항이 허용된다.

한편, 프랑스와 레셉스는 1880년에 파나마 운하를 착공하였으나 1889년에 실패로 끝내고 1904년에 미국이 사업을 인수하여 1914년 8월에 완공하였다. 대서양과 태평양을 최단거리로 이어 주는 파나마 운하는 해상운송 일반에 큰 의미를 가지는 운하이지만 석유수송에 있어서는 큰 의미를 가지지 않는다. 따라서 수에즈 운하보다는 정치적으로 덜 민감한 역사를 가진다. 1999년부터 파나마 정부가 관리한다. 1977년의 파나마운하조약에 의해 중립지역으로 규정되었으며 세계 모든 나라의 상선이 자유통항할 수 있다. 파나마 운하는 수에즈 운하보다 폭이 좁아 조선산업을 규정짓는다. 파나마 운하를 통과하는 큰 배들은 수문 양쪽 30cm를 남기고 운하를 통과하는데 조선사들은 여기에 맞추어서 선박을 건조한다. 파나맥스급 선박이라고 부른다. 이보다 큰 배들은 운하를 통과할 수 없어서 시장에서 거래되기 어렵다.

3. 항   만

상선은 외국의 항만에 입항할 권리가 있는가? 주권국가는 외국의 선박을 자국의 항만에 접근하지 못하도록 하는 권리를 가지지만 그 권리는 무제한으로 인정되지는 않는다는 것이 국제법의 일반원칙이다. 즉, 해당 주권국가의 이익이 심각하게 위협 받는 경우에만 외국 선박의 자국 항만 접근을 금지할 수 있다. 그러나, 실제로 일부 국가들은 일정한 종류의 선박에 대해 일괄적인 입항금지 조치를 취하고 있다. 호주는 특별한 허가를 받았거나 불가항력에 의한 것이 아닌 한 외국의 고래잡이배의 입항을 금지한다. 뉴질랜드는 일부라도 원자력으로 가동되는 선박의 입항을 금지한다. 무력충돌에 준하는 분쟁상태가 발생한 경우 특정 국가의 선박을 입항 금지시키는 사례도 많다. 난민을 실은 선박의 입항금지에 대해서는 다투어지고 있다. 일단 외국의 항만에 입항하면 상선은 해당 국가의 민사, 형사재판권에 복종해야 한다.

Ⅳ. 해양전략과 법률

미국의 마한제독은(Alfred Thayer Mahan, 1840-1914) 프랑스가 바다를 소홀히 하면서부터 영국, 네덜란드와의 경쟁에서 패배하였다고 그 불후의 명저 *The Influence of Sea Power Upon History, 1660-1783*(1890)에서 지적한다. 프랑스는 비옥한 국토와 양호한 기후조건에 만족하여 대륙성향을 선택했다는 것이다. 독일해군을 건설한 빌헬름 2세 황제가 마한의 팬이었다. 루즈벨트 대통령도 마한의 가르침으로 강력한 해양국가 미국을 건설했다. 미국의 해군력은 미국의 통상과 에너지 확보를 효과적으로 지원한다.

우리나라가 바다를 통해 세계적인 세력으로 부상하는 것은 허황된 꿈만은 아닐 것이다. 네덜란드의 전례가 있다. 그러나, 그보다도, 해양은 하필이면 세계 역사에서 가장 강한 4개 국가에 둘러싸인 좁은 영토를 가진 코리아의 입장에서 실질적으로 경제활동의 공간적 범위를 넓힘으로써 고래들 사이의 만년 새우 신세는 면하게 하는 통로를 제공해 줄 수 있을 것이다. 역사상 어떤 강국도 바다 전부를 유효하게 지배할 수 없었기 때문에 역설적으로 해양이야말로 '법의 지배'가 실현 가능한 공간으로 남아 있다. 안보, 자원, 통상, 환경보호 등 모든 측면과 남극, 북극해, 심해저 등 국제공역(國際公域) 진출에 있어서 해양정책은 법률적 기초를 강화하고 현안이 생기면 법률론을 전면에 내세워야 한다. 법집행과 권리보호를 위한 해군력의 뒷받침은 필수다. 해양법의 틀 안에서 해상기업들이 활동 범위를 넓히고 그를 해상법 지식이 지원해야 할 것이다.

찾아보기

저자소개

김 화 진 — 서울대학교 법학대학원 교수

뮌헨대 법학부 및 하버드대 로스쿨 졸업
스탠포드대 및 텔아비브대 강의
미시간대 로스쿨 윌리엄·쿡 석좌교수
Journal of Financial Regulation 편집위원
Seoul Corporate Governance Forum 창립회장

제 7 판
상법입문

초판발행	2010년 3월 20일
제 7 판인쇄	2017년 1월 23일
제 7 판발행	2017년 2월 3일

지은이	김화진
펴낸이	안종만

편 집	배근하
기획/마케팅	조성호
표지디자인	권효진
제 작	우인도·고철민

펴낸곳	(주) **박영사**
	서울특별시 종로구 새문안로3길 36, 1601
	등록 1959. 3. 11. 제300-1959-1호(倫)
전 화	02)733-6771
f a x	02)736-4818
e-mail	pys@pybook.co.kr
homepage	www.pybook.co.kr
I S B N	979-11-303-2970-3 93360

정 가   29,000원